运城盆地东部聚落考古调查与研究

中国国家博物馆田野考古研究中心
山西省考古研究所
运城市文物保护研究所

编著

文物出版社

封面设计　周小玮

责任印制　陆　联

责任编辑　杨新改

图书在版编目（CIP）数据

运城盆地东部聚落考古调查与研究／中国国家博物馆田野考古研究中心，山西省考古研究所，运城市文物保护研究所编著．—北京：文物出版社，2011.11

ISBN 978 - 7 - 5010 - 3348 - 5

Ⅰ.①运…　Ⅱ.①中…②山…③运…　Ⅲ.①盆地 - 聚落地理 - 考古 - 调查报告 - 运城市 - 新石器时代~青铜时代　Ⅳ.①K878.05

中国版本图书馆 CIP 数据核字（2011）第 240642 号

运城盆地东部聚落考古调查与研究

中国国家博物馆田野考古研究中心

山　西　省　考　古　研　究　所　编著

运　城　市　文　物　保　护　研　究　所

*

文 物 出 版 社 出 版 发 行

（北京东直门内北小街 2 号楼）

http：//www. wenwu. com

E-mail：web@ wenwu. com

北京燕泰美术制版印刷有限责任公司印刷

新　华　书　店　经　销

889×1194　1/16　印张：37.25

2011 年 11 月第 1 版　2011 年 11 月第 1 次印刷

ISBN 978 - 7 - 5010 - 3348 - 5　定价：390.00 元

Survey and Research of Settlement Archaeology in the Eastern Yuncheng Basin

Compiled by

Research Center of Field Archaeology, National Museum of China

Shanxi Institute of Archaeology

Yuncheng Institute of Cultural Relics Protection

Cultural Relics Press

目　录

插图目录

插表目录

彩版目录

第一章　概论

第一节　课题的缘起、规划与设计

2001 年，原中国历史博物馆在制定"十五"发展规划时，当时的馆领导提出考古部应在晋南地区做些工作，探索早期国家与文明起源。经过规划与设计，是年秋，该课题与博物馆的其他项目一起开始申报立项，并于 2002 年获得财政部的经费支持。2003 年，中国国家博物馆（由原中国历史博物馆与中国革命博物馆合并成立）田野考古部与山西省考古研究所经过协商，双方决定合作共同开展"晋西南聚落考古与早期国家和文明起源"的研究，并在中国国家博物馆和山西省文物局领导直接关注下签署了正式的合作协议。该课题的合作单位还包括山西运城市文物保护研究所。2003 年秋随着第一次田野调查的开展，本课题正式启动实施。至 2006 年春，课题组成员在运城盆地东部完成了全覆盖式区域系统调查。2007 年元月，本课题又被列入科技部资助、国家文物局组织的"中华文明探源工程（二）"中的一个子课题，这使本课题又获得了有力的后续支持。从 2006 年夏到 2007 年夏，我们对调查资料进行了系统的整理和初步的分析，并随后开始了调查报告的写作。本书即为这一阶段性成果的总结。本课题的其他成果（包括有关遗址的发掘报告）将另行发表。

当初选择运城盆地做工作，主要基于以下几方面的考虑：其一，运城盆地临近中原腹地，与古史传说中舜、禹等活动的地望有较密切的关系，在探索早期国家和文明起源中占有不可忽视的地位。虽然古史传说扑朔迷离，许多事实难以稽考，但也不会都是空穴来风，其中必有一些历史真实的影子，我们的考古学探索可以从中得到一些有益的启示。其二，运城盆地的考古工作既有一定基础，又相对薄弱。通过从前几处遗址的发掘，以及周边地区的许多考古工作，已在包括运城盆地在内的整个晋南地区建立起较完整的考古学文化发展谱系，这是在该地区开展聚落考古的一个重要基础。但另一方面，此前在运城盆地又缺乏系统的聚落考古工作和研究，也缺乏与国家和文明起源相关的重要遗迹现象的发现，正是这些不足形成了本课题学术指向的生长点。其三，运城盆地南侧有一咸水湖——盐池（又称解池），有史以来即为中国内陆重要的盐业产地[①]；

[①]　郭正忠主编：《中国盐业史》（古代编），人民出版社，1997 年。

横亘于盆地南部的中条山脉蕴藏着丰富的铜矿资源，最晚至夏商时期可能已经加以利用①。这些重要的战略资源究竟早到何时开始被利用和控制，其在本地区文明化进程中究竟扮演了什么角色，这也是我们尤感兴趣的一个问题。其四，本课题组的主要成员曾长期在与运城盆地相邻近的垣曲盆地从事考古工作，熟悉晋南地区史前及先秦时期的文化面貌；而且通过在垣曲盆地实施的聚落考古调查和研究②，为运城项目的开展积累了一定的经验。

本课题的主要目的是要通过聚落形态的研究，来揭示运城盆地从新石器到早期青铜时代社会形态变迁的过程，或说社会复杂化发展的过程，并重点探讨龙山时代前后社会结构的特征与变化，从而确立本地区在早期国家和文明形成过程中所处的地位和所起的作用。

按照我们的设想，要达到这样一个目的，或者说在此方向上有所推进，需要点面结合的考古工作，即调查与发掘相结合。具体的实施路线是，首先在运城盆地内选择某一流域或区域进行全覆盖式区域系统调查（即拉网式调查），争取最大限度地发现并详细勘察史前到早商时期的遗址；然后，在此基础上选择一处龙山时期或前后的遗址进行较大规模的重点发掘。期间还可以对几处遗址做小规模的试掘。这样便可分别在宏观与微观的层面上进行系统的聚落分析。另外需要说明的是，之所以将调查的年代截至在商以前（本地区晚商遗址极少见，故截止到早商），而没有扩展到两周或秦汉时期，主要因为那样一来工作量就会成倍增加，难以在预期时间内完成调查任务，故此只好有针对性地缩短年限。

本课题实施的初期，我们很快选定了运城盆地东部作为田野考古工作的地域。我们所圈定的调查区域，其南、北、东三面为中条山、峨嵋岭所环绕的自然边界，西边则以运城市区至临猗县城的公路为界，总面积约 1500 平方公里；主要涉及绛县、闻喜、夏县、临猗和运城市（盐湖区）共五个行政区县。在这样划定的一个范围内我们进行了全覆盖拉网式调查，这也正是我们按计划用近三年时间完成的系统调查的区域。运城盆地西部由于时间、人力和财力的限制已无法囊括在本课题中，只好寄希望于将来的工作。

第二节　运城盆地的自然地理、历史沿革与考古背景

一　自然环境

运城盆地位于山西省西南部，按地理方位可称之为晋西南，处于陕、晋、豫三省交界黄河折拐处的内侧（图一）。盆地西抵黄河，南部横亘着中条山脉，北部为高隆的峨嵋岭，中条余脉紫金山（又称绛山）在运城盆地的东北部与峨嵋岭相遇，使运城盆地形成一个相对独立的地理单元

---

① 刘莉、陈星灿：《城：夏商时期对自然资源的控制问题》，《东南文化》2000 年 3 期。
② 中国国家博物馆考古部：《垣曲盆地聚落考古研究》，科学出版社，2007 年。

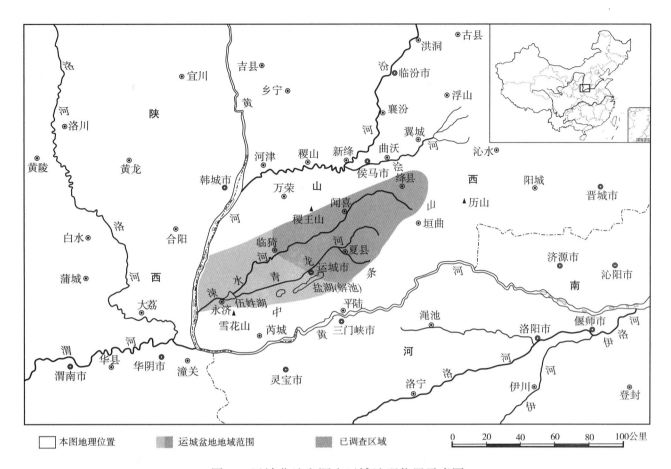

图一　运城盆地和调查区域地理位置示意图

（彩版一、二）。另一方面，运城盆地西、南两面有多条通道跨河穿山与陕东、豫西相通，往北翻过峨嵋岭则为临汾盆地；其中紫金山东西两侧的山口为连接运城和临汾盆地的主要通道（彩版三），由此往东还可抵达晋东南。整个盆地随山势走向呈东北—西南的狭长形状，地势亦是东北高、西南低（见彩版一）。盆地内覆盖着厚厚的全新世和更新世黄土，为高度开发的农耕区。

运城盆地中东部有一道东北—西南走向的低矮岗丘——鸣条岗（彩版四），使盆地东部南北相隔。鸣条岗东北端起于涑水河的支流沙渠河，向西南延伸至盆地的中部逐渐消失，全长约40公里；其北侧较陡峭，南坡则较舒缓。鸣条岗以北为贯通盆地全境的涑水河（在永济县境内经伍姓湖注入黄河），鸣条岗以南有一条小河青龙河，主要流经夏县境内（此河在20世纪50年代曾经有所改道）。另外值得一提的是，在运城盆地的南部、运城市区的南侧有一狭长的咸水湖——盐池（彩版五），自古就是一个重要的内陆产盐区。在盐池的北侧有一条人工修筑的水渠，为北魏正始二年（505年）所凿，隋大业元年（605年）都水监姚暹主持整修疏通，故后人称之为姚暹渠。该渠大部如长堤般绵延横亘于地面之上，排除洪水，保护盐池；这条水渠因拦水而造成的泥沙淤积对其附近的微地貌环境当有一定的影响（彩版六）。

总的看，在运城盆地东部的调查区域内，主要地形有河谷平原、黄土台塬、河岸阶地、丘陵岗地、中条山山前岗丘台地、峨嵋岭和紫金山南侧的斜长坡地等，地理环境呈现多样化形势。运城盆地东部的古代遗址就分布在这些多样的地理环境之中（见彩版六）。我们的调查边界截止于陡峻的峭壁和高耸的山岭，亦即盆地的边际。在调查所覆盖的区域内，海拔高度在 320 米（盐池北岸）到 950 米（沙渠河上游支流、中条山西麓）之间。

二　历史沿革

运城地区古称"河东"，其有籍可查的历史可上溯到传说时代。许多有关尧、舜、禹的传说都指向运城盆地和临汾盆地所在的晋南地区。特别是有关舜、禹的活动地望，史书所载及历代考释虽多相抵牾，但许多仍与运城地区相关联。《史记·五帝本纪》："舜，冀州之人也。"张守节《正义》说此冀州即"蒲州河东县"，也就是今天的山西永济县。《孟子·离娄下》曰："舜生于诸冯，迁于负夏，卒于鸣条，东夷之人也。"这里虽有东夷之说，但诸冯、负夏，特别是鸣条，有人指认都在运城地区（现在运城仍有鸣条岗）。《史记·夏本纪》集解引皇甫谧曰："（禹）都平阳，或在安邑，或在晋阳。"《史记·封禅书》张守节《正义》引《世本》曰："夏禹都阳城，避商均也。又都平阳，或在安邑，或在晋阳。"其中平阳在临汾，安邑在夏县。与夏王朝有关者，包括运城盆地在内的晋南地区又被许多史家指称为"夏墟"之地。这些记载或许反映，即便大禹及其后的夏王朝的都城或核心区域不在晋南，这里至少也是夏人统治及活动的重要地区。古史传说，扑朔迷离，其人其事，渺不可稽，但或许也蕴含着真实历史投下的影子，因此也就为今人的探索提供了一些线索。

商代，这里应是商人与戎狄杂处的地区。周灭商后，成王封其弟叔虞于"唐"，其子改国号为"晋"，建都于"绛"。唐、绛地望当不出临汾盆地南部和运城盆地北部一带。其后晋国逐渐发展壮大，整个晋南皆为所据。公元前 403 年，韩、赵、魏三家分晋，运城地区为魏之领地，国都安邑。

秦汉时期，运城地区隶属河东郡。魏晋南北朝时期，运城先后属于魏国、西晋、前赵、前秦、后秦之河东郡，北魏时运城地区则分属东雍州、解州和陕州所辖。隋代运城属于河东郡和绛郡。唐代运城的多数县属河东道的河中府和平阳府。五代时期沿袭唐制，运城主要隶属河中府。北宋，运城分属河东路的绛州和永兴路的河中府、解州和陕州管辖。金代运城属河东南路所辖。元代，运城地区属中书省的河东山西道宣慰司晋宁路管辖，设河中府、绛州和解州，共领 19 县。明代，运城分属平阳府的蒲州、解州和绛州管辖，共领 13 个县。清代，运城地区分为一府两州，即蒲州府、解州和绛州，共辖 14 个县。民国时期，运城各县隶属河东道[①]。中华人民共和国成立后，在运城地区设立了运城专区，近年又地、市合并，原运城地区所属一市十二县现皆属运城市所辖（原运城市辖区改称盐湖区）。如前所述，本次调查主要涉及运城东部的 5 个县、区。

---

① 　山西省运城地区地方志编纂委员会办公室编：《运城地区简志》，1986 年。

三　运城盆地考古简史

　　本课题实施以前，在运城盆地曾有过较大规模的考古调查。1959～1963 年间，中国科学院考古研究所（现中国社会科学院考古研究所）等单位在包括运城盆地在内的晋南地区先后进行了四次较大规模的调查，其后又于 1973、1977、1980 和 1982 年进行了多次补充调查和重点复查①。此外还有第一次和第二次文物普查。这些调查虽然不是以聚落形态研究为主要目的，但为本课题的区域调查提供了重要的线索和参考。

　　运城盆地内的考古发掘（不包括中条山以南和峨嵋岭以北地区），从前主要集中于夏县。这里的考古工作最早可上溯到 1926 年李济在夏县西阴村主持的发掘②。该遗址在 1994 年由山西省考古研究所又进行了第二次发掘③。两次发掘主要揭露出一批仰韶中期的遗存，另外还有少量仰韶晚期、庙底沟二期和二里岗期的遗存。此外，经过考古发掘的商以前的遗址，主要还有夏县东下冯。东下冯除出土部分龙山时期的遗存外④，主要是揭露出一批丰富的二里头和二里岗期的遗存⑤。龙山期遗存显示此时运城盆地南部的文化面貌与豫西"三里桥类型"基本一致；二里头时期这里存在着一个属于二里头文化的"东下冯类型"；二里岗期遗存则属于较典型的"二里岗文化"，而且重要的是揭露出一处早商城址遗迹。此外还有其他一些小规模的试掘或发掘。基于这些发掘资料，并结合周边地区的考古资料，以前的研究主要集中于文化特征、性质的确认，文化发展谱系的建立，以及各考古学文化间历时性与共时性关系的梳理。总的看，带有明确学术目的、主动的考古发掘工作并不充分。

　　在本课题田野调查阶段，我们还抽时间对绛县周家庄、西荆、新庄和夏县辕村等遗址进行了小规模的试掘。这些资料都将陆续刊出。

第三节　运城盆地区域考古调查方案及实施

一　调查方法与实施线路的设计

　　2003 年秋启动田野调查项目之前，参考国内外相关的区域调查方法，我们设计了一个比较详细的调查方案。按照这一方案，调查队伍的组成最好在 10 人左右或更多，并分成 3～4 个小组

①　中国社会科学院考古研究所山西工作队：《晋南考古调查报告》，《考古学集刊》（6），中国社会科学出版社，1989 年。

②　李济：《西阴村史前的遗存》，清华学校研究院丛书第 3 种，1927 年。

③　山西省考古研究所：《西阴村史前遗存第二次发掘》，《三晋考古》第二辑，山西人民出版社，1996 年。

④　东下冯考古队：《山西夏县东下冯龙山文化遗址》，《考古学报》1983 年 1 期。

⑤　中国社会科学院考古研究所等：《夏县东下冯》，文物出版社，1988 年。

（必要时可以小组为单位分头调查），每组 3 人左右，每个小组长都持有一份 1：1 万的地图，每个小组配备至少一部对讲机以便相互联络；另外，调查队至少要配备一辆越野汽车。调查行进时，队员一字排开，根据地形特点和遗址的分布情况，相邻两个人之间的间隔保持在 30～50 米之间（彩版七至一二）。记录遗存的基本单位为采集点。调查中一经发现遗物或遗迹，便通知小组长将该点标记于地图上，同时记录其年代、采集并挑选标本；若为遗迹，则确认遗迹的种类，必要时测绘草图（彩版一三至一六）。当地表陶片连续分布时，以一定的间隔记录为不同的采集点（约 50 米间距）；当地表遗存之间出现较大间隔（50 米以上），采集点就会呈现不连续的分布。这样记录下的采集点便会有疏有密，有连续有间断，可反映地表所暴露遗存的实际情况。每天调查结束后，各小组将采集的标本汇集到一起由领队及熟悉陶片者重新确认遗物的年代，然后将所有采集点统一标示到领队所持的地图上；随后，在地图上勾画出当天已完成调查的区域，并确定第二天所要覆盖的范围（彩版一七）。这样当一个遗址或一片区域的调查完成后，就可在图上将同时期集中分布的采集点圈划起来，从而构成一个该时期的聚落范围。如此，若一个遗址含有多个时期的遗存，通过这种调查和记录的方法，就能够根据地表陶片的分布及所暴露的遗迹情况，较准确地勾画出不同时期聚落的大小和分布范围。除了寻找和确认遗址，对同一个遗址区分不同时期聚落的面积和范围是我们调查的主要目的之一。

除了上述这种拉网式的一般性调查，最初我们还设计了与之结合使用的集中调查（或称重点调查）。即在一个遗址的不同方位或不同区域分设若干个 10 米×10 米大小的集中采集区，将采集区内的所有遗物全部收集，然后按年代清点各时期陶片的数量，从而进一步推测各时期遗存在不同区域分布的状况及人类活动遗留的程度。此外还在该地点打孔钻探，以了解地下遗迹的种类和堆积概况。

在最初的调查方案中，除了地表踏查，我们还强调对暴露有遗迹的断崖剖面的清理与记录，包括划分文化堆积的层位，确认遗迹的年代与性质，按遗迹单位采集遗物、土样等，并对该剖面绘图、照相。剖面清理和打孔钻探都是为了力图了解遗址的堆积状况和功能结构。

在 2003 年秋启动的第一次调查中，我们是较严格地按照最初设计的上述方案实行的。照此办法，一个 10 人组成的考古队平均每天调查 3～4 平方公里。其优点是对遗址的了解较详细，所获信息量大；缺点是速度较慢，且用人工办法在地图上标记采集点的位置会有一定误差。

从 2004 年开始，我们对调查方法进行了调整和改进。为了使调查工作更具针对性，我们决定根据已有线索对记录在案的大型遗址进行确认，然后以其为中心向四周扩展，以点带面，尽快明确调查的具体区域和范围。在技术和方法上，引进使用了全球卫星定位仪（GPS），这样可对采集点进行较精确的定位和记录。根据 GPS 记录的最大误差，每个采集点的大小调整为 20 米×20 米左右的范围，即每个调查队员前行 20 米所发现的遗存记录为一个采集点，接下来 20 米范围内的发现汇集为另一个采集点，往下以此类推。在记录时只需记下地理坐标，照固定格式填写有关遗物和遗迹的种类、年代、丰贫程度等内容，并将填好的标签与采集的遗物合在一起装入塑料封口袋内，这样就完成了对一个采集点的工作，快捷简便。每次调查结束后都将上述记录的信息输入设计好的数据库内。同时，我们将调查区所涉及的 1∶1 万地形图制作成矢量化电子地图（根据需要我们总共制作了 87 幅此类地图并合成为一幅完整的矢量化电子图），使用相关的 GIS 软件加以显示，并将包含采集点所有信息的数据库与之相链接，建立一个可以操作的平台，随后可根据需要多方面地提取有关的信息。如此，计算机的应用便为我们的资料管理和进一步的分析提供了极大的帮助（有关 GPS 和 GIS 应用的具体说明可参看第二章）。

调查方法调整后，省去了集中调查和打孔钻探；对断崖剖面上暴露的遗迹虽做清理和采集遗物，但不再详细绘图。这样做可保障调查队伍大体按相同的速度行进，便于组织、调动、集中和管理。其优点是调查速度得到很大提高，一个 10 人组成的队伍平均每天可覆盖六七平方公里左右，同时对采集点的定位较准确，并方便了资料的记录、管理和分析；缺点是忽略了许多有用的信息，尤其是对遗址的埋藏情况了解不够。不过考虑到任何调查对遗址功能结构的了解都会受到很大的限制，那么要想在有限的时间内完成规模较大的调查工作，上面所述仍不失为一种行之有效、实际可行的方法。

二 资料的整理：遗址与聚落的确认

本课题的田野调查工作完成以后，我们随即转入了对调查资料的整理与初步的分析。首先，我们对所有采集点的陶片重新过手确认其所属年代（文化期），对以往辨认有误的年代进行了更正（彩版一八）。由于调查中采集到的陶片大多比较破碎，难以做到很精细的年代分期，故此我们采用了尺度较大的、一般通行的考古学文化分期方案。按照本课题所设定的年代范围，我们将本地可确认的新石器到早期青铜时代的考古遗存划分为七个文化期，即仰韶早期、仰韶中期、仰韶晚期、庙底沟二期、龙山期、二里头期和二里岗期。上述每个文化期都被视为一个较稳定的聚落发展阶段，并作为聚落分析的年代基础。这些文化期的大部分跨年都在 500 年左右（其中仰韶早期或许更长，二里岗期则稍短），相互间应具有较大可比性。

接下来的工作，便是在计算机上使用 GIS 软件根据采集点的分布来确认遗址、划分聚落。我们较容易理解的是，遗址与聚落属于不同的概念。遗址是在某一地点过去人类活动遗存的总和，一个遗址可能包含许多时期、性质不同的遗存或聚落。考古学上的聚落则指在可以辨别的特定时期内某一人群居住、生活及相关活动的时空单元。聚落总是要与居址相关，但又不等同于居址。居址只是指单纯的人类居住遗址，而聚落则可包括居址、墓地、祭祀区、手工业活动区等功能不同而又相互关联的若干区域。在过去使用传统方法的调查中，遗址和聚落的确定一般不会遇到太多的问题，两者间往往也没有明确的区分；但本次调查所记录的基本单位是采集点，遗址与聚落的确定需要将相互关联的采集点连接、圈划起来才能完成。在一些地点采集点分布密集而集中，遗址较容易确定；而有些地点采集点的分布稀疏而分散，有时若干个采集点是合为一个还是分为不同的遗址则颇费周折。遗址如此，聚落的确认与划分就更为复杂，有时一个遗址不但包含不同时期的几个聚落，而且还可能包含同时期的两个以上的聚落，这在后文的叙述中可以看得很清楚。

按照我们的认识，通常情况下一个遗址就是在某一地点若干集中分布的聚落的集合（如果一个地点只有一个聚落，则此处遗址就等同于该聚落）。所以，最重要的首先是确认聚落，这当然也是进行聚落分析的实质基础；然后在此基础上可将相关的聚落连缀起来，划定遗址。总之，我们首先需要确定一个划分遗址和聚落的基本标准，从而避免处理材料上的随意性。

根据我们对本地区此次调查资料的整理和初步分析的经验，本书按照如下标准划分聚落：构成一个聚落的最低标准，为只有一个包含遗迹的采集点，或至少两个没有遗迹暴露的、但相互间隔不超过 300 米的同时期的采集点。一处聚落通常由若干集中分布的采集点相互连接缀合构成，相邻采集点之间的最大间距应不超过 300 米；若一个采集点游离于该聚落边缘 300 米之外，则会划归其他聚落或作为散点处理。如果一个地点在方圆 300 米范围内只发现一个某一时期的采集点，若该点为暴露出的遗迹，则证明这里有过人类有关的活动，我们即假定其为一处单独的聚落（同时也是一处遗址）；如该点只是有采集到的陶片而无遗迹，则搬运形成或偶然活动遗留的可能性较大，我们只将其作为没有实际意义的散点而排除在聚落划分之外。不过在叙述资料时我们仍将如实地保留并介绍这些零散的采集点，作为一种特殊遗存以备有关分析之用。一个采集点内陶片的多少即其丰贫程度只作为聚落微观分析的参考，而不作为聚落划分的标准；一个地点即使只发现一块陶片，也构成一个独立的采集点。

300 米间隔的标准是在对资料的观察分析和实际的应用后设定的。当我们试图将分割聚落的间距缩小为 200 米时，在许多地点就会出现多处较小聚落集中紧密分布的现象，这与实际情形恐怕相距较远，因为即使在现代中原人口比较稠密的地区，村庄之间的间隔大多也在数百米以上乃至更远。

以上所述为划分聚落的一般原则，在实际操作中还要参考其他情况而有一定的灵活性。比如相邻采集点之间如果有较宽大的自然冲沟或河道相阻隔，即便其间距不超过 300 米，我们一般也不会把它们划入到一个聚落之内。又如，有时在一处大型聚落的周边会有一些稀疏零散的采集点，它们中有许多可能是从大聚落流失分离出去的遗物，而非真正聚落址的遗留；若严格按照上述标准来划分，那么在这大聚落周围可能会如母鸡生蛋般出现多处小聚落，未必与实际情形相符。在这种特殊情况下我们可能会相应提高聚落的划分标准，如将构成聚落的最低标准定为间距在 300 米之内的三个同时期无遗迹的采集点（若有遗迹则一个点仍算作一处聚落）。

关于聚落面积的测算，较理想的办法是将地表陶片分布的范围与地下遗迹分布的范围结合起来判断，但这就需要对每个遗址都进行较大规模的钻探，而这样详细的勘察和巨大的工作量根本不是我们这种区域调查所能承受得了的。况且，许多遗址包含有多个时期的聚落，光凭钻探也许可以搞清整个遗址的范围，但很难探明每个时期聚落的范围。即便要利用断崖剖面进行推断也常常难以做到，因为在本地区虽有部分遗址暴露出较多文化层，但还有许多遗址暴露出的遗迹很有限或没有暴露，更很少见到遗址的各个方位都有文化堆积裸露于外的现象。故此，我们只能根据地表陶片的分布来勾画聚落的范围、测量聚落的面积（可在电脑上使用 GIS 软件来完成）。对于由 3 个以上的采集点组成的聚落，我们即按外围采集点连接所形成的实际范围来计算聚落的面积；

对于只有 2 个采集点的聚落，我们以两点之间的间距为圆的直径圈划聚落的范围；对于只发现一个采集点（含遗迹）的聚落，我们则在图上以此点为圆心画出一个小圆圈来示意聚落的存在；只含一个或两个采集点的皆归为 5 万平方米以下的小聚落。

上述划分聚落和测算聚落面积的标准当然含有主观的成分，按此确定的聚落及其大小与实际情况可能不会完全相符；但在这样的调查系统中要做进一步的聚落分析，我们必须给出一个依据采集点划分聚落的标准，而上述标准是在我们对整个调查资料总结分析后确定的一个较为可行的操作方案，并且这为我们把握、分析资料提供了一个可以实际操作的平台。即便出现与实际情况不符的误差，也是在同一标准下的误差，因而具有可比性。需要说明的是，这一划分聚落的标准只是我们根据上述调查方法、对运城盆地资料整理分析而得出的，而不一定适用于其他方法和其他地区。

聚落划分的工作完成后，遗址的确定就变得相对容易了。当一个地点只有一处聚落时，遗址就等同于聚落。当一个地点集中分布着两处以上同期或不同期的聚落时，若这些聚落间有重叠交错部分，则它们同属一个遗址，且遗址的范围即按这些聚落或采集点的外围轮廓勾画形成。若这些聚落间有相对的隔离，原则上当两个聚落边缘间的最近距离小于 300 米时就将它们划为一个遗址，当它们之间的最近距离大于 300 米时则划为不同的遗址。遗址的面积就是在将这些相关的聚落圈划在一起后而测量出的。300 米的间距同样是我们根据本地资料特点而规定的一个操作标准。另外，在划分遗址时我们同样要参考沟谷、断崖、河道等自然地貌特征。如前所说，在本调查系统中，遗址主要被理解为相关聚落的集合，同时也是方便资料叙述的承载单元，而非参与进一步聚落分析的单位。

但是必须指出，实际的情况也许更加复杂。我们按上述标准所确认的"聚落"，实际上更应看做是某个时期的一处"遗址"，因为我们不敢肯定每一处这样的聚落都与某一群人的居住、生活相关，从而存在聚落与社群间的一一对应关系（尽管我们相信在大多数情况下确实如此）。有些聚落特别是只由一、二个采集点所组成的微小聚落，有可能是某群人的某种短暂或特殊的活动遗留下来的另类遗址。但通过一般的调查我们很难将这些另类的遗址与真正的聚落址区分开来（有时即便通过发掘也难以解决），所以只能将所有这些存在一定时空范围下的"遗址"视为"聚落"。我们所看重的是在同一标准下宏观聚落形态的可比性，而非追求细节上的精确性。那些有"问题"的小聚落所带来的数量统计上的误差并不足以对我们的宏观分析造成负面影响（因为其数量少而且是在同一标准下的误差），更不会对聚落及社群等级的划分造成影响。

任何一种区域调查，不管是否以采集点（或称采集单元）为记录单位，或者采集点的范围有多大，都要将散布于地表的遗存以某种方式或按某种标准串联起来才能构成遗址或聚落。但是查阅国内已有的区域调查报告，对于地表遗存呈现不连续分布时如何分割遗址、圈定聚落，大多缺乏明确的说明。在这方面给予详细讨论的只见中美合作的内蒙古赤峰区域考古调查项目[1]。该项

---

[1] 赤峰中美联合考古研究项目：《内蒙古东部（赤峰）区域考古调查阶段性报告》，科学出版社，2003 年。

目的阶段性调查报告讨论了地表遗物分布群之间在不同间隔标准下（分别为 100 米和 200 米等）对确认遗址数量和规模的影响，注重对地表陶片所反映的人口密度和规模进行评估（该项目采集单元的最大范围为 100 米×100 米，以此为单位并借助直径为 3 米的集中采集区统计不同时期陶片的数量）。该报告通过对不同时期地表陶片分布密度的计算，进一步考察了调查区域内各时期相对人口指数的变化，其结果是这种变化曲线与遗址数量、采集点数量、采集点的总面积、各期陶片总数的变化曲线等都大致相符。通过该报告的分析我们反而可以得出这样的认识，即当按一定的标准划分遗址后，即便结果与遗址的实际数量不符，但至少可以反映不同时期遗址数量比例的变化，而这也正是对聚落形态进行历时性分析的一个重要基础；并且这种分析也再次证明，遗址数量和规模的变化可以充分反映人口规模的变化。此外，通过聚落形态来考察社会政治组织结构不可能脱离对聚落本身的直接观察与分析，因此聚落的划分、遗址的确定就成为不可回避的问题。而实际上赤峰调查最后也是以相关采集单元所汇聚成的聚落（或社区）作为基本分析单位的。

三　调查经过

本课题的区域系统调查开始于 2003 年秋，截止于 2006 年春，历时近三载，前后共分 6 个调查季度。调查季节集中在每年的 10 月中旬至次年的 4 月初之间，即秋收以后到春天小麦长高拔节以前，这是地表能见度最高的时节，也是本地区最适合于田野调查的季节。

2003 年秋，本课题的田野调查正式启动。11 月 19 日至 12 月 1 日，我们首先在青龙河上游的夏县东下冯、埝掌一带展开了短期的、带有尝试性的拉网式调查，目的在于对设计好的调查方案和操作方法进行实际的检验和修正。参加本次调查的主要人员有中国国家博物馆田野考古部的戴向明、王月前、王力之、洪梅，山西省考古研究所的王晓毅，运城市文物局的王立忠、丁金龙，夏县博物馆的黄永久，以及中国国家博物馆的技工王文武、申红俊、吕赵力。

2004 年上半年，从 3 月初到 3 月底，按照调整后的调查方案，课题组成员在闻喜县境内沿涑水河两岸开展了调查，参加人员有中国国家博物馆的王力之、王月前、洪梅，运城市文物局的王立忠、杨武俊，另外还有霍宝强、申红俊、吕赵力。

2004 年下半年，从 10 月 19 日到 12 月 18 日，调查继续在涑水河流域的绛县、闻喜境内进行，参加人员有王力之、王立忠、丁金龙、李刚、王文武、吕赵力、申红俊、王飞，山西大学历史文化学院考古专业本科生贺建国、檀志慧、员泽荣、阎文祥，短期参加调查的有山东大学考古学系研究生高继习、吉林大学考古学系研究生武志江、南京大学考古专业研究生李永强、北京大学考古学系研究生吴长青，还有山西大学考古专业研究生郭志勇、宋洋、刘斌等。

2005 年上半年，从 2 月至 4 月，课题组成员分成两个调查队，同时分别在涑水河流域和青龙河流域调查。一组集中在闻喜南部和夏县北部（包括涑水河的支流沙渠河），参加人员有王力之、王晓毅、丁金龙、李刚、王文武、王飞，山西大学历史文化学院本科生贺建国、檀志慧、阎文祥、王飞峰、江旭、祁小东、余飞等。另一组主要在夏县开展调查（也涉及闻喜局部），参加人员有王月前、申红俊、吕赵力，山西大学历史文化学院考古专业 02 级本科生夏增威、李继鹏、马宁、张光辉、郭峥栋、刘光亮、徐国栋、邓新波等。

2005 年下半年，从 11 月 12 日到 12 月 16 日，主要在盐湖区和临猗县东部、夏县南部调查，参加人员有戴向明、王月前、王晓毅、王文武、申红俊、吕赵力、王飞，中国社会科学院考古研究所博士生罗运兵，吉林大学考古系本科生陈相龙、贺存定、张蜀艺、代玉彪。

2006 年上半年，从 2 月 25 日到 3 月 11 日，仍在盐湖区、临猗、夏县境内调查，参加人员有戴向明、王月前、申红俊、吕赵力，山西大学本科生夏增威、马宁、李继鹏、张光辉、徐国栋、邓新波，河南大学本科生余勇、徐青晓、孙元林、张南。

至此，田野考古调查按计划全部完成。

四　本书的写作

自 2006 年上半年田野调查结束以后，本课题的实施很快转入了资料的整理与报告的写作阶段。首先我们对所有采集点采集标本的文化属性与相对年代进行了重新确认，核对、修正了记录的各种信息，以确保数据、资料的准确性。同时，经大家反复讨论，确定了根据采集点划分遗址、聚落的标准（详见前文）。

在整理资料的同时，课题负责人戴向明首先拟定了一个报告写作的提纲，然后按章节做了具体分工。资料整理、分析和报告写作的分工主要依据课题组成员在调查中参与、承担的具体任务而定。在田野调查的中期阶段，本课题组曾按涑水河、青龙河流域的划分有所分工；而报告中对遗址的介绍也按流域分为两大部分。涑水河领域主要由王力之负责，参加编写的人员还有洪梅、王晓毅、王立忠；青龙河流域主要由王月前负责，洪梅同时也参加了部分工作。有关 GPS 与 GIS 系统的运用由王力之编写。有关各时期聚落形态的分析分工如次：王月前负责仰韶时期（包括早、中、晚三期），洪梅负责庙底沟二期，王晓毅、王力之负责龙山时期，王力之负责二里头时期，王力之、王立忠负责二里岗时期。戴向明统筹全稿，并具体负责第一章概论和最后一章关于整个运城盆地东部聚落形态和社会结构变迁的分析（各章节写作的详细分工参见后记）。为避免认识上的分歧与矛盾，有关各时期聚落组、群的划分，各组、群聚落等级的划分及社会结构的评估等项内容也由戴向明统一完成，但在这一框架下个人仍有不同的表述。

2008 年 7 月，报告初稿完成，但无论是图、表的制作，还是文字内容的写作，都存在大量的问题。后经通稿、修改，至 2009 年 4 月第二稿完成，但很多问题依然存在。经进一步的讨论和分头修改，到 2010 年初报告终稿完成，又经通篇润色、统稿，最后交付出版社编辑出版。

尽管本报告在各个部分的写作上拟定了统一的体例，但不同的参与者在实际的写作中仍不可避免地带有很强的个人风格和写作习惯。如对聚落的描述有的较为细致，有的则显简略；对聚落分析部分也各有不同的处理。凡此种种，难以全面统一。其中的得与失相信读者会明察洞微，我们也敬希批评指正。

　　最后，对本报告编写中的一些格式需要做一点说明。本项调查像从前一样以遗址附近的村庄命名遗址，但有时一个村庄附近的不同方位会存在两个以上的遗址，这样我们就在村庄名称后面加上罗马数字"Ⅰ、Ⅱ、Ⅲ……"以分别命名同一村子附近不同的遗址，如"辕村Ⅰ号遗址"、"辕村Ⅱ号遗址"。同样，有时一个遗址内又包含有同期或不同时期的多个聚落，为进行区别，我们就又在遗址名称后面加上相应的阿拉伯数字"1、2、3……"以分别命名同一遗址内不同的聚落，如辕村Ⅰ遗址包含有1号仰韶中期聚落、2号仰韶晚期聚落、3号庙底沟二期聚落、4号庙底沟二期聚落、5号龙山时期聚落，等等。文字描述与配图皆按此体例统一编号，读者可以对照着看。另外，当一个遗址内有多个不同时期的聚落重叠交错时，为使配图清晰易看，我们有时会将这种遗址和聚落分布图做分幅处理，如将辕村Ⅰ号遗址的仰韶中期—庙底沟二期聚落做成一张图，再将该遗址的龙山时期—二里岗时期聚落做成另一张图，以避免混乱不清。各遗址所依托的地形图都是根据20世纪70年代绘制的1∶10000地图制作的，反映的是当时的地貌状况和村庄、城镇的大小范围，而后者至今已经有了很大的变化，这是特别需要指出的。此外各遗址图共有的图例只在第一幅遗址图（图二）中标出，此后各图不再重复出现。

第二章　GPS 与 GIS 的应用

20 世纪 80 年代以来，随着各地区考古学文化序列和谱系的完善，特别是聚落考古在国内的兴起，传统调查方法的缺点日渐显现，运用传统调查方法所获取的资料越来越不能满足聚落考古研究的需要。于是，国内的少数学者开始尝试新方法①，以求突破。后来，更多的机构、更多的学者通过与国外的合作，开始引入国外的区域系统调查方法，在河南、山东、内蒙古等地开展了一系列不同区域的系统调查，取得了不小的成果。具体的做法大同小异，已有学者做过详细的介绍②。相对于过去传统的调查方法，区域系统调查法无论在踏查面积的覆盖上，还是资料的收集上都较为全面、系统，所以近些年逐渐受到重视和广泛运用。

2003 年秋，我们在运城盆地的区域系统调查项目开始启动实施，首先在夏县境内的青龙河上游做了短暂的调查，取得不小的收获。针对调查方法上暴露出的问题，2004 年春，我们对调查的方法做了适度的调整，引入 GPS 和 GIS，并在以后的实践中不断细化，最后形成了如下所述的调查方法③：

（1）首先我们对调查范围内所用的地形图有选择的进行了矢量化，只选择对我们工作有用的要素，同时也是保密的需要而无面面俱到。矢量化地图是后期分析、研究的基础资料，是所有数据叠加的平台。从实际情况看，测绘年代越早的地图保留的原始地貌越完整，但在调查过程中，有时会与今天的实际地貌有一定差别。但为了更好观察聚落所处的背景环境，无论地面踏查，还是地图矢量化，我们都选用了较早的北京 54 坐标系 1∶10000 地形图。依靠较早的地形图，通过调查工作，我们可以根据遗存分布规律部分或完全恢复被破坏遗址的原来地貌状况和遗存实际分布情况，如闻喜县上邵王遗址等。当然，使用较早的地形图意味着与现在的实际地物会有些不同，这就需要对矢量化图中不相符的地物进行更正，如高速路等。在地图矢量化中有些要素是必须的，如等高线、高程点、河流、建筑物、道路、铁路等。一定区域内进行的调查，有时需要数张地图，

---

① 赵辉：《石家河遗址群的田野调查方法》，《考古学研究》（三），科学出版社，1997 年。

② 中美两城地区联合考古队：《山东日照市两城地区的考古调查》，《考古》1997 年 4 期；方辉：《对区域系统调查法的几点认识与思考》，《考古》2002 年 5 期；赤峰联合考古调查队：《内蒙古赤峰地区 1999 年区域性考古调查报告》，《考古》2003 年 5 期。

③ 具体的做法详见：王力之：《涞水河流域考古调查方法》，《中国历史文物》2007 年 6 期。

甚至更多，这就需要对矢量化后的地图进行拼接。为便于拼接，尽可能选用坐标系相同的地图。个别地图的坐标系不同，坐标转换后才进行拼接。在工作中尽可能选择坐标系、调绘年代、印刷时间等相同的地图，但由于不同年代印刷的地图以及等高距的不同，反映在调查报告中就会存在个别等高线不能对接的问题。

（2）地面踏查实行统一指挥，分组控制，平行推进的方法。每次调查参加人员在10人左右，分成3~4组，根据实际需要随时调整组与组之间的组合。调查人员之间的距离保持在30米左右，最小不小于20米，最大不超过50米，每人手持一个GPS对发现的遗存进行定位记录。之所以保持至少20米以上距离是考虑到单机GPS的误差范围。在踏查线路的安排上，无论在平地还是山地，尽可能安排调查人员顺着地坎的断面行进。这样做主要是考虑到断面上更易于发现遗存，特别是遗迹。在整个调查过程中，更多重视遗迹（含文化层）在判断聚落范围、结构、功能等方面的重要性。

（3）对调查发现的遗存全部采用GPS测点记录，测点之间的最小距离为20米。由于GPS默认的是WGS84坐标系，为方便起见，我们对GPS进行了重新设置，更改其为3度带的北京54坐标系，同于矢量化地图坐标系。这些设置除了对显示格式、坐标系、当地中央经线、投影比例、东西偏差、南北偏差调整外，还对地图基准的DA、DF、DX、DY、DZ等进行设定。其中，DX、DY、DZ三个参数则是因地而异的，需要通过当地测绘部门获得。坐标系和参数的重新设置可以直接获得每一测点的北京54坐标值。试验表明，在开阔的地带，正确使用单机GPS，其测点误差基本可以控制在20米左右。此次调查使用的是坐标系和参数重新设置后获得的数值，除了单机自身的误差外，还有系统本身的误差，不过这种系统误差是偏向同一方向且是可控的，所以，通过控制系统误差完全可以把测点误差控制在20米之内。调查者之间保持至少20米的距离已满足了测点误差的最小横向间距，而我们把测点到下一测点之间的最小距离定为20米也达到了纵向间误差的最低要求。这样，可以确保任何一个测点的坐标都会落在实际希望的范围内。在横向30米（最大不超过50米）、纵向20米的范围内，调查发现的全部遗存都归入同一测点（或称采集点），实际上，任何一个测点都代表了一定的面积范围，在此范围内发现的任何信息都归入该点。为了保证测点的合理、科学分布，调查队员之间的相互协调，保持好速度和距离，避免空间分布上的重叠，避免太近和太远都是非常有必要的。

（4）调查者除了对发现的遗存（遗物和遗迹）进行GPS测点记录外，还要对该点内所有发现的遗存信息进行记录。为了记录和后期大量数据检索、整理的方便，每一个测点都有独立的编号，以WX041207E003为例，是指在闻喜（WX）04年12月7日E人（E为调查队员的代码，每个人都有独立的代码）所做的第3个测点。每个调查者各自独立进行测点编号，各自进行独立的信息记录。在具体的记录中，首先要对遗物和遗迹分别对待，遗物指可移动的遗存，遗迹指不可移动的遗存，由于文化层（指原生堆积层）属不可移动的遗存，所以我们把此类遗存归入遗迹类。其次，还要对发现遗存的文化性质（年代）和丰富程度进行记录，如果是遗迹，还要对遗迹的种类

（灰坑、房址等）、文化性质（或年代）、数量、特点（形制、结构）等尽可能地进行详尽的记录。同样以 WX041207E003 为例，该点包含有文化层、3 个灰坑、2 个房址。其中，庙底沟二期有 1 个灰坑；龙山时期有 1 处文化层、2 个灰坑和 2 个房址，房址为白灰面房址。这些都是要做具体的记录。不同调查者的无数测点信息最后汇集成聚落以及遗址的信息。所以，对于测点内信息记录越详细越好。当然，需要说明的是，调查不可能了解一个遗址的全部，包括对遗存（遗物和遗迹）的认识都是局部的，甚至是片面的。所以，对信息的记录会有所选择，主要记录那些信息明确的。

（5）对发现的遗存进行记录的同时，原则上对所有发现的遗物都要进行确认并有选择地采集。可以确认遗物的准确时代且遗物较为碎小的，可以只做记录不做采集。除此之外，也有少量遗迹由于特殊原因无法采集遗物的（如所处位置较高或断崖等），甚或个别遗迹（如房址）根本采集不到遗物，在这种情况下只做记录。采集与记录是一个连续的整体，二者保持完全的统一。遗迹各自单独采集，分别编号。其中，C 代表文化层（可能包含几个时代的堆积），H 代表灰坑，F 代表房址，Y 代表窑址，M 代表墓葬，等等。调查记录的指代方式同于田野发掘。同时，同一测点上的同类遗迹单位，由调查者自行进一步编号，如 E003 的 3 个灰坑，调查者可以分别编为 E003－H1、E003－H2、E003－H3，只有一个遗迹则不再编号，直接用指代符号，遗物则需要分别进行采集。实际调查中，不是每名调查队员都能准确判断所有遗物的文化性质，加之后期整理及报告出版都需要实物介绍等相关问题，所以，尽可能多地采集遗物也是此次调查基本的要求。

（6）除了文字记录外，对调查发现的重要遗迹现象还要进行照相、绘图记录。很多情况下，调查所见遗迹暴露的只是其局部形状、结构，所以在不做清理的前提下，绘图记录的意义并不大。并且由于调查中可使用的记录时间非常有限，加之，此次调查以不破坏原生文化堆积为原则，不可能做太多的遗迹清理工作，所以，绘图不是本次调查的重点。但对一些遗迹现象，我们还是尽可能地进行了照相记录，但限于篇幅，报告中无法一一公布出来。

（7）从测点到采集、记录，是一个完整的不可分割的整体。同时，为了后期资料整理的方便及信息的保存，建立相应的数据库是调查中重要的部分。为此，此次调查有相应的数据库来管理所有的调查数据和信息，数据库的内容与记录的内容完全一致，基本是记录的翻版，这样做在提高效率的同时，也保持了资料的统一性。数据库的建立除了检索与管理信息的方便，也为后期与分析软件的链接提供了可能。需要说明的是，数据库的建立必须是开放式的、可修改的。我们知道，由于遗存的埋藏环境和暴露程度的不同，任何全覆盖式调查都不可能彻底了解一个测点的全貌，更不可能了解一个遗址的全貌，也就是说，任何一次调查都不是终极的调查，随时有修改的可能。特别是现代社会对遗址破坏日趋加重的情况下，建立这种可供修改的数据库对信息的保存无疑是最好的办法。

（8）借助 GIS 软件对资料进行整理与分析。田野踏查采集到的实物资料经集中整理确认无误后，在数据库中进行再次确认和修改。最终形成的数据库就成为此次调查的主要成果和分析依据。但对如此翔实的资料，数据库还不能把所有的信息立体地、分门别类地呈现出来。所幸的是，地理信息系统（GIS）日益发达的空间分析软件为我们处理大量数据提供了可能。我们以矢量化地图或以矢量化地图为基础形成的三维图作为我们的数据加载平台，然后把数据库信息导出加载到这些分析软件上。由于每一个测点都有自己的坐标，无数测点的汇集形成了这个区域内所有遗存的分布情况，所有遗存的分布情况构成了某一遗址（或某一聚落）的详细信息及分布范围。如果说矢量化图或矢量化图形成的三维图展示的是自然地貌环境，那么，加载的数据库信息则是不同时代人类活动的"痕迹"，二者的结合就是当时人地关系的真实反映，也是此次调查的主要目的之一。

此次调查所采用的方法，是在吸收传统调查方法和其他区域系统调查方法的基础上形成的。除了优先考虑调查资料的全面性和系统性外，还着重考虑了所收集资料的客观性和科学性，以期尽可能减少调查中的主观因素，为后来的研究者提供更多甄别与选择的机会。

第三章　涑水河流域遗址

第一节　遗址分布概况

涑水河发源于中条山北麓，先后流经绛县、闻喜、夏县、盐湖区、临猗等县区。其与汾河支流浍河的分水岭在绛县陈村—乔村—东吴一线，以西为涑水河流域，以东属浍河流域，二者之间的分水岭并不明显。涑水河在绛县境内的流向为由东向西，河流南岸属中条山北麓，地形多表现为大小不一的山前小台地；河流北岸有绛山（紫金山），绛山到涑水河为纵深达七八公里的山前冲积扇，地势由北向南逐渐降低，黄土覆盖深厚，土壤肥沃，背风向阳，是人类定居、生产活动的理想环境。涑水河进入闻喜境内后，流向折为东北—西南方向。其西北部为丘陵山地组成的峨嵋岭，东南部是低矮的鸣条岗与青龙河为界。涑水河两岸是典型的河谷地形，地势沿河流向两岸逐渐抬升，越往下游地形越开阔，抬升趋势越缓。涑水河的支流沙渠河同样发源于中条山，先由东北向西南，后由东南向西北注入涑水河，在闻喜县后宫村以上河两岸地形较为狭窄，后宫以下地形逐渐转为开阔（参见彩版六）。

从现存古河道及地形地貌特征看，在历史上，水势稍大的时候，闻喜县礼元乡一带的三角区域曾是涑水河的蓄洪区。闻喜县湖村、仓底一带可看到一些蛛丝马迹，至今这一带仍是地势较低的沼泽地。一旦涑水河水量增加、水位较高时，蓄洪区就无法承纳过量的洪水，涑水河就会向北泄洪，注入临汾盆地的浍河。在两盆地之间至今仍能看到下切很深的冲沟，应该是当时不断泄洪下切形成的。也就是说，至少在历史上涑水河是经常注入临汾盆地的浍河，虽然今天由于涑水河水位的下降这种流向已经永远成为历史。同样，沙渠河在其河水流量较大时也从闻喜县大泽村一带向南注入青龙河，至今仍然可以看到沙渠河通往夏县下切很深的冲沟。也就是说在历史上，沙渠河和青龙河也是经常贯通的。

从地貌特征看，无论涑水河与青龙河之间，还是临汾盆地与运城盆地之间的分水岭都较为低矮，对人类的往来活动几乎形不成任何障碍。所以，不仅涑水河流域与青龙河流域，其与汾河流域在很多时候文化面貌都保持着较大的相似性或相同性。

从分布规律看，调查发现的遗址基本是靠近水源分布，离开水源或没有稳定水源的地方很少有遗址或聚落分布，即便有也是非常小的遗址和聚落（很可能是依靠泉水补充水源的）。所以，河流两岸的山前冲积扇、台地和山丘就成为聚落或遗址的主要分布区。另一方面，由于河流及其他水源在不同时期会有所变化，具体到不同时期，遗址及聚落的分布规律及疏密程度会有所不同。一般来说，靠近水源地势又较为开阔的地方往往是不同时期的聚落或遗址分布最为密集的地方。以下是遗址及聚落分布的详细状况（附表）。

第二节　绛县境内的遗址

一　龙家坡遗址

龙家坡遗址位于城关镇龙家坡村西，面积0.1万平方米。遗址坐落在涑水河北岸台地的前缘，海拔高度在700米左右，北高南低，地形有一定起伏。其东紧邻一条南北向的冲沟，下切很深，冲沟今天主要是排放来至县城的污水，过去应该是流往涑水河的泉水。该遗址目前只发现零星仰韶晚期的遗物，从遗存分布范围看，可能只有一个聚落，聚落面积同于遗址面积（图二）。地表有零星遗物发现，没有发现遗迹现象。

遗物只发现有陶片。多泥质红陶，且较碎小；器表多素面，部分有线纹。

二　申家坡Ⅰ号遗址

申家坡Ⅰ号遗址位于中杨乡申家坡村东北，面积1万平方米（见图二）。遗址处在涑水河北岸台地的前缘，海拔高度在685~690米之间，东北略高，西南略低，遗址所在地形较为平坦。申家坡Ⅰ号遗址只有仰韶晚期的遗存，从遗存分布看，只有一个聚落，聚落面积同于遗址面积。聚落所在位置相对平坦。遗存发现较少，地表有零星遗物分布，少量遗迹主要发现于遗址西北部，遗迹内包含物均不丰富。

（1）遗迹

文化层　2处，见于遗址西北部的断面上，堆积较薄。

灰坑　2个，集中分布于遗址西北角，形状、结构不清。

（2）遗物

主要发现有陶片。以泥质红陶为多，可辨器形有钵等。

三　申家坡Ⅱ号遗址

申家坡Ⅱ号遗址位于中杨乡申家坡村南，面积3.2万平方米（见图二）。遗址处于涑水河北岸台地的下缘，海拔高度在650米左右，位置较低，地形起伏较小，距离涑水河较近。遗址有龙山、二里头和二里岗三个时期的遗存。从遗存分布特点看，每个时期分别有一个聚落，每个聚落的面积都较小。

1. 1号龙山时期聚落

1号龙山时期聚落面积较小，小于5万平方米，位于遗址的东部。聚落所处地势较低，略高于

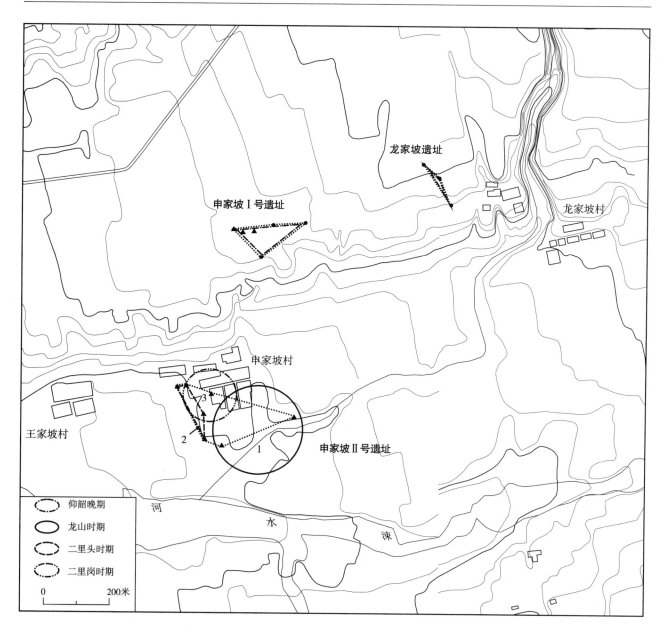

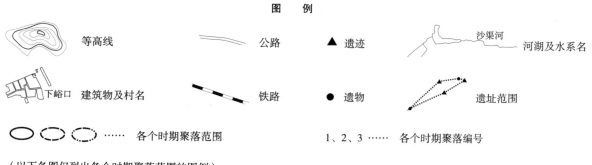

（以下各图仅列出各个时期聚落范围的图例）

图二　绛县龙家坡、申家坡Ⅰ号、申家坡Ⅱ号遗址（仰韶晚期—二里岗时期）

现在的河床，地形平坦。聚落内遗迹发现不多，零星分布于遗址东部和南部的梯田断面上，地表未见遗物，遗迹内发现遗物也较少。

（1）遗迹

文化层　1处，位于遗址南端，堆积薄。

灰坑　2个，位于遗址最东端，形状、结构不详。

（2）遗物

只有陶片发现。多夹砂陶，以绳纹为主，可辨器形有罐等。

2. 2号二里头时期聚落

2号二里头时期聚落位于遗址的西部，面积0.4万平方米。聚落所处位置较低，略高于现在的河床，地形平坦。聚落内遗迹发现不多，集中分布在遗址的西部，地表有零星遗物分布，但遗迹内遗物出土较为丰富。

（1）遗迹

文化层　1处，位于遗址西北角，厚度不详，灰土内夹杂有陶片。

灰坑　3个，位于遗址西部，形状不清，坑内包含有较多遗物。

（2）遗物

主要是陶片。以绳纹陶为主，可辨器形有鬲、甗、盆、罐等。

甗　标本1件。JX041108H004－H：1，夹砂灰黑陶。口外翻，口部加厚，圆唇，微束颈，微鼓腹。颈及腹部饰绳纹。口径36、残高9.2厘米（图三，1）。

盆　标本1件。JX041108B002：1，泥质灰陶。口外翻，圆唇，深腹。腹部饰绳纹。口径28、残高6厘米（图三，2）。

罐　标本1件。JX041108B002－C：1，泥质灰褐陶。近直口，矮领，鼓肩。尚有少量未抹去的绳纹痕迹。口径14、残高8厘米（图三，3）。

3. 3号二里岗时期聚落

3号二里岗时期聚落位于遗址的西北部，面积小于5万平方米。聚落靠近现代村落分布，所处位置较低，略高于现在的河床，地形平坦。地表未见遗物，只发现有个别遗迹，见于遗址的西北部，遗迹内有少量遗物。

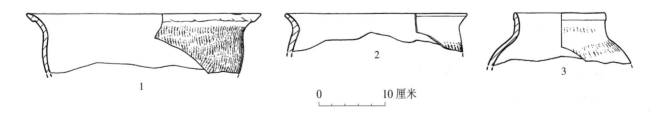

1　　　　　　　　　　2　　　　　　　　　　3

0　　　　10厘米

图三　绛县申家坡Ⅱ号遗址二里头时期陶器

1. 甗（JX041108H004－H：1）　2. 盆（JX041108B002：1）　3. 罐（JX041108B002－C：1）

（1）遗迹

文化层　1处，位于遗址北部，厚度不详。

（2）遗物

只有少量陶片。多绳纹，可辨器形有罐等。

四　峪南遗址

峪南遗址位于中杨乡峪南村东、西、南三面，面积144.9万平方米（图四、五）。遗址处在涑水河北岸台地的前缘（彩版一九），海拔高度在620～675米之间，北高南低，北部地形相对平坦，南部地形有起伏。遗址西、北两面临深沟，沟内有水与涑水河相通。峪南遗址包含五个时期的遗存：仰韶中期、庙底沟二期、龙山时期、二里头时期和二里岗时期。从遗存分布特点看，仰韶中期有一个聚落，庙底沟二期有四个聚落，龙山时期有两个聚落，二里头时期有一个聚落，二里岗

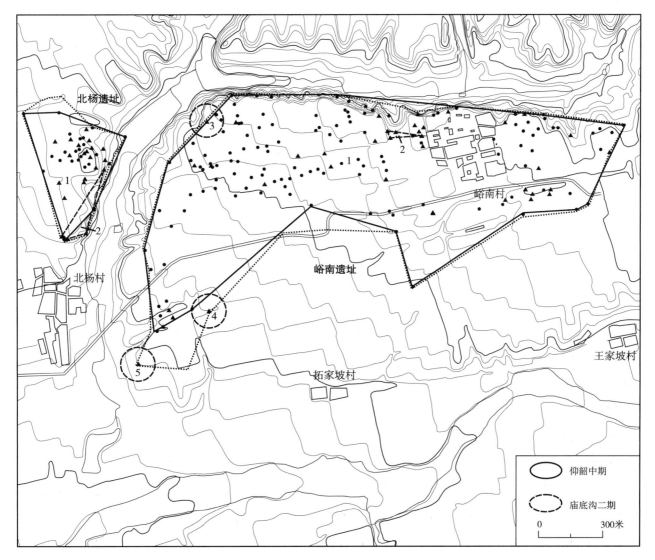

图四　绛县峪南、北杨遗址（仰韶中期、庙底沟二期）

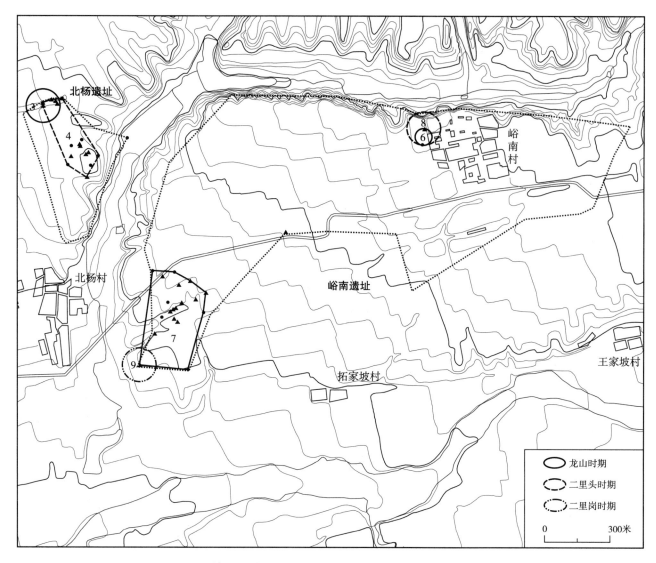

图五　绛县峪南、北杨遗址（龙山时期—二里岗时期）

时期有一个聚落。仰韶中期，聚落已有相当规模，是同时期较大的聚落之一，之后急剧衰落；庙底沟二期，聚落的总体特点是临水分布在遗址边缘，数量虽多，但规模小，呈现多点开花的局面，相比仰韶时期的繁盛，呈现明显的衰落（见图四）；龙山时期，遗址西南部的聚落有了一定规模；二里头时期，只有遗址的北部有一较小的聚落；二里岗时期，在遗址西南角也有一个较小的聚落（见图五）。

1. 1 号仰韶中期聚落

1 号仰韶中期聚落，面积 133 万平方米，该聚落占据了除西南角外整个遗址的绝大部分范围。聚落南向涑水河，位于涑水河北岸逐渐上升的台地上，三面临水，聚落的最高处和最低处有较大的落差。聚落内遗迹和遗物分布都较为丰富，以陶片为代表的遗物随处可见，遗迹主要分布在面向水源的聚落四周，聚落中心发现的遗迹种类和数量反而并不多。除了地表外，遗迹内出土的遗物较丰富。

（1）遗迹

文化层　多处，主要分布于聚落四周断面上，中部较平地方很少有暴露。

灰坑　数量较多，多分布于聚落四周，多发现于断面，灰土内包含遗物较多。

（2）遗物

主要是陶片，另外有少量石器。

① 陶器

以泥质红陶为多，纹饰以素面和线纹为主，可辨器形有尖底瓶、钵、盆、罐、器盖等。

尖底瓶　标本2件。JX041107J019－H：2，泥质红陶。重唇口，长颈。颈部饰线纹。口径5.2、残高6厘米（图六，1）。JX041107D012－H2：1，泥质红陶。重唇口，长颈。颈部饰线纹。口径5、残高4.8厘米（图六，2）。

钵　标本4件。JX041107F021：1，泥质红陶。敞口，弧腹。素面。口径28、残高6.4厘米（图六，3）。JX041107D013－H：1，泥质红陶。微敛口，鼓腹。素面（图六，5）。JX041107E022－H：1，泥质红陶。敛口，圆唇，弧腹，平底。素面，口径17.2、底径9.2、高6.6厘米（图六，6）。JX041107F025：1，泥质红陶。敞口，弧腹。饰黑彩（图六，11）。

盆　标本1件。JX041107I005－H：1，泥质红陶。圆唇，小折沿，微鼓腹。口沿施黑彩（图六，4）。

罐　标本4件。JX041107J019－H：1，夹砂褐陶。侈口，矮领，鼓肩。肩部有数周旋纹（图六，7）。JX041107I005－H：2，夹砂褐陶。口内有凹槽，矮领，鼓腹。腹部饰线纹（图六，8）。JX041107K039－H：1，夹砂褐陶。侈口，矮领，鼓肩。领内外都有凹槽，肩部有数周旋纹（图六，9）。JX041107E022－H：2，夹砂褐陶。侈口，矮领，鼓肩。肩部有数周旋纹（图六，10）。

器盖　标本1件。JX041107D012－H3：1，夹砂褐陶。覆盆式，顶部接桥形耳。素面。残高12.4厘米（图六，12）。

② 石器

石铲　标本1件。JX041107F026－H：1，青灰色。器大而宽，刃部呈圆形，两面刃，顶部残。两面打磨光滑，刃部有疤痕。残长22.8、宽20、厚2.2厘米（图六，13）。

2. 2号庙底沟二期聚落

2号庙底沟二期聚落位于峪南村西，处于遗址的北部偏中，面积0.3万平方米。该聚落所处地势平坦，但北临深水沟，沟内至今仍有河水流淌，过去应该是泉水流经处。聚落内有少量灰坑发现，地表基本没有遗物发现，但遗迹内出土遗物较丰富。

（1）遗迹

灰坑　4个，见于聚落四周地坎断面上，形状、结构不清。

（2）遗物

主要是陶片。以夹砂陶多，纹饰以绳纹、篮纹为主，可辨器形有深腹罐等。

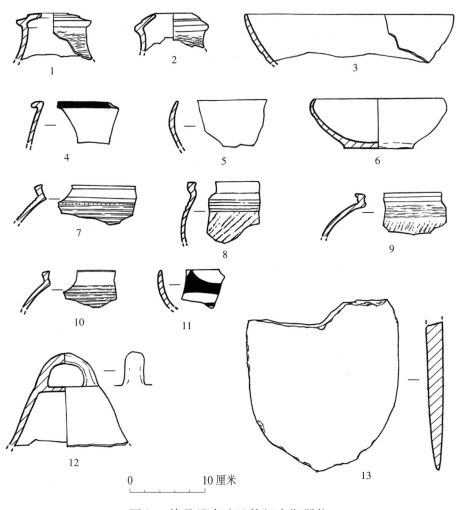

图六 绛县峪南遗址仰韶中期器物

1、2. 陶尖底瓶（JX041107J019 – H：2、JX041107D012 – H2：1） 3、5、6、11. 陶钵（JX041107F021：1、
JX041107D013 – H：1、JX041107E022 – H：1、JX041107F025：1） 4. 陶盆（JX041107I005 – H：1）
7～10. 陶罐（JX041107J019 – H：1、JX041107I005 – H：2、JX041107K039 – H：1、JX041107E022 – H：2）
12. 陶器盖（JX041107D012 – H3：1） 13. 石铲（JX041107F026 – H：1）

深腹罐 标本 2 件。JX041107D012 – H1：1，夹砂灰黑陶。侈口，直深腹。花边口，口下有两
周附加泥条堆纹，腹部有一周附加泥条堆纹，腹部饰斜篮纹。口径 36、残高 21 厘米（图七，1）。
JX041107D012 – H1：2，夹砂灰陶。深腹，平底。腹部残留有一周附加堆纹，腹部饰斜篮纹（图
七，2）。

3. 3 号庙底沟二期聚落

3 号庙底沟二期聚落位于遗址的西北部，面积较小，小于 5 万平方米。该聚落北、西面临沟，
沟内至今仍有水流。聚落内发现有少量遗迹，分布较集中，遗迹内出土物丰富，但地表未见遗物。

（1）遗迹

灰坑 3 个，见于临沟的断面上，形状、结构不详。

（2）遗物

只发现陶片。以夹砂灰陶为多，多见篮纹，可辨器形有深腹罐等。

4. 4 号庙底沟二期聚落

4 号庙底沟二期聚落位于遗址的西南部，面积较小，小于 5 万平方米。聚落地处涑水河北岸的缓坡台地上，西距浅水沟 400 米，南距涑水河 700 米。聚落内没有发现地表遗物，只发现个别遗迹，遗迹内出土物丰富。

（1）遗迹

灰坑 2 个，分布于一小冲沟断面上，一坑形状不详，一坑为口大底小。

（2）遗物

只发现陶片。以夹砂陶为主，多绳纹，可辨器形有罐等。

5. 5 号庙底沟二期聚落

5 号庙底沟二期聚落位于遗址的西南角，面积较小，小于 5 万平方米。聚落地处涑水河北岸台地的最前缘，所处位置较低，略高于河床。聚落内没有发现地表遗物，只发现个别遗迹，遗迹内出土物丰富。

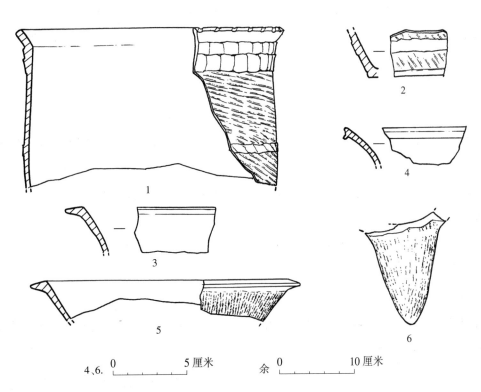

图七 绛县峪南遗址陶器

1、2. 深腹罐（JX041107D012－H1：1、JX041107D012－H1：2） 3、5. 盆（JX041106B004－C：2、JX041106B004－H2：1） 4、6. 鬲（JX041106B004－C：1、JX041107L012－C：1）（1、2 为庙底沟二期，3、4 为二里岗时期，5 为龙山时期，6 为二里头时期）

（1）遗迹

灰坑　1个，见于取土的断面上，为口大底小。

（2）遗物

只发现陶片。以夹砂灰陶为多，主要有篮纹、绳纹等，可辨器形有罐等。

6. 6号龙山时期聚落

6号龙山时期聚落位于遗址的北端，面积较小，小于5万平方米。聚落地处涑水河北岸的台地上，地势较平，其北面临深水沟。没有任何遗迹发现，只有两点有遗物且很少，所以理论上有可能是一个聚落。

（1）遗迹

未发现。

（2）遗物

只有少量陶片发现。多夹砂灰陶，有绳纹，可辨器形有罐等。

7. 7号龙山时期聚落

7号龙山时期聚落位于遗址的西南角，面积10.5万平方米。聚落地处涑水河北岸台地前缘的缓坡上，地势略低，高低错落有别。聚落西有浅沟，处在河水的三角交汇处。聚落内发现的遗迹和遗物都较丰富，尤以聚落北部的遗迹分布最为集中，除了文化层，灰坑和房址都有发现。

（1）遗迹

文化层　4处，主要分布于聚落中部小冲沟的断面上，包含物丰富。

灰坑　9个，分布于聚落西北部和东南之外的其他位置，口大底小和口小底大的都有，形状不清，坑内包含物丰富。

房址　1座，位于聚落西北部地势较高处，为白灰面房址，出土物较少。

（2）遗物

地表有不少遗物发现，除此之外，遗迹内出土物丰富。遗物主要是陶片，此外还有石器。

① 陶器

以夹砂陶为多，绳纹为主，可辨器形有鬲、盆、罐等。

盆　标本1件。JX041106B004 - H2∶1，泥质黑皮陶。圆唇，折沿，斜腹。腹部饰绳纹。口径36、残高5.6厘米（图七，5）。

② 石器

有石铲等。

石铲　标本2件。JX041107H005 - C∶1，灰绿色花岗岩。毛坯，打制而成，尚未琢磨。顶端厚，刃部薄。长15.6、宽7.6、厚2.8厘米（图八，1）。JX041107G001 - H1∶1，褐色。器薄，单面刃，打磨光滑，刃部有使用的痕迹。长13、宽7、厚1.2厘米（图八，2）。

8. 8号二里头时期聚落

8号二里头时期聚落位于遗址的北部偏中，面积较小，小于5万平方米。聚落地处浍水河北岸台地，其北临深水沟。聚落内只有少量遗迹发现，地表有少量遗物发现，但遗迹内陶片出土丰富。

（1）遗迹

文化层　1处，堆积厚度在1米以上，长度不清。

（2）遗物

只发现陶片。多夹砂陶，多绳纹，可辨器形有鬲、罐等。

鬲　标本1件。JX041107L012 - C∶1，夹砂灰陶。实足根，粗大。整个足根都饰绳纹（图七，6）。

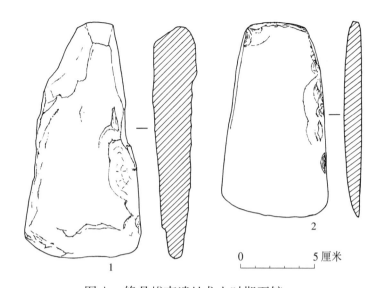

图八　绛县峪南遗址龙山时期石铲

1. JX041107H005 - C∶1　2. JX041107G001 - H1∶1

9. 9号二里岗时期聚落

9号二里岗时期聚落位于遗址的西南角，面积较小，小于5万平方米。该聚落处于浍水河北岸台地的最下缘，居于两河交汇处，地势较低。聚落内未见地表遗物，仅有个别遗迹现象的发现，遗存分布较差，遗迹内出土物丰富。

（1）遗迹

文化层　1处，见于地坎的断面，堆积浅。

（2）遗物

只有陶片。以绳纹为多，可辨器形有鬲、盆等。

鬲　标本1件。JX041106B004 - C∶1，夹砂黑灰陶。方唇，唇部有凹槽，唇下有倒钩，翻沿。残留部分素面（图七，4）。

盆　标本1件。JX041106B004 - C∶2，夹砂灰陶。圆唇，折沿，斜腹。素面（图七，3）。

五　北杨遗址

北杨遗址位于中杨乡北杨村北，面积17.3万平方米（见图四、五）。遗址处在浍水河北岸台地的前缘，海拔高度在625～652米之间，总体地形北高南低，西部地形起伏较小，东部临冲沟，地形起伏较大，沟内至今仍有水与浍水河相通（彩版二○）。北杨遗址发现有四个时期的遗存：仰韶中期、庙底沟二期、龙山时期和二里头时期。从遗存分布特点看，每个时期分别可以划分为一个聚落。总体来看，仰韶中期，聚落规模最大，遗存分布几乎遍布整个遗址；庙底沟二期，聚落规模骤然缩小，只分布在遗址的东南一角；龙山时期，只有零星发现；二里头时期，聚落规模又有所恢复，但只是占据遗址中北部的一小部分。

1. 1 号仰韶中期聚落

1 号仰韶中期聚落占据了遗址南、北两端之外的绝大部分范围，面积 15.3 万平方米。聚落所处的地形大部分平坦，临沟部分逐渐下降。聚落内遗存分布丰富，尤以聚落东北部遗存分布密集。地表可见散落的红陶片，遗迹内包含物丰富。

（1）遗迹

文化层　数量众多，遍布于整个聚落。

灰坑　3 个，分布于聚落中部。

（2）遗物

主要是陶片，此外，有少量石器。

① 陶器

以泥质红陶为多，纹饰以素面、线纹为主，可辨器形有尖底瓶、钵、盆等。

钵　标本 2 件。JX041107H001：2，泥质红陶。曲腹，平底。素面。口径 18.8、高 8.4 厘米（图九，1）。JX041116C001：1，泥质红陶。敛口，弧腹内收。素面（图九，4）。

盆　标本 1 件。JX041107L004：1，泥质红陶。圆唇，折沿，深腹。素面（图九，2）。

② 石器

只有少量。

石凿　标本 1 件。JX041107H001：1，灰绿色的花岗岩。器厚，单面刃。顶部有砍砸的痕迹。长 8.7、宽 4.3、厚 2.3 厘米（图九，8）。

2. 2 号庙底沟二期聚落

2 号庙底沟二期聚落位于遗址的东南部，面积 1.7 万平方米。聚落主要沿沟边分布，聚落内遗存并不丰富，遗迹主要见于沟边的梯田断面。地表没有发现遗物，但遗迹内包含物丰富。

（1）遗迹

文化层　2 处，分布在聚落南部，堆积较厚。

灰坑　2 个，分布在聚落东部，形状、结构不清。

（2）遗物

主要是陶片。以夹砂陶为主，多篮纹和绳纹，可辨器形有釜灶、深腹罐、罐等。

釜灶　标本 1 件。JX041107B006 - H1：1，夹砂灰褐陶。深腹，双鋬，釜、灶一体。器表饰绳纹（图九，5）。

深腹罐　标本 1 件。JX041107K020 - H1：1，夹砂灰褐陶。折沿，深腹。腹部有一周泥条堆纹，腹部饰斜篮纹。口径 24、残高 4.8 厘米（图九，3）。

罐　标本 1 件。JX041116M001 - H：1，夹砂灰褐陶。深腹，平底。腹部饰横篮纹。底径 13、残高 10 厘米（图九，7）。

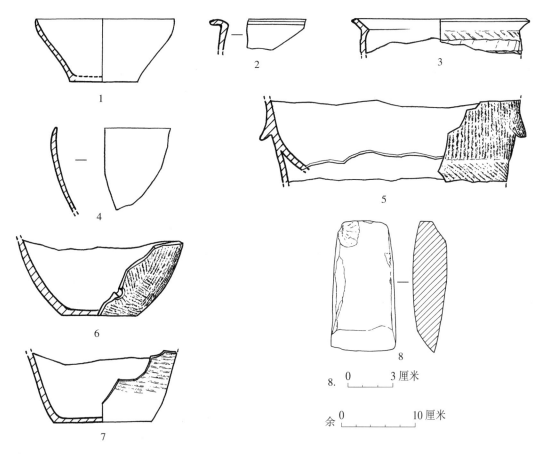

图九 绛县北杨遗址器物

1、4. 陶钵（JX041107H001：2、JX041116C001：1） 2. 陶盆（JX041107L004：1） 3. 陶深腹罐（JX041107K020 - H1：1）
5. 陶釜灶（JX041107B006 - H1：1） 6、7. 陶罐（JX041116E008 - C：1、JX041116M001 - H1：1） 8. 石凿（JX041107H001：1）
（3、5、7为庙底沟二期，6为龙山时期，余为仰韶中期）

3. 3号龙山时期聚落

3号龙山时期聚落分布于遗址的西北角，面积较小，小于5万平方米。聚落内只有个别遗迹现象发现，地表未见遗物，遗迹内包含物并不丰富。

（1）遗迹

文化层 1处，分布于遗址的西北部小冲沟断面，堆积浅。

（2）遗物

主要是陶片。多见泥质陶，有篮纹和绳纹，可辨器形有罐、盆等。

罐 标本1件。JX041116E008 - C：1，泥质灰陶。鼓腹，平底。腹部饰斜篮纹，有后期的钻孔。底径10、残高10厘米（图九，6）。

4. 4号二里头时期聚落

4号二里头时期聚落分布于遗址的中北部，面积4.4万平方米。聚落所处的地势相对平坦，发现遗存丰富，特别是遗迹多，遗存集中分布于聚落的南北两端。地表有零星遗物分布，遗迹内包含物丰富。

（1）遗迹

文化层　5 处，聚落的南、北部都有分布，多见于梯田或冲沟的断面，大多堆积较厚。

灰坑　6 个，聚落的南、北部都有分布，多见于梯田或冲沟的断面（彩版二一）。

（2）遗物

主要是陶片。多见泥质灰陶，以绳纹为主，可辨器形有罐等。

六　西沟遗址

西沟遗址位于城关镇新桥西沟村西南，面积 3.8 万平方米（图一〇、一一）。遗址处在涑水河北岸台地上，海拔高度在 700～720 米之间，东高西低，地形有一定的起伏。遗址东、西、南三面临沟，沟内有水与涑水河相通。西沟遗址有五个时期的遗存：仰韶中期、仰韶晚期、庙底沟二期、

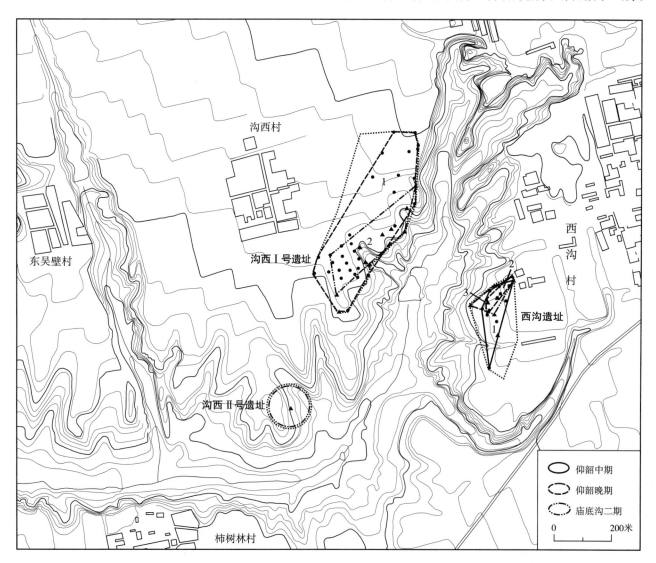

图一〇　绛县西沟、沟西 I 号、沟西 II 号遗址（仰韶中期—庙底沟二期）

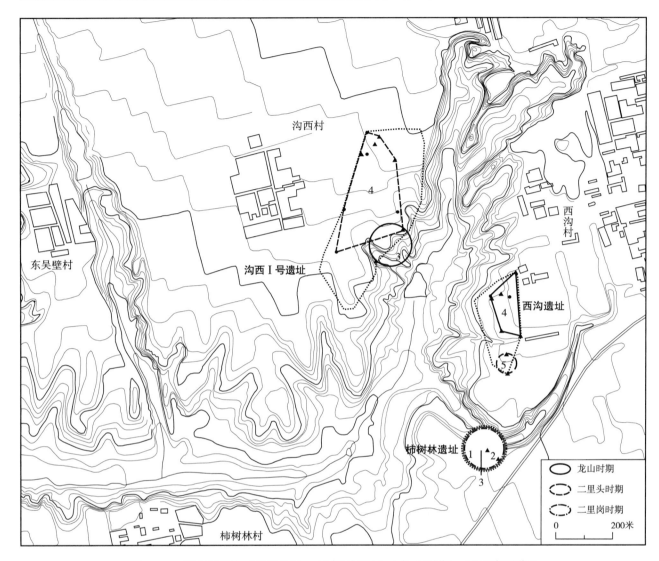

图一一 绛县西沟、沟西Ⅰ号、柿树林遗址（龙山时期—二里岗时期）

龙山时期和二里头时期。从遗存分布特点看，每个时期分别有一个聚落。仰韶中期，聚落规模达到最大；仰韶晚期，聚落急剧向北收缩，保留很小区域；庙底沟二期，聚落规模略有扩大；龙山时期，聚落规模进一步扩大；二里头时期，只有零星发现，面积较小。

1. 1号仰韶中期聚落

1号仰韶中期聚落，南北向呈长条状分布于遗址的中部，面积不大，只有1.6万平方米。聚落东高西低，西临深沟。聚落内遗迹仅见于中部，发现较少，但地表遗物分布较多。

（1）遗迹

文化层 1处，见于梯田断面上，厚度不详，包含物不多。

灰坑 1个，见于梯田断面上，呈口大底小，形状不清，包含物丰富。

（1）遗物

主要是陶片。以泥质红陶为多，素面和线纹为主，可辨器形有尖底瓶、钵等。

尖底瓶　标本 1 件。JX041108E004 - H1：1，泥质红陶。重唇口，长颈。颈部饰线纹。口径 6.8、残高 3 厘米（图一二，5）。

2. 2 号仰韶晚期聚落

2 号仰韶晚期聚落呈条状分布于遗址的北部，面积较小，只有 0.4 万平方米。该聚落东高西低，西临深沟。聚落内遗迹发现很少，但地表遗物分布密集。

（1）遗迹

文化层　1 处，见于聚落北部梯田断面上，堆积较薄，包含物少。

（2）遗物

主要是陶片。以泥质红陶为多，线纹和素面为主，可辨器形有钵、尖底瓶。

3. 3 号庙底沟二期聚落

3 号庙底沟二期聚落位于遗址的北部，面积较小，只有 0.8 万平方米。该聚落西北临沟，东高西低，有一定的落差。在梯田的断面上发现有少量遗迹，整体来看，聚落内遗迹和遗物都有少量分布，但都不甚丰富。

（1）遗迹

文化层　1 处，分布于聚落东北部，堆积较薄，包含物较少。

灰坑　2 个，聚落南北各发现一个，形状、结构不清，灰土中杂有陶片。

房址　1 个，位于聚落的西部，为白灰面，包含物很少（彩版二二）。

（2）遗物

主要是陶片。以夹砂陶为多，可辨器形有深腹罐、罐、盆等。

深腹罐　标本 1 件。JX041108D003 - H：1，夹砂灰陶。口外翻，深腹。花边口，口下有泥条附加堆纹一周，腹部饰竖篮纹（图一二，2）。

盆　标本 1 件。JX041108F009 - C：1，泥质灰陶。圆唇，宽折沿，浅腹。素面。口径 32、残高 10 厘米（图一二，4）。

4. 4 号龙山时期聚落

4 号龙山时期聚落位于遗址的东部，面积不大，只有 1.5 万平方米。聚落西临深沟，东高西低，略有起伏。聚落周边的梯田断面上多有遗迹发现，地表所见遗物并不多，但遗迹内出土遗物丰富。

（1）遗迹

文化层　1 处，分布于聚落北端，堆积厚度不清，包含物少。

灰坑　6 个，集中分布于聚落南端，形状不清，结构多样，包含物丰富。

房址　2 个，集中分布于聚落南端，均为白灰面，半地穴式，大小不清，包含物很少。

（2）遗物

主要是陶片。以夹砂陶为多，绳纹为主，可辨器形有鬲、豆、罐、厚壁缸等。

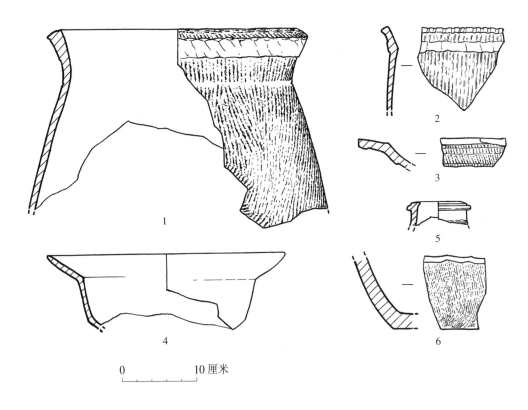

图一二　绛县西沟遗址陶器

1. 鬲（JX041108E005 - H：1）　　2. 深腹罐（JX041108D003 - H：1）　　3. 豆（JX041108E003 - H：1）
4. 盆（JX041108F009 - C：1）　　5. 尖底瓶（JX041108E004 - H1：1）　　6. 厚壁缸（JX041108F008 - H2：1）
（2、4为庙底沟二期，5为仰韶中期，余为龙山时期）

鬲　标本1件。JX041108E005 - H：1，夹砂灰陶。口外翻，方唇，微束颈，鼓腹，大袋足。口下有附加泥条堆纹一周，通体饰绳纹。口径35、残高26.6厘米（图一二，1）。

豆　标本1件。JX041108E003 - H：1，泥质灰黑陶。方唇，宽沿，斜浅盘。盘外通体饰绳纹（图一二，3）。

厚壁缸　标本1件。JX041108F008 - H2：1，夹砂灰陶。斜深腹，小底，厚壁。腹部饰绳纹（图一二，6）。

5. 5号二里头时期聚落

5号二里头时期聚落位于遗址的南部，面积小于5万平方米。聚落西临深沟，遗存分布不丰富，只有零星遗迹发现，地表未见遗物，但遗迹内有遗物发现。

（1）遗迹

灰坑　2个，聚落南、北部梯田断面上各有一个分布，形状、结构不清，坑内包含物较少。

（2）遗物

只发现陶片。以夹砂陶为多，绳纹为主，可辨器形有罐等。

七　沟西 I 号遗址

沟西 I 号遗址位于城关镇沟西村东，面积 13.4 万平方米（见图一〇、一一）。遗址处在涑水河北岸的台地上，东部临深沟，沟内有水，海拔高度在 680～725 米之间，整体地形相对平坦，但在临沟的东部地形起伏较大，多为阶梯状梯田。沟西 I 号遗址发现有四个时期的遗存：仰韶晚期、庙底沟二期、龙山时期和二里头时期。从遗存分布特点看，每个时期可以划分为一个聚落。仰韶晚期，聚落已有相当的规模；庙底沟二期，聚落规模有所缩小；龙山时期，临沟的地方只有个别零星发现；二里头时期，聚落规模又有所恢复和扩大。

1. 1 号仰韶晚期聚落

1 号仰韶晚期聚落除西北角外，占据了遗址的绝大部分，面积 10.8 万平方米。聚落北高南低，遗存主要沿沟边分布，聚落南北两头遗存丰富，中间相对差，遗迹主要分布在聚落中部梯田的断面上，但数量不多，无论地表遗物还是遗迹内发现的遗物都较丰富。

（1）遗迹

文化层　2 处，分别位于聚落南、北梯田的断面上，堆积厚度不清。

灰坑　2 个，集中位于聚落中部冲沟的断面上，全部为袋状坑，形状不清。

（1）遗物

以陶片为主。多为泥质红陶，可辨器形有尖底瓶、罐、甑等。

罐　标本 3 件。JX041114J003－H：1，夹砂红褐陶。口部加厚，内有凹槽，深腹。腹部饰线纹。口径 49.6、残高 8 厘米（图一三，1）。JX041114I004－C：2，泥质红陶。近直口，深腹。腹部饰线纹。口径 33.4、残高 16 厘米（图一三，2）。JX041114I004－C：1，夹砂褐陶。方唇，小折沿，深腹微鼓，腹部有双錾。口沿下有一周附加堆纹，腹部饰线纹。口径 20.4、残高 10.8 厘米（图一三，7）。

甑　标本 1 件。JX041114J003－H：2，泥质红陶。鼓腹，平底，底部残留三个孔。素面。底径14、残高 4.4 厘米（图一三，5）。

2. 2 号庙底沟二期聚落

2 号庙底沟二期聚落分布于遗址的南部，面积 3.8 万平方米。该聚落北高南低，遗存主要沿沟边分布。地表遗物不多见，遗迹分布较为分散，主要发现于沟边的断面上，数量不多，遗迹内出土物丰富。

（1）遗迹

文化层　1 处，分布在聚落北部沟边断面上，堆积较厚。

灰坑　3 个，分布在聚落中、北部，除 1 个见于梯田断面上，其余 2 个都见于沟边断面上，形状、结构不清。

陶窑　2 个，分布在聚落南部，1 个见于梯田断面，1 个见于冲沟断面，窑室均较小。

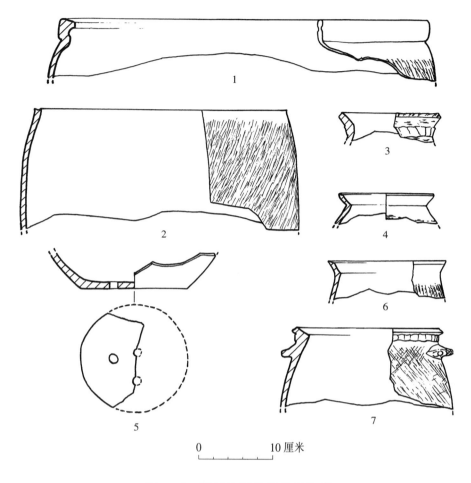

图一三　绛县沟西Ⅰ号遗址陶器

1~4、6、7. 罐（JX041114J003 - H：1、JX041114I004 - C：2、JX041114G006：1、JX041114J003 - F：1、JX041114G006：2、

JX041114I004 - C：1）　5. 甑（JX041114J003 - H：2）（3、6为庙底沟二期，4为龙山时期，余为仰韶晚期）

（2）遗物

主要是陶片。以夹砂灰陶较多，多篮纹和绳纹，可辨器形有深腹罐、罐等。

罐　标本2件。JX041114G006：1，夹砂灰黑陶。侈口，深腹。花边口，口下有附加堆纹一周。口径14、残高3.8厘米（图一三，3）。JX041114G006：2，夹砂灰黑陶。口外翻，圆唇，深腹。腹部饰竖篮纹。口径16、残高5厘米（图一三，6）。

3. 3号龙山时期聚落

3号龙山时期聚落位于遗址东部边缘，面积较小，小于5万平方米。该聚落东临深沟，遗存不丰富，仅有少量遗迹发现于沿沟的断面上。地表没有发现遗物，遗迹内有遗物发现。

（1）遗迹

文化层　1处，位于聚落北部沟边的断面上，堆积厚度不清，包含物丰富。

房址　1个，位于聚落南部冲沟的断面上，为半地穴式，包含物较少。

（2）遗物

只有陶片发现。多泥质陶，多素面，可辨器形有罐等。

罐　标本1件。JX041114J003－F：1，泥质灰黑陶。侈口，沿内凹，鼓肩。残留部分素面。口径13、残高4厘米（图一三，4）。

4. 4号二里头时期聚落

4号二里头时期聚落位于遗址的西部，面积6.2万平方米。聚落东有深沟，相比之前，其所处位置相对平坦。聚落内遗存分布稀疏，遗迹主要暴露于聚落北部地坎上。地表有零星的遗物分布，砖窑取土场遗物分布集中，遗迹内出土物丰富。

（1）遗迹

文化层　2处，聚落的南、北各有1处分布，堆积厚度不详，包含物丰富。

灰坑　5个，集中分布于聚落的北部，多袋状坑，包含物丰富。

陶窑　1个，分布于聚落的北部，只残留有窑壁部分，包含物很少。

（2）遗物

主要是陶片，此外有少量石器。

① 陶器

以灰陶为多，纹饰以绳纹为主，可辨器形有鬲、大口尊、盆、器盖、圆腹罐、罐等。

鬲　标本1件。JX050820A001：11，夹砂褐陶。实足根，稍显粗。足根通体饰绳纹（图一四，8）。

大口尊　标本1件。JX050820A001：1，泥质黑灰陶。近直口，口部加厚，矮领，鼓肩，深腹。口下饰绳纹。肩部有刻划的圆圈纹，腹部有纵横交错的附加堆纹。口径34、残高24厘米（图一四，14）。

盆　标本4件。JX050820A001：2，泥质灰褐陶。近方唇，翻沿，深腹。腹部饰绳纹，靠上部有数周旋纹。口径34、残高13厘米（图一四，1）。JX050820A001：4，夹砂灰褐陶。敞口，圆唇，深腹。腹部饰绳纹。口径30、残高8厘米（图一四，4）。JX050820A001：5，泥质黑陶。口外翻，尖圆唇，深腹，腹部有鋬手。腹部饰绳纹（图一四，9）。JX041114L004：2，夹砂灰陶。口外翻，圆唇，深腹。腹部饰绳纹（图一四，10）。

器盖　标本2件。JX050820A001：6，夹砂灰褐陶。口部加厚，圆唇，弧背。背部残留有三周旋纹。口径36、残高4.4厘米（图一四，7）。JX050820A001：3，夹砂灰褐陶。口部加厚，圆唇，弧盖。器外部饰绳纹（图一四，11）。

圆腹罐　标本4件。JX050820A001：9，夹砂灰黑陶。圆唇，近直口，口部加厚，高领，鼓腹。腹部饰绳纹。口径13、残高4.4厘米（图一四，5）。JX041114L004：1，夹砂灰黑陶。口外翻，圆唇，束颈，鼓腹。桥形耳。腹部饰绳纹。口径15、残高8厘米（图一四，6）。JX041114L004：3，夹砂灰陶。圆唇，口部加厚，口外翻，高领。口部有鋬手。口径18、残高5.2厘米（图一四，15）。JX050820A001：8，夹砂灰陶。圆唇，口部加厚，口外翻，高领，鼓腹。领部有对称的鋬手，

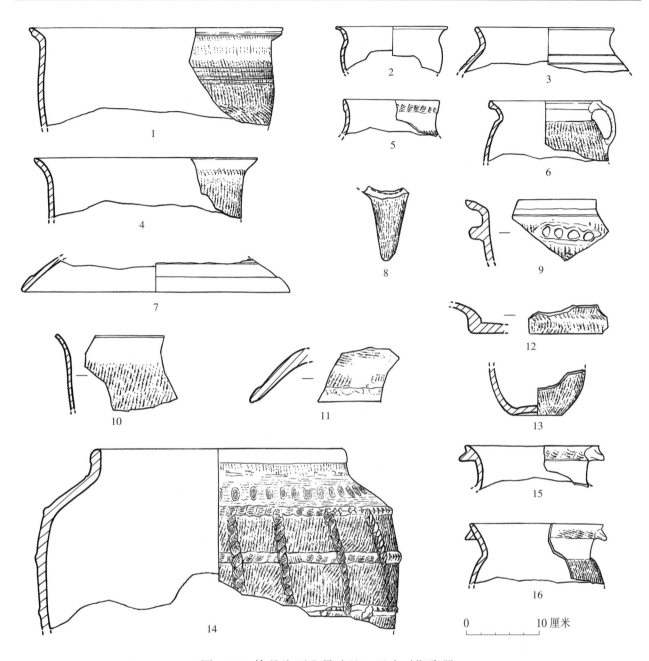

图一四　绛县沟西Ⅰ号遗址二里头时期陶器

1、4、9、10. 盆（JX050820A001：2、JX050820A001：4、JX050820A001：5、JX041114L004：2）　　2、3、12、13. 罐
（JX041114G003 - H：1、JX050820A001：10、JX050820A001：7、JX041114L003 - H：1）　　5、6、15、16. 圆腹罐
（JX050820A001：9、JX041114L004：1、JX041114L004：3、JX050820A001：8）　　7、11. 器盖（JX050820A001：6、
JX050820A001：3）　　8. 鬲（JX050820A001：11）　　14. 大口尊（JX050820A001：1）

腹部饰绳纹。口径18、残高8厘米（图一四，16）。

　　罐　标本4件。标本JX041114G003 - H：1，泥质黑灰陶。小方唇，翻沿，束颈，鼓腹。素面。
口径15、残高6.2厘米（图一四，2）。标本JX050820A001：10，泥质灰黑陶。口微外翻，圆唇，
矮领，鼓肩。肩部残留有两周旋纹。口径19、残高6厘米（图一四，3）。标本JX050820A001：7，

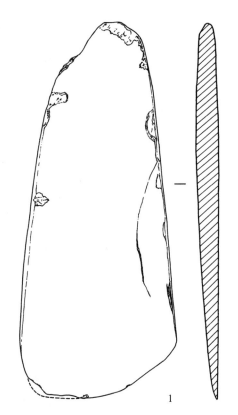
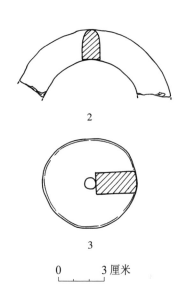

图一五　绛县沟西Ⅰ号遗址二里头时期器物

1. 石铲（JX050820A001:12）　2. 陶环（JX041114G007:1）

3. 陶纺轮（JX041114L004:4）

泥质灰褐陶。鼓腹，平底。腹部饰绳纹（图一四，12）。JX041114L003－H:1，夹砂灰陶。圆腹，平底微凹。腹部饰绳纹。底径6.4、残高6厘米（图一四，13）。

陶纺轮　标本1件。JX041114L004:4，夹砂褐陶。圆形，中有孔。素面。直径6.2、孔径0.8厘米（图一五，3）。

陶环　标本1件。JX041114G007:1，泥质黑陶。器厚，捏制而成，外沿不规整。直径约11厘米（图一五，2）。

② 石器

只见石铲。

石铲　标本1件。JX050820A001:12，刃部宽，顶端窄，刃部呈弧形，单面刃。器薄，打磨光滑且精致。长25.1、宽10.5、厚1.5厘米（图一五，1）。

八　沟西Ⅱ号遗址

沟西Ⅱ号遗址位于城关镇沟西村南600米处，面积小于5万平方米（见图一〇）。遗址处在涑水河北岸台地一深沟的北面，其东、南、西三面临沟，沟内有水与涑水河相通。由于临沟分布，遗址所在位置的地形起伏较大，现已被开辟成阶梯状梯田。沟西Ⅱ号遗址只有庙底沟二期时期的遗存，从遗存分布特点看，只能划为一个聚落，聚落面积同于遗址面积。聚落位于小土丘的东部，地形起伏较大，只有零星的遗迹现象发现，地表未见遗物。

（1）遗迹

文化层　1处，见于梯田的断面上，堆积较薄，包含物较少。

（2）遗物

只见陶片。以夹砂陶为多，多篮纹，可辨器形有深腹罐等。

深腹罐　标本1件。JX041115J001－C：1，夹砂灰陶。口外翻，深腹微鼓。口下有一周附加堆纹，腹部饰竖篮纹。口径15.2、残高8厘米（图一六）。

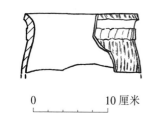

图一六　绛县沟西Ⅱ号遗址
庙底沟二期陶深腹罐
（JX041115J001－C：1）

九　柿树林遗址

柿树林遗址位于城关镇柿树林村北，面积小于5万平方米（见图一一）。遗址处在涑水河北岸的台地上，海拔高度在690～700米之间，所在地形相对平坦，起伏较小。遗址北、西临深沟，沟内有水与涑水河相通。柿树林遗址有三个时期的遗存：龙山时期、二里头时期和二里岗时期。从遗存分布特点看，每个时期可以划分为一个聚落，面积都较小。

1. 1号龙山时期聚落

1号龙山时期聚落面积较小，小于5万平方米。该聚落北临深沟，整个聚落已经被作为取土场削去两米多，仅剩个别的遗迹，地表没有发现遗物，遗迹内出土了少量遗物。

（1）遗迹

灰坑　1个，位于冲沟的断面上，形状、结构不清。

（2）遗物

只有陶片。多绳纹，可辨器形为罐。

2. 2号二里头时期聚落

2号二里头时期聚落面积较小，小于5万平方米。聚落北临深沟，整个聚落已经被削去两米多，调查时在未取土的地方发现一些遗存，估计聚落原来的面积要比今天发现的大得多。调查发现零星的遗迹，遗迹内出土物丰富。

（1）遗迹

文化层　1处，位于聚落东部断面上，堆积较薄。

灰坑　1个，位于临沟不远处的断面上，取土只剩下半多个，桶形坑，底近平，包含物丰富。除了陶片，坑内有铜渣、兽骨等发现（彩版二三）。

（2）遗物

主要是陶片，此外还有石器、铜渣等。陶器以绳纹为主，可辨器形有圆腹罐、罐等。

3. 3 号二里岗时期聚落

3 号二里岗时期聚落面积较小，小于 5 万平方米。聚落北临深沟，只有零星遗迹发现，聚落所在位置因取土严重，已很难看出聚落的原貌。

（1）遗迹

灰坑 1 个，位于临沟不远处的断面上，包含物丰富。坑内有铜渣发现（彩版二四）。

（2）遗物

主要是陶片，此外还有铜渣等。陶器以灰陶为主，主要是绳纹，可辨器形有鬲等。

一〇 东吴壁遗址

东吴壁遗址位于城关镇东吴壁村南，面积 25.3 万平方米（图一七、一八）。遗址处在涑水河北岸台地一深沟的北侧，海拔高度在 650 ~ 700 米之间，遗址东、南、西三面临深沟，沟内有水与涑水河相通。遗址所处地形北部狭窄，南部开阔，但北部相对平坦，南部临沟，地形起伏较大，已被开辟成阶梯状梯田。东吴壁遗址发现有六个时期的遗存：仰韶早期、仰韶晚期、庙底沟二期、龙山时期、二里头时期和二里岗时期。从遗存分布特点看，每个时期分别可以划分为一个聚落。仰韶早期，聚落已有一定规模；仰韶中期，出现了衰落；仰韶晚期，原先的聚落规模重现并有所扩大；庙底沟二期，继续延续了前期的兴盛；龙山时期，聚落规模有所缩小；二里头时期，聚落规模进一步缩小；二里岗时期，只有个别零星发现。

1. 1 号仰韶早期聚落

1 号仰韶早期聚落位于遗址的北部，面积 10.2 万平方米。聚落所处的地势较为平坦，遗存丰富，遗迹主要分布在聚落东部靠北梯田的断面上，遗物主要分布在聚落的南部，遗迹内出土物丰富。

（1）遗迹

文化层 6 处。集中分布于聚落的东北部，堆积多厚薄不均，大多包含物丰富。

灰坑 2 个，位于聚落中部，均为口大底小，包含物丰富。

房址 1 座，位于聚落中部，地面为红烧土面，半地穴式，包含物很少。

（2）遗物

主要是陶片。以泥质红陶为主，素面较多，可辨器形有钵、盆、陶锉等。

钵 标本 2 件。JX041115A001 - H:1，泥质红陶。器薄，敞口，弧腹。素面（图一九，4）。JX041114E004 - C:1，泥质红陶。敞口，弧腹。素面（图一九，12）。

盆 标本 1 件。JX041115B001 - C:1，夹砂褐陶。翻沿，斜腹。素面（图一九，13）。

器口 标本 1 件。JX041115C001:1，泥质红陶。敛口，平沿，有颈。素面。口径 7.2、残高 1.7 厘米（图一九，3）。

陶锉 标本 1 件。JX041115A001 - H:2，夹砂褐陶。器扁，两端不等宽，宽端呈弧形，上面有密集马蜂窝状孔。残长 7.2、最宽 5.3 厘米（图一九，11）。

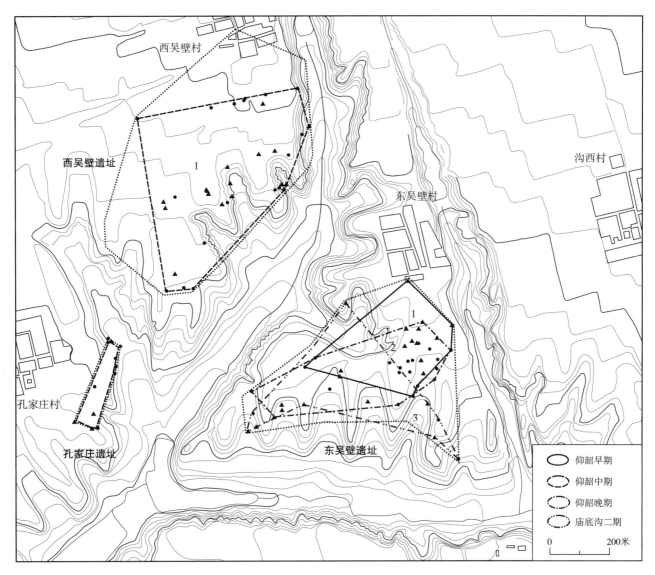

图一七 绛县东吴壁、西吴壁、孔家庄遗址（仰韶早期—庙底沟二期）

2. 2 号仰韶晚期聚落

2 号仰韶晚期聚落位于遗址的中部，面积 11.8 万平方米。聚落东部地势平坦，西部略低。聚落东部所见遗存稍显丰富，其他部位遗存分布稀疏。遗迹主要见于聚落的东北部和起伏较大的南部。

（1）遗迹

文化层 4 处，聚落的南部和东北部各发现 2 处，见于梯田断面上，堆积厚度不均，最浅为 1 米左右，包含物大多丰富。

灰坑 2 个，集中分布在聚落的东部，见于梯田断面上，形状、结构不清，包含物丰富。

（2）遗物

主要是陶片。多见泥质红陶片，可辨器形有钵、尖底瓶等。

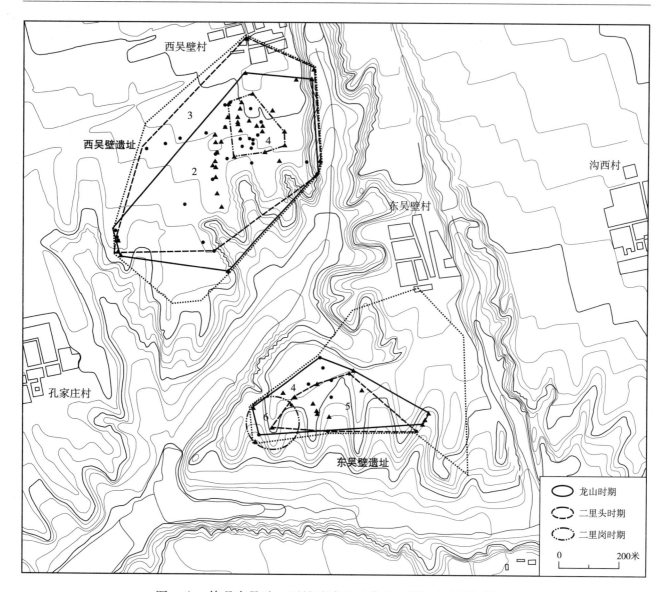

图一八　绛县东吴壁、西吴壁遗址（龙山时期—二里岗时期）

深腹罐　标本1件。JX041114A008－H：1，夹砂黑灰陶。小圆唇，折沿，深腹。沿下、腹中部各有附加堆纹一周，腹部饰横篮纹。口径26、残高12.8厘米（图一九，1）。

3. 3号庙底沟二期聚落

3号庙底沟二期聚落位于遗址的中、西部，面积12.9万平方米。整个聚落中间略显平坦，四周地形逐渐降低。遗存主要分布在聚落四周地势逐渐降低的断面上，其中尤以南部遗存分布最为集中。地表遗物发现较少，遗迹发现多，遗迹内遗物丰富。

（1）遗迹

文化层　4处，多分布在聚落西南部，堆积厚薄不等，最厚有3米多，包含物丰富。

灰坑　6个，分布于聚落的不同位置，多见于梯田断面，包含物丰富。

房址　1座，分布在聚落西南部，见于梯田断面上，为白灰面，半地穴式，包含物很少。

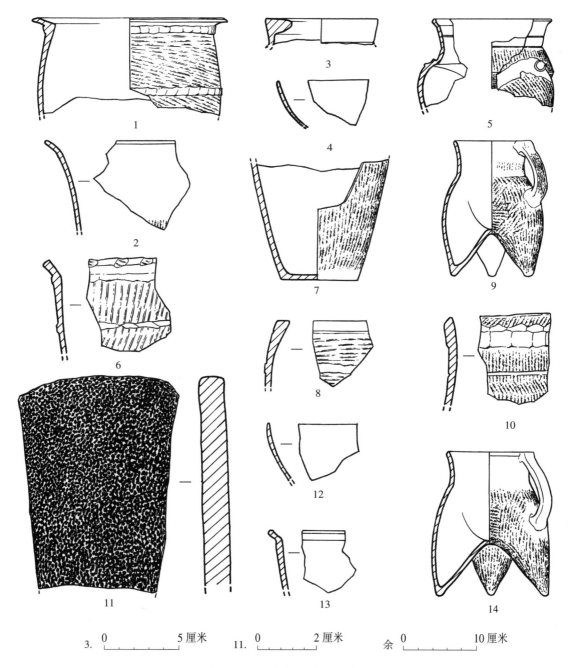

图一九　绛县东吴壁遗址陶器

1、6. 深腹罐（JX041114A008－H∶1、JX041114C003∶1）　2. 盆（JX041114E012－H∶1）　3. 器口（JX041115C001∶1）
4、12. 钵（JX041115A001－H∶1、JX041114E004－C∶1）　5. 斝（JX041114F007－F∶1）　7、8. 罐（JX041114F007－F∶4、
JX041114C004－H∶1）　9、10、14. 鬲（JX041114F007－F∶3、JX041115B002－H∶1、JX041114F007－F∶2）
11. 陶锉（JX041115A001－H∶2）　13. 盆（JX041115B001－C∶1）（1 为仰韶晚期，3、4、11～13 为仰韶早期，
6、8 为庙底沟二期，余为龙山时期）

（2）遗物

主要是陶片。以夹砂灰陶最多，纹饰主要有篮纹和绳纹，可辨器形有深腹罐、罐、盆等。

深腹罐　标本 1 件。JX041114C003∶1，夹砂灰陶。沿外翻，直深腹。花边口，沿下、腹部各有附加堆纹一周，腹部饰斜篮纹（图一九，6）。

罐　标本1件。JX041114C004－H∶1，泥质灰陶。微敛口，深腹。腹部有一周附加堆纹，腹部饰横篮纹（图一九，8）。

4. 4号龙山时期聚落

4号龙山时期聚落位于遗址的西、南部，面积9万平方米。整个聚落的地形是：北部相对平坦，南部逐渐下降，地形崎岖不平。遗存丰富，尤以聚落中部最为密集，遗迹较多，主要分布于梯田断面上，大多包含物丰富。

（1）遗迹

文化层　4处，多分布在聚落中、西部，堆积大多较厚，包含物丰富。

灰坑　4个，多分布在聚落西部，袋状坑、口大底小坑都有，包含物丰富。

房址　9个，多分布在聚落的中、东部，全部为白灰面房址，半地穴式，包含物大都较少。

（2）遗物

主要是陶片。以夹砂陶最多，纹饰以绳纹为主。可辨器形有鬲、斝、盆、罐等。

鬲　标本3件。JX041114F007－F∶3，夹砂褐陶。单把，高领，桥形耳，空袋足。耳及领部饰绳纹。口径10.4、高18厘米（图一九，9）。JX041115B002－H∶1，夹砂灰陶。直口，口部加厚，高领。口下有一周旋纹，器表饰绳纹（图一九，10）。JX041114F007－F∶2，夹砂灰陶。单把，高领，桥形耳，空袋足外撇。领部以下饰绳纹。口径12、高19.2厘米（图一九，14）。

斝　标本1件。JX041114F007－F∶1，夹砂黑陶。敞口，束腰，圜底，底部接三空袋足，袋足相接处有泥条加固。器内有水垢。袋足及腰以下饰绳纹。口径16、残高12厘米（图一九，5）。

罐　标本1件。JX041114F007－F∶4，夹砂灰陶。深腹，平底。腹部饰绳纹。底径10.4、残高16厘米（图一九，7）。

盆　标本1件。JX041114E012－H∶1，夹砂灰黑陶。口外翻，圆唇，深腹。腹中部饰绳纹（图一九，2）。

5. 5号二里头时期聚落

5号二里头时期聚落位于遗址的南部，面积5.5万平方米。聚落北高南低，遗存不甚丰富，主要分布在聚落的四周。遗迹数量不多，集中分布于聚落的西部。

（1）遗迹

文化层　1处，见于聚落西部梯田断面上，堆积较薄，包含物少。

灰坑　2个，见于聚落西部梯田断面上，形状、结构不清，包含物丰富。

房址　1座，见于聚落西南部梯田断面，为地穴式房址，地面经处理，包含物很少。

（2）遗物

主要是陶片。多绳纹，可辨器形有圆腹罐、盆等。

6. 6 号二里岗时期聚落

6 号二里岗时期聚落位于遗址的西南角，只有零星遗存的分布，面积小于 5 万平方米。聚落处于遗址起伏较大的部位，遗存并不丰富，遗迹内发现有少量陶片。

（1）遗迹

灰坑　1 个，见于聚落西南断面上，袋状坑，包含物丰富。

（2）遗物

只有陶片。多绳纹，可见器形有鬲等。

一一　西吴壁遗址

西吴壁遗址位于中杨乡西吴壁村南，面积 39.7 万平方米（见图一七、一八）。遗址处在涑水河北岸的台地上，除北面外，遗址三面临沟，其中，东、南面临水，至今仍有泉水流淌，其下游现已有水库大坝拦截，但原来的水流应该是向南汇入涑水河的。遗址临沟的外围地形多崎岖不平，多被开辟成阶梯状的小梯田（彩版二五）。西吴壁遗址发现有四个时期的遗存：仰韶中期、龙山时期、二里头时期和二里岗时期。从遗存分布特点看，每个时期分别可以划分为一个聚落。仰韶中期，聚落已有相当规模；龙山时期，进一步得到发展；二里头时期聚落规模达到前所未有；二里岗时期，聚落缩小，走向衰落。从总体特点来看，无论什么时期的聚落都是临水而居的。

1. 1 号仰韶中期聚落

1 号仰韶中期聚落占据着遗址西部、北部之外的绝大部分范围，面积 24.3 万平方米。聚落北高南低，靠近沟边地势最低。遗存丰富，尤以聚落中东部遗存分布最为丰富，遗迹主要发现于聚落中部有断面的梯田上。地表有少量遗物发现，遗迹内包含物丰富。

（1）遗迹

文化层　发现较多，不少于 16 处，主要分布于聚落中部，堆积厚薄不等，最厚超过 3 米，大多包含物丰富。

灰坑　1 个，位于聚落东部，见于冲沟的断面上，为袋状坑，包含物丰富。

（2）遗物

主要是陶片。以泥质红陶最多，纹饰主要是素面和线纹，有少量彩陶，可辨器形有尖底瓶、盆、罐等。

尖底瓶　标本 2 件。JX041115H003 - H：1，泥质红褐陶。近喇叭口，内叠唇，长颈。素面。口径 12、残高 7.6 厘米（图二〇，5）。JX041115C013 - C：1，泥质红陶。重唇口，长颈。素面。口径 5.2、残高 3 厘米（图二〇，6）。

盆　标本 3 件。JX041115K004 - C：1，泥质红陶。敛口，唇部加厚，鼓腹。口沿饰黑彩（图二〇，3）。JX041115G007：1，泥质红陶。敛口，唇部加厚，深腹。素面（图二〇，4）。JX041115G007：2，泥质红陶。近直口，唇部加厚。素面（图二〇，8）。

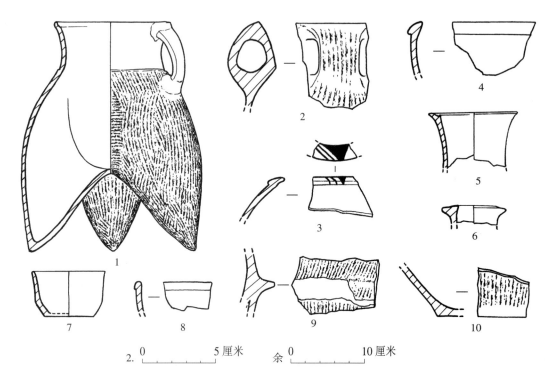

2. 0　　　　5厘米　　　余 0　　　　10厘米

图二〇　绛县西吴壁遗址陶器

1. 鬲（JX041115L006 - C：1）　2、10. 罐（JX041115L002 - C：1、JX041115H007：1）　3、4、8. 盆（JX041115K004 - C：1、JX041115G007：1、JX041115G007：2）　5、6. 尖底瓶（JX041115H003 - H：1、JX041115C013 - C：1）　7. 杯（JX041115I001 - C：1）　9. 釜灶（JX041115H008 - H：1）（3～6、8为仰韶中期，余为龙山时期）

2. 2号龙山时期聚落

2号龙山时期聚落占据着遗址的绝大部分，面积27.2万平方米。整个聚落北高南低，遗存丰富，遗迹主要发现于断面上，尤以中部小冲沟两侧的断面遗迹分布最为集中。地表少见遗物，但遗迹内包含物丰富。

（1）遗迹

文化层　至少6处以上，分布在聚落的中、东部。

灰坑　数量众多，不少于17个，主要分布在聚落的中部，多见于梯田断面，口大底小或口小底大均有，大多包含物丰富。

房址　1座，位于聚落的西南部，暴露于冲沟的断面，为白灰面，半地穴式，包含物很少。

（2）遗物

主要是陶片。多夹砂灰陶，以绳纹为主，可辨器形有釜灶、鬲、罐、杯等。

釜灶　标本1件。JX041115H008 - H：1，夹砂红褐陶。只有腰部，内有箅架。器表饰绳纹（图二〇，9）。

鬲　标本1件。JX041115L006 - C：1，夹砂灰褐陶。微敞口，圆唇，高领，单把，空袋足。领下饰绳纹。口径15.6、高30.4厘米（图二〇，1）。

罐 标本 2 件。JX041115L002 - C:1，夹砂黑灰陶。口外翻，束颈，鼓腹，有桥形耳。腹部及耳部饰绳纹（图二〇，2）。JX041115H007:1，夹砂灰陶。斜腹，平底。腹部饰绳纹（图二〇，10）。

杯 标本 1 件。JX041115I001 - C:1，夹砂灰陶。微敞口，折腹，平底。素面。口径 10、高 6 厘米（图二〇，7）。

3. 3 号二里头时期聚落

3 号二里头时期聚落占据着遗址的绝大部分，面积 31.5 万平方米。聚落北高南低，北中部遗存分布相对密集，南部只有零星的分布，聚落的中心区应该在北中部。遗迹主要分布在中部，地表可以看到零星遗物分布，遗迹内包含物丰富。

（1）遗迹

文化层 7 处，主要分布在聚落中部，暴露于梯田断面，堆积多厚薄不等，最浅不到 1 米，包含物丰富。

灰坑 数量多，共有 13 个，除南北部有零星分布外，主要分布在聚落中部，多暴露于梯田断面，袋状坑、桶形坑、锅底状坑都有，包含物丰富。个别灰坑内有铜渣发现（彩版二六）。

（2）遗物

主要是陶片，其中有一个灰坑内有铜渣发现。陶器以夹砂或泥质灰陶为多，绳纹和素面为主，可辨器形有大口尊、盆、圆腹罐、罐等。

大口尊 标本 1 件。JX041115K006 - H2:1，泥质褐陶。束颈，鼓肩，深腹。肩部有凹旋纹一周，肩腹转折处有附加堆纹一周，肩下饰绳纹（图二一，7）。

盆 标本 1 件。JX041115L004 - C:1，夹砂（细砂）灰黑陶。口外翻，方唇，唇部有划痕，束颈，鼓肩，深腹，底残。腹部饰绳纹。口径 26、底径 8、高 16.8 厘米（图二一，8）。

圆腹罐 标本 2 件。JX041115K006 - H1:2，夹砂黑灰陶。口外翻，唇部加厚，高领，鼓肩。唇部按捺花边装饰（图二一，4）。JX041115J002 - H:1，夹砂黑灰陶。口外翻，口部加厚，束颈，鼓腹。口下有压印纹，腹部饰绳纹。口径 18、残高 6 厘米（图二一，6）。

罐 标本 4 件。JX041115F023:1，夹砂灰黑陶。敛口，沿外翻，沿内有凹，鼓腹。腹部饰绳纹。口径 12.8、残高 6.4 厘米（图二一，1）。JX041115E010 - C:1，夹砂灰陶。花边口，口外翻，束颈，鼓肩。肩部饰绳纹。口径 14、残高 5.2 厘米（图二一，2）。JX041115E005 - C:1，泥质灰陶。小口外翻，方唇，矮领，鼓肩。领肩交接处有一周旋纹。口径 15、残高 4 厘米（图二一，3）。JX041115K006 - H1:1，夹砂灰褐陶。口外翻，尖圆唇，束颈，鼓腹。腹部饰绳纹。口径 18、残高 8 厘米（图二一，5）。

4. 4 号二里岗时期聚落

4 号二里岗时期聚落位于遗址的北部偏中，面积 2.8 万平方米。整个聚落所处的地势相对平坦，聚落内遗存的分布较为集中且丰富，遗迹主要见于梯田的断面上。地表有零星遗物分布，遗迹内包含物丰富。

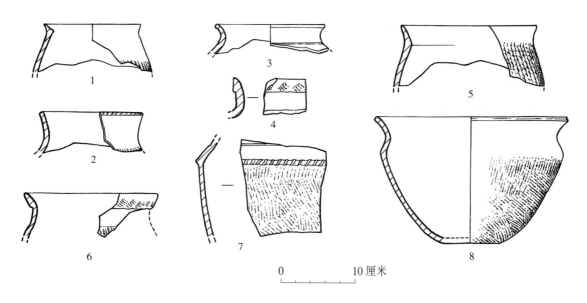

0　　　　　　　10厘米

图二一　绛县西吴壁遗址二里头时期陶器

1～3、5. 罐（JX041115F023：1、JX041115E010－C：1、JX041115E005－C：1、JX041115K006－H1：1）　4、6. 圆腹罐
（JX041115K006－H1：2、JX041115J002－H：1）　7. 大口尊（JX041115K006－H2：1）　8. 盆（JX041115L004－C：1）

（1）遗迹

文化层　6处，主要分布在聚落的中南部，多处延伸很长，堆积较厚。

灰坑　6个，分布于整个聚落，尤以北部最多，多口大底小坑，包含物丰富，个别灰坑内有铜渣出土（彩版二七）。

（2）遗物

以陶片为主，此外，还有铜渣等发现。陶器多见泥质或夹砂黑陶或黑灰陶，纹饰以绳纹和素面为主，可辨器形有鬲、盆、罐等。

鬲　标本4件。JX041115K001－H：3，夹砂黑灰陶。口外翻，圆唇，深腹。腹部饰绳纹。口径20、残高7.4厘米（图二二，3）。JX041115K001－H：6，夹砂灰陶。实锥足。素面（图二二，4）。JX041115K001－H：5，夹砂灰陶。口外翻，斜方唇，深腹。腹部饰绳纹。口径14、残高6厘米（图二二，6）。JX041115I003－C：1，夹砂灰黑陶。圆唇，沿外翻，深腹，腹径大于口径，分裆，缺足。腹部饰绳纹。口径13.2、残高10厘米（图二二，8）。

盆　标本2件。JX041115B005－H：1，泥质灰褐陶。口外翻，小圆唇，直深腹。素面。口径32、残高7.4厘米（图二二，1）。JX041115K001－H：4，泥质黑陶。敞口，小圆唇下翻，弧腹。腹壁有三周凹旋纹。口径30、残高8厘米（图二二，2）。

罐　标本2件。JX041115K001－H：1，夹砂（细砂）褐陶。近直口，矮领，鼓肩。领部有"女"字形象。肩部饰绳纹。口径15、残高4.8厘米（图二二，5）。JX041115K001－H：2，泥质灰陶。罐腹片，有附加泥条盘成的图案。腹饰绳纹（图二二，7）。

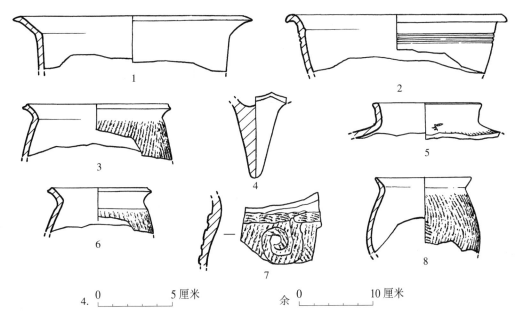

图二二 绛县西吴壁遗址二里岗时期陶器

1、2. 盆（JX041115B005－H：1、JX041115K001－H：4） 3、4、6、8. 鬲（JX041115K001－H：3、JX041115K001－H：6、JX041115K001－H：5、JX041115I003－C：1） 5、7. 罐（JX041115K001－H：1、JX041115K001－H：2）

一二　孔家庄遗址

孔家庄遗址位于中杨乡孔家庄村东南，面积2万平方米（见图一七）。遗址处在涑水河北岸的台地上，海拔高度在640～675米之间，遗址北有冲沟，东有深沟，深沟内有水，与涑水河相通。遗址主要临沟分布，地形起伏大，遗存主要发现于阶梯状的梯田上。孔家庄遗址只发现仰韶中期的遗存，遗存基本是分布在临沟的台地上，遗迹主要见于梯田的断面上。从遗存分布特点看，只能划分为一个聚落，聚落面积同于遗址面积。地表散见有碎小红陶片，遗迹内包含物丰富。

（1）遗迹

文化层　3处，集中分布在聚落的南部，见于梯田断面上，包含物丰富。

灰坑　1个，分布于遗址的北部，暴露于冲沟断面上，包含物丰富。

（2）遗物

主要是陶片，此外发现个别石器。

① 陶器

以泥质红陶为多，多线纹和素面，可辨器形有罐、钵等。

罐　标本1件。JX041116I003－H：2，

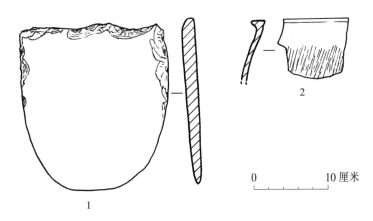

图二三　绛县孔家庄遗址仰韶中期器物

1. 石铲（JX041116I003－H：1）
2. 陶罐（JX041116I003－H：2）

夹砂褐陶。敛口，圆唇，深腹。腹部饰线纹（图二三，2）。

②石器

石铲　标本1件。JX041116I003－H：1，青灰色。器大而宽，两面刃，两面都打磨光滑，顶部及上端尚留有打制的痕迹。长22.4、宽20、厚2厘米（图二三，1）。

一三　西荆遗址

西荆遗址位于勃村乡西荆村东、北，面积10.2万平方米（图二四）。遗址处于涑水河北岸台地的纵深处，海拔高度在710～735米之间，东高西低，遗址北有浅沟，西有深沟，两沟相连，深沟向西南延伸5公里多，最终与涑水河相通，这条深沟应该是泉水不断下切形成的。除遗址中部因浅冲沟略有起伏外，其他位置地形起伏都较小。西荆遗址发现有四个时期的遗存，分别是仰韶

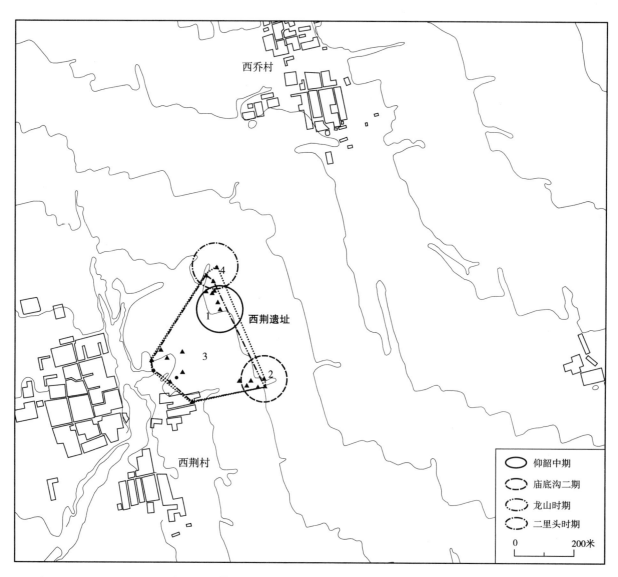

图二四　绛县西荆遗址（仰韶中期—二里头时期）

中期、庙底沟二期、龙山时期和二里头时期。从遗存分布特点看，每个时期可以划分为一个聚落。总体来看，仰韶中期聚落规模很小；庙底沟二期时期聚落规模仍然很小；龙山时期聚落突然发展壮大，遗存分布遍及整个遗址；二里头时期又迅速走向衰落。

1. 1 号仰韶中期聚落

1 号仰韶中期聚落位于遗址的东北角，面积较小，在 5 万平方米以下。聚落内只有个别零星的遗存分布。

（1）遗迹

文化层 1 处，堆积较浅，包含物较少。

（2）遗物

地表没有遗物发现，文化层内有零星的碎小红陶片。以泥质红陶为多，多线纹，器形有钵等。

2. 2 号庙底沟二期聚落

2 号庙底沟二期聚落分布在遗址的东南角，面积较小，在 5 万平方米以下。聚落内遗存分布并不丰富，只在小冲沟的断面上有零星遗迹的发现，地表未见遗物散落。

（1）遗迹

文化层 1 处，堆积较薄，包含物较为丰富。

灰坑 2 个，暴露于小冲沟的断面上，有零星遗物发现。

（2）遗物

遗迹内有陶片发现。多夹砂陶，以灰陶为多，纹饰多篮纹、绳纹和素面，可辨器形有深腹罐、罐、盆、盘等。

深腹罐 标本 1 件。JX041117K002－C∶1，夹砂灰陶。直口，口部加厚，深腹。口下有宽附加堆纹，腹部有附加堆纹一周，腹部饰斜篮纹。口径 42、残高 28 厘米（图二五，1）。

罐 标本 2 件。JX041117K002－C∶2，夹砂灰陶。方唇，小折沿，深腹微鼓。腹部饰竖篮纹。口径 24、残高 11 厘米（图二五，2）。JX041117K002－C∶5，泥质灰陶。鼓腹，平底。腹部饰粗的竖篮纹。底径 12.4、残高 7 厘米（图二五，3）。

盆 标本 1 件。JX041117K002－C∶3，泥质灰陶。口外翻，小圆唇，折肩，深腹。素面（图二五，4）。

盘 标本 1 件。JX041117K002－C∶4，泥质黑灰陶。敛口，折腹。素面（图二五，5）。

3. 3 号龙山时期聚落

3 号龙山时期聚落基本覆盖了整个遗址，面积 8.9 万平方米。聚落东北高，西南低。调查发现遗存的分布非常丰富，遗迹种类和数量都多，大量遗迹见于梯田等断面上。

（1）遗迹

文化层 数量多，聚落的西部、南部、东北部随处可见延续较长的文化层。

灰坑 数量较多，随处可见，多不规则形，深浅不一，袋状坑和锅底状坑均有（彩版二八）。

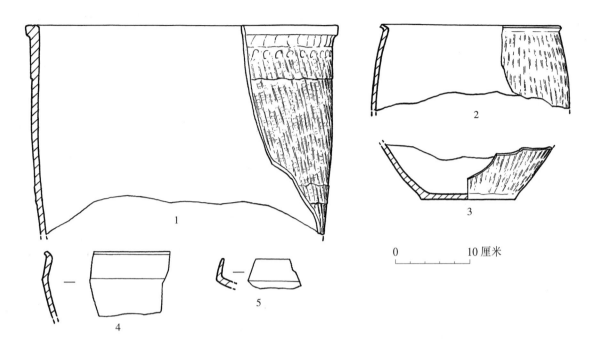

图二五　绛县西荆遗址庙底沟二期陶器

1. 深腹罐（JX041117K002－C：1）　2、3. 罐（JX041117K002－C：2、JX041117K002－C：5）

4. 盆（JX041117K002－C：3）　5. 盘（JX041117K002－C：4）

陶窑　1座。

房址　调查只有少量发现，但村民反映修建房屋时屡见白灰面，位置在聚落南部。

沟　1条，位于聚落的北部，深度在3米以上。从钻探结果看，可能为环壕。

（2）遗物

发现有陶器、石器、骨角器等，其中，陶器最多，其他很少。

① 陶器

夹砂灰陶为多，以篮纹和素面为主，有釜灶、鬲、扁壶、盆等。

釜灶　标本2件。JX041117K001－H：1，夹砂灰陶。直口，深腹。釜底有绳纹（图二六，6）。JX041117L001－Y：1，夹砂灰陶。器厚大，连体，残留有腰部，深腹，器壁有横向桥形耳。腹部有少量绳纹（图二六，8）。

鬲　标本2件。JX041117J001－H：1，夹砂灰黑陶。大袋足外鼓，高领，一袋足上有錾手，三袋足之间有间隙。领下饰绳纹（图二六，5）。JX041117J005－H：1，夹砂灰陶。高领，桥形耳，空袋足。袋足饰绳纹。口径8.4、残高11.2厘米（图二六，7）。

扁壶　标本2件。JX041117J001－H：2，夹砂灰陶。深腹，平底，腹一侧呈扁平状。腹部饰绳纹（图二六，3）。JX041117K008－C：1，夹砂灰陶。桃形口，两侧有舌形耳，腹一侧扁平，微鼓腹。器表饰绳纹（图二六，4）。

盆　标本2件。JX041117G001－C：1，泥质黑陶。圆唇，折沿，弧腹。素面。口径26、残高4厘

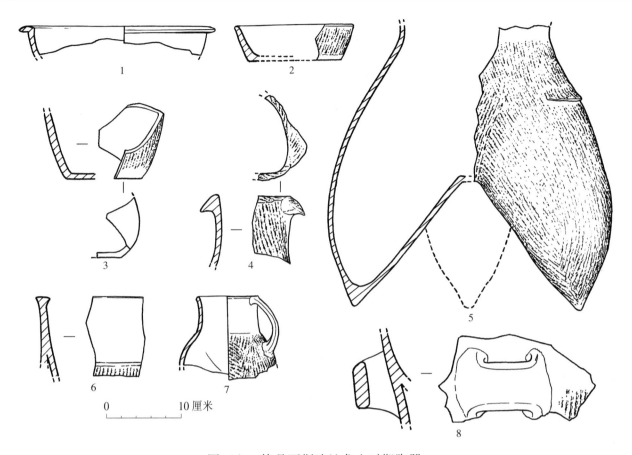

图二六 绛县西荆遗址龙山时期陶器

1、2. 盆（JX041117G001－C：1、JX041117G002：1） 3、4. 扁壶（JX041117J001－H：2、JX041117K008－C：1）

5、7. 鬲（JX041117J001－H：1、JX041117J005－H：1） 6、8. 釜灶（JX041117K001－H：1、JX041117L001－Y：1）

米（图二六，1）。JX041117G002：1，夹砂黑陶。敞口，浅腹，平底。腹部饰绳纹。口径 16、底径 12.6、高 4.8 厘米（图二六，2）。

② 骨角器

数量很少。

鹿角器 标本 1 件。JX041117K001－H：2，利用自然鹿角磨制而成，鹿角前端琢磨过，后端未琢磨。锥形。长 19.6 厘米（图二七）。

4. 4 号二里头时期聚落

4 号二里头时期聚落分布在遗址的东北角，面积较小，小于 5 万平方米。聚落所在位置处于遗址的最高点，聚落内没有地表遗物发现，只发现个别遗迹，遗迹内有陶片出土。

图二七 绛县西荆遗址龙山时期鹿角器
（JX041117K001－H：2）

（1）遗迹

灰坑　2个。分布集中，见于梯田断面，形状、结构不清，包含物较少。

（2）遗物

只有陶片。多夹砂灰陶，细绳纹，可辨器形只有罐。

一四　小张遗址

小张遗址位于勃村乡小张村东北，面积0.5万平方米（图二八）。遗址处在涑水河北岸台地的纵深处，海拔高度在670~685米之间，遗存集中发现于小张村东北一条东北—西南向的浅沟两侧底部，但两侧土地平整，黄土覆盖较厚，看不到任何遗存，所以，推测遗址的实际面积应该远大于今天的发现。小张遗址包含三个时期的遗存：龙山时期、二里头时期和二里岗时期。从遗存分

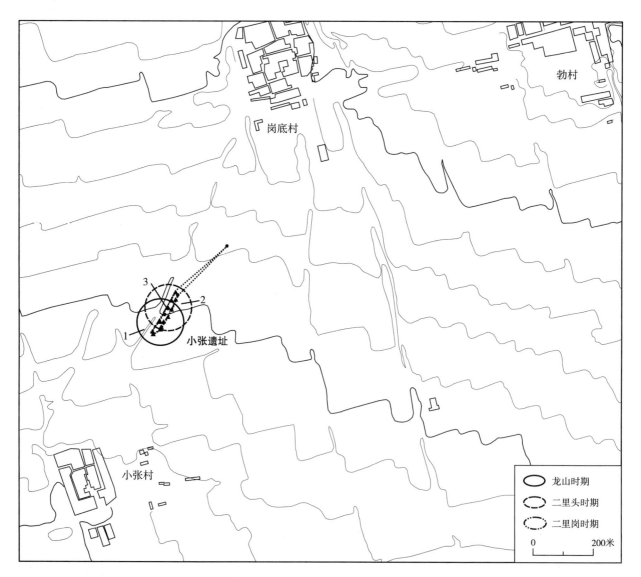

图二八　绛县小张遗址（龙山时期—二里岗时期）

布特点看，每个时期都可以划分为一个聚落。总体来看，龙山时期和二里头时期只有个别零星的发现，聚落面积都较小，二里岗时期聚落面积有所扩大。

1. 1 号龙山时期聚落

1 号龙山时期聚落位于遗址的南部，面积较小，小于 5 万平方米。聚落内遗存分布很少，只在浅沟一侧有个别零星的遗存被发现。地表没有发现遗物，遗迹内有少量陶片出土。

（1）遗迹

文化层　1 处，见于冲沟断面上，堆积厚度不详，包含物较少。

（2）遗物

只发现少量陶片。基本是绳纹，可辨器形有罐等。

2. 2 号二里头时期聚落

2 号二里头时期聚落位于遗址的中部，面积较小，小于 5 万平方米。聚落内遗存发现极少，只在浅沟的一侧断面底部发现个别零星遗迹。地表没有发现遗物，遗迹内出土物丰富。

（1）遗迹

灰坑　1 个，形状、结构不清，灰土内杂有较多陶片。

（2）遗物

主要是陶片。以绳纹为主，可辨器形有鬲、罐、盆等。

鬲　标本 1 件。JX041119F001 - H：2，夹砂灰褐陶。实锥足，空袋足。锥足似手捏制，较粗糙。袋足饰绳纹（图二九，12）。

斜腹盆　标本 1 件。JX041119F001 - H：1，泥质灰陶。圆唇，沿下翻，斜腹内收。沿内有两周旋纹，腹部饰绳纹。口径 28、残高 6 厘米（图二九，1）。

3. 3 号二里岗时期聚落

3 号二里岗时期聚落位于遗址南部，面积 0.3 万平方米。由于覆盖土较厚，聚落的实际面积应该大于目前的发现。聚落内遗存较为丰富，浅沟两侧的底部发现有很多遗迹。地表基本不见遗物，但遗迹内包含物丰富。

（1）遗迹

文化层　5 处，分布于浅沟两侧，堆积厚度不清，包含物丰富。

灰坑　12 个，分布于浅沟两侧，有袋状坑，包含物丰富。

（2）遗物

主要是陶片，此外，还发现个别石器。

① 陶器

泥质陶相对较多，纹饰以绳纹为主，可辨器形有鬲、豆、盆、罐、捏口罐、壶、敛口瓮等。

鬲　标本 3 件。JX041119F002 - H1：2，夹砂灰陶。厚方唇，折沿，深腹。腹部饰绳纹。口径 16、残高 5 厘米（图二九，2）。JX041119F002 - H1：3，夹砂灰陶。锥足根，空袋足。足根素面，

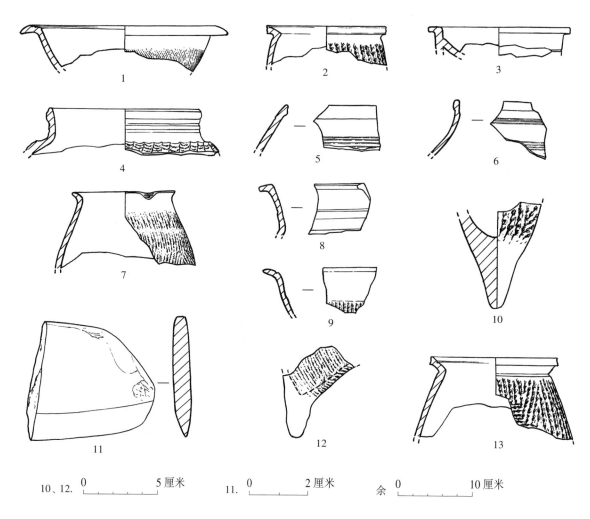

图二九　绛县小张遗址器物

1、9. 陶斜腹盆（JX041119F001－H：1、JX041119C001：2）　　2、10、12、13. 陶鬲（JX041119F002－H1：2、
JX041119F002－H1：3、JX041119F001－H：2、JX041119B001－H2：1）　　3. 陶豆（JX041119M001－H：2）
4. 陶罐（JX041119M001－H：1）　　5. 陶敛口瓮（JX041119F002－H1：1）　　6. 陶壶（JX041119M001－H：3）
7. 陶捏口罐（JX041119B002－H1：1）　　8. 陶大口尊（JX041119B001－H：1）　　11. 石刀（JX041119C001：1）
（1、12 为二里头时期，余为二里岗时期）

袋足饰绳纹（图二九，10）。JX041119B001－H2：1，夹砂灰褐陶。厚方唇，翻沿，沿面有旋纹一周，沿下有旋纹一周。腹部饰绳纹。口径17、残高10.8厘米（图二九，13）。

豆　标本1件。JX041119M001－H：2，泥质灰褐陶。圆唇，折沿，浅盘，假腹。腹部有一周旋纹。口径19、残高4厘米（图二九，3）。

斜腹盆　标本1件。JX041119C001：2，泥质灰黑陶。圆唇，沿外翻，沿内有凹槽一周，斜腹内收。腹部饰绳纹（图二九，9）。

大口尊　标本1件。JX041119B001－H：1，泥质灰陶。敞口，圆唇，小折沿，显颈部。颈部有两周旋纹（图二九，8）。

敛口瓮 标本 1 件。JX041119F002 - H1：1，泥质灰黑陶。敛口，鼓肩。肩部有几周旋纹（图二九，5）。

捏口罐 标本 1 件。JX041119B002 - H1：1，泥质灰陶。口微外翻，小捏口，口小，圆唇，深鼓腹。腹部饰绳纹。口径 14、残高 10 厘米（图二九，7）。

罐 标本 1 件。JX041119M001 - H：1，泥质灰陶。口微外翻，口部加厚，高领，鼓肩。肩部有附加堆纹，颈部有轮修的痕迹。口径 20、残高 6 厘米（图二九，4）。

壶 标本 1 件。JX041119M001 - H：3，夹砂（细砂）灰陶。近直口，口部加厚，鼓腹。颈部有三周紧密的旋纹，腹部有四周紧密的旋纹（图二九，6）。

② 石器

数量很少。

石刀 标本 1 件。JX041119C001：1，青灰色。弧背，两面刃。残长 4.3、宽 4、厚 0.6 厘米（图二九，11）。

一五 西杨遗址

西杨遗址位于中杨乡西杨村西，面积 3.9 万平方米（图三○）。遗址处在涞水河北岸位置，海拔高度在 600～615 米之间，遗址所处地势较低，为涞水河北岸一级阶地与二级阶地交汇处，遗址高出现在涞水河河床 20 多米，遗址所在位置地形较为平坦。西杨遗址只发现仰韶晚期的遗存。从遗存分布特点看，这个时期只能划分为一个聚落，聚落面积同于遗址面积。聚落所处地势平坦，聚落内遗存分布密集，但遗迹发现很少。

（1）遗迹

文化层 1 处，位于聚落中部偏南，发现于梯田的断面，堆积较薄。

（2）遗物

以陶片为主，此外有少量石器。

① 陶器

以泥质红陶为主，素面和线纹为多，可辨器形有尖底瓶、钵、盆、罐等。

尖底瓶 标本 1 件。JX041106J003：1，泥质红陶。喇叭口，长颈。素面（图三一，2）。

盆 标本 1 件。JX041106L001：1，泥质红陶。敞口，斜腹。素面（图三一，3）。

② 石器

数量和种类都很少。

石斧 标本 1 件。JX041106F001：1，灰绿色花岗岩。器厚，两面刃，顶部和刃部都有疤痕。长 13、宽 6、厚 3.3 厘米（图三一，1）。

一六 东仇遗址

东仇遗址位于勃村乡东仇村西南，面积较小，小于 5 万平方米（图三二）。遗址处在涞水河北

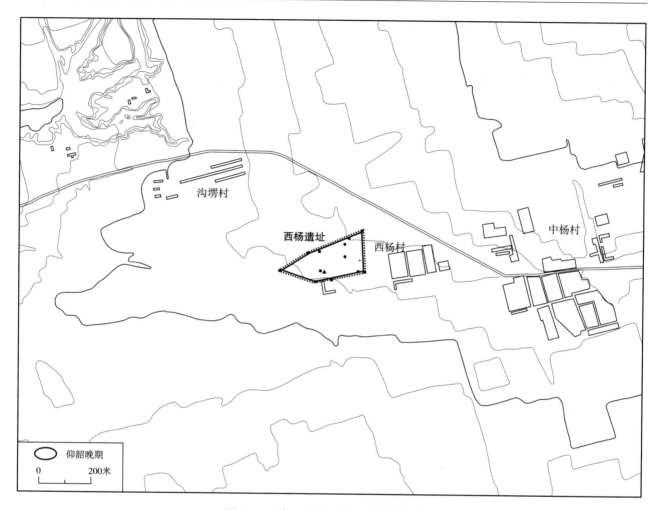

图三〇　绛县西杨遗址（仰韶晚期）

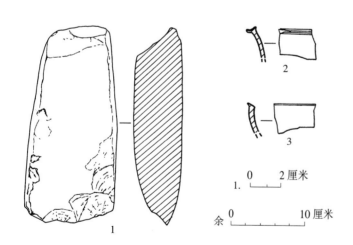

图三一　绛县西杨遗址仰韶晚期器物

1. 石斧（JX041106F001：1）
2. 陶尖底瓶（JX041106J003：1）
3. 陶盆（JX041106L001：1）

岸台地的纵深处，海拔高度在 735 米左右，地形较为平坦，遗址东、西两侧临深沟，至今沟内有水与涑水河相通。遗址只发现两点遗物，理论上暂作为一处遗址考虑。该遗址只发现龙山时期的遗存，其他时期未见。理论上看，可能有一个聚落存在，面积同于遗址，遗存不丰富。

（1）遗迹

未发现。

（2）遗物

只发现少量陶片。陶器所见多夹砂灰陶，有篮纹，可辨器形有罐等。

罐　标本 1 件。JX041128L001：1，夹

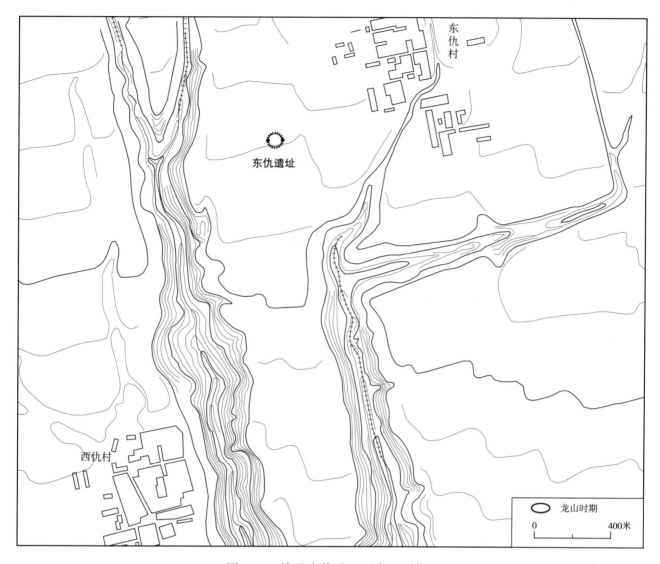

图三二　绛县东仇遗址（龙山时期）

砂（细砂）灰陶。口外翻，小圆唇，唇部加厚，深束颈，鼓腹。素面。口径18、残高6.8厘米（图三三）。

一七　周家庄遗址

周家庄遗址位于横水镇周家庄、崔村周围，以周家庄为中心，包括北到崔村、南到南录的广大范围，

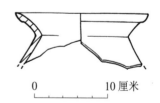

图三三　绛县东仇遗址龙山时期陶罐
（JX041128L001∶1）

按遗物分布遗址面积可达565.4万平方米，按遗迹分布遗址面积约为400万平方米（图三四、三五）。遗址处在涑水河北岸台地的前缘，海拔高度在570~640米之间，北高南低，地形由南向北逐渐抬升（彩版二九、三〇）。遗址整体地形地貌相对平坦，但局部地形起伏较大，其中尤以遗址西部崔村附近冲沟最深，另外，遗址东部周家庄东南泉水附近有较宽的冲沟，遗址南部周家庄西南有窄冲沟。遗址内遗存分布非常密集，沟坎、断崖和取土场等

断面经常可以看到暴露的遗迹现象及遗物（彩版三一）。该遗址至少包含六个时期的遗存：仰韶中期、仰韶晚期、庙底沟二期、龙山时期、二里头时期、二里岗时期。从遗存分布特点看，仰韶中期可划分为三个聚落，仰韶晚期划分为一个聚落，庙底沟二期可划分为六个聚落，龙山时期划分为一个聚落，二里头时期可划分为四个聚落，二里岗时期可划分为两个聚落。

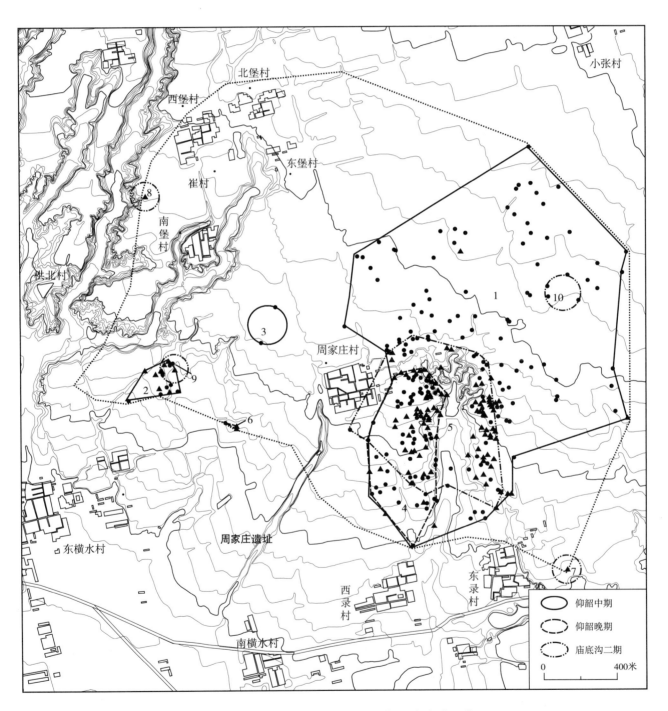

图三四　绛县周家庄遗址（仰韶中期—庙底沟二期）

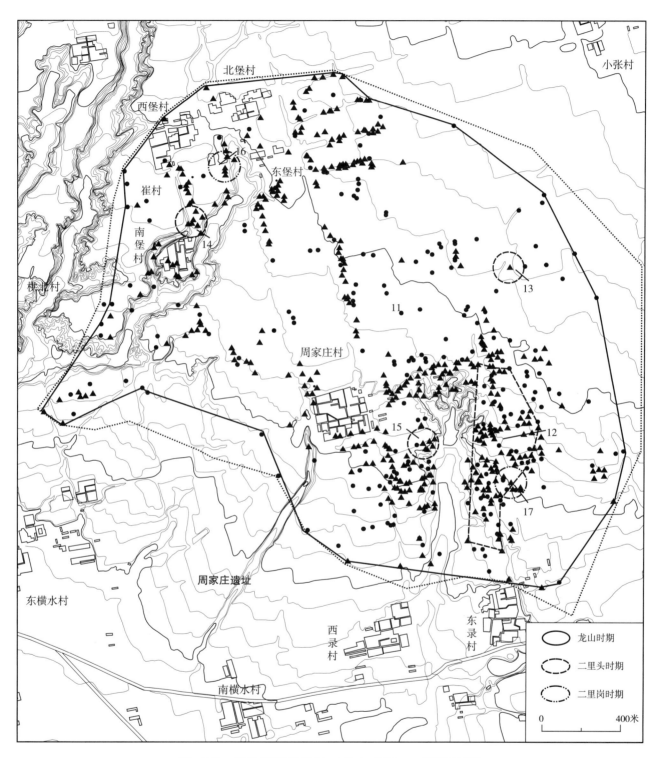

图三五　绛县周家庄遗址（龙山时期—二里岗时期）

1. 1号仰韶中期聚落

1号仰韶中期聚落位于遗址的东部，面积221.8万平方米。该聚落北高南低，北部相对平坦，多见遗物，遗迹少见，但南部梯田的断面上或取土的断崖上有较多暴露的遗迹。聚落内遗存分布较为密集，其中尤以周家庄东泉水周围的分布最为密集，遗迹也主要集中分布于此处。

（1）遗迹

文化层 数量众多，遍布泉水附近，大多堆积较厚，包含物丰富。

灰坑 数量众多，遍布泉水附近，袋状坑、锅底状坑都有，包含物丰富。

陶窑 只有少数几座，泉水东西两侧都有分布，形状不详，包含物较少。

房址 只有少数几座，分布于泉水之西，为半地穴式，包含物较少。

（2）遗物

主要是陶片，其次有石器和骨器等。陶器以泥质红陶为多，纹饰多素面和线纹，有彩陶，可辨器形有尖底瓶、钵、盆、罐等。

盆 标本3件。JX041123C014－H2∶1，泥质红陶。圆唇，沿下翻，弧腹。沿面有黑彩。口径28、残高4厘米（图三六，3）。JX041123A013－H∶1，泥质红陶。圆唇，翻沿，深腹。素面（图三六，5）。JX041122E015∶1，泥质红陶。方唇，折沿，弧腹。腹部有一单面钻空，可能为继续缀合使用的痕迹（图三六，10）。

罐 标本1件。JX041123M006－C∶1，夹砂灰褐陶。罐口，口内外有凹槽。素面（图三六，4）。

2. 2号仰韶中期聚落

2号仰韶中期聚落位于遗址的西南角，面积3.9万平方米。该聚落东北高，西南低，北临窄深沟，沟内有水与涑水河相通。聚落内遗存分布密集，地表可见散落的红陶片，遗迹主要见于聚落东部，遗迹内包含物丰富。

（1）遗迹

文化层 6处，遍布整个聚落，暴露于梯田的断面，包含物丰富。

灰坑 2个，分布于聚落东部梯田的断面上，包含物丰富。

陶窑 1座，分布于聚落北部梯田的断面上，包含物很少。

（2）遗物

只有陶片。以泥质红陶为多，纹饰多线纹和素面，有彩陶，可辨器形有尖底瓶、盆等。

3. 3号仰韶中期聚落

3号仰韶中期聚落位于遗址的中部偏西，面积不大，小于5万平方米。只有两"点"的遗物发现，所以，理论上有可能是一个聚落，聚落内遗存的分布差，所见遗物也很少。

（1）遗迹

未发现。

（2）遗物

只发现少量红陶片。以泥质红陶为多，多素面，可辨器形有钵等。

4. 4号仰韶晚期聚落

4号仰韶晚期聚落位于周家庄村南部，泉水的西部，面积28.6万平方米。聚落北高南低，遗

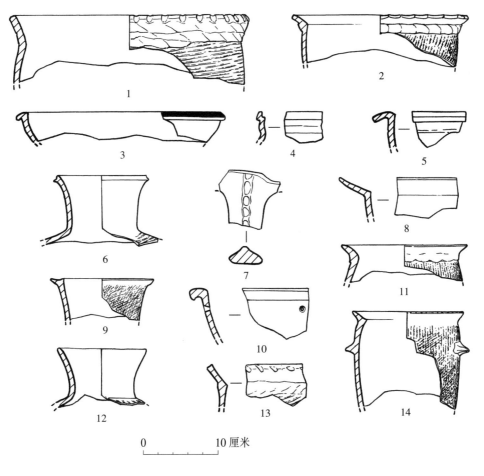

图三六　绛县周家庄遗址陶器

1、2、11、13. 深腹罐（JX041123B005－H：1、JX041120J003：1、JX041122E022：1、JX041121B035－H2：2）　3、5、10. 盆
（JX041123C014－H2：1、JX041123A013－H：1、JX041122E015：1）　4、14. 罐（JX041123M006－C：1、JX041122A020：2）
6、9. 尖底瓶（JX041121B035－H2：1、JX041122A020：1）　7. 鼎（JX041123A002：1）　8. 盆（JX041121B035－H2：3）
12. 小口瓮（JX041122C017－H：1）（3～5、10 为仰韶中期，6、9、14 为仰韶晚期，余为庙底沟二期）

存分布密集，遗迹多暴露于梯田的断面和断崖上。除了地表，遗迹内包含物丰富。

（1）遗迹

文化层　数量众多，集中分布于泉水西部，堆积大都较厚，包含物丰富。

灰坑　数量多，主要分布于泉水西部，形状、结构多样，包含物丰富。

（2）遗物

主要是陶片。以泥质红陶为多，多素面和线纹，可辨器形有尖底瓶、盆、罐等。

尖底瓶　标本 2 件。JX041121B035－H2：1，夹砂灰黑陶。小口，方唇，高领，鼓肩。肩部饰
篮纹。口径 12.8、残高 9.5 厘米（图三六，6）。JX041122A020：1，泥质褐陶。喇叭口，长颈。颈
部饰凌乱的线纹。口径 14、残高 5.6 厘米（图三六，9）。

罐　标本 1 件。JX041122A020：2，夹砂红褐陶。花边口，折沿，深腹，腹部有鋬手。腹部饰
绳纹。口径 15.2、残高 13 厘米（图三六，14）。

5. 5号庙底沟二期聚落

5号庙底沟二期聚落位于周家庄遗址南部，面积52.9万平方米。聚落北高南低，主要围绕周家庄东泉水分布。聚落内遗存分布较为密集，尤以遗迹分布最为密集。遗迹主要见于梯田的断面，无论地表还是遗迹内遗物都较丰富。

（1）遗迹

文化层　　数量众多，几乎遍及整个聚落，大都堆积较厚，包含物丰富。

灰坑　　数量多，以泉水附近分布最多，形状、结构多样，包含物丰富。

房址　　1座，位于聚落的南部，泉水的西部，为半地穴式，包含物较少。

陶窑　　2座，位于聚落的东南部，泉水的东部，形状、结构不清，包含物较少。

（2）遗物

主要是陶片。以夹砂灰陶为多，盛行篮纹和绳纹，可辨器形有鼎、深腹罐、盆、小口瓮等。

鼎　　标本1件。JX041123A002：1，夹砂红褐陶。扁足。外侧有竖泥条堆纹（图三六，7）。

深腹罐　　标本4件。JX041123B005－H：1，夹砂灰陶。微敞口，深腹。花边口，口下有附加堆纹两周，腹部饰横篮纹。口径32、残高9.2厘米（图三六，1）。JX041120J003：1，夹砂黑灰陶。花边口，折沿，深腹。沿下有附加堆纹一周，腹部饰绳纹。口径24、残高6.8厘米（图三六，2）。JX041122E022：1，夹砂灰陶。翻沿，深腹。沿下有附加堆纹一周，腹部饰绳纹。口径17.2、残高5厘米（图三六，11）。JX041121B035－H2：2，夹砂褐陶。花边口，折沿，深腹。沿下有附加堆纹一周，腹部饰篮纹（图三六，13）。

盆　　标本1件。JX041121B035－H2：3，泥质黑陶。宽折沿内凹，深腹。素面（图三六，8）。

小口瓮　　标本1件。JX041122C017－H：1，夹砂灰陶。口外翻，高领，鼓肩。肩部饰篮纹。口径12、残高8厘米（图三六，12）。

6. 6号庙底沟二期聚落

6号庙底沟二期聚落位于周家庄西南，分布在遗址南部边缘，面积只有0.07万平方米。聚落内遗存的分布较差，地表遗物非常少，只有零星遗迹发现，很可能是短期活动形成的聚落。遗迹见于梯田的断面，包含物并不丰富。

（1）遗迹

灰坑　　2个，集中分布于梯田的断面，均为袋状坑，包含物丰富。

（2）遗物

主要是陶片。以夹砂陶为多，多见篮纹，可辨器形有罐等。

7. 7号庙底沟二期聚落

7号庙底沟二期聚落位于东录村东，遗址的东南，面积较小，小于5万平方米。该聚落只发现个别遗迹，未见地表遗物，遗迹内有少量遗物发现，应是短期活动形成的聚落。

（1）遗迹

灰坑　1个，分布于梯田的断面，为袋状坑。

（2）遗物

只发现少量陶片。多夹砂陶，多见绳纹，可辨器形有深腹罐等。

8. 8号庙底沟二期聚落

8号庙底沟二期聚落位于崔村西堡西南，遗址的西部边缘，面积较小，小于5万平方米。该聚落只发现个别遗迹，未见地表遗物，遗迹内有少量遗物发现，应是人类短期活动形成的聚落。

（1）遗迹

文化层　1处，暴露于断崖边，堆积较薄。

（2）遗物

只有陶片。以夹砂灰陶为多，有绳纹，可辨器形有盆等。

9. 9号庙底沟二期聚落

9号庙底沟二期聚落位于遗址的西南角，面积较小，小于5万平方米。该聚落只发现个别遗迹，未见地表遗物，遗迹内出土物丰富，应是人类短期活动形成的聚落。

（1）遗迹

文化层　1处，分布于梯田断面，堆积较薄。

（2）遗物

只有陶片。多夹砂灰陶，多篮纹，可辨器形有深腹罐、鼎等。

10. 10号庙底沟二期聚落

10号庙底沟二期聚落位于遗址的东北部，只有两"点"遗物发现，遗存分布较少，所以，理论上可能是一个聚落，面积小于5万平方米。

（1）遗迹

未发现。

（2）遗物

只有少量陶片。多夹砂陶，有绳纹，可辨器形有罐等。

11. 11号龙山时期聚落

11号龙山时期聚落占据着遗址的绝大部分范围，面积为495.4万平方米，这是目前已知的同时期涑水河流域最大的聚落。聚落西临深沟，并且还跨越了一条深沟，整个聚落内目前尚有两处泉水分布。聚落北高南低，聚落内遗存丰富，分布非常密集，堆积深厚。地表遗物随处可见，但在不同的部位，分布密集程度不一样，有断面或取土较多的地方遗物发现较多。遗迹多见于断崖和梯田的断面，遗迹内包含物丰富，有大量陶片出土。

（1）遗迹

文化层　数量众多，最深达六七米，遍布于整个聚落。

灰坑 数量众多，形式多样，遍布于整个聚落（彩版三二）。

房址 数量多，白灰面和红烧土面的都有，聚落的西、北、南部分布较为集中。

陶窑 有少量发现，主要分布于聚落的北部。

墓葬 2座，其中一座为瓮棺葬，均位于聚落的北部。

（2）遗物

以陶片为主，此外还有铜器、石器、骨器等。

① 陶器

以夹砂陶为多，多绳纹，可辨器形有鬲、甗、斝、敛口瓮、小口瓮、豆、杯、盆、圈足罐、罐、单耳罐、双耳罐、器盖、器座等。

鬲 标本9件。JX041120C007－H2：1，夹砂黑灰陶。微敞口，方唇，矮领，大袋足。唇部及腹部饰绳纹。口径31.6、残高12厘米（图三七，1）。JX041127C025－H：1，夹砂灰黑陶。口外翻，方唇，鼓腹。颈部有一周附加堆纹，整个器表饰绳纹。口径34、残高10.4厘米（图三七，2）。JX041121F054：1，夹砂黑陶。微敞口，高领，大袋足外鼓，领部有錾手。器表饰绳纹，领部有三周旋纹。口径15、残高9.2厘米（图三七，3）。JX041122B015－H：1，夹砂褐陶。高领，袋足外鼓，领部有桥形耳。耳及腹部饰绳纹。口径9.6、残高9.2厘米（图三七，4）。JX041122F022－H：1，夹砂黑灰陶。空袋足。袋足饰绳纹（图三七，5）。JX041121A005－W：1，夹砂灰陶。空袋足肥硕。器表饰绳纹（图三七，6）。JX041121C006－C：1，夹砂灰陶。微敛口，矮领，大袋足，一袋足侧面上有錾手。器表饰绳纹。口径34、残高8.4厘米（图三七，7）。JX041121A005－W：2，夹砂灰陶。微敞口，圆唇，高领，空袋足。腹部饰绳纹。口径16、残高18厘米（图三七，8）。标本JX040606C036－F：1，夹砂灰陶。近直口，高领，桥形耳已残，袋足显肥，空足。袋足通体饰绳纹。口径19.2、高31.2厘米（图三七，9）。

甗 标本1件。JX041122B006－H：1，夹砂灰陶。只残留有甗腰。束腰，内有箅架。器外饰绳纹（图三八，7）。

斝 标本2件。JX041123F022：1，夹砂灰陶。敛口，折肩，斜腹。腹部饰绳纹（图三八，3）。JX041122J019－H：1，夹砂黑灰陶。深腹，腹下接三空袋足，袋足相接处有泥条抹过，袋足之间有一定间隙。器表饰绳纹。残高24厘米（图三八，6）。

敛口瓮 标本1件。JX041122F037－C：1，泥质黑灰陶。敛口，圆唇，折肩，斜腹。肩部平均分布三贯耳，腹部饰绳纹。口径16.8、残高16.5厘米（图三八，1）。

小口瓮 标本1件。JX041122B022－C：2，泥质灰陶。小口，矮领，鼓腹。腹部饰绳纹。口径11.2、残高8.4厘米（图三八，2）。

杯 标本4件。JX041122L007－H：1，泥质灰陶。敞口，斜腹，腹部有桥形耳。腹部是慢轮拉出的痕迹。口径12.8、残高6厘米（图三八，4）。JX041123A003－H：1，泥质灰陶。敞口，深腹，口下有桥形耳。素面。口径11.4、残高7厘米（图三八，5）。JX041123E023－H2：1，泥质灰陶。

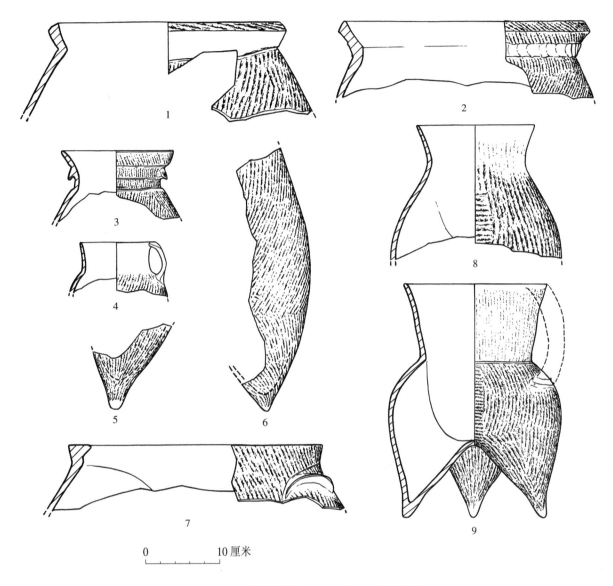

0　　　10厘米

图三七　绛县周家庄遗址龙山时期陶鬲

1. JX041120C007 - H2：1　2. JX041127C025 - H：1　3. JX041121F054：1　4. JX041122B015 - H：1　5. JX041122F022 - H：1
6. JX041121A005 - W：1　7. JX041121C006 - C：1　8. JX041121A005 - W：2　9. JX040606C036 - F：1

敞口，斜腹，平底。素面。口径 10.5、底径 5、高 5.8 厘米（图三八，8）。JX041121B035 - H1：1，泥质灰黑陶。敞口，斜腹，平底，腹部有耳。腹部有一钻孔，可能是缀合的痕迹。口径 12、高 9.6 厘米（图三八，10）。

圈足罐　标本 1 件。JX041121E005 - H：1，泥质灰陶。深腹，圈足，圈足有孔。腹部饰绳纹（图三九，6）。

双耳罐　标本 1 件。JX041121J014 - H：1，泥质黑陶。圆唇，宽折沿，束颈，鼓腹，双耳。腹部有轮划痕。口径 20、底径 8.8、残高 17.8 厘米（图三九，1）。

罐　标本 6 件。JX041123A003 - H：2，泥质褐陶。口外翻，鼓肩。沿下有抹去的篮纹（图三

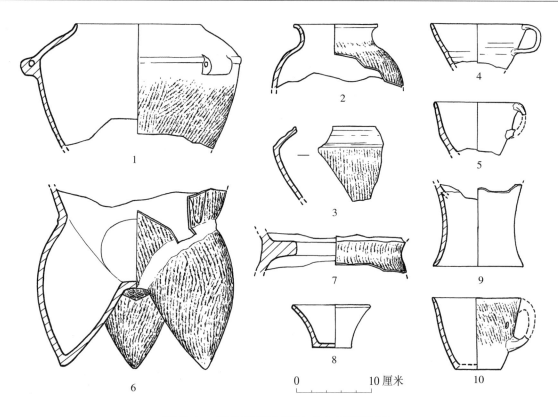

图三八　绛县周家庄遗址龙山时期陶器

1. 敛口瓮（JX041122F037－C：1）　2. 小口瓮（JX041122B022－C：2）　3、6. 斝（JX041123F022：1、
JX041122J019－H：1）　4、5、8、10. 杯（JX041122L007－H：1、JX041123A003－H：1、JX041123E023－H2：1、
JX041121B035－H1：1）　7. 甗（JX041122B006－H：1）　9. 豆（JX041123E023－H2：2）

九，7）。JX041121E029－H：2，泥质灰陶。敞口，束颈，鼓肩。素面。口径11.2、残高5.2厘米
（图三九，8）。JX041123E023－H2：3，泥质灰陶。深腹，平底。素面。底径9.4、残高8.5厘米
（图三九，9）。JX041122E019－H：1，夹砂灰陶。深腹，平底。腹部饰竖篮纹。底径13.6、残高
15厘米（图三九，10）。JX041122E019－C：1，泥质灰褐陶。鼓腹，近平底。素面。底径7.6、残
高10厘米（图三九，11）。JX041121E029－H：1，泥质灰陶。器薄，敞口，高领，束颈，鼓腹。
腹部有数周轮划的痕迹。口径18、残高14厘米（图三九，12）。

　　盆　标本8件。JX041120K001－H：1，泥质灰陶。圆唇，沿外翻，深腹。沿下及腹部各有旋
纹一周，腹部饰绳纹。口径33、残高10.2厘米（图四〇，1）。JX041122L008－C：1，泥质灰陶。
微敞口，圆唇，小折沿，束颈，深腹。颈部及腹部饰竖篮纹。口径28、残高10.8厘米（图四〇，
2）。JX041121L009：1，泥质灰陶。翻沿，深腹。腹部饰绳纹（图四〇，3）。JX041121H018－C：1，
泥质灰陶。口部加厚，翻沿，深腹。沿下及腹部均饰绳纹，有抹去的痕迹（图四〇，4）。
JX041121F055－H：1，泥质灰黑陶。口外翻，圆唇，深腹微鼓。沿下饰竖篮纹（图四〇，6）。
JX041122L006－H：1，泥质灰黑陶。小方唇，翻沿，深腹。腹部有抹去的绳纹痕迹（图四〇，7）。
JX041122I010－H：1，泥质灰褐陶。敞口，方唇。素面。口径32、残高9.2厘米（图四〇，9）。

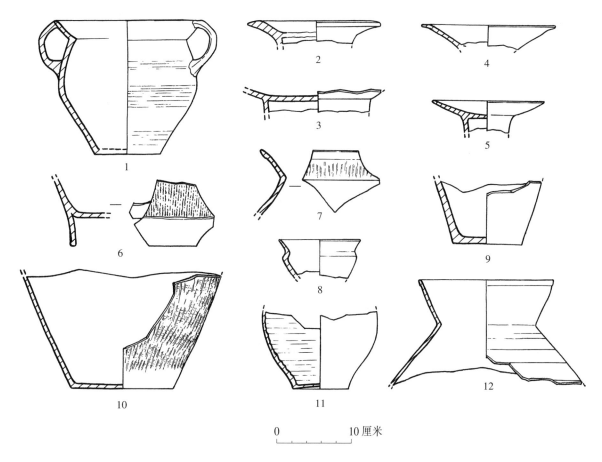

图三九　绛县周家庄遗址龙山时期陶器

1. 双耳罐（JX041121J014－H：1）　2~5. 豆（JX041122F009－H1：1、JX041122J003：1、JX041123E023－H3：1、
JX041122L014－H：1）　6. 圈足罐（JX041121E005－H：1）　7~12. 罐（JX041123A003－H：2、JX041121E029－H：2、
JX041123E023－H2：3、JX041122E019－H：1、JX041122E019－C：1、JX041121E029－H：1）

JX041121K011－H：1，泥质褐陶。微敞口，圆唇，小折沿，束颈，深腹。腹部饰绳纹。口径26、残高15.6厘米（图四〇，10）。

豆　标本6件。JX041123E023－H2：2，泥质黑褐陶。只残留圈足，较高。素面。底径12、残高10.8厘米（图三八，9）。JX041122F009－H1：1，泥质黑陶。圆唇，小平沿，浅盘，粗柄。素面。口径18、残高3.2厘米（图三九，2）。JX041122J003：1，泥质黑陶。粗大柄，大浅盘。素面（图三九，3）。JX041123E023－H3：1，泥质灰陶。圆唇，小平沿，浅盘。素面。口径18、残高3.2厘米（图三九，4）。JX041122L014－H：1，泥质灰黑陶。圆唇，大浅盘，细柄。素面。口径15.2、残高4厘米（图三九，5）。JX041122H005－H：1，泥质灰褐陶。高圈足，粗大柄，柄部有孔。底径17.2、残高10厘米（图四〇，12）。

器座　标本1件。JX041121F018－H：1，泥质灰黑陶。矮圈足，粗柄，柄部有对称的四个孔。底径14、残高7厘米（图四〇，5）。

器盖　标本1件。JX041119H002－H：1，泥质灰陶。喇叭口，斜腹。素面。口径24、残高

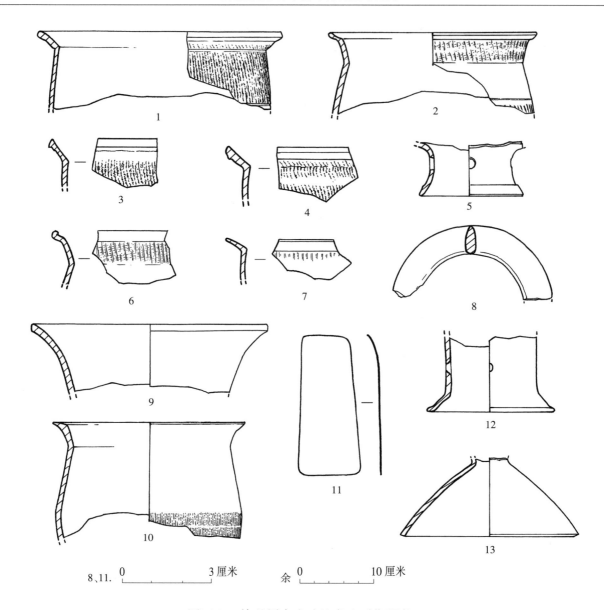

图四〇　绛县周家庄遗址龙山时期器物

1~4、6、7、9、10. 陶盆（JX041120K001－H：1、JX041122L008－C：1、JX041121L009：1、JX041121H018－C：1、JX041121F055－H：1、JX041122L006－H：1、JX041122I010－H：1、JX041121K011－H：1）　5. 陶器座（JX041121F018－H：1）　8. 陶环（JX041123F037－H：1）　11. 铜片（JX041120K010－H：1）　12. 陶豆（JX041122H005－H：1）　13. 陶器盖（JX041119H002－H：1）

10.6 厘米（图四〇，13）。

陶环　标本 1 件。JX041123F037－H：1，泥质黑陶。内缘厚，外缘薄。直径约 5.4 厘米（图四〇，8）。

②石器

有石刀、石铲、石镰等。

石铲　标本 1 件。JX041121F027：1，器薄，打磨光滑，长方形，单面刃，残留有一对钻孔。残长

6.4、宽 4.5、厚 0.7 厘米（图四一，1）。

石刀　标本 2 件。JX041119H003 - H：1，器薄，直背，弧刃，两面刃，中部残留一对钻孔，只作简单的打磨。残长 6.3、宽 5.3、厚 0.6 厘米（图四一，3）。JX041121I016 - F：1，直背，刃微弧，两面刃，中部残留有一对钻孔。残长 7、宽 4.5、厚 0.7 厘米（图四一，4）。

石镰　标本 1 件。JX041122A002 - H：1，已残，弧背，直刃，两面刃，背部有疤痕。残长 8.6、宽 4.5、厚 0.7 厘米（图四一，2）。

③ 铜器

有铜片等。

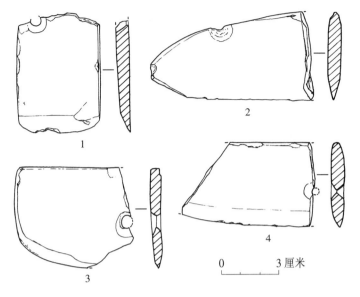

图四一　绛县周家庄遗址龙山时期石器

1. 石铲（JX041121F027：1）　2. 石镰（JX041122A002 - H：1）
3、4. 石刀（JX041119H003 - H：1、JX041121I016 - F：1）

铜片　只发现 1 件。JX041120K010 - H：1，制作规整，较薄。近长方形，一头略宽。长 4.6、宽 1.5 ~ 2.1、厚约 0.1 厘米（图四〇，11）。

12. 12 号二里头时期聚落

12 号二里头时期聚落位于遗址的东南部，面积 21.4 万平方米。聚落沿周家庄东泉水分布，地形北高南低。聚落内遗存分布稀疏，地表遗物发现虽不多，但遗迹尚发现不少，遍布整个聚落，遗迹内包含物较丰富。

（1）遗迹

文化层　3 处，聚落南、北各有分布，见于梯田断面，最厚堆积超过 3 米，包含物丰富。

灰坑　13 个，分布于整个聚落，见于梯田断面，多口大底小坑，包含物丰富。

（2）遗物

主要是陶片。夹砂陶稍多，以绳纹为主，可辨器形有鬲、大口尊、盆、圆腹罐、罐、蛋形瓮等。

鬲　标本 1 件。JX041122F014 - H：3，夹砂褐陶。实足根，足根粗。通体饰绳纹（图四二，7）。

盆　标本 1 件。JX041122F021 - H：1，夹砂灰陶。敞口，圆唇，深腹。腹部饰绳纹。口径 40、残高 12 厘米（图四二，1）。

圆腹罐　标本 2 件。JX041122A006 - H：1，夹砂灰褐陶。口部加厚，圆唇，高领，鼓腹，口部有鋬手。腹部饰绳纹。口径 22、残高 7.5 厘米（图四二，6）。JX041122E038 - H：1，夹砂黑灰陶。口部加厚，近直口，尖圆唇，深腹微鼓，口部有桥形耳。口部有按捺纹，耳及腹部饰绳纹。口径 14、残高 9.2 厘米（图四二，12）。

罐　标本 3 件。JX041122F014 - H：1，泥质灰黑陶。圆唇，卷沿，束颈，鼓腹。素面。口径 24、残高 5.6 厘米（图四二，3）。JX041122E038 - H：2，夹砂黑灰陶。方唇，高领，束颈，微鼓腹。腹部饰绳纹。口径 16、残高 6.4 厘米（图四二，4）。JX041122E038 - H：3，夹砂灰陶。圆腹，凹底。腹部及底部均饰绳纹（图四二，11）。

蛋形瓮　标本 1 件。JX041122F044 - H：1，夹砂褐陶。敛口，有小平台，深腹。腹部饰绳纹。口径 30、残高 17 厘米（图四二，2）。

13. 13 号二里头时期聚落

13 号二里头时期聚落位于周家庄东北，遗址的东北部，聚落面积较小，小于 5 万平方米。聚落所处位置相对平坦。聚落内遗存的分布不丰富，地表未见遗物，只有个别遗迹发现，遗迹内有大量陶片出土，应是短期活动形成的聚落。

（1）遗迹

灰坑　1 个，暴露于一浅冲沟断面，呈口大底小。

（2）遗物

只有陶片。以泥质灰陶为多，多绳纹，可辨器形有罐、大口尊等。

大口尊　标本 1 件。JX041121B024 - H：1，泥质黑灰陶。口径小于肩径。口外翻，方唇，束颈，折肩，深腹。肩部及腹部各有一周附加堆纹，肩部有两周旋纹，腹部饰绳纹。口径 25.2、残高 19.2 厘米（图四二，14）。

14. 14 号二里头时期聚落

14 号二里头时期聚落位于崔村南堡北，遗址的西北部，聚落面积较小，小于 5 万平方米。聚落内遗存分布差，地表未见遗物，断崖上发现有个别遗迹现象，遗迹内有少量陶片出土，应是人类短期活动的结果。

（1）遗迹

文化层　1 处，见于冲沟的断崖上，形状、结构不清。

（2）遗物

只发现少量陶片。多见夹砂灰陶，有绳纹，可辨器形有罐等。

15. 15 号二里头时期聚落

15 号二里头时期聚落位于周家庄东南，遗址的南部，聚落面积较小，小于 5 万平方米。聚落内遗存分布不丰富，地表未见遗物，只发现个别遗迹，遗迹内出土物丰富。

（1）遗迹

灰坑　1 个，见于梯田的断面，口小底大。

（2）遗物

只发现陶片。以夹砂陶为多，多绳纹，可辨器形有圆腹罐、罐、鬲等。

圆腹罐　标本 2 件。JX041123C014 - H1：2，夹砂褐陶。圆唇，口部加厚，高领，鼓腹。口部

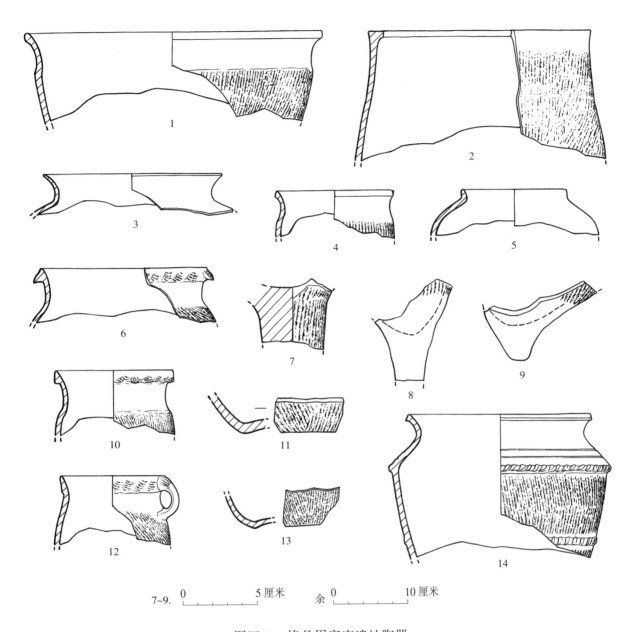

7~9. 0 ___ 5厘米 余 0 ___ 10厘米

图四二 绛县周家庄遗址陶器

1. 盆（JX041122F021－H：1） 2. 蛋形瓮（JX041122F044－H：1） 3~5、11. 罐（JX041122F014－H：1、
JX041122E038－H：2、JX041123C014－H1：3、JX041122E038－H：3） 6、12. 圆腹罐（JX041122A006－H：1、
JX041122E038－H：1） 7~9. 鬲（JX041122F014－H：3、JX041122H021：2、JX041122H021：1）
10、13. 圆腹罐（JX041123C014－H1：2、JX041123C014－H1：1） 14. 大口尊（JX041121B024－H：1）
（8、9为二里岗时期，余为二里头时期）

有按捺纹，腹部饰绳纹。口径14、残高8.8厘米（图四二，10）。JX041123C014－H1：1，夹砂黑灰陶。圆腹，凹底。腹部饰绳纹（图四二，13）。

　　罐 标本1件。JX041123C014－H1：3，夹砂灰陶。小口，鼓腹。素面。口径14、残高6厘米（图四二，5）。

16. 16 号二里岗时期聚落

16 号二里岗时期聚落位于遗址的西北部，崔村东堡西，聚落面积较小，小于 5 万平方米。聚落内遗存分布差，地表发现零星遗物，只发现个别遗迹，遗迹内出土物丰富。

（1）遗迹

灰坑　1 个，分布于断崖断面上，口大底小。

（2）遗物

以陶片为主。以夹砂灰陶为多，基本是绳纹，可辨器形有鬲、罐等。

鬲　标本 2 件。JX041122H021：2，夹砂灰陶。实锥足，瘦长。足根素面，裆部饰绳纹（图四二，8）。JX041122H021：1，夹砂灰陶。矮足根。足根素面，裆部饰绳纹（图四二，9）。

17. 17 号二里岗时期聚落

17 号二里岗时期聚落位于遗址的东南部，东录村北，聚落面积较小，小于 5 万平方米。聚落内遗存分布不丰富，地表没有发现遗物，只发现个别遗迹，遗迹内有少量陶片发现。

（1）遗迹

灰坑　1 个，分布于梯田断面，口小底大。

（2）遗物

只有陶片。多夹砂陶，有绳纹，可辨器形有鬲等。

一八　横水Ⅰ号遗址

横水Ⅰ号遗址位于横水镇横水村北 500 米，面积较小，小于 5 万平方米（图四三）。遗址处在涑水河北岸台地的最前缘，海拔高度在 565 米左右，东有冲沟，内有季节性水流流过，遗址的分布靠近冲沟，所处地形有一定起伏。该遗址只有龙山时期的遗存，从遗存分布特点看，龙山时期只能划分为一个聚落，聚落面积同于遗址面积。聚落内遗存发现较少，没有发现地表遗物，只是个别遗迹中有少量陶片出土。应是人类短期活动形成的聚落。

（1）遗迹

灰坑　1 个，暴露于冲沟的断崖上，形状、结构不清。

（2）遗物

只发现少量陶片。多夹砂陶，有绳纹，可辨器形有罐等。

一九　横水Ⅱ号遗址

横水Ⅱ号遗址位于横水镇横水村北 1000 米，面积 0.2 万平方米（见图四三）。遗址处在涑水河北岸逐渐抬升的台地上，海拔高度在 560～585 米之间，东有冲沟，内有季节性水流，遗址靠近冲沟分布，地形崎岖不平，起伏较大。该遗址包含有两个时期的遗存：龙山时期和二里岗时期，从遗存分布特点看，每个时期分别可以划分为一个聚落。

1. 1 号龙山时期聚落

1 号龙山时期聚落面积较小，小于 5 万平方米。聚落内遗存分布较差，地表遗物和遗迹都有零星发现，遗迹内包含物丰富。应是人类短期活动形成的聚落点。

（1）遗迹

文化层　1 处，分布于遗址北部冲沟的断面上，堆积较薄，包含物丰富。

灰坑　1 个，分布于遗址东南部冲沟的断崖上，形状、结构不清，包含物很少。

（2）遗物

只有陶片。多夹砂陶，盛行绳纹，可辨器形有鬲、罐等。

鬲　标本 1 件。JX041129F002 – C：1，夹砂灰陶。微敞口，矮领，大袋足。领下有旋纹一周，通体饰绳纹。口径 20、残高 6 厘米（图四四，1）。

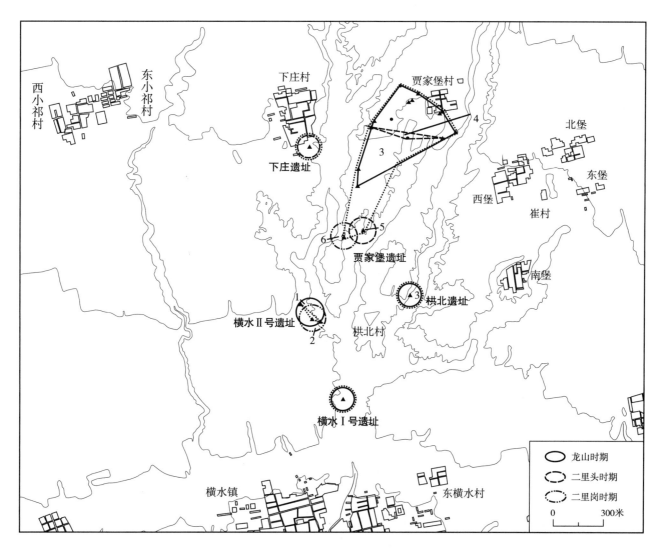

图四三　绛县横水Ⅰ号、横水Ⅱ号、枑北、贾家堡、下庄遗址（龙山时期—二里岗时期）

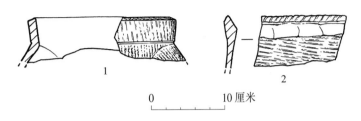

图四四　绛县横水Ⅱ号、栱北遗址陶器

1. 鬲（JX041129F002－C∶1）　2. 深腹罐（JX041127F001－C∶1）
（1 为横水Ⅱ号遗址，2 为栱北遗址；1 为龙山时期，2 为庙底沟二期）

冲沟断面上，堆积较薄。

（2）遗物

只发现少量陶片。基本是夹砂陶，有绳纹，可辨器形有鬲等。

二〇　栱北遗址

栱北遗址位于横水镇栱北村北 100 米，面积 0.4 万平方米（图四三、四五）。遗址处在涑水河北岸台地一突出的山梁上，海拔高度在 575～600 米之间，该遗址两侧临冲沟，沟内有季节性水流，地形起伏大。该遗址包含三个时期的遗存：仰韶早期、庙底沟二期、龙山时期。从遗存分布特点看，每个时期分别可以划分为一个聚落，不过，每个时期的聚落规模都不大。

1. 1 号仰韶早期聚落

1 号仰韶早期聚落位于遗址西部，面积较小，小于 5 万平方米。聚落内遗存的分布差，只发现零星的地表遗物和遗迹现象，遗迹内出土有少量陶片。应是短期活动形成的聚落点。

（1）遗迹

文化层　1 处，分布于遗址的西北部，堆积较薄。

（2）遗物

只发现少量陶片。多泥质红陶，素面，可辨器形有钵等。

2. 2 号庙底沟二期聚落

2 号庙底沟二期聚落位于遗址的西部，面积较小，小于 5 万平方米。聚落内遗存的分布较差，只发现个别遗迹现象，遗迹内包含物丰富。应是人类短期活动形成的聚落点。

（1）遗迹

文化层　1 处，分布于遗址南部，堆积薄。

（2）遗物

只发现有陶片。以夹砂陶为多，多绳纹和篮纹，可辨器形有深腹罐、罐等。

深腹罐　标本 1 件。JX041127F001－C∶1，夹砂黑灰陶。直口，深腹，口部有泥条加厚。口部及腹部饰横篮纹（图四四，2）。

2. 2 号二里岗时期聚落

2 号二里岗时期聚落面积较小，小于 5 万平方米。聚落内遗存分布较差，地表没有发现遗物，只发现个别遗迹现象，遗迹内有少量陶片出土。应是人类短期活动形成的聚落点。

（1）遗迹

文化层　1 处，分布于遗址西南部

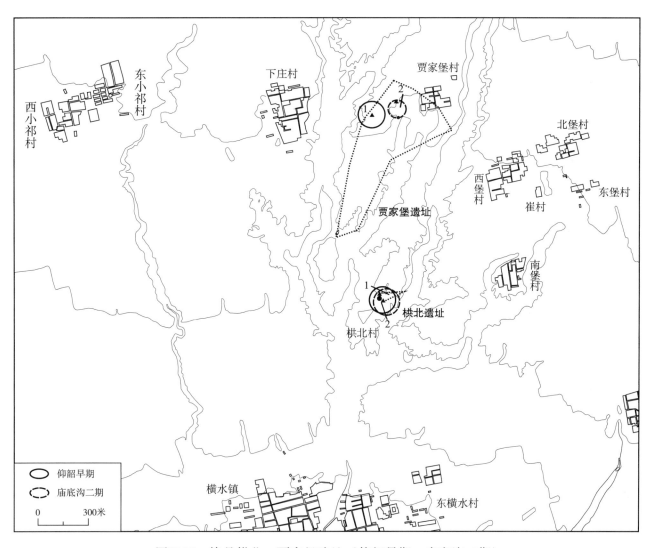

图四五　绛县桢北、贾家堡遗址（仰韶早期、庙底沟二期）

3. 3号龙山时期聚落

3号龙山时期聚落位于遗址的东部，面积较小，小于5万平方米。聚落内遗存的分布较差，只发现个别遗迹，但遗迹内有少量陶片出土。应是短期活动形成的聚落点。

（1）遗迹

灰坑　1个，分布于遗址东部断崖上，口小底大。

（2）遗物

只发现陶片。以夹砂陶为多，有绳纹，可辨器形有罐、鬲等。

二一　贾家堡遗址

贾家堡遗址位于横水镇贾家堡村西南，面积24.4万平方米（图四三、四五）。遗址处在涑水河北岸台地的前缘，海拔高度在595～630米之间，北高南低，遗址两侧临冲沟，沟内有季节性水与涑水河相通。遗址中部地形平缓，临沟的周边地形起伏较大，遗存多发现于此。该遗址包含五个时期的遗存：仰韶早期、庙底沟二期、龙山时期、二里头时期、二里岗时期。从遗存分布特点看，二里头时期可以划分为两个聚落，仰韶早期、庙底沟二期、龙山时期和二里岗时期只能划分为一个聚落。仰韶早期和庙底沟二期聚落规模都很小，龙山时期迅速发展壮大，二里头、二里岗时期聚落规模又走向衰落。

1. 1 号仰韶早期聚落

1 号仰韶早期聚落位于遗址的西北部，面积较小，小于 5 万平方米。遗存分布较差，只有零星地表遗物和遗迹发现，遗迹内出土有少量陶片。应是短期活动形成的聚落点。

（1）遗迹

文化层　1 处，分布于遗址西部梯田的断面，堆积较薄。

（2）遗物

只有陶片。基本是泥质红陶，素面，可辨器形有钵等。

2. 2 号庙底沟二期聚落

2 号庙底沟二期聚落位于遗址的北部，面积小于 5 万平方米，聚落的规模较小。遗存的分布差，只地表发现零星遗存和个别遗迹，遗迹内没有陶片出土，但其附近发现有陶片。

（1）遗迹

房址　1 座，暴露于遗址北部的断崖上，为白灰面，半地穴式。

（2）遗物

只发现少量陶片。多夹砂陶，多粗乱的绳纹，看不出明显的器形。

3. 3 号龙山时期聚落

3 号龙山时期聚落位于遗址的北部，面积 17.4 万平方米。聚落北高南低，东西两侧有深的冲沟，东部冲沟可能为泉水不断下切形成的，聚落中部有可能为后期形成的冲沟。聚落内遗存发现多，特别是遗迹发现多，但分布并不密集。地表可见遗物不多，但遗迹内包含物丰富。

（1）遗迹

文化层　1 处，分布于聚落北部的断崖上，堆积厚。

灰坑　9 个，分布于聚落外围的断崖和梯田的断面上，口大底小和口小底大均有，有的深达数米。

（2）遗物

主要是陶片。以夹砂灰陶为多，多绳纹，可辨器形有鬲、甗、罐、盆等。

鬲　标本 1 件。JX041127F015 - H：2，夹砂黑灰陶。口外翻，深腹，大袋足。有鋬手，腹部饰绳纹（图四六，2）。

甗　标本 1 件。JX041127F015 - H：1，夹砂灰陶。上部残，只剩下部。直深腹，有箅架，三空袋足外撇，足与足之间有较大距离。器表饰绳纹。残高 18 厘米（图四六，1）。

4. 4 号二里头时期聚落

4 号二里头时期聚落位于遗址的中部，面积 0.8 万平方米。聚落中部有冲沟，很可能是后期形成的。聚落内遗存分布稀疏，只有少量的地表遗物和遗迹，遗迹内包含物丰富。

（1）遗迹

灰坑　4 个，分别分布于聚落东、西断面上，有口小底大的坑。

（2）遗物

主要是陶片。夹砂陶稍多，以绳纹为主，可辨器形有鬲、圆腹罐、罐、盆等。

圆腹罐　标本 1 件。JX041127E012 – H：2，夹砂灰陶。口外翻，口部有泥条加厚，鼓腹。口部有錾手，腹部饰绳纹。口径 17.2、残高 4 厘米（图四六，3）。

罐　标本 1 件。JX041127E012 – H：1，泥质褐陶。近直口，口部加厚，小圆唇，矮领，鼓腹。肩部有一周旋纹。口径 14.8、残高 4 厘米（图四六，4）。

5. 5 号二里头时期聚落

5 号二里头时期聚落位于遗址南部，面积较小，小于 5 万平方米。聚落内遗存分布差，只发现个别遗迹，地表未见遗物，但遗迹内包含物丰富。

（1）遗迹

灰坑　1 个，分布于遗址南部的断崖上，口小底大。

（2）遗物

只有陶片。多见夹砂灰陶，多绳纹，可辨器形有罐等。

6. 6 号二里岗时期聚落

6 号二里岗时期聚落位于遗址的西南角，面积较小，小于 5 万平方米。聚落内遗存分布较差，地表未见遗物，只发现个别遗迹，遗迹内出有少量陶片。应是短期活动形成的聚落点。

（1）遗迹

文化层　1 处，分布于遗址南部断崖上，堆积较薄。

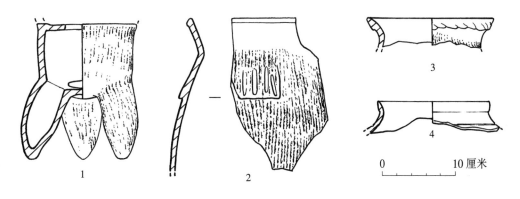

图四六　绛县贾家堡遗址陶器

1. 甗（JX041127F015 – H：1）　2. 鬲（JX041127F015 – H：2）　3. 圆腹罐（JX041127E012 – H：2）
4. 罐（JX041127E012 – H：1）（1、2 为龙山时期，余为二里头时期）

（2）遗物

只发现有少量陶片。以夹砂灰陶为多，以绳纹为主，可辨器形有鬲等。

二二　下庄遗址

下庄遗址位于横水镇下庄村南，面积较小，小于 5 万平方米（见图四三）。遗址处在涑水河北岸的台地上，海拔高度在 620 米左右，东临深沟，沟内有季节性水流与涑水河相通，因临沟分布，地形有一定的起伏。下庄遗址只有二里头时期的遗存，从遗存分布特点看，该时期只能划分为一个聚落，聚落面积同于遗址面积。聚落规模小，地表未见遗物，但遗迹分布集中，遗迹内包含物丰富。

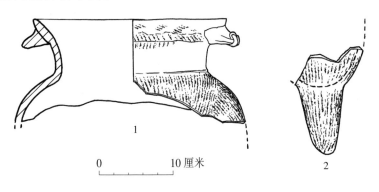

图四七　绛县下庄遗址二里头时期陶器

1. 圆腹罐（JX041129H003 - H：1）　　2. 鬲（JX041129H003 - H：2）

（1）遗迹

灰坑　3 个，集中分布于断崖上，形状、结构不清。

（2）遗物

只有陶片。多夹砂陶，基本是绳纹，可辨器形有鬲、圆腹罐等。

鬲　标本 1 件。JX041129H003 - H：2，夹砂灰褐陶。实足根，空袋足。足根通体饰绳纹（图四七，2）。

圆腹罐　标本 1 件。JX041129H003 - H：1，夹砂灰褐陶。口外翻，圆唇，束颈，高领，鼓腹，口部有对称的双錾。腹部饰绳纹。口径 26、残高 14 厘米（图四七，1）。

二三　新庄遗址

新庄遗址位于横水镇新庄村南，面积 2.8 万平方米（图四八）。遗址紧邻涑水河，处在涑水河北岸略高于河床的小台地上，海拔高度在 540 米左右，高出现在涑水河河床 5 米左右，遗址文化层堆积厚约 3 米，所以遗址与河流的实际落差很小（彩版三三）。遗址北部有一条较宽的冲沟，东南有一条窄冲沟，遗存主要暴露于两冲沟的断面。新庄遗址包含两个时期的遗存：二里头时期和二里岗时期。从遗存分布特点看，每个时期只能划分为一个聚落。两个时期的遗存集中发现于新庄村南地势低洼的地区，二里头时期的遗存基本占据着整个遗址，二里岗时期的遗存则集中分布在遗址的中部。

1. 1 号二里头时期聚落

1 号二里头时期聚落占据着遗址的绝大部分，面积 2.3 万平方米。聚落地势较低且临河分布，聚落中部有凹陷地带。聚落内遗存丰富，地表随处可见散落的遗物，沟坎的断面多有遗迹暴露，遗迹内包含物丰富。

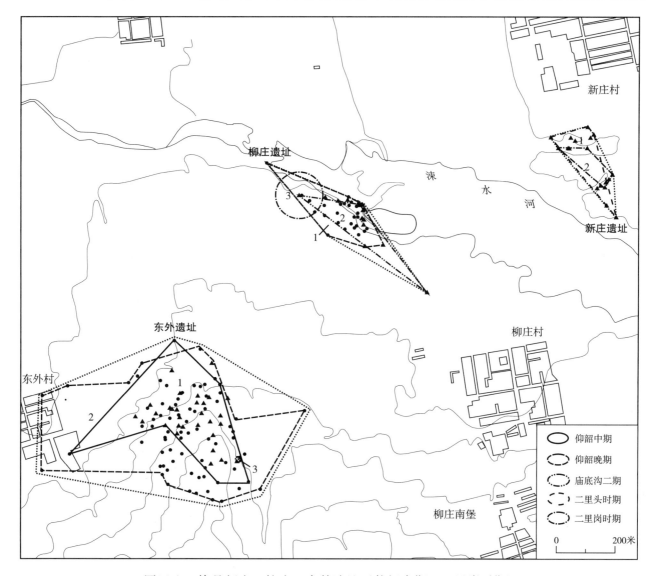

图四八　绛县新庄、柳庄、东外遗址（仰韶中期—二里岗时期）

（1）遗迹

文化层　6处，南北各有3处分布，堆积大多较厚，包含物丰富。

灰坑　4个，南部有1个分布，北部有3个分布，有袋状坑，包含物丰富。

房址　1座，分布于聚落的北部，为红烧土地面的半地穴式，包含物很少。

（1）遗物

主要是陶片，此外有少量石器。

① 陶器

以夹砂陶为主，以绳纹为多，可辨器形有鬲、圆腹罐、罐、深腹缸、蛋形瓮等。

圆腹罐　标本2件。JX041105D005 - H：1，夹砂灰黑陶。口外翻，口部加厚且有錾手，深腹。腹部饰绳纹。口径18、残高9.2厘米（图四九，3）。JX041105E005 - H：2，夹砂褐陶。圆腹，平底。腹部饰绳纹。底径6.8、残高4.8厘米（图四九，8）。

罐　标本3件。JX041105E001－C∶1，夹砂灰陶。口外翻，方唇，束颈，鼓腹。腹部饰绳纹。口径26、残高4.6厘米（图四九，1）。JX041105E005－H∶3，泥质黑灰陶。小口，口外翻，圆唇，束颈，鼓肩。肩部有旋纹（图四九，4）。JX041105E002－C∶1，夹砂灰陶。器厚，圆腹，凹底。腹部饰绳纹（图四九，7）。

深腹缸　标本1件。JX041105E003－H∶2，夹砂（细砂）灰褐陶。器腹饰绳纹，残留有三周堆纹（图四九，6）。

蛋形瓮　标本1件。JX041105E005－H∶1，夹砂灰黑陶。器厚，内敛口，深腹。通体饰绳纹。口径30、残高10厘米（图四九，2）。

②　石器

有石刀等。

石刀　标本1件。JX041105E003－H∶1，红褐色。器薄，长方形，背部平直，单面刃，中部有一对钻孔。长9.2、宽5.5、厚0.7厘米（图四九，5）。

2. 2号二里岗时期聚落

2号二里岗时期聚落位于遗址的中部，面积1万平方米。聚落地势较低且临河分布，聚落内遗存分布密集，除地表多有遗物散落外，沟坎的断面多有遗迹暴露，遗迹内包含物丰富。

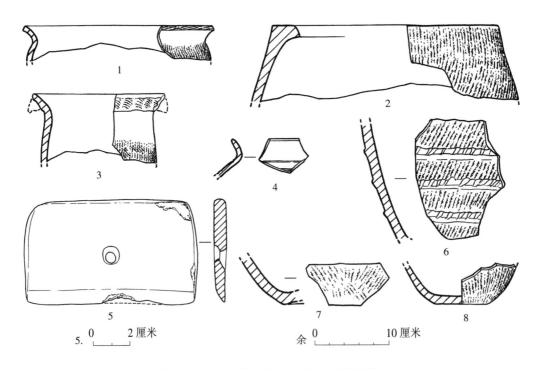

图四九　绛县新庄遗址二里头时期器物

1、4、7. 陶罐（JX041105E001－C∶1、JX041105E005－H∶3、JX041105E002－C∶1）　2. 陶蛋形瓮（JX041105E005－H∶1）　3、8. 陶圆腹罐（JX041105D005－H∶1、JX041105E005－H∶2）　6. 陶深腹缸（JX041105E003－H∶2）
5. 石刀（JX041105E003－H∶1）

（1）遗迹

文化层　2 处，聚落的南北都有分布，堆积较厚，包含物丰富。

灰坑　6 个，聚落的南北都有分布，口大底小和口小底大的均有，灰土中杂有较多遗物。

陶窑　1 座，分布在聚落南部（彩版三四）。

（2）遗物

主要是陶片，此外发现少量石器。

① 陶器

以夹砂陶为多，以绳纹为主，可辨器形有鬲、盆、罐等。

鬲　标本 1 件。JX041105F003 – H：2，夹砂灰陶。实锥足。素面（图五〇，2）。

盆　标本 2 件。JX041105F003 – H：1，夹砂灰陶。宽翻沿。腹部饰绳纹（图五〇，4）。JX041105D001 – H：2，泥质褐陶。圆唇，唇部加厚，宽沿外翻。残留部分素面（图五〇，5）。

罐　标本 2 件。JX041105D006 – H：1，夹砂灰陶。器薄，平底。腹部饰绳纹。底径 16、残高 2 厘米（图五〇，3）。JX041105D001 – H：1，夹砂灰陶。口外翻，圆唇，鼓腹。沿下饰细绳纹（图五〇，6）。

② 石器

有石斧等。

石斧　标本 1 件。JX041105D003 – H：1，灰绿色花岗岩。顶端窄，刃部宽，器厚重，两面刃，刃部有疤痕。长 16、宽 6.2、厚 5 厘米（图五〇，1）。

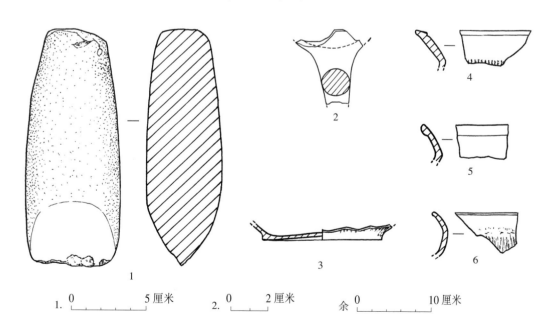

1. _____ 0 _____ 5 厘米　　2. _____ 0 _____ 2 厘米　　余 _____ 0 _____ 10 厘米

图五〇　绛县新庄遗址二里岗时期器物

1. 石斧（JX041105D003 – H：1）　2. 陶鬲（JX041105F003 – H：2）　3、6. 陶罐（JX041105D006 – H：1、JX041105D001 – H：1）　4、5. 陶盆（JX041105F003 – H：1、JX041105D001 – H：2）

二四 柳庄遗址

柳庄遗址位于东山底乡柳庄村西北，面积5.6万平方米（见图四八）。遗址处在涑水河南岸的一级阶地上，海拔高度在525～540米之间，地势较低，略高于现在涑水河河床，地形较为平坦，起伏很小。由于遗址紧邻涑水河，遗址的北部受到了涑水河的冲刷，虽有文化层，但可以看出似乎为二次堆积的文化层。柳庄遗址有三个时期的遗存：仰韶晚期、庙底沟二期和二里岗时期。从遗存分布特点看，每个时期分别可以划分为一个聚落。总体来看，仰韶晚期，聚落面积最大；庙底沟二期，聚落面积收缩并向东南转移；二里岗时期只有个别零星发现。

1. 1号仰韶晚期聚落

1号仰韶晚期聚落位于遗址的中、北部，面积4万平方米。聚落紧邻涑水河道，所处位置较低，临近河边的堆积似乎受到河水的扰动。在聚落的东部，遗存的分布较为密集而丰富。遗迹主要分布在靠近河水的北部，遗迹内包含物丰富。

（1）遗迹

文化层 12处，多杂有淤沙，疑似二次堆积形成的，主要分布在聚落北部。

灰坑 2个，分别分布于聚落东、西梯田断面上，形状、结构不清，包含物丰富。

（2）遗物

主要是陶片。以泥质红陶为多，素面和线纹较多，可辨器形有钵、盆等。

钵 标本2件。JX041029K008：1，泥质红陶。敛口，弧腹。素面。口径24、残高5.2厘米（图五一，3）。JX041029H007－C:1，泥质红陶。敞口，弧腹。素面。口径25.6、残高8厘米（图五一，4）。

2. 2号庙底沟二期聚落

2号庙底沟二期聚落位于遗址的中、东部，面积2.7万平方米。聚落紧邻涑水河河道，所处位置较低，临近河边的部分似乎受到河水的扰动。聚落内遗存的分布并不密集也不丰富。地表有零星遗物和遗迹分布，遗迹内包含物丰富。

（1）遗迹

文化层 3处，疑似二次堆积，多沿河边分布。

灰坑 1个，位于聚落的东南角（彩版三九）。

（2）遗物

主要是陶片。以夹砂灰陶为多，盛行绳纹和斜篮纹，可辨器形有深腹罐、罐等。

深腹罐 标本1件。JX041029H008－C:1，夹砂灰褐陶。圆唇，折沿，深腹。腹部饰斜篮纹，残留有一周附加堆纹。口径20、残高6.8厘米（图五一，1）。

罐 标本1件。JX041029A003－C:2，夹砂灰褐陶。圆唇，折沿，微鼓腹。腹部有一周附加堆纹。口径12、残高7.5厘米（图五一，2）。

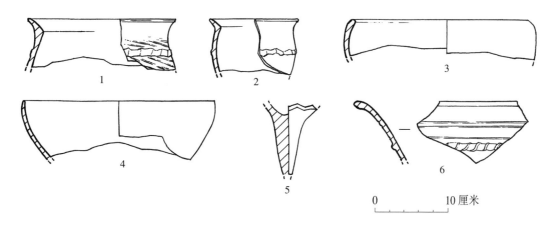

图五一　绛县柳庄遗址陶器

1. 深腹罐（JX041029H008－C：1）　2. 罐（JX041029A003－C：2）　3、4. 钵（JX041029K008：1、
JX041029H007－C：1）　5. 鬲（JX041029A003－C：3）　6. 大口尊（JX041029A003－C：1）
（1、2 为庙底沟二期，3、4 为仰韶晚期，余为二里岗时期）

3. 3 号二里岗时期聚落

3 号二里岗时期聚落位于遗址的西北部，面积较小，小于 5 万平方米。聚落所处的位置较低，地表没有遗物发现，只发现个别遗迹现象，遗迹内有少量陶片出土。应是人类短期活动形成的聚落点。

（1）遗迹

文化层　1 处，暴露于梯田断面，堆积较厚。

（2）遗物

主要是陶片。以绳纹为主，可辨器形有鬲、大口尊等。

鬲　标本 1 件。JX041029A003－C：3，夹砂灰褐陶。锥足，实足根。素面（图五一，5）。

大口尊　标本 1 件。JX041029A003－C：1，泥质灰陶。大敞口，圆唇，无束颈。颈部有三周凹旋纹，下有一周附加堆纹（图五一，6）。

二五　东外遗址

东外遗址位于东山底乡东外东，面积 36.2 万平方米（见图四八）。遗址位于中条山北麓，处在涑水河南岸山前台地的最低处，海拔高度在 525～580 米之间，北低南高，遗存主要分布在一突出的山脊上，所在地形起伏较大，落差也较大（彩版四〇）。遗址包含三个时期的遗存：仰韶中期、仰韶晚期和庙底沟二期。从遗存分布特点看，每个时期分别可以划分为一个聚落。其中，仰韶中期，聚落已有一定的规模，集中分布在遗址的中部；仰韶晚期，聚落规模达到最大，几乎占有整个遗址；庙底沟二期，聚落规模急剧缩小，走向衰落。

1. 1 号仰韶中期聚落

1 号仰韶中期聚落位于遗址的中部，面积 11.6 万平方米。聚落所处的地形南高北低，南北落差较大。聚落内遗存分布较为密集且丰富。遗迹多暴露于梯田的断面，包含物较为丰富。

（1）遗迹

灰坑　只发现少数，主要分布于聚落东部，有袋状坑。

（2）遗物

主要是陶片。以泥质红陶为主，素面和线纹为多，有彩陶，可辨器形有尖底瓶、盆、钵、罐等。

尖底瓶　标本1件。JX041030E009 - H：1，泥质红陶。重唇口，长颈。素面。口径4.8、残高3.2厘米（图五二，8）。

盆　标本1件。JX041030E002 - C：2，泥质褐陶。圆唇，折沿，深腹。沿面及腹部有彩（图五二，10）。

钵　标本1件。JX041030E002 - C：1，泥质红陶。口部加厚，敛口，斜腹内收。素面（图五二，11）。

罐　标本1件。JX041030E009 - H：2，夹砂褐陶。小翻沿，鼓肩。肩部有数周旋纹（图五二，7）。

2. 2号仰韶晚期聚落

2号仰韶晚期聚落占据了遗址的绝大部分，面积27.1万平方米。聚落所处的地形南高北低且落差大，聚落中部的遗存分布较为密集，遗迹也集中分布于此。遗迹种类和数量都较为丰富，主

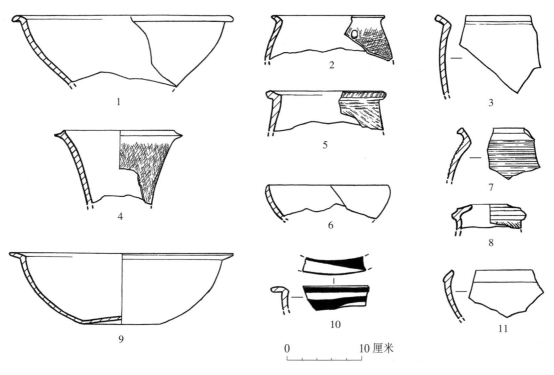

图五二　绛县东外遗址陶器

1、3、9、10. 盆（JX041030K011 - H：1、JX041030K011 - H：2、JX041030K016 - H：1、JX041030E002 - C：2）　2、7. 罐（JX041030K019：1、JX041030E009 - H：2）　4、8. 尖底瓶（JX041030L008 - H：2、JX041030E009 - H：1）　5. 深腹罐（JX041030J002 - H：1）　6、11. 钵（JX041030L008 - H：1、JX041030E002 - C：1）（5为庙底沟二期，7、8、10、11为仰韶中期，余为仰韶晚期）

要见于梯田的断面。地表遗物随处可见，但遗迹内出土物更为丰富。

（1）遗迹

文化层　16 处，主要分布在聚落中部地形略低的区域，堆积厚薄不等，厚度多在 1~3 米之间，包含物丰富。

灰坑　9 个，分布于聚落中部地形稍高的山前台地（彩版四一）。

陶窑　1 座，分布于山前台地的低处，只暴露窑室部分，直径在 1 米左右。

房址　2 座，处于山前台地的中腰位置，均为红烧土面，半地穴式。

（1）遗物

主要是陶片。以泥质红陶为主，素面和线纹为主，可辨器形有尖底瓶、盆、钵、罐等。

尖底瓶　标本 JX041030L008－H：2，泥质红陶。喇叭口，尖圆唇，长颈。颈部有交错线纹。口径 15.2、残高 10 厘米（图五二，4）。

盆　标本 3 件。JX041030K011－H：1，泥质红陶。圆唇，卷沿，斜腹。素面。口径 30、残高 10 厘米（图五二，1）。JX041030K011－H：2，泥质红陶。圆唇，翻沿，深腹。素面（图五二，3）。JX041030K016－H：1，泥质红陶。圆唇，折沿，斜腹，凹底。素面。口径 30.4、底径 10.4、高 9.6 厘米（图五二，9）。

钵　标本 1 件。JX041030L008－H：1，泥质红褐陶。敛口，斜腹内收。素面。口径 16、残高 4.4 厘米（图五二，6）。

罐　标本 1 件。JX041030K019：1，泥质红陶。口外翻，圆唇，鼓腹。腹部饰线纹。口径 15.2、残高 6 厘米（图五二，2）。

3. 3 号庙底沟二期聚落

3 号庙底沟二期聚落位于遗址的东南部，面积较小，小于 5 万平方米。聚落内只有零星遗存发现，地表看到的遗物很少，仅有的个别遗迹内出土物也不丰富。应是人类短期活动形成的聚落点。

（1）遗迹

灰坑　1 个，分布于断崖上，袋状坑，未全部暴露。

（2）遗物

只有陶片。以夹砂陶为多，多篮纹和绳纹，可辨器形有深腹罐等。

深腹罐　标本 1 件。JX041030J002－H：1，夹砂灰陶。小折沿，深腹。口部及腹部均饰篮纹。口径 16、残高 5.2 厘米（图五二，5）。

二六　坡底遗址

坡底遗址位于横水镇坡底村西，面积 3.9 万平方米（图五三）。遗址处在涑水河北岸台地的最底部，海拔高度在 535~555 米之间，北高南低，东隔小浅沟与坡底村相望，遗址所在地形为逐渐

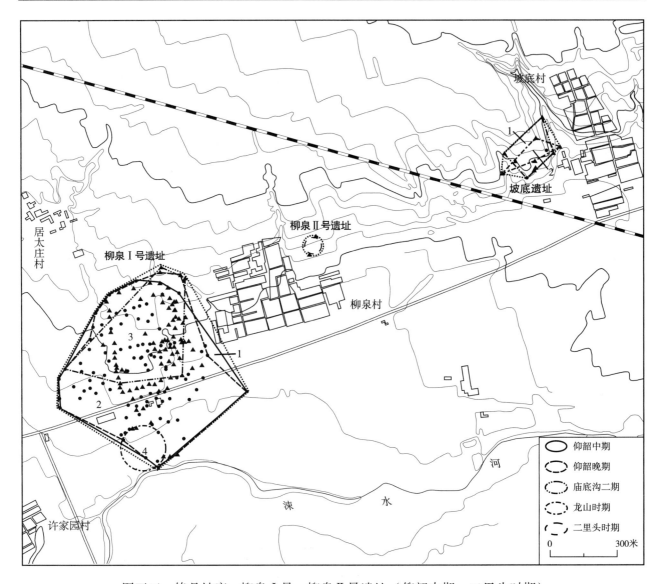

图五三　绛县坡底、柳泉Ⅰ号、柳泉Ⅱ号遗址（仰韶中期—二里头时期）

抬升的缓坡，地形略有起伏（彩版三五）。遗址包括两个时期的遗存：庙底沟二期和龙山时期。从遗存分布特点看，每个时期分别可以划分为一个聚落。其中，庙底沟二期时聚落规模稍大，龙山时期聚落规模有所缩小。

1. 1号庙底沟二期聚落

1号庙底沟二期聚落覆盖了遗址的绝大部分范围，面积3万平方米。聚落北高南低，遗存分布稀疏，地表有零星遗物发现，梯田的断面上可以看到暴露的遗迹，遗迹内包含物丰富。

（1）遗迹

文化层　2处，分布于聚落南部，堆积薄，包含物丰富。

灰坑　2个，分布于聚落东部，均为口小底大，包含物丰富。

房址　2座，分别分布于聚落北部、西部，为白灰面半地穴式，包含物很少。

（2）遗物

主要是陶片。以夹砂灰陶为多，多绳纹和篮纹，可辨器形有深腹罐、罐等。

深腹罐　标本1件。JX041130E002-C：1，夹砂灰陶。沿外翻，深腹。沿下有附加堆纹一周，腹部饰横篮纹。口径30、残高5.2厘米（图五四）。

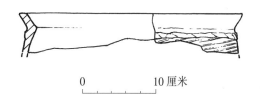

图五四　绛县坡底遗址庙底沟二期陶深腹罐

（JX041130E002-C：1）

2. 2号龙山时期聚落

2号龙山时期聚落位于遗址的中部偏南，面积1.3万平方米。聚落内遗存分布稀疏，地表未见遗物，但梯田的断面有遗迹分布，遗迹内包含物丰富。

（1）遗迹

灰坑　3个，分布于聚落北部之外的其他位置，有袋状坑，包含物丰富。

房址　1个，位于聚落的北部，为白灰面半地穴式，包含物很少。

（2）遗物

只有陶片。以夹砂陶为多，多绳纹，可辨器形有罐等。

二七　柳泉Ⅰ号遗址

柳泉Ⅰ号遗址位于横水镇柳泉村西，面积48.7万平方米（见图五三）。遗址处在涑水河北岸的一级阶地上，海拔高度在505~540米之间，北高南低，为逐渐抬升的梯田，除遗址中部有一小浅沟外，整体地形相对平缓，起伏较小，遗址紧临今天的涑水河，涑水河横切遗址的南部，冲刷的断面可看到个别暴露的遗迹（彩版三六）。遗址包含仰韶中期、仰韶晚期、庙底沟二期和龙山四个时期的遗存。从遗存分布特点看，每个时期分别可以划分为一个聚落。总体来看，仰韶中期聚落已具相当规模，仰韶晚期基本延续了中期的发展，庙底沟二期时聚落开始走向衰落，龙山时期仅在遗址南部一角有所发现。

1. 1号仰韶中期聚落

1号仰韶中期聚落占据了遗址的绝大部分，面积43.7万平方米。聚落北高南低，南部略高于涑水河河床。遗存分布非常密集，地表多见遗物，沟、坎断面随处可见暴露的遗迹，遗迹内包含物非常丰富。

（1）遗迹

文化层　数量众多，遍布公路以北，尤以聚落中、北部分布最为密集，堆积厚薄不等，最厚在3米以上，大多包含物丰富。

灰坑　数量众多，聚落中、北部分布最多，口小底大、口大底小、近桶形等多种形状坑都有，大都包含物丰富。

（2）遗物

主要是陶片，其次发现有少量石器。

① 陶器

以泥质红陶最多，多素面和线纹，有彩陶，可辨器形有尖底瓶、钵、盆、罐等。

尖底瓶　标本 2 件。JX041202E017－H：1，泥质红陶。重唇口，长颈。颈部饰线纹。口径5.2、残高 5 厘米（图五五，7）。JX041202J004－C：1，泥质灰陶。深鼓腹，尖底。腹部饰线纹（图五五，8）。

钵　标本 2 件。JX041202J011－H：1，泥质红陶。器较薄，微敛口，弧腹。素面。口径12.8、残高 4 厘米（图五五，5）。JX041202I008－C：1，泥质红陶。敞口，弧腹，平底。素面。口径

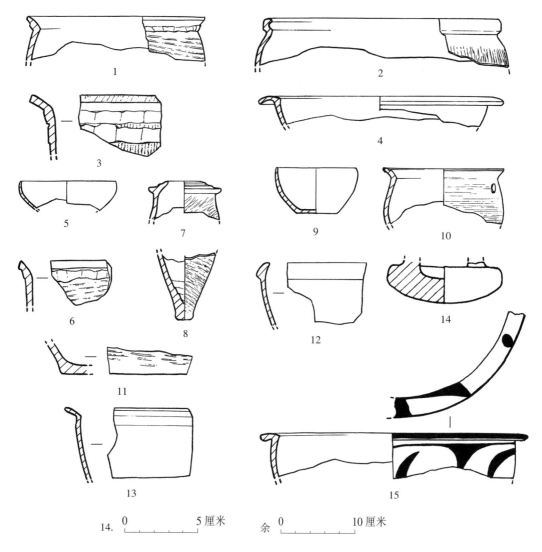

14. ├─0─┤──5厘米─┤　　余 ├─0─┤──10厘米─┤

图五五　绛县柳泉 I 号遗址陶器

1、3、6. 深腹罐（JX041202N002－H：1、JX041202F004－C：1、JX041202E015－C：1）　　2、10、11. 罐（JX041102H004－H2：1、JX041202E013－C：1、JX041202E015－C：2）　　4、12、13、15. 盆（JX041202J008：1、JX041202E010－H2：1、JX041202I007－C：1、JX041202J002－H1：1）　　5、9. 钵（JX041202J011－H：1、JX041202I008－C：1）　　7、8. 尖底瓶（JX041202E017－H：1、JX041202J004－C：1）　　14. 陶拍（JX041104B005－C：1）
（2、4、5、7~10、12、13、15 为仰韶中期，14 为龙山时期，余为庙底沟二期）

10.8、底径6.2、高6厘米（图五五，9）。

盆　标本4件。JX041202J008：1，泥质灰陶。圆唇，卷沿，弧腹。素面。口径33、残高4厘米（图五五，4）。JX041202E010－H2：1，泥质红陶。口部加厚，敛口，深腹。素面（图五五，12）。JX041202I007－C：1，泥质红陶。圆唇，折沿，斜腹。表面粗糙，素面（图五五，13）。JX041202J002－H1：1，泥质红陶。圆唇，折沿，深腹。口沿及腹部饰黑彩，图案为圆点、勾叶。口径36、残高6厘米（图五五，15）。

罐　标本2件。JX041102H004－H2：1，夹砂褐陶。口内有凹槽，矮领，鼓腹。腹部饰线纹。口径32、残高6.4厘米（图五五，2）。JX041202E013－C：1，夹砂灰陶。圆唇，小翻沿，深腹微鼓。腹部靠上残留有一小泥丁。口径16、残高7.2厘米（图五五，10）。

② 石器

有石斧等。

石斧　标本1件。JX041204E003：1，花岗岩，黑灰色。器厚，顶端窄，刃部宽，两面刃。顶端和刃部都有疤痕。长14.8、宽8.3、厚3.2厘米（图五六）。

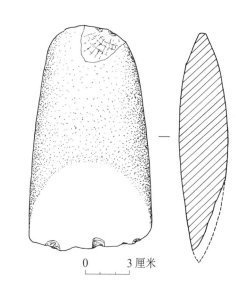

图五六　绛县柳泉Ⅰ号遗址仰韶中期石斧
（JX041204E003：1）

2. 2号仰韶晚期聚落

2号仰韶晚期聚落占据遗址的绝大部分，面积42.8万平方米。聚落北高南低，南部略高于涑水河河床。聚落内遗存丰富，分布密集。除地表多见遗物外，沟、坎的断面有遗迹分布。

（1）遗迹

文化层　发现较多，分布于聚落的中、北部，厚薄不等，包含物丰富。

灰坑　数量多，主要分布于聚落的中部，多袋状坑，包含物丰富。

（2）遗物

主要是陶片。以泥质红陶为多，以素面和线纹为主，可辨器形有钵、盆、罐等。

3. 3号庙底沟二期聚落

3号庙底沟二期聚落位于遗址的北部，面积16.5万平方米。聚落所处位置比以前略高，遗存分布较为稀疏。地表所见遗物不多，但尚发现不少遗迹，遗迹内包含物丰富。

（1）遗迹

文化层　5处，多分布在聚落南部，多见于梯田断面，堆积厚，包含物丰富。

灰坑　5个，集中分布于聚落的北部，见于梯田断面，多种结构，形状不清，包含物丰富。

房址　1座，见于聚落的北部，暴露于梯田断面，为白灰面地穴式，包含物很少。

（1）遗物

主要是陶片。以夹砂陶为多，盛行篮纹和绳纹，可辨器形有罐、深腹罐等。

罐　标本1件。JX041202E015－C：2，夹砂灰陶。深腹，平底。腹部饰横篮纹（图五五，11）。

深腹罐　标本3件。JX041202N002－H：1，夹砂灰陶。圆唇，翻沿，深腹。沿下有附加堆纹一周，腹部饰横篮纹。口径24、残高6厘米（图五五，1）。JX041202F004－C：1，夹砂灰陶。方唇，折沿，深腹。沿下有两周附加堆纹，腹部绳纹（图五五，3）。JX041202E015－C：1，夹砂灰陶。口外翻，直深腹。口下有附加堆纹一周，腹部饰横篮纹（图五五，6）。

4. 4号龙山时期聚落

4号龙山时期聚落位于遗址的南部，靠近涑水河分布，只有零星发现，面积较小，小于5万平方米。聚落内遗存分布差，只有零星的发现，遗迹内有少量陶片发现。应是人类短期活动形成的聚落点。

（1）遗迹

文化层　1处，见于梯田断面，堆积厚度在1米以上。

（2）遗物

只有陶片。以夹砂陶为多，有绳纹，可辨器形有鬲、陶拍等。

陶拍　标本1件。JX041104B005－C：1，拍面为凸起圆饼状，背后有桥形耳。素面。拍径7.5厘米（图五五，14）。

二八　柳泉Ⅱ号遗址

柳泉Ⅱ号遗址位于横水镇柳泉村东北，面积小于5万平方米（见图五三）。遗址处在涑水河北岸台地的最底部，海拔高度在530～540米之间，北高南低，为逐渐抬升的缓坡。遗址只发现二里头时期的遗存，从遗存分布特点看，只能划分为一个聚落，聚落面积同于遗址面积。未见地表遗物，有少量遗迹发现，遗迹内包含物较少。

（1）遗迹

灰坑　3个，分布于梯田断面，有口大底小坑。

（2）遗物

只有陶片。多夹砂陶，多绳纹，可辨器形有圆腹罐等。

二九　裴家堡遗址

裴家堡遗址位于城关镇裴家堡村东250米，面积11.2万平方米（图五七）。遗址坐落在涑水河南岸、中条山北麓的缓坡上，海拔高度在720～760米之间，南高北低，遗址内有两条南北向较深的冲沟，地形起伏较大。该遗址只有仰韶晚期的遗存，从遗存分布特点看，只能划分为一个聚

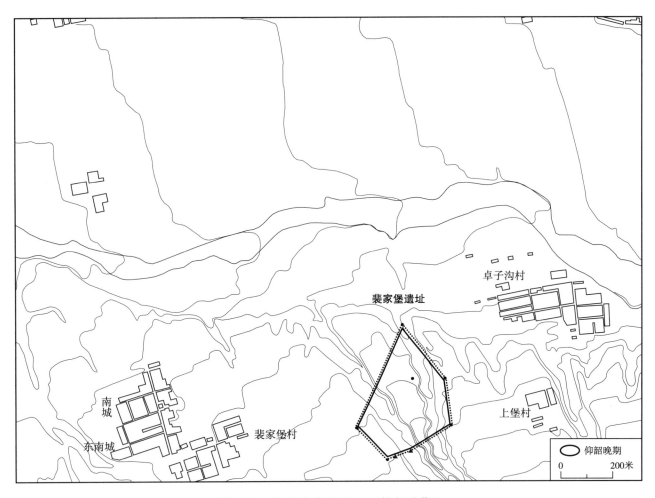

图五七　绛县裴家堡遗址（仰韶晚期）

落，聚落面积同于遗址面积。该聚落跨越两条沟，沟西部断面有零星遗迹发现，地表也有零星遗物发现，但无论地表还是遗迹内发现的遗物都很少。

（1）遗迹

文化层　2处，位于聚落的西南部，堆积均较薄，包含物较少。

（2）遗物

只发现陶片。主要是泥质红陶，多素面和线纹，可辨器形有钵、盆等。

三〇　宋庄北堡遗址

宋庄北堡遗址位于冷口乡宋庄北堡西，面积15.2万平方米（图五八）。遗址处在涑水河南岸的平地上，海拔高度550～565米之间，地势较低，略高于现在涑水河河床，遗址紧邻涑水河分布，除遗址南部和东部有浅冲沟外，地形较为平坦，起伏很小。遗址包含两个时期的遗存：仰韶晚期和龙山时期。从遗存分布特点看，每个时期只能划分为一个聚落。其中，仰韶晚期聚落规模达到最大，之后急剧衰落，龙山时期只有零星发现。

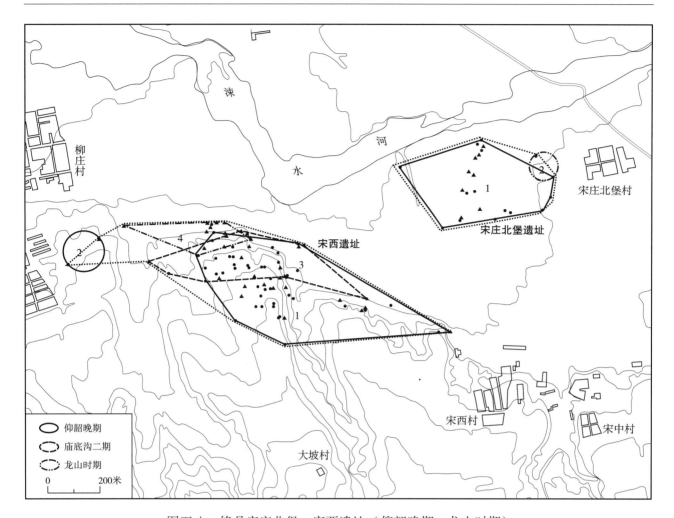

图五八　绛县宋庄北堡、宋西遗址（仰韶晚期—龙山时期）

1. 1号仰韶晚期聚落

1号仰韶晚期聚落覆盖了遗址绝大部分范围，面积12.9万平方米。聚落东高西低，所处的位置较低，略高于今天涑水河河床。遗存主要分布在遗址的中、东部地势稍高的地方，西部地势稍低的地方遗存分布并不丰富。除地表可见散落的遗物外，遗迹主要集中分布在聚落的中部，遗迹内包含物丰富。

（1）遗迹

文化层　2处，主要见于聚落的中部偏北，暴露于梯田断面，堆积厚度不详，包含物相对较少。

灰坑　6个，集中分布于聚落的中部，暴露于梯田断面，多口大底小坑，形状不清，包含物大多丰富。

（2）遗物

只有碎小的陶片。以泥质红陶为主，线纹和素面为多，可辨器形有盆、钵等。

2. 2 号龙山时期聚落

2 号龙山时期聚落位于遗址的东北角,面积较小,小于 5 万平方米。没有遗迹发现,只有两"点"遗物发现且数量很少,所以,只是理论上可能为一个聚落。聚落内遗存分布差。

(1) 遗迹

未发现。

(2) 遗物

只有少量陶片。基本是夹砂陶,绳纹多,可辨器形有罐等。

三一 宋西遗址

宋西遗址位于冷口乡宋西村西北、柳庄东南,面积 34.6 万平方米(见图五八)。遗址主要分布在涑水河南岸的山前台地上,海拔高度在 550~610 米之间,南高北低,遗址横跨数条宽窄、深浅不一的冲沟,地形起伏较大,遗存分布的落差也较大(彩版三七)。遗址包含三个时期的遗存:仰韶晚期、庙底沟二期和龙山时期。从遗存分布特点看,仰韶晚期可以划分为两个聚落,其他时期只有一个聚落。其中,仰韶晚期,遗存的分布已有一定的规模;庙底沟二期,聚落规模有所缩小;龙山时期,聚落规模更小。

1. 1 号仰韶晚期聚落

1 号仰韶晚期聚落位于遗址的中、东部,面积 23.7 万平方米。聚落处于南高北低的山前台地,地势陡,遗存的分布高低落差大。聚落内遗存分布密集,尤以西部分布最为密集。地表随处可见散落的遗物外,梯田的断面还发现不少遗迹,遗迹内包含物丰富。

(1) 遗迹

文化层 7 处,主要分布在聚落中部,堆积厚薄不等,最厚在 2 米以上,大多包含物丰富。

灰坑 11 个,见于整个聚落,尤以中部分布最为密集,形状结构多样,包含物丰富。

(2) 遗物

主要是陶片,此外还有石器等。

① 陶器

以泥质红陶为多,素面和线纹较多,可辨器形有尖底瓶、盆、钵、杯等。

盆 标本 3 件。JX041028E007 - H:1,泥质红陶。圆唇,翻沿,斜腹。素面(图五九,3)。JX041028J003 - H:1,泥质红陶。近直口,浅腹。素面(图五九,4)。JX041028H005 - H:3,泥质褐陶。微敛口,弧腹,腹部有錾手。素面(图五九,8)。

钵 标本 2 件。JX041029B001 - C:1,夹砂灰褐陶。敞口,弧腹。素面(图五九,2)。JX041028H005 - H:2,泥质黑陶。微敛口,微鼓腹内收。素面。口径18.4、残高6厘米(图五九,5)。

杯 标本 1 件。JX041028H005 - H:1,泥质褐陶。器薄如蛋壳,盘口,直深腹。口径9、残高5.2厘米(图五九,7)。

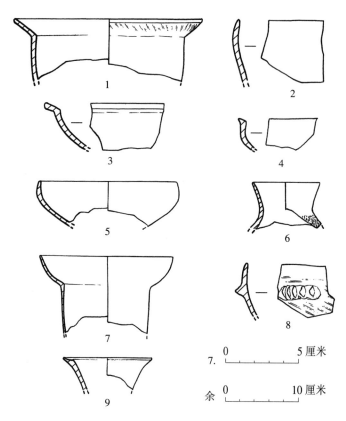

图五九　绛县宋西遗址陶器

1、3、4、8. 盆（JX041028E008－H:1、JX041028E007－H:1、
JX041028J003－H:1、JX041028H005－H:3）2、5. 钵（JX041029B001－
C:1、JX041028H005－H:2）6. 鬲（JX041029J001:1）7. 杯
（JX041028H005－H:1）9. 尖底瓶（JX041029I001－H:1）
（1 为庙底沟二期，6 为龙山时期，余为仰韶晚期）

② 石器

有石璧、石斧等。

石璧　标本 1 件。JX041028L002：1，黄褐色。已残，近圆形，中有小钻孔。制作粗糙，尚未打磨（图六〇，1）。

石斧　标本 1 件。JX041029H001－H：1，花岗岩，黑灰色。已残，器厚，双面刃。打磨光滑。残长 6、宽 6.4、厚 3.2 厘米（图六〇，3）。

2. 2 号仰韶晚期聚落

2 号仰韶晚期聚落位于遗址的西部，面积较小，小于 5 万平方米。聚落遗存分布差，遗物和遗迹都是只有零星发现，不过遗迹内包含物丰富。

（1）遗迹

灰坑　1 个，见于梯田断面，为袋状坑，深度不详。

（2）遗物

只发现陶片。以泥质红陶为多，多素面，可辨器形有尖底瓶等。

尖底瓶　标本 1 件。JX041029I001－H：1，泥质褐陶。喇叭口。素面。口径 12、残高 4.4 厘米（图五九，9）。

3. 3 号庙底沟二期聚落

3 号庙底沟二期聚落位于遗址的中部，面积 9.9 万平方米。聚落南高北低，高低落差较大。聚落内遗存分布较为稀疏，地表有零星遗物分布，但少量遗迹内包含物丰富。

（1）遗迹

灰坑　2 个，分别位于聚落的西南部和东南部，都暴露于断崖上，均为较浅的口大底小坑。

房址　2 座，分布在聚落的北部，均为半地穴式，一个为红烧土面，另一个为白灰面，包含物均较少（彩版三八）。

（2）遗物

主要是陶片，此外有少量石器。

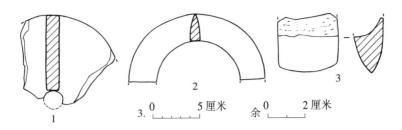

图六〇　绛县宋西遗址石器

1. 石璧（JX041028L002：1）　2. 石环（JX041028L008：1）　3. 石斧（JX041029H001 – H：1）
（2 为庙底沟二期，余为仰韶晚期）

① 陶器

以夹砂灰陶为多，篮纹和绳纹为主，可辨器形有深腹罐、盆等。

盆　标本 1 件。JX041028E008 – H：1，泥质褐陶。圆唇，翻沿，深腹。素面。口径 25.2、残高 8.4 厘米（图五九，1）。

② 石器

只有石环。

石环　标本 1 件。JX041028L008：1，滑石，灰白色。管钻而成，内缘厚，外缘薄。直径约 7.2、厚 0.5 厘米（图六〇，2）。

4. 4 号龙山时期聚落

4 号龙山时期聚落位于遗址的西部偏北，处于遗址的最低处，面积 3.5 万平方米。聚落南高北低，高低落差大。聚落的东部遗存分布较为密集，地表有零星遗物分布，遗迹主要暴露于断崖和梯田的断面上，遗迹内包含物丰富。

（1）遗迹

文化层　2 处，分布在聚落南部的位置较高处，所在地形较陡，但堆积并不厚。

灰坑　5 个，散见于整个聚落，尤以东部分布最多，多口小底大，包含物丰富。

房址　3 座，主要分布在聚落的北部偏东地势较低处，均为白灰面，半地穴式，包含物较少。

（2）遗物

主要是陶片。以夹砂陶为主，多绳纹，可辨器形有鬲、罐等。

鬲　标本 1 件。JX041029J001：1，夹砂灰黑陶。器薄，微敞口，高领，鼓肩。领下饰绳纹。口径 9、残高 6 厘米（图五九，6）。

三二　东山底 I 号遗址

东山底 I 号遗址位于东山底乡东山底村东南 450 米，面积 0.3 万平方米（图六一）。遗址处在涑水河南岸山前台地上，分布在一山脊与山坳的交汇处，海拔高度在 550 ~ 565 米之间，地形有一定的起伏。遗址包含两个时期的遗存：仰韶晚期和庙底沟二期。从遗存分布特点看，每个时期只能划分为一个聚落，聚落的面积都不大。

1. 1号仰韶晚期聚落

1号仰韶晚期聚落位于遗址的东部，面积较小，小于5万平方米。聚落所处地形较陡，遗存分布差，只有一些零星发现，遗物和遗迹发现都很少，遗迹内出土物也较少。该聚落应是人类短期活动形成的聚落点。

（1）遗迹

文化层　1处，分布于梯田断面上，堆积较薄。

（2）遗物

只有少量陶片发现。以泥质红陶为主，素面为多，可辨器形有钵等。

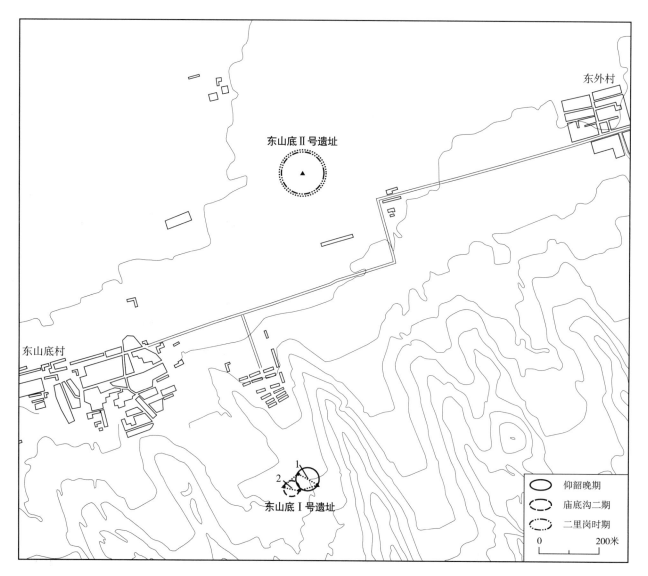

图六一　绛县东山底Ⅰ号、Ⅱ号遗址（仰韶晚期—二里岗时期）

2. 2 号庙底沟二期聚落

2 号庙底沟二期聚落位于遗址的西部，面积较小，小于 5 万平方米。聚落内遗存分布很差，只有零星遗物的发现并且很少，所以只是理论上可能为人类短期活动形成的聚落。

（1）遗迹

没有发现。

（2）遗物

只有陶片。多夹砂陶，有篮纹，可辨器形有深腹罐等。

深腹罐 标本 1 件。JX041102F002：1，夹砂褐陶。圆唇，折沿，深腹。沿下有附加堆纹一周，腹部饰横篮纹。口径 16、残高 6 厘米（图六二）。

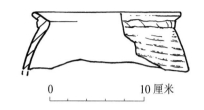

图六二 绛县东山底 I 号遗址
庙底沟二期陶深腹罐
（X041102F002：1）

三三 东山底 II 号遗址

东山底 II 号遗址位于东山底乡东山底村东北 700 米，面积较小，小于 5 万平方米（见图六一）。遗址处在涑水河南岸一级阶地与二级阶地的交汇处，海拔高度在 525 米左右，地形较为平坦。该遗址只发现二里岗时期的遗存，从遗存分布特点看，这个时期只有一个聚落，聚落面积同于遗址面积。聚落内遗存分布差，地表没有发现遗物，仅有个别遗迹内有少量遗物发现，遗迹见于梯田的断面。

（1）遗迹

灰坑 1 个，为口小底大，较浅，包含物较少。

（2）遗物

只有陶片。多夹砂陶，基本是绳纹，可辨器形有鬲等。

三四 西山底 I 号遗址

西山底 I 号遗址位于东山底乡西山底村西 700 米，面积 1.6 万平方米（图六三）。遗址处在涑水河南岸山前台地的最低处，海拔高度在 510～525 米之间，北低南高，整体地形呈缓坡抬升，起伏较小。遗址包含三个时期的遗存：龙山时期、二里头时期和二里岗时期。从遗存分布看，每个时期分别可以划分为一个聚落，每个聚落的面积都不大。

1. 1 号龙山时期聚落

1 号龙山时期聚落位于遗址的北部，面积较小，小于 5 万平方米。聚落处于台地的最下沿。遗存分布差，只有零星分布，遗迹内出土物也很少。

（1）遗迹

房址 1 座。为半地穴式，暴露长度 3.3 米，发现有红烧土的灶坑。

（2）遗物

只有陶片。多夹砂陶，多绳纹，可辨器形有罐等。

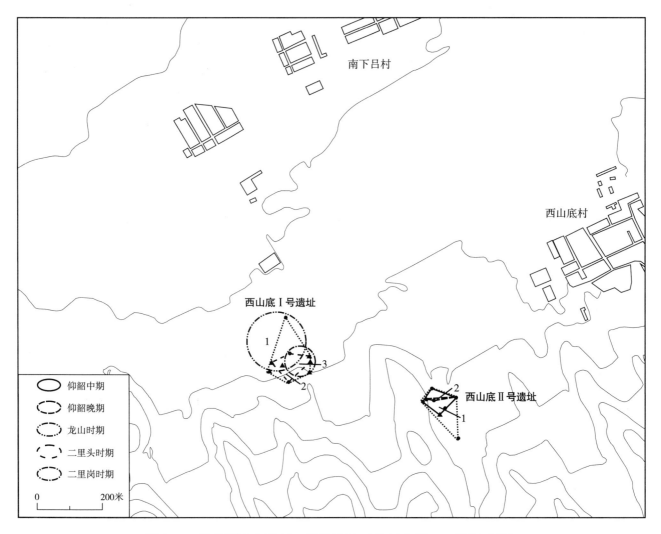

图六三　绛县西山底Ⅰ号、Ⅱ号遗址（仰韶中期—二里岗时期）

2. 2号二里头时期聚落

2号二里头时期聚落位于遗址的南部，面积0.6万平方米。聚落处于台地的最下沿，聚落内遗存丰富且分布较为密集。地表有零星遗物发现，陶窑内出土物丰富。

（1）遗迹

文化层　3处，分布于梯田的断面上，堆积厚薄不等，最深2米以上。

陶窑　1座，分布于聚落东部梯田的断面上，仅暴露窑室部分（彩版四二）。

（2）遗物

主要是陶片。以夹砂陶为多，多绳纹，可辨器形有鬲、甗、大口尊、盆、圆腹罐、罐等。

鬲　标1件。JX041102F008：1，夹砂灰陶。圆唇，翻沿，深腹。腹部饰绳纹。口径16、残高4厘米（图六四，6）。

甗　标本2件。JX041102E001－Y：5，夹砂灰陶。敞口，口部加厚，深腹。口下饰绳纹

（图六四，5）。JX041102E001－Y：2，夹砂灰褐陶。深腹，束腰，内有箅架。腹部饰绳纹（图六四，12）。

大口尊　标本1件。JX041102F008：2，泥质灰陶。束颈，鼓肩。肩部以下有两周泥条附加堆纹（图六四，10）。

盆　标本2件。JX041102E001－Y：3，泥质黑灰陶。方唇，翻沿，深腹。腹部有一周旋纹，旋纹下饰绳纹。口径31、残高6.8厘米（图六四，4）。JX041102L003－C：1，泥质灰褐陶。敞口，深腹。腹部饰绳纹（图六四，9）。

圆腹罐　标本3件。JX041102E001－Y：1，夹砂黑灰陶。微敞口，口部加厚，束颈，深腹。腹部饰绳纹。口径12、残高9.2厘米（图六四，2）。JX041102E001－Y：7，夹砂黑灰陶。近直口，矮领，圆鼓腹。腹部饰绳纹。口径9.2、底径6.4、高10.8厘米（图六四，7）。JX041102F005：1，夹砂红褐陶。侈口，口部加厚，鼓腹（图六四，11）。

罐　标本2件。JX041102E001－Y：6，泥质灰黑陶。小口，圆唇，矮领，广肩，深腹。肩、腹部饰绳纹。口径16、残高16厘米（图六四，1）。JX041102E001－Y：4，泥质红褐陶。小口，矮领，圆鼓肩，深腹。腹部饰绳纹。口径11.2、残高6.8厘米（图六四，3）。

3. 3号二里岗时期聚落

3号二里岗时期聚落位于遗址的南部，面积较小，小于5万平方米。聚落处于台地的最下沿。遗存分布不甚丰富，只有个别零星的遗迹和遗物发现，遗迹见于梯田的断面，遗迹内有少量陶片出土。

（1）遗迹

文化层　1处，堆积较薄。

（2）遗物

只有陶片。多夹砂陶，以绳纹为主，可辨器形有鬲、甗等。

甗　标本1件。JX041102K001：1，夹砂灰陶。束腰，内有箅架，袋足。袋足饰细绳纹（图六四，8）。

三五　西山底Ⅱ号遗址

西山底Ⅱ号遗址位于东山底乡西山底村西南400米，面积1万平方米（见图六三）。遗址处在涑水河南岸的山前小台地上，遗存主要分布在一山脊的东侧，海拔高度在530～545米之间，西高东低，地形起伏较大。遗址包含两个时期的遗存：仰韶中期和仰韶晚期。从遗存分布特点看，每个时期分别可以划分为一个聚落。仰韶中期聚落规模稍大点，仰韶晚期聚落规模很小。

1. 1号仰韶中期聚落

1号仰韶中期聚落位于遗址的北部，面积0.4万平方米。聚落处在小土丘的东侧面，地势较陡，落差稍大。地表陶片随处可见，文化层内有少量陶片出土。

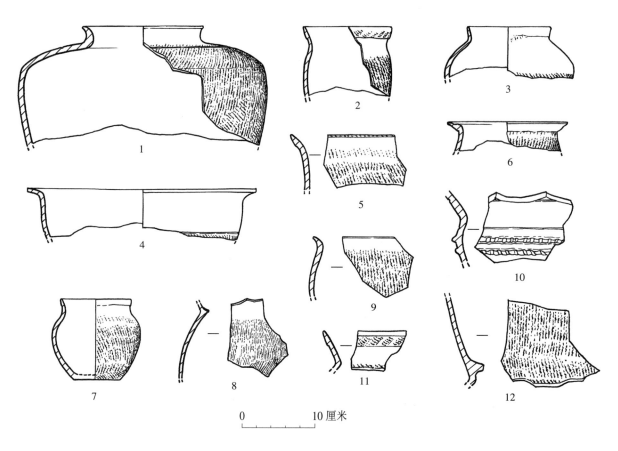

图六四　绛县西山底Ⅰ号遗址陶器

1、3. 罐（JX041102E001 - Y：6、JX041102E001 - Y：4）　　2、7、11. 圆腹罐（JX041102E001 - Y：1、
JX041102E001 - Y：7、JX041102F005：1）　　4、9. 盆（JX041102E001 - Y：3、JX041102L003 - C：1）
5、8、12. 甗（JX041102E001 - Y：5、JX041102K001：1、JX041102E001 - Y：2）　　6. 鬲（JX041102F008：1）
10. 大口尊（JX041102F008：2）（8 为二里岗时期，余为二里头时期）

（1）遗迹

文化层　1 处，暴露于梯田的断面上，堆积薄。

（2）遗物

主要是陶片。以泥质红陶为多，可辨器形有钵等。

2. 2 号仰韶晚期聚落

2 号仰韶晚期聚落位于遗址的中部偏北，面积 0.03 万平方米。聚落处在小土丘的东侧面，落差大，地表有零星陶片发现，但不丰富。

（1）遗迹

未发现。

（2）遗物

只发现陶片。以泥质红陶为多，可辨器形有钵、盆等。

第三节　闻喜县境内的遗址

一　官庄遗址

官庄遗址位于东镇官庄村南，面积 18.1 万平方米（图六五）。遗址坐落在涑水河北岸的一级阶地上，处于一略高于周围的台子上，海拔高度在 500～510 米之间，总体地势仍较低，不过，地形相对平坦，起伏很小（彩版四三）。遗址包含三个时期的遗存：仰韶晚期、庙底沟二期和龙山时期。从遗存分布特点看，每个时期分别可以划分为一个聚落。仰韶晚期，聚落规模初显；庙底沟

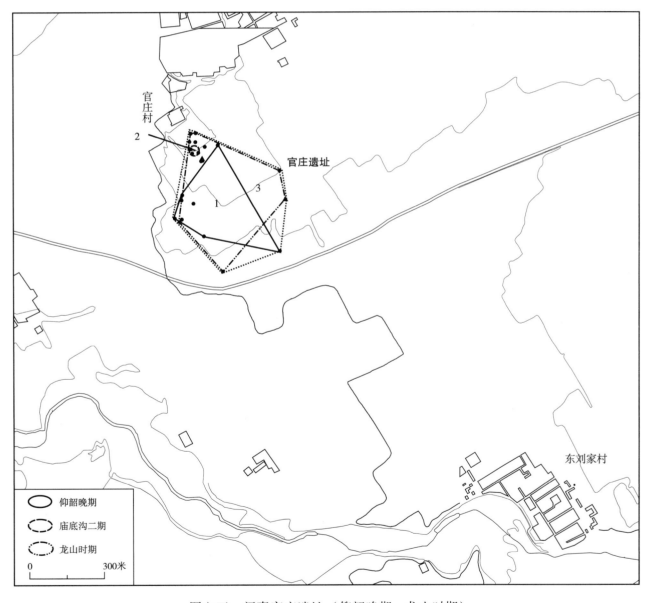

图六五　闻喜官庄遗址（仰韶晚期—龙山时期）

二期，聚落急剧衰落；龙山时期，再度复兴并达到最大。

1. 1 号仰韶晚期聚落

1 号仰韶晚期聚落位于遗址的中部，面积 8.7 万平方米。聚落所处位置略高于今天的河床。聚落内遗存分布不甚丰富，没有遗迹发现，地表有散落的红陶片。

（1）遗迹

未发现。

（2）遗物

只有陶片。主要是泥质红陶，以素面和线纹为主，可辨器形有钵、罐等。

2. 2 号庙底沟二期聚落

2 号庙底沟二期聚落位于遗址的北部。只有两点遗物发现，理论上这个时期有可能存在着一个聚落，面积较小，小于 5 万平方米。聚落处于稍高的台子上，遗存分布较差，没有遗迹发现，只发现零星地表遗物。

（1）遗迹

未发现。

（2）遗物

只有陶片。多夹砂陶，多绳纹，可辨器形有深腹罐等。

3. 3 号龙山时期聚落

3 号龙山时期聚落占据了遗址的绝大部分，面积 14.5 万平方米。聚落所处的位置略高于河床。遗存分布稀疏，但聚落的北部遗存分布密集。地表有散落的陶片，少量遗迹见于梯田的断面，遗迹内包含物丰富。

（1）遗迹

文化层　2 处，分别见于聚落的北部和东部，堆积厚度不清，已暴露厚达半米以上。

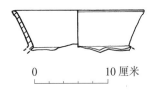

0　　　　10 厘米

图六六　闻喜官庄遗址龙山时期陶小口瓮
（WX040313A018:1）

（2）遗物

主要是陶片。多夹砂灰陶，以绳纹为主，可辨器形有鬲、小口瓮、罐等。

小口瓮　标本 WX040313A018:1，泥质灰黑陶。小侈口，圆唇，高领。素面。口径 18、残高 5.6 厘米（图六六）。

二　仓底遗址

仓底遗址位于东镇仓底村西、官庄村北，面积 47.5 万平方米（图六七、六八）。遗址处在涑水河通往北部古河道的东岸台地前沿，海拔高度在 500～540 米之间，北部地形起伏较大，为中间高、东西两侧低的地形；南部地形相对平坦，中部已被今天的村庄覆盖（彩版四四）。遗址包含五个时期的遗存：仰韶早期、仰韶中期、庙底沟二期、龙山时期和二里岗时期。从遗存分布特点看，仰韶早期可以划分为三个聚落，仰韶中期可以划分为两个聚落，庙底沟二期可以划分为三个聚落，龙山时期可以划分为两个聚落，二里岗时期只有一个聚落。

1. 1 号仰韶早期聚落

1 号仰韶早期聚落位于遗址的南部偏东，面积 0. 6 万平方米。1 号仰韶早期聚落和 3 号仰韶早期聚落之间被仓底村房屋建筑彻底隔开，不排除二者原来是同一个聚落的可能。地表有零星遗物发现，梯田的断面暴露有少量遗迹，遗迹内出土物很少。

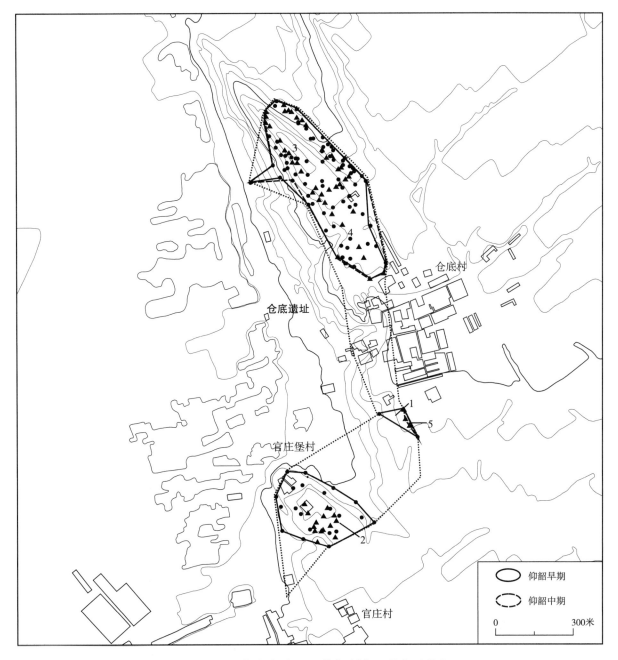

图六七　闻喜仓底遗址（仰韶早期—仰韶中期）

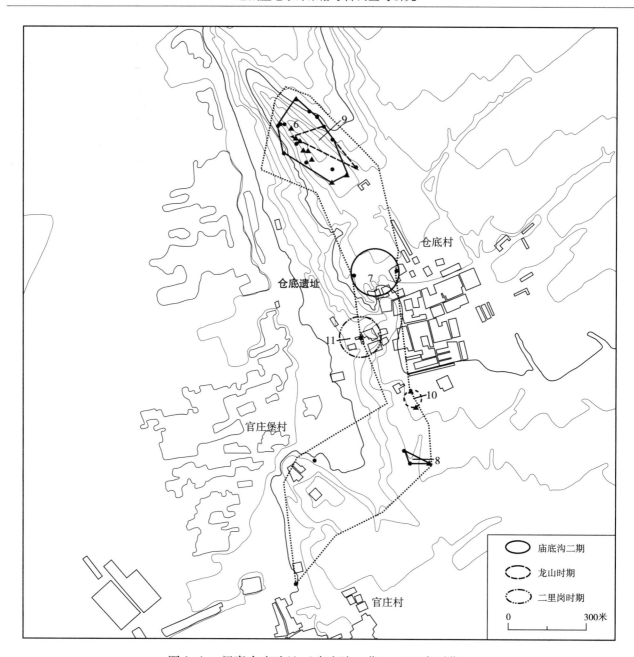

图六八　闻喜仓底遗址（庙底沟二期—二里岗时期）

（1）遗迹

灰坑　2个，分布于聚落东部。

（2）遗物

主要是陶片。以泥质红陶为多，主要是素面，可辨器形有钵、罐等。

2. 2号仰韶早期聚落

2号仰韶早期聚落位于遗址的南部偏西，面积6.9万平方米。遗存分布密集且丰富，无论地表遗物还是遗迹都有较多发现，梯田的断面可以看到很多暴露的遗迹，尤以聚落的中部遗迹分布最为密集，遗迹内出土物丰富。

（1）遗迹

文化层 8 处，分布于聚落中、南部，堆积厚薄不均，最厚达 2 米多。

灰坑 7 个，分布于聚落中部，以口大底小者为多。

（2）遗物

主要是陶片。以泥质红陶居多，主要是素面和线纹，可辨器形有鼎、钵、盆等。

鼎 标本 1 件。WX041205C004 - C∶2，夹砂红陶。深腹，瘦长足。素面（图六九，9）。

钵 标本 1 件。WX041205C007 - C∶1，泥质红陶。微敛口，圆唇，微鼓腹。素面（图六九，12）。

盆 标本 2 件。WX041205C004 - C∶1，泥质红陶。敞口，唇部加厚，斜腹。素面。口径 34、残高 10 厘米（图六九，2）。WX041205B008 - C∶1，泥质红陶。尖圆唇，短折沿下耷，斜腹。素面。口径 36、残高 4 厘米（图六九，3）。

3. 3 号仰韶早期聚落

3 号仰韶早期聚落位于遗址的北部，处于整个遗址的最高处，面积 14.5 万平方米。1 号聚落和 3 号聚落之间被仓底村房屋建筑彻底隔开，不排除二者原来是同一聚落的可能。聚落内遗存分布密集且丰富，地表随处可见散落的红陶片，断崖和梯田的断面暴露有很多遗迹，遗迹内包含物丰富。

（1）遗迹

文化层 数量很多，分布于土丘两侧，堆积厚薄不等，最厚在 3 米以上。

灰坑 数量多，分布于土丘两侧，口大底小或口小底大的均有。

（2）遗物

主要是陶片。以泥质红陶为多，多线纹和素面，可辨器形有钵、盆、罐等。

钵 标本 3 件。WX041205C011 - C∶1，泥质红陶。器薄，大敞口，圆唇，斜腹。红顶。口径 36、残高 10 厘米（图六九，1）。WX041205F017∶1，泥质红陶。敞口，口部加厚，斜腹。素面。口径 26、残高 4.4 厘米（图六九，5）。WX041205F016∶1，泥质磨光红陶。敞口，弧腹。素面（图六九，8）。

盆 标本 1 件。WX041205A011 - C∶1，泥质磨光红褐陶。微敛口，厚唇，微鼓腹。素面。口径 42、残高 10 厘米（图六九，13）。

罐 标本 2 件。WX041205A008 - C∶1，夹砂红陶。侈口，矮领，鼓腹。腹部饰旋纹。口径 24、残高 4.8 厘米（图六九，4）。WX041205H009 - Y∶1，夹砂灰褐陶。直口，圆唇，鼓腹。腹部有少量线纹。口径 19、残高 8 厘米（图六九，7）。

4. 4 号仰韶中期聚落

4 号仰韶中期聚落位于遗址北部，处于遗址的最高处，面积 15.1 万平方米。该聚落延续了 3 号聚落的发展规模。聚落内遗存分布密集且较为丰富，地表遗物随处可见，遗迹数量众多，多暴

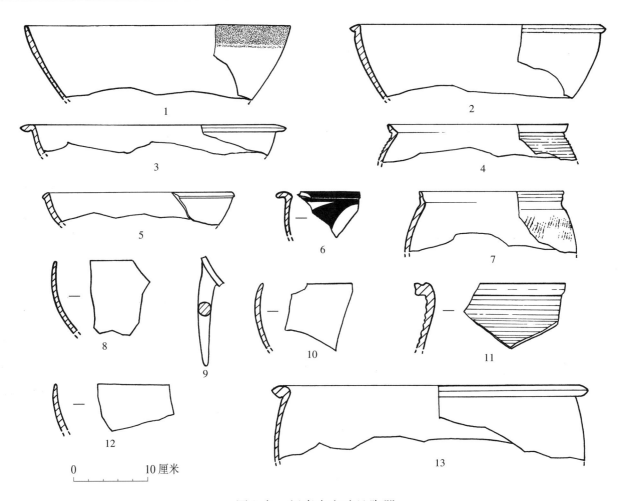

图六九　闻喜仓底遗址陶器

1、5、8、10、12. 钵（WX041205C011 - C：1、WX041205F017：1、WX041205F016：1、WX041205A004：2、
WX041205C007 - C：1）　2、3、6、11、13. 盆（WX041205C004 - C：1、WX041205B008 - C：1、WX041205J022：1、
WX041205A004：1、WX041205A011 - C：1）　4、7. 罐（WX041205A008 - C：1、WX041205H009 - Y：1）
9. 鼎（WX041205C004 - C：2）（6、10、11 为仰韶中期，余为仰韶早期）

露于断崖和梯田的断面上，遗迹内包含物丰富。

（1）遗迹

文化层　数量众多，遍布整个聚落，堆积大多较厚。

灰坑　数量较多，分布在整个聚落，不同形状、结构的都有。

（2）遗物

以陶片为主。以泥质红陶为多，多素面和线纹，有彩陶，可辨器形有尖底瓶、盆、钵、
罐等。

盆　标本 2 件。WX041205J022：1，泥质磨光红陶。圆唇，卷沿，深腹。口沿及腹部饰黑彩
（图六九，6）。WX041205A004：1，泥质红陶。方唇，沿内有凹，束颈，鼓腹。颈部残留有旋纹九
周（图六九，11）。

钵　标本 1 件。WX041205A004：2，泥质磨光红陶。微敛口，微鼓腹。素面（图六九，10）。

5. 5 号仰韶中期聚落

5 号仰韶中期聚落位于遗址的南部偏东，面积只有 0.09 万平方米，是在 1 号聚落的基础上延续发展下来的，但比此前的聚落规模大幅缩小。面积虽小，但聚落内遗存分布密集，地表有零星遗物发现，梯田断面有少量遗迹发现，遗迹内包含物丰富。

（1）遗迹

灰坑　4 个，分布于聚落东部，有袋状坑。

（2）遗物

只发现陶片。以泥质红陶为多，多素面和线纹，有彩陶，可辨器形有尖底瓶、钵、盆等。

6. 6 号庙底沟二期聚落

6 号庙底沟二期聚落位于遗址的最北部，处于遗址的最高处，面积 4.7 万平方米。聚落内遗存分布密集且丰富，除地表有遗物发现外，遗迹发现多，遗迹主要暴露于断崖断面上，遗迹内包含物丰富。

（1）遗迹

文化层　5 处，多分布在聚落南部。

灰坑　4 个，多见于聚落北部。

（2）遗物

主要是陶片。以夹砂灰陶为多，多篮纹和绳纹，可辨器形有深腹罐、盆等。

深腹罐　标本 2 件。WX041205J016：1，夹砂灰褐陶。圆唇，折沿，深腹。口下及腹部各残留有一周附加堆纹，腹部饰斜篮纹。口径 17、残高 6.4 厘米（图七〇，1）。WX041205E011－H：1，夹砂黑陶。小方唇，折沿，深腹。素面，腹部有麻点。口径 16、残高 10 厘米（图七〇，4）。

7. 7 号庙底沟二期聚落

7 号庙底沟二期聚落位于遗址的中部，面积较小，小于 5 万平方米。该聚落只有两点发现遗物且较少，只是理论上有可能存在一个聚落。聚落内没有发现遗迹，只发现零星遗物。

（1）遗迹

未发现。

（2）遗物

只发现少量陶片。多夹砂，多见粗篮纹，可辨器形有罐等。

8. 8 号庙底沟二期聚落

8 号庙底沟二期聚落位于遗址的南部偏东，面积仅 0.2 万平方米。遗存分布差，除地表有零星遗物发现外，还发现个别零星遗迹，遗迹内包含物较少。

（1）遗迹

灰坑　1 个，分布于聚落东部梯田的断面上，形状、结构不清。

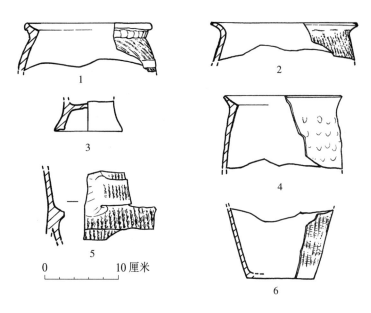

图七〇　闻喜仓底遗址陶器

1、4. 深腹罐（WX041205J016：1、WX041205E011－H：1）

2. 鬲（WX041205C016－H：1）　　3. 簋（WX041205F014：1）

5. 釜灶（WX041205K005：1）　6. 深腹罐（WX041205K003：1）

（1、4 为庙底沟二期，5、6 为龙山时期，余为二里岗时期）

（2）遗物

只发现少量陶片。以夹砂陶为多，有绳纹和粗篮纹，可辨器形有深腹罐等。

9. 9 号龙山时期聚落

9 号龙山时期聚落位于遗址的北部，所处位置较高，面积 1.3 万平方米。遗存不甚丰富，地表有遗物可见，遗迹发现较少，遗迹内包含物也较少。

（1）遗迹

文化层　1 处，位于聚落的西北部。

（2）遗物

只发现少量陶片。以夹砂陶为多，多篮纹，可辨器形有鬲、罐等。

10. 10 号龙山时期聚落

10 号龙山时期聚落位于遗址的南部偏东，面积小于 5 万平方米。未见地表遗物，但有少量遗迹发现，全部暴露于梯田的断面，遗迹内包含物丰富。

（1）遗迹

文化层　1 处，位于聚落北部，堆积较浅。

灰坑　2 个，分别分布于聚落南、北部，一个为袋状坑，另一个不清。

（2）遗物

主要是陶片。以夹砂灰陶为多，以绳纹为主，可辨器形有釜灶、鬲、罐等。

深腹罐　标本 1 件。WX041205K003：1，夹砂（细砂）灰黑陶。器薄，深腹，平底。腹部饰带横丝的竖篮纹。底径 9、残高 9.2 厘米（图七〇，6）。

釜灶　标本 1 件。WX041205K005：1，夹砂灰陶。只残留中部，釜灶连体。上腹部有横桥形耳，内有隔架，灶直腹。器表饰绳纹（图七〇，5）。

11. 11 号二里岗时期聚落

11 号二里岗时期聚落位于遗址的中部，面积较小，小于 5 万平方米。聚落内遗存分布差，地表只发现零星遗物，仅在梯田的断面发现零星遗迹，遗迹内出土物丰富。

（1）遗迹

灰坑　1 个，为口小底大坑，较浅。

（2）遗物

只有陶片。多夹砂陶，绳纹为主，可辨器形有鬲、簋等。

鬲 标本1件。WX041205C016-H：1，夹砂红褐陶。圆唇，翻沿，深腹。腹部饰绳纹。口径20、残高5厘米（图七〇，2）。

簋 标本1件。WX041205F014：1，泥质黑皮陶。粗柄，矮圈足。素面。底径9.2、残高4厘米（图七〇，3）。

三 湖村遗址

湖村遗址位于礼元乡湖村北、东、南，面积120.7万平方米（图七一、七二）。遗址处在涑水河通往北部古河道东岸台地的底部，海拔高度在500~545米之间，东高西低，地形起伏较大，尤以南部地形起伏最大（彩版四五）。遗址包含五个时期的遗存：仰韶中期、仰韶晚期、庙底沟二

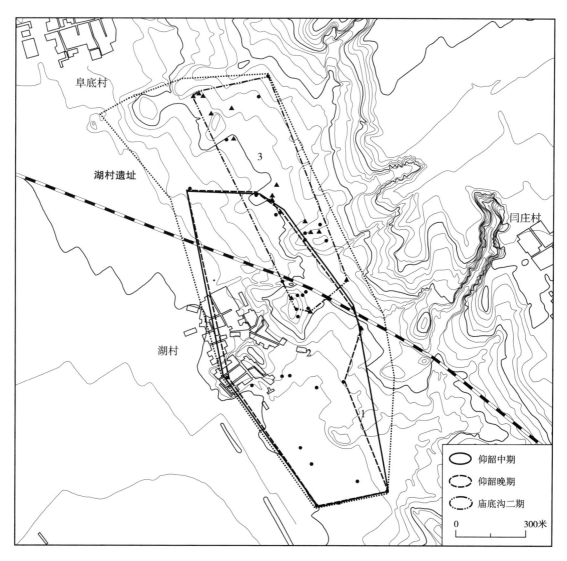

图七一 闻喜湖村遗址（仰韶中期—庙底沟二期）

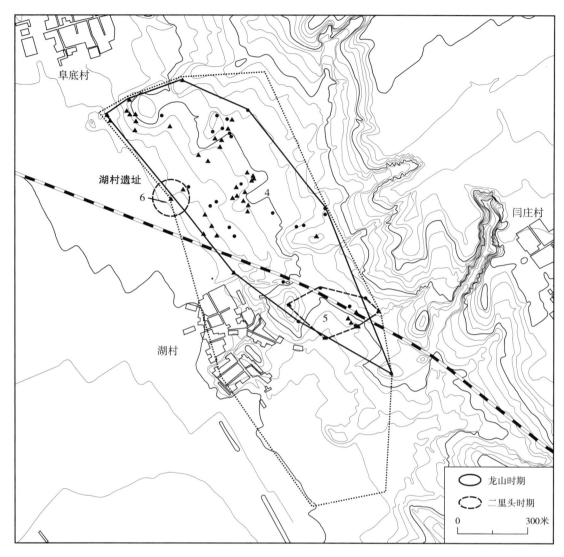

图七二　闻喜湖村遗址（龙山时期—二里头时期）

期、龙山时期和二里头时期。从遗存分布特点看，除二里头时期可划分为两个聚落，其他时期分别可以划分为一个聚落。仰韶中期，聚落已有相当规模；仰韶晚期，基本延续了以前的发展态势；庙底沟二期，聚落规模有所缩小；龙山时期，再度兴盛；二里头时期，走向彻底衰落，只有个别零星发现。

1. 1 号仰韶中期聚落

1 号仰韶中期聚落位于遗址的中、南部地势较低的位置，面积 67.4 万平方米。聚落由西向东逐渐抬升，聚落内遗存分布较为稀疏，没有遗迹发现，只有零星遗物发现。

（1）遗迹

未发现。

（2）遗物

只有陶片。以泥质红陶为多，以素面和线纹为主，有彩陶，可辨器形有尖底瓶、盆、钵等。

尖底瓶　标本2件。WX041206I004：1，泥质红陶。小口，长颈。颈部饰线纹（图七三，7）。
WX041206I004：2，泥质红陶。喇叭口，长颈。颈部饰线纹。口径5、残高6.4厘米（图七三，8）。

2. 2号仰韶晚期聚落

2号仰韶晚期聚落位于遗址的中、南部地势略低的位置，面积61.8万平方米。聚落由西向东
逐渐抬升，聚落内遗存分布较为稀疏，没有明显的遗迹现象，只有零星遗物发现。

（1）遗迹

未发现。

（2）遗物

只有陶片。以红陶为多，多素面和线纹，可辨器形有尖底瓶、钵等。

尖底瓶　标本1件。WX041206E011－H：1，泥质灰陶。喇叭口，方唇，高领。领部饰斜篮
纹。口径16、残高8.8厘米（图七三，10）。

3. 3号庙底沟二期聚落

3号庙底沟二期聚落位于遗址的东北部，面积29.2万平方米。聚落处于遗址的最高处，呈南

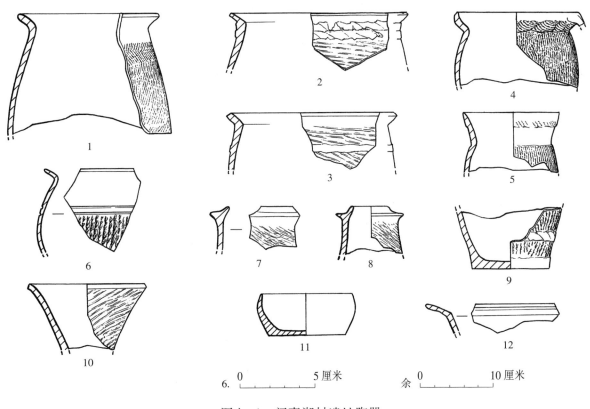

图七三　闻喜湖村遗址陶器

1. 鬲（WX041206B002－C：1）　2、3、9. 深腹罐（WX041206H003：1、WX041206B010－C：1、
WX041206K011－C：1）　4、5. 圆腹罐（WX041206K001－H：1、WX041206F001－H1：1）　6. 小罐
（WX041206H007－H：1）　7、8、10. 尖底瓶（WX041206I004：1、WX041206I004：2、WX041206E011－H：1）
11. 钵（WX041206H003：2）　12. 盆（WX041206K010－C：1）（1、4～6为二里头时期，7、8为仰韶中期，
10为仰韶晚期，余为庙底沟二期）

北向条状分布。聚落内遗存分布不均匀，聚落的南部、西部遗存分布较为密集。地表可见遗物不多，遗迹多见于梯田的断面，遗迹内出土物丰富。

（1）遗迹

文化层　6 处，主要分布在聚落西部，堆积厚度不等，最厚达 3 米以上。

灰坑　14 个，聚落西部和南部都有分布，形状、结构多样，口大底小坑为多。

（2）遗物

主要是陶片。以夹砂灰陶为主，多绳纹和篮纹，可辨器形有深腹罐、盆、钵等。

深腹罐　标本 3 件。WX041206H003：1，夹砂灰黑陶。方唇，折沿，深腹。口下饰附加堆纹两周，腹部饰横篮纹。口径 24、残高 7.6 厘米（图七三，2）。标本 WX041206B010－C：1，夹砂灰陶。方唇，折沿，深腹。腹部饰一周附加堆纹、绳纹。口径 22.8、残高 7.6 厘米（图七三，3）。WX041206K011－C：1，夹砂灰黑陶。深腹，平底。腹部残留有一周附加堆纹，腹部饰绳纹。底径 10.4、残高 8 厘米（图七三，9）。

盆　标本 1 件。WX041206K010－C：1，泥质灰陶。圆唇，折沿，斜腹。素面（图七三，12）。

钵　标本 1 件。WX041206H003：2，泥质灰陶。敛口，鼓腹，平底。素面。口径 12.4、底径 10.4、高 5.6 厘米（图七三，11）。

4. 4 号龙山时期聚落

4 号龙山时期聚落位于遗址的北、中部，面积 58.4 万平方米。聚落呈南北向条状分布，整个聚落由西向东逐渐抬升。聚落内遗存分布密集且丰富，地表有较多散落的遗物，数量众多的遗迹主要暴露于梯田的断面或取土形成的断崖上，遗迹内包含物丰富。

（1）遗迹

文化层　数量众多，尤以聚落的中北部分布密集。

灰坑　数量众多，以聚落的中北部分布密集。

房址　5 座，主要分布在聚落的北部偏西和中部偏西，分白灰面和红烧土面两种。

瓮棺葬　1 座，位于聚落的西北角。

（2）遗物

主要是陶片。以夹砂灰陶为多，以绳纹为主，可辨器形有鬲、甗、斝、灶、盆、小口瓮、罐、小罐、器盖等。

鬲　标本 1 件。WX041206H013－H3：1，夹砂灰黑陶。口残，大袋足鬲，足尖残。器表饰绳纹（图七四，6）。

甗　标本 2 件。WX041206A005－H：1，夹砂灰陶。大敞口，圆唇，深腹。颈部有一周旋纹，腹部饰绳纹。口径 22、残高 12 厘米（图七四，1）。WX041206E019－M：1，夹砂黑灰陶。侈口，方唇，微束颈，深腹略鼓，双鋬，器内出横隔，器下接空袋足，弧裆。口部及器表满饰绳纹，颈下有堆纹一周，腹部有五周旋纹。口径 23、残高 35 厘米（图七四，5）。

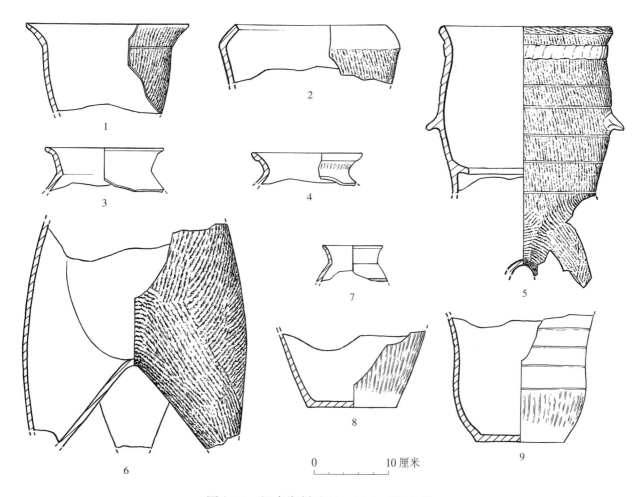

图七四　闻喜湖村遗址二里头时期陶器

1、5. 甗（WX041206A005－H：1、WX041206E019－M：1）　2. 斝（WX041206E019－M：2）　3、4、8、9. 罐（WX041206K008－H：1、WX041206B001－H：1、WX041206F008－H：1、WX041206B012－H：1）　6. 鬲（WX041206H013－H3：1）　7. 小罐（WX041206H015－C：1）

　　斝　标本1件。WX041206E019－M：2，夹砂灰黑陶。敛口，鼓肩，深腹。肩下饰绳纹。口径20、残高8厘米（图七四，2）。

　　罐　标本4件。WX041206K008－H：1，泥质灰陶。口外翻，圆唇，高领，鼓肩。素面。口径16、残高6厘米（图七四，3）。WX041206B001－H：1，夹砂灰陶。口外翻，圆唇，束颈，鼓肩。有抹去的绳纹痕迹。口径15、残高4厘米（图七四，4）。WX041206F008－H：1，夹砂灰陶（细砂）。深腹，平底。腹部饰竖篮纹。底径12、残高10厘米（图七四，8）。WX041206B012－H：1，泥质黑灰陶。束腰，深腹，平底。近底部饰竖篮纹，腰部饰四周旋纹。底径11.6、残高17厘米（图七四，9）。

　　小罐　标本1件。WX041206H015－C：1，泥质黑陶。圆唇，高领外翻，鼓肩。肩部残留有两周旋纹。口径8、残高4.8厘米（图七四，7）。

5. 5 号二里头时期聚落

5 号二里头时期聚落位于遗址的中部偏东，所处地势略高，面积 5 万平方米。地表所见遗物不多，遗迹发现不少，主要见于梯田的断面，遗迹内出土物丰富。

（1）遗迹

文化层　3 处，主要分布在聚落中、西部，堆积都较浅。

灰坑　7 个，主要分布在聚落东部和南部，多口大底小坑。

（2）遗物

主要是陶片。以夹砂陶为多，以绳纹为主，可辨器形有鬲、甗、圆腹罐、小罐等。

鬲　标本 1 件。WX041206B002－C：1，夹砂灰黑陶。口外翻，近方唇，深腹，下腹部略鼓。口径 18.8、残高 16 厘米（图七三，1）。

圆腹罐　标本 2 件。WX041206K001－H：1，夹砂褐陶。尖圆唇，领部加厚，鼓腹。领部残留一鋬，腹部饰凌乱的绳纹。口径 16、残高 10 厘米（图七三，4）。WX041206F001－H1：1，夹砂褐陶。尖圆唇加厚，高领，鼓腹。腹部饰细绳纹。口径 13、残高 8 厘米（图七三，5）。

小罐　标本 1 件。WX041206H007－H：1，泥质灰陶。圆唇，折沿，鼓腹。腹部饰两周旋纹，旋纹下饰绳纹（图七三，6）。

6. 6 号二里头时期聚落

6 号二里头时期聚落位于遗址的北部偏西，所处位置较低，面积较小，小于 5 万平方米。没有发现地表遗物，只发现个别遗迹，遗迹内包含物也较少。

（1）遗迹

灰坑　1 个，分布于梯田断面上，位置较低，形状、结构不清。

（2）遗物

遗迹内出土有少量陶片。多夹砂陶，以绳纹为主，可辨器形有罐等。

四　上社观遗址

上社观遗址位于礼元乡上社观村南，面积 7.2 万平方米（图七五）。遗址处在涑水河通往北面古河道东岸的山丘上，海拔高度在 525～555 米之间，地形起伏较大，尤以西部山头上遗存分布最为密集（彩版四六）。遗址包含庙底沟二期和二里头两个时期的遗存，从遗存分布特点看，每个时期只能划分为一个聚落。其中，庙底沟二期，聚落已有相当规模，之后急剧衰落，二里头时期只有零星分布。

1. 1 号庙底沟二期聚落

1 号庙底沟二期聚落占据了整个遗址，面积 7.2 万平方米。聚落所处位置较高，遗存分布密集且较为丰富。地表遗物较多见，遗迹发现多，遗迹主要暴露于梯田的断面上，遗迹内包含物丰富。

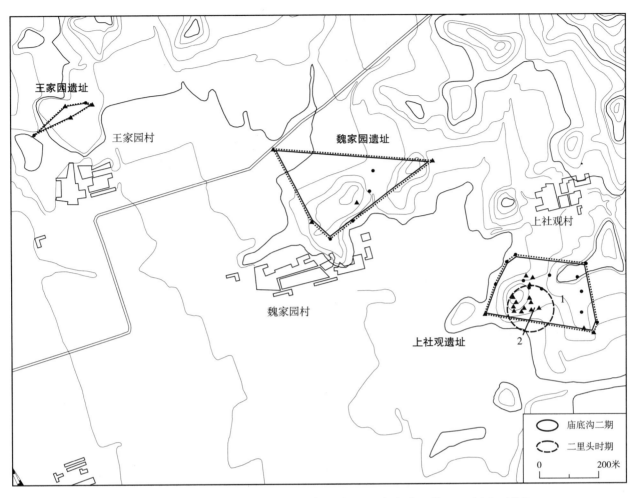

图七五　闻喜上社观、魏家园、王家园遗址（庙底沟二期、二里头时期）

（1）遗迹

灰坑　17 个，尤以小山丘上分布最多，聚落东南角只有零星分布，种类较多，大多为口大底小。

陶窑　1 座，分布于小山丘的较高处，只暴露窑室部分。

（2）遗物

主要是陶片。以夹砂灰陶为多，多篮纹和绳纹，可辨器形有小口高领罐、深腹罐、罐等。

深腹罐　标本 2 件。WX041208F005 - Y1 : 1，夹砂灰黑陶。方唇，折沿，深腹微鼓。口下及腹部各有一周堆纹，腹部饰绳纹。口径 18、残高 5.6 厘米（图七六，1）。WX041208H002 - H : 1，夹砂褐陶。圆唇，折沿，深腹。口下有一周堆纹，腹部饰横篮纹（图七六，3）。

罐　标本 1 件。WX041208A001 - H : 1，夹砂灰黑陶。口外翻，微鼓腹，单耳（或双耳）。口下有附加堆纹一周，腹部饰横篮纹。口径 17.2、残高 9.2 厘米（图七六，2）。

2. 2 号二里头时期聚落

2 号二里头时期聚落位于遗址的南部，面积较小，小于 5 万平方米。聚落位于小山丘上，遗存

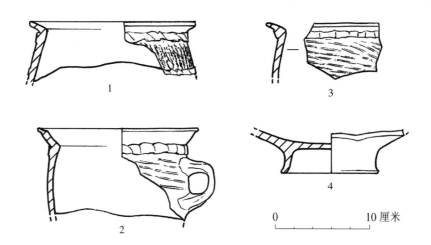

图七六　闻喜上社观遗址陶器

1、3. 深腹罐（WX041208F005－Y1：1、WX041208H002－H：1）　2. 罐（WX041208A001－H：1）

4. 盘（WX041208F002－H：1）（4 为二里头时期，余为庙底沟二期）

发现较少，只在梯田的断面发现个别零星遗迹，遗迹内有少量陶片发现。

（1）遗迹

灰坑　1 个，分布于小山丘东南部，为口大底小。

（2）遗物

只有少量陶片。以泥质灰陶为多，以绳纹和素面为主，可辨器形有罐、盘等。

盘　标本 1 件。WX041208F002－H：1，泥质黑灰陶。大盘，矮圈足。素面。底径 10、残高 4 厘米（图七六，4）。

五　魏家园遗址

魏家园遗址位于礼元乡魏家园北，面积 8.2 万平方米（见图七五）。遗存主要分布在涑水河往北古河道东岸的小山丘上，海拔高度在 520～545 米之间，地形起伏较大，遗存分布的落差也较大（彩版四七）。遗址只有一个庙底沟二期时期的遗存，从遗存分布看，这个时期只能划分为一个聚落，聚落面积同于遗址面积。聚落所处位置相对高，遗存主要分布在两个小山丘上，聚落内遗存分布并不密集。地表有零星遗物发现外，梯田的断面上暴露有少量的遗迹，遗迹内出土物丰富。

（1）遗迹

灰坑　2 个，分布在西部小山丘上，位置较高处，均为口大底小。

房址　3 座，聚落北部发现 1 座，东部小山丘上发现 2 座，全部为白灰面，半地穴式。

（2）遗物

只发现陶片。以夹砂灰陶为多，绳纹为多，可辨器形有鼎、深腹罐、罐等。

鼎　标本 1 件。WX041208B001：1，夹砂褐陶。长方体。外侧有花边堆纹（图七七，2）。

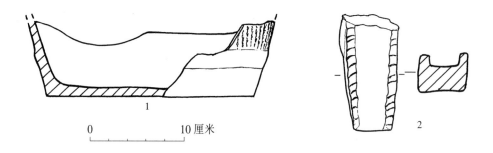

图七七　闻喜魏家园遗址庙底沟二期陶器

1. 深腹罐（WX041208J006－F∶1）　　2. 鼎（WX041208B001∶1）

深腹罐　标本 1 件。WX041208J006－F∶1，夹砂灰陶。平底，深腹。腹部近底有几乎抹去的附加堆纹一周，腹部饰绳纹。底径 22、残高 8 厘米（图七七，1）。

六　王家园遗址

王家园遗址位于礼元乡王家园北 100 米，面积只有 0.5 万平方米（见图七五）。遗址处在涑水河往北古河道东岸的一个山丘上，海拔高度在 520～535 米之间，地形有一定的起伏。遗址只有庙底沟二期的遗存，从遗存分布特点看，这个时期只能划分为一个聚落，聚落面积同于遗址面积。聚落所处的位置略高，聚落面积不大，但遗存分布密集且丰富。地表有零星遗物，少量遗迹暴露于梯田的断面，遗迹内包含物丰富。

（1）遗迹

灰坑　4 个，位于聚落东部，口大底小和口小底大均有。

陶窑　1 座，位于聚落最东部，只暴露窑室部分。

（2）遗物

主要是陶片。以夹砂灰陶为多，多绳纹，可辨器形有深腹罐、盆等。

深腹罐　标本 1 件。WX041208A004－H∶1，夹砂灰陶。口微外翻，直深腹。器表饰绳纹，口下饰两周附加堆纹，腹部饰两周附加堆纹。口径 30、残高 18.8 厘米（图七八）。

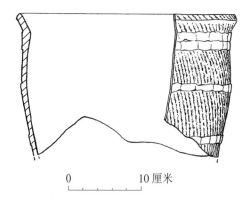

图七八　闻喜王家园遗址庙底沟二期陶深腹罐
（WX041208A004－H∶1）

七　裴柏遗址

裴柏遗址位于礼元乡裴柏村北，面积 2.9 万平方米（图七九）。遗址处在涑水河往北古河道西岸的丘陵台地前缘，海拔高度在 515～560 米之间，西高东低，地形有一定的起伏。遗址只有庙底沟二期的遗存，从遗存分布特点看，这个时期只能划分为一个聚落，聚落面积同于遗址面积。聚

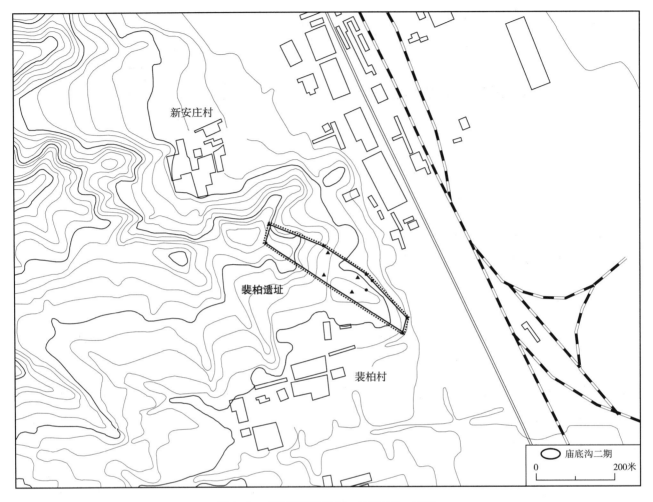

图七九　闻喜裴柏遗址（庙底沟二期）

落所处的位置较高。聚落内遗存分布稀疏，地表有零星遗物发现，少量遗迹主要暴露于梯田的断面上，遗迹内包含物丰富。

（1）遗迹

文化层　2处，分别分布于聚落中部、北部，堆积厚度在1～3米之间。

灰坑　4个，分布于聚落中部和南部，多口大底小。

（2）遗物

主要是陶片。以夹砂灰陶为多，以篮纹和绳纹为主，可辨器形有鼎、深腹罐、罐、盆等。

鼎　标本1件。WX050329L008：1，夹砂灰黑陶。深腹，高足。足断面呈等腰三角形。足外侧有刻的斜槽（图八○，5）。

深腹罐　标本4件。WX050329L007：1，夹砂褐陶。花边口，侈口，深腹。口下有近乎抹平的两周附加堆纹，腹部饰绳纹（图八○，1）。WX050329L007：2，夹砂红褐陶。花边口，直口，深腹。口下有两周附加堆纹，腹部饰绳纹（图八○，6）。WX050329C003：1，夹砂黑灰陶。圆唇，折沿，鼓腹。腹部饰绳纹。口径12、残高3.5厘米（图八○，7）。WX050329A009－H：1，

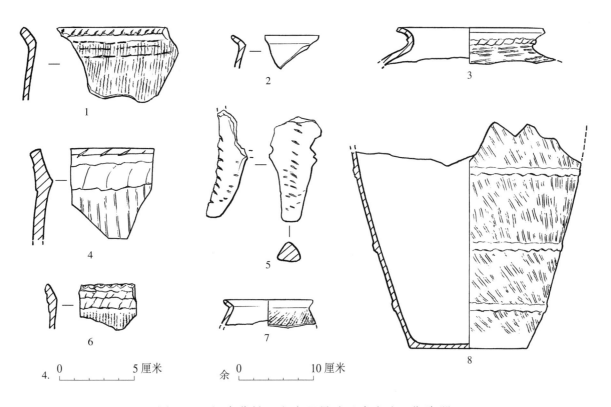

图八〇　闻喜裴柏、文店Ⅲ号遗址庙底沟二期陶器

1、4、6～8. 深腹罐（WX050329L007：1、WX041206I011 – H：1、WX050329L007：2、WX050329C003：1、
WX050329A009 – H：1）　　2、3. 罐（WX050329C004：2、WX050329I006：1）　　5. 鼎（WX050329L008：1）
（4 为文店Ⅲ号遗址，余为裴柏遗址）

夹砂灰陶。深腹，平底。腹部有三周附加堆纹，腹部饰斜篮纹。底径 16、残高 30.5 厘米（图
八〇，8）。

罐　标本 2 件。WX050329C004：2，夹砂灰陶（细砂）。圆唇，折沿，深腹。素面（图八〇，
2）。WX050329I006：1，夹砂灰陶。口外翻，方唇，短束颈，鼓肩。颈部有附加堆纹一周，肩部饰
横篮纹。口径 20、残高 5 厘米（图八〇，3）。

八　文店Ⅰ号遗址

文店Ⅰ号遗址位于礼元乡文店村南，面积 0.6 万平方米（图八一）。遗址处在涑水河往北古河
道西岸的丘陵台地上，海拔高度在 510～520 米之间，西高东低，地形略有起伏。遗址只有庙底沟
二期时期的遗存，从遗存分布特点看，这个时期只能划分为一个聚落，聚落面积同于遗址面积。
聚落所处的位置有一定的高度。聚落内遗存分布较为密集且丰富，地表有零星陶片发现，很多遗
迹暴露于断崖和梯田的断面上，遗迹内包含物丰富。

（1）遗迹

灰坑　14 个，分布于整个聚落，比较集中，多口大底小，多较浅。

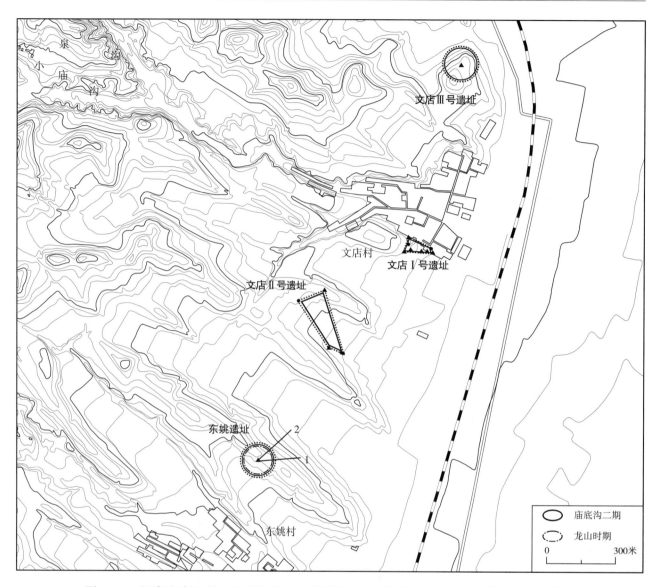

图八一　闻喜文店Ⅰ号、文店Ⅱ号、文店Ⅲ号、东姚遗址（庙底沟二期—龙山时期）

（2）遗物

主要是陶片。以夹砂灰陶为多，多绳纹，可辨器形有深腹罐、盆等。

盆　标本1件。WX041207I004－H1：1，夹砂灰陶（细砂）。口外翻，深腹。素面。口径24、残高12厘米（图八二，1）。

九　文店Ⅱ号遗址

文店Ⅱ号遗址位于礼元乡文店村西南，面积2.4万平方米（见图八一）。遗址处在涑水河往北古河道西岸的丘陵台地上，海拔高度在515～540米之间，西高东地，地形有一定的起伏，遗存主要分布在山坳的两侧。遗址只有庙底沟二期一个时期的遗存，从遗存分布看，这个时期只能划分为一个聚落，聚落面积同于遗址面积。聚落内遗存分布较为稀疏且不甚丰富，少量遗迹见于梯田的断面，遗迹内包含物丰富。

（1）遗迹

灰坑　2个，分别分布于聚落南、北部。

房址　1座，位于聚落东北，为红烧土面。

（2）遗物

主要是陶片，此外有少量石器。

① 陶器

以夹砂灰陶为多，多绳纹，可辨器形有深腹罐、釜灶等。

釜灶　标本1件。WX041207F001－H：1，夹砂褐陶。直口，深腹，桥形耳。釜外表饰绳纹（图八二，2）。

② 石器

石刀　标本1件。WX041207B001－F：1，近长方形。直背，两面刃，中部有两面对切的长槽。长9.8、宽5、厚0.75厘米（图八二，3）。

一〇　文店Ⅲ号遗址

文店Ⅲ号遗址位于礼元乡文店村北350米，面积较小，小于5万平方米（见图八一）。遗址处在涑水河往北古河道西岸突出的一山丘上，海拔高度在530～540米之间，地形有一定的起伏。遗址只有庙底沟二期一个时期的遗存，从遗存分布特点看，这个时期只能划分为一个聚落，聚落面积同于遗址面积。聚落所处位置相对较高，地表没有发现遗物，梯田的断面发现个别遗迹，遗迹内出土物丰富。

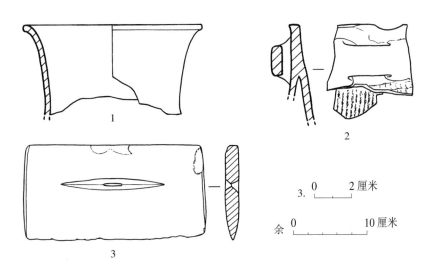

图八二　闻喜文店Ⅰ号、Ⅱ号遗址庙底沟二期器物

1. 陶盆（WX041207I004－H1：1）　　2. 陶釜灶（WX041207F001－H：1）　　3. 石刀（WX041207B001－F：1）

（1为Ⅰ号遗址，余为Ⅱ号遗址）

（1）遗迹

灰坑　1个，只有局部暴露，形状结构不清。

（2）遗物

只有陶片。多夹砂陶，有篮纹，可辨器形有深腹罐等。

深腹罐　标本1件。WX041206I011－H：1，夹砂灰陶。侈口，深腹。口下有堆纹一周，腹部饰竖篮纹（图八○，4）。

一一　东姚遗址

东姚遗址位于东镇东姚村北250米，面积较小，小于5万平方米（见图八一）。遗址坐落在涑水河往北古河道的西岸丘陵台地上，分布于一突出的山脊上，地势较高，海拔高度在540米左右，地形有一定的起伏。遗址包含两个时期的遗存：庙底沟二期和龙山时期，从遗存分布特点看，每个时期分别可以划分为一个聚落，两个时期聚落的面积都很小，都是在同一点发现遗存。

1. 1号庙底沟二期聚落

1号庙底沟二期聚落面积较小，同于遗址面积。聚落处在地势略高的小土丘，聚落内遗存分布较少且不丰富，地表没有发现遗物，零星遗迹暴露于梯田的断面，遗迹内出土物丰富。

（1）遗迹

文化层　1处，堆积较薄，包含物较少。

灰坑　1个，袋状坑，包含物丰富。

（1）遗物

只有陶片。多夹砂陶，多绳纹，可辨器形有深腹罐等。

2. 2号龙山时期聚落

2号龙山时期聚落面积较小，同于遗址面积。聚落处在地势略高的小土丘，聚落内遗存分布较少且不丰富，地表没有发现遗物，少量遗迹暴露于梯田的断面，遗迹内包含物丰富。

（1）遗迹

文化层　1处，堆积较薄，包含物较少。

灰坑　2个，其中一个口大底小，包含物丰富。

房址　2座，全部为半地穴式，白灰面，包含物很少。

（2）遗物

只有陶片。多夹砂灰陶，以绳纹为主，可辨器形有鬲、釜灶、盆等。

釜灶　标本1件。WX041207E003－H1：1，夹砂灰陶。深腹，釜圜底。釜底饰绳纹，灶外有一周附加堆纹和三周旋纹（图八三，1）。

盆　标本1件。WX041207E003－C：1，夹砂灰陶。口外翻，方唇，深腹。素面（图八三，2）。

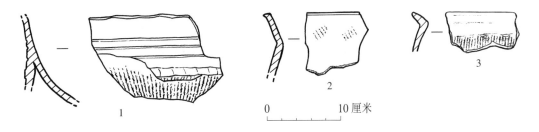

图八三 闻喜东姚、北中庄遗址陶器

1. 釜灶（WX041207E003 - H1：1） 2. 盆（WX041207E003 - C：1） 3. 罐（WX040311G001：1）

（1、2 为东姚遗址，3 为北中庄遗址；1、2 为龙山时期，3 为仰韶晚期）

一二 北中庄遗址

北中庄遗址位于东镇北中庄村东 400 米，面积较小，只有 0.5 万平方米（图八四）。遗址处在涑水河往北古河道的一级阶地上，海拔高度在 500～505 米之间，地势较低，地形较平。遗址只有仰韶晚期的遗存，从遗存分布特点看，只能划分为一个聚落。从发现看，没有发现遗迹，地表只发现少量陶片，考虑到紧邻古河道的边上，地势较低，不排除后期搬迁或当时人类短期活动形成的。聚落面积同于遗址面积。

（1）遗迹

未发现。

（2）遗物

只有少量陶片发现。以泥质红陶为主，有线纹，可辨器形有罐等。

罐 标本 WX040311G001：1，夹砂褐陶。口外翻，圆唇，微鼓腹。腹部饰线纹（图八三，3）。

一三 下中庄 I 号遗址

下中庄 I 号遗址位于东镇下中庄村西、南，面积 30.6 万平方米（见图八四）。遗址处在涑水河西岸的丘陵台地上，海拔高度在 500～530 米之间，东部地形较为平坦，西部地形西高东低且有一定的起伏（彩版四八）。遗址包含三个时期的遗存：仰韶中期、仰韶晚期和龙山时期，从遗存分布特点看，每个时期只能划分为一个聚落。其中，仰韶中期，聚落已经有相当规模；仰韶晚期，延续了中期的发展态势；之后急剧衰落，龙山时期，只有个别零星的分布。

1. 1 号仰韶中期聚落

1 号仰韶中期聚落占据着遗址的绝大部分，面积 24.3 万平方米。聚落的西部保存较为完整，东部后期取土严重。聚落内遗存分布较为密集且丰富，地表遗物随处可见，尤以丘陵下多见，不排除很多是后期搬迁的结果，数量众多的遗迹主要见于取土的断崖或梯田断面等，遗迹集中发现于西部，遗迹内出土物丰富。

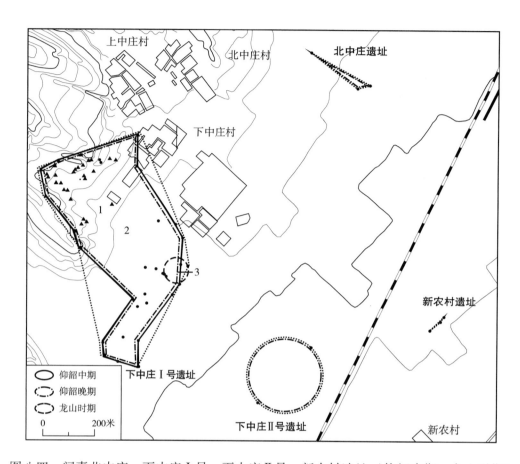

图八四　闻喜北中庄、下中庄Ⅰ号、下中庄Ⅱ号、新农村遗址（仰韶中期—龙山时期）

（1）遗迹

文化层　2处，堆积较厚，包含物丰富。

灰坑　数量众多，主要分布在聚落的西、北高地上，大多包含物丰富。

（1）遗物

主要是陶片。以泥质红陶为主，以素面和线纹为多，有彩陶，可辨器形有尖底瓶、盆、钵、罐等。

尖底瓶　标本1件。WX040311F001：1，泥质灰陶。重唇口，长颈。颈部饰线纹。口径4、残高5.5厘米（图八五，3）。

盆　标本2件。WX040311B003－H：1，泥质红陶。圆唇，折沿，斜腹。素面。口径36、残高6.8厘米（图八五，1）。WX040311A014－H：1，泥质磨光红陶。侈口，圆唇，鼓腹。器表饰弧线、勾叶黑彩（图八五，2）。

钵　标本2件。WX040311A014－H：2，泥质磨光红陶。敛口，圆唇，上腹鼓，下腹急收。器表饰弧线黑白彩（图八五，5）。WX040311A016－C：2，泥质磨光红陶。敛口，圆唇，略鼓腹，下腹斜收。上腹饰弧线黑彩（图八五，6）。

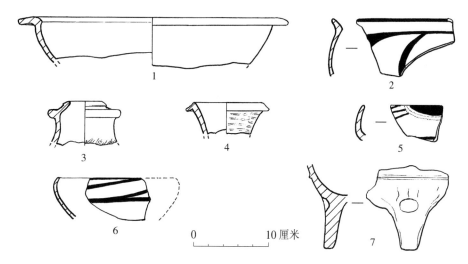

图八五 闻喜下中庄 I 号遗址陶器

1、2. 盆（WX040311B003 - H：1、WX040311A014 - H：1） 3、4. 尖底瓶（WX040311F001：1、WX040311A016 - H：1） 5、6. 钵（WX040311A014 - H：2、WX040311A016 - C：2） 7. 鼎（WX040311A001 - H：1）（4、7 为仰韶晚期，余为仰韶中期）

2. 2 号仰韶晚期聚落

2 号仰韶晚期聚落同样占据了遗址的绝大部分，面积基本同于 1 号聚落，为 24.3 万平方米。聚落的西部保存较为完整，东部后期取土严重，遗迹主要发现于西部。地表遗物随处可见，尤以南部平地最多，遗迹主要见于取土的断崖或梯田断面等，遗迹内出土物丰富。

（1）遗迹

文化层 1 处，位于聚落西北部，堆积较薄，包含物较少。

灰坑 有一定数量的灰坑，主要分布在西部和北部丘陵高地上，大多包含物丰富。

（2）遗物

以陶片为主。以泥质红陶为多，纹饰以素面和线纹为多，可辨器形有尖底瓶、鼎、钵等。

尖底瓶 标本 1 件。WX040311A016 - H：1，泥质红陶。喇叭口，高领。领部有浅篮纹。口径 9、残高 4 厘米（图八五，4）。

鼎 标本 1 件。WX040311A001 - H：1，夹砂褐陶。深腹，扁足。腹部有旋纹一周，足上部有深窝一个。素面（图八五，7）。

3. 3 号龙山时期聚落

3 号龙山时期聚落位于遗址的东部，面积较小，小于 5 万平方米。聚落内遗存分布较差，没有发现遗迹，只有两点有遗物发现，数量很少，所以只是理论上有可能存在一个聚落。

（1）遗迹

未发现。

（2）遗物

只有发现零星陶片。基本是夹砂陶，多见绳纹，可辨器形有罐等。

一四　下中庄Ⅱ号遗址

下中庄Ⅱ号遗址位于东镇下中庄村东南500米，面积较小，小于5万平方米（见图八四）。遗址处在涑水河往北古河道西岸的一级阶地上，海拔高度在495～500米之间，地势较低，地形较为平坦。遗址只有仰韶晚期的遗存。由于只有两点有遗物发现且较少，所以，只能说理论上可能存在一个聚落，聚落面积同于遗址面积。

（1）遗迹

未发现。

（2）遗物

只发现少量陶片。基本是泥质红陶，多素面，可辨器形有钵等。

一五　新农村遗址

新农村遗址位于东镇新农村北350米，面积0.02万平方米（见图八四）。遗址处在涑水河往北古河道西岸的一级阶地上，海拔高度在495～500米之间，地势较低，地形较为平坦。遗址只有仰韶晚期的遗存。由于遗存发现少且差，考虑到所处地势较低，所以不排除调查所发现的遗物是后期搬迁过来的。故此，只能说理论上可能有一个仰韶晚期聚落存在，其面积同于遗址面积。

（1）遗迹

未发现。

（2）遗物

只有零星陶片发现。基本是泥质红陶，多素面，可辨器形有钵等。

一六　张家庄遗址

张家庄遗址位于东镇张家庄北，面积3万平方米（图八六）。遗址处在涑水河西岸的丘陵台地上，海拔高度在495～535米之间，遗存主要分布在一突出的山丘上，地势较高，地形起伏较大（彩版四九）。遗址只有龙山时期的遗存，从遗存分布特点看，这个时期只能划分为一个聚落，聚落面积同于遗址面积。从遗存分布看，无论遗迹还是遗物都相对集中地分布在一个突出的小山丘北部，聚落所选位置属于顺风背阴，与大多数聚落的选址有所不同。聚落面积不大，但遗存分布较为密集且丰富，地表可见散落的陶片，少量遗迹主要见于梯田的断面，遗迹内出土物丰富。

（1）遗迹

灰坑　6个，主要分布于聚落东部山丘的东、北侧，地势较高，包含物丰富。

陶窑　1座，发现于聚落中部偏南地势较高处，包含物较少。

（1）遗物

主要是陶片。以泥质陶多，约占2/3，其中尤以泥质灰陶为多，其次为夹砂灰陶。纹饰中绳纹

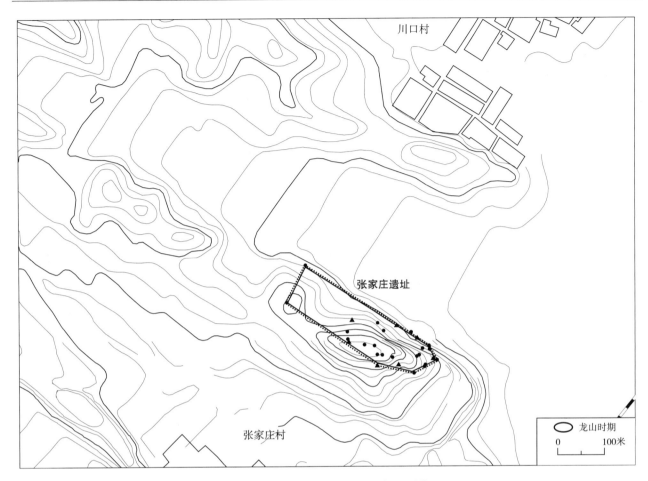

图八六 闻喜张家庄遗址（龙山时期）

近一半，篮纹占1/4，方格纹几乎不见（表一）。可辨器形有鬲、斝、圈足瓮、豆、盆、束颈深腹罐、双耳罐、小口罐、敛口瓮、双耳杯、杯等。

表一 闻喜张家庄遗址 WX040317C005－H 陶器陶质、陶色、纹饰统计表

纹饰	夹砂				泥质						总计	百分比（%）
	灰	灰黑	小计	百分比（%）	灰	灰黑	红褐	黑	小计	百分比（%）		
粗绳纹	169		169	10.13							169	10.13
中绳纹	308	7	315	18.88	217		1		218	13.07	533	31.95
细绳纹	7		7	0.42	28				28	1.68	35	2.10
堆绳纹	16		16	0.96							16	0.96
粗篮纹					42	13			55	3.30	55	3.30
中篮纹	5		5	0.30	190	189	2		381	22.84	386	23.14
细篮纹					1				1	0.06	1	0.06
素　面	40		40	2.40	165	43	1	127	336	20.14	376	22.54
旋　纹	4		4	0.24	80		1	12	93	5.58	97	5.82
合　计	549	7	556		723	245	5	139	1112		1668	
百分比（%）	32.91	0.42		33.33	43.35	14.69	0.30	8.33		66.67	100	

鬲　标本2件。WX040317C005－H：24，夹砂黑灰陶。口外翻，圆唇，深腹微鼓。腹部饰绳纹。口径30、残高8厘米（图八七，1）。WX040317C005－H：26，夹砂灰黑陶。空袋足，瘦长。足上饰绳纹（图八七，7）。

斝　标本1件。WX040317C005－H：25，夹砂黑陶。敛口，方唇，斜收腹，腹部及其以下残。肩下残留一桥形錾手。器腹残留一小段旋纹（图八七，8）。

敛口瓮　标本3件。WX040317C005－H：1，泥质磨光黑皮陶。敛口，折肩，直深腹，圜底，圈足。口部有流，肩部平均分布有三个圆饼，圈足有对称四个孔。腹部有五周旋纹，绳纹分上、下栏分布。口径23、肩径35、底径33、高48.5厘米（图八八，1）。WX040317C005－H：2，泥质磨光黑皮陶。敛口，折肩，直深腹，圜底，圈足。口部有流，肩部平均分布有三个圆饼，圈足有对称四个孔。腹部有六周旋纹，绳纹分上、下栏分布。口径27、肩径38.5、底径34.5、高48.5厘米（图八八，2）。WX040317C005－H：20，泥质磨光黑皮陶。深腹，圜底，圈足。圈足有对称四个孔，腹部还残留有四周旋纹，腹部饰绳纹。底径32、残高31.5厘米（图八八，3）。

束颈深腹罐　标本7件。WX040317C005－H：3，泥质灰褐陶。口外翻，近方唇，束颈，鼓

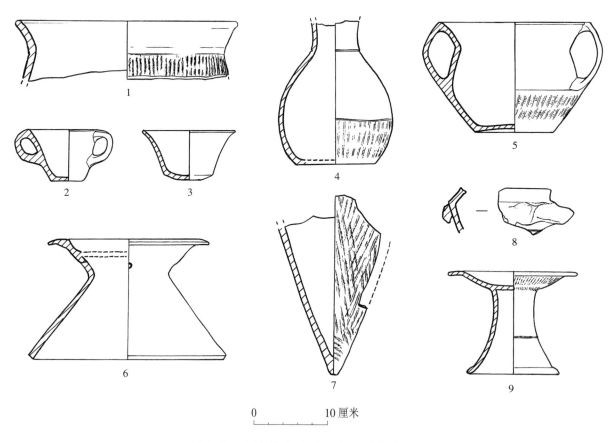

图八七　闻喜张家庄遗址龙山时期陶器

1、7. 鬲（WX040317C005－H：24、WX040317C005－H：26）　2. 双耳杯（WX040317C005－H：10）

3. 杯（WX040317C005－H：9）　4. 小口罐（WX040317C005－H：18）　5. 双耳罐（WX040317C005－H：8）

6、9. 豆（WX040317C005－H：5、WX040317C005－H：4）　8. 斝（WX040317C005－H：25）

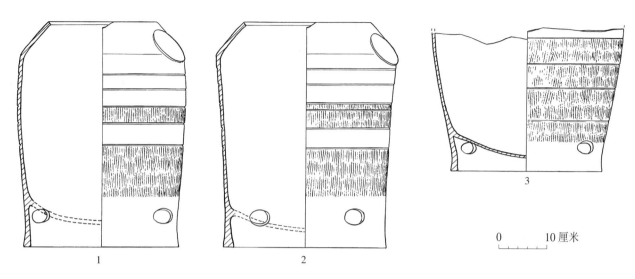

图八八　闻喜张家庄遗址龙山时期陶敛口瓮

1. WX040317C005 – H：1　2. WX040317C005 – H：2　3. WX040317C005 – H：20

肩，深腹，平底残。肩部有旋纹一周，腹部饰竖篮纹。口径 20.5、腹径 32、底径 13.5、高 53 厘米（图八九，1）。WX040317C005 – H：16，泥质黑陶。口外翻，束颈，深腹略鼓。上部磨光，且饰五周旋纹；下部饰绳纹。口径 20.5、腹径 21.5、残高 38.5 厘米（图八九，2）。WX040317C005 – H：14，泥质灰陶。口残，深腹，最大径在腹部，平底。腹部饰带横丝的竖篮纹。底径 17.5、腹径 37、残高 46 厘米（图八九，3）。WX040317C005 – H：17，泥质灰陶。口外翻，方唇，束颈，鼓肩，深腹，底残。腹部饰绳纹，同时有六周旋纹。口径 24、肩径 29、残高 47 厘米（图八九，4）。WX040317C005 – H：15，泥质灰陶。口残，折肩，深腹，平底。腹部有一周旋纹，旋纹下为带横丝的竖篮纹。肩径 20、底径 10、残高 29 厘米（图八九，5）。WX040317C005 – H：7，泥质灰陶。口外翻，圆唇，深束颈，折肩，深腹，平底。腹部旋纹下饰带横丝的浅竖篮纹。口径 14.8、肩径 17.2、底径 9.4、高 31.4 厘米（图八九，6）。WX040317C005 – H：13，泥质磨光黑皮陶。口残，深腹且鼓，平底。腹中部有两周旋纹，其下饰竖篮纹。腹径 40、底径 17、残高 44 厘米（图八九，7）。

圈足瓮　标本 3 件。WX040317C005 – H：11，夹砂灰陶。微敛口，直深腹微鼓，圜底，三个舌形圈足。器表饰绳纹。口径 43、腹径 47、底（足）径 28、高 82 厘米（图九〇，1）。WX040317C005 – H：12，夹砂灰陶。方唇，口微外翻，微束颈，深腹略鼓，底残。唇部有绳纹，口下有三周附加堆纹，腹部有三周旋纹，腹部饰绳纹。口径 40、腹径 44.5、残高 53 厘米（图九〇，2）。WX040317C005 – H：27，夹砂灰陶。深腹，圜底，有圈足，圈足有四个对称孔。腹部饰绳纹。底径 25.5、残高 20 厘米（图九〇，3）。

盆　标本 4 件。WX040317C005 – H：6，泥质黑灰陶。口外翻，圆唇，深腹微鼓，平底。腹部有三周旋纹，下腹部饰绳纹。口径 25.6、底径 15、高 20.2 厘米（图九一，1）。WX040317C005 – H：22，泥质灰陶。敞口，圆唇，深腹，平底。下腹部有竖篮纹。口径 38、底径 16 厘米（图九一，2）。

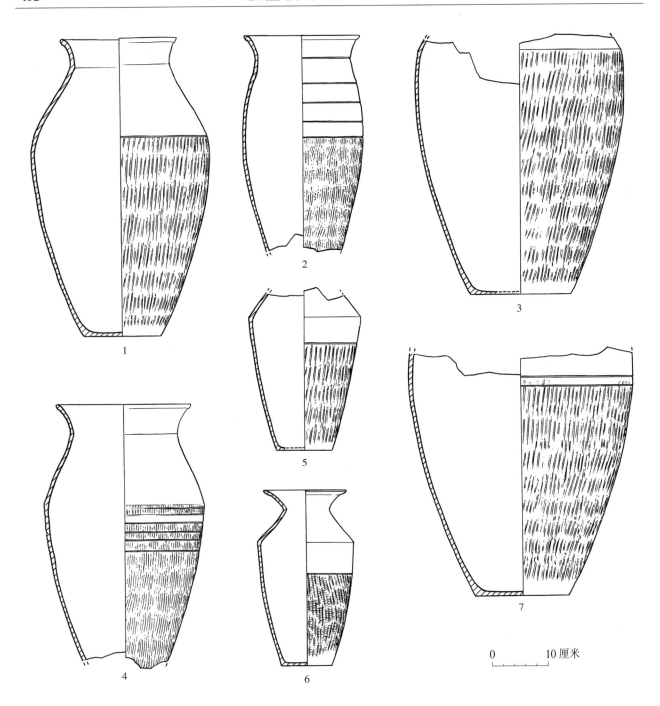

图八九　闻喜张家庄遗址龙山时期陶束颈深腹罐

1. WX040317C005－H：3　2. WX040317C005－H：16　3. WX040317C005－H：14　4. WX040317C005－H：17

5. WX040317C005－H：15　6. WX040317C005－H：7　7. WX040317C005－H：13

WX040317C005－H：23，泥质灰黑陶。口外翻，圆唇，深腹略鼓，底残。腹部还残留一个圆饼。口下有五周旋纹。腹中部饰绳纹。口径 26.5、腹径 25.5、残高 20.4 厘米（图九一，3）。

WX040317C005－H：21，泥质磨光黑皮陶。圆唇，平折沿，斜腹，平底。腹部饰绳纹。口径 38、底径 18、高 9.8 厘米（图九一，4）。

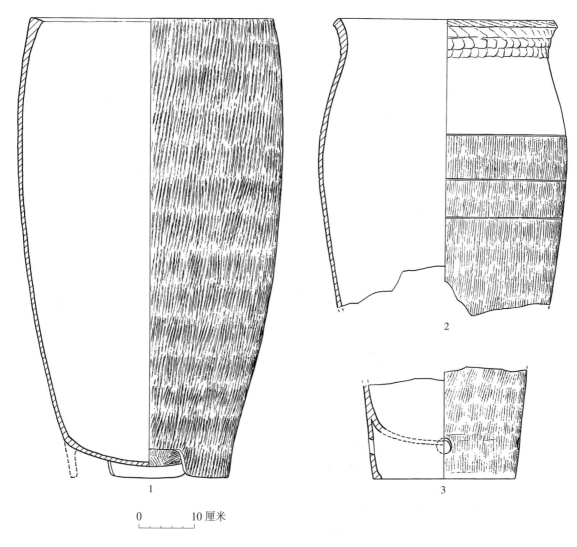

0　　　　10厘米

图九〇　闻喜张家庄遗址龙山时期陶圈足瓮

1. WX040317C005－H：11　2. WX040317C005－H：12　3. WX040317C005－H：27

双耳罐　标本1件。WX040317C005－H：8，泥质灰陶。双口耳，口外翻，小方唇，束颈，鼓腹，凹底。下腹部饰带横丝的竖篮纹。口径20、底径10.6、高14.6厘米（图八七，5）。

小口罐　标本1件。WX040317C005－H：18，泥质灰陶。长颈，鼓腹，平底，最大径靠下。器腹有两周旋纹，下腹部饰竖篮纹。底径11、腹径15.5、残高19厘米（图八七，4）。

豆　标本2件。WX040317C005－H：5，泥质磨光黑陶。圆唇，宽折沿，浅盘，假腹，粗柄，高圈足。假腹部有对称一对小孔，器表素面。口径22、底径27、高16厘米（图八七，6）。WX040317C005－H：4，泥质磨光黑陶。圆唇，宽折沿，浅盘，细柄，高圈足。柄部有一周旋纹，盘外饰绳纹。口径17、底径12.5、高13.6厘米（图八七，9）。

杯　标本1件。WX040317C005－H：9，夹砂灰陶。敞口，圆唇，斜腹，小凸底。素面。口径12.6、底径6.8、高6.6厘米（图八七，3）。

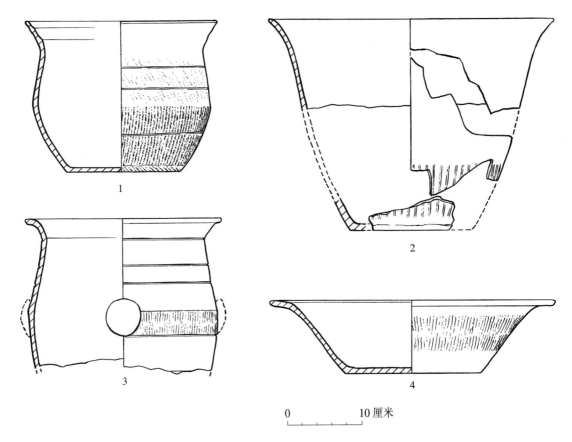

图九一　闻喜张家庄遗址龙山时期陶盆

1. WX040317C005 – H：6　2. WX040317C005 – H：22　3. WX040317C005 – H：23　4. WX040317C005 – H：21

双耳杯　标本1件。WX040317C005 – H：10，夹砂灰陶。敞口，圆唇，双耳，斜腹，小平底。素面。口径9.4、底径4.2、高7厘米（图八七，2）。

一七　程家庄遗址

程家庄遗址位于下阳乡程家庄村东，遗址的东部后期取土破坏严重，现有面积4.9万平方米（图九二、九三）。遗址处在涑水河北岸的丘陵台地上，海拔高度在475～505米之间，地势较高，遗存集中分布在一突出的山丘上。程家庄遗址包含三个时期的遗存：仰韶晚期、龙山时期和二里头时期，从遗存分布特点看，每个时期分别可划分为一个聚落。其中，仰韶晚期，聚落规模非常小，只有零星发现；龙山时期，聚落规模达到鼎盛；二里头时期，再次走向衰落，只有零星发现。

1. 1号仰韶晚期聚落

1号仰韶晚期聚落位于遗址的中部，面积较小，小于5万平方米。遗存分布较差，只有地表遗物发现且较少，所以，只能说理论上可能有一个聚落存在。

（1）遗迹

未发现。

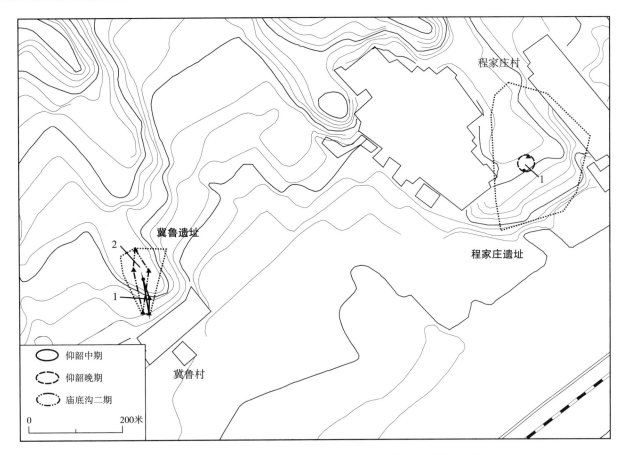

图九二　闻喜程家庄、冀鲁遗址（仰韶中期—庙底沟二期）

（2）遗物

只发现零星陶片。基本是泥质红陶，素面，可辨器形有盆、钵等。

盆　标本1件。WX040318E005：1，泥质红陶。敛口，厚唇，深腹。素面（图九四，5）。

2. 2号龙山时期聚落

2号龙山时期聚落基本覆盖了遗址的全部范围，面积4.7万平方米。考虑到后期取土严重，聚落的实际面积应该大于今天的发现。聚落内遗存分布较为密集且丰富，尤以山丘顶部分布最为密集。地表随处可见散落的遗物，很多遗迹暴露于取土场的断崖和梯田的断面，遗迹内包含物丰富。

（1）遗迹

文化层　1处，分布于聚落南部，堆积厚，包含物丰富。

灰坑　10个，尤以山丘顶部发现最多，多口大底小坑，包含物丰富。

（2）遗物

主要是陶片。以夹砂陶为多，纹饰以绳纹为主，可辨器形有甗、双耳罐、罐、盆等。

甗　标本1件。WX040318E010-H：1，夹砂灰陶。口外翻，方唇，深腹微鼓。颈部有附加堆纹一周，腹部有两周旋纹，唇部及器表饰绳纹。口径35.2、残高8.4厘米（图九四，1）。

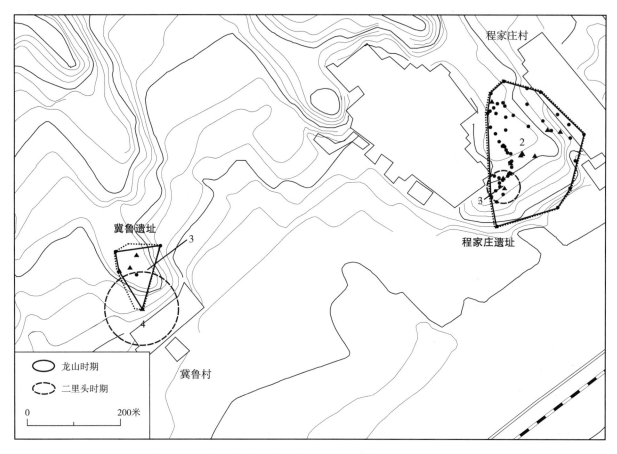

图九三　闻喜程家庄、冀鲁遗址（龙山时期—二里头时期）

盆　标本2件。WX040318E009－H：1，泥质黑陶。口部外翻，小圆唇，有小平台沿面，深腹。素面磨光（图九四，7）。WX040320E012：1，泥质灰陶。方唇，折沿，深腹微鼓。唇部及沿下有零星绳纹（图九四，8）。

双耳罐　标本1件。WX040320F001－H1：1，泥质灰黑陶。口微敞，小口，短颈，鼓腹，桥形耳。颈部有旋纹一周。口径9.2、残高6厘米（图九四，6）。

罐　标本2件。WX040320F001－H1：2，泥质灰陶。口外翻，圆唇，小领，鼓腹。素面（图九四，4）。WX040320F001－H2：1，泥质灰陶。深腹，平底。器表饰竖篮纹。底径11.2、残高3厘米（图九四，9）。

3. 3号二里头时期聚落

3号二里头时期聚落位于遗址的西南角，面积较小，小于5万平方米。聚落内遗存分布差，地表有零星遗物发现，仅有的个别遗迹见于梯田的断面上，但遗迹内出土物丰富。

（1）遗迹

文化层　1处，分布于山丘的较高处，堆积厚，包含物丰富。

（2）遗物

只发现陶片。以泥质灰陶为多，以绳纹为主，可辨器形有圆腹罐、单耳罐等。

圆腹罐 标本1件。WX040318E004-
C:2，夹砂黑灰陶。口往下逐渐加厚，
尖圆唇，微束颈，鼓肩。器薄。口部最
厚处有按捺的印纹（图九四，3）。

单耳罐 标本1件。WX040318E004-
C:1，夹砂灰褐陶。口外翻，圆唇，束
颈，鼓腹，残留有一桥形耳。腹部饰绳
纹。口径12、残高6厘米（图九四，2）。

一八 冀鲁遗址

冀鲁遗址位于下阳乡冀鲁村西北，
面积0.9万平方米（见图九二、九三）。
遗址处在涑水河西岸的丘陵台地上，海
拔高度在495～505米之间，遗存主要分
布在一个突出的小土丘上，地势略高，
地形有一定的起伏。遗址包含四个时期
的遗存：仰韶中期、庙底沟二期、龙山
时期和二里头时期，从遗存分布特点
看，每个时期只能划分为一个聚落。

1. 1号仰韶中期聚落

1号仰韶中期聚落位于遗址的南部，
面积较小，小于5万平方米。聚落内遗
存分布差，地表有零星遗物发现，零星遗
迹见于梯田的断面，遗迹内出土物很少。

（1）遗迹

灰坑 2个，分布于聚落中、南部，形状、结构不清，包含物较少。

（2）遗物

只发现少量陶片。以泥质红陶为主，多素面，可辨器形有钵、尖底瓶等。

2. 2号庙底沟二期聚落

2号庙底沟二期聚落位于遗址的中部，面积0.2万平方米。聚落内遗存丰富，分布落差大。地
表没有发现遗物，但梯田的断面可见少量遗迹，遗迹内包含物丰富。

（1）遗迹

灰坑 4个，遍布于聚落四周，有袋状坑，大多包含物丰富。

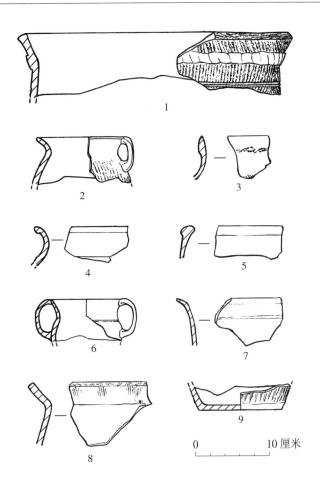

图九四 闻喜程家庄遗址陶器

1. 甗（WX040318E010-H:1） 2. 单耳罐（WX040318E004-
C:1） 3. 圆腹罐（WX040318E004-C:2） 4、9. 罐
（WX040320F001-H1:2、WX040320F001-H2:1）
5、7、8. 盆（WX040318E005:1、WX040318E009-H:1、
WX040320E012:1） 6. 双耳罐（WX040320F001-H1:1）
（2、3为二里头时期，5为仰韶晚期，余为龙山时期）

（2）遗物

主要是陶片。以夹砂灰陶为多，多篮纹和绳纹，可辨器形有小口高领罐、鼎、深腹罐、罐等。

鼎　标本1件。WX040320H002－H：1，夹砂灰陶。扁足。鼎腹部有堆纹（图九五，2）。

深腹罐　标本2件。WX040320I004－H：2，夹砂灰陶。圆唇，折沿，深腹。口下有附加堆纹一周，腹部饰横篮纹。口径25.2、残高6厘米（图九五，1）。WX040320I004－H：1，夹砂褐陶。圆唇，折沿，深腹。口下有附加堆纹一周，腹部饰斜绳纹（图九五，3）。

罐　标本1件。WX040320C004－H：1，夹砂灰黑陶。深腹，平底。近底部有三周附加堆纹，腹部饰斜篮纹（图九五，4）。

3. 3号龙山时期聚落

3号龙山时期聚落占据着遗址的绝大部分，面积0.7万平方米。聚落内遗存分布密集且丰富，地表有零星遗物分布外，少量遗迹主要见于梯田的断面，但遗迹内出土物很少。

（1）遗迹

文化层　1处，分布于聚落南部地势较低处，堆积较厚，包含物较少。

灰坑　3个，分布于聚落北部地势较高处，形状、结构不清，包含物均较少。

（2）遗物

只有陶片。以夹砂灰陶为多，以绳纹为主，可辨器形有鬲、罐等。

4. 4号二里头时期聚落

4号二里头时期聚落位于遗址的南部，面积较小，小于5万平方米。聚落内遗存发现很少，没有发现地表遗物，只有个别遗迹见于梯田的断面，遗迹内出土物很少。

（1）遗迹

文化层　1处，分布于聚落南部较低处，堆积较厚。

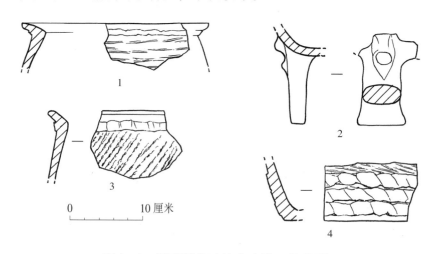

图九五　闻喜冀鲁遗址庙底沟二期陶器

1、3. 深腹罐（WX040320I004－H：2、WX040320I004－H：1）　2. 鼎（WX040320H002－H：1）

4. 罐（WX040320C004－H：1）

（2）遗物

只有少量陶片出土。以夹砂陶为多，以绳纹为主，可辨器形有圆腹罐等。

一九　丁店遗址

丁店遗址位于下阳乡丁店村南，面积7.4万平方米（图九六）。遗址处在涑水河北岸的一级阶地与二级阶地的交汇处，海拔高度在475～485米之间，地势较低，略高于涑水河河床，地形相对平坦，起伏很小。遗址包含两个时期的遗存：仰韶中期和庙底沟二期，从遗存分布特点看，每个时期分别可以划分为一个聚落。其中，仰韶中期聚落规模达到最大，之后急剧衰落，庙底沟二期只有零星发现。

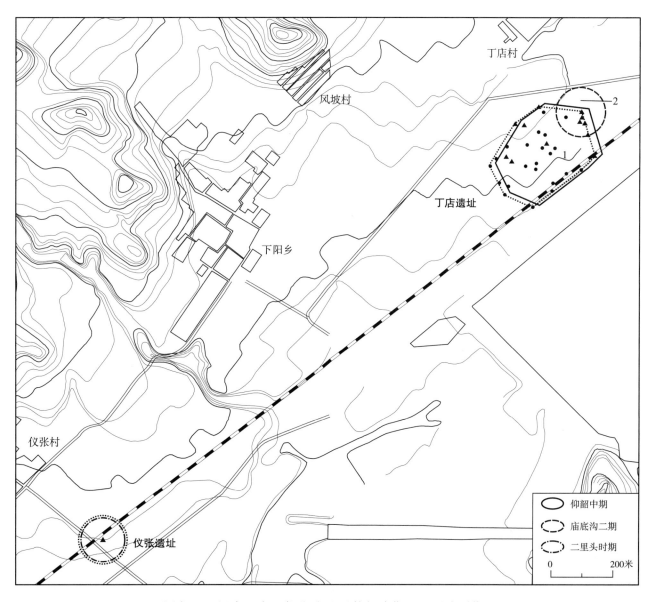

图九六　闻喜丁店、仪张遗址（仰韶中期—二里头时期）

1. 1号仰韶中期聚落

1号仰韶中期聚落覆盖了整个遗址，聚落面积7.3万平方米。聚落所处位置略高于涑水河河床，但所处地势平坦。聚落内遗存分布密集且丰富，地表随处可见散落的遗物，很多遗迹暴露于梯田和断崖的断面，遗迹内包含物丰富。

（1）遗迹

文化层　7处，聚落的西部分布较多，堆积厚。

灰坑　6个，主要分布在聚落的东北断崖上，多为袋状坑，大多包含物丰富。

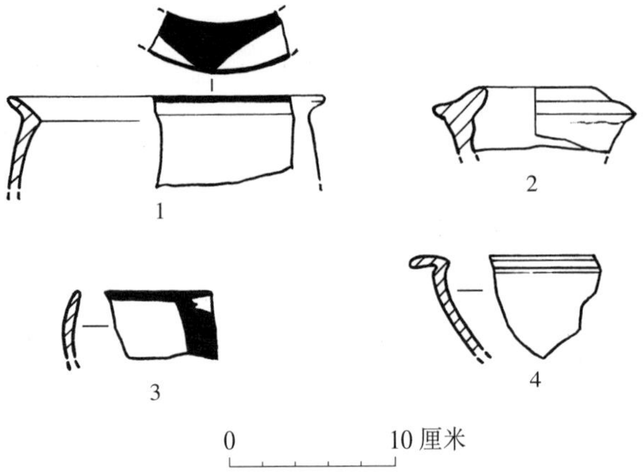

图九七　闻喜丁店遗址仰韶中期陶器

1、4. 盆（WX040321I002 - C：1、WX040321I004：1）
2. 尖底瓶（WX040321B005：1）　3. 钵（WX040321G006：1）

（2）遗物

以陶片为主。以泥质红陶为多，纹饰以素面和线纹为主，有彩陶，可辨器形有尖底瓶、钵、盆、罐等。

尖底瓶　标本1件。WX040321B005：1，泥质红陶。小口，重唇。素面。口径7.2、残高4厘米（图九七，2）。

盆　标本2件。WX040321I002 - C：1，泥质红陶。圆唇，折沿，深腹微鼓。口部饰黑彩。口径19、残高5.6厘米（图九七，1）。WX040321I004：1，泥质红陶。圆唇，折沿，弧腹。素面（图九七，4）。

钵　标本1件。WX040321G006：1，泥质红陶。敛口，鼓腹。器表饰黑彩（图九七，3）。

2. 2号庙底沟二期聚落

2号庙底沟二期聚落位于遗址的东北角，面积较小，小于5万平方米。聚落内遗存分布差，地表基本看不到遗物，只有个别遗迹暴露于取土的断崖上，遗迹内有少量陶片发现。

（1）遗迹

灰坑　1个，形状、结构不清。

（2）遗物

只发现少量陶片。以夹砂陶为多，以绳纹为主，可辨器形有罐等。

二〇　仪张遗址

仪张遗址位于下阳乡仪张村东，面积较小，小于5万平方米（见图九六）。遗址处在涑水河西岸的一级阶地上，距离涑水河只有500米，海拔高度在470~480米之间，地势较低，所在位置高于现在河床数米，地形相对平坦。遗址只有二里头时期的遗存，从遗存分布看，只能划分为一个聚落，聚落面积同于遗址面积。聚落内遗存分布差，地表没有发现遗物，沟断面发现个别零星遗迹，遗迹内出土物丰富。

（1）遗迹

灰坑　1个，为袋状坑，形状不清。

（2）遗物

只有陶片。以夹砂灰陶略多，以绳纹为主，可辨器形有鬲、罐等。

鬲　标本1件。WX040321E001－H：1，夹砂灰陶。实锥足，袋足显肥。足根通体饰绳纹（图九八，5）。

二一　郭家庄遗址

郭家庄遗址位于郭家庄乡郭家庄村西，面积16.2万平方米（图九九）。遗址处在涑水河西岸逐渐抬升的缓坡上，海拔高度在455～465米之间，地势较低，地形较为平坦，但由于后期取土原因，遗址破坏非常严重（彩版五〇）。遗址包含两个时期的遗存：二里头时期和二里岗时期，从遗存分布特点看，每个时期只能划分为一个聚落。其中，二里头时期，聚落已有一定的分布；二里岗时期，基本保存了原有的规模，不过所在的位置有所变化。

1. 1号二里头时期聚落

1号二里头时期聚落位于遗址的西北部，面积6.6万平方米。因为遗址破坏严重，聚落的实际规模可能大于今天的发现。从发现看，聚落内遗存丰富，地表多见遗物，少量遗迹主要见于取土场的断面，遗迹内出土物丰富。

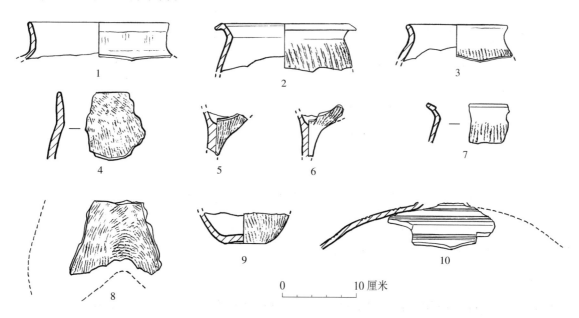

图九八　闻喜仪张、郭家庄遗址陶器

1、3、4、9. 罐（WX050328E003：1、WX050328B001－C：3、WX050328B001－C：2、WX050328E003：2）
2、5～8. 鬲（WX050328A001－H2：1、WX040321E001－H：1、WX050328A001：1、WX050328A002：1、WX050328L003：1）　10. 器盖（WX050328B001－C：1）（5为仪张遗址，余为郭家庄遗址；2、6、7为二里岗时期，余为二里头时期）

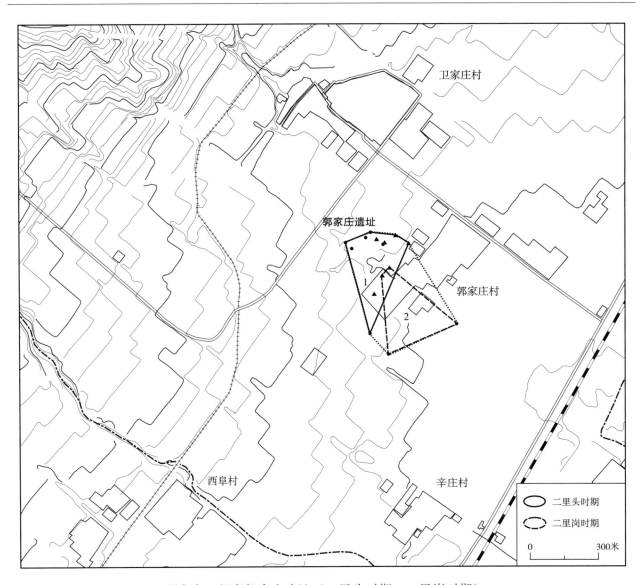

图九九　闻喜郭家庄遗址（二里头时期—二里岗时期）

（1）遗迹

文化层　2 处，聚落南北各有一处分布，堆积均较厚，包含物丰富。

灰坑　3 个，主要分布于聚落东部，均为口大底小，较浅，包含物丰富。

陶窑　1 座，位于聚落东部，直径 1 米左右，只留下窑室部分，包含物很少。

（2）遗物

以陶片为主。以泥质灰陶为多，以绳纹为主，可辨器形有鬲、甗、罐、器盖等。

鬲　标本 1 件。WX050328L003：1，夹砂灰褐陶。鬲裆部，分裆。袋足饰绳纹。器内有水垢（图九八，8）。

器盖　标本 1 件。WX050328B001 - C：1，泥质灰陶。口残，圆形纽，弧壁微折。器壁有三组旋纹（图九八，10）。

罐 标本4件。WX050328E003：1，泥质灰黑陶。近直口，圆唇，有领，鼓腹。素面。口径19、残高5.2厘米（图九八，1）。WX050328B001-C：3，泥质灰陶。小口，圆唇，微束颈，鼓腹。腹部饰绳纹。口径14、残高4.8厘米（图九八，3）。WX050328B001-C：2，夹砂黑陶。直口，鼓腹。器表饰较细的绳纹（图九八，4）。WX050328E003：2，夹砂灰陶。圆腹，底微凹。腹部饰绳纹。底径6、残高4厘米（图九八，9）。

2. 2号二里岗时期聚落

2号二里岗时期聚落位于遗址的南部，面积6.7万平方米。由于遗址破坏严重，不排除聚落的实际规模大于今天的发现。聚落所处地势相对平坦。聚落内遗存分布稀疏，地表有零星遗物发现，少量遗迹暴露于取土场的断面，遗迹内出土物丰富。

（1）遗迹

灰坑 3个，分布在聚落北部，均为口大底小，深0.5~2米之间。

（2）遗物

主要是陶片。以夹砂灰陶为多，多绳纹，可辨器形有鬲等。

鬲 标本3件。WX050328A001-H2：1，夹砂灰陶。器薄。口外翻，小圆唇，斜沿面，束颈，深腹略鼓。腹部饰粗大的绳纹。口径19、残高6.5厘米（图九八，2）。WX050328A001：1，夹砂灰陶。器薄。实锥足。足部素面，袋足部分饰绳纹（图九八，6）。WX050328A002：1，夹砂灰陶。器薄。口外翻，圆唇，有小斜沿面，深腹。腹部饰绳纹（图九八，7）。

二二 郭店遗址

郭店遗址位于郭家庄乡郭店村南，面积小于5万平方米（图一〇〇）。遗址处在㳍水河西岸的一级阶地上，海拔高度在450米左右，地势较低，略高于㳍水河河床，地形较为平坦。遗址只有二里头时期的遗存，从遗存分布看，只能划分为一个聚落，聚落面积同于遗址面积。聚落所处位置较低，略高于今天㳍水河的河床，而且靠近㳍水河。聚落内遗存分布差，地表可见零星遗物，个别遗迹见于梯田的断面，但遗迹内包含物丰富。

（1）遗迹

灰坑 1个，分布于聚落北部，口大底小，深1米多。

（2）遗物

只有陶片。以夹砂灰陶为主，以绳纹为多，可辨器形有鬲、罐等。

鬲 标本1件。WX050319L001：1，夹砂灰陶。实锥足，袋足略显肥。足根及袋足通体饰绳纹，足根有竖凹槽（图一〇一，2）。

罐 标本1件。WX050319L001：2，夹砂灰陶。口外翻，口部加厚且有花边装饰，微束颈，微鼓腹（图一〇一，1）。

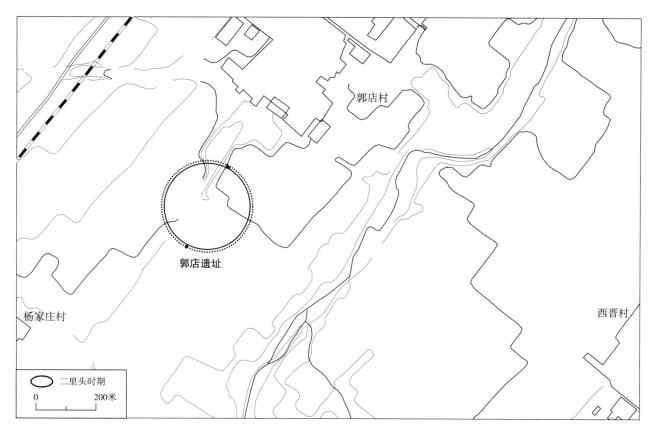

图一〇〇　闻喜郭店遗址（二里头时期）

二三　南宋遗址

　　南宋遗址位于西官庄乡南宋村东北，面积29.5万平方米（图一〇二）。遗址处在涑水河东岸的台地上（即鸣条岗西侧），海拔高度在460～525米之间，东高西低，山脊与山沟相间，地形起伏较大，遗存分布的落差也较大。遗址包含两个时期的遗存：庙底

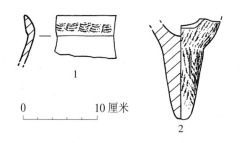

图一〇一　闻喜郭店遗址二里头时期陶器

1. 罐（WX050319L001∶2）　2. 鬲（WX050319L001∶1）

沟二期和龙山时期，从遗存分布特点看，每个时期只能划分为一个聚落。总体来看，庙底沟二期时期聚落规模较小，龙山时期聚落规模达到鼎盛，之后衰落。

1. 1号庙底沟二期聚落

　　1号庙底沟二期聚落位于遗址的中部偏东，面积1.4万平方米。聚落所处地势崎岖不平，有一定的落差。聚落内遗存分布稀疏，没有发现遗迹，只发现零星遗物。

　　（1）遗迹

　　未发现。

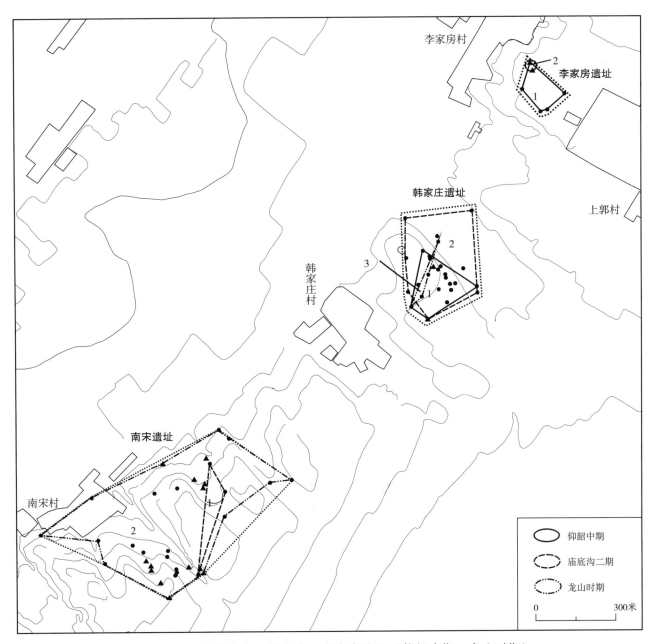

图一○二　闻喜南宋、韩家庄、李家房遗址（仰韶中期—龙山时期）

（2）遗物

发现少量陶片。以夹砂陶为多，多篮纹，可辨器形有深腹罐等。

2. 2号龙山时期聚落

2号龙山时期聚落几乎占据了整个遗址，面积25.2万平方米。聚落所处的地形落差较大，但聚落内遗存分布密集且丰富，尤以聚落的东南部分布最为密集。地表可见散落的遗物，遗迹则集中分布于聚落的东南部和西北部，主要暴露于梯田或断崖的断面上，遗迹内包含物丰富。

（1）遗迹

文化层　4处，聚落北部分布有1处，南部分布有3处。

灰坑　16 个，聚落北部分布有 7 个，南部分布有 9 个，口大底小和口小底大者均有。

（2）遗物

主要是陶片。以夹砂灰陶为多，以绳纹为主，可辨器形有釜灶、鬲、束颈深腹罐、双耳罐、厚壁缸等。

釜灶　标本 1 件。WX050315I002：1，夹砂灰陶。只残留有釜灶中部，内有隔架，灶有烟孔，釜圜底。器表饰绳纹（图一〇三，5）。

鬲　标本 2 件。WX050315F006 - H2：1，夹砂灰陶。微敞口，方唇，略束颈，袋足鼓。颈部有一周旋纹，唇部及器表饰绳纹。口径 31.2、残高 10 厘米（图一〇三，1）。WX050315I008 - C：1，夹砂灰黑陶。空袋足较肥。足部饰绳纹（图一〇三，6）。

束颈深腹罐　标本 1 件。WX050315C007：1，泥质灰陶。口外翻，圆唇加厚，束颈，鼓肩，深腹。肩部以下饰竖篮纹。口径 26、残高 17 厘米（图一〇三，4）。

双耳罐　标本 1 件。WX050315K014 - H：1，泥质黑陶。口外翻，高领，鼓腹，耳已残。素面（图一〇三，2）。

厚壁缸　标本 1 件。WX050315A004：1，泥质红褐陶。器厚，直壁，器内由口到底逐渐加厚。器外饰绳纹（图一〇三，3）。

二四　韩家庄遗址

韩家庄遗址位于西官庄乡韩家庄村东北，面积 9.2 万平方米（见图一〇二）。遗址处在涑水河东岸的鸣条岗上，海拔高度在 460～490 米之间，遗存主要分布在一山丘上，地形起伏大。遗址包

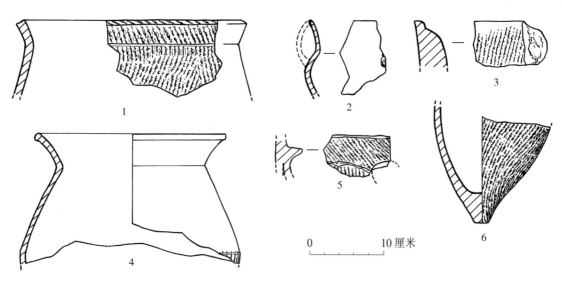

图一〇三　闻喜南宋遗址龙山时期陶器

1、6. 鬲（WX050315F006 - H2：1、WX050315I008 - C：1）　2. 双耳罐（WX050315K014 - H：1）

3. 厚壁缸（WX050315A004：1）　4. 束颈深腹罐（WX050315C007：1）　5. 釜灶（WX050315I002：1）

含三个时期的遗存：仰韶中期、庙底沟二期和龙山时期，从遗存分布特点看，每个时期只能划分为一个聚落。其中，仰韶中期，聚落已有一定规模；庙底沟二期，聚落规模达到鼎盛；龙山时期，聚落走向衰落。

1. 1号仰韶中期聚落

1号仰韶中期聚落位于遗址的南部，面积3.3万平方米。聚落主要分布在小土丘的南侧，有一定的落差。聚落内遗存分布密集，地表遗物随处可见，但只有个别零星遗迹见于梯田的断面，遗迹内出土物很少。

（1）遗迹

文化层　1处，位于聚落北部，堆积薄。

（2）遗物

只发现陶片。以夹砂褐陶为多，素面和线纹为多，可辨器形有鼎、罐等。

鼎　标本1件。WX050315B006：1，夹砂灰陶。高足，深腹，断面呈等边三角形。足外侧有对称刻的斜槽（图一○四，3）。

罐　标本1件。WX050315B006：2，夹砂褐陶。口部加厚上有凹槽，口内有子母口，深腹。腹部有旋纹四周（图一○四，4）。

2. 2号庙底沟二期聚落

2号庙底沟二期聚落占据着整个遗址，面积8.9万平方米。聚落主要分布在小土丘上，尤以小土丘的东南侧遗存分布最为密集，聚落的北部少量遗存不排除是后期搬迁的结果。聚落内的遗存

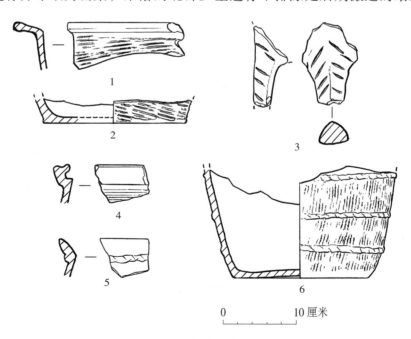

图一○四　闻喜韩家庄遗址陶器

1. 盆（WX050315C001：1）　　2、5、6. 深腹罐（WX050315F011：1、WX050315B003：1、WX050315H009：1）

3. 鼎（WX050315B006：1）　　4. 罐（WX050315B006：2）（3、4为仰韶中期，余为庙底沟二期）

分布有一定的落差。小土丘上多见地表遗物，但遗迹发现很少，仅有的个别遗迹见于梯田的断面，遗迹内出土物很少。

（1）遗迹

文化层 1处，位于小山丘的高处，堆积薄。

（2）遗物

主要是陶片。以夹砂陶为多，多篮纹，可辨器形有深腹罐、盆等。

盆 标本1件。WX050315C001：1，泥质红陶。圆唇上下加厚，折沿，深腹斜收。腹部饰横篮纹（图一○四，1）。

深腹罐 标本3件。WX050315F011：1，夹砂灰陶。深腹，平底。腹部饰斜篮纹。底径19、残高3厘米（图一○四，2）。WX050315B003：1，夹砂灰黑陶。侈口，圆唇，深腹。口下有附加堆纹一周（图一○四，5）。WX050315H009：1，夹砂红褐陶。深腹，平底。腹部有三周附加堆纹，腹部饰绳纹。底径18、残高15厘米（图一○四，6）。

3. 3号龙山时期聚落

3号龙山时期聚落成条状分布于遗址中南部，面积较小，只有0.3万平方米。聚落分布在一个小土丘的东南部，遗存分布的落差大。聚落内遗存分布稀疏，没有发现遗迹，只发现零星地表遗物。

（1）遗迹

未发现。

（2）遗物

只有少量陶片。以夹砂灰陶为多，多绳纹，可辨器形有罐等。

二五　李家房遗址

李家房遗址位于西官庄乡李家房村东，面积1.5万平方米（见图一○二）。遗址处在涑水河东岸的鸣条岗上，海拔高度在490～495米之间，地势略高，地形较平。遗址包含两个时期的遗存：仰韶中期和庙底沟二期，从遗存分布特点看，每个时期分别可以划分为一个聚落。其中，仰韶中期聚落面积较大，庙底沟二期只有零星分布。

1. 1号仰韶中期聚落

1号仰韶中期聚落覆盖了整个遗址，面积1.5万平方米。聚落所处的地势较为平坦。聚落内遗存分布稀疏，地表有零星遗物散落，仅有的个别遗迹见于梯田的断面，遗迹内包含物丰富。

（1）遗迹

文化层 1处，分布在聚落北部，堆积较厚。

（2）遗物

主要是陶片。以泥质红陶为主，多素面，可辨器形有尖底瓶、钵等。

尖底瓶　标本 1 件。WX050325F010 –
C∶2，泥质灰陶。重唇口，长颈。素面。口
径 4、残高 3.6 厘米（图一〇五，2）。

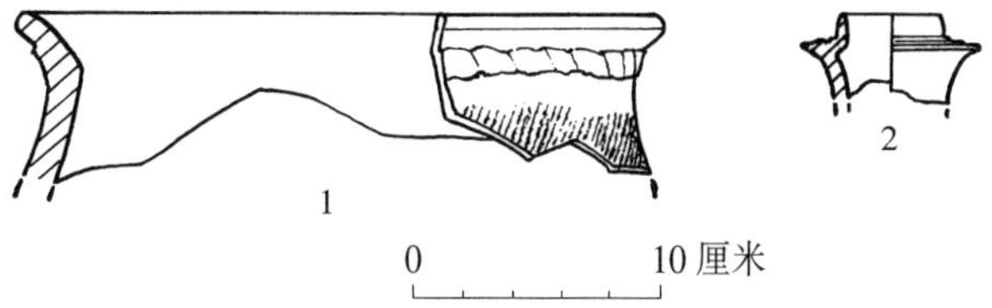

2. 2 号庙底沟二期聚落

2 号庙底沟二期聚落位于遗址的北部，面
积小于 5 万平方米。聚落所处地势平坦，面积
较小但遗存丰富。地表没有发现遗物，但有零
星遗迹暴露于梯田的断面，遗迹内出土物丰富。

（1）遗迹

文化层　1 处，堆积薄，包含物丰富。

灰坑　1 个，为袋状坑，包含物较少。

（2）遗物

只有陶片。基本是夹砂陶，多绳纹，可辨器形有深腹罐、罐等。

深腹罐　标本 1 件。WX050325F010 – C∶1，夹砂红褐陶。口外翻，方唇，深腹。口下有附加
堆纹一周，腹部饰绳纹。口径 26、残高 6.4 厘米（图一〇五，1）。

图一〇五　闻喜李家房遗址陶器
1. 深腹罐（WX050325F010 – C∶1）　2. 尖底瓶
（WX050325F010 – C∶2）（1 为庙底沟二期，2 为仰韶中期）

二六　下邱遗址

下邱遗址位于西官庄乡下邱东、邱村北，面积 39.8 万平方米（图一〇六）。遗址处在涑水
河东岸的丘陵台地上（即鸣条岗），海拔高度在 475 ~ 540 米之间，山脊与山沟相间，地势较
高，地形起伏较大。下邱遗址只有龙山时期的遗存，从遗存分布特点看，这个时期只能划分为
一个聚落，聚落面积同于遗址面积。聚落处于丘陵台地的前沿，遗存全部分布在台地前沿的斜
坡上，所以，聚落内遗存的分布落差较大。聚落内遗存分布密集且丰富，地表遗物随处可见，
遗迹数量众多，几乎遍布整个聚落，遗迹主要暴露于梯田的断面和断崖上，遗迹内出土物非常
丰富。

（1）遗迹

遗迹种类丰富，数量较多。

文化层　不少于 11 处，聚落北部分布较多，西部有少量分布，堆积厚薄不等，大多较浅。

灰坑　至少在 25 个以上，聚落北部、西部、南部都发现很多，口大底小和口小底大者均有。

房址　7 座，集中分布在聚落的北部，均为半地穴式，其中白灰面有 6 座，红烧土面有 1 座。

陶窑　1 座，分布在聚落北部，只暴露窑室部分，直径 1 米多。

（1）遗物

主要是陶片。以夹砂灰陶为多，以绳纹最多，有少量竖篮纹，可辨器形有釜灶、鬲、甗、斝、
圈足罐、束颈深腹罐、双耳罐、杯、器盖、罐等。

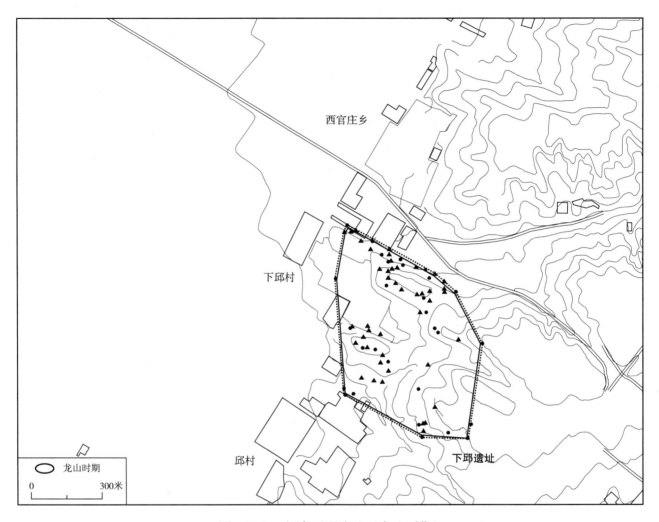

图一○六　闻喜下邱遗址（龙山时期）

鬲　标本6件。WX050325E016－C：2，夹砂灰陶。口外翻，矮领，束颈，深腹且鼓。器表饰绳纹。口径24、残高7厘米（图一○七，1）。WX050325E021：1，夹砂灰陶。口微外翻，厚方唇，微束颈，鼓腹。颈部有两周旋纹，唇及器表均饰绳纹（图一○七，3）。WX050325F007：1，夹砂灰陶。空袋足。足根饰绳纹（图一○七，5）。WX050325E021：3，夹砂灰陶。空袋足。足根饰绳纹（图一○七，10）。WX050325H002：1，夹砂灰陶。空袋足。袋足饰绳纹（图一○七，13）。WX050325E016－C：1，夹砂灰陶。口外翻，圆唇，束颈，高领，鼓腹。颈部以下饰绳纹（图一○七，18）。

甗　标本2件。WX050325E021：2，夹砂黑陶。斜敞口，口部略加厚，深腹，器腹残留一个鋬手。器表饰绳纹（图一○七，2）。WX050325I004：1，夹砂黑灰陶。甗腰有隔架。腰部有旋纹一周，器表饰绳纹（图一○七，4）。

斝　标本2件。WX050326E002：1，夹砂灰陶。只有空袋足。足根似有浅篮纹的痕迹（图一○七，9）。WX050325C028－H：1，夹砂灰陶。只有空袋足，足外撇，足与裆相接处有一周泥条。袋

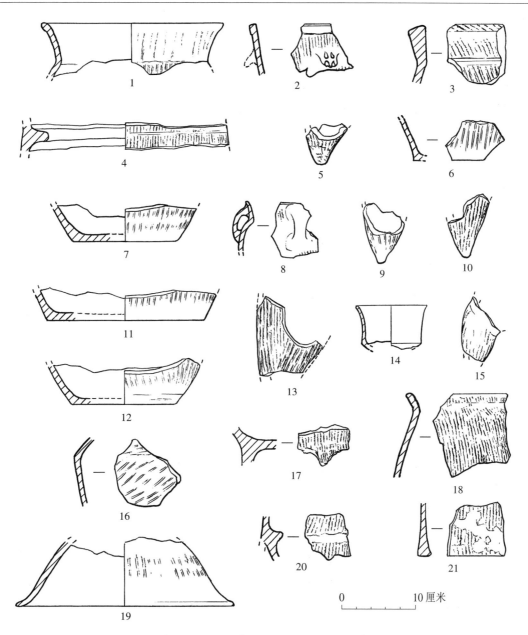

图一〇七　闻喜下邱遗址龙山时期陶器

1、3、5、10、13、18. 鬲（WX050325E016－C：2、WX050325E021：1、WX050325F007：1、WX050325E021：3、
WX050325H002：1、WX050325E016－C：1）　2、4. 甗（WX050325E021：2、WX050325I004：1）　6、7、11、12、
16. 罐（WX050325I009：1、WX050325E007－H：2、WX050325I011：1、WX050325B011：1、WX050326E001：1）
8. 双耳罐（WX050325E024－C：1）　9、15. 斝（WX050326E002：1、WX050325C028－H：1）14. 杯（WX050325E007－
H：1）　17、21. 圈足罐（WX050325E030：1、WX050325E032：1）　19. 器盖（WX050325C018－H：1）
20. 釜灶（WX050325E027：1）

足饰绳纹（图一〇七，15）。

　　釜灶　标本1件。WX050325E027：1，夹砂灰陶。深腹微鼓，釜有托。器表饰绳纹（图一〇
七，20）。

　　器盖　标本1件。WX050325C018－H：1，夹砂灰黑陶。圆唇，弧盖。器中部饰竖篮纹。口径

29、残高 9.5 厘米（图一〇七，19）。

杯　标本 1 件。WX050325E007 - H：1，泥质黑灰陶。微敞口，圆唇，折腹，小底。有无耳不详。素面。口径 9.5、残高 6 厘米（图一〇七，14）。

双耳罐　标本 1 件。WX050325E024 - C：1，泥质黑陶。双耳，小领，鼓腹。素面（图一〇七，8）。

圈足罐　标本 2 件。WX050325E030：1，夹砂灰陶。圈足。器表饰绳纹（图一〇七，17）。WX050325E032：1，夹砂灰陶。高圈足。器表饰绳纹（图一〇七，21）。

罐　标本 5 件。WX050325I009：1，泥质灰陶。器薄，深腹，平底。腹部饰竖篮纹（图一〇七，6）。WX050325E007 - H：2，泥质灰陶。深腹，平底。腹部饰浅竖篮纹。底径 14、残高 5 厘米（图一〇七，7）。WX050325I011：1，夹砂灰陶。深腹，平底。腹部饰竖篮纹。底径 21、残高 4 厘米（图一〇七，11）。WX050325B011：1，泥质黑灰陶。鼓腹，平底。腹部饰浅竖篮纹。底径 14、残高 6 厘米（图一〇七，12）。WX050326E001：1，泥质灰陶。鼓肩，深腹。肩部及腹部均饰斜篮纹（图一〇七，16）。

二七　上邵王遗址

上邵王遗址位于西官庄乡上邵王村南，从遗物和遗迹的分布看，上邵王村落建筑覆盖了遗址的相当一部分，现在所存面积 43 万平方米（图一〇八）。遗址处在涑水河东岸台地上，海拔高度在 469～525 米之间，遗存主要分布在南、北两座土丘上，尤以南部土丘遗存分布最为密集，遗址所在地形起伏较大（彩版五一）。该遗址包含四个时期的遗存：仰韶中期、仰韶晚期、庙底沟二期和龙山时期，从遗存分布特点看，每个时期分别可以划分为一个聚落。总体来看，仰韶中期，聚落已有一定的规模；仰韶晚期，延续了前期的发展态势；庙底沟二期，仍然保持了这种规模，不过人类的活动地域往北了；龙山时期，聚落规模有所缩小。

1. 1 号仰韶中期聚落

1 号仰韶中期聚落占据了遗址的绝大部分，面积 26.5 万平方米。聚落主要分布在涑水河东岸的土丘上，土丘下零星遗存的分布可能为后期活动搬迁的结果。聚落内遗存分布非常密集，尤以东部土丘上分布最为密集、丰富，只有在土丘的西南角由于取土严重所留遗存很少。聚落内遗存分布有一定的落差，地表随处可见散落的遗物，梯田的断面暴露有很多遗迹，遗迹内包含物丰富。

（1）遗迹

文化层　至少在 10 处以上，以聚落东部土丘上分布最多，大多堆积较厚。

灰坑　8 个，多分布在聚落中、东部，多袋状坑。

（2）遗物

主要是陶片。以泥质红陶为主，以素面和线纹为多，有彩陶，可辨器形有尖底瓶、盆、

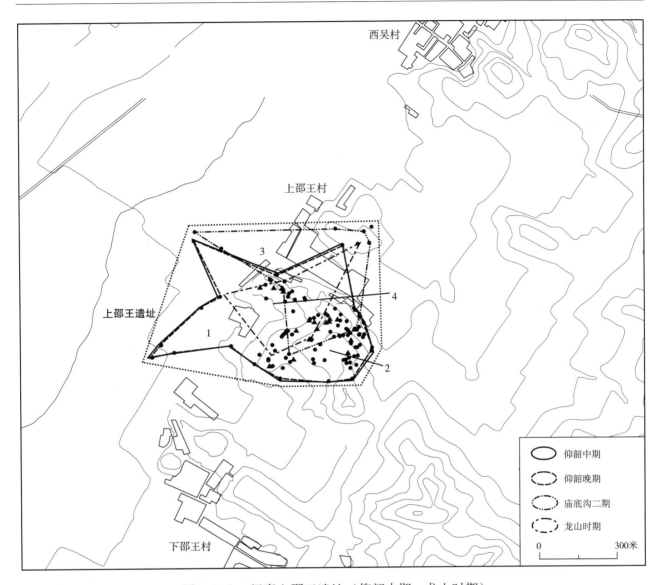

图一〇八　闻喜上邵王遗址（仰韶中期—龙山时期）

钵、罐、缸等。

　　盆　标本3件。WX040325A004-H：1，泥质磨光褐陶。圆唇，卷沿，斜腹。素面。口径29、残高6.5厘米（图一〇九，4）。WX040325G003：1，泥质磨光红陶。口沿外翻，圆唇，深腹微鼓。素面。口径24、残高8.4厘米（图一〇九，7）。WX040325A002-H：1，泥质磨光红陶。圆唇，折沿，略鼓腹。口沿及器表饰弧线勾叶黑彩（图一〇九，13）。

　　罐　标本2件。WX040325D002-C：2，夹砂红陶。口外翻，方唇，鼓腹。沿内及肩部均有数周旋纹。口径21、残高7.5厘米（图一〇九，1）。WX040325D002-C：1，夹砂红褐陶。侈口，方唇，鼓腹。肩部有旋纹数周，腹部饰线纹（图一〇九，2）。

　　缸　标本1件。WX040325A004-H：2，泥质红陶。内敛口，腹壁近直。上腹部饰旋纹，旋纹下残留有三个竖乳钉（图一〇九，10）。

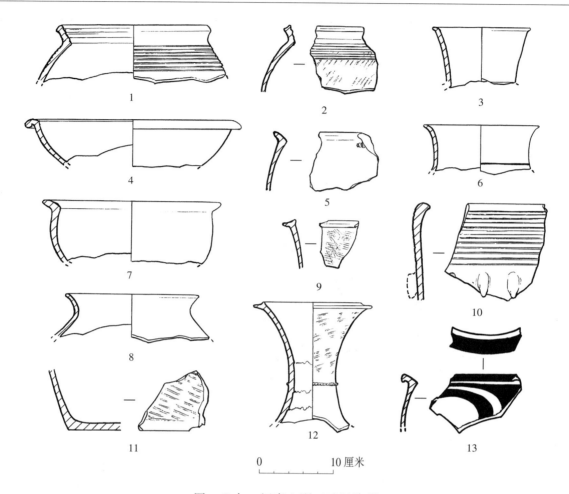

图一〇九　闻喜上邵王遗址陶器

1、2、5、6、8、11. 罐（WX040325D002－C：2、WX040325D002－C：1、WX040325I002－H：1、WX040325G011－
C：1、WX040325B006：1、WX040325C013－H：2）　3. 小口高领罐（WX040325C013－H：1）　4、7、13. 盆
（WX040325A004－H：1、WX040325G003：1、WX040325A002－H：1）　10. 缸（WX040325A004－H：2）
9、12. 尖底瓶（WX040325I002－H：2、WX040325E011：1）（3、11 为庙底沟二期，5、6、9、12 为仰韶晚期，
8 为龙山时期，余为仰韶中期）

2. 2 号仰韶晚期聚落

2 号仰韶晚期聚落占据了遗址的大部分，面积 26.3 万平方米。聚落主要分布在一个土丘上，
土丘下有零星遗存可能为后期活动搬迁的结果。聚落内遗存的分布有一定的落差，地表多见散落
的遗物，土丘上遗迹发现多，遗迹主要暴露于梯田的断面，遗迹内出土物丰富。

（1）遗迹

文化层　7 处，主要分布于聚落东部，大多堆积厚，包含物大多丰富。

灰坑　6 个，多集中于聚落中部，口大底小和口小底大均有，大多包含物丰富。

（2）遗物

以陶片为主。以泥质红陶为多，以素面和线纹为主，可辨器形有尖底瓶、钵、罐等。

尖底瓶　标本 2 件。WX040325I002－H：2，泥质红褐陶。喇叭口，圆唇，长颈。颈部饰线纹

（图一〇九，9）。WX040325E011：1，泥质红褐陶。喇叭口，圆唇，长颈。颈部有一周小泥条，颈部饰浅横篮纹。口径 16、残高 19 厘米（图一〇九，12）。

　　罐　标本 2 件。WX040325I002 - H：1，泥质红陶。口外翻，圆唇，鼓腹。口下还残留泥条装饰，器表素面（图一〇九，5）。WX040325G011 - C：1，泥质红陶。微敞口，圆唇，高领。素面。口径 15.5、残高 6.5 厘米（图一〇九，6）。

3. 3 号庙底沟二期聚落

　　3 号庙底沟二期聚落位于遗址的北部，面积 17 万平方米，聚落分布范围主要包括两个山丘。聚落内遗存分布稀疏，地表可见零星散落的遗物，有少量遗迹见于梯田的断面，遗迹内出土物丰富。

　　（1）遗迹

　　灰坑　1 个，分布于聚落东南角，形状、结构不清，包含物丰富。

　　陶窑　2 座，分布于聚落东南角，只暴露有窑室，直径都在 1 米左右，包含物均较少。

　　（2）遗物

　　只有陶片。以泥质灰陶为多，多篮纹，可辨器形有深腹罐、小口高领罐、罐等。

　　小口高领罐　标本 1 件。WX040325C013 - H：1，泥质灰陶。微敞口，高领。素面。口径 13、残高 8 厘米（图一〇九，3）。

　　罐　标本 1 件。WX040325C013 - H：2，泥质黑灰陶。深腹，平底。腹部饰斜篮纹（图一〇九，11）。

4. 4 号龙山时期聚落

　　4 号龙山时期聚落位于遗址的中部，面积 9.6 万平方米，聚落主要分布在两个土丘上。聚落内遗存分布稀疏，地表可见零星遗物，个别零星遗迹见于梯田的断面，遗迹内包含物丰富。

　　（1）遗迹

　　文化层　1 处，分布在南部土丘上，堆积较薄。

　　（2）遗物

　　只有陶片。以夹砂陶为多，多绳纹，可辨器形有罐等。

　　罐　标本 WX040325B006：1，泥质灰陶。口外翻，圆唇，束颈，鼓腹。素面。口径 18、残高 6 厘米（图一〇九，8）。

二八　鲁豫遗址

　　鲁豫遗址位于仁和乡鲁豫村东北，面积 0.03 万平方米（图一一〇）。遗址处在涑水河与其支流沙渠河交汇处北的一小土丘上，海拔高度在 510 米左右，地势略高，地形有一定的起伏。遗址只有庙底沟二期的遗存，从遗存分布特点看，只能划分为一个聚落，聚落面积同于遗址面积。聚落位于一个小山丘上，聚落面积虽小，但遗存分布较为集中，地表有零星遗物分布，零星遗迹见于梯田的断面，遗迹内包含物丰富。

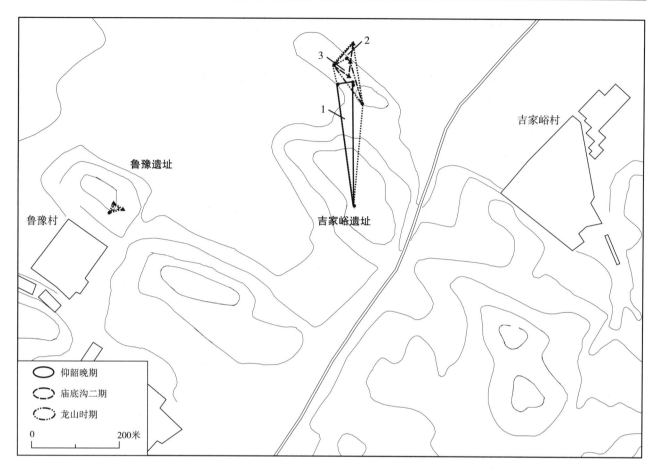

图一一〇   闻喜鲁豫、吉家峪遗址（仰韶晚期—龙山时期）

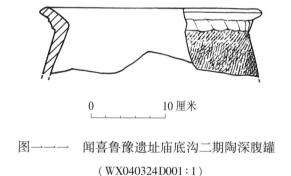

图一一一   闻喜鲁豫遗址庙底沟二期陶深腹罐
（WX040324D001：1）

（1）遗迹

灰坑 2个，均为较浅的袋状坑。

（2）遗物

主要是陶片。以夹砂灰陶为多，多绳纹，可辨器形有深腹罐等。

深腹罐   标本 WX040324D001：1，夹砂褐陶。方唇，折沿，深腹。口下有附加堆纹一周，腹部饰绳纹。口径30、残高9厘米（图一一一）。

二九 吉家峪遗址

吉家峪遗址位于仁和乡吉家峪村西北，面积1.2万平方米（见图一一〇）。遗址处在涑水河南岸台地前后相连的两山丘上，海拔高度在482～515米之间，地势略高，地形起伏较大。遗址包含三个时期的遗存：仰韶晚期、庙底沟二期和龙山时期，从遗存分布特点看，每个时期分别可以划分为一个聚落。总体来说，每个时期的聚落面积都很小。

1. 1 号仰韶晚期聚落

1 号仰韶晚期聚落位于遗址的西部，面积只有 0.5 万平方米。聚落位于涑水河南岸突出的山丘上，地形略陡，面积较小，遗存分布稀疏。没有发现遗迹，只是地表有零星遗物发现。

（1）遗迹

未发现。

（2）遗物

只发现少量陶片。以泥质红陶为多，多素面和线纹，可辨器形有钵、豆等。

2. 2 号庙底沟二期聚落

2 号庙底沟二期聚落位于遗址的北部，面积只有 0.1 万平方米。聚落位于涑水河南岸小山丘上，面积较小，但遗存分布较为集中且丰富。地表有零星遗物分布，少量遗迹见于梯田的断面，遗迹内包含物丰富。

（1）遗迹

灰坑　1 个，位于聚落南部，为口大底小，包含物丰富。

房址　1 座，位于聚落北部，为白灰面，半地穴式，包含物很少。

（2）遗物

只有陶片。以夹砂灰陶为多，多篮纹，可辨器形有深腹罐、盆等。

盆　标本 1 件。WX040324H001：1，泥质灰陶。侈口，小圆唇，深腹，平底。腹部饰横篮纹。口径 23.5、底径 13.5、高 18.2 厘米（图一一二，3）。

3. 3 号龙山时期聚落

3 号龙山时期聚落位于遗址的北部，面积只有 0.2 万平方米。聚落位于涑水河南岸小山丘上，面积较小，但遗存分布较为密集。地表可见散落的遗物，个别遗迹暴露于梯田的断面，遗迹内出土物很少。

（1）遗迹

房址　1 座，为白灰面，半地穴式，包含物很少。

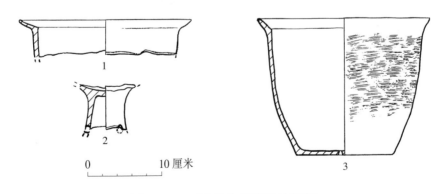

图一一二　闻喜吉家峪遗址陶器

1、3. 盆（WX040324G003：1、WX040324H001：1）　　2. 豆（WX040324H003：1）

（1、2 为龙山时期，3 为庙底沟二期）

（2）遗物

只发现陶片。以泥质灰陶为多，多绳纹，可辨器形有罐、盆、豆等。

盆　标本1件。WX040324G003：1，泥质磨光灰陶。圆唇，折沿，深腹。素面。口径23、残高5厘米（图一一二，1）。

豆　标本1件。WX040324H003：1，泥质磨光红陶。细柄，高圈足，柄部平均分布有三个孔。素面（图一一二，2）。

三〇　柴家峪遗址

柴家峪遗址位于仁和乡柴家峪村南，面积0.6万平方米（图一一三）。遗址处在涑水河南岸台地一突出的山脊顶部，海拔高度在505～520米之间，地势较高，所处的地形窄而陡。包含三个时期的遗存：仰韶晚期、庙底沟二期和龙山时期，从遗存分布特点看，每个时期可以划分为一个聚落。总体来看，不同时期聚落面积都较小。

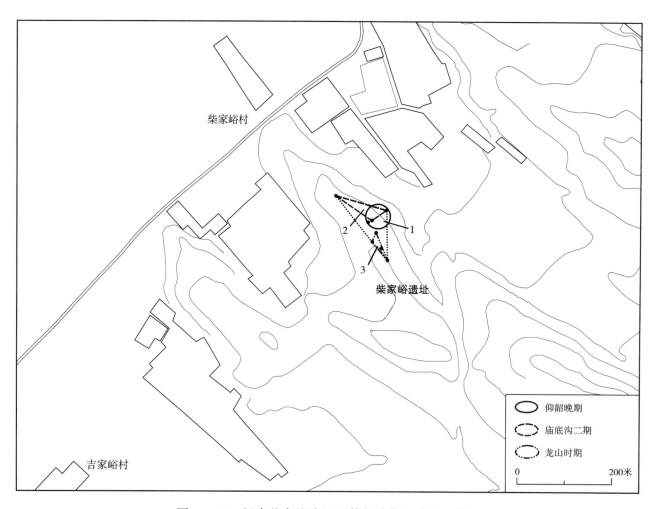

图一一三　闻喜柴家峪遗址（仰韶晚期—龙山时期）

1. 1 号仰韶晚期聚落

1 号仰韶晚期聚落只有两点遗物发现，所以，理论上这个时期可能存在着一个聚落，面积小于 5 万平方米。聚落处于一山丘上，遗存分布较少而且上下落差大。没有发现遗迹，地表只发现零星遗物。

（1）遗迹

未发现。

（2）遗物

只有少量陶片。主要是泥质红陶，多素面，可辨器形有尖底瓶、钵等。

尖底瓶　标本 1 件。WX040323D008：1，泥质红陶。喇叭口。口部饰线纹。口径 14、残高 4 厘米（图一一四）。

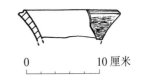

0　　　　10 厘米

图一一四　闻喜柴家峪遗址仰韶晚期陶尖底瓶（WX040323D008：1）

2. 2 号庙底沟二期聚落

2 号庙底沟二期聚落面积较小，只有 0.2 万平方米。聚落处于一山丘上，遗存发现较少且不丰富，很可能是人类短期活动形成的聚落。没有发现遗迹，地表只发现零星遗物。

（1）遗迹

未发现。

（2）遗物

只发现少量陶片。以夹砂陶为多，有篮纹和绳纹，可辨器形有罐等。

3. 3 龙山时期聚落

3 号龙山时期聚落面积较小，只有 0.05 万平方米。聚落分布在遗址的南部，处于一山丘上，面积较小，遗存分布密集但并不丰富。只有零星地表遗物，没有遗迹发现。

（1）遗迹

未发现。

（2）遗物

只发现少量陶片。以夹砂灰陶为多，多绳纹，可辨器形有罐等。

三一　东峪遗址

东峪遗址位于仁和乡东峪村北，面积 1.5 万平方米，遗址所处的地形较陡（图一一五）。遗址处在涑水河南岸台地上，海拔高度在 490～520 米之间，东南高，西北低，地形起伏较大。遗址包含两个时期的遗存：庙底沟二期和龙山时期，从遗存分布特点看，每个时期分别可以划分为一个聚落。总体来看，无论哪个时期聚落的规模都很小。

1. 1 号庙底沟二期聚落

1 号庙底沟二期聚落只发现两点遗物，所以，理论上可能存在一个聚落，面积较小，小于 5 万

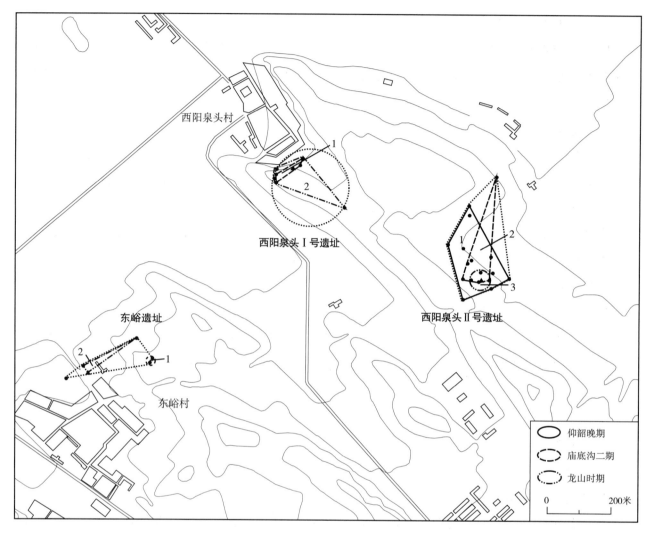

图一一五　闻喜东峪、西阳泉头Ⅰ号、西阳泉头Ⅱ号遗址（仰韶晚期—龙山时期）

平方米。聚落位于遗址的东南角，遗存分布差。没有发现遗迹，只是地表发现零星遗物。

（1）遗迹

未发现。

（2）遗物

只发现少量陶片。以夹砂陶为多，多篮纹，可辨器形有深腹罐等。

2. 2号龙山时期聚落

2号龙山时期聚落面积较小，只有0.2万平方米。聚落位于遗址的北部，面积很小。遗存分布差，除地表有零星遗物分布外，仅发现有个别遗迹暴露于梯田的断面，遗迹内出土物很少。

（1）遗迹

陶窑　1个，位于聚落南部，窑室部分暴露，结构不清。

（2）遗物

只发现少量陶片。以夹砂陶为多，多绳纹，可辨器形有鬲等。

三二 西阳泉头 I 号遗址

西阳泉头 I 号遗址位于仁和乡西阳泉头村南，面积 1.6 万平方米（见图一一五）。遗址处在涑水河南岸的台地上，海拔高度在 495～520 米之间，遗存主要分布在一突出的山脊上，地形窄而陡，起伏较大。遗址包含两个时期的遗存：庙底沟二期和龙山时期，从遗存分布特点看，每个时期分别可以划分为一个聚落。总体来看，两个时期的聚落规模都不大。

1. 1 号庙底沟二期聚落

1 号庙底沟二期聚落分布在遗址的北部，面积 0.2 万平方米。聚落分布在窄长条的山丘上，遗存的分布有一定的落差，遗存分布稀疏且不丰富。地表可见散落的遗物，仅有的个别遗迹暴露于梯田的断面，遗迹内出土物丰富。

（1）遗迹

文化层 1 处，分布于聚落中部，堆积薄。

（2）遗物

主要是陶片。以夹砂陶为多，以绳纹为主，可辨器形有深腹罐、罐和陶刀等。

深腹罐 标本 1 件。WX040323I004－C:2，夹砂褐陶。方唇，折沿，深腹微鼓。口下及腹部饰附加堆纹一周，腹部饰绳纹（图一一六，3）。

罐 标本 1 件。WX040323I004－C:1，夹砂褐陶。深腹，平底。腹部有一周附加堆纹，腹部饰绳纹（图一一六，4）。

陶刀 标本 1 件。WX040323E016:1，泥质灰褐陶。长方形。利用盆口沿加工的粗坯体，尚未进一步磨制。两侧有缺口，刃部打制，似两面刃。残长 10.5、宽 5.4 厘米（图一一六，2）。

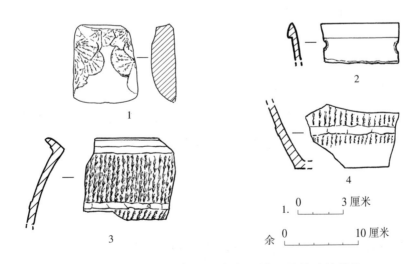

图一一六 闻喜西阳泉头 I 号、II 号遗址器物

1. 石锛（WX040323B008:1） 2. 陶刀（WX040323E016:1） 3. 陶深腹罐（WX040323I004－C:2） 4. 陶罐（WX040323I004－C:1）（1 为西阳泉头 II 号遗址，余为西阳泉头 I 号遗址；1 为龙山时期，余为庙底沟二期）

2. 2 号龙山时期聚落

2 号龙山时期聚落只发现两点遗物，所以，理论上可能有一个聚落存在，面积小于 5 万平方米。聚落分布在一窄长条的山丘上，遗存分布稀疏，只发现零星地表遗物，未见遗迹现象。

（1）遗迹

未发现。

（2）遗物

只发现少量陶片。以夹砂陶为多，有绳纹，可辨器形有罐等。

三三　西阳泉头Ⅱ号遗址

西阳泉头Ⅱ号遗址位于仁和乡西阳泉头村东南 500 米，面积 4.8 万平方米（见图一一五）。遗址处在涑水河南岸突出的山脊上，海拔高度在 505～525 米之间，西高东低，地形有较大起伏。遗址包括三个时期的遗存：仰韶晚期、庙底沟二期和龙山时期，从遗存分布看，每个时期分别可以划分为一个聚落。其中，仰韶晚期聚落规模最大，以后逐渐衰落，龙山时期聚落规模最小。

1. 1 号仰韶晚期聚落

1 号仰韶晚期聚落位于遗址的西部，面积 3 万平方米。聚落位于山丘的南部，遗存分布有一定的落差，但遗存分布密集且丰富。地表随处可见散落的遗物，个别遗迹见于梯田的断面，遗迹内出土物很少。

（1）遗迹

文化层　1 处，位于聚落南部，堆积较薄。

（2）遗物

主要是陶片。以泥质红陶为多，多素面，可辨器形有钵等。

2. 2 号庙底沟二期聚落

2 号庙底沟二期聚落位于遗址的中部，面积 1.5 万平方米。聚落位于山丘的南部，聚落的南部遗存分布较为密集。没有发现遗迹，只是地表随处可见散落的遗物。

（1）遗迹

未发现。

（2）遗物

只有陶片。以夹砂陶为多，绳纹为多，可辨器形有深腹罐等。

3. 3 号龙山时期聚落

3 号龙山时期聚落位于遗址的南部，由于只发现两点遗物，所以，理论上可能存在一个聚落，面积小于 5 万平方米。聚落位于山丘南部，聚落内遗存分布差。没有遗迹发现，只有地表发现零星遗物。

（1）遗迹

未发现。

（2）遗物

除发现陶片外，还有少量石器。

① 陶器

以夹砂灰陶为多，多绳纹，可辨器形有罐等。

② 石器

石锛 标本1件。WX040323B008：1，梯形，背小刃大，直背弧刃，一面刃。长5.2、宽4.3、厚1.6厘米（图一一六，1）。

三四 寺底遗址

寺底遗址位于仁和乡寺底村东，面积5.9万平方米（图一一七）。遗址处在涑水河南岸台地的最底部，海拔高度在515～550米之间，东高西低，为逐渐抬升的山坡地形。遗址包含三个时期的遗存：仰韶晚期、庙底沟二期和龙山时期，从遗存分布看，每个时期分别可以划分为一个聚落。其中，仰韶晚期聚落面积最大，庙底沟二期有所减小，龙山时期又有所扩大。

1. 1号仰韶晚期聚落

1号仰韶晚期聚落基本覆盖了整个遗址，面积5.5万平方米。聚落位于台地的前缘，聚落内遗存分布密集，遗存的分布有一定的落差。没有发现遗迹，但地表随处可见散落的遗物。

（1）遗迹

未发现。

（2）遗物

只有陶片。以泥质红陶为多，多素面和线纹，可辨器形有尖底瓶、钵等。

2. 2号庙底沟二期聚落

2号庙底沟二期聚落位于遗址的中部，面积0.5万平方米。聚落位于台地的前缘，聚落内遗存分布稀疏，遗存的分布有一定的落差。除地表发现有零星遗物外，断崖上还发现个别遗迹，遗迹内出土物丰富。

（1）遗迹

灰坑 1个，分布于聚落南部，为口小底大。

（2）遗物

只有陶片。以夹砂陶为多，多篮纹，可辨器形有深腹罐等。

深腹罐 标本1件。WX040322E004－H：1，夹砂灰陶。深腹，平底。腹部饰斜篮纹。底径14、残高10厘米（图一一八，1）。

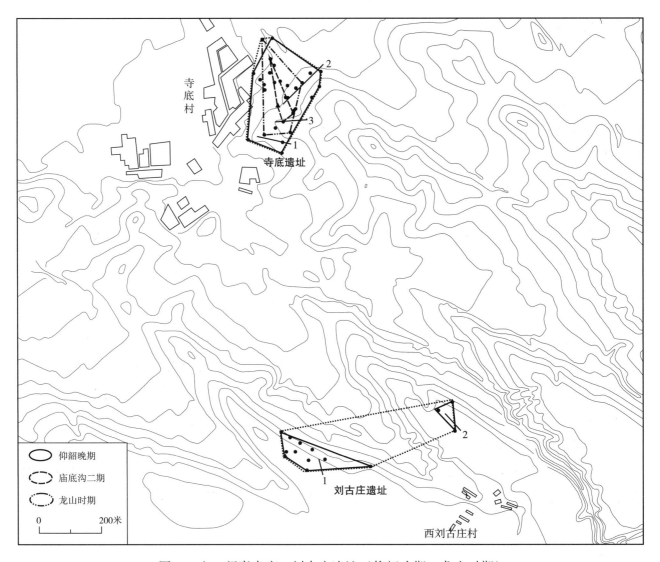

仰韶晚期

庙底沟二期

龙山时期

0　　　　　　200米

图一一七　闻喜寺底、刘古庄遗址（仰韶晚期—龙山时期）

3. 3号龙山时期聚落

3号龙山时期聚落位于遗址的中部，面积2.6万平方米。聚落位于台地的前沿，聚落内遗存分布较稀疏，同时，遗存的分布有一定的落差。没有发现遗迹，地表随处可见散落的遗物。

（1）遗迹

未发现。

（2）遗物

只有陶片。以泥质陶为多，多绳纹，可辨器形有鬲、罐等。

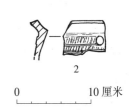

1

0　　　　　　10厘米

2

图一一八　闻喜寺底、岳家园Ⅱ号遗址陶器

1. 深腹罐（WX040322E004 - H：1）　2. 罐（WX040315E001：1）

（1为寺底遗址，2为岳家园Ⅱ号遗址；1为庙底沟二期，2为仰韶晚期）

三五　刘古庄遗址

刘古庄遗址位于仁和乡西刘古庄村西北，面积7.8万平方米（见图一一七）。遗址处在涞水河南岸台地的前缘，海拔高度在600~620米之间，遗址横跨冲沟的两侧，地形起伏较大，遗存主要分布在两侧地势较高较平的位置。遗址只有仰韶晚期的遗存，但从遗存分布特点看，可以划分为两个聚落。

1. 1号仰韶晚期聚落

1号仰韶晚期聚落位于遗址的西部，面积为1.6万平方米。聚落位于台地前缘的最高处，聚落两侧临沟，聚落内遗存分布密集，地表随处可见散落的遗物，个别遗迹见于梯田的断面，遗迹内没有出土物。

（1）遗迹

灶　1个，分布于聚落西部，有红烧土硬面。

（2）遗物

只有陶片。以泥质红陶为多，以素面和线纹为多，可辨器形有钵、盆等。

2. 2号仰韶晚期聚落

2号仰韶晚期聚落位于遗址的东部，面积为0.3万平方米。聚落位于台地前缘的最高处，聚落两侧临沟。聚落内遗存分布稀疏，没有发现遗迹，只是地表有零星遗物分布。

（1）遗迹

未发现。

（2）遗物

只发现少量陶片。以泥质红陶为多，多线纹，可辨器形有罐等。

三六　蔡薛遗址

蔡薛遗址位于仁和乡蔡薛村东南，目前只发现了两点遗物且数量很少，所以，理论上可能有一个遗址，面积小于5万平方米（图一一九）。遗址处在涞水河南岸台地上，海拔高度在530米左右，遗存主要分布在一突出的山脊上，地形窄而陡。蔡薛遗址只有庙底沟二期时期的遗存，聚落面积同于遗址面积。聚落面积较小，遗存稀少。

（1）遗迹

未发现。

（2）遗物

只发现少量陶片。多夹砂陶，有粗篮纹，可辨器形有罐等。

三七　岳家园Ⅰ号遗址

岳家园Ⅰ号遗址位于仁和乡岳家园村东南，面积0.3万平方米（见图一一九）。遗址处在涞水

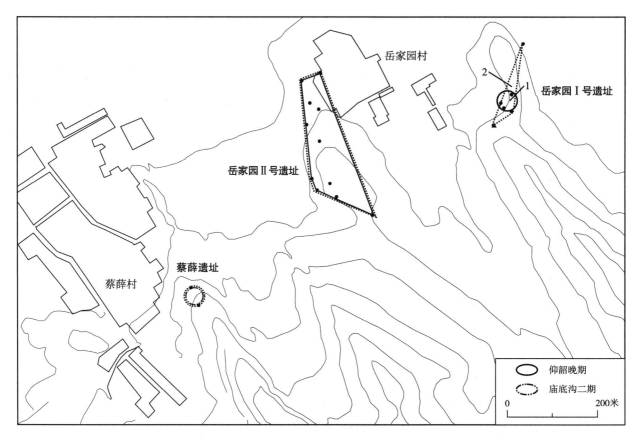

图一一九　闻喜蔡薛、岳家园Ⅰ号、岳家园Ⅱ号遗址（仰韶晚期—庙底沟二期）

河南岸台地一突出的山丘上，海拔高度在 505～525 米之间，地形有一定的起伏。遗址包含两个时期的遗存：仰韶晚期和庙底沟二期，从遗存分布特点看，每个时期分别可以划分为一个聚落。总体来看，两个时期聚落的规模都不大。

1. 1 号仰韶晚期聚落

1 号仰韶晚期聚落只有两点遗物发现，所以，理论上可能有一个聚落存在。聚落分布于一突出的小山丘上，面积小于 5 万平方米。聚落内遗存分布差，没有发现遗迹，只有少量遗物发现。

（1）遗迹

未发现。

（2）遗物

只有陶片。以泥质红陶为多，多素面，可辨器形有钵等。

2. 2 号庙底沟二期聚落

2 号庙底沟二期聚落占据了整个遗址范围，面积 0.3 万平方米。聚落主要分布在一小山丘上，聚落南部遗存分布密集。除地表发现零星遗物分布外，个别遗迹见于梯田的断面，遗迹内出土有少量遗物。

（1）遗迹

灰坑　1 个，分布于聚落西南，坑较浅。

（2）遗物

只发现少量陶片。以夹砂陶为多，多绳纹，可辨器形有深腹罐等。

三八 岳家园Ⅱ号遗址

岳家园Ⅱ号遗址位于仁和乡岳家园村西南，面积2.3万平方米（见图一一九）。遗址处在涑水河南岸台地一突出的山丘上，海拔高度在500~525米之间，地形起伏大。遗址只有仰韶晚期的遗存，从遗存分布特点看，只能划分为一个聚落，聚落面积同于遗址面积。聚落内遗存以山丘西部分布最为密集，遗存的分布有一定的落差。聚落内没有发现遗迹，但地表随处可见散落的遗物。

（1）遗迹

未发现。

（2）遗物

只有陶片。以泥质红陶为多，多素面和线纹，可辨器形有钵、罐等。

罐 标本1件。WX040315E001：1，夹砂红陶。方唇，折沿，深腹。腹部有小泥丁。腹部饰线纹（图一一八，2）。

三九 上峪口遗址

上峪口遗址位于仁和乡上峪口村东，面积15.1万平方米（图一二〇）。遗址处在涑水河南岸的台地上，遗址东有泉水由南向北流过，其范围主要包括两个山丘，北面山丘较低，南面山丘较高，海拔高度在520~565米之间，地形起伏较大（彩版五二）。遗址包含四个时期的遗存：仰韶晚期、庙底沟二期、龙山时期和二里头时期，从遗存分布特点看，每个时期分别可以划分为一个聚落。其中，仰韶晚期聚落已有一定规模，庙底沟二期稍有衰落，龙山时期聚落规模达到最大，二里头时期再次走向衰落。

1. 1号仰韶晚期聚落

1号仰韶晚期聚落位于遗址的南部，集中分布在南部山丘上，面积4万平方米。聚落内遗存分布密集且丰富，遗存分布有一定的落差。除地表随处可见散落的遗物外，很多遗迹暴露见于断崖和梯田的断面上，遗迹内包含物丰富。

（1）遗迹

文化层 7处，散布于整个聚落，堆积厚薄不等。

灰坑 1个，分布于聚落东北部，为袋状坑。

（2）遗物

主要是陶片。以泥质红陶为多，多素面和线纹，有彩陶，可辨器形有尖底瓶、钵、盆、罐等。

盆 标本1件。WX041103K003：1，泥质红陶。圆唇，小翻沿，深腹。沿面有黑彩（图一二一，1）。

罐 标本1件。WX041103K011－H：1，泥质红陶。圆唇，小束颈，鼓腹。素面。口径14.8、

图一二○　闻喜上峪口遗址（仰韶晚期—二里头时期）

残高 5.2 厘米（图一二一，4）。

2. 2 号庙底沟二期聚落

2 号庙底沟二期聚落位于遗址的南部，分布在南部山丘上，面积小于 5 万平方米。聚落内遗存分布稀疏且有较大落差，除地表有零星遗物外，仅有的个别遗迹暴露于断崖上，遗迹内出土物很少。

（1）遗迹

文化层　1 处，分布于山丘西侧，堆积薄。

（2）遗物

只发现少量陶片。以夹砂陶为多，有粗篮纹，可辨器形有罐等。

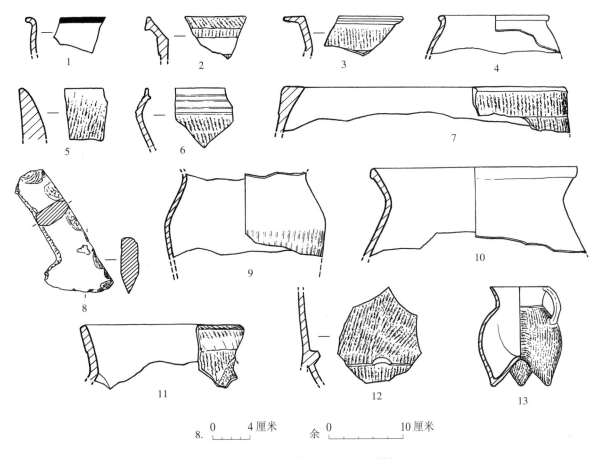

图一二一　闻喜上峪口遗址器物

1、3. 陶盆（WX041103K003：1、WX041103F009 – H：1）　2、11、13. 陶鬲（WX041103F009 – H：2、
WX041103K017：1、WX041103F003 – H1：1）　4、9. 陶罐（WX041103K011 – H：1、WX041103E005 –
C：1）　5. 陶缸（WX041103E001 – C：1）　6. 陶斝（WX041103H004 – H：1）　7. 陶蛋形瓮
（WX041103F003：1）　8. 石锄（WX041103F007：1）　10. 陶大口尊（WX041103L003 – F：1）
12. 陶釜灶（WX041103E003 – C：1）（1、4 为仰韶晚期，7、10 为二里头时期，余为龙山时期）

3. 3 号龙山时期聚落

3 号龙山时期聚落占据了遗址的大部分，聚落范围覆盖了两个山丘，面积9.8 万平方米。聚落
内遗存分布密集且丰富，遗存的分布有较大的落差。地表多见散落的遗物，很多遗迹暴露于取土
的断崖和梯田的断面上，遗迹内包含物非常丰富。

（1）遗迹

文化层　数量多，除北部山丘有 1 处发现外，其余都分布在南部山丘上。

灰坑　数量众多，尤以南部山丘分布最为集中。

房址　4 座，主要分布在南部山丘，其中 3 个为白灰面，1 个为红烧土面。

（2）遗物

主要是陶片，此外有少量石器。

① 陶器

泥质灰陶稍多，以绳纹为主，可辨器形有釜灶、鬲、罕、盆、罐、缸等。

釜灶　标本1件。WX041103E003－C：1，夹砂灰陶。深腹，内有箅架，交接处有烟孔。器表饰绳纹（图一二一，12）。

鬲　标本3件。WX041103F009－H：2，夹砂黑灰陶。侈口，方唇，深腹。领下有附加堆纹一周，器表饰绳纹（图一二一，2）。WX041103K017：1，夹砂灰陶。近直口，袋足肥大。口部有附加堆纹，器表饰绳纹。口径22、残高8.4厘米（图一二一，11）。WX041103F003－H1：1，夹砂灰陶。微敞口，高领，桥形耳，大袋足。领下饰绳纹。口径8、高13.2厘米（图一二一，13）。

罕　标本1件。WX041103H004－H：1，夹砂黑灰陶。敛口，口内出小沿，鼓肩，斜腹。肩部有数周旋纹，肩以下饰绳纹（图一二一，6）。

盆　标本1件。WX041103F009－H：1，泥质灰黑陶。圆唇，折沿，深腹。腹部有抹去的绳纹（图一二一，3）。

罐　标本1件。WX041103E005－C：1，夹砂（细砂）灰陶。鼓肩，深腹。腹部饰竖篮纹（图一二一，9）。

缸　标本1件。WX041103E001－C：1，泥质红陶。器口薄，向下逐渐加厚，外壁近直，内壁斜收。器表饰绳纹（图一二一，5）。

② 石器

只发现少量，有石锄等。

石锄　标本1件。WX041103F007：1，青灰色。"L"形，长条形把接三角形刃，两面刃。只有两平面磨光，其他面打制后未进一步打磨。长14、刃宽7、厚1.8厘米（图一二一，8）。

4. 4 号二里头时期聚落

4 号二里头时期聚落位于遗址的北部，面积1.1万平方米。两个山丘上都有聚落遗存，但遗存分布稀疏。地表发现零星遗物，仅有的个别遗迹见于取土的断崖上，遗迹内出土物不多。

（1）遗迹

房址　1座，为红烧土面，位于南部山丘较低处（彩版五三）。

（2）遗物

只有陶片。以泥质灰陶为多，以绳纹为主，可辨器形有鬲、大口尊、蛋形瓮等。

大口尊　标本1件。WX041103L003－F：1，泥质灰陶。口外翻，圆唇，唇部加厚，束颈，鼓肩。残留部分素面。口径28、残高11.6厘米（图一二一，10）。

蛋形瓮　标本1件。WX041103F003：1，夹砂灰陶。敛口，口部加厚，深腹。腹部饰绳纹。口径38、残高6厘米（图一二一，7）。

四〇　蔡庄Ⅰ号遗址

蔡庄Ⅰ号遗址位于西官庄乡蔡庄村西南650米，面积小于5万平方米（图一二二）。遗址处在

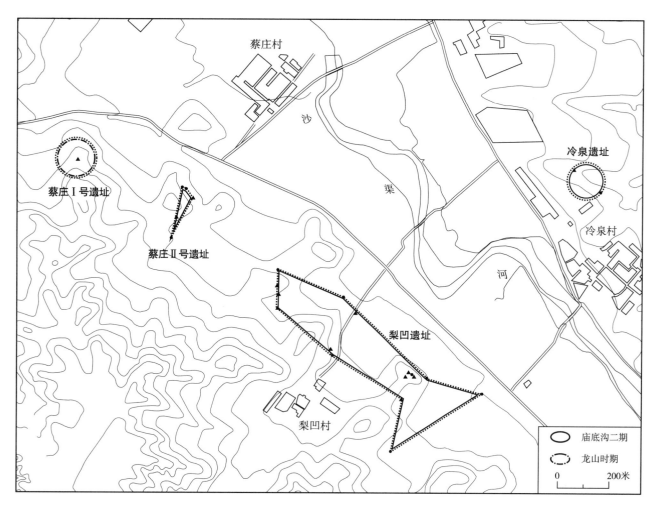

图一二二　闻喜蔡庄Ⅰ号、蔡庄Ⅱ号、梨凹、冷泉遗址（庙底沟二期—龙山时期）

沙渠河南岸的台地上，遗存分布在一突出的山丘上，海拔高度在 535 米左右，地势较高，地形起伏较大。遗址只有龙山时期的遗存，从遗存分布特点看，这个时期只能划分为一个聚落，聚落面积同于遗址面积。聚落所处的地形略陡。聚落内遗存分布差，地表没有发现遗物，仅有的个别遗迹发现于梯田的断面，遗迹内出土物丰富。

（1）遗迹

灰坑　1 个，为口大底小，较浅。

（2）遗物

只有陶片。以夹砂灰陶为多，多绳纹，可辨器形有鬲、罐等。

罐　标本 1 件。WX050315H003－H：1，夹砂黑灰陶。侈口，圆唇，鼓腹。素面（图一二三）。

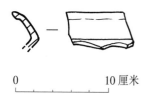

图一二三　闻喜蔡庄Ⅰ号遗址龙山时期陶罐（WX050315H003－H：1）

四一　蔡庄Ⅱ号遗址

蔡庄Ⅱ号遗址位于西官庄乡蔡庄村西南350米，面积0.5万平方米（见图一二二）。遗址处在沙渠河南岸的台地上，遗存主要分布在一突出的山丘上，海拔高度在515～525米之间，地势较高，地形较陡。遗址只有庙底沟二期时期的遗存，从遗存分布特点看，这个时期只能划分为一个聚落，聚落面积同于遗址面积。聚落位于一突出的土丘上，所处位置较高。聚落内遗存分布稀疏，除地表有零星遗物发现外，梯田的断面还暴露有少量遗迹，但遗迹内出土物并不丰富。

（1）遗迹

灰坑　2个，分布于聚落东部。

房址　1座，分布于聚落东部，为红烧土面。

陶窑　1座，分布于聚落中部偏西。

（2）遗物

只发现少量陶片。以泥质陶为多，多绳纹，可辨器形有罐等。

四二　梨凹遗址

梨凹遗址位于西官庄乡梨凹村北、东，面积15.3万平方米（见图一二二）。遗址处在沙渠河南岸的台地上，遗存主要分布在三个突出的山脊上，海拔高度在500～525米之间，地势较高，地形起伏较大（彩版五四）。遗址只有庙底沟二期时期的遗存，从遗存分布特点看，这个时期只能划分为一个聚落，聚落面积同于遗址面积。聚落横跨三个高的土丘，遗存分布稀疏，地表发现有零星遗物，但遗迹发现较多，遗迹主要见于梯田的断面上，遗迹内出土物丰富。

（1）遗迹

文化层　2处，北部和南部山丘上各有1处。

灰坑　12个，三个土丘上都有分布。

房址　1座，分布于南部山丘上，为白灰面。

（2）遗物

主要是陶片。以夹砂灰陶为多，多篮纹和绳纹，可辨器形有深腹罐等。

深腹罐　标本2件。WX050314F013－C:1，夹砂褐陶。小花边口，折沿，深腹。沿下有附加堆纹一周，腹部饰斜篮纹（图一二四，1）。WX050314F014:1，夹砂灰陶。深腹，平底。腹部饰横篮纹。底径20、残高7.5厘米（图一二四，2）。

四三　冷泉遗址

冷泉遗址位于河底乡冷泉村北，面积小于5万平方米（见图一二二）。遗址处在沙渠河北岸的

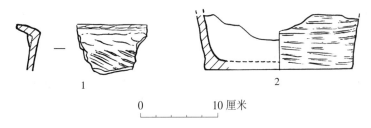

图一二四　闻喜梨凹遗址庙底沟二期陶深腹罐

1. WX050314F013 – C：1　　2. WX050314F014：1

台地上，遗存集中分布在一突出的山脊上，海拔高度在 510～520 米之间，地势高，地形窄而陡。遗址只有庙底沟二期时期的遗存，从遗存分布特点看，这个时期只能划分为一个聚落，聚落面积同于遗址面积。聚落位于突出的土丘上，所处位置较高。聚落内遗存分布稀疏，除地表发现零星遗物外，梯田的断面也暴露有个别遗迹，遗迹内出土物很少。

（1）遗迹

灰坑　1 个，分布于聚落西部，形状、结构不清。

（2）遗物

只发现少量陶片。以夹砂灰陶为多，多绳纹，可辨器形有深腹罐等。

四四　孙村Ⅰ号遗址

孙村Ⅰ号遗址位于河底乡孙村西北 350 米，面积 9.1 万平方米（图一二五）。遗址处在沙渠河南岸台地的前缘，横跨两个山丘，海拔高度在 500～550 米之间，北低南高，地势较高，地形起伏较大（彩版五五）。遗存主要分布在沿沙渠河一线，不过，山坳中基本不见遗存。该遗址只有庙底沟二期的遗存，从遗存分布特点看，这个时期只能划分为一个聚落，聚落面积同于遗址面积。聚落内遗存分布的落差较大，但遗存分布密集且丰富。地表随处可见散落的遗物，断崖和梯田的断面发现很多遗迹，遗迹内包含物丰富。

（1）遗迹

文化层　7 处，分布于南部山丘。

灰坑　11 个，北部山丘只有 1 个分布，其余分布于南部山丘。

房址　2 座，都分布于南部山丘，1 个为白灰面，1 个为红烧土面。

陶窑　1 个，分布于南部山丘。

（2）遗物

主要是陶片，此外还有少量石器。

① 陶器

以夹砂灰陶为多，多篮纹，可辨器形有深腹罐、盆等。

深腹罐　标本 9 件。WX050314H017：1，夹砂灰黑陶。圆唇，折沿，直深腹。素面。口径 28、

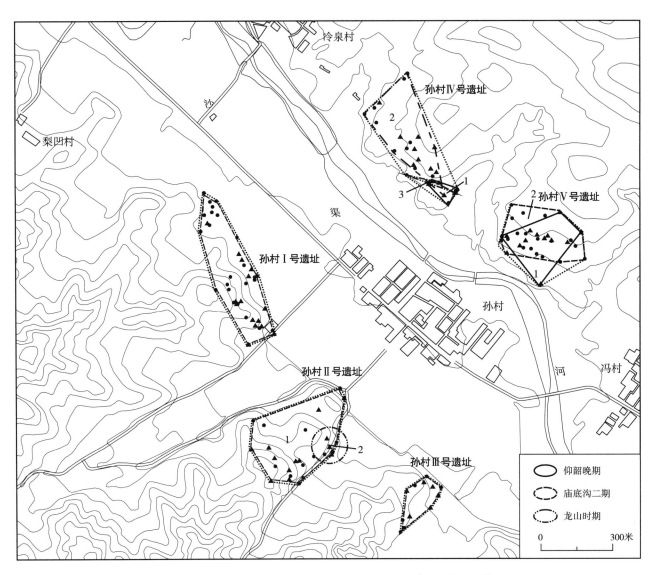

图一二五　闻喜孙村Ⅰ号至Ⅴ号遗址（仰韶晚期—龙山时期）

残高10厘米（图一二六，1）。WX050314H006－H：1，夹砂黑陶。圆唇，折沿，深腹。腹部有一周附加堆纹，腹部饰横篮纹。口径25、残高13厘米（图一二六，2）。WX050315G001：2，夹砂灰陶。口外翻，深腹。腹部饰篮纹，残留有一周附加堆纹。口径17.2、残高5.4厘米（图一二六，3）。WX050314C001：1，夹砂灰褐陶。深腹，平底。器表饰横篮纹（图一二六，4）。WX050314I006－H：1，夹砂褐陶。口外翻，直深腹。腹部有一周附加堆纹，腹部饰横篮纹。口径22.8、残高14.4厘米（图一二六，5）。WX050314H006－H：2，夹砂黑陶。近直口，深腹。口下有两周附加堆纹，附加堆纹下为篮纹。口径30、残高10.5厘米（图一二六，6）。WX050314C002：1，夹砂灰褐陶。方唇，折沿，沿面有凹，深腹。腹部有附加堆纹一周，腹部饰横篮纹。口径20、残高5.5厘米（图一二六，7）。WX050315G001：4，夹砂褐陶。深腹，平底。腹部有六周附加堆纹，腹部饰横篮纹。底径22、残高34厘米（图一二六，10）。

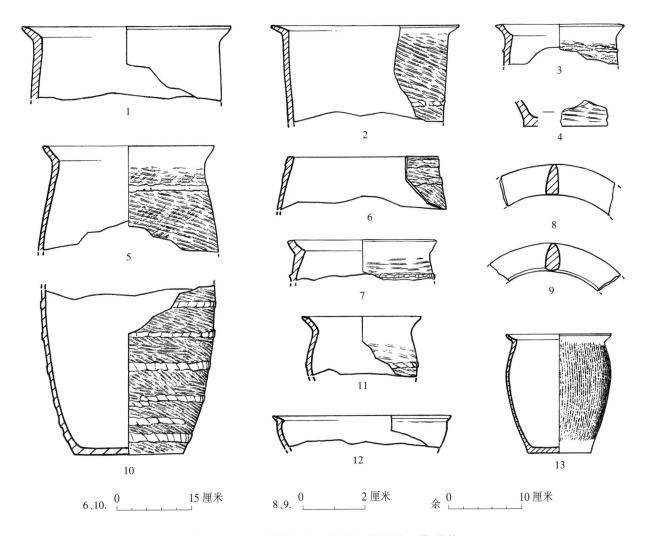

图一二六　闻喜孙村 I 号遗址庙底沟二期器物

1、2~7、10、13. 陶深腹罐（WX050314H017：1、WX050314H006 - H：1、WX050315G001：2、WX050314C001：1、
WX050314I006 - H：1、WX050314H006 - H：2、WX050314C002：1、WX050315G001：4、WX050314F008 - C：1）
8、9. 石环（WX050314A008：1、WX050314G001 - H：1）　　11. 陶罐（WX050315G001：3）　　12. 陶盆（WX050315G001：1）

WX050314F008 - C：1，夹砂灰黑陶。圆唇，折沿，深腹，最大径靠上，平底。腹部饰绳纹。口径
14、底径8.4、高16厘米（图一二六，13）。

　　罐　标本 WX050315G001：3，夹砂黑陶。口外翻，深腹微鼓。上腹部残留有一周附加堆纹，
腹部饰篮纹。口径16、残高8厘米（图一二六，11）。

　　盆　标本 WX050315G001：1，泥质灰黑陶。圆唇，小折沿，斜浅腹。口径24、残高4.4厘米
（图一二六，12）。

　　② 石器

　　有石环等。

　　石环　标本 2 件。WX050314A008：1，磨制。断面扁平，似管钻成型（图一二六，8）。

WX050314G001 - H：1，磨制。断面内厚外薄，对钻成型（图一二六，9）。

四五　孙村Ⅱ号遗址

孙村Ⅱ号遗址位于河底乡孙村西南250米，面积10.5万平方米（见图一二五）。遗址处在沙渠河南岸的台地上，海拔高度在505～575米之间，北低南高，遗存集中分布在一突出的山脊上，遗址所在地势较高，地形起伏较大。遗址包含两个时期的遗存：庙底沟二期和龙山时期，从遗存分布特点看，每个时期分别可以划分为一个聚落。其中，庙底沟二期的聚落覆盖了整个遗址，龙山时期只有个别零星的分布。

1. 1号庙底沟二期聚落

1号庙底沟二期聚落覆盖了整个遗址的分布范围，面积10.5万平方米。聚落位于一山丘上，两侧为面向沙渠河的三角形斜冲沟。聚落内遗存分布有较大落差，聚落南部的遗存分布最为密集。地表可见散落的遗物，断崖和梯田的断面常有暴露的遗迹，遗迹内包含物非常丰富。

（1）遗迹

文化层　2处，分布于聚落南部。

灰坑　8个，除1个灰坑分布于聚落东北，其余则分布在聚落南部。

房址　5座，除1座分布于聚落东北，其余则分布在聚落南部，全部为白灰面。

灶　1个，分布于聚落南部。

（2）遗物

主要是陶片。以夹砂灰陶为多，多篮纹和绳纹，可辨器形有深腹罐、斜腹盆、盆等。

深腹罐　标本3件。WX050314B005：1，夹砂灰黑陶。花边口，沿外翻，深腹。沿下有附加堆纹一周，腹部饰斜横篮纹（图一二七，2）。WX050314F007 - C：1，夹砂灰陶。深腹，平底。腹部有附加堆纹三周，腹部饰绳纹。底径19、残高15.2厘米（图一二七，5）。WX050314I005 - H：1，夹砂灰黑陶。深腹，平底。腹部有三周附加堆纹，腹部饰斜竖篮纹。底径11、残高16厘米（图一二七，6）。

斜腹盆　标本1件。WX050314L004 - C：1，泥质褐陶。斜腹壁。腹部饰斜篮纹。口径30、残高9厘米（图一二七，1）。

盆　标本1件。WX050314L004 - C：2，泥质褐陶。平底。腹部饰横篮纹（图一二七，4）。

2. 2号龙山时期聚落

2号龙山时期聚落位于遗址中部偏南，面积较小，小于5万平方米。聚落位于一山丘的东侧。遗存发现较少，没有发现地表遗物，仅见的个别遗迹暴露于梯田的断面，遗迹内有少量遗物出土。

（1）遗迹

文化层　1处，堆积较薄。

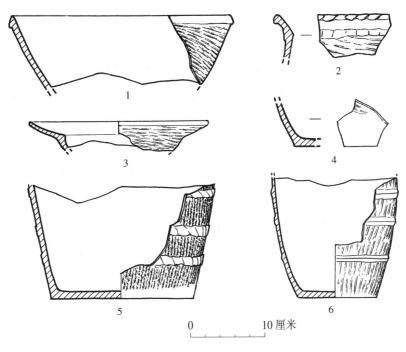

图一二七　闻喜孙村Ⅱ号、Ⅲ号遗址庙底沟二期陶器

1. 斜腹盆（WX050314L004－C:1）　　2、5、6. 深腹罐（WX050314B005:1、WX050314F007－C:1、WX050314I005－H:1）

3、4. 盆（WX050314F001－F:1、WX050314L004－C:2）（3 为孙村Ⅲ号遗址，余为孙村Ⅱ号遗址）

（2）遗物

只发现少量陶片。以泥质灰陶为多，基本是绳纹，可辨器形有鬲等。

四六　孙村Ⅲ号遗址

孙村Ⅲ号遗址位于河底乡孙村南 450 米，面积 2 万平方米（见图一二五）。遗址处在沙渠河南岸台地上，海拔高度在 510~540 米之间，西高东低，地势略高，地形起伏较大。遗存主要分布在一突出的山脊东侧，遗存分布有较大的落差。遗址只有庙底沟二期的遗存，从遗存分布特点看，这个时期只能划分为一个聚落，聚落面积同于遗址面积。聚落内遗存分布密集，地表随处可见散落的遗物，断崖和梯田的断面有暴露的遗迹，遗迹内出土物丰富。

（1）遗迹

文化层　2 处，分布于山丘高处。

灰坑　1 个，分布于山丘低处。

房址　5 座，山丘下和山丘的高处都有分布，全部为白灰面房址。

（2）遗物

主要是陶片。以夹砂灰陶为多，多篮纹，可辨器形有深腹罐、盆等。

盆　标本 1 件。WX050314F001－F:1，泥质灰陶。近圆唇，宽沿，浅腹，底残。沿及腹部饰篮纹。口径 24、残高 4 厘米（图一二七，3）。

四七 孙村Ⅳ号遗址

孙村Ⅳ号遗址位于河底乡孙村北250米,面积9.6万平方米(见图一二五)。遗址处在沙渠河北岸的台地上,位于略显突出的台地前沿,两侧有面向沙渠河的浅冲沟。遗址所在地形为阶梯状梯田,海拔高度在500~535米之间,北高南低。遗址包含三个时期的遗存:仰韶晚期、庙底沟二期和龙山时期,从遗存分布特点看,每个时期分别可以划分为一个聚落。其中,仰韶晚期的聚落规模尚小;庙底沟二期聚落规模达到最大;龙山时期急剧衰落,只有很小的分布。

1. 1号仰韶晚期聚落

1号仰韶晚期聚落位于遗址的南部,一侧临浅沟,一侧临沙渠河,面积0.6万平方米。聚落内遗存分布密集且丰富,地表多见散落的遗物,零星遗迹见于梯田的断面,遗迹内出土物较少。

(1)遗迹

文化层 1处,分布于聚落中部,堆积较薄。

灰坑 1个,分布于聚落北部,为袋状坑。

(2)遗物

只发现少量陶片。以泥质红陶为多,多素面和线纹,可辨器形有喇叭口尖底瓶等。

尖底瓶 标本1件。WX050228F006-H:1,泥质灰皮陶。喇叭口,高领,鼓肩,深腹。颈部有一周泥条,肩部及腹部饰横篮纹。口径9、残高20.5厘米(图一二八,1)。

2. 2号庙底沟二期聚落

2号庙底沟二期聚落占据了遗址的绝大部分,面积7.2万平方米。聚落内遗存分布密集且丰富,地表随处可见散落的遗物,梯田的断面暴露有很多遗迹,遗迹内包含物丰富。

(1)遗迹

文化层 2处,分布于聚落中部。

灰坑 9个,聚落南部都有分布。

房址 1座,分布于聚落中部,为半地穴式白灰面。

陶窑 1座,分布于聚落中部。

(2)遗物

主要是陶片。以夹砂灰陶为多,多篮纹和绳纹,可辨器形有深腹罐、盆等。

深腹罐 标本3件。WX050228L007:1,夹砂灰褐陶。侈口,深腹。口部有轮修的凹槽,颈部有附加堆纹一周,器表饰竖篮纹。口径30、残高6厘米(图一二八,3)。WX050228A002:1,夹砂褐陶。深腹,平底。尚留两周附加堆纹,器腹饰绳纹(图一二八,4)。WX050228G004-H:1,夹砂红褐陶。直口微外侈。口部饰绳纹,口下有附加堆纹一周,整个器表饰绳纹。口径22.5、残高9.5厘米(图一二八,5)。

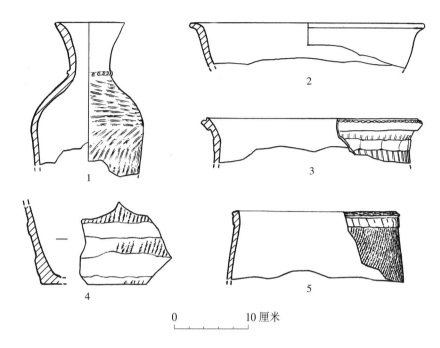

图一二八　闻喜孙村Ⅳ号遗址陶器

1. 尖底瓶（WX050228F006 - H：1）　2. 盆（WX050228K009 - C：1）　3 ~ 5. 深腹罐
（WX050228L007：1、WX050228A002：1、WX050228G004 - H：1）（1 为仰韶晚期，余为庙底沟二期）

盆　标本 1 件。WX050228K009 - C：1，泥质灰陶。圆唇，折沿，斜腹。素面。口径 32、残高 6 厘米（图一二八，2）。

3. 3 号龙山时期聚落

3 号龙山时期聚落位于遗址的南部，面积 0.2 万平方米。聚落内遗存分布稀疏，除地表可见零星遗物分布外，个别零星遗迹见于梯田的断面，遗迹内出土物很少。

（1）遗迹

文化层　1 处，分布于聚落西部，堆积厚。

灰坑　1 个，分布于聚落东部，形状、结构不清。

（2）遗物

只发现有少量陶片。以泥质灰陶为多，以绳纹为多，可辨器形有鬲、罐等。

四八　孙村Ⅴ号遗址

孙村Ⅴ号遗址位于河底乡孙村东北 250 米，面积 8.5 万平方米（见图一二五）。遗址处在沙渠河北岸的台地上，遗址位于略显突出的台地前沿，东、西两侧都有冲沟，海拔高度在 510 ~ 540 米之间，北高南低，整个地形为逐渐抬升的阶梯状梯田（彩版五六）。遗址包含两个时期的遗存：仰韶晚期和庙底沟二期，从遗存分布特点看，每个时期分别可以划分为一个聚落。其中，仰韶晚期，聚落已有一定的规模；庙底沟二期，聚落的规模进一步有所扩大。

1. 1号仰韶晚期聚落

1号仰韶晚期聚落位于遗址中南部，面积5.1万平方米，遗存分布有一定落差。聚落内遗存分布稀疏，地表可见散落的遗物，梯田的断面暴露有少量遗迹，遗迹内出土物较少。

（1）遗迹

文化层　1处，分布于聚落东北角。

灰坑　2个，聚落南、北部各有1个分布。

房址　1座，位于聚落西部，为红烧土面。

（2）遗物

以陶片为主，有少量石器。

① 陶器

主要是泥质红陶，多素面和线纹，可辨器形有尖底瓶、钵、盆等。

尖底瓶　标本2件。WX050228L001－H：1，泥质红褐陶。喇叭口，小圆唇。沿面有两周旋纹，略显双唇口的特点，颈部有一周小泥条堆纹。器口有轮制痕迹，颈部有刮抹的痕迹。口径16、残高17厘米（图一二九，3）。WX050228K004－H：1，夹砂灰褐陶。小口外翻，高领，鼓腹。颈部最下部有一周附加堆纹，腹部饰横篮纹。口径14、残高12厘米（图一二九，4）。

② 石器

只有石斧。

石斧　标本1件。WX050228D001：1，平顶，刃部磨光，两面弧刃，刃部有使用而残的疤痕。通体琢制。长18.2、宽7.2、厚4.2厘米（图一二九，5）。

2. 2号庙底沟二期聚落

2号庙底沟二期聚落覆盖了遗址绝大部分范围，面积6.6万平方米。聚落处于遗址的最高处。聚落内遗存分布密集且丰富，地表随处可见散落的遗物，梯田的断面常有遗迹暴露，遗迹内包含物丰富。

（1）遗迹

文化层　3处，分布于聚落中部。

灰坑　11个，分布于聚落中部。

房址　1座，分布于聚落中部，

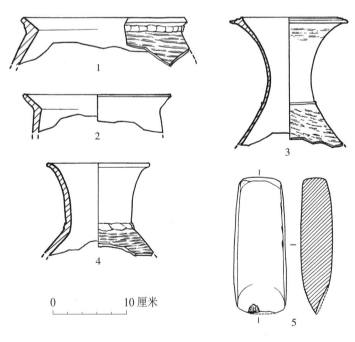

图一二九　闻喜孙村Ⅴ号遗址器物

1. 陶深腹罐（WX050228K002－H：1）　2. 陶盆（WX050228A001－H：1）　3、4. 陶尖底瓶（WX050228L001－H：1、WX050228K004－H：1）　5. 石斧（WX050228D001：1）（3～5为仰韶晚期，余为庙底沟二期）

为半地穴式红烧土面。

（2）遗物

主要是陶片。以夹砂灰陶为多，多篮纹和绳纹，可辨器形有深腹罐、盆等。

深腹罐　标本1件。WX050228K002－H：1，夹砂褐陶。方唇，折沿，深腹略鼓。口下有附加堆纹一周，器腹饰横篮纹。口径22.8、残高6厘米（图一二九，1）。

盆　标本1件。WX050228A001－H：1，泥质灰陶。方唇，折沿，深腹。素面。口径20、残高7.2厘米（图一二九，2）。

四九　冯村遗址

冯村遗址位于河底乡冯村东北100米，面积小于5万平方米（图一三〇）。遗址处在沙渠河北岸的台地上，分布在台地前缘的缓坡上，海拔高度在530米左右。遗址包含两个时期的遗存：庙底沟二期和龙山时期，从遗存分布看，每个时期分别可以划分为一个聚落。两个时期的聚落规模都不大。

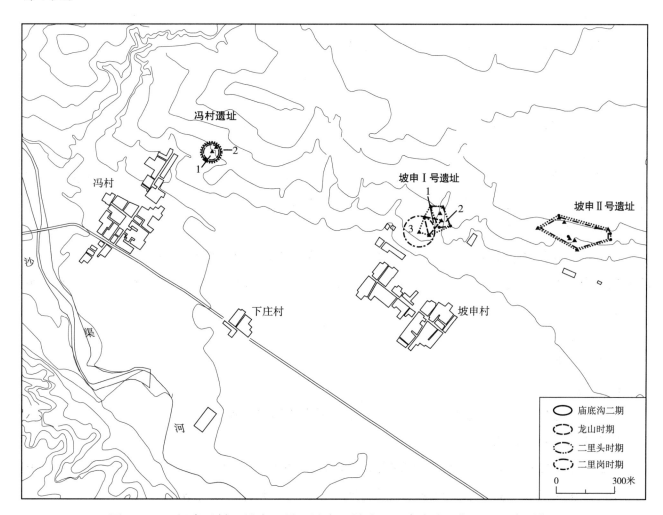

图一三〇　闻喜冯村、坡申Ⅰ号、坡申Ⅱ号遗址（庙底沟二期—二里岗时期）

1. 1 号庙底沟二期聚落

1 号庙底沟二期聚落面积同于遗址面积，小于 5 万平方米。聚落内遗存分布稀疏，地表没有发现遗物，仅有少量遗迹暴露于梯田的断面，遗迹内出土有少量遗物。

（1）遗迹

文化层 1 处，分布于聚落西南部，堆积薄。

灰坑 3 个，分布于聚落东北部。

（2）遗物

只发现少量陶片。以夹砂灰陶为多，多篮纹，可辨器形有深腹罐等。

2. 2 号龙山时期聚落

2 号龙山时期聚落面积同于遗址面积，小于 5 万平方米。聚落内遗存分布稀疏，地表没有发现遗物，只有少量遗迹见于梯田的断面，遗迹内出土物很少。

（1）遗迹

灰坑 3 个，其中一个为袋状坑，其他形状、结构不清。

（2）遗物

只发现少量陶片。以泥质灰陶为多，多绳纹，可辨器形有罐等。

五〇 坡申 I 号遗址

坡申 I 号遗址位于河底乡坡申村北，面积 1.6 万平方米（见图一三〇）。遗址处在沙渠河北岸台地的前缘，横跨小浅沟的两侧，海拔高度 525～540 米之间，北高南低，地形起伏较大。遗址包含三个时期的遗存：龙山时期、二里头时期和二里岗时期，从遗存分布看，每个时期分别可以划分为一个聚落。总体来看，无论哪个时期的聚落规模都不大。

1. 1 号龙山时期聚落

1 号龙山时期聚落位于遗址的南部，遗存主要分布于浅沟的西侧，面积 0.4 万平方米。聚落内遗存分布稀疏，地表没有发现遗物，少量遗迹主要见于梯田的断面，不过，遗迹内出土物很少。

（1）遗迹

灰坑 5 个，分布于聚落外围，有袋状坑。

（2）遗物

只发现少量陶片。以夹砂灰陶为多，多绳纹，可辨器形有鬲等。

2. 2 号二里头时期聚落

2 号二里头时期聚落位于遗址的东北部，横跨浅沟两侧，面积 0.7 万平方米。聚落内遗存丰富，地表可见散落的遗物，少量遗迹主要见于梯田的断面，遗迹内出土物丰富。

（1）遗迹

灰坑　5 个，集中分布于聚落北部。

（2）遗物

主要是陶片。以泥质陶为多，多绳纹，可辨器形有小口瓮、罐等。

小口瓮　标本 1 件。WX041212L001 - H：1，夹砂黑陶。方唇，卷沿，束颈。素面。口径 20、残高 3.6 厘米（图一三一，1）。

大口尊　标本 1 件。WX041212L002 - H：1，泥质褐陶。口残，口外翻，鼓肩，深腹。肩部有附加堆纹一周，腹部饰细绳纹（图一三一，2）。

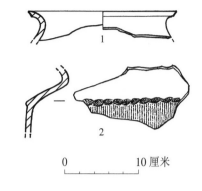

图一三一　闻喜坡申 I 号遗址二里头时期陶器

1. 小口瓮（WX041212L001 - H：1）
2. 大口尊（WX041212L002 - H：1）

3. 3 号二里岗时期聚落

3 号二里岗时期聚落位于遗址的西南角，处于浅沟西侧，面积较小，小于 5 万平方米。聚落内遗存发现较少，地表没有发现遗物，仅有的个别遗迹见于梯田的断面，遗迹内出土物很少。

（1）遗迹

只发现 1 个灰坑，形状、结构不清。

（2）遗物

只发现少量陶片。以泥质灰陶为多，多绳纹，可辨器形有罐等。

五一　坡申 II 号遗址

坡申 II 号遗址位于河底乡坡申村东北 550 米，面积 3.9 万平方米（见图一三〇）。遗址处在沙渠河北岸台地的最前沿，海拔高度在 535～555 米之间，北高南低，地形有一定的起伏，遗存分布在逐渐抬升的缓坡上。遗址只有二里头时期的遗存，从遗存分布特点看，这个时期只能划分为一个聚落，聚落面积同于遗址面积。聚落内遗存丰富，虽然地表只有零星陶片发现，但梯田的断面常见暴露的遗迹，遗迹内包含物丰富。

（1）遗迹

文化层　1 处，分布于聚落南部。

灰坑　12 个，遍布整个聚落。

（2）遗物

主要是陶片。以泥质灰陶为多，多绳纹，可辨器形有鬲、圆腹罐等。

五二　店头堡遗址

店头堡遗址位于裴社乡店头堡村西、南，面积 101.9 万平方米（图一三二、一三三）。遗址处于沙渠河南岸逐渐抬升的台地上，海拔高度在 505～560 米之间，整个地形由东向西逐渐抬升，但

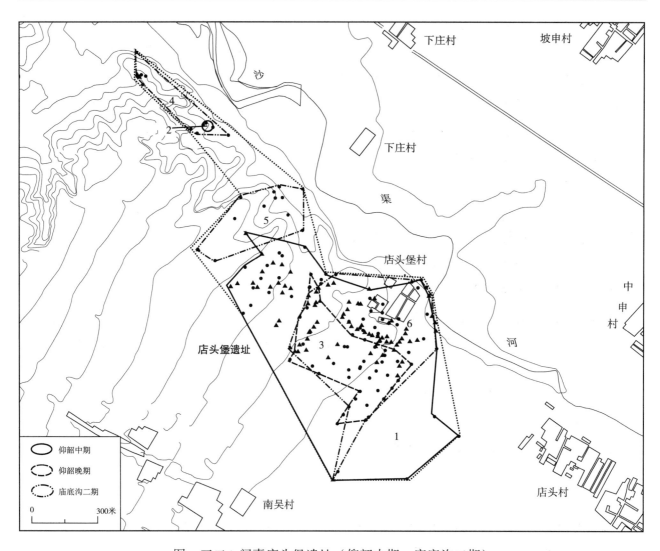

图一三二　闻喜店头堡遗址（仰韶中期—庙底沟二期）

面向沙渠河一侧地形较为复杂，起伏较大，多为山脊与山坳相间的地形（彩版五七）。遗址包含五个时期遗存：仰韶中期、仰韶晚期、庙底沟二期、龙山时期和二里头时期。从遗存分布特点看，仰韶中期可以划分为两个聚落，仰韶晚期可以划分为一个聚落，庙底沟二期可以划分为三个聚落，龙山时期和二里头时期分别可以划分为两个聚落。

1. 1 号仰韶中期聚落

1 号仰韶中期聚落位于遗址的南部，面积 70 万平方米。聚落处于遗址的最低处，其最低处略高于今天沙渠河床，地形由东向西逐渐抬升。聚落内遗存分布非常密集，尤以聚落中部东西向浅沟两侧暴露最多。地表随处可见散落的遗物，数量众多的遗迹主要见于沟坎和梯田的断面，遗迹内包含物大都非常丰富。

（1）遗迹

文化层　数量众多，遍布整个聚落。

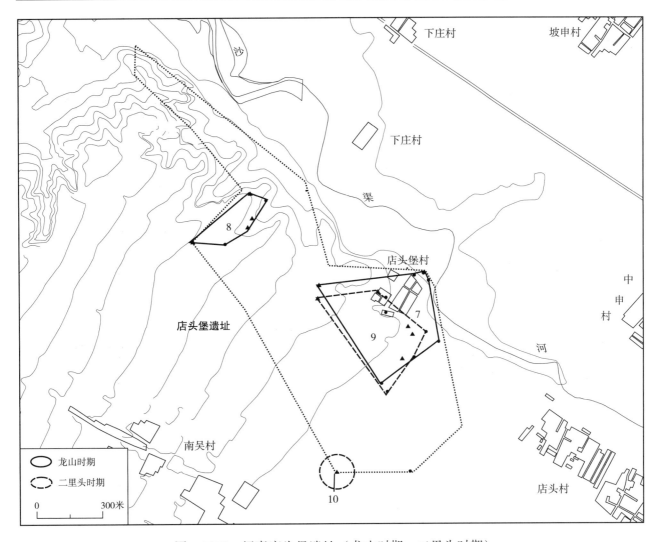

图一三三　闻喜店头堡遗址（龙山时期—二里头时期）

灰坑　数量众多，遍布整个聚落。

房址　有少量发现，主要分布于聚落中部。

陶窑　有少量发现，分布于聚落中部。

（2）遗物

以陶片为主。以泥质红陶为多，多素面和线纹，有彩陶，可辨器形有尖底瓶、盆、钵、罐、瓮等。

尖底瓶　标本3件。WX050309C012－C：1，泥质红陶。重唇口，长颈。颈部饰线纹。口径6、残高3.6厘米（图一三四，6）。WX050309A009：8，泥质红陶。鼓腹，尖底。器内有泥条盘筑的痕迹，器表饰线纹（图一三四，7）。WX050309C011：1，泥质红陶。杯形口，鼓腹，器显瘦。口下饰线纹。口径3.8、残高10.4厘米（图一三四，8）。

盆　标本4件。WX040414A015－H：1，泥质红陶。敛口，圆唇，鼓腹，最大径靠上。素面。口径40、残高13.2厘米（图一三四，1）。WX050309A004：1，泥质磨光红陶。圆唇，折沿，鼓

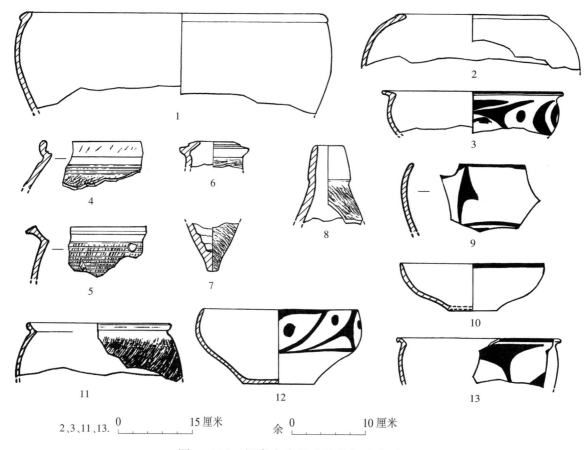

图一三四　闻喜店头堡遗址仰韶中期陶器

1、3、12、13. 盆（WX040414A015－H：1、WX050309A004：1、WX040414A031－H：1、WX050309C010：1）　2. 瓮
（WX050309C005－C：1）　4、5、11. 罐（WX050309E011－H：1、WX050309C013－C：1、WX040414A032－H：1）
6～8. 尖底瓶（WX050309C012－C：1、WX050309A009：8、WX050309C011：1）　9、10. 钵（WX050309C011－
H1：1、WX050309A004－H1：1）

腹。器口及腹部饰黑彩，为圆点、弧线、勾叶图案。口径 36、残高 9 厘米（图一三四，3）。
WX040414A031－H：1，泥质磨光红陶。敛口，小圆唇，微鼓腹，平底。腹部饰黑彩，为圆点、弧
线、勾叶图案。口径 21、高 10 厘米（图一三四，12）。WX050309C010：1，泥质磨光红陶。圆唇，
折沿，鼓腹。口部及腹部饰黑彩，为弧线、勾叶图案。口径 33、残高 9 厘米（图一三四，13）。

　　钵　标本 2 件。WX050309C011－H1：1，泥质磨光褐陶。敛口，圆唇，鼓腹。器口及腹部饰
黑彩，为弧线、勾叶图案（图一三四，9）。WX050309A004－H1：1，泥质褐陶。圆唇，弧腹，凹
底。口部饰黑彩。素面。口径 19.2、高 6.4 厘米（图一三四，10）。

　　瓮　标本 1 件。WX050309C005－C：1，泥质灰陶。敛口，鼓腹。素面，器表有刮抹的痕迹。
口径 28.2、残高 11 厘米（图一三四，2）。

　　罐　标本 3 件。WX050309E011－H：1，夹砂黑灰陶。直口，小束颈，鼓腹。颈部以下有旋纹
五周，其下饰不规则线纹（图一三四，4）。WX050309C013－C：1，夹砂黑灰陶。圆唇，折沿，沿
内侧下凹，外侧下斜，深腹。器腹有泥丁和附加堆纹，器表饰旋断线纹（图一三四，5）。

WX040414A032－H：1，夹砂灰黑陶。侈口，小束颈，鼓腹。器表饰线纹。口径29、残高11厘米（图一三四，11）。

2. 2号仰韶中期聚落

2号仰韶中期聚落位于遗址的西北部，只有两点遗物，所以，理论上可能存在一个聚落，面积小于5万平方米。聚落所处地势较高，遗存分布差，没有遗迹发现，只发现零星的地表遗物。

（1）遗迹

未发现。

（2）遗物

只发现少量陶片。多泥质红陶，多素面，可辨器形有钵等。

3. 3号仰韶晚期聚落

3号仰韶晚期聚落位于遗址南部，面积14.6万平方米。聚落所处地形由东向西逐渐抬升，所在高度总体偏低。聚落内遗存分布密集且丰富，地表有散落的遗物，遗迹主要见于沟坎和梯田的断面，尤以聚落的北部分布最多，遗迹内出土物丰富。

（1）遗迹

文化层　数量多，至少发现12处以上，多分布在聚落北部。

灰坑　数量众多，遍布整个聚落。

（2）遗物

主要是陶片。以泥质陶略多，多素面和线纹，有篮纹，可辨器形有尖底瓶、盆、钵、豆、杯等。

尖底瓶　标本2件。WX050309K008－H：1，夹砂灰褐陶。喇叭口，圆唇，长颈，鼓腹。颈部有一小泥条堆纹，颈部以下饰斜篮纹。口径13.8、残高14.8厘米（图一三五，2）。WX050309I003－C：1，泥质灰陶。喇叭口，近方唇，唇部有轮修的凹槽，口下饰线纹。口径17、残高6厘米（图一三五，3）。

盆　标本3件。WX040414A018－C：1，泥质灰黑陶。圆唇，折沿，深腹，最大径靠上。沿面有四周凹旋纹，腹部饰横篮纹。口径38、残高12厘米（图一三五，1）。WX050309B016：1，泥质磨光红陶。圆唇，翻沿，斜腹。素面（图一三五，4）。WX050309A004：4，泥质褐陶。口外翻，圆唇，斜腹。素面，器表有刮抹和轮修的痕迹。口径34、残高7.2厘米（图一三五，8）。

钵　标本1件。WX040414I022－H：1，夹砂褐陶。敞口，圆唇，斜腹，平底。腹部有近乎抹去的篮纹。口径17.6、底径8.8、高10.4厘米（图一三五，5）。

豆　标本2件。WX050309C007－H：2，泥质红陶。圆唇，折沿，深盘，柄部残。素面磨光。口径24、残高6.2厘米（图一三五，7）。WX050309A004：5，泥质灰陶。圆唇，宽折沿，浅盘。素面。口径26、残高7.2厘米（图一三五，9）。

杯　标本1件。WX050309L001－H1：1，泥质灰黑陶。敞口，斜腹，下接柱状体。素面。口径5.3、底径2.8、高5.6厘米（图一三五，6）。

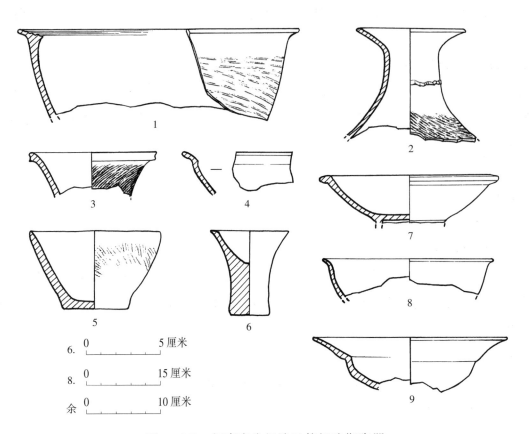

图一三五　闻喜店头堡遗址仰韶晚期陶器

1、4、8. 盆（WX040414A018 - C：1、WX050309B016：1、WX050309A004：4）　2、3. 尖底瓶（WX050309K008 - H：1、WX050309I003 - C：1）　5. 钵（WX040414I022 - H：1）　6. 杯（WX050309L001 - H1：1）　7、9. 豆（WX050309C007 - H：2、WX050309A004：5）

4. 4 号庙底沟二期聚落

4 号庙底沟二期聚落位于遗址的西北角，面积 4.4 万平方米。聚落所处位置较高，聚落的西部和东部遗存分布密集，中部稀疏，地表可以看到零星遗物分布，仅有的个别遗迹暴露于梯田的断面，遗迹内出土物丰富。

（1）遗迹

灰坑　2 个，分布于聚落西北。

（2）遗物

以陶片为主。以夹砂灰陶为多，多见篮纹，可辨器形有罐、盆等。

盆　标本 1 件。WX050314H007 - H：1，泥质黑灰陶。直口。口部素面（图一三六，6）。

5. 5 号庙底沟二期聚落

5 号庙底沟二期聚落位于遗址的中部，面积 10 万平方米。聚落所处位置高，聚落内遗存分布落差大。聚落内遗存分布稀疏，尤以南部最为稀疏，地表可见散落的遗物，仅发现个别遗迹暴露于梯田的断面，遗迹内出土物很少。

（1）遗迹

灰坑　1个，分布于聚落最西部，所处位置较高。

（2）遗物

主要是陶片。多夹砂陶，多篮纹，可辨器形有深腹罐等。

6. 6号庙底沟二期聚落

6号庙底沟二期聚落位于遗址的东南部，面积31.8万平方米。相比其他两个聚落，该聚落所处位置较低，聚落内遗存分布密集且丰富。地表遗物随处可见，遗迹见于沟坎和梯田的断面，尤以北中部地势稍高的地方遗迹分布最为密集，遗迹内出土物丰富。

（1）遗迹

文化层　数量多，至少15处以上，聚落北部均有分布。

灰坑　数量众多，遍布整个聚落北部。

（2）遗物

主要是陶片。以夹砂灰陶为主，多篮纹和绳纹，可辨器形有鼎、罕、深腹罐、罐、盆等。

罕　标本1件。WX050314H008：1，夹砂灰陶。口、底残。敞口，束颈，鼓腹。素面（图一三六，4）。

深腹罐　标本4件。WX050309A004：6，夹砂红陶。花边口，折沿，直深腹。腹部饰凌乱的绳纹。口径33、残高13.2厘米（图一三六，2）。WX050309E010－H1：1，夹砂黑陶。侈口，圆唇，深腹。口下有附加堆纹一周，腹部饰绳纹。口径17.6、残高8.8厘米（图一三六，3）。WX040414A014：1，夹砂黑陶。折沿，深腹。器表饰斜篮纹。口径17、残高6厘米（图一三六，8）。WX050314C004：1，夹砂灰陶。圆唇，折沿，深腹。口下有附加堆纹一周，腹部饰斜篮纹。口径18.5、残高6厘米（图一三六，9）。

罐　标本2件。WX050309C002－H1：1，夹砂黑灰陶。深腹，平底。器表饰绳纹。底径10.4、残高10.8厘米（图一三六，11）。WX050314K003：1，夹砂灰黑陶。平底。腹部饰篮纹。底径16、残高6.4厘米（图一三六，12）。

盆　标本1件。WX050309L004：1，泥质灰陶。近方唇，折沿，直深腹。素面，沿下有制作留下的痕迹。口径26、残高8厘米（图一三六，10）。

7. 7号龙山时期聚落

7号龙山时期聚落位于遗址的东部偏北，面积17万平方米。聚落所处的位置略低。聚落内遗存分布稀疏，地表散落有零星遗物，遗迹见于沟坎和梯田的断面，主要分布在聚落西部，遗迹内包含物丰富。

（1）遗迹

文化层　2处，分别分布于聚落东、西部。

灰坑　2个，分布于聚落东部。

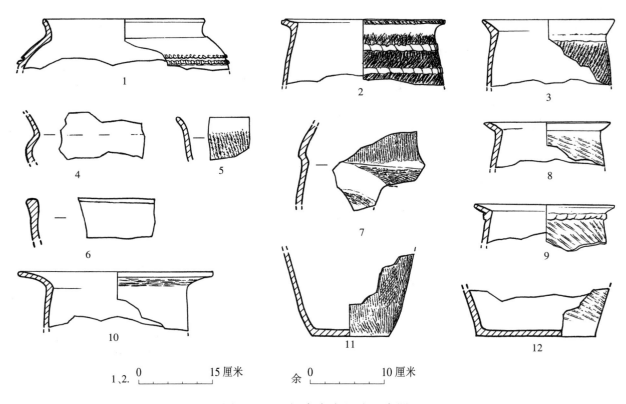

图一三六　闻喜店头堡遗址陶器

1、11、12. 罐（WX050309G003 - H∶1、WX050309C002 - H1∶1、WX050314K003∶1）　2、3、8、9. 深腹罐
（WX050309A004∶6、WX050309E010 - H1∶1、WX040414A014∶1、WX050314C004∶1）　4、7. 斝
（WX050314H008∶1、WX050309L019 - H∶1）　5、10. 盆（WX050309A007 - C∶1、WX050309L004∶1）
6. 盆（WX050314H007 - H∶1）（1 为二里头时期，5、7 为龙山时期，余为庙底沟二期）

（2）遗物

主要是陶片。以夹砂灰陶为多，多绳纹，可辨器形有鬲、盆等。

盆　标本 1 件。WX050309A007 - C∶1，夹砂黑陶。口外翻，斜腹。腹部饰绳纹（图一三六，5）。

8. 8 号龙山时期聚落

8 号龙山时期聚落位于遗址的中部，面积 3.6 万平方米。聚落所处的位置略高。聚落内遗存分布稀疏，地表有零星遗物可见，遗迹主要暴露于梯田的断面，遗迹内包含物丰富。

（1）遗迹

灰坑　4 个，除 1 个分布于聚落西部，其余见于聚落东部。

（2）遗物

只发现陶片。多夹砂陶，多绳纹，可辨器形有斝、罐等。

斝　标本 1 件。WX050309L019 - H∶1，夹砂灰黑陶。鼓腹，斜底，底部的袋足外撇。腹部、底部及袋足均饰绳纹（图一三六，7）。

9. 9 号二里头时期聚落

9 号二里头时期聚落位于遗址的东部偏北，面积 11.9 万平方米。聚落所处位置略低，遗存分布稀疏，地表有零星遗物可见，零星遗迹见于梯田的断面，遗迹内出土物不多。

（1）遗迹

文化层 1处，分布于聚落西北。

灰坑 1个，分布于聚落东北。

（2）遗物

只发现少量陶片。以泥质灰陶为多，多绳纹，可辨器形有罐等。

罐 标本1件。WX050309G003–H：1，泥质红陶。近直口，圆唇，鼓肩。肩部有附加堆纹两周。口径33、残高10厘米（图一三六，1）。

10. 10号二里头时期聚落

10号二里头时期聚落位于遗址的西南角，面积小于5万平方米。聚落所处位置很低，遗存分布很少，地表没有发现遗物，仅有的个别遗迹暴露于梯田的断面，遗迹内出土物很少。

（1）遗迹

文化层 1处，堆积较薄。

（2）遗物

只发现少量陶片。多夹砂灰陶，多绳纹，可辨器形有罐等。

五三 小泽遗址

小泽遗址位于裴社乡小泽村西南550米，面积小于5万平方米（图一三七）。遗址处在鸣条岗的东侧，位置接近鸣条岗的最底部，海拔高度在535米左右，所在地形为起伏较小、逐渐抬升的缓坡。遗址只有仰韶晚期的遗存，从遗存分布特点看，这个时期只能划分为一个聚落，聚落面积同于遗址面积。聚落面积较小，遗存分布稀疏，地表没有发现遗物，仅在梯田的断面发现个别遗迹，遗迹内出土遗物很少。

（1）遗迹

灰坑 1个，形状、结构不清。

（2）遗物

只发现少量陶片。多泥质陶，多素面，可辨器形有钵等。

五四 大泽Ⅰ号遗址

大泽Ⅰ号遗址位于裴社乡大泽村南500米，由于砖厂常年在此取土，遗址遭严重破坏，残留面积0.2万平方米（见图一三七）。遗址处在沙渠河通往夏县古河道的东侧缓坡上，海拔高度在520～530米之间，北低南高，地形起伏较小，为逐渐抬升的缓坡。遗址包含两个时期的遗存：二里头时期和二里岗时期，从遗存分布特点看，每个时期分别可以划分为一个聚落。无论哪个时期，聚落面积都不大。

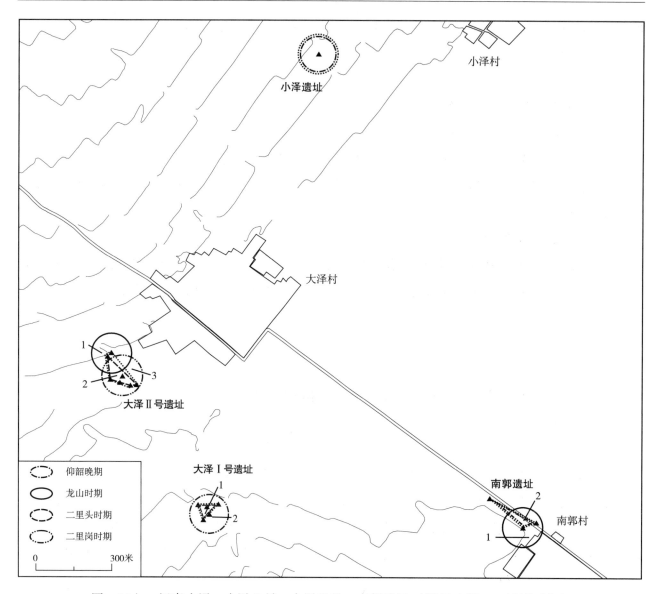

图一三七　闻喜小泽、大泽Ⅰ号、大泽Ⅱ号、南郭遗址（仰韶晚期—二里岗时期）

1. 1 号二里头时期聚落

1 号二里头时期聚落面积较小，只有 0.2 万平方米。聚落面积同于遗址面积，聚落与古河道保持有一定的高度。聚落面积虽小，但遗存分布密集且丰富，地表没有发现遗物，但有少量遗迹暴露于梯田的断面，遗迹内出土遗物丰富。

（1）遗迹

灰坑　6 个，遍布整个聚落。

（2）遗物

主要是陶片。以泥质灰陶略多，多绳纹，可辨器形有鬲、圆腹罐等。

圆腹罐　标本 2 件。WX050307L003：1，夹砂黑陶。侈口，口部加厚，鼓腹。口部及腹部饰较凌乱的绳纹。口径 20、残高 6.2 厘米（图一三八，1）。WX050307K004－H：1，夹砂褐陶。圆唇，

口略外翻，深腹。腹部饰绳纹。口径
15、残高 6.8 厘米（图一三八，2）。

2. 2 号二里岗时期聚落

2 号二里岗时期聚落面积较小，
小于 5 万平方米。聚落所处位置有一
定的高度。聚落内遗存分布稀疏，地
表没有发现遗物，仅有个别遗迹见于梯田的断面，遗迹内出土遗物很少。

（1）遗迹

灰坑　1 个，为袋状坑。

（2）遗物

只发现少量陶片。以夹砂灰陶为多，多绳纹，可辨器形有鬲、盆等。

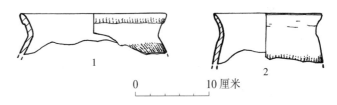

图一三八　闻喜大泽 I 号遗址二里头时期陶圆腹罐

1. WX050307L003∶1　2. WX050307K004－H∶1

五五　大泽 II 号遗址

大泽 II 号遗址位于裴社乡大泽村西南 100 米，由于砖厂常年在此取土，遗址被严重破坏，
残留面积 0.9 万平方米（见图一三七）。遗址处在沙渠河通往夏县古河道西岸的缓坡上（即
鸣条岗的东侧），海拔高度在 510～520 米之间，西高东低，地势较低，地形为逐渐上升的
缓坡，起伏较小。遗址包含三个时期的遗存：龙山时期、二里头时期和二里岗时期，从遗
存分布特点看，每个时期分别可以划分为一个聚落。不过，无论哪个时期，聚落的面积都
不大。

1. 1 号龙山时期聚落

1 号龙山时期聚落位于遗址的北部，处于遗址的最高处，面积小于 5 万平方米。聚落内遗存分
布稀疏，地表没有发现遗物，仅有个别遗迹见于取土场的断面，遗迹内发现遗物很少。

（1）遗迹

灰坑　1 个，为袋状坑，深约 2 米。

（2）遗物

只有少量陶片。多夹砂陶，多绳纹，可辨器形有罐等。

2. 2 号二里头时期聚落

2 号二里头时期聚落位于遗址的西部，聚落所处的位置相对较低，面积 0.5 万平方米。可能由
于取土严重，聚落内所见遗存稀疏，地表没有发现遗物，少量遗迹见于取土场的断面，遗迹内出
土遗物丰富。

（1）遗迹

文化层　2 处，分布于聚落西南角。

灰坑　8 个，遍布整个聚落。

（2）遗物

主要是陶片。以泥质灰陶为多，多绳纹，可辨器形有鬲、甗、圆腹罐、罐、蛋形瓮等。

鬲　标本1件。WX050311K002－H2：1，夹砂黑灰陶。口外翻，方唇，深腹。腹部饰绳纹。口径20、残高5.5厘米（图一三九，5）。

甗　标本1件。WX050311F001－H1：3，夹砂灰黑陶。只有腰部，外有附加堆纹一周，内有托架。器表饰绳纹（图一三九，3）。

圆腹罐　标本1件。WX050311F001－H1：2，夹砂灰陶。口外翻，圆唇，鼓腹。素面。口径20、残高7厘米（图一三九，2）。

蛋形瓮　标本1件。WX050311F001－H1：1，夹砂褐陶。近直口，口微内收，深腹。腹部饰绳纹。口径28、残高10厘米（图一三九，1）。

3. 3号二里岗时期聚落

3号二里岗时期聚落位于遗址东部，面积较小，小于5万平方米。聚落所处位置略低，聚落内遗存分布稀疏，地表没有发现遗物，仅有个别遗迹见于取土场的断面，遗迹内出土遗物丰富。

（1）遗迹

文化层　1处，堆积较薄。

（2）遗物

只发现陶片。以泥质灰陶为多，多绳纹，可辨器形有鬲、盆等。

鬲　标本1件。WX050311E001－C：1，夹砂灰陶。方唇，翻沿，深腹。腹部饰绳纹（图一三九，4）。

五六　南郭遗址

南郭遗址位于裴社乡南郭村西北，面积0.5万平方米（见图一三七）。遗址处在河湖相堆积的一级阶地上，其北应该是沙渠河通往夏县的古河道（或湖），海拔高度在510～520米之间，地势

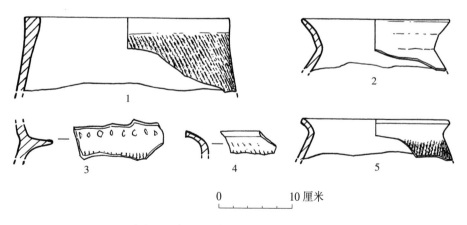

图一三九　闻喜大泽Ⅱ号遗址陶器

1. 蛋形瓮（WX050311F001－H1：1）　2. 圆腹罐（WX050311F001－H1：2）　3. 甗（WX050311F001－H1：3）

4、5. 鬲（WX050311E001－C：1、WX050311K002－H2：1）（4为二里岗时期，余为二里头时期）

较低，地形起伏很小。遗址包含两个时期的遗存：龙山时期和二里岗时期，从遗存分布特点看，每个时期分别可以划分为一个聚落。不过，无论哪个时期的聚落面积都不大。

1. 1 号龙山时期聚落

1 号龙山时期聚落面积较小，小于 5 万平方米。聚落所处位置较低。聚落内遗存分布稀疏，地表没有发现遗物，仅在取土场的断面发现个别遗迹，遗迹内出土遗物丰富。

（1）遗迹

灰坑　2 个，均为口大底小。

（2）遗物

主要是陶片。以夹砂灰陶为主，多绳纹，可辨器形有鬲、圈足罐、盆等。

圈足罐　标本 2 件。标本 WX050308B002 - H2∶2，夹砂灰陶。高圈足。器表饰绳纹（图一四〇，3）。WX050308B002 - H2∶1，夹砂灰陶。矮圈足，凹底。器表饰绳纹。底径 17、残高 3.5 厘米（图一四〇，5）。

盆　标本 1 件。WX050308B002 - H1∶1，夹砂灰黑陶。敞口，圆唇，深腹。素面（图一四〇，4）。

2. 2 号二里岗时期聚落

2 号二里岗时期聚落面积较小，只有 0.4 万平方米。聚落基本覆盖了整个遗址，聚落所处位置较低。虽然地表没有发现遗物，但聚落内遗存分布密集，少量遗迹主要见于取土场和梯田的断面，遗迹内出土遗物丰富。

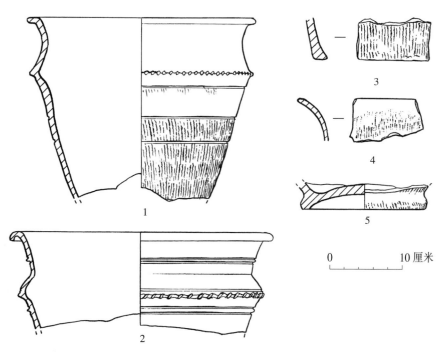

图一四〇　闻喜南郭遗址陶器

1、2. 大口尊（WX050308B002 - H3∶2、WX050308B002 - H3∶1）　　3、5. 圈足罐（WX050308B002 - H2∶2、WX050308B002 - H2∶1）　4. 盆（WX050308B002 - H1∶1）（1、2 为二里岗时期，余为龙山时期）

（1）遗迹

灰坑　3个，分布于聚落外围。

（2）遗物

主要是陶片。以泥质灰陶为主，多绳纹，可辨器形有鬲、大口尊等。

大口尊　标本2件。WX050308B002－H3：2，泥质灰陶。微敞口，圆唇，束颈，鼓肩，深腹。肩部有一周附加堆纹，腹部饰旋纹三周，腹部饰绳纹。口径31、肩径29.5、残高24.5厘米（图一四〇，1）。WX050308B002－H3：1，泥质灰陶。微敞口，圆唇下卷，口略大于肩，束颈，鼓肩，深腹。颈部、肩部和腹部都有一周凸旋纹，肩部有一周附加堆纹，器物残留部分素面。口径35、肩径32.5、残高13.5厘米（图一四〇，2）。

五七　裴社Ⅰ号遗址

裴社Ⅰ号遗址位于裴社乡裴社村西，面积小于5万平方米（图一四一）。遗址处在河湖相堆积的一级阶地上，其北应该是沙渠河通往夏县的古河道（或湖），海拔高度在513米左右，地势较

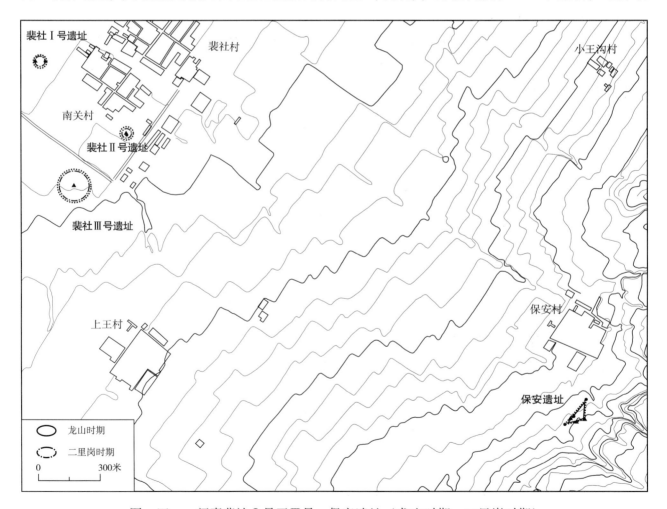

图一四一　闻喜裴社Ⅰ号至Ⅲ号、保安遗址（龙山时期、二里岗时期）

低，地形较为平坦。遗址只有二里岗时期的遗存，从遗存分布特点看，这个时期只能划分为一个聚落，聚落面积同于遗址面积。聚落内遗存分布差，地表发现零星遗物，仅有的个别遗迹见于取土的断崖上，遗迹内出土遗物丰富。

（1）遗迹

灰坑　1个，为袋状坑，深4米左右。

（2）遗物

主要是陶片，此外有少量石器。

① 陶器

以泥质灰陶为多，多绳纹，可辨器形有鬲、大口尊、盆等。

鬲　标本1件。WX050307D001－H：2，夹砂灰陶。器薄，鬲腹片。腹上部有旋纹三周，同时还有圆圈纹装饰，腹部饰粗绳纹（图一四二，2）。

大口尊　标本1件。WX050307D001－H：1，泥质灰陶。口径大于肩径，束颈，鼓肩，深腹。肩部有附加堆纹一周，颈部有旋纹两周，腹部有旋纹三周（图一四二，3）。

盆　标本1件。WX050307B001：1，泥质灰陶。敞口，圆唇，深腹。口下有旋纹一周，腹部有旋纹三周。口径29、残高7.5厘米（图一四二，1）。

② 石器

有石镰等。

石镰　标本1件。WX050307D001－H：3，圆头，弧背，直刃，两面刃。刃部有使用留下的小缺口。残长10.2、宽4、厚0.6厘米（图一四二，4）。

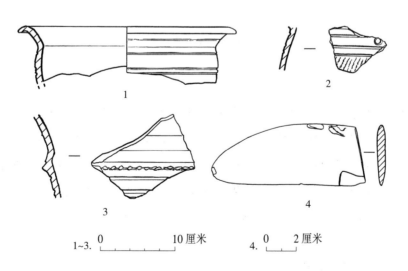

图一四二　闻喜裴社Ⅰ号遗址二里岗时期器物

1. 陶盆（WX050307B001：1）　2. 陶鬲（WX050307D001－H：2）　3. 陶大口尊（WX050307D001－H：1）

4. 石镰（WX050307D001－H：3）

五八　裴社Ⅱ号遗址

裴社Ⅱ号遗址位于裴社乡裴社村南，面积较小，小于5万平方米（见图一四一）。遗址处在河湖相堆积的一级阶地上，其北应该是沙渠河通往夏县的古河道（或湖），海拔高度在515米左右，地势较低，地形较平。遗址只有二里岗时期的遗存，从遗存分布特点看，这个时期只能划分为一个聚落，聚落面积同于遗址面积。聚落内遗存分布差，地表有零星遗物发现，仅有的个别遗迹见于梯田的断面上，遗迹内出土遗物很少。

（1）遗迹

灰坑　1个，形状、结构不清。

（2）遗物

只发现少量陶片。多夹砂陶，多绳纹，可辨器形有鬲等。

五九　裴社Ⅲ号遗址

裴社Ⅲ号遗址位于裴社乡裴社村南350米，面积较小，小于5万平方米（见图一四一）。遗址处在河湖相堆积的一级阶地上，其北应该是沙渠河通往夏县的古河道（或湖），海拔高度在517米左右，地势较低，起伏很小。遗址只有二里岗时期的遗存，从遗存分布特点看，这个时期只能划分为一个聚落，聚落面积同于遗址面积。聚落内遗存分布差，地表没有发现遗物，仅有的个别遗迹见于梯田的断面，遗迹内出土遗物很少。

（1）遗迹

文化层　1处，堆积较薄。

（2）遗物

只发现少量陶片。多泥质陶，有绳纹，可辨器形有鬲、盆等。

六○　保安遗址

保安遗址位于裴社乡保安村南200米，面积0.5万平方米（见图一四一）。遗址处在中条山北麓山地的最底部，海拔高度在560～570米之间，东南略高，西北略低，地形为逐渐抬升的坡地，但起伏很小。遗址只有龙山时期的遗存，从遗存分布特点看，这个时期只能划分为一个聚落，聚落面积同于遗址面积。聚落所处位置较高，聚落面积虽小但遗存分布密集，地表有零星遗物发现，少量遗迹见于梯田的断面，遗迹内出土遗物丰富。

（1）遗迹

文化层　1处，分布于聚落西部。

灰坑　2个，分布于聚落东部。

（2）遗物

只发现有陶片。以夹砂灰陶为多，多绳纹，可辨器形有圈足罐、盆等。

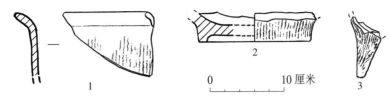

图一四三 闻喜保安、柏范底遗址陶器

1. 盆（WX050307I001：1） 2. 圈足罐（WX050307K001－C：1） 3. 鬲（WX050305L003：1）

（3 为柏范底遗址，余为保安遗址；3 为二里头时期，余为龙山时期）

圈足罐 标本 1 件。WX050307K001－C：1，夹砂黑陶。矮圈足，平底。器表饰绳纹。底径 15、残高 4 厘米（图一四三，2）。

盆 标本 1 件。WX050307I001：1，夹砂灰陶。口外翻，圆唇，直深腹。腹部饰绳纹（图一四三，1）。

六一 花鸡沟遗址

花鸡沟遗址位于河底乡花鸡沟村东北 200 米，面积小于 5 万平方米（图一四四）。遗址处在中条山北麓的坡地上，海拔高度在 570～585 米之间，东南高，西北低，仅有的发现都分布在逐渐抬升的缓坡上。遗址只有仰韶中期的遗存，从遗存分布特点看，这个时期只能划分为一个聚落，聚落面积同于遗址面积。聚落所处位置较高，其南部有深沟，原来可能有水流。聚落内遗存分布稀疏，地表有零星遗物分布，仅有的个别遗迹见于梯田的断面，遗迹内出土遗物很少。

（1）遗迹

文化层 1 处，分布于聚落南部，堆积薄。

（2）遗物

只发现少量陶片。多泥质陶，多素面，可辨器形有钵等。

六二 柏范底遗址

柏范底遗址位于后宫乡柏范底村南土家坡北，面积 0.2 万平方米（图一四五）。遗址处在中条山北麓的坡地上，靠近山间水流分布，海拔高度在 580～595 米之间，东高西低，地形主要为逐渐抬升的缓坡。遗址只有二里头时期的遗存，从遗存分布情况看，这个时期只能划分为一个聚落，聚落面积同于遗址面积。聚落处于两河交汇的三角地带，所处位置略高。聚落内遗存分布差，没有发现遗迹，只有零星地表遗物。

（1）遗迹

未发现。

（2）遗物

只发现少量陶片。多夹砂灰陶，多绳纹，可辨器形有鬲等。

鬲 标本 1 件。WX050305L003：1，夹砂灰黑陶。实锥足。足部有绳纹（图一四三，3）。

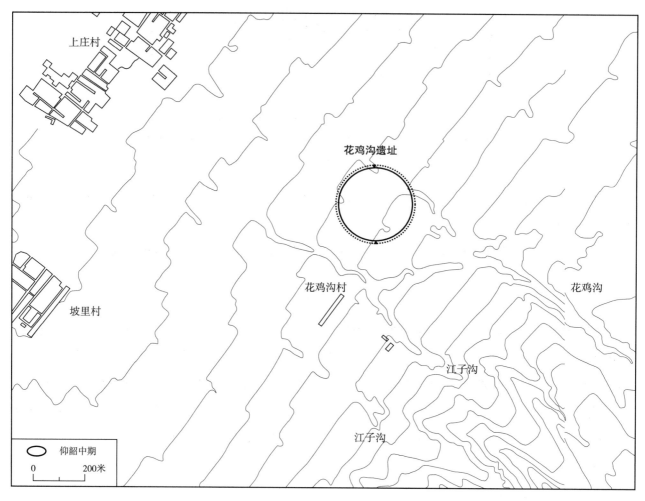

图一四四　闻喜花鸡沟遗址（仰韶中期）

六三　辛庄上遗址

辛庄上遗址位于河底乡辛庄上村西北，面积0.03万平方米（图一四六）。遗址处在山间水流汇入沙渠河的交汇区域，海拔高度在535米之间，略高于今天的沙渠河，地势较低，地形较平。遗址只有仰韶中期的遗存，从遗存分布情况看，这个时期仅一个聚落，聚落面积同于遗址面积。聚落所处的位置较低且临近河水。聚落内遗存分布一般，地表有零星遗物分布，少量遗迹见于梯田的断面，遗迹内出土遗物丰富。

（1）遗迹

文化层　2处，分布于聚落中部。

灰坑　1个，分布于聚落西部。

陶窑　1个，分布于聚落中部。

（2）遗物

只有陶片。以泥质红陶为主，多素面和线纹，可辨器形有钵、罐等。

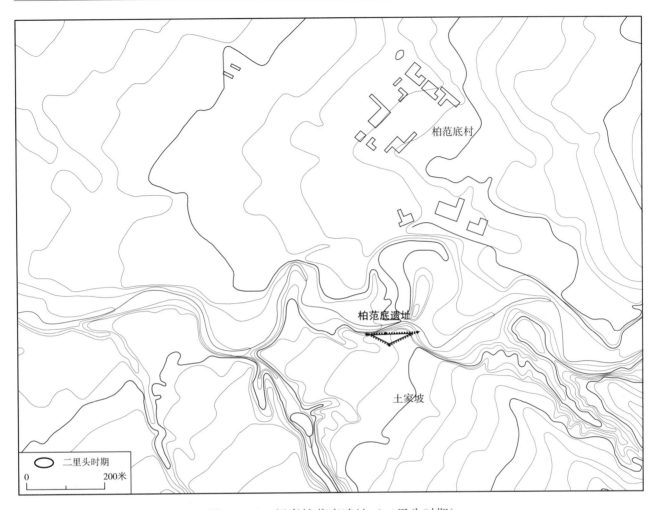

图一四五　闻喜柏范底遗址（二里头时期）

钵　标本 1 件。WX050305G001：1，泥质红陶。敞口，弧腹。素面（图一四七，2）。

罐　标本 2 件。WX050305G001：3，夹砂黑陶。折沿，沿内有凹槽，鼓腹。腹部饰数周旋纹（图一四七，1）。WX050305G001：2，泥质红陶。腹片，靠上处有数周旋纹，靠下处有鹰嘴凸起（图一四七，3）。

六四　河底遗址

河底遗址位于河底乡河底村东，面积 0.03 万平方米（见图一四六）。遗址处在沙渠河北岸的一级阶地上，海拔高度在 537 米左右，略高于今天的沙渠河数米，地势较低，地形非常平坦。遗址包含有三个时期的遗存：仰韶晚期、庙底沟二期和龙山时期，从遗存分布情况看，每个时期分别可以划分为一个聚落。不过，每个时期的聚落规模都不大。

1. 1 号仰韶晚期聚落

1 号仰韶晚期聚落位于遗址的西南部，面积小于 5 万平方米。聚落靠近河流分布，所处位置较低。聚落内遗存分布差，地表发现零星遗物，少量遗迹见于梯田的断面上，遗迹内出土遗物很少。

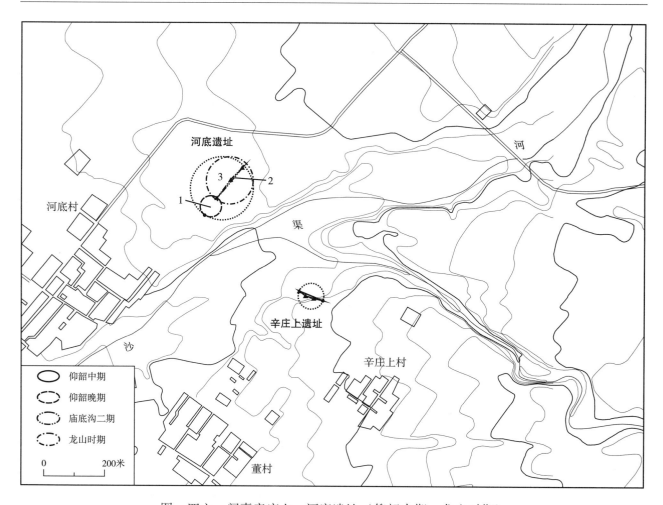

图一四六　闻喜辛庄上、河底遗址（仰韶中期—龙山时期）

（1）遗迹

文化层　1处，分布于聚落北部。

（2）遗物

只发现少量陶片。以泥质红陶为多，多素面，可辨器形有钵等。

2. 2 号庙底沟二期聚落

2 号庙底沟二期聚落位于遗址的北部，面积 0.03 万平方米，聚落所处位置低。聚落内遗存分布稀疏，地表没有发现遗物，只有少量遗迹见于梯田的断面，遗迹内有少量遗物出土。

（1）遗迹

文化层　3处，散布于整个聚落。

（2）遗物

主要是陶片。以夹砂灰陶为多，多篮纹和绳纹，可辨器形有深腹罐等。

深腹罐　标本 2 件。WX050329C001∶1，夹砂褐陶。方唇，折沿，深腹。口下有附加堆纹一周，腹部饰横篮纹（图一四七，5）。WX050329C002∶1，夹砂褐陶。圆唇，小折沿，深腹。口下

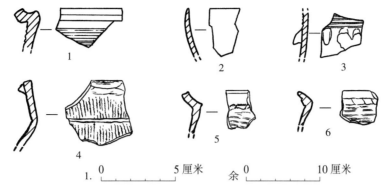

图一四七　闻喜辛庄上、河底遗址陶器

1、3. 罐（WX050305G001：3、WX050305G001：2）　2. 钵（WX050305G001：1）　4. 鬲（WX050329E001 – H：1）
5、6. 深腹罐（WX050329C001：1、WX050329C002：1）（1～3 为辛庄上遗址，余为河底遗址；1～3 为仰韶中期，
4 为龙山时期，余为庙底沟二期）

有附加堆纹一周，腹部饰横篮纹（图一四七，6）。

3. 3 号龙山时期聚落

3 号龙山时期聚落位于遗址的北部，面积较小，小于 5 万平方米。聚落所处位置低。聚落内遗存分布稀疏，地表没有发现遗物，只有个别遗迹见于梯田的断面，遗迹内出土遗物丰富。

（1）遗迹

灰坑　1 个，形状、结构不清。

（2）遗物

主要是陶片。以夹砂灰陶为多，多绳纹，可辨器形有鬲、罐等。

鬲　标本 1 件。WX050329E001 – H：1，夹砂灰陶。口外翻，方唇，束颈，深鼓腹。口部残留有一鋬手，颈部有旋纹一周，唇部及器表饰绳纹（图一四七，4）。

六五　南姚 I 号遗址

南姚 I 号遗址位于河底乡南姚村南，面积 0.7 万平方米（图一四八）。遗址处在沙渠河北岸台地的底部，海拔高度在 535～545 米之间，地势较低，地形有一定的起伏。遗址只有二里头时期的遗存，从遗存分布情况看，这个时期只能划分为一个聚落，聚落面积同于遗址面积。聚落所处位置较低。聚落内遗存分布稀疏，地表有零星遗物发现，梯田的断面上暴露有个别遗迹，遗迹内包含物也很少。

（1）遗迹

灰坑　1 个，形状、结构不清。

（2）遗物

只发现少量陶片。以泥质灰陶为多，多绳纹，可辨器形有蛋形瓮等。

蛋形瓮　标本 1 件。WX041213I001 – H：1，夹砂灰陶。鼓腹，近平底，实足。器表饰绳纹（图一五〇，9）。

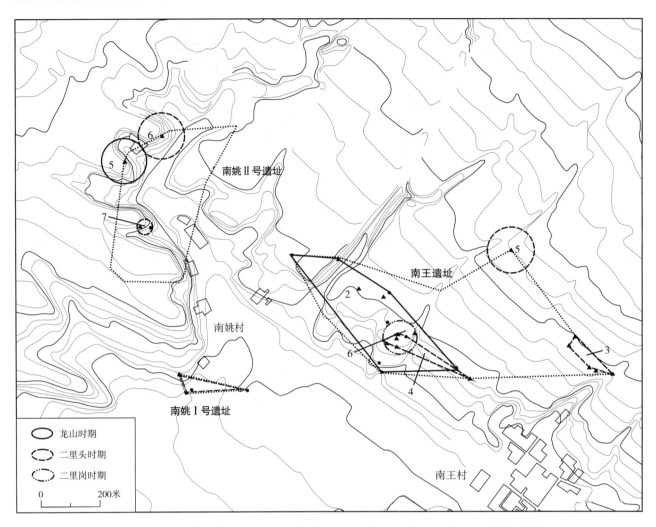

图一四八 闻喜南姚Ⅰ号、南姚Ⅱ号、南王遗址（龙山时期—二里岗时期）

六六 南姚Ⅱ号遗址

南姚Ⅱ号遗址位于河底乡南姚村西、北，面积14.8万平方米（图一四八、一四九）。遗址处在沙渠河北岸的台地上，遗存主要沿浅沟的两侧分布，沟内原来可能有泉水，但今天已无水，海拔高度在545~570米之间，地形起伏较大。遗址包含五个时期的遗存：仰韶中期、仰韶晚期、庙底沟二期、龙山时期和二里头时期。从遗存分布情况看，仰韶中期、庙底沟二期和龙山时期分别可以划分为一个聚落，仰韶晚期和二里头时期分别可以划分为两个聚落。

1. 1号仰韶中期聚落

1号仰韶中期聚落位于遗址的南部，面积4.4万平方米。聚落内遗存分布密集，地表随处可见散落的遗物，遗迹多暴露于梯田的断面，遗迹内出土遗物非常丰富。

（1）遗迹

文化层 7处，聚落南部分布有5处，北部分布有2处，大多包含物丰富。

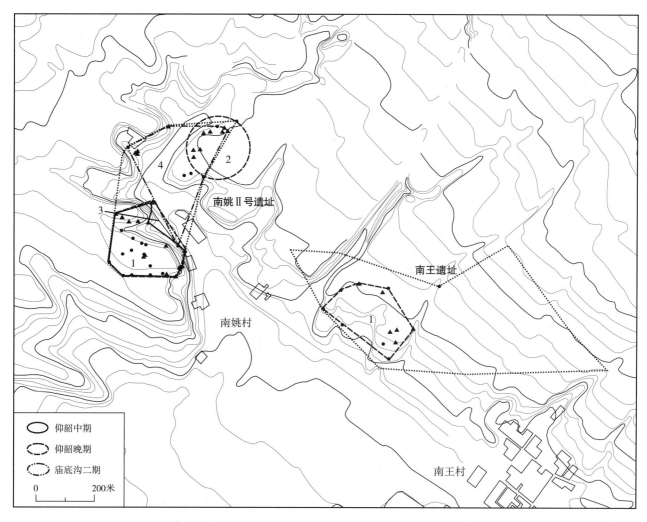

图一四九　闻喜南姚Ⅱ号、南王遗址（仰韶中期—庙底沟二期）

灰坑　11 个，聚落南部分布有 7 处，北部分布有 4 处，绝大多数包含物丰富。

（2）遗物

主要是陶片。以泥质红陶为多，多素面和线纹，可辨器形有尖底瓶、钵、盆、罐等。

尖底瓶　标本 1 件。WX041211C005－C：2，泥质红陶。重唇口，鼓腹。腹部饰线纹。口径 5.6、残高 6 厘米（图一五〇，8）。

钵　标本 3 件。WX041213J002－H：1，泥质红褐陶。敛口，圆唇，微鼓腹。素面。口径 24、残高 8 厘米（图一五〇，2）。WX041211C005－C：1，泥质红陶。微敛口，圆唇，微鼓腹。素面（图一五〇，10）。WX041213H001－H：1，泥质黑灰陶。敛口，圆唇，鼓腹斜收。素面。口径 22.4、残高 8 厘米（图一五〇，11）。

盆　标本 2 件。WX041212E001－H：1，泥质红陶。卷沿，深腹。素面（图一五〇，6）。WX041213J001－H：1，泥质红陶。方唇，折沿，鼓腹。素面。口径 23、残高 7.2 厘米（图一五〇，7）。

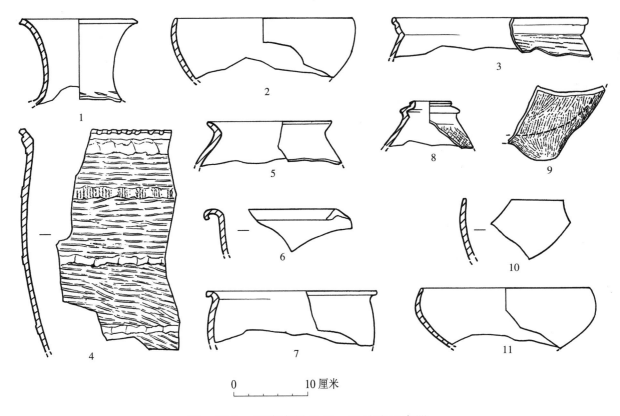

图一五〇　闻喜南姚Ⅰ号、Ⅱ号遗址陶器

1、8. 尖底瓶（WX041213H003－H：1、WX041211C005－C：2）　2、10、11. 钵（WX041213J002－H：1、WX041211C005－C：1、WX041213H001－H：1）　3、5. 罐（WX041213J001－H：2、WX041213E002－C：1）　4. 深腹罐（WX041213E007－H：1）　6、7. 盆（WX041212E001－H：1、WX041213J001－H：1）　9. 蛋形瓮（WX041213I001－H：1）（9 为南姚Ⅰ号遗址，余为南姚Ⅱ号遗址；1 为仰韶晚期，4、5 为庙底沟二期，9 为二里头时期，余为仰韶中期）

罐　标本 1 件。WX041213J001－H：2，夹砂褐陶。侈口，圆唇，唇外加厚，深腹。腹部饰线纹。口径 26、残高 5 厘米（图一五〇，3）。

2. 2 号仰韶晚期聚落

2 号仰韶晚期聚落只有两点遗物发现，且遗物发现较少，所以理论上说可能是一个聚落。该聚落位于遗址的北部，面积较小，小于 5 万平方米。聚落内遗存分布稀疏，没有遗迹发现，只有地表发现零星遗物。

（1）遗迹

未发现。

（2）遗物

只发现少量陶片。以泥质红陶为多，多素面，可辨器形有尖底瓶、盆等。

尖底瓶　标本 WX041213H003－H：1，夹砂灰陶。喇叭口，方唇，高领。领部有戳印纹。口径 16、残高 10.8 厘米（图一五〇，1）。

3. 3 号仰韶晚期聚落

3 号仰韶晚期聚落位于遗址的南部，遗存发现较多，应该是 1 号仰韶中期聚落的延续，面积5.1 万平方米。聚落内遗存分布一般，地表有零星遗物发现，零星遗迹见于梯田的断面，遗迹内出土遗物很少。

（1）遗迹

文化层　3 处，聚落北部分布有 1 处，南部分布有 2 处。

灰坑　1 个，分布于聚落南部。

（2）遗物

只发现陶片。多泥质红陶，多线纹，可辨器形有钵、罐等。

4. 4 号庙底沟二期聚落

4 号庙底沟二期聚落分布在浅沟的两侧，遗存主要围绕浅沟分布，面积 7 万平方米。聚落东北部遗存分布密集，其他位置遗存分布稀疏。地表可见零星遗物，很多遗迹暴露于断崖和梯田的断面，遗迹内包含物丰富。

（1）遗迹

文化层　2 处，位于聚落北部。

灰坑　11 个，遍布整个聚落。

房址　4 座，聚落西北和东北各有 2 座分布，全部为白灰面。

（2）遗物

主要是陶片。以夹砂灰陶为多，多篮纹和绳纹，可辨器形有深腹罐、罐等。

深腹罐　标本 1 件。WX041213E007 - H∶1，夹砂灰陶。花边口，小折沿，深腹。口下有一周附加堆纹，腹部有三周附加堆纹，腹部饰横篮纹（图一五〇，4）。

罐　标本 1 件。WX041213E002 - C∶1，泥质红褐陶。口外翻，鼓腹。素面。口径 17、残高 6厘米（图一五〇，5）。

5. 5 号龙山时期聚落

5 号龙山时期聚落分布于遗址西北部，位于浅沟的西部，面积较小，小于 5 万平方米。聚落内遗存分布稀疏，地表没有发现遗物，仅在梯田的断面发现个别遗迹，遗迹内出土遗物很少。

（1）遗迹

房址　1 座，为白灰面。

（2）遗物

只发现少量陶片。以夹砂灰陶为多，以绳纹为主，可辨器形有鬲等。

6. 6 号二里头时期聚落

6 号二里头时期聚落位于遗址的西北部，面积较小，小于 5 万平方米。聚落内遗存分布稀疏，地表有零星陶片分布，遗迹很少，仅有的个别遗迹见于梯田的断面，遗迹内出土物很少。

（1）遗迹

灰坑　1 个，为袋状坑。

（2）遗物

只发现少量陶片。以泥质灰陶为多，多绳纹，可辨器形有圆腹罐、盆等。

7. 7 号二里头时期聚落

7 号二里头时期聚落位于遗址的南部，面积小于 5 万平方米。聚落内遗存分布一般，地表有零星遗物分布，个别遗迹见于取土的断崖上，遗迹内出土遗物很少。

（1）遗迹

文化层　1 处，堆积较薄。

（2）遗物

只发现少量陶片。多夹砂灰陶，多绳纹，可辨器形有罐等。

六七　南王遗址

南王遗址位于河底乡南王村西北，面积 28.9 万平方米（见图一四八、一四九）。遗址处在沙渠河北岸台地，海拔高度在 547～575 米之间，北高南低，地形由南向北逐渐抬升，遗址西部有常年冲刷形成的冲沟（彩版五八）。遗址包含四个时期的遗存：仰韶晚期、龙山时期、二里头时期和二里岗时期。从遗存分布特点看，仰韶晚期、龙山、二里岗时期分别可以划分为一个聚落，二里头时期则可以划分为三个聚落。

1. 1 号仰韶晚期聚落

1 号仰韶晚期聚落位于遗址的西部，面积 4.5 万平方米。聚落处于逐渐上升的斜坡上。聚落内遗存分布一般，地表有零星遗物分布，遗迹主要分布在聚落的北部，遗迹大都暴露于梯田的断面，遗迹内出土遗物丰富。

（1）遗迹

灰坑　6 个，聚落北部分布有 2 个，聚落东南部分布有 4 个。

（2）遗物

主要是陶片。以泥质红陶为多，多素面和线纹，可辨器形有尖底瓶、盆等。

2. 2 号龙山时期聚落

2 号龙山时期聚落位于遗址的西部，面积 9.1 万平方米。聚落横跨一窄沟，窄沟应为后期不断由上而下冲刷逐渐下切形成的。聚落处在逐渐上升的缓坡上。聚落内遗存分布稀疏，地表有零星遗物分布，遗迹多见于断崖和梯田的断面上，遗迹内包含物丰富。

（1）遗迹

文化层　1 处，分布于聚落南部。

灰坑　8 个，分散于聚落东部。

（2）遗物

主要是陶片。以夹砂灰陶为多，多绳纹，可辨器形有罐、杯等。

罐　标本1件。WX041213L006－H：1，夹砂灰陶。深腹，平底。腹部及底部饰绳纹。底径13、残高8厘米（图一五一，5）。

杯　标本1件。WX041213K004：1，夹砂灰褐陶（细砂）。略敞口，圆唇，深腹，下腹收缩，平底。素面。口径7.2、高8.4厘米（图一五一，4）。

3. 3号二里头时期聚落

3号二里头时期聚落位于遗址的东部，面积0.8万平方米。聚落处于遗址的较高处，聚落内遗存丰富，地表有零星遗物分布，遗迹发现较多，遗迹见于梯田的断面，遗迹内出土遗物非常丰富。

（1）遗迹

灰坑　9个，散见于聚落外围。

（2）遗物

主要是陶片。以泥质灰陶为多，多绳纹，可辨器形有鬲、圆腹罐等。

圆腹罐　标本1件。WX041213F018－H：1，夹砂褐陶。口微外翻，高领，鼓腹。唇部及器表饰绳纹。口径20、残高6.8厘米（图一五一，1）。

4. 4号二里头时期聚落

4号二里头时期聚落位于遗址的南部，面积0.6万平方米。聚落位于遗址的较低处，聚落西部遗存分布较为密集，地表有零星遗物分布，遗迹见于梯田的断面，遗迹内出土遗物丰富。

（1）遗迹

灰坑　3个，散布于整个聚落外围。

房址　1座，分布于聚落北部，为红烧土面。

（2）遗物

只发现陶片。以夹砂灰陶为多，多绳纹，可辨器形有圆腹罐、盆等。

圆腹罐　标本1件。WX041213K007－H1：1，夹砂灰陶。近直口，高领，口部有錾。素面（图一五一，6）。

盆（？）　标本1件。WX041213K009－F：1，泥质灰陶。鼓腹，凹底。腹部饰较乱的绳纹。底径9、残高2厘米（图一五一，3）。

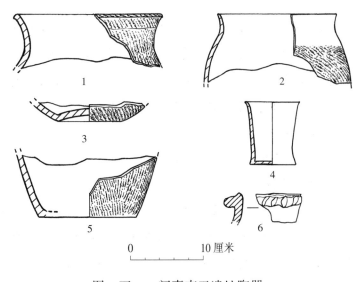

图一五一　闻喜南王遗址陶器

1、2、6. 圆腹罐（WX041213F018－H：1、WX041213F017－H：1、WX041213K007－H1：1）　3. 盆（？）（WX041213K009－F：1）
4. 杯（WX041213K004：1）　5. 罐（WX041213L006－H：1）
（4、5为龙山时期，余为二里头时期）

5. 5 号二里头时期聚落

5 号二里头时期聚落位于遗址的北部，面积小于 5 万平方米。聚落位于遗址的最高处，聚落内遗存分布稀疏，地表没有发现遗物，仅有的个别遗迹见于梯田的断面，遗迹内出土遗物丰富。

（1）遗迹

灰坑　1 个。

（2）遗物

只发现陶片。多夹砂黑陶，多绳纹，可辨器形有圆腹罐等。

圆腹罐　标本 1 件。WX041213F017－H：1，夹砂黑灰陶。口微外翻，小圆唇，有领，鼓腹。腹部饰麦粒状绳纹。口径 16、残高 9.2 厘米（图一五一，2）。

6. 6 号二里岗时期聚落

6 号二里岗时期聚落位于遗址的南部，面积较小，小于 5 万平方米。聚落位于遗址的较低处，地表没有发现遗物，少量遗迹见于梯田的断面，遗迹内出土遗物很少。

（1）遗迹

灰坑　3 个，聚落南、北部均有分布。

（2）遗物

只发现少量陶片。以泥质灰陶为多，多绳纹，可辨器形有鬲、盆等。

六八　柏底 I 号遗址

柏底 I 号遗址位于后宫乡柏底村北，面积 0.03 万平方米（图一五二）。遗址处在沙渠河北岸的一级阶地上，海拔高度约在 575～580 米，地形较为平坦。遗址只有庙底沟二期时期的遗存，从遗存分布情况看，这个时期只能划分为一个聚落，聚落面积同于遗址面积。聚落与河床保持有一定的高度。地表没有发现遗物，少量遗迹见于取土后的断崖上，遗迹内出土遗物较多。

（1）遗迹

灰坑　3 个，散布于聚落外围。

（2）遗物

主要是陶片。以夹砂灰陶为多，多篮纹和绳纹，可辨器形有深腹罐、盆等。

深腹罐　标本 1 件。WX041215K003－H：1，夹砂灰褐陶。圆唇，折沿，深鼓腹。腹部有一周附加堆纹，腹部饰斜篮纹。口径 19.2、残高 19.2 厘米（图一五三，4）。

斜腹盆　标本 1 件。WX041215K003－H：2，夹砂灰褐陶。斜腹，平底，底部有花边。腹部饰绳纹。底径 12、残高 9 厘米（图一五三，5）。

六九　柏底 II 号遗址

柏底 II 号遗址位于后宫乡柏底村西南，面积小于 5 万平方米（见图一五二）。遗址处在沙渠河

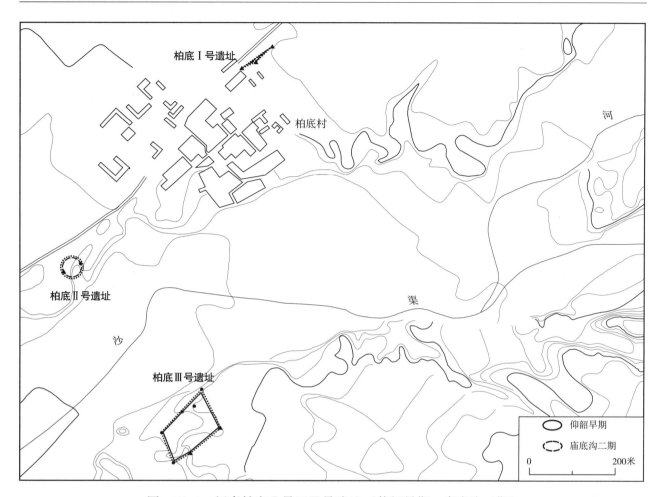

图一五二 闻喜柏底Ⅰ号至Ⅲ号遗址（仰韶早期、庙底沟二期）

北岸的一级阶地上，海拔高度在 555～570 米之间，遗存主要见于小冲沟的断面，地形有一定起伏。遗址只有庙底沟二期时期的遗存，从遗存分布特点看，这个时期只能划分为一个聚落，聚落面积同于遗址面积。聚落与河床保持有一定的高度。聚落内遗存分布稀疏，地表有零星遗物分布，个别遗迹见于取土形成的断崖上，遗迹内出土遗物很少。

（1）遗迹

文化层 1 处，分布于聚落西部。

灶 1 处，分布于聚落西部。

（2）遗物

只有陶片。以夹砂灰陶为多，多绳纹，可辨器形有深腹罐等。

深腹罐 标本 1 件。WX041215K001－C：1，夹砂红褐陶。微敛口，圆唇，沿内有凹，深腹。腹部有对称双錾，口下有附加堆纹一周，腹部饰绳纹。口径 32、残高 9.2 厘米（图一五三，1）。

七〇 柏底Ⅲ号遗址

柏底Ⅲ号遗址位于后宫乡柏底村南 400 米，面积 1.2 万平方米（见图一五二）。遗址处在沙渠

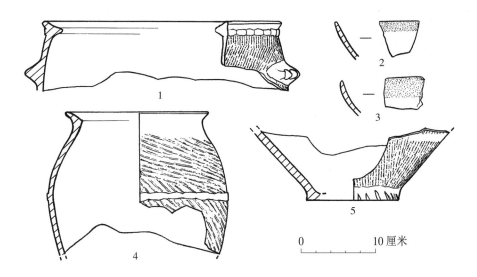

图一五三　闻喜柏底Ⅰ号至Ⅲ号遗址陶器

1、4. 深腹罐（WX041215K001－C∶1、WX041215K003－H∶1）　2、3. 钵（WX050303F001－C∶1、
WX050303F001－C∶2）　5. 斜腹盆（WX041215K003－H∶2）（1 为Ⅱ号遗址，2、3 为Ⅲ号遗址，
余为Ⅰ号遗址；2、3 为仰韶早期，余为庙底沟二期）

河南岸的台地上，海拔高度在560～570米之间，东高西低，内有浅冲沟，地形起伏大。遗址只有仰韶早期的遗存，从遗存分布情况看，这个时期只能划分为一个聚落，聚落面积同于遗址面积。聚落与河床保持有一定的高度。聚落内遗存分布密集但不丰富，地表有零星遗物发现，零星的遗迹见于梯田的断面，遗迹内出土遗物很少。

（1）遗迹

文化层　2 处。

（2）遗物

只发现陶片。以泥质红陶为主，多素面，可辨器形有钵等。

钵　标本 2 件。WX050303F001－C∶1，泥质磨光红陶。敞口，圆唇，斜腹。红顶（图一五三，2）。WX050303F001－C∶2，泥质磨光红陶。微敛口，圆唇，斜腹。口部较红。素面。（图一五三，3）。

七一　后宫Ⅰ号遗址

后宫Ⅰ号遗址位于后宫乡后宫村南，面积小于 5 万平方米（图一五四）。遗址处在沙渠河北岸的台地上，海拔高度在585米左右，地形较平，起伏很小。遗址只有二里头时期的遗存，从遗存分布情况，这个时期只能划分为一个聚落，聚落面积同于遗址面积。聚落与河川保持一定的高度。聚落被现代建筑叠压，实际面积已无从得知，目前只是一些零星发现。地表没有发现遗物，在取土的断崖上暴露有个别遗迹，遗迹内包含物很少。

（1）遗迹

文化层　1 处，堆积较薄。

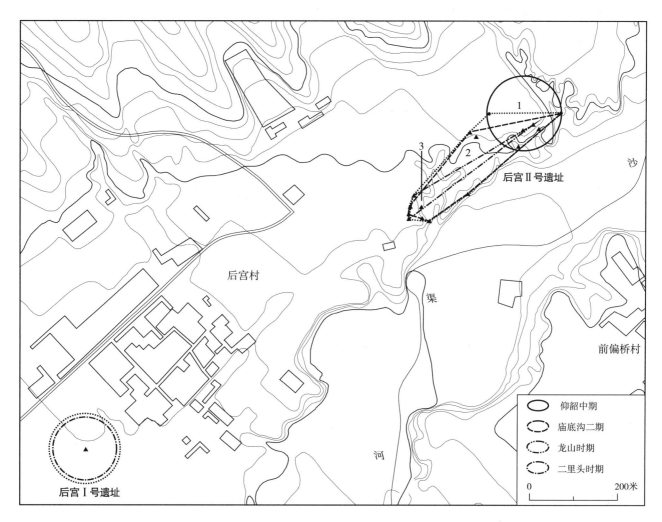

图一五四　闻喜后宫Ⅰ号、Ⅱ号遗址（仰韶中期—二里头时期）

（2）遗物

只发现少量陶片。以泥质灰陶为多，多绳纹，可辨器形有圆腹罐等。

七二　后宫Ⅱ号遗址

后宫Ⅱ号遗址位于后宫乡后宫村东北，由于村民盖房和砖厂取土，遗址破坏严重，现有面积
3.2万平方米（见图一五四）。遗址处在沙渠河北岸的台地上，海拔高度在585～610米之间，遗
存主要面向沙渠河分布，水土流失和人工取土造成的地貌起伏都很大，沟坎较多（彩版五九）。遗
址包含三个时期的遗存：仰韶中期、庙底沟二期、龙山时期，从遗存分布情况看，每个时期分别
可以划分为一个聚落。总体来看，仰韶中期，只有个别遗物分布；庙底沟二期，聚落面积达到最
大；龙山时期，聚落面积有所减小。

1. 1号仰韶中期聚落

1号仰韶中期聚落只有两点遗物发现，所以理论上可能有一个聚落存在，面积小于5万平方

米。聚落位于遗址的东北，所处的位置相对较高。聚落内遗存分布差，只有地表有零星遗物分布。

（1）遗迹

未发现。

（2）遗物

只发现少量陶片。多泥质红陶，多素面，可辨器形有钵等。

2. 2号庙底沟二期聚落

2号庙底沟二期聚落占有遗址的绝大部分，面积2.7万平方米。聚落所处的位置相对高，聚落内遗存分布密集，虽然地表所见遗物很少，但遗迹发现很多。遗迹主要暴露于断崖和梯田的断面，遗迹内包含物非常丰富。

（1）遗迹

文化层　2处，集中分布于聚落西南。

灰坑　23个，散布于整个聚落。

（2）遗物

主要是陶片。以夹砂灰陶为主，多绳纹和篮纹，可辨器形有深腹罐、小口高领罐等。

深腹罐　标本5件。WX040414A002－H：1，夹砂灰黑陶。侈口，深腹微鼓。口下有附加堆纹两周，腹部残留有三周附加堆纹，唇部及腹部饰绳纹。口径26、残高20厘米（图一五五，1）。WX040414I004－H：1，夹砂灰陶。粗糙的花边口，折沿，深腹略鼓。口下饰附加堆纹四周，腹饰绳纹。口径20.4、残高6.4厘米（图一五五，2）。WX040414A005－C：1，夹砂灰黑陶。圆唇，折沿，深腹略鼓。腹部饰绳纹。口径22、残高6厘米（图一五五，3）。WX041209H001－H2：1，夹砂灰陶。深腹略鼓，平底。近底部有三周附加堆纹，腹部饰绳纹。底径19、残高10厘米（图一五五，5）。WX040414A005－C：2，夹砂黑灰陶。深腹略鼓，平底。腹部残留有一周附加堆纹，腹部饰竖篮纹。底径20、残高13.6厘米（图一五五，6）。

小口高领罐　标本1件。WX041215A004－H：1，泥质黑皮陶。小口近直，高领，大鼓肩。领部有篮纹被刮抹的痕迹。口径11.2、残高8厘米（图一五五，4）。

3. 3号龙山时期聚落

3号龙山时期聚落面积较小，仅0.6万平方米，呈长条状分布于遗址中、西部。聚落所处的位置相对高，聚落内遗存分布稀疏，遗迹主要暴露于断崖上。

（1）遗迹

灰坑　5个，聚落西南部分布有4个，东北部分布有1个。

（2）遗物

只发现少量陶片。以夹砂灰陶为多，多绳纹，可辨器形有鬲等。

七三　前偏桥遗址

前偏桥遗址位于后宫乡前偏桥村西南、东北，面积65.1万平方米（图一五六）。遗址处在沙

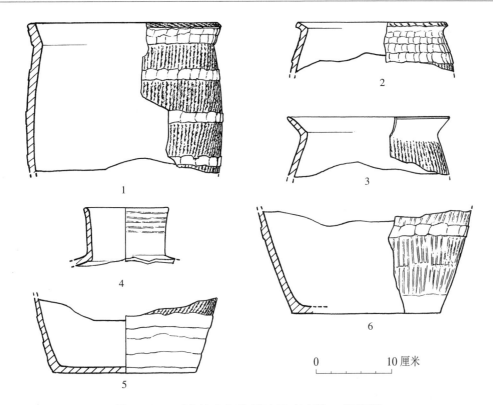

图一五五　闻喜后宫Ⅱ号遗址庙底沟二期陶器

1～3、5、6. 深腹罐（WX040414A002－H∶1、WX040414I004－H∶1、WX040414A005－C∶1、
WX041209H001－H2∶1、WX040414A005－C∶2）　4. 小口高领罐（WX041215A004－H∶1）

渠河与其支流偏桥河的交汇处，海拔高度在 570～645 米之间，东北高，西南低，整个遗址的地形由西南向东北逐渐抬升，地形起伏较大，遗存分布的落差也较大（彩版六○）。遗址包含四个时期的遗存：仰韶中期、仰韶晚期、庙底沟二期和二里头时期。从遗存分布情况看，仰韶中期和二里头时期分别可以划分为一个聚落，仰韶晚期可以划分为两个聚落，庙底沟二期可以划分为三个聚落。仰韶中期，聚落面积最大；之后，聚落面积都较小。

1. 1 号仰韶中期聚落

1 号仰韶中期聚落基本覆盖了整个遗址，面积 55.3 万平方米。除聚落中部由于有现代建筑物覆盖遗存分布稀疏外，聚落内其他部位遗存分布密集，但高低落差大。地表遗物随处可见，遗迹主要见于断崖和梯田的断面，遗迹内包含物丰富。

（1）遗迹

文化层　数量很多，至少在 16 处以上，分布于聚落东北部、南部及西南部。

灰坑　数量众多，分布遍及整个聚落。

（2）遗物

主要是陶片。以泥质红陶为多，多素面和线纹，可辨器形有灶、尖底瓶、盆、钵等。

尖底瓶　标本 2 件。WX050302L002∶1，泥质红陶。重唇口，长颈。颈部开始饰线纹。口径 6、残高

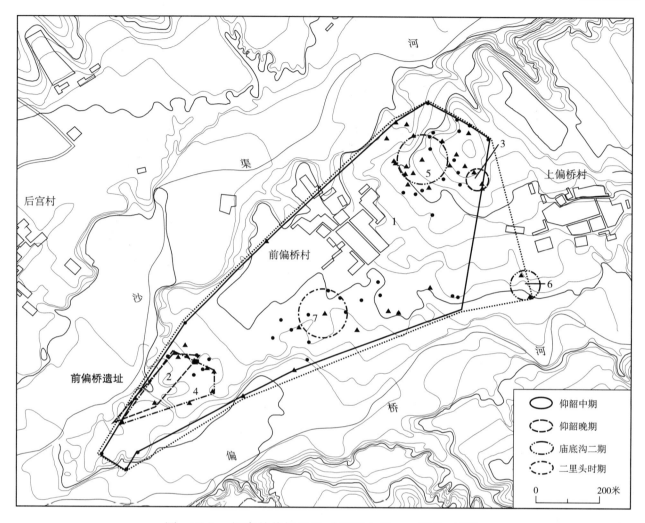

图一五六　闻喜前偏桥遗址（仰韶中期—二里头时期）

4.4 厘米（图一五七，5）。WX050302G004：1，泥质红陶。鼓腹，尖底。器表饰线纹（图一五七，11）。

　　盆　标本 5 件。WX050302L004 – H2：1，泥质磨光红陶。圆唇，折沿，深腹。口部及腹部饰黑彩，为圆点、勾叶图案。口径 36、残高 3.8 厘米（图一五七，2）。WX050302L003：1，泥质红陶。微敛口，叠唇，微鼓腹。素面。口径 27.2、残高 5 厘米（图一五七，3）。WX050302L001：1，泥质黑陶。圆唇，折沿，弧腹。素面（图一五七，6）。WX050302K007 – H：1，泥质红陶。敛口，圆唇，鼓腹。素面（图一五七，7）。WX050302G004：2，泥质磨光红陶。圆唇，折沿，鼓腹。口沿及腹部饰黑彩，为圆点、弧线、勾叶图案（图一五七，9）。

　　灶　标本 1 件。WX050302K008 – H：1，夹砂褐陶。微敛口，厚圆唇，微鼓腹，器内有舌形隔。器腹饰旋纹（图一五七，8）。

　　2. 2 号仰韶晚期聚落

　　2 号仰韶晚期聚落位于遗址的西南部，面积 1.7 万平方米。聚落处于整个遗址的最低处，遗存分布稀疏，地表有零星遗物分布，少量遗迹主要见于梯田的断面，遗迹内包含物丰富。

（1）遗迹

文化层　2 处，分布于聚落中、北部。

灰坑　1 个，分布于聚落南部。

（2）遗物

只发现陶片。以泥质红陶为多，多线纹，可辨器形有尖底瓶、豆、罐等。

尖底瓶　标本 2 件。WX050302D007 - H：1，夹砂灰褐陶。敞口，高领，鼓肩，深腹。领部有一周附加堆纹，器表饰横篮纹。口径 16、残高 28 厘米（图一五七，1）。WX050302D013 - H2：1，泥质红陶。喇叭口，长颈。颈部饰线纹。口径 11.6、残高 2.4 厘米（图一五七，4）。

豆　标本 1 件。WX050302K004：1，泥质褐陶。粗柄，高圈足，有镂孔。柄部、圈足底部有泥条装饰。器内有烟炱。底径 13.2、残高 6 厘米（图一五七，15）。

3. 3 号仰韶晚期聚落

3 号仰韶晚期聚落位于遗址的东北部，面积小于 5 万平方米。聚落处于整个遗址的最高处，地表没有发现遗物，少量遗迹见于梯田的断面，遗迹内出土遗物很少。

（1）遗迹

文化层　1 处，分布于聚落北部。

灰坑　1 个，分布于聚落南部。

（2）遗物

主要是陶片。以泥质红陶为多，多素面和线纹，可辨器形有钵、罐等。

4. 4 号庙底沟二期聚落

4 号庙底沟二期聚落位于遗址的西南部，面积 3.2 万平方米。聚落位于整个遗址的最低处。地表没有发现遗物，但遗迹发现多，遗迹主要见于断崖和梯田的断面，遗迹内出土遗物丰富。

（1）遗迹

文化层　5 处，分布于聚落中、北部。

灰坑　1 个，分布于聚落西南角。

房址　1 座，分布于聚落北部，为白灰面。

（2）遗物

主要是陶片。以夹砂灰陶为多，多篮纹，有方格纹和绳纹，可辨器形有深腹罐等。

深腹罐　标本 2 件。WX050302D013 - H1：1，夹砂黑灰陶。侈口，尖唇，微束颈，深腹微鼓。腹部有附加堆纹一周，腹部饰大的方格纹（图一五七，12）。WX050302D013 - H1：2，夹砂灰陶。鼓腹，平底。腹部饰横篮纹。底径 14、残高 4 厘米（图一五七，14）。

5. 5 号庙底沟二期聚落

5 号庙底沟二期聚落位于遗址的东部偏北，面积较小，小于 5 万平方米。聚落位于整个遗址的

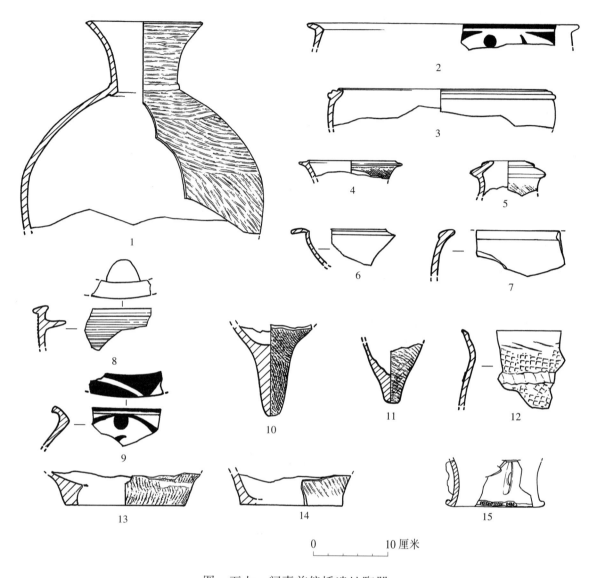

0　　　　　10厘米

图一五七　闻喜前偏桥遗址陶器

1、4、5、11. 尖底瓶（WX050302D007－H：1、WX050302D013－H2：1、WX050302L002：1、WX050302G004：1）
2、3、6、7、9. 盆（WX050302L004－H2：1、WX050302L003：1、WX050302L001：1、WX050302K007－H：1、
WX050302G004：2）　　8. 灶（WX050302K008－H：1）　　10. 鬲（WX050302D007－C：1）　　12、14. 深腹罐
（WX050302D013－H1：1、WX050302D013－H1：2）　　　13. 圈足罐（WX050302D007－C：2）　　15. 豆
（WX050302K004：1）（1、4、15为仰韶晚期，10、13为二里头时期，12、14为庙底沟二期，余为仰韶中期）

最高处。聚落内遗存分布稀疏，地表没有发现遗物，仅有个别遗迹暴露于断崖上，遗迹内包含物
丰富。

（1）遗迹

灰坑　1个。

（2）遗物

只发现陶片。多夹砂陶，多篮纹，可辨器形有深腹罐等。

6. 6 号庙底沟二期聚落

6 号庙底沟二期聚落位于遗址的东部偏南，面积小于 5 万平方米。聚落处于斜坡的低处，地表没有发现遗物，少量遗迹见于梯田的断面，遗迹内出土物丰富。

（1）遗迹

灰坑　4 个，聚落南、北各有 2 个分布。

（2）遗物

主要是陶片。以夹砂灰陶为多，多绳纹和篮纹，可辨器形有深腹罐等。

7. 7 号二里头时期聚落

7 号二里头时期聚落位于遗址的中部，面积较小，小于 5 万平方米。地表没有发现遗物，仅有的个别遗迹见于梯田的断面，遗迹内出土遗物丰富。

（1）遗迹

文化层　1 处，堆积较厚。

（2）遗物

主要是陶片。以夹砂灰陶为多，以绳纹为主，可辨器形有鬲、圈足罐等。

鬲　标本 1 件。WX050302D007 – C：1，夹砂灰陶。实锥足，袋足部分显肥。器表饰绳纹（图一五七，10）。

圈足罐　标本 1 件。WX050302D007 – C：2，夹砂灰陶。鼓腹，圜底，矮圈足。器表饰绳纹。底径 16、残高 4 厘米（图一五七，13）。

七四　上偏桥遗址

上偏桥遗址位于后宫乡上偏桥村东北 1000 米，面积小于 5 万平方米（图一五八）。遗址处在沙渠河支流偏桥河北岸的一级阶地上，海拔高度在 630～635 米之间，北高南低，地形为逐渐抬升的缓坡。遗址包含两个时期的遗存：仰韶中期和二里头时期，从遗存分布情况看，每个时期分别可以划分为一个聚落，每个时期的聚落面积都小于 5 万平方米。

1. 1 号仰韶中期聚落

1 号仰韶中期聚落面积同于遗址面积，小于 5 万平方米。聚落所处的位置略高于河川。聚落内遗存分布稀疏，地表没有发现遗物，仅有的个别遗迹见于梯田的断面，遗迹内出土遗物非常少。

（1）遗迹

文化层　1 处，堆积较薄。

（2）遗物

只发现少量陶片。以泥质红陶为多，多素面，可辨器形有钵等。

2. 2 号二里头时期聚落

2 号二里头时期聚落面积同于遗址面积，小于 5 万平方米。聚落所处的位置略高于河川。聚落

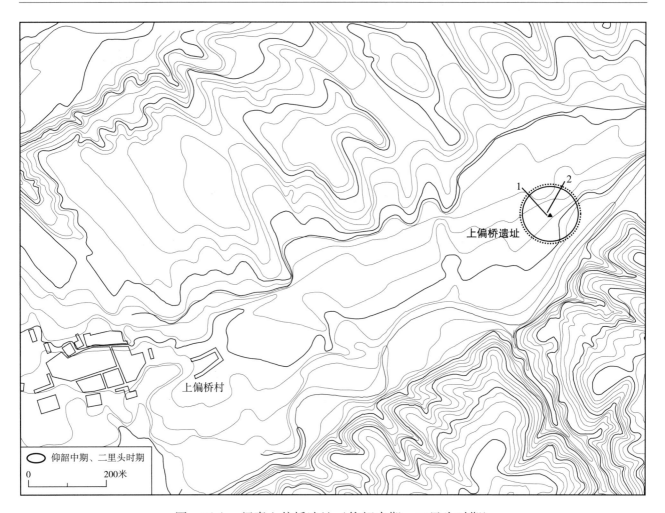

图一五八　闻喜上偏桥遗址（仰韶中期、二里头时期）

内遗存分布稀疏，地表没有发现遗物，仅发现个别遗迹暴露于梯田的断面，遗迹内出土遗物非常少。

（1）遗迹

文化层　1处，堆积较薄。

（2）遗物

只发现少量陶片。基本是泥质灰陶，多绳纹，可辨器形有罐等。

七五　十八堰Ⅰ号遗址

十八堰Ⅰ号遗址位于白石乡十八堰村南，面积9.6万平方米（图一五九）。遗址处在沙渠河支流偏桥河的北岸，海拔高度710～790米，面向水流一侧地势较低，地形起伏较大。遗址只有龙山时期的遗存，从遗存分布看，这个时期只能划分为一个聚落，聚落面积同于遗址面积。聚落所处的地势略高，遗存分布的落差大。聚落内东、西两端遗存分布密集，地表发现有零星遗物，遗迹发现较多，主要见于断崖和梯田的断面，遗迹内包含物丰富。

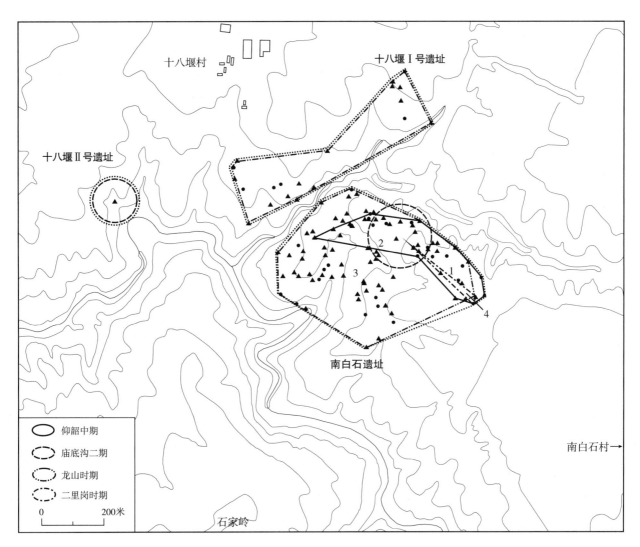

图一五九　闻喜十八堰Ⅰ号、十八堰Ⅱ号、南白石遗址（仰韶中期—二里岗时期）

（1）遗迹

文化层　2处，集中分布于聚落西部。

灰坑　11个，主要分布于聚落东、西部，形状、结构多样（彩版六一）。

房址　7座，整个聚落都有分布，全部为白灰面（彩版六二）。

（2）遗物

主要是陶片。以夹砂灰陶为多，多绳纹，可辨器形有鬲、罐等。

鬲　标本2件。WX050301B027－H1∶1，夹砂灰陶。侈口，方唇，矮领，鼓肩，足残，有双鋬。口部及器表均饰绳纹。口径28.6、残高13.2厘米（图一六〇，1）。WX050301F030∶1，夹砂灰陶。空袋足。器表饰绳纹（图一六〇，3）。

罐　标本1件。WX050301B026－H∶1，夹砂灰陶。近直口，深腹微鼓。器表饰绳纹（图一六〇，4）。

七六　十八堰Ⅱ号遗址

十八堰Ⅱ号遗址位于白石乡十八堰村西南，面积小于 5 万平方米（见图一五九）。遗址处在沙渠河支流偏桥河的北岸，海拔高度在 685 米之间，地形崎岖不平，较为陡峭。遗址只有庙底沟二期时期的遗存，从遗存分布情况看，这个时期只能划分为一个聚落，聚落面积同于遗址面积。聚落所处的地势略高，地形略陡。聚落内遗存分布稀疏，地表没有发现遗物，仅发现个别遗迹暴露于梯田的断面，遗迹内出土遗物较多。

（1）遗迹

灰坑　1 个。

（2）遗物

只发现少量陶片。以夹砂灰陶为多，多绳纹，可辨器形有深腹罐等。

深腹罐　标本 1 件。WX050302D001 - H：1，夹砂灰陶。近直口。口下有附加堆纹两周，口部及器表饰绳纹（图一六〇，2）。

七七　南白石遗址

南白石遗址位于白石乡南白石村西北 700 米，面积 22.3 万平方米（见图一五九）。遗址处在沙渠河支流偏桥河的两河交汇处，三面临深沟，沟内有水，海拔高度在 690～800 米之间，东高西低，此外，遗址中部还有冲沟，所在地形起伏较大，遗存分布的落差也较大（彩版六三）。遗址包含四个时期的遗存：仰韶中期、庙底沟二期、龙山时期和二里岗时期，从遗存分布特点看，每个时期分别可以划分为一个聚落。其中，仰韶中期，聚落已有一定的规模；庙底沟二期时期只有零

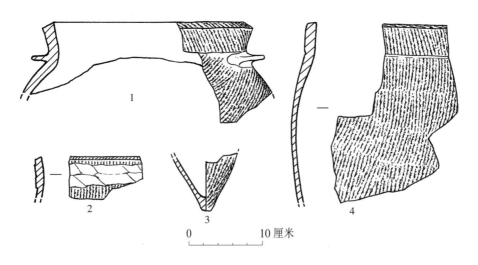

图一六〇　闻喜十八堰Ⅰ号、Ⅱ号遗址陶器

1、3. 鬲（WX050301B027 - H1：1、WX050301F030：1）　2. 深腹罐（WX050302D001 - H：1）　4. 罐（WX050301B026 - H：1）（2 为十八堰Ⅱ号遗址，余为十八堰Ⅰ号遗址；2 为庙底沟二期，余为龙山时期）

星分布；龙山时期，聚落达到鼎盛，基本覆盖了整个遗址；之后急剧衰落，二里岗时期只有零星分布。

1. 1 号仰韶中期聚落

1 号仰韶中期聚落位于遗址的北部，面积 5.6 万平方米。聚落内遗存分布的落差较大，遗存主要分布在地形相对平坦的地方。聚落的东部遗存分布密集，地表可见遗物分布，遗迹见于断崖和梯田的断面，遗迹内出土遗物丰富。

（1）遗迹

文化层　7 处，主要分布于聚落东南。

灰坑　1 个，分布于聚落西北。

（2）遗物

主要是陶片。以泥质红陶为主，多素面和线纹，可辨器形有尖底瓶、钵、罐等。

钵　标本 1 件。WX050301F010：1，泥质红陶。敛口，鼓腹。器表饰黑彩，白彩填充（图一六一，6）。

罐　标本 1 件。WX050301F010：2，泥质红陶。口部加厚，敛口，鼓腹。腹上部饰数周凹旋纹，腹下部饰线纹（图一六一，7）。

2. 2 号庙底沟二期聚落

2 号庙底沟二期聚落只发现两点遗物，所以，只是理论上可能存在一个聚落，面积小于 5 万平方米。聚落内遗存分布稀疏，遗存分布有一定的落差。没有发现遗迹，只是地表有零星遗物发现。

（1）遗迹

未发现。

（2）遗物

只发现少量陶片。多夹砂灰陶，有绳纹，可辨器形有深腹罐等。

3. 3 号龙山时期聚落

3 号龙山时期聚落基本覆盖了整个遗址，面积 20.7 万平方米。聚落内遗存分布有较大的落差，遗存分布非常密集，尤以遗迹分布密集。除地表随处可见遗物分布外，遗迹也随处可见，遗迹主要见于断崖和梯田的断面上，遗迹内出土遗物非常多。

（1）遗迹

文化层　数量很多，遍布整个聚落。

灰坑　数量众多，遍布整个聚落。

房址　不少于 8 座，散布于整个聚落。

陶窑　1 座，位于聚落中部。

（2）遗物

主要是陶片，其次有少量石器和骨角器等。

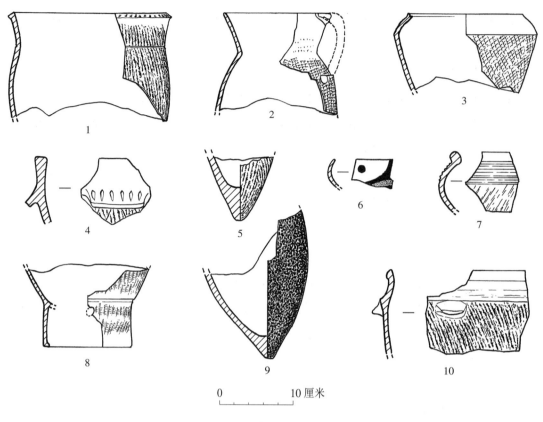

图一六一　闻喜南白石遗址陶器

1、2、5、9. 鬲（WX050301A008：1、WX050301H007 – H：1、WX050301I008 – H：1、WX050301H004 –
H2：1）　3、10. 斝（WX050301C002 – F2：1、WX050301B020 – H：2）　4. 釜灶（WX050301F007：1）
6. 钵（WX050301F010：1）　7. 罐（WX050301F010：2）　8. 圈足罐（WX050301B020 – H：1）
（6、7 为仰韶中期，余为龙山时期）

① 陶器

以夹砂灰陶略多，泥质灰陶其次，纹饰以绳纹为主，有少量篮纹和方格纹，可辨器形有釜灶、
鬲、甗、斝、双腹盆、豆、壶、圈足罐、小口瓮等。石器有石刀等。骨角器有鹿角器。

釜灶　标本 1 件。WX050301F007：1，夹砂灰陶。直口，收腹，腹部有錾手。錾手以下有绳纹
（图一六一，4）。

鬲　标本 4 件。WX050301A008：1，夹砂灰陶。微敞口，口部有按捺的痕迹，袋足微鼓，足
残。器表饰凌乱的麦粒状绳纹，颈部有一周旋纹。口径 22、残高 14.4 厘米（图一六一，1）。
WX050301H007 – H：1，夹砂灰陶。侈口，高领，桥形耳已残，桥形耳下有两泥丁，鼓肩。领部以
下饰方格纹。口径 14、残高 13.4 厘米（图一六一，2）。WX050301I008 – H：1，夹砂灰陶。空袋
足。足饰麦粒状绳纹（图一六一，5）。WX050301H004 – H2：1，夹砂黑灰陶。肥空袋足。器表满
饰凌乱的麻点纹（图一六一，9）。

甗　标本 1 件。WX050301F018 – C：1，夹砂灰陶。方唇，沿外翻，鼓腹。唇部有斜绳纹，颈
部以下有旋断绳纹（图一六二，12）。

　　罂　标本2件。WX050301C002 - F2：1，夹砂灰陶。敛口，折肩，深腹。肩部以下饰方格纹。口径15、残高10.4厘米（图一六一，3）。WX050301B020 - H：2，夹砂黑陶。微敛口，尖圆唇，折肩，深腹，折肩下有錾手。肩以下饰绳纹（图一六一，10）。

　　双腹盆　标本2件。WX050301H004 - H：1，泥质灰陶。敞口，圆唇，沿下奉，折腹，下腹部近直。上腹部素面，腹部近底处有篮纹。口径24、残高10.2厘米（图一六二，3）。标本WX050301A015：1，泥质磨光黑陶。折腹，下腹部近直，上腹部斜敞口，口、底均残。折腹处有一周旋纹，上腹部有两周旋纹（图一六二，5）。

　　盆　标本3件。WX050301F014：1，泥质灰陶。敞口，圆唇，小平沿，口部有小錾手。口下饰绳纹。口径30、残高5厘米（图一六二，1）。WX050301B022：1，泥质灰陶。圆唇，折沿，沿外

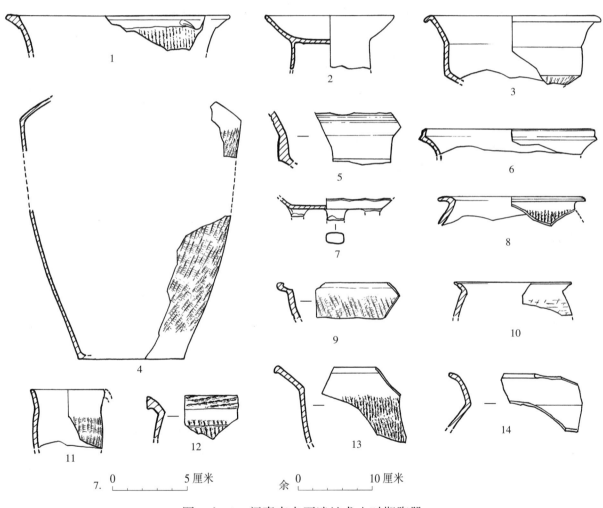

图一六二　闻喜南白石遗址龙山时期陶器

1、9、13. 盆（WX050301F014：1、WX050301B022：1、WX050301A012：1）　2. 豆（WX050301H001 - H：1）
3、5. 双腹盆（WX050301H004 - H：1、WX050301A015：1）　4. 深腹罐（WX050301I011 - H1：1）
6. 壶（WX050301B005：1）　7. 鼎（WX050301B005 - H：1）　8、10. 罐（WX050301A004 - H：1、
WX050301I010 - H：1）　11. 小罐（WX050301B014 - H：1）　12. 甗（WX050301F018 - C：1）　14. 小口
瓮（WX050301F013 - C：1）

凸起，斜腹。口沿下饰横丝篮纹（图一六二，9）。WX050301A012：1，泥质灰陶。圆唇，宽折沿，斜深腹。腹部饰麦粒状绳纹（图一六二，13）。

豆　标本1件。WX050301H001－H：1，泥质黑灰陶。斜敞口，浅盘，高圈足，足已残。素面磨光。口径17.2、残高7.1厘米（图一六二，2）。

壶　标本1件。WX050301B005：1，泥质灰陶。直盘口，盘口下内收为颈。素面。口径23.2、残高3.4厘米（图一六二，6）。

圈足罐　标本1件。WX050301B020－H：1，泥质灰陶。圈足微高且有对称双孔，圈足以上部分外鼓突出，腹上、中部已残。器表饰带横丝的篮纹，圈足与器腹交接处有一周旋纹。底径12、残高10.4厘米（图一六一，8）。

罐　标本2件。WX050301A004－H：1，夹砂灰陶。圆唇，折沿外翻，鼓腹。沿面有一周旋纹，口下饰绳纹。口径20、残高3.6厘米（图一六二，8）。WX050301I010－H：1，夹砂红陶。口外翻，小圆唇，鼓腹。沿内有凹旋纹一周，腹部有划纹。口径16、残高4.4厘米（图一六二，10）。

小罐　标本1件。WX050301B014－H：1，夹砂灰陶。近直口，微鼓腹，口部有小錾。腹部饰横丝篮纹。口径10、残高8厘米（图一六二，11）。

小口瓮　标本1件。WX050301F013－C：1，泥质灰陶。圆唇，折沿，高领微外翻，肩部及其以下残。素面磨光（图一六二，14）。

深腹罐　标本1件。WX050301I011－H1：1，泥质灰陶。折肩，深腹。肩以下饰横丝篮纹。底径14厘米（图一六二，4）。

鼎　标本1件。WX050301B005－H：1，泥质黑陶。小平底加三小足，足残。残留部分无纹饰。底径6厘米（图一六二，7）。

② 石器

只有石刀等。

石刀　标本1件。WX050301C007－H：1，砂岩。褐色。长方形，器已残。背部厚且微弧，两面刃微弧，有两面对钻孔一个。残长6.5、宽4.6、厚0.6厘米（图一六三，2）。

③ 骨角器

只有鹿角器等。

鹿角器　标本1件。WX050301H004－H：2，尖扁圆形，稍钝；尾部略残，有一斜钻孔。鹿角两

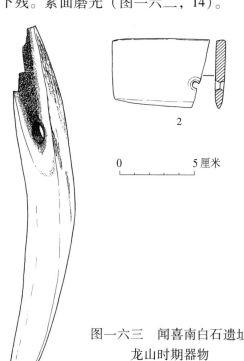

图一六三　闻喜南白石遗址
龙山时期器物

1. 鹿角器（WX050301H004－H:2）
2. 石刀（WX050301C007－H:1）

侧初步切割处理，然后进行磨制。长 25.7 厘米（图一六三，1）。

4. 4 号二里岗时期聚落

4 号二里岗时期聚落位于遗址的东部，面积 0.3 万平方米。聚落处于遗址的高处，遗存主要分布在较为平坦的梯田上。遗存分布稀疏，地表有零星遗物分布，仅有的个别遗迹见于梯田的断面，遗迹内遗物很少。

（1）遗迹

灰坑　1 个，分布于聚落东部。

（2）遗物

只发现少量陶片。以夹砂灰陶为多，多绳纹，可辨器形有鬲等。

七八　蔡村遗址

蔡村遗址位于后宫乡蔡村西南，面积 4.7 万平方米（图一六四）。遗址处在沙渠河北岸山坡底部地形相对平缓处，海拔高度在 605～640 米之间，北高南低，遗址偏东位置有冲沟，整体地形起伏仍较大。遗址包含三个时期的遗存：仰韶晚期、庙底沟二期和龙山时期，从遗存分布情况看，每个时期分别可以划分为一个聚落。

1. 1 号仰韶晚期聚落

1 号仰韶晚期聚落占据了遗址的大部分范围，面积 2.7 万平方米。聚落分布在沟的近底部，但与河川尚保持一定的高度。聚落内遗存分布稀疏，地表有零星遗物分布，少量遗迹主要见于梯田的断面，遗迹内出土物丰富。

（1）遗迹

文化层　1 处，分布于聚落西部。

灰坑　3 个，分布于聚落东部。

（2）遗物

主要是陶片。以泥质红陶居多，多素面，可辨器形有罐等。

罐　标本 1 件。WX050304I006：1，夹砂红陶。深腹，平底。素面。底径 18.5、残高 14.5 厘米（图一六五，16）。

2. 2 号庙底沟二期聚落

2 号庙底沟二期聚落位于遗址的东部，面积小于 5 万平方米。聚落内遗存分布稀疏，地表有零星遗物分布，仅有的个别遗迹见于梯田的断面，遗迹内发现遗物很少。

（1）遗迹

灰坑　1 个，分布于聚落东部。

（2）遗物

只发现少量陶片。以夹砂灰陶为多，多绳纹，可辨器形有深腹罐等。

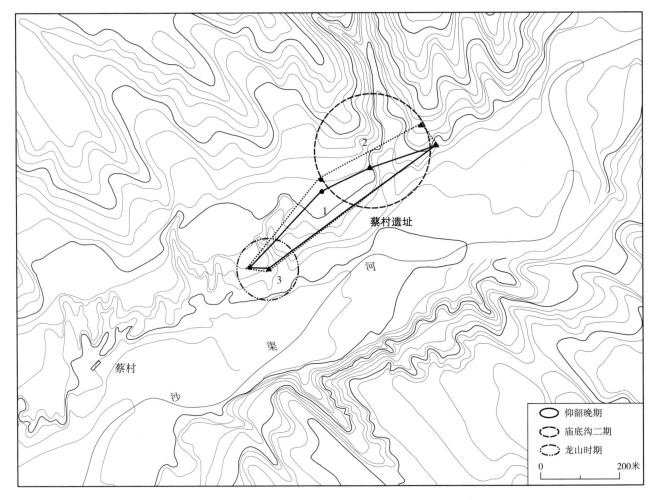

图一六四　闻喜蔡村遗址（仰韶晚期—龙山时期）

3. 3号龙山时期聚落

3号龙山时期聚落位于遗址的西部，面积较小，小于5万平方米。聚落所处位置略低，位于沟的近底部。聚落内遗存分布稀疏，地表没有发现遗物，仅有的个别遗迹见于梯田的断面，遗迹内出土遗物很少。

（1）遗迹

文化层　1处，堆积较薄。

（2）遗物

只发现少量陶片。多夹砂陶，多绳纹，可辨器形有罐等。

七九　下院Ⅰ号遗址

下院Ⅰ号遗址位于后宫乡下院村东450米，面积10.1万平方米（图一六六、一六七）。遗址处在沙渠河北岸的山前缓坡上，海拔高度在630～685米之间，北高南低，整体地形为逐渐抬升的阶梯状梯田。遗址包含五个时期的遗存：仰韶早期、仰韶晚期、庙底沟二期、二里头时期和二里

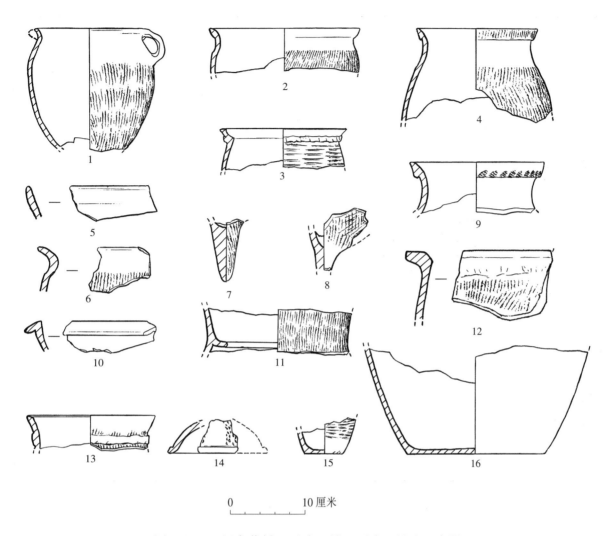

0 ————— 10厘米

图一六五　闻喜蔡村、下院Ⅰ号、下院Ⅱ号遗址陶器

1、4、9. 圆腹罐（WX050304H004 – C：1、WX050304A003 – C：1、WX050304A003 – C：2）　2、15、16. 罐（WX050304G007 – C：1、WX050304G003 – H：1、WX050304I006：1）　3、13. 深腹罐（WX050304L006：1、WX050304F003 – C：1）　5、10. 盆（WX050304F005 – H3：1、WX050304H003：1）　6～8. 鬲（WX050304L001 – Y：1、WX050304C002：1、WX050304D004 – C：1）　11. 甗（WX050304F001 – H：1）　12. 蛋形瓮（WX050304C005 – C：1）　14. 器盖（WX050304H004：1）（12 为下院Ⅱ号遗址，16 为蔡村遗址，余为下院Ⅰ号遗址；3、13、15 为庙底沟二期，5、14 为仰韶早期，8、11 为二里岗时期，10、16 为仰韶晚期，余为二里头时期）

岗时期，从遗存分布情况看，每个时期分别可以划分为一个聚落。

1. 1 号仰韶早期聚落

1 号仰韶早期聚落位于遗址的西部，面积 0.9 万平方米。聚落所处的位置相对开阔，但位置并不太高。聚落内遗存分布密集，除地表有零星遗物分布外，多有遗迹发现，遗迹主要见于断崖和梯田的断面，遗迹内出土物丰富。

（1）遗迹

文化层　3 处，分布于聚落东部。

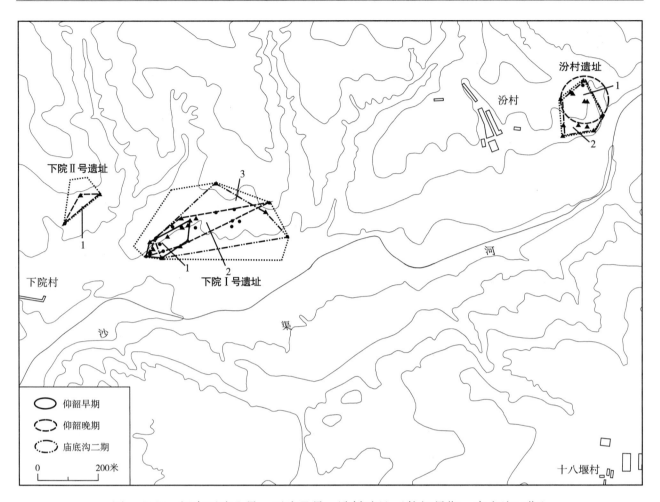

图一六六　闻喜下院Ⅰ号、下院Ⅱ号、汾村遗址（仰韶早期—庙底沟二期）

灰坑　4个，分布于聚落西部。

（2）遗物

主要是陶片。基本是泥质红陶，多素面，可辨器形有器盖、盆等。

器盖　标本1件。WX050304H004：1，夹砂褐陶。口部加厚，弧盖。器表饰有指甲纹。口径13、残高4.5厘米（图一六五，14）。

盆　标本1件。WX050304F005－H3：1，泥质红陶。敞口，圆唇，斜腹。素面，有轮制痕迹（图一六五，5）。

2. 2号仰韶晚期聚落

2号仰韶晚期聚落位于遗址的中部，面积2万平方米。聚落内遗存的分布有较大的落差，聚落的西部遗存分布密集，东部则稀疏。地表有零星遗物分布，遗迹发现不多，集中分布于聚落中部，遗迹主要见于梯田的断面，遗迹内包含物丰富。

（1）遗迹

文化层　3处，集中分布于聚落中部偏西。

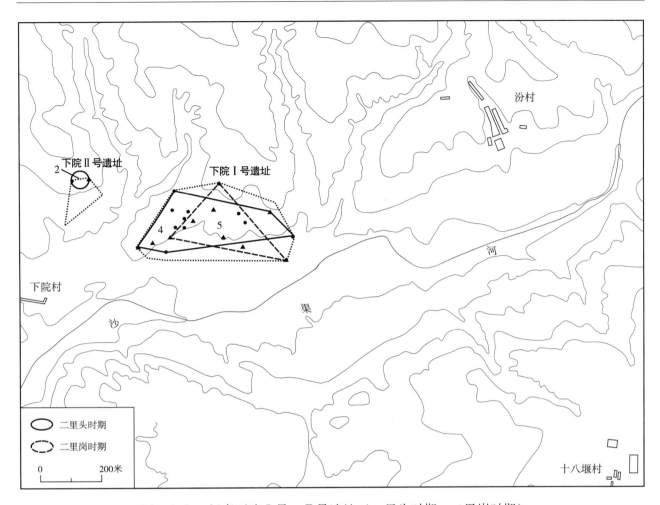

图一六七　闻喜下院Ⅰ号、Ⅱ号遗址（二里头时期—二里岗时期）

陶窑　1座，分布于聚落西部。

（2）遗物

主要是陶片。以泥质红陶为多，多素面和线纹，可辨器形有钵、盆等。

盆　标本1件。WX050304H003：1，泥质磨光红陶。圆唇，沿下奄，斜腹。素面（图一六五，10）。

3. 3号庙底沟二期聚落

3号庙底沟二期聚落位于遗址中部，占据了遗址的大部分范围，面积5.9万平方米。聚落所处的位置相对开阔，但遗存分布的落差大。聚落内遗存分布密集，地表有遗物分布，遗迹发现多，遗迹主要见于断崖和梯田的断面，遗迹内包含物非常丰富。

（1）遗迹

文化层　3处，聚落东部有1处分布，聚落中部有2处分布。

灰坑　10个，除2个分布于聚落东部外，其余皆分布于聚落中部。

（2）遗物

主要是陶片。以夹砂灰陶为多，多篮纹，可辨器形有深腹罐、罐等。

深腹罐 标本 2 件。WX050304L006：1，夹砂灰黑陶。口外翻，方唇，深腹。口下有附加堆纹一周，腹部饰横篮纹。口径 17、残高 5.3 厘米（图一六五，3）。WX050304F003－C：1，夹砂褐陶。侈口，深腹。口下有附加堆纹一周，腹部饰绳纹。口径 17、残高 4.5 厘米（图一六五，13）。

罐 标本 1 件。WX050304G003－H：1，夹砂灰陶。深腹，平底。腹部饰横篮纹。底径 5.5、残高 4.8 厘米（图一六五，15）。

4. 4 号二里头时期聚落

4 号二里头时期聚落占据了遗址的绝大部分，面积 6.1 万平方米。聚落所处的位置相对开阔，但遗存分布有一定的落差，聚落内遗存分布一般，地表有零星遗物分布，有少量遗迹发现，遗迹主要见于梯田的断面，遗迹内出土物非常丰富。

（1）遗迹

文化层 4 处，分布于聚落中、西部。

灰坑 1 个，分布于聚落中、东部。

陶窑 1 个，分布于聚落东部。

（2）遗物

主要是陶片。以泥质灰陶略多，多绳纹，可辨器形有鬲、圆腹罐、罐等。

鬲 标本 2 件。WX050304L001－Y：1，夹砂黑灰陶。口沿外翻，圆唇，高领，分裆显现。腹部饰绳纹（图一六五，6）。WX050304C002：1，夹砂灰陶。实锥足。足根饰绳纹（图一六五，7）。

圆腹罐 标本 3 件。WX050304H004－C：1，夹砂灰黑陶。口外翻，圆唇，束颈，圆鼓腹，有一桥形耳。腹部饰绳纹，略显凌乱。口径 15、残高 16 厘米（图一六五，1）。WX050304A003－C：1，夹砂黑灰陶。口部加厚，尖圆唇，高领，深腹微鼓。有无耳已不详。口部及腹部均饰较凌乱的绳纹。口径 16、残高 12.5 厘米（图一六五，4）。WX050304A003－C：2，夹砂灰褐陶。花边口，口部加厚，尖圆唇，高领。口径 18、残高 6.5 厘米（图一六五，9）。

罐 标本 1 件。WX050304G007－C：1，泥质灰陶。微敞口，尖圆唇加厚，微显颈，深腹。腹部饰细绳纹。口径 20、残高 5.7 厘米（图一六五，2）。

5. 5 号二里岗时期聚落

5 号二里岗时期聚落位于遗址的中部，面积 4.1 万平方米。聚落所处的位置相对开阔，但遗存分布有一定的落差。聚落内遗存分布稀疏，地表没有发现遗物分布，少量遗迹见于梯田的断面，遗迹内出土物丰富。

（1）遗迹

文化层 2 处，分布于聚落西部。

灰坑 2 个，分布于聚落东部。

（2）遗物

只有陶片。多夹砂灰陶，以绳纹为主，可辨器形有鬲、甑等。

鬲　标本 1 件。WX050304D004 - C：1，夹砂褐陶。实锥足。空足部分饰绳纹（图一六五，8）。

甗　标本 1 件。WX050304F001 - H：1，夹砂灰陶。有托架。器表饰绳纹。腰径 18.5 厘米（图一六五，11）。

八○　下院 II 号遗址

下院 II 号遗址位于后宫乡下院村东北 250 米，面积 1 万平方米（见图一六六、一六七）。遗址处在沙渠河北岸的山前缓坡上，海拔高度在 650~685 米之间，北高南低，地形起伏较大。遗址包含两个时期的遗存：仰韶晚期和二里头时期，从遗存分布情况看，每个时期分别可以划分为一个聚落。

1. 1 号仰韶晚期聚落

1 号仰韶晚期聚落位于遗址南部，面积较小，只有 0.3 万平方米。聚落所处的位置较高，聚落内遗存分布一般，地表有零星遗物分布，遗迹主要见于断崖上，遗迹内包含物差。

（1）遗迹

灰坑　2 个，分布于聚落东北。

（2）遗物

只发现少量陶片。以泥质红陶为多，多素面，可辨器形有钵等。

2. 2 号二里头时期聚落

2 号二里头时期聚落位于遗址北部，面积小于 5 万平方米。聚落所处的位置较高，聚落内遗存分布稀疏，地表有零星遗物分布，仅有的个别遗迹见于梯田的断面，遗迹内出土遗物丰富。

（1）遗迹

文化层　1 处，分布于聚落东部，堆积较厚。

（2）遗物

主要是陶片。以泥质灰陶为多，以绳纹为主，可辨器形有圆腹罐、蛋形瓮等。

蛋形瓮　标本 1 件。WX050304C005 - C：1，夹砂黑灰陶。小平沿，深腹微鼓，厚胎。腹部饰麦粒状绳纹（图一六五，12）。

八一　汾村遗址

汾村遗址位于后宫乡汾村东，面积 1.7 万平方米（见图一六六）。遗址处在沙渠河北岸的山前坡地上，海拔高度在 670~720 米之间，北高南低，地形起伏较大，遗存分布落差较大。遗址包含两个时期的遗存：仰韶晚期和庙底沟二期，从遗存分布特点看，每个时期分别可以划分为一个聚落。

1. 1 号仰韶晚期聚落

1 号仰韶晚期聚落面积较小，小于 5 万平方米。聚落处于一突出的高地上。聚落内遗存分布差，地表没有发现遗物分布，仅发现个别遗迹，主要暴露于梯田的断面，遗迹内出土物很少。

（1）遗迹

文化层　1处，堆积较薄。

（2）遗物

只发现少量陶片。以泥质陶为多，多素面，可辨器形有钵等。

2. 2号庙底沟二期聚落

2号庙底沟二期聚落覆盖了整个遗址，面积为1.7万平方米。聚落处于一突出的高地上，聚落内遗存的分布密集但有较大的落差，地表有零星遗物分布，遗迹发现数量多，多见于断崖和梯田的断面，遗迹内出土物丰富。

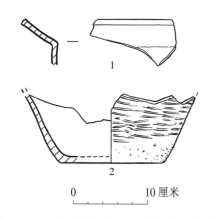

图一六八　闻喜汾村遗址庙底沟二期陶器

1. 盆（WX050303F004－C:1）
2. 深腹罐（WX050303F004－C:2）

（1）遗迹

文化层　2处，位于聚落北部地势稍高处。

灰坑　1个，位于聚落北部地势稍高处。

房址　10座，聚落北部和南部都有分布，全部为白灰面（彩版六四）。

（2）遗物

主要是陶片。以夹砂灰陶为多，多篮纹，可辨器形有深腹罐、盆等。

深腹罐　标本1件。WX050303F004－C:2，夹砂褐陶。深腹，平底。腹部饰横篮纹。底径14、残高9.5厘米（图一六八，2）。

盆　标本1件。WX050303F004－C:1，泥质灰陶。方唇，宽折沿，深腹。素面（图一六八，1）。

八二　余家岭遗址

余家岭遗址位于后宫乡余家岭村西南，面积6.4万平方米（图一六九、一七〇）。遗址处在沙渠河北岸的山前坡地上，海拔高度在690～750米之间，北高南低，遗址所在地形略陡，地形起伏较大（彩版六五）。遗址包含五个时期的遗存：仰韶早期、庙底沟二期、龙山时期、二里头时期和二里岗时期，从遗存分布特点看，每个时期只能划分为一个聚落。

1. 1号仰韶早期聚落

1号仰韶早期聚落位于遗址的西部，面积1.5万平方米。聚落处于相对开阔的地形上，位于遗址的最低处，聚落内遗存分布密集且有一定的落差。地表多见遗物分布，发现一定数量的遗迹，主要暴露于梯田的断面，遗迹内包含物丰富。

（1）遗迹

文化层　1处，分布于聚落西北，堆积较薄。

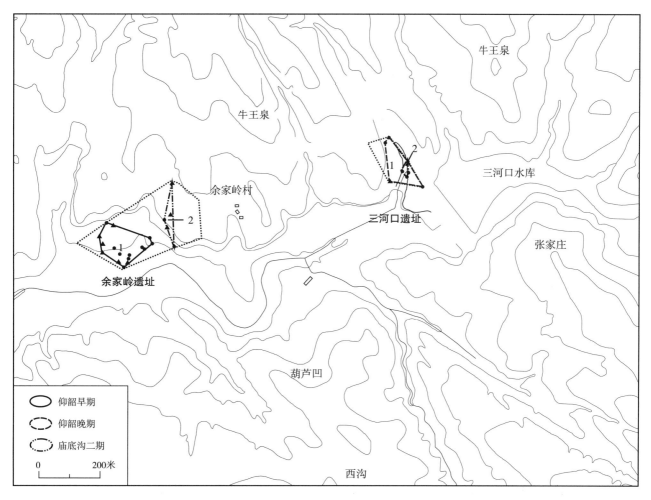

图一六九　闻喜余家岭、三河口遗址（仰韶早期—庙底沟二期）

灰坑　8 个，分布于聚落西部。

房址　1 座，分布于聚落西部，为红烧土面。

（2）遗物

主要是陶片。以泥质红陶为主，器薄，多素面，可辨器形有钵等。

2. 2 号庙底沟二期聚落

2 号庙底沟二期聚落位于遗址东部，面积较小，只有 0.3 万平方米。聚落所处的地形略陡，聚落内遗存分布稀疏且有较大的落差。地表有零星遗物分布，少量遗迹见于梯田的断面，遗迹内出土遗物丰富。

（1）遗迹

文化层　3 处，分布于聚落中部。

灰坑　1 个，分布于聚落北部。

（2）遗物

只发现陶片。

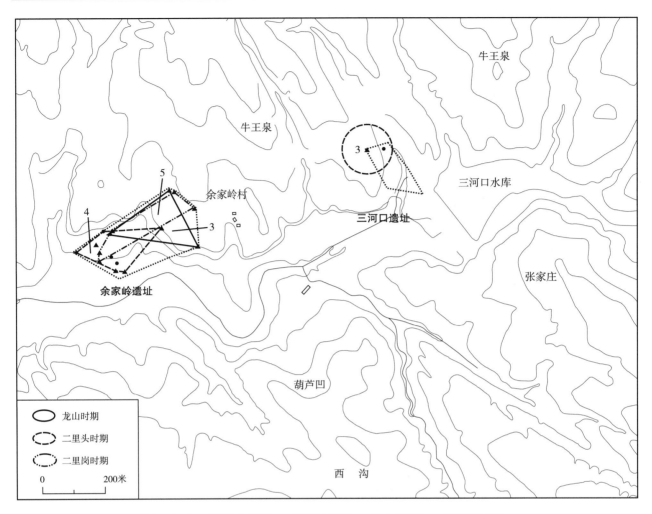

图一七〇　闻喜余家岭、三河口遗址（龙山时期—二里岗时期）

深腹罐　标本1件。WX050303I001：1，夹砂灰陶。侈口，方唇，深腹。口下有附加堆纹两周。口径20、残高5厘米（图一七一，1）。

盆　标本1件。WX050303I001：2，泥质灰陶。口外翻，尖圆唇，宽沿。沿下饰竖篮纹（图一七一，3）。

3. 3号龙山时期聚落

3号龙山时期聚落位于遗址中东部，面积2.5万平方米。聚落所处的位置相对高，聚落内遗存分布稀疏，地表没有发现遗物，少量遗迹见于梯田的断面，遗迹内大多出土物少。

（1）遗迹

文化层　1处，分布于聚落东南角。

灰坑　2个，聚落北部和西部各有1个分布，其中一个灰坑内有铜渣出土（彩版六六、六七）。

房址　1座，分布于聚落东南角，为白灰面。

（2）遗物

只发现少量陶片。多夹砂灰陶，以绳纹为主，可辨器形有甗、罐等。

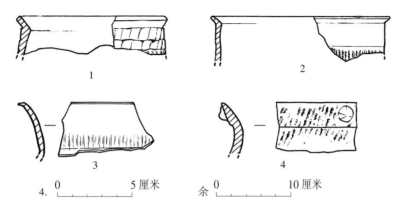

图一七一　闻喜余家岭遗址陶器

1. 深腹罐（WX050303I001：1）　2、3. 盆（WX050303B006－C：1、WX050303I001：2）

4. 罐（WX050303I001－C：1）（2 为二里岗时期，4 为二里头时期，余为庙底沟二期）

4. 4 号二里头时期聚落

4 号二里头时期聚落位于遗址中西部，面积 2.1 万平方米。聚落处于相对开阔的位置，位于遗址的最低处。聚落西部遗存分布密集，地表有零星遗物分布，少量遗迹主要见于梯田的断面，遗迹内出土物丰富。

（1）遗迹

文化层　2 处，聚落东、西部各有 1 处分布。

灰坑　4 个，集中分布于聚落西部。

（2）遗物

主要是陶片。以泥质灰陶略多，以绳纹为主，可辨器形有圆腹罐、罐等。

罐　标本 1 件。WX050303I001－C：1，夹砂褐陶。口外翻，尖圆唇，矮领。口部还残留有小泥丁一个，器表饰绳纹（图一七一，4）。

5. 5 号二里岗时期聚落

5 号二里岗时期聚落位于遗址北部，面积 2.1 万平方米。聚落内遗存分布稀疏且有较大的落差，地表没有发现遗物，少量遗迹主要见于梯田的断面，遗迹内出土物丰富。

（1）遗迹

文化层　2 处，分布于聚落东部。

灰坑　3 个，集中分布于聚落西部。

（2）遗物

主要是陶片。以泥质灰陶为多，以绳纹为主，可辨器形有鬲、盆等。

盆　标本 1 件。WX050303B006－C：1，泥质褐陶。圆唇，小折沿，直深腹。腹饰绳纹。口径 24、残高 6 厘米（图一七一，2）。

八三　三河口遗址

三河口遗址位于白石乡三河口水库西，面积1.4万平方米（见图一六九、一七〇）。遗址处在沙渠河北岸的山前坡地上，海拔高度在720～770米之间，地形较为陡峭，起伏较大（彩版六八）。遗址包含三个时期的遗存：仰韶晚期、庙底沟二期和二里头时期，从遗存分布特点看，每个时期只能划分为一个聚落。

1. 1号仰韶晚期聚落

1号仰韶晚期聚落位于遗址的东部，面积1万平方米。聚落分布于一浅沟的两侧，聚落内遗存分布差，地表可见少量遗物分布，仅有的个别遗迹见于梯田的断面，遗迹内有少量遗物发现。

（1）遗迹

文化层　1处，分布于聚落西南角，堆积较薄。

（2）遗物

只有陶片。以泥质红陶为多，多素面和线纹，可辨器形有尖底瓶、钵等。

尖底瓶　标本1件。WX050329A003：1，泥质红陶。喇叭口，长颈。颈部饰线纹（图一七二，1）。

钵　标本1件。WX050329I002：1，泥质红陶。敛口，小圆唇，鼓腹斜收。口外有两道红彩（图一七二，2）。

2. 2号庙底沟二期聚落

2号庙底沟二期聚落位于遗址的东部，面积只有0.05万平方米。聚落分布于浅沟的两侧，面积虽小但遗存分布密集，地表多见遗物分布，但没有遗迹发现。

（1）遗迹

未发现。

（2）遗物

只发现少量陶片。以夹砂灰陶为多，多绳纹，可辨器形有罐等。

罐　标本1件。WX050329A001：1，夹砂红褐陶。侈口，方唇，鼓腹。素面（图一七二，3）。

3. 3号二里头时期聚落

3号二里头时期聚落位于遗址的西北角，面积较小，小于5万平方米。聚落位于遗址的最高

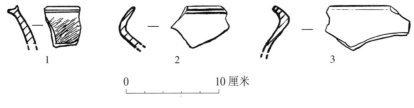

1　　　　　　　　　2　　　　　　　　　3

0　　　　　　　10厘米

图一七二　闻喜三河口遗址陶器

1. 尖底瓶（WX050329A003：1）　2. 钵（WX050329I002：1）　3. 罐（WX050329A001：1）

（3为庙底沟二期，余为仰韶晚期）

处，聚落内遗存稀疏，地表没有发现遗物，仅有个别遗迹暴露于梯田的断面，遗迹内出土物很少。

（1）遗迹

灰坑　2个，全部分布在遗址西北角（彩版六九）。

（2）遗物

只发现少量陶片。以泥质灰陶为多，以绳纹为主，可辨器形有圆腹罐等。

第四节　夏县境内的遗址

一　沙流遗址

沙流遗址位于胡张乡沙流村东，面积59万平方米（图一七三）。遗址处在涑水河东岸鸣条岗上（彩版七〇），海拔高度在460～515米之间，东高西低，地形起伏大。不同时期的遗存沿鸣条岗西侧斜坡分布，南北延伸长达2公里多。遗址包含四个时期的遗存：仰韶中期、仰韶晚期、庙底沟二期和龙山时期。依据遗存分布特点，可以划分为六个聚落，其中，仰韶中期有一个聚落，仰韶晚期有两个聚落，庙底沟二期有两个聚落，龙山时期有一个聚落。

1. 1号仰韶中期聚落

1号仰韶中期聚落位于遗址的北部，面积较小，小于5万平方米。聚落所处的地形略陡，只有零星遗存发现。地表发现有个别遗物，文化层内有少量出土物。

（1）遗迹

文化层　1处，暴露于断崖的断面上，堆积厚，包含物并不丰富。

（2）遗物

只有陶片，不甚丰富。以泥质红陶为主，以素面和线纹为多，可辨器形有尖底瓶、钵等。

尖底瓶　标本2件。XX050317I005－C：2，泥质红陶。重唇口，显颈。素面（图一七四，2）。XX050317B007：1，泥质红陶。重唇口，长颈。素面。口径6、残高3厘米（图一七四，3）。

2. 2号仰韶晚期聚落

2号仰韶晚期聚落位于遗址的北部，面积8.9万平方米。聚落所处的位置略陡，落差较大。遗迹不多，有灰坑和文化层，多见于梯田的断面，大多包含物丰富。

（1）遗迹

文化层　3处，主要见于聚落的北部。

灰坑　1个，见于聚落的南部。

（2）遗物

主要是陶片。以泥质褐陶为多，多线纹和素面，可辨器形有尖底瓶、罐等。

罐　标本1件。XX050317G012：1，泥质红陶。小口，鼓腹。器表饰黑彩，残留有两条平行黑彩条（图一七四，4）。

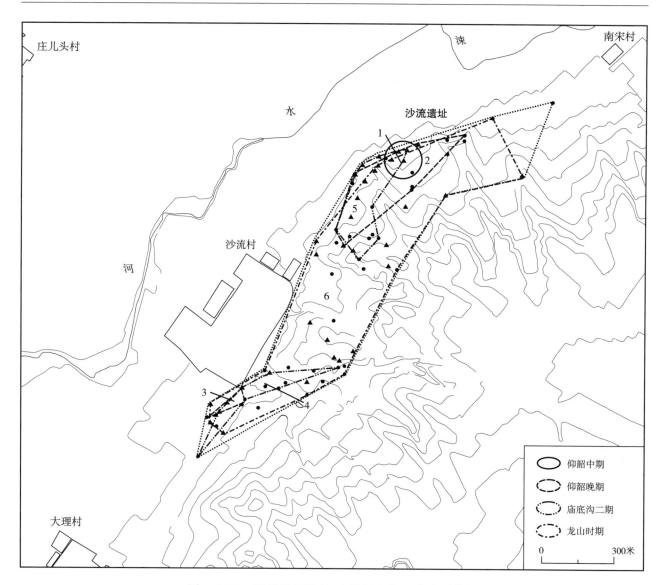

图一七三　夏县沙流遗址（仰韶中期—龙山时期）

3. 3 号仰韶晚期聚落

3 号仰韶晚期聚落位于遗址的南部，面积0.5万平方米。聚落所处的位置略陡，高低不平。聚落内遗存分布落差大，地表有遗物分布，有少量遗迹现象暴露于断崖。

（1）遗迹

文化层　1 处，位于聚落的北部，所含遗物不多。

灰坑　1 个，位于聚落的南部，包含遗物丰富。

（2）遗物

主要是陶片。多泥质红陶，以素面和线纹为多，可辨器形有尖底瓶等。

尖底瓶　标本1件。XX050324E003－H：1，泥质褐陶。只有底部。鼓腹，尖底。器表饰浅横篮纹（图一七四，6）。

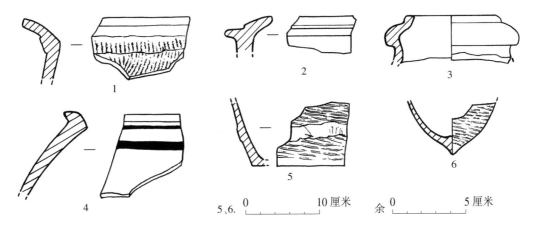

图一七四　夏县沙流遗址陶器

1、5. 深腹罐（XX050317I005－C：1、XX050317G008：1）　2、3、6. 尖底瓶（XX050317I005－C：2、XX050317B007：1、XX050324E003－H：1）　4. 罐（XX050317G012：1）（1、5 为庙底沟二期，2、3 为仰韶中期，余为仰韶晚期）

4. 4 号庙底沟二期聚落

4 号庙底沟二期聚落位于遗址的南部，面积 3 万平方米。聚落所在位置高低不平，由东向西逐渐降低。遗存分布稀疏且落差大。遗迹有灰坑和文化层，数量不多，集中分布于聚落的中部，多见于梯田的断面。遗迹内多包含丰富遗物。

（1）遗迹

文化层　1 处，分布于聚落中部偏西。

灰坑　4 个，集中分布于聚落中部偏北。

（2）遗物

主要是陶片。以夹砂灰陶为多，多见粗篮纹，可辨器形有深腹罐等。

5. 5 号庙底沟二期聚落

5 号庙底沟二期聚落位于遗址的北部，面积 5.9 万平方米。聚落所在位置高低起伏不平，整体地形东高西低。遗存分布密集，但落差较大。遗迹集中分布于聚落的中、北部，主要暴露于梯田的断面和断崖上。地表有零星遗物分布，但遗迹内大多出土物丰富。

（1）遗迹

文化层　6 处，除聚落中部有 1 处分布外，其他集中分布在聚落的北部。

灰坑　4 个，集中分布在聚落的北部。

房址　2 座，集中分布在聚落的北部偏中，为白灰面。

（2）遗物

主要是陶片。以夹砂灰陶为主，多篮纹和绳纹，可辨器形有深腹罐、盆等。

深腹罐　标本 2 件。XX050317I005－C：1，夹砂褐陶。方唇，折沿，深腹。沿下有附加堆纹一周，腹部饰绳纹（图一七四，1）。XX050317G008：1，夹砂灰黑陶。深腹，平底。近底部残留有一周附加堆纹，腹饰横篮纹（图一七四，5）。

6. 6 号龙山时期聚落

6 号龙山时期聚落几乎覆盖了整个遗址，面积 48.1 万平方米。聚落沿涑水河东岸地形分布，高低起伏较大，整体地形东高西低。聚落内遗存分布密集且丰富。遗迹丰富，种类较多，除数量较多的灰坑和文化层，此外，还有一定数量的房址和陶窑，房址以白灰面为多，有少量为红烧土面。遗迹主要暴露于梯田的断面和断崖上。地表随处可见散落的遗物，遗迹内出土遗物丰富。

（1）遗迹

文化层　数量多，散见于整个聚落。

灰坑　数量较多，散见于整个聚落。

房址　12 座，主要分布在聚落的中部，有红烧土面的，有白灰面的。

陶窑　2 座，聚落的南、北部各有 1 座分布。

（2）遗物

主要是陶片，此外有一定数量的石器。

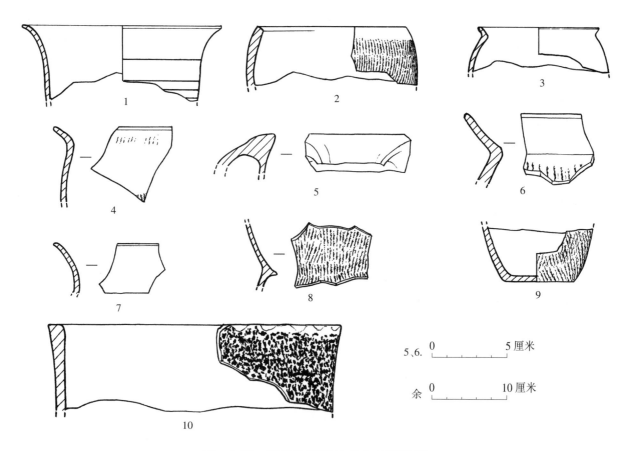

图一七五　夏县沙流遗址龙山时期陶器

1、4. 盆（XX050324C009－C：2、XX050317B004－H：1）　2、3、9. 罐（XX050317B007：2、XX050317B005：1、XX050317B001－H：1）　5. 双耳罐（XX050324B007：1）　6. 鬲（XX050324B002－C：1）　7. 束颈深腹罐（XX050317I003：1）　8. 甗（XX050317A001－H：1）　10. 蛋形瓮（XX050317G002：1）

① 陶器

以夹砂陶略多，以绳纹为主，可辨器形有鬲、甗、盆、罐、双耳罐、束颈深腹罐、蛋形瓮等。

鬲 标本 1 件。XX050324B002 - C：1，夹砂灰陶。侈口，圆唇，束颈，鼓腹。腹部饰绳纹（图一七五，6）。

甗 标本 1 件。XX050317A001 - H：1，夹砂灰陶。束腰，有箅隔。器表饰绳纹（图一七五，8）。

盆 标本 2 件。XX050324C009 - C：2，泥质灰褐陶。口外翻，圆唇，深腹。器腹残留有四周旋纹。口径 27、残高 10 厘米（图一七五，1）。XX050317B004 - H：1，夹砂灰陶。圆唇，束颈，深腹略鼓。腹部饰绳纹（图一七五，4）。

罐 标本 3 件。XX050317B007：2，夹砂褐陶。敛口，深腹微鼓。器表饰绳纹。口径 20、残高 8 厘米（图一七五，2）。XX050317B005：1，泥质黑陶。圆唇，折沿，束颈，鼓腹。素面。口径 16、残高 6 厘米（图一七五，3）。XX050317B001 - H：1，夹砂黑陶。深腹略鼓，平底。器表饰绳纹。底径 9.2、残高 7.2 厘米（图一七五，9）。

束颈深腹罐 标本 1 件。XX050317I003：1，夹砂灰黑陶。口外翻，圆唇，长颈。素面（图一七五，7）。

双耳罐 标本 1 件。XX050324B007：1，泥质灰陶。微敛口，双耳。素面（图一七五，5）。

蛋形瓮 标本 1 件。XX050317G002：1，夹砂褐陶。近直口，深腹。器表饰大而粗的麻点纹。口径 40、残高 11.6 厘米（图一七五，10）。

② 石器

有石磬、石斧等。先人工打制，后磨制。

石磬（?） 标本 1 件。XX050317A001 - H：2，器已残，一端窄，一端宽，弧背，长条。两面打磨，周边打制。残长 17.2、宽 8.2、厚 1.7 厘米（图一七六，1）。

石斧 标本 2 件。XX050324L003 - H：1，斜顶，两面弧刃，先打后琢，尚留有打制的痕迹。刃部磨光，顶部有打击留下的疤痕。长 15.3、宽 5、厚 3 厘米（图一七六，2）。XX050324C008 - C：1，顶部已残。一面打制，另一面磨光。刃部有打制疤痕，未磨制。残长 11.6、宽 4.7 厘米（图一七六，3）。

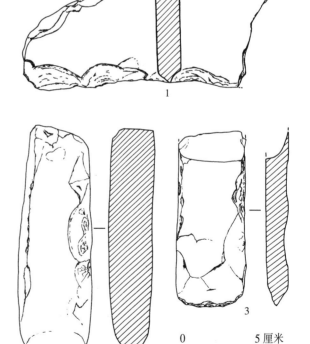

图一七六 夏县沙流遗址龙山时期石器

1. 石磬（?）（XX050317A001 - H：2）

2、3. 石斧（XX050324L003 - H：1、XX050324C008 - C：1）

二　西晋遗址

西晋遗址位于胡张乡西晋村西南，面积小于5万平方米（图一七七）。地处涑水河东岸鸣条岗的近底部，海拔高度在460～470米之间，遗址北面有较宽的冲沟。西晋遗址只有庙底沟二期的遗存，同时这个时期也只有一个聚落，聚落面积同于遗址面积。聚落所处的位置高低起伏较大，只有零星遗存分布，仅在断崖上发现个别遗迹。

（1）遗迹

灰坑　1个，为口大底小，包含物较少。

（2）遗物

地表没有发现遗物，灰坑内有少量陶片出土。以夹砂陶为多，多绳纹，可辨器形有罐等。

三　水南遗址

水南遗址位于水头镇水南村东北，面积58.1万平方米（见图一七七）。遗址处在涑水河东岸

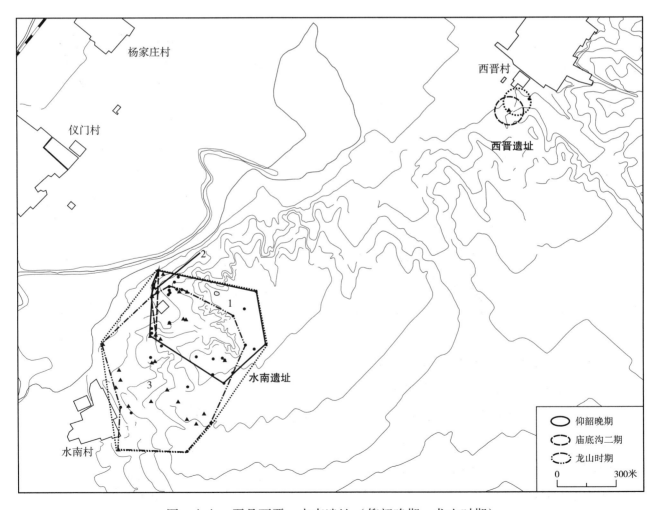

图一七七　夏县西晋、水南遗址（仰韶晚期—龙山时期）

鸣条岗上（彩版七一），河水由东北向西南流过，海拔高度在450～520米之间，东高西低，地形起伏大，遗存主要沿鸣条岗西侧分布。遗址包含三个时期的遗存：仰韶晚期、庙底沟二期和龙山时期，从遗存分布特点看，每个时期分别有一个聚落。仰韶晚期，聚落已有一定规模；庙底沟二期，聚落规模急剧衰落；龙山时期再次复兴，聚落规模达到鼎盛。

1. 1号仰韶晚期聚落

1号仰韶晚期聚落位于遗址的东北部，面积23.8万平方米。聚落所处的位置高低不平，起伏较大。遗存的分布以聚落的西、南部较为密集，但落差较大。遗迹主要见于聚落的西部，多暴露于地坎的断面上。地表多见散落的红陶片，遗迹内出土物丰富。

（1）遗迹

文化层 6处，集中分布于聚落西部。

灰坑 6个，除个别分布于聚落南部外，主要分布于聚落西部。

（2）遗物

主要是陶片。以泥质红陶居多，多素面和线纹，可辨器形有尖底瓶、钵、罐、盆、鼎等。

尖底瓶 标本3件。XX050326A005：1，泥质褐陶。喇叭口，圆唇，有小沿，沿内侧起榫。口沿下饰线纹。口径12、残高3.6厘米（图一七八，2）。XX050326E006－H：1，泥质磨光浅红陶。大敞口，方唇。颈部饰深红夹白彩。口径20、残高3.6厘米（图一七八，3）。XX050326C005－H1：1，泥质红陶。小口，唇部已残，长颈。口下饰线纹（图一七八，9）。

钵 标本2件。XX050326C007－C：3，泥质磨光红陶。微敛口，小圆唇。器表饰黑彩（图一七八，5）。XX050326B006：1，泥质红陶。敛口，圆唇，浅腹。素面（图一七八，10）。

罐 标本4件。XX050326E006－H：2，泥质磨光红陶。侈口，小圆唇，短颈，鼓腹。素面。口径21、残高4厘米（图一七八，1）。XX050326C007－C：1，夹砂红褐陶。口外侈，深腹。器表有三周旋纹。口径26、残高5.4厘米（图一七八，4）。XX050326C007－C：2，泥质磨光褐陶。圆唇，折沿，深腹。素面（图一七八，6）。XX050326A006：1，泥质磨光红陶。斜腹，平底。素面。底径8、残高2.2厘米（图一七八，7）。

盆 标本1件。XX050326C004－H1：1，泥质磨光红陶。斜腹，平底。素面。底径10.4、残高5.4厘米（图一七八，8）。

2. 2号庙底沟二期聚落

2号庙底沟二期聚落位于遗址的西北部，面积0.6万平方米。聚落处于台地的边缘，地形较陡，遗存发现较少，仅发现个别遗迹暴露于梯田的断面。遗物发现较少，地表有零星的陶片分布，灰坑内有少量陶片出土。

（1）遗迹

灰坑 1个，见于聚落南部。

（2）遗物

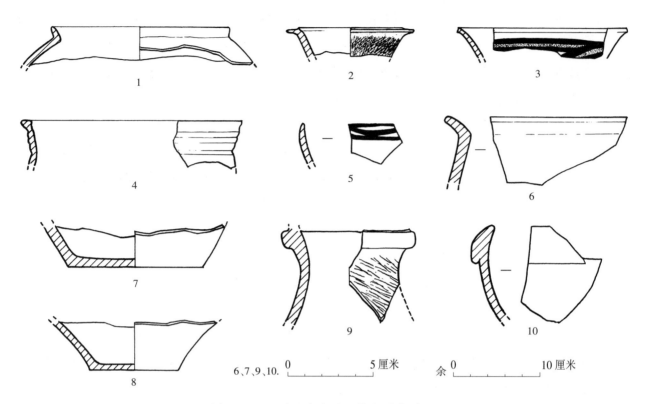

图一七八　夏县水南遗址仰韶晚期陶器

1、4、6、7. 罐（XX050326E006－H：2、XX050326C007－C：1、XX050326C007－C：2、XX050326A006：1）

2、3、9. 尖底瓶（XX050326A005：1、XX050326E006－H：1、XX050326C005－H1：1）　5、10. 钵

（XX050326C007－C：3、XX050326B006：1）　8. 盆（XX050326C004－H1：1）

只有陶片。以夹砂陶为多，可辨器形有罐等。

3. 3号龙山时期聚落

3号龙山时期聚落占据了遗址的绝大部分，面积44.1万平方米。聚落位于台地的边缘，上下落差较大，遗存分布相对密集，但落差大。遗迹主要暴露于梯田、地坎等的断面上，主要分布于聚落西部。地表随处可见散落的陶片，遗迹内出土物丰富。

（1）遗迹

文化层　3处，分布于聚落西部。

灰坑　14个，分布于聚落中、西部，尤以聚落西部最多。

房址　3座，除1座分布于聚落中部外，其他2座分布于聚落西部偏南，均为白灰面。

（2）遗物

主要是陶片。以夹砂灰陶略多，以绳纹为主，可辨器形有鬲、甗、斝、盆、罐、束颈深腹罐、圈足罐、圈足瓮、蛋形瓮、器盖等。

鬲　标本2件。XX050326I006－H：1，夹砂灰陶。空袋足。器表饰绳纹（图一七九，6）。XX050326E010－H：1，夹砂灰陶。桥形耳。器耳及器腹饰绳纹（图一七九，7）。

甑　标本1件。XX050326D005－H：1，夹砂黑灰陶。甑中腰部分，束腰。腰下饰绳纹（图一七九，10）。

斝　标本2件。XX050326L004－H：2，夹砂褐陶。敛口，深腹，肩部以下有鋬手。肩部以下饰线状纹饰。口径21、残高5.2厘米（图一七九，4）。XX050326B008－C：1，夹砂灰黑陶。敛口近平，深腹，袋足接于折腹处，腹部靠上有耳（应为桥形耳），袋足以下残。器表饰旋断绳纹（图一七九，15）。

盆　标本1件。XX050326B009－H：1，夹砂灰陶。大敞口，圆唇，深腹。器表饰稀疏的篮纹，口下有轮制的痕迹。口径24、残高14厘米（图一七九，3）。

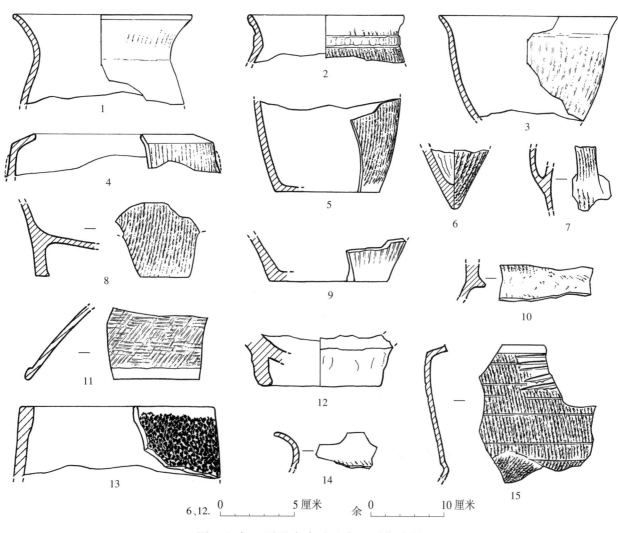

图一七九　夏县水南遗址龙山时期陶器

1、2. 束颈深腹罐（XX050326B009－H：4、XX050326B009－H：2）　3. 盆（XX050326B009－H：1）　4、15. 斝（XX050326L004－H：2、XX050326B008－C：1）　5、9、14. 罐（XX050326E009－H：1、XX050326I006－H：2、XX050326D004：1）　6、7. 鬲（XX050326I006－H：1、XX050326E010－H：1）　8. 圈足瓮（XX050326H004：1）　10. 甑（XX050326D005－H：1）　11. 器盖（XX050326B009－H：3）　12. 圈足罐（XX050326B009－H：5）　13. 蛋形瓮（XX050326B008－C：2）

罐 标本 3 件。XX050326E009 - H:1，夹砂灰陶。深腹，平底。腹部饰绳纹。底径 14、残高 12.4 厘米（图一七九，5）。XX050326I006 - H:2，夹砂灰陶。斜腹，平底。器表饰竖篮纹。底径 16、残高 5.4 厘米（图一七九，9）。XX050326D004:1，夹砂黑灰陶。口外翻，圆唇。颈部以下饰绳纹（图一七九，14）。

圈足罐 标本 1 件。XX050326B009 - H:5，夹砂灰陶。小圈足，为圈足罐底。有按捺的印痕。底径 8、残高 3.6 厘米（图一七九，12）。

圈足瓮 标本 1 件。XX050326H004:1，泥质灰陶。深腹，圜底，舌形圈足。器表饰绳纹（图一七九，8）。

束颈深腹罐 标本 2 件。XX050326B009 - H:4，泥质灰陶。口外翻，方唇，束颈，深腹微鼓。素面，口部有轮制痕迹。口径 24、残高 12 厘米（图一七九，1）。XX050326B009 - H:2，夹砂灰黑陶。口外翻，圆唇，束颈。颈部有一周附加堆纹，颈部以下饰绳纹。口径 21、残高 6.4 厘米（图一七九，2）。

蛋形瓮 标本 1 件。XX050326B008 - C:2，夹砂灰褐陶。近直口，深腹。器表饰大麻点纹。口径 26、残高 9.2 厘米（图一七九，13）。

器盖 标本 1 件。XX050326B009 - H:3，泥质灰陶。圆唇，口部加厚，斜腹，顶部残。器表饰交错的篮纹（图一七九，11）。

四 坡底遗址

坡底遗址位于水头镇坡头村南，面积 13.5 万平方米（图一八〇）。遗址处在涑水河南岸的台地上，河水由东向西流过，海拔高度在 450~485 米之间，地形起伏大，遗存分布稀疏。遗址包含三个时期的遗存：仰韶中期、庙底沟二期和龙山时期。从遗存分布特点看，每个时期分别有一个聚落。其中，仰韶中期，聚落只占据遗址南部的一小部分；庙底沟二期，同样占据遗址北部的更小一部分；龙山时期，聚落的发展达到鼎盛，占据了遗址的绝大部分。

1. 1 号仰韶中期聚落

1 号仰韶中期聚落位于遗址的南部，面积 1.1 万平方米。聚落主要位于浅沟的西侧，上下有一定的落差。聚落内遗存分布不甚丰富。地表可见散落的红陶片，但不多。

（1）遗迹

未发现。

（2）遗物

以泥质红陶为多，多素面和线纹，可辨器形有钵、罐等。

罐 标本 2 件。XX050327L001:1，泥质红陶。敛口，圆唇下卷，鼓腹。素面（图一八一，1）。XX050327L001:2，泥质红陶。深腹略鼓，平底。器表饰线纹（图一八一，3）。

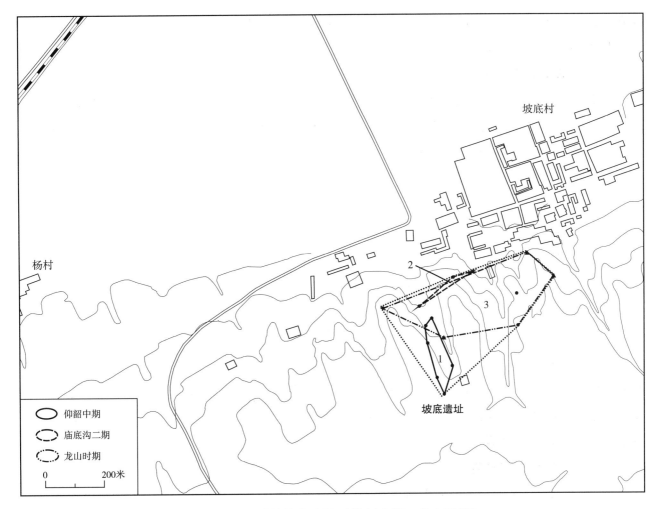

图一八〇　夏县坡底遗址（仰韶中期—龙山时期）

2. 2号庙底沟二期聚落

2号庙底沟二期聚落位于遗址的北部，台地的前缘，面积0.2万平方米。聚落内发现的遗存较少，主要发现于坡上，只有稀疏的分布。遗迹很少，只发现1个柱洞。地表发现零星陶片，较少，柱洞底部有碎小陶片。

（1）遗迹

柱洞　分布于聚落东部。

（2）遗物

以夹砂陶为多，多绳纹，可辨器形有深腹罐等。

深腹罐　标本2件。XX050327I002：1,

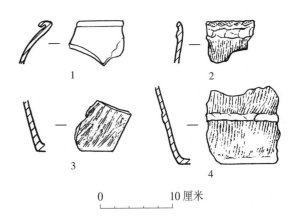

图一八一　夏县坡底遗址陶器

1、3. 罐（XX050327L001：1、XX050327L001：2）
2、4. 深腹罐（XX050327I002：1、XX050327C003：1）
（1、3为仰韶中期，余为庙底沟二期）

夹砂灰陶。花边口，近直口，深腹。口下有附加堆纹一周，器表饰绳纹（图一八一，2）。XX050327C003：1，夹砂褐陶。深腹，平底。腹部残留有一周附加堆纹，器表饰绳纹（图一八一，4）。

3. 3号龙山时期聚落

3号龙山时期聚落位于遗址的北部，占据着遗址的大部分，面积8.8万平方米。聚落位于台地的边缘，有一定的落差。遗存分布较为稀疏且不丰富，在梯田的断面上发现有少量遗迹。地表有个别零星的陶片，遗迹内出土物均较少。

（1）遗迹

灰坑　2个，聚落的南、北部各有一个。

房址　1座，分布于聚落的东部，为白灰面。

（2）遗物

以泥质灰陶为多，多绳纹，可辨器形有鬲、罐等。

五　月芽堡Ⅰ号遗址

月芽堡Ⅰ号遗址位于水头镇月芽堡村西450米，面积0.5万平方米（图一八二）。遗址处在涑水河北岸逐渐抬升的缓坡上，海拔高度在440～450米之间，地形相对平坦，起伏很小，遗存主要发现于地坎的断面。遗址包含两个时期的遗存：二里头时期和二里岗时期。从遗存分布特点看，每个时期分别有一个聚落。

1. 1号二里头时期聚落

1号二里头时期聚落位于遗址北部，面积较小，小于5万平方米。聚落所处位置相对平坦，只有一条小冲沟。遗存分布不丰富，个别遗迹发现于小冲沟的断面上。没有发现地表遗物，灰坑内有少量陶片出土。

（1）遗迹

灰坑　1个，为口大底小。

（2）遗物

只有陶片，多泥质陶，多绳纹，可辨器形有罐等。

2. 2号二里岗时期聚落

2号二里岗时期聚落其分布覆盖了整个遗址，面积0.5万平方米。聚落所处位置相对平坦，只有一条小冲沟。聚落虽小，但遗存丰富，遗迹主要暴露于冲沟的断面上。地表有个别零星的陶片发现，非常少，遗迹内出土物丰富。

（1）遗迹

灰坑　10个，遍布于整个聚落。

（2）遗物

主要是陶片。以泥质灰陶为多，多绳纹，可辨器形有鬲、盆、罐等。

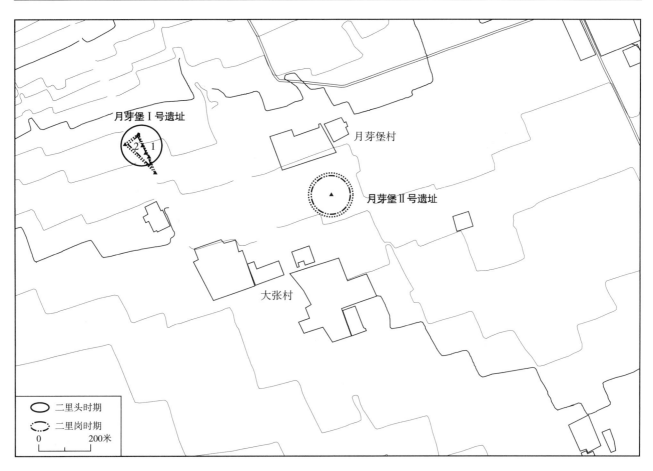

图一八二　夏县月芽堡Ⅰ号、Ⅱ号遗址（二里头时期—二里岗时期）

鬲　标本 2 件。XX050322L001 - H：3，夹砂灰黑陶。锥足。素面（图一八三，2）。XX050322L001 - H：2，夹砂黑灰陶。圆唇，折沿，沿内弧外平，深腹略鼓。素面。口径 13.5、残高 4 厘米（图一八三，3）。

盆　标本 1 件。XX050322L001 - H：1，泥质灰黑陶。口外翻，圆唇，深腹，平底。沿下有两周旋纹，腹部有五周旋纹，腹部饰绳纹。口径 29.5、底径 10.5、高 18.6 厘米（图一八三，1）。

罐　标本 1 件。XX050322K001 - H：1，夹砂灰黑陶。直口，深腹略鼓。口部残留一小錾。腹部饰绳纹（图一八三，4）。

六　月芽堡Ⅱ号遗址

月芽堡Ⅱ号遗址位于水头镇月芽堡村南，面积较小，小于 5 万平方米（见图一八二）。遗址处在涑水河北岸逐渐抬升的缓坡上，海拔高度在 440～450 米之间，地形较为平坦，遗存发现于取土较深的地方。遗址只有二里岗时期的遗存，并且从遗存分布看，这个时期只有一个聚落，聚落面积同于遗址面积。聚落被压在村庄下，实际面积可能会更大些。遗存发现很少，仅在取土地窖里发现个别遗迹。地表没有发现遗物，灰坑内有少量陶片出土。

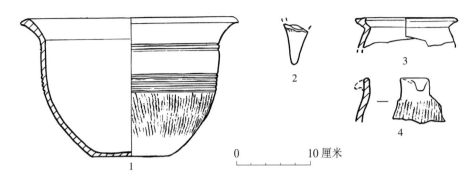

图一八三　夏县月芽堡Ⅰ号遗址二里岗时期陶器

1. 盆 (XX050322L001 – H：1)　　2、3. 鬲 (XX050322L001 – H：3、XX050322L001 – H：2)　　4. 罐 (XX050322K001 – H：1)

（1）遗迹

灰坑　1个，形状、结构不清。

（2）遗物

只有陶片，以夹砂陶为多，以绳纹为主，可辨器形有鬲等。

七　西张遗址

西张遗址位于水头镇西张村南部至盐湖区王范乡姚张村东部一带，东北部为小张遗址，东南部隔河与杨村遗址遥遥相望，面积29万平方米（图一八四）。遗址属峨嵋岭南侧坡地的末端部分，涑水河北岸台地，地势低平，海拔高度427～435米，涑水河蜿蜒曲折由东向西流过遗址南部（彩版七二）。遗址包括仰韶中期、仰韶晚期两个阶段的遗存。从遗存分布特点看，仰韶中期有一个聚落，仰韶晚期有两个聚落。仰韶中期，聚落已有相当规模；仰韶晚期时，聚落呈现衰落。

地表遍布大量陶器碎片，并以遗址区的南、北两端尤为密集，因为遗址的南、北两侧分别邻近两个村庄，所以，不少陶片是在村庄内房屋之间的空地上采集到的，一些现代夯土墙上也见不同时期的陶片裹在泥土中。遗址区内有一些不太高的地坎或断崖，但这些地点均未发现遗迹。

1. 1号仰韶中期聚落

1号仰韶中期聚落面积27.8万平方米，该聚落位于大部遗址区内。

（1）遗迹

未发现。

（2）遗物

只有陶片，泥质红陶占主体，少量为夹砂灰陶，器表多磨光，泥质陶多饰黑彩、线纹、弦纹等，器形有钵、盆、瓶、罐等，但多为器身腹片。

2. 2号仰韶晚期聚落

2号仰韶晚期聚落位于遗址北部，面积稍大，约7.7万平方米。

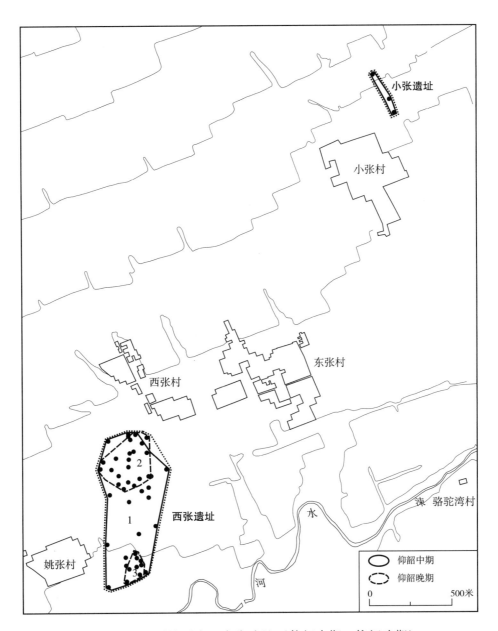

图一八四　夏县西张、小张遗址（仰韶中期—仰韶晚期）

（1）遗迹

未发现。

（2）遗物

均为陶片，以泥质红陶为主，另有少量夹砂灰、褐、灰褐陶等。器表通常磨光，饰黑彩、线纹、附加堆纹等，可辨器形主要有敛口盆、瓶、杯等。其中敛口盆多为泥质红陶腹片。瓶均为近喇叭形口的尖底瓶，泥质红陶或红褐陶，饰线纹。

敛口盆　标本1件。XX051116G006：1，泥质红陶。敛口，口沿外侧有宽叠唇，圆唇，鼓腹。素面（图一八五，2）。

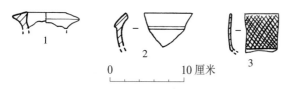

图一八五　夏县西张遗址仰韶晚期陶器

1. 瓶（XX051116I004：1）　2. 敛口盆
（XX051116G006：1）　3. 杯（XX051116I004：2）

瓶　标本 1 件。XX051116I004：1，泥质红陶。喇叭口，口沿边缘如刀状，平沿。颈部素面。口径 5.2、残高 2.2 厘米（图一八五，1）。

杯　标本 1 件。XX051116I004：2，泥质红陶。薄胎。直口，圆唇。器表饰黄褐色陶衣，饰黑彩的斜向交叉网格纹（图一八五，3）。

3. 3 号仰韶晚期聚落

3 号仰韶晚期聚落位于南端，聚落较小，只有 1.5 万平方米。

（1）遗迹

未发现。

（2）遗物

只见碎陶片，无可辨器形。

八　小张遗址

小张遗址位于水头镇小张村北部，面积仅 1.1 万平方米（见图一八四）。位于涑水河北岸台地，但远离涑水河主河道，地处峨嵋岭东侧的缓坡上，因此地势逐级抬升，起伏变化较大，海拔高度 440～460 米。遗址只有仰韶中期一个阶段的遗存，分布于全部遗址范围内。地表遗物稀疏，只见少量陶片，沿坡地呈线状排列。

（1）遗迹

未发现。

（2）遗物

陶片比较细碎，且磨蚀较重。以泥质红陶占主体，少量为夹砂陶，器表磨光，饰黑彩、线纹等，无可辨器形。

九　杨村遗址

杨村遗址位于水头镇杨村南、涑水河南部的鸣条岗西侧台地，西北和东部分别与西张和坡底遗址相望，面积 2.1 万平方米（图一八六）。遗址离涑水河河道很远，但却紧临鸣条岗北侧台地，地形崎岖，起伏较大（彩版七三）。遗址只有仰韶晚期一个阶段的遗存。地表可见到少量陶片，以杨村西南边缘的一片农田里比较集中，此外就是在稍远的西南部有少量分布，两地之间有比较明显的空白地带。灰坑也是在村庄附近有较多的发现，有的暴露于梯田的地坎上，有的在地表呈现灰土带。遗存的分布特征表明，村庄所在地可能是遗址区分布的主要地区，后来的人类活动对遗址造成了较大的破坏，保存下来的只是很小的一部分。

（1）遗迹

灰坑　3 个。除 1 个在地表呈现灰土圈以外，其他两处均在地坎上暴露。灰坑口径 2～2.5 米，深度不明。

（2）遗物

只有陶器，泥质陶与夹砂陶比例基本相当，陶色较杂，多红陶，部分陶器呈灰、褐、黄褐、黑褐等色。纹饰种类多样，绳纹、线纹、篮纹、附加堆纹、弦纹等比较常见，彩陶较少，器物的口唇及附加堆纹等多压成波浪形的花边。器形以罐为主，另有盆、瓶、钵等。其中鼓腹罐均为夹砂陶，灰或褐色，器表饰绳纹、篮纹及附加堆纹等。器形以侈口、折沿为基本特征，斜腹或略鼓腹。瓶均为泥质陶，喇叭形口，个别为平底，饰线纹或篮纹。钵多为腹片，只有少量口部残片。

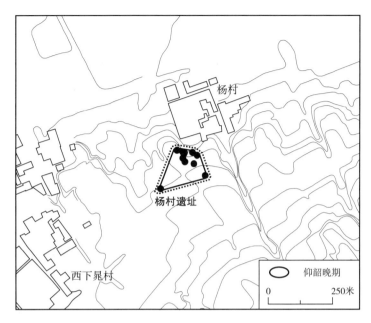

图一八六　夏县杨村遗址（仰韶晚期）

鼓腹罐　标本3件。XX060302H002：1，夹砂黄褐陶。圆唇，折沿。口沿外侧贴窄细条的波浪形附加堆纹，器身腹部饰交错绳纹。口径34、残高6厘米（图一八七，1）。XX060302H002：2，夹砂褐陶，含砂量大，砂粒均匀。圆唇，折沿。唇部有绳纹花边，颈部外侧以波浪形附加堆纹加固，器身腹部饰竖绳纹。口径20、残高5厘米（图一八七，2）。XX060302M003：1，夹砂褐陶。圆唇，折沿。颈部外侧贴不规整的附加堆纹，按压成波浪状，器身腹部饰斜向篮纹。口径18.4、残高4厘米（图一八七，3）。

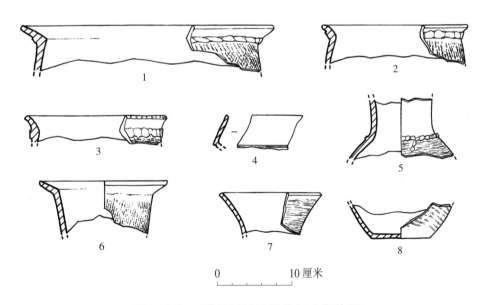

图一八七　夏县杨村遗址仰韶晚期陶器

1～3. 鼓腹罐（XX060302H002：1、XX060302H002：2、XX060302M003：1）　4. 钵（XX060302H001－H：1）

5、7、8. 瓶（XX060302G003：2、XX060302G002：1、XX060302J002：1）　6. 宽沿盆（XX060302G003：1）

宽沿盆　标本1件。XX060302G003：1，夹砂灰陶。圆唇，折沿，斜腹。颈素面，器表饰斜向绳纹。口径17.2、残高6.8厘米（图一八七，6）。

瓶　标本3件。XX060302G003：2，泥质红陶。喇叭形口，鼓腹。颈与腹接合处绕一周似捆绑状的窄附加堆纹，腹部饰斜向篮纹（图一八七，5）。XX060302G002：1，泥质黄褐陶。喇叭形口，方唇。器表饰横向细线纹。口径13.6、残高5.6厘米（图一八七，7）。XX060302J002：1，仅余瓶底。泥质红陶。鼓腹，平底。器表饰斜向的篮纹。底径8、残高4.5厘米（图一八七，8）。

钵　标本1件。XX060302H001－H：1，泥质黑褐陶。敛口，圆唇，折腹。折腹处外侧有凹弦纹一道，其余器表素面磨光（图一八七，4）。

第五节　运城市（盐湖区）境内的遗址

一　东孙坞遗址

东孙坞遗址位于大渠镇东孙坞村西北，鸣条岗南端的西侧台地上，面积17.57万平方米（图一八八）。地势东北高而较平坦开阔，西南低且呈阶梯状下降，北约800米处有一条较大的沟。遗址包含两个时期的遗存：仰韶早期和仰韶中期，从遗存分布特点看，每个时期分别可以划分为一个聚落。

1. 1号仰韶早期聚落

1号仰韶早期聚落主要分布于遗址中东部，面积10.89万平方米。地面调查时未发现灰坑、房址等遗迹现象，地表陶片主要分布于台地东西两侧的边缘，并且以东部较为密集。该聚落东北方向300米外还发现一处散点，周围亦未见其他遗迹现象。

（1）遗迹

未发现。

（2）遗物

均为陶器。保存较差，器形难辨。

2. 2号仰韶中期聚落

2号仰韶中期聚落分布于遗址的大部分地区，东西较长，南北较短，面积13.91万平方米。未发现遗迹现象，地表陶片散布于台地的大部分地区，其中聚落中、东部地区地表遗物较为丰富。

（1）遗迹

未发现。

（2）遗物

均为陶片。多泥质红褐陶，可辨器形有盆、钵、小口尖底瓶等。

盆　标本1件。YH060225G005：1，泥质红陶。口微敛，圆唇，翻沿，斜腹（图一八九，6）。

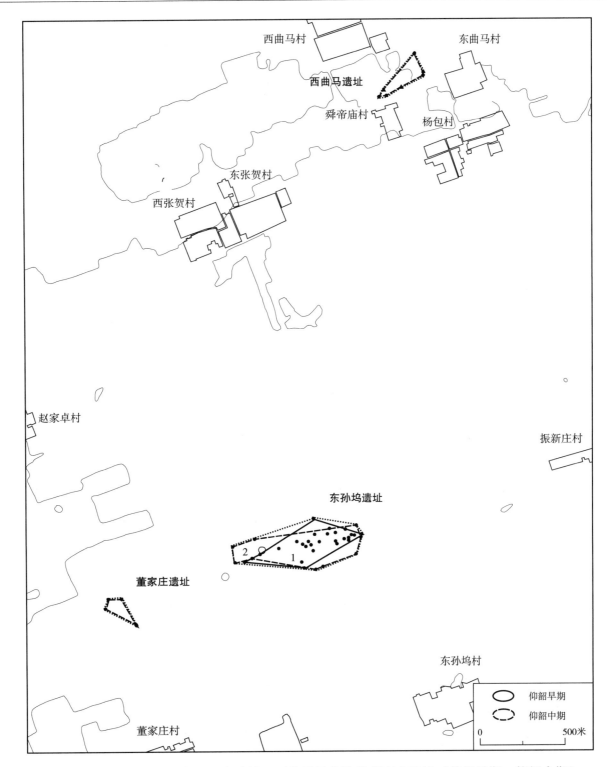

图一八八　运城市（盐湖区）东孙坞、西曲马及临猗县董家庄遗址（仰韶早期—仰韶中期）

钵　标本1件。YH060225F009：1，泥质红陶。直口微敛，尖圆唇（图一八九，3）。

小口尖底瓶　标本1件。YH060225E007：1，泥质红褐陶。小平底。底部光滑，内部有泥条盘筑的痕迹（图一八九，5）。

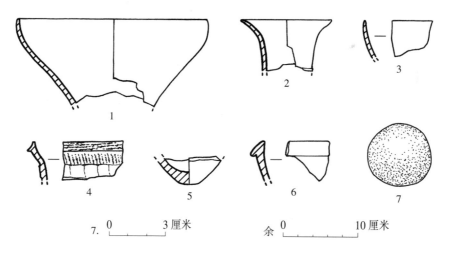

7. |—0————3厘米   余 |—0————10厘米

图一八九　运城市（盐湖区）东孙坞、西曲马、太方遗址陶器

1、3. 钵（YH051213A001：1、YH060225F009：1）　2. 小口高领罐（YH051210A001：1）　4. 夹砂罐（YH051210E001：1）　5. 小口尖底瓶（YH060225E007：1）　6. 盆（YH060225G005：1）　7. 陶球（YH051213A002－H：2）（1、7为西曲马遗址，2、4为太方遗址，余为东孙坞遗址；2、4为庙底沟二期，余为仰韶中期）

二　西曲马遗址

西曲马遗址位于北相镇西曲马村南、东曲马村西、舜帝庙东北，被三个现代村庄包围，面积2.71万平方米（见图一八八）。遗址地处鸣条岗南端的西侧坡地上，海拔约400米。台地周围地势开阔平缓。东南1000米处有一条较深的沟，可能为季节性河流。现代村落下可能还有属于该遗址的遗存。遗址只发现仰韶中期的遗存，从遗存分布特点看，只能划分为一个聚落，聚落面积等同于遗址面积。

（1）遗迹

灰坑　2个，分布于遗址中部的台地上，二者相距不过百米。所含遗物丰富。

（2）遗物

均为陶片。多夹砂或泥质红褐陶，可辨器形有钵、陶球等。

钵　标本1件。YH051213A001：1，泥质红陶。敛口，圆唇，上腹微鼓，下腹内收。素面。口径25、残高11.6厘米（图一八九，1）。

陶球　标本1件。YH051213A002－H：2，泥质褐陶。圆方形，不太规则。素面。直径3.4厘米（图一八九，7）。

三　太方遗址

太方遗址位于冯村镇太方村西，面积2.81万平方米（图一九〇）。遗址处在鸣条岗北麓坡地上，其南面坡度较大，北面地势开阔。遗址距涑水河南岸约1公里，东南部也有一条较大的沟谷，为季节性河流所在。二水半环绕遗址，但由于东南面地势较高，取水需翻过山岭，而北面的涑水河地势较低平，当为古人用水的主要来源。该遗址仅发现五处地面采集点，且均位于地坎之下，所采集的地表遗物时代均为只有庙底沟二期，故该遗址仅为一处庙底沟二期聚落，聚落面积等同于遗址面积。

（1）遗迹

未发现。

（2）遗物

均为陶片。多泥质灰褐陶，可辨器形有小口高领罐、夹砂罐。

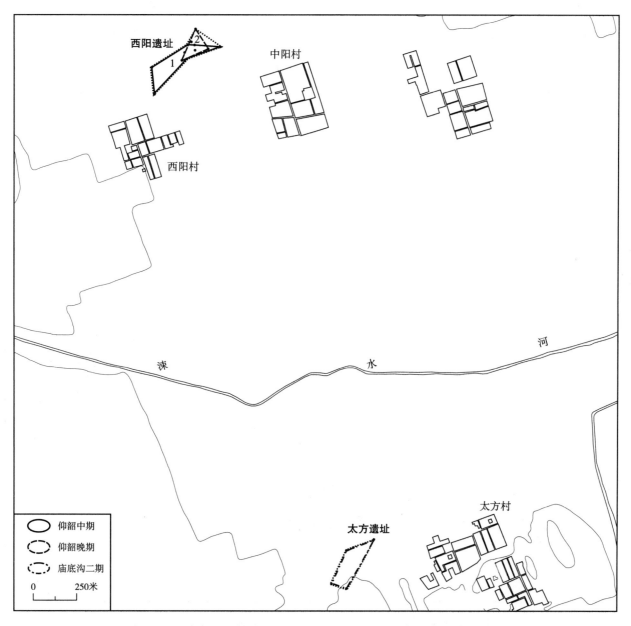

图一九〇　运城市（盐湖区）西阳、太方遗址（仰韶中期—庙底沟二期）

小口高领罐　标本 1 件。YH051210A001：1，泥质灰陶。敞口，尖圆唇，卷沿。唇边有一圈压印的浅痕。口径 12、残高 7 厘米（图一八九，2）。

夹砂罐　标本 1 件。YH051210E001：1，夹砂褐陶。侈口，方唇，翻沿。唇口部压印有三道绳纹，颈部贴有一圈附加堆纹（图一八九，4）。

四　冯村遗址

冯村遗址位于冯村镇冯村南面，南距运城市区约 15 公里，面积 3.41 万平方米（图一九一）。遗址位于鸣条岗北麓的柏沟岭上，地势南高北低，坡度较大。遗址北面为开阔平坦的涑水河谷地，距涑水河约 950 米。遗址只有庙底沟二期的遗存，划分为一个聚落，聚落面积等同于遗址面积。该聚落内未发现任何遗迹现象，地表陶片散布于柏沟岭北侧坡地，遗物丰富程度一般，但陶片较碎，标本很少。

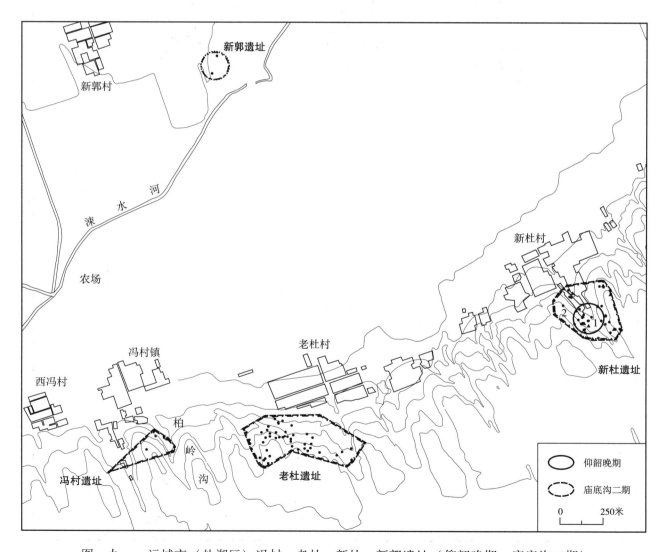

图一九一　运城市（盐湖区）冯村、老杜、新杜、新郭遗址（仰韶晚期—庙底沟二期）

（1）遗迹

未发现。

（2）遗物

均为陶片。多夹砂灰陶，可辨器形仅有罐。

罐　标本1件。YH51209E006：1，夹砂灰陶。薄胎。侈口，小方唇，深腹。颈部贴一周附加堆纹，口沿以下饰竖绳纹。口径16、残高4厘米（图一九二）。

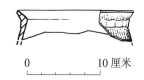

图一九二　运城市（盐湖区）冯村
遗址庙底沟二期陶罐
（YH51209E006：1）

五　老杜遗址

老杜遗址位于冯村镇老杜村南，西距冯村遗址约400米，面积14.62万平方米（见图一九一）。遗址处于鸣条岗北麓坡地上，地势南高北低，北面开阔平坦，西北1350米处有涑水河流过（彩版七四）。遗址的坡度较大，平面略呈扇形。地表遗存分布较为密集，但遗迹发现少，仅在遗址的东北角发现一座墓葬。遗址只有庙底沟二期的遗存，只能划分为一个聚落，聚落面积等同于遗址面积。

（1）遗迹

墓葬　1座，分布于遗址的东北角，老杜村南60米。

（2）遗物

均为陶片。多为泥质灰陶或红褐陶片，可辨器形有平底罐和盆等。

平底罐　标本4件。均为罐底。YH051209H018：1，泥质灰陶。斜腹。外壁拍印不太规则的横篮纹。底径14、残高5.5厘米（图一九三，1）。YH051209C004：1，泥质红褐陶。斜腹。腹部饰竖绳纹。底径11、残高2.8厘米（图一九三，2）。YH051209D006：1，泥质红褐陶。厚胎。斜直腹。外壁拍印有斜横篮纹（图一九三，4）。YH051209D010：1，泥质灰陶。斜直腹。素面。底径8.2、残高4厘米（图一九三，5）。

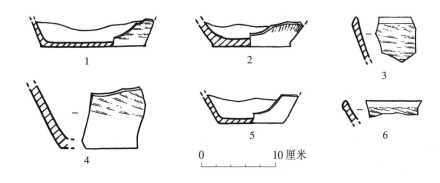

图一九三　运城市（盐湖区）老杜遗址庙底沟二期陶器

1、2、4、5. 平底罐（YH051209H018：1、YH051209C004：1、YH051209D006：1、YH051209D010：1）

3、6. 盆（YH051209E015：1、YH051209A002：1）

盆　　标本 2 件。YH051209E015：1，泥质灰陶。直口，尖圆唇，斜腹。外壁由上至下拍印斜篮纹和横篮纹（图一九三，3）。YH051209A002：1，泥质灰褐陶。直口，圆唇，卷沿，斜直腹。外壁唇以下饰斜篮纹（图一九三，6）。

六　新杜遗址

新杜遗址位于冯村镇新杜村南，遗址平面略呈梯形，面积约 9.79 万平方米（见图一九一）。遗址位于鸣条岗北麓台地上，地势东南高西北低，坡度较大。台地以北地势低平，西北约 2000 米有涑水河流过。遗址包含两个时期的遗存：仰韶晚期和庙底沟二期，从遗存分布特点看，每个时期分别可以划分为一个聚落。

1. 1 号仰韶晚期聚落

1 号仰韶晚期聚落分布于遗址的南部，面积当在 5 万平方米以下。该聚落仅发现两个采集点，其一为地表陶片，另一处为墓葬遗迹。地表陶片发现较少。

（1）遗迹

墓葬　1 座。位于遗址的中东部，北距新杜村仅 40 米。

（2）遗物

均为陶片。多为夹砂灰褐陶片，可辨器形有深腹罐等。

深腹罐　标本 1 件。YH051209I010 - M：1，夹砂灰褐陶。侈口，圆唇，束颈，深腹。颈部、腹中部各贴一圈附加堆纹，颈部以下通体饰竖绳纹。口径 18、残高 22.4 厘米（图一九四，2）。

2. 2 号庙底沟二期聚落

2 号庙底沟二期聚落大致与遗址范围重合，面积 9.79 万平方米。遗存除数量丰富的地表陶片外，还发现了灰坑、陶窑、房址等多处遗迹现象。

（1）遗迹

灰坑　9 个，散布于遗址的大部分地区，其中北部和西部分布较稀疏，南部分布较为密集。

房址　3 座，散布于遗址的北部、东北及中部地带。

陶窑　3 座，主要分布于遗址的东北角及中西部。

（2）遗物

均为陶片。以夹砂灰褐陶、泥质灰褐陶为主，还有少量的夹砂黑灰陶。可辨器形有鼎、缸、花边口罐、夹砂小罐、小口高领罐、斜肩罐、尖底瓶等。

鼎　标本 1 件。YH051209I012：1，夹砂褐陶。仅存鼎足，剖面呈“T”字形。足外部贴一条压印花边的泥条，直至底部（图一九四，3）。

缸　标本 2 件。YH051209B010 - H：1，泥质灰陶。微敛口，圆唇。口部施有三厘米宽的附加堆纹，口部以下压印竖篮纹。圆唇上有压印修整的痕迹。口径 38、残高 24 厘米（图一九四，1）。YH051209F004：1，夹砂灰陶。平底。近底部饰两道附加堆纹加固，其上饰竖绳纹（图一九四，4）。

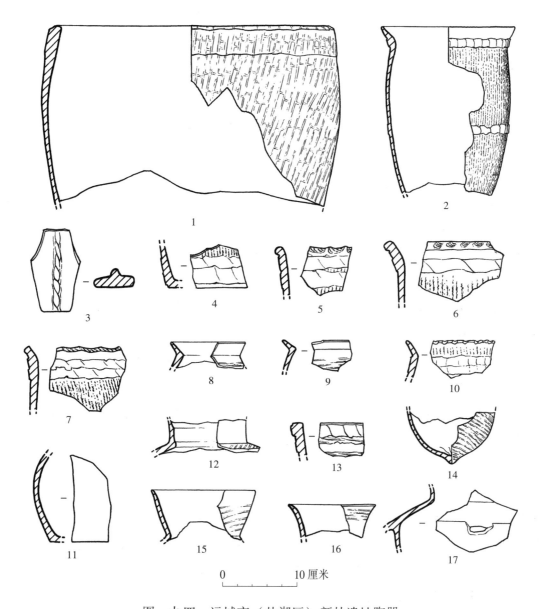

图一九四 运城市（盐湖区）新杜遗址陶器

1、4. 缸（YH051209B010－H：1、YH051209F004：1） 2. 深腹罐（YH051209I010－M：1） 3. 鼎（YH051209I012：1）
5～7、10. 花边口罐（YH051209B004：2、YH051209B006－H：1、YH051209B002－H：1、YH051209I012－H：1）
8、9. 夹砂小罐（YH051209B004：1、YH051209F005：1） 11. 鼓腹罐（YH051209B010－H：2） 12、15. 小口高领罐
（YH051209B010－H：3、YH051209I011－H2：1） 13. 盆（YH051209B006－H：2） 14. 尖底瓶（YH051209G007：2）
16. 瓶（YH051209I008：1） 17. 斜肩罐（YH051209B010－H：4）（2 为仰韶晚期，余为庙底沟二期）

　　花边口罐　标本4件。YH051209B004：2，夹砂灰陶。斜直口，方唇。口沿处压印花边，颈外部饰两道附加堆纹，其下饰粗绳纹（图一九四，5）。YH051209B006－H：1，夹砂褐陶。侈口，方唇，深直腹。唇上压印一圈指甲大小为单位的花边，颈部贴两道附加堆纹，颈以下饰有不太清晰的竖绳纹（图一九四，6）。YH051209B002－H：1，夹砂灰陶。侈口，方唇，直腹。唇上压印花边，颈部贴两道泥条，颈部以下饰绳纹（图一九四，7）。YH051209I012－H：1，夹砂灰陶。小侈

口，尖圆唇，深斜腹。唇上压印花边，唇下饰绳纹，颈部饰两道附加堆纹（图一九四，10）。

夹砂小罐　标本 2 件。YH051209B004：1，夹砂灰陶。侈口，尖圆唇，束颈。颈以下饰横篮纹。口径 10、残高 3.2 厘米（图一九四，8）。YH051209F005：1，夹砂灰褐陶。侈口，圆唇，束颈。颈部以下拍印篮纹（图一九四，9）。

小口高领罐　标本 2 件。YH051209B010 – H：3，泥质灰陶。直口，折肩。肩部饰篮纹（图一九四，12）。YH051209I011 – H2：1，泥质灰陶。侈口，尖唇。口部以下饰斜篮纹。口径 14、残高 6.8 厘米（图一九四，15）。

斜肩罐　标本 1 件。YH051209B010 – H：4，泥质褐陶。直颈，斜肩，肩腹之间有桥形鋬手。内部有泥条盘筑的痕迹（图一九四，17）。

鼓腹罐　标本 1 件。YH051209B010 – H：2，泥质灰褐陶。鼓腹，平底。素面。腹内部有修整的痕迹，外壁光滑（图一九四，11）。

尖底瓶　标本 1 件。YH051209G007：2，夹砂灰陶。尖底。外腹部通体饰斜篮纹。底内部可见泥条盘筑的痕迹（图一九四，14）。

瓶　标本 1 件。YH051209I008：1，泥质灰陶。敞口外侈，圆唇。唇下拍横篮纹。口径 12、残高 4.4 厘米（图一九四，16）。

盆　标本 1 件。YH051209B006 – H：2，夹砂灰陶。直口，方唇，卷沿，口沿较平。卷沿的外缘呈波浪状起伏，沿下有附加堆纹，盆外壁饰篮纹（图一九四，13）。

七　新郭遗址

新郭遗址位于冯村镇新郭村东，面积当在 5 万平方米以下（见图一九一）。遗址周围地势低平，东南 150 米处有涑水河自东北流向西南。遗址范围较小，共发现三处采集点，均为地表遗物，未发现遗迹现象。其中两处遗存时代属于庙底沟二期，相距不到 150 米，另一采集点时代不详。故遗址仅包含一处庙底沟二期的聚落，聚落面积在 5 万平方米以下。

（1）遗迹

未发现。

（2）遗物

多为陶器，另见一件石斧。

1）陶器

多为泥质或夹砂灰陶，可辨器形仅有罐。

罐　标本 2 件。YH051124I001：2，泥质灰陶。平底。腹部饰拍印横篮纹。底径 14、残高 5 厘米（图一九五，1）。YH051124I001：3，夹砂灰褐陶。平底。腹部以上饰绳纹（图一九五，2）。

2）石器

仅石斧 1 件。

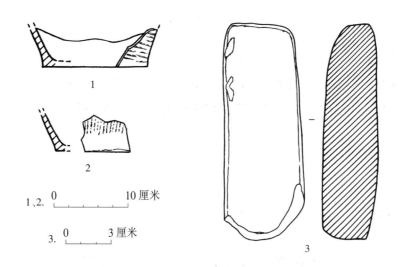

图一九五　运城市（盐湖区）新郭遗址庙底沟二期器物

1、2. 陶罐（YH051124I001：2、YH051124I001：3）　3. 石斧（YH051124I001：1）

石斧　标本 1 件。YH051124I001：1，灰白色。呈长条状，舌形，较规整。长 14.4、宽 4～5.3、厚 3.7 厘米（图一九五，3）。

八　西阳遗址

西阳遗址位于冯村镇西阳村东北，面积 3.97 万平方米（见图一九〇）。遗址地势开阔低平，距涑水河北岸约 1500 米。遗址包含两个时期的遗存：仰韶中期、仰韶晚期，从遗存分布特点看，每个时期分别可以划分为一个聚落。

1. 1 号仰韶中期聚落

1 号仰韶中期聚落分布于遗址的西部、中部及东部靠南的大部分地区，面积 3.17 万平方米，其中聚落的中、东部地区陶片分布较为密集。

（1）遗迹

未发现。

（2）遗物

均为泥质或夹砂红褐陶片，且器形不明。

2. 2 号仰韶晚期聚落

2 号仰韶晚期聚落主要分布于遗中、北部地区，面积 1.14 万平方米。

（1）遗迹

未发现。

（2）遗物

仅发现少量夹砂、泥质灰褐陶片。器形不明。

九　姚张西遗址

姚张西遗址位于王范镇姚张村子西南，面积 0.25 万平方米（图一九六）。遗址地势北高南低，南面为平缓低平的涑水河谷地。该遗址仅发现三处采集点，所包含的遗物时代均属于仰韶中期，且数量较少，也未发现任何遗迹，故整个遗址为仰韶中期的一处小型聚落，聚落面积等同于遗址面积。

（1）遗迹

未发现。

（2）遗物

为夹砂或泥质红陶片，且器形难辨，无标本。

第六节　临猗县境内的遗址

一　董家庄遗址

董家庄遗址位于王鉴镇董家庄村北，遗址平面略呈四边形，面积 1.35 万平方米（见图一八八）。

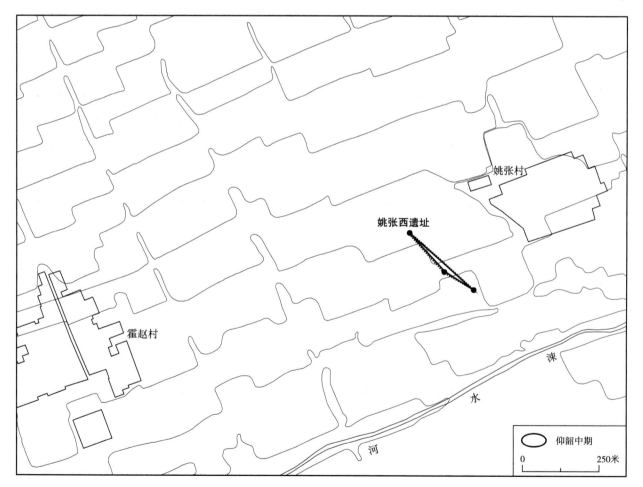

图一九六　运城市（盐湖区）姚张西遗址（仰韶中期）

遗址处在鸣条岗南端的岗上，周围还有一些较高的台地环绕。遗址仅包含仰韶中期的遗存，只能划分为一个聚落，聚落面积等同于遗址面积。聚落内未发现任何遗迹现象，地表所见遗物也不太丰富。

（1）遗迹

未发现。

（2）遗物

均为陶片。多泥质或夹砂红褐陶，可辨器形有小口尖底瓶。

小口尖底瓶　标本 1 件。LY060225L003：1，泥质红陶。敛口，葫芦形口，圆唇，卷沿。口径 6、残高 3 厘米（图一九七，2）。

二　东三里遗址

东三里遗址位于李汉镇东三里村东，面积应不到 5 万平方米（图一九八）。遗址地处鸣条岗南端北侧坡地与峨嵋台地西侧相连的地带，西北 1000 米处有涑水河流过。该遗址仅发现两处采集点，均为遗迹，且二者相距不过 200 米，时代分别属于仰韶早期和龙山时期，据此该遗址划分为两处聚落。

1. 1 号仰韶早期聚落

1 号仰韶早期聚落位于遗址的南部，聚落面积当在 5 万平方米以下。仅发现一处遗迹，遗物丰富程度一般。

（1）遗迹

文化层　1 处，位于遗址的南面。

（2）遗物

均为陶片。多为夹砂红褐陶或泥质红陶片。无标本。

2. 2 号龙山时期聚落

2 号龙山时期聚落位于遗址的北部，面积当在 5 万平方米以下。该聚落仅发现一处遗迹，且附近未见有其他地表遗物。

（1）遗迹

灰坑　1 个，位于遗址的北部。

（2）遗物

均为陶片。多为夹砂或泥质黑、褐陶片，可辨器形仅有夹砂罐。

夹砂罐　标本 1 件。LY051205E008－H：1，夹砂黑陶。薄胎。侈口，双桥形耳残。颈部以下饰绳纹。口径 16、残高 6 厘米（图一九七，1）。

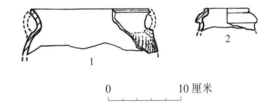

0　　　　　　　　10厘米

图一九七　临猗县董家庄、东三里遗址陶器

1. 夹砂罐（LY051205E008－H：1）　2. 小口尖底瓶（LY060225L003：1）（1 为东三里遗址，2 为董家庄遗址；1 为龙山时期，2 为仰韶中期）

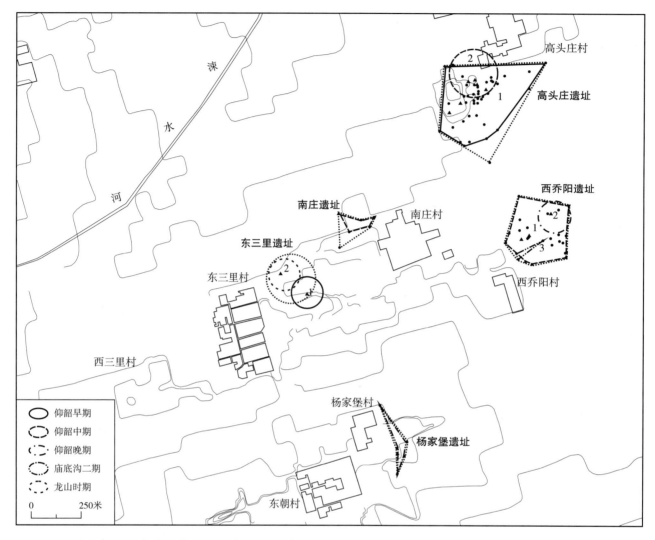

图一九八　临猗县东三里、南庄、西乔阳、高头庄、杨家堡遗址（仰韶早期—龙山时期）

三　南庄遗址

南庄遗址位于李汉镇南庄村西，面积1.74万平方米（见图一九八）。遗址地处鸣条岗南端北侧坡地与峨嵋台地西部南侧相连的地带，西北距涑水河850米。发现的遗存分别属于仰韶中期、仰韶晚期和二里岗时期三个时代，但由于仰韶晚期的遗存仅见于在遗址的东部一处采集点，二里岗时期的遗存也仅见于遗址南面的一处采集点，且二处皆为地表遗物，周围也未发现任何遗迹现象，不能算作聚落。故该遗址仅为一处仰韶中期聚落。聚落面积0.82万平方米，分布于遗址的北部和中部，南庄村西的一小块凸出的台地上。

（1）遗迹

灰坑　1个，位于聚落的西北部，所含遗物较丰富。

（2）遗物

均为陶片。多为泥质红陶或夹砂灰褐陶，可辨器形有小口尖底瓶、钵、罐、盆等。

小口尖底瓶　标本 2 件。均为泥质红陶。重唇口，内口略高。LY051205B005 - H:1，内外唇径约为 1:1。颈部以下饰斜向线纹。口径 5、残高 7.2 厘米（图一九九，1）。LY051205B005 - H:8，内外唇径之比为 2:1。口径 4、残高 2 厘米（图一九九，8）。

钵　标本 1 件。LY051205B005 - H:4，泥质红褐陶。敛口，尖唇。素面。口径 16、高 6 厘米（图一九九，3）。

夹砂罐　标本 4 件。LY051205B005 - H:7，夹砂褐陶。侈口，折沿，口沿中部有一周凹槽。颈部以下饰线弦纹，有泥片贴制的鋬手。口径 16、残高 6.4 厘米（图一九九，2）。LY051205B005 - H:3，夹砂灰褐陶。底沿略外撇。腹外部拍有较稀疏的细线纹，底部亦有斜印的细线纹。底径 16、残高 4 厘米（图一九九，5）。LY051205B005 - H:5，夹砂灰褐陶。侈口，方唇，宽折沿，束颈。颈部以下有拍印的线纹痕迹（图一九九，6）。LY051205B005 - H:6，夹砂灰褐陶。侈口，尖唇，平沿，深腹。外颈部以下有压印弦纹（图一九九，7）。

盆　标本 2 件。LY051205B005 - H:2，泥质红陶。斜腹。素面。底径 8、残高 3 厘米（图一九九，4）。LY051205B005 - H:9，泥质红陶。侈口，宽折沿。口沿上饰有黑地白彩月形纹饰。口径 24、残高 4 厘米（图一九九，9）。

四　西乔阳遗址

西乔阳遗址位于李汉镇西乔阳村东北，面积约 8.5 万平方米（见图一九八）。遗址地处峨嵋岭与鸣条岗相连坡地的东部，地势平缓（彩版七五），但其四周各有一个台地，现代的乔阳村、高头庄、

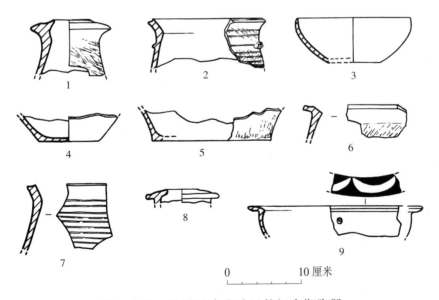

图一九九　临猗县南庄遗址仰韶中期陶器

1、8. 小口尖底瓶（LY051205B005 - H:1、LY051205B005 - H:8）　2、5～7. 夹砂罐（LY051205B005 - H:7、LY051205B005 - H:3、LY051205B005 - H:5、LY051205B005 - H:6）　3. 钵（LY051205B005 - H:4）

4、9. 盆（LY051205B005 - H:2、LY051205B005 - H:9）

西乔阳和申村分别位于这四个小台地上。其西北1000米处有涑水河流过。遗址包含三个时期的遗存：仰韶中期、仰韶晚期和庙底沟二期，从遗存分布特点看，每个时期分别可以划分为一个聚落。

1. 1号仰韶中期聚落

1号仰韶中期聚落几乎遍布遗址的北、东、南大部分地区，面积8.28万平方米。聚落的中西部发现有遗迹，地表陶片分布也较为集中。聚落的北、南面，陶片发现较少，且未见遗迹现象。

（1）遗迹

灰坑　3个。其中有两个灰坑紧邻，另一个也相距不超过50米，均分布于聚落中部的偏西位置，距西乔阳村北200米左右。灰坑内遗物丰富。

（2）遗物

均为陶片。多夹砂红陶，少量夹砂褐陶、泥质灰褐陶片，可辨器形有小口尖底瓶、碗、盆、钵、深腹罐、罐、陶环、陶球等。

小口尖底瓶　标本3件。LY051212E002－H：2，夹砂红陶。重唇口，内口沿凸起较高，内外唇之比为1∶1。口径5、残高5.6厘米（图二〇〇，2）。LY051212B001－H：1，泥质红陶。重唇口，内外唇之比为3∶2。颈部以下拍饰线纹。口径5、残高4.6厘米（图二〇〇，3）。LY051212H001－H：3，泥质红陶。重唇口，内唇略高于外唇，内外唇之比为1∶2。颈部以下饰斜线纹。口径6、残高2.4厘米（图二〇〇，4）。

碗　标本1件。LY051212E002－H：1，泥质褐陶。敞口，圆唇，斜直腹，平底。素面。口径19.4、底径11.2、高7.2厘米（图二〇〇，15）。

盆　标本1件。LY051212G001：1，泥质红陶。侈口，尖唇，折沿，斜腹。口部外侧附饼状小纽。口沿处加抹一圈红泥。口径28、残高6.4厘米（图二〇〇，1）。

钵　标本5件。LY051212K001：1，泥质红陶。敛口，卷沿外翻在外部形成一凸棱，圆唇。素面（图二〇〇，6）。LY051212G001：2，泥质红陶。敛口，圆唇（图二〇〇，7）。LY051212H001－H：1，泥质灰褐陶。敛口，尖唇。口沿外侧上部有一颜色较浅的宽带，内壁、外壁磨光（图二〇〇，8）。LY051212E002－H：4，泥质红陶。饰有弧线三角太阳纹黑彩（图二〇〇，12）。LY051212H003－H：1，泥质褐陶。陶片上有从外向内的钻孔一个。外部饰有弧线三角纹黑彩（图二〇〇，13）。

深腹罐　标本1件。LY051212D002－H：1，夹砂褐陶。侈口，尖唇，小平沿，口沿上有一周凹槽，深腹，平底。颈部至肩部拍印弦纹和线纹，肩部以下饰线纹。口径15、底径10厘米（图二〇〇，16）。

夹砂罐　标本4件。LY051212B001－H：3，夹砂灰黑陶。侈口，斜平沿，直腹。外部拍有斜向线纹（图二〇〇，5）。LY051212H001－H：2，夹砂黑褐陶。侈口，尖唇，颈部内有凸棱，口沿上有一周凹槽。外部拍有线纹（图二〇〇，9）。LY051212F004：1，夹砂灰褐陶。侈口，圆唇，卷沿。颈部以下饰弦纹，且在弦纹中间夹杂少许线纹（图二〇〇，10）。LY051212B001－H：2，夹砂灰褐陶。侈口，尖唇，平沿。颈部以下拍线纹，并有泥条贴的斜向錾手（图二〇〇，11）。

陶环　标本1件。LY051212E002－H：3，泥质灰陶。扁环状，剖面呈弧形三角，内侧较宽，

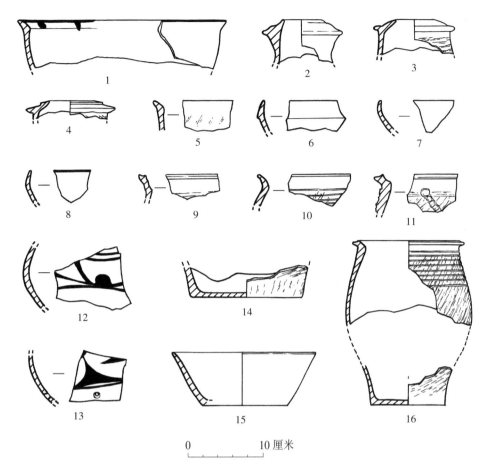

图二〇〇　临猗县西乔阳遗址陶器

1. 盆（LY051212G001：1）　2~4. 小口尖底瓶（LY051212E002－H：2、LY051212B001－H：1、LY051212H001－H：3）
5、9~11、14. 夹砂罐（LY051212B001－H：3、LY051212H001－H：2、LY051212F004：1、LY051212B001－H：2、
LY051205B006－H：1）　6~8、12、13. 钵（LY051212K001：1、LY051212G001：2、LY051212H001－H：1、
LY051212E002－H：4、LY051212H003－H：1）　15. 碗（LY051212E002－H：1）　16. 深腹罐（LY051212D002－H：1）
（14 为仰韶晚期，余为仰韶中期）

外侧较窄。内径4.5、外径5.7厘米（图二〇一，2）。

陶球　标本1件。LY051212E002－H：5，泥质红褐陶。已残，形状不太规则。直径2.7厘米
（图二〇一，1）。

2. 2 号仰韶晚期聚落

2 号仰韶晚期聚落位于遗址东北部，距西乔阳村东北 370 米的平地上。仅发现一处采集点，但因为是灰坑遗迹，且遗物丰富，故仍作为一个聚落来看，面积算作 5 万平方米以下。

（1）遗迹

灰坑　1 个，位于遗址的东北部。

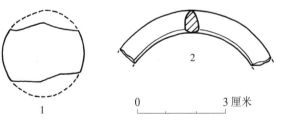

图二〇一　临猗县西乔阳遗址仰韶中期陶器

1. 陶球（LY051212E002－H：5）
2. 陶环（LY051212E002－H：3）

（2）遗物

均为陶片。夹砂褐陶或泥质褐陶，可辨器形有夹砂罐。

夹砂罐　标本1件。LY051205B006－H：1，夹砂灰褐陶。平底。外腹部拍印有线纹。底径15、残高4厘米（图二〇〇，14）。

3. 3号庙底沟二期聚落

3号庙底沟二期聚落位于遗址西南的平地上，距西乔阳村北仅85米左右，面积0.21万平方米。仅有三个采集点，均为地表采集，且数量较少，陶片也较碎。

（1）遗迹

未发现。

（2）遗物

仅发现少量夹砂、泥质灰褐陶片，器形不明。无标本。

五　高头庄遗址

高头庄遗址位于李汉镇高头庄村南、南庄村北，面积16.95万平方米（见图一九八）。遗址地处峨嵋岭与鸣条岗之间的缓坡地上，地势西高东低，西距涑水河1000米（彩版七六）。发现的遗存分别属于仰韶早期、仰韶中期和庙底沟二期三个时代，但因属于庙底沟二期的遗存仅发现一处，且仅为地表遗物，据此该遗址划分为两处聚落。

1. 1号仰韶早期聚落

1号仰韶早期聚落分布于遗址偏北的大部分地区，距高头庄村南不过50米，平面略呈梯形，北宽南窄，面积14.54万平方米。其中沿北部中间地区高头庄村西南一块台地的东侧断面附近，采集点较为密集，遗迹现象也较多，遗物较丰富，而东北部地区的平地上则多为地表采集，未见遗迹现象，遗物也较差；聚落南部地区也是靠近台地的地区遗物较为丰富，平地上遗物一般或较差。台地的东南部也发现有地表遗物及文化层和灰坑等遗迹现象。

（1）遗迹

文化层　1处，位于台地的东南，地势较高。遗物丰富。

灰坑　3个，其中2个灰坑分布于村西南的上下台地上，分处于台地的东北和西南，其中西南的灰坑地势更高；另一灰坑位于台地东侧的平地上。所含遗物均较丰富。

房址　1座，位于聚落的北部中心，村西南台地的东侧平地上。所包含的遗物丰富程度一般。

墓葬　1座，位于台地的东侧，高头庄村西南。地势较低。遗物较丰富。

（2）遗物

均为陶片。多泥质红陶，也有少量夹砂红褐、灰褐陶等，可辨器形有罐、钵、盆、小口尖底瓶等。

夹砂罐　标本4件。LY051205D002：1，夹砂灰褐陶。圆唇，卷沿。颈部以下饰凸弦纹（图二〇二，7）。LY051205E003：1，夹砂红褐陶。饰有戳印的指甲纹（图二〇二，10）。LY051205C001－H：1，夹砂褐陶。直口，方唇，翻沿，深腹，口沿上部有一圈凹槽。颈部以下饰凸弦纹（图二〇二，13）。LY051205F011‐C：1，夹砂黑褐陶。斜腹，平底。素面。底径12、残高8.4厘米（图二〇二，14）。

钵 标本4件。LY051205E002：2，泥质红陶。直口，口微敛，尖唇。口外侧上部饰宽带黑色陶衣（图二〇二，6）。LY051205G002：1，泥质灰陶。圆唇。口部有一宽带呈红色，宽带下呈黑红色（图二〇二，9）。LY051205C001‐H：2，泥质红陶。斜腹，平底。素面。底径8、残高2.8厘米（图二〇二，11）。LY051205D002：3，泥质红陶。敛口，圆唇。素面。外壁有慢轮刮刷的痕迹（图二〇二，12）。

盆 标本1件。LY051205D002：2，泥质红陶。敞口，宽平沿。素面（图二〇二，5）。

碗 标本1件。LY051205F005‐H：1，泥质红陶。敛口，尖圆唇。口部下呈一宽带深红色，腹部以下色彩较淡。口径23、残高7.6厘米（图二〇二，1）。

小口尖底瓶 标本3件。均为泥质红陶。LY051205E002：1，泥质红陶。杯形口，直口微敛，尖唇。口径8、残高7厘米（图二〇二，2）。LY051205E002：3，泥质红陶。葫芦形口，敛口，圆

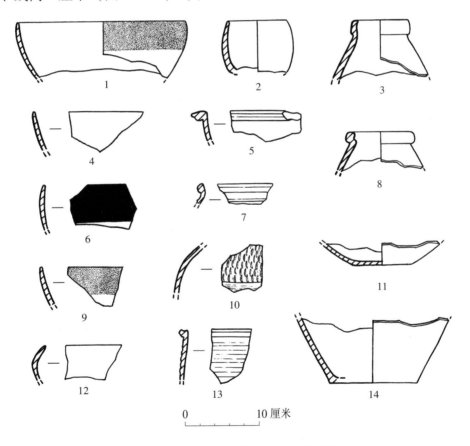

0   10厘米

图二〇二 临猗县高头庄遗址陶器

1. 碗（LY051205F005‐H：1） 2、3、8. 小平底瓶（LY051205E002：1、LY051205E002：3、LY051205A004‐H：2） 4、6、9、11、12. 钵（LY051205B001：1、LY051205E002：2、LY051205G002：1、LY051205C001‐H：2、LY051205D002：3） 5. 盆（LY051205D002：2） 7、10、13、14. 夹砂罐（LY051205D002：1、LY051205E003：1、LY051205C001‐H：1、LY051205F011‐C：1）（4为仰韶中期，余为仰韶早期）

唇，卷沿，深腹。素面。口径 7、残高 7.2 厘米（图二〇二，3）。LY051205A004 – H：2，泥质红陶。葫芦形口，敛口，圆唇，卷沿。素面。口径 9、残高 4.8 厘米（图二〇二，8）。

2. 2 号仰韶中期聚落

2 号仰韶中期聚落分布于遗址的西北部，村西南台地的北侧和东侧平地上，聚落面积当在 5 万平方米以下。仅发现两处地表遗物，未见任何遗迹现象。

（1）遗迹

未发现。

（2）遗物

均为陶片。多泥质红陶或夹砂褐陶，可辨器形有钵。

钵　标本 1 件。LY051205B001：1，泥质红陶。直口微敛，圆唇。素面（图二〇二，4）。

六　杨家堡遗址

杨家堡遗址位于李汉镇杨家堡村和东朝村东，面积 1.1 万平方米（见图一九八）。遗址地处峨嵋岭与鸣条岗相连的坡地，地势西高东低，西北距涑水河 1600 米。遗址包含三个时期的遗存：仰韶中期、庙底沟二期和二里头时期。但由于仰韶中期遗存仅见于遗址东北部一处地表遗物，二里头时期的遗存也仅见于遗址东部一处地表遗物，故该遗址只包含庙底沟二期的一处小型聚落，聚落面积等同于遗址面积。该聚落主要分布于杨家堡村东的一块台地上，村东南的采集点较为密集，村东北也发现有少量遗物。

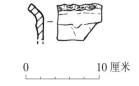

0　　　　　10 厘米

图二〇三　临猗县杨家堡遗址
庙底沟二期陶花边口罐
（LY051212D005：1）

（1）遗迹

灰坑　1 个，位于聚落西南，杨家堡村东 150 米的一块台地上。遗物丰富。

（2）遗物

均为陶片。多为夹砂或泥质灰褐陶片，可辨器形有花边口罐。

花边口罐　标本 1 件。LY051212D005：1，夹砂灰褐陶。敞口，方唇，折沿，直腹。唇部压印花边，颈部有附加堆纹（图二〇三）。

第四章　青龙河流域遗址

第一节　遗址分布概况

青龙河流经地区是一个半封闭的地形，流域区内山地、丘陵、平原、沟壑交错分布，地势东北高、西南低，地形起伏变化较大。它的东侧为崎岖险峻的中条山山地，西侧为高高隆起的鸣条岗丘陵，北侧为地势相对低缓的黄土地形裴社岭，中部则为地形比较狭长的平原区，只有南侧地势低洼，接近盐湖的北部边缘，地貌整体布局似簸箕形状（见彩版六）。

青龙河流域的地形结构决定了区域内水系分布的基本态势。在中条山西麓，由山间泉水汇成的大小数十条溪流，平行排列在山地沿线，由东向西流动；与之相对称，在鸣条岗东坡地带，水流作用也形成了大量类似于山地溪流状的冲沟，由西向东流淌。由于地形高差的存在，山地及丘陵等高处形成的这些水流无一例外地被集中于"簸箕"的底部，再由地势相对较高的北部向南部低洼地带流动，这种羽状集结的分布形式是这个地域水系结构的突出特征，羽状的核心就是青龙河。

青龙河发源于中条山西麓、闻喜县境内的裴社铁牛峪，干支流依次流经闻喜、夏县、盐湖区等县、区，在盐湖区陶村附近注入苦池水库，它的流域范围：东起中条山西麓，西至鸣条岗东侧，北至夏县、闻喜交界处的裴社岭，南至盐湖北侧边缘，主要支流有南晋河、北晋河、大沟河、白沙河等。在历史时期，人们在本地区修建姚暹渠等水利工程并对青龙河进行局部的改造，拦截、疏导本地的水流，从而使夏县以南的中条山诸河汇入姚暹渠，县城以北诸河汇入青龙河①，最终都是将水流引向流域区外部。受地形差异和河流改道等这些内外因素的影响，不同区域的青龙河在形态上存在一定的区别：其上游河段通常河岸曲折、河床下切很深，并有较多支流汇入，天然河道的特征明显；而下游地区则大多河岸平直、河床窄浅、河道走向很难辨认，河流面貌改变很大。

青龙河流域区内有新石器及夏商时期遗址共 47 处，由南至北分布于闻喜、夏县、盐湖等县区内，以夏县数量最多，其他县区境内只有少量存在。遗址的空间分布基本呈比较规则的三列：西

① 夏县地方志编纂委员会：《夏县志》，人民出版社，1998 年。

侧鸣条岗丘陵地带、中部的青龙河河岸台地及东部的中条山山麓与山前地带。由于空间狭小，地域有限，所以，干流附近的部分遗址通常也在山岗地带的边缘，而山地环境的遗址则通常位于一条或多条支流的河流沿岸（附表）。

除了地形方面表现出来的个性特征以外，遗址疏密程度也存在显著的差别，并大体以姚暹渠为界，在青龙河上游、下游分别形成两个明显的遗址集中分布区。

青龙河上游遗址密集程度高于下游，大体可以分为三组。第一组位于流域最北端，由东下冯—埝掌遗址向南一直延续到崔家河Ⅲ号遗址，形成比较稠密的遗址区。遗址共有 9 处，分布比较集中，沿青龙河河道连续排列，其中东下冯—埝掌是本流域最大的遗址。第二组位于第一组的南部，处于南晋河与青龙河交汇位置附近。只有 3 处遗址，数量较少，规模也较一组小得多，但分布还是比较集中，圪塔是这里最大的遗址。第三组位于第二组西南，也是一处有 11 处遗址的集中分布地带，其分布形势、规模与一组基本相当，但这里的遗址分布不似一组沿河流流向线状排列，而是基本呈辐射状：中部为西阴和东阴两个较大的遗址，周围环绕一系列小型的遗址，组成一个向心的结构布局。此处的最大遗址为西阴，与东下冯—埝掌规模基本相当，它与相邻的东阴遗址在空间上基本相连，最近的边缘之间不过 200 米，在确定遗址划分时，参考各自中心区的分布地域、边缘部分采集点的丰富程度等进行量化，将二者各自划为一个单独的遗址，而它们之间在地域上邻近、规模上相当、内部文化内涵相近，这些特征暗示二者在文化演进过程中存在密切联系。此处也是一个聚落发展的核心地带。除了这三组集中分布区以外，还有一些比较分散的小遗址，基本位于中条山麓地带，规模小、个体少、地缘关系相对疏远。

青龙河下游遗址分布不如上游复杂，基本呈现明显的三列，分别与丘陵、河流和山麓三种地理环境相对应，据此分为三组。一组位于西部的鸣条岗东坡地，有 5 处遗址，分布比较稀疏，大体沿岗地呈线状排列，多为小型遗址，但位于南端的吕儒规模比较大，显然是这里的中心遗址。二组位于中部河岸附近，以辕村Ⅰ号遗址为中心，8 处遗址聚为一体，这一组的特征是遗址规模普遍较大，间距紧密，沿河一字排列成带状。三组位于东部中条山西麓地带，以史家遗址为中心，南北向分布，较大的遗址多位于北侧，南部多较小，有些遗址位于盐湖附近的则更小，与河岸处相似，遗址也沿山麓走向排列，但规模不如中部河岸处。本区遗址布局明显受地形制约作用，无论依山还是傍水，皆束缚于狭小的空间里自成一体，相互间横向联系不显著，并且三者之间存在大片空白区域，仅见零星陶片，无集中分布的遗址。

在 47 处遗址中，超过 100 万平方米的遗址有 4 处，20 万平方米以上的有 7 处，绝大部分是不足 10 万平方米的小型聚落，遗址之间等级差异非常显著。

在空间的分布上，流域区的南、北各有一处 100 万平方米以上的大型遗址，分别为辕村Ⅰ号与东下冯—埝掌，而中部则有西阴与东阴两处遗址集中分布于同一地点。它们的规模都在 100 万平方米以上，大型遗址周围均分布规模不等的中小型遗址。这种布局特征显示，河流上、下游地区在聚落发展过程中分别形成了几处相对独立的中心，而西阴与东阴所在的中部显然是这个流域文化发展的重心之一。

不同时期的青龙河流域聚落在数量和分布形势上呈现不同的特点：

仰韶早期的青龙河流域内只有12处聚落，聚落选址在干流附近或中条山麓的小河近旁，多为面积不足5万平方米的小型聚落，发展程度有限，分布也较稀疏，位于干流上游的牯垛成为这个时期最大的聚落，面积在10万平方米以上，远大于流域内同时期其他聚落。

仰韶中期的聚落数量猛增为早期的两倍，出现了多处百万平方米以上规模的大型聚落，并在西阴附近演化成双生聚落，在群体中遥遥领先。本时期的另一个显著变化是聚落规模普遍较早期有明显增长，规模在几十万平方米的聚落成为这个时期聚落发展的骨干，除了青龙河上游地区延续了早期的发展，成为此时的一个重心以外，青龙河下游地区和盐湖附近的山麓地带也涌现出一批成规模的聚落，聚落实力增强，与河流上游的聚落分布区大体形成南、北两个中心地带并行发展。

仰韶晚期聚落总体数量与中期相差不大，但分布地域却明显不同于中期。这时依然是南、北两端的发展势头强劲，并各自形成一个集中分布区。北部上游地区的聚落基本沿干流河岸分布，中心由中期位于青龙河上游的南段转移到了上游的北段，并在东下冯—埝掌遗址附近出现了类似中期的双生聚落。此时南部下游地区的发展却是另一种形态，东、中部的聚落规模普遍比中期阶段有所下降，反之西部则新出现几处一定规模的聚落，因此在鸣条岗丘陵地带、青龙河下游、中条山地三处分别形成三个集中分布区，呈东西向排列。

庙底沟二期聚落数量略有增加，但聚落规模的整体发展水平却有所下降，不但不见百万平方米规模的大聚落，而且多数成员规模更小，30万平方米以上的个体已经算是比较大的聚落。上游地区的聚落基本沿河岸走向分布，几个主要聚落之间的规模差异不大，而下游河岸附近与中条山麓地区的聚落则较前一个时期明显衰落，吕儒所在的鸣条岗南端此时期成为南部发展的一个中心地区，但只是孤立的个体，其余聚落发展程度皆偏低。总体来看，庙底沟二期发展的重心还是在北部。

龙山时期聚落分布一边倒的现象比较明显，聚落个体数量少，只有20处，聚落发展的重心在偏北部的上游地区，东下冯—埝掌成为这个时期最大的聚落，面积将近50万平方米，它的周围散布一些规模较小的聚落，也见一些小聚落集中分布的情况，此外在下游地区和中条山麓的几处聚落，如史家与上淄底等，规模虽较前一个时期略有增长，但面积仍然不过维持在10多万平方米的程度。

二里头时期与龙山时期情况大抵接近，聚落数量只有18处，重心仍位于北部的东下冯—埝掌，其周围以及南部河流下游均分布较多的小型聚落。以往的发掘情况显示，在东下冯—埝掌遗址存在比较典型的环壕设施，为同时期其他聚落所不见，表明它应是这个时期的中心聚落。

二里岗时期聚落数量明显少于以往很多时期，只有13处。聚落散布于流域内，多局限于中部的河岸附近。此时期北部依然是聚落发展的重心，延续了二里头时期的发展趋势。东下冯—埝掌聚落里出现了城址，达到了本时期聚落发展的顶峰，其余的聚落无论从数量还是规模上都无法与之相比，显然皆处于从属地位。

青龙河流域的聚落发展过程有其独特之处，区别于涑水河与沙渠河等几个流域。在流域区内无论是遗址还是聚落，分布都比较集中，大体处于相对固定的区域内，从而构成基本稳定的组合关系，在同一地域内不同时期呈现不同的文化面貌，表现出聚落发展的连续性与阶段性特征。流域内的遗址以集散程度可以划为多个小的集中区域，分别位于干流的上游北段、南段、下游三处地段，而面积超过百万平方米大型遗址也有东下冯—崦掌、西阴、东阴、辕村Ⅰ号四处，东下冯—崦掌位于北部，西阴和东阴居中，辕村Ⅰ号位于南部，它们及周围的相关遗址和聚落分别对应上述三个集中分布区，组合关系相对稳定，因此，这三处集中分布区与大型遗址就构成了这个地域聚落发展的三个中心区，它们在探讨史前文化发展与聚落形态演变中起到至关重要的作用。

第二节　闻喜县和夏县境内的遗址

青龙河流域属于闻喜县境内的遗址只有王赵1处，夏县境内遗址有35处。

一　王赵遗址

王赵遗址位于裴社乡王赵村北30米，面积约1万平方米（图二〇四）。聚落地处裴社岭南坡、青龙河东岸台地，已接近中条山西麓，地势呈东北—西南向倾斜，海拔高度560～570米。青龙河

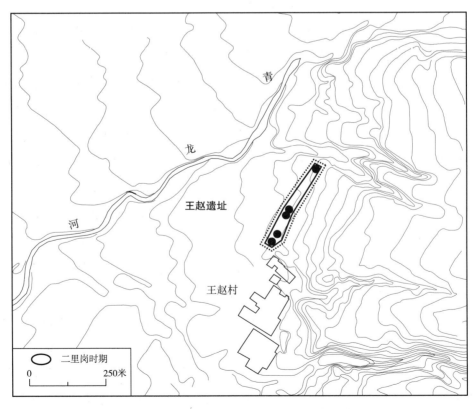

图二〇四　闻喜县王赵遗址（二里岗时期）

从遗址西侧流过，河道窄小、水流舒缓，是比较方便的天然水源。王赵是青龙河流域内最北部的一个遗址。遗址只有二里岗时期一个阶段的遗存，聚落分布于全部遗址区范围内，聚落面积等同于遗址面积。只在地表采集到少量陶片，无可辨器形。

二 东跃遗址

东跃遗址位于埝掌镇东跃村东南 300 米，遗址面积较小，不足 5 万平方米（图二〇五）。遗址地处青龙河上游北岸台地，分布在裴社岭南侧的坡地上，由北向南逐渐倾斜。遗址地势相对平坦，海拔高度 500 米左右，但近西侧河岸部位相对陡峭，形成较大的高低起伏。青龙河从遗址东、南部不远处穿行而过，遗址区西侧还有一条青龙河支流——埝掌小河，小河发源于裴社岭的南坡，水量虽不及青龙河充沛稳定，但距离遗址很近，应是人们更多使用的生活水源。遗址只有仰韶中期一个阶段的遗存，分布于全部遗址区范围内，聚落面积等同于遗址面积，不足 5 万平方米。地表只采集到少量遗物且多为陶片，无可辨器形。

此外，在遗址区内还采集到零星二里头时期的陶片。由于数量极少，且只分布于个别地点，所以尚无法据此确定在遗址内存在二里头时期聚落。

三 东下冯—埝掌遗址

东下冯—埝掌遗址位于埝掌镇东下冯村东、北与埝掌村东、北一带，南、北两侧分别与埝掌和东跃遗址相邻。遗址区从东下冯村东的坡地向西呈带状延伸，并向西跨越青龙河一直延续到埝掌村东及村北，向北可沿河直至东跃村东南附近。青龙河从遗址中部穿行而过，遗址西侧还有一条与青龙河大体平行的支流——埝掌小河。此外，中条山山地向遗址区方向也分布多道平行冲沟，也汇入青龙河，这些河流与冲沟共同将遗址分为若干条块。根据地形差别可以分为小河以西坡地、小河与青龙河之间台地及青龙河以东坡地三个部分。遗址处于中条山西侧、裴社岭南坡，地势东北高、西南低，海拔高度 480～520 米，呈缓坡状，但近河岸处地形陡峭，在遗址区内形成较多的断崖剖面，在那里可以观察到大量遗迹。

东下冯遗址是青龙河流域较早被发现并确认的遗址（彩版七七）。1974～1979 年中国社会科学院考古研究所与中国历史博物馆（今中国国家博物馆）等单位联合对遗址进行调查与发掘，确定二里头时期东下冯类型，并揭露出一座商代二里岗时期的城址及其他重要发现。当时测得的遗址面积 25 万平方米，范围包括青龙河两岸台地，以河流的东岸为主体，河流西岸也有少量文化遗存分布[①]。

本次聚落形态考察中，我们综合以往调查和研究成果，并根据对遗存面貌和聚落分布的时空变化等认识，重新划定不同时期聚落的范围。研究表明，在多个时期，聚落都曾经跨越河流两岸广泛分布，青龙河两岸的聚落实际是不可分割的一部分。青龙河东、西两岸的大范围地域应划为

---

① 中国社会科学院考古研究所等：《夏县东下冯》，文物出版社，1988 年。

同一个遗址区，从而将原与之隔河相对的埝掌遗址（彩版七八）也归入东下冯，统称为"东下冯—埝掌遗址"。这种划分与以往关于东下冯遗址的认识无论在遗址区的范围、聚落构成、遗存性质等多方面都存在一定的区别。

　　经过我们的统计，重新确认后的东下冯—埝掌遗址总面积达 137.4 万平方米，在青龙河流域是最大的遗址之一。遗址范围内包括仰韶中期、仰韶晚期、庙底沟二期、龙山、二里头和二里岗时期共六个时期的遗存，并按遗存时代及分布地域的区别划分为 1～10 号聚落（图二〇五、二〇六）。

　　遗址地表遗物多为陶片，另外也发现少量石器。陶片等遗物比较丰富的地区多位于河旁台地的附近，主要集中的地点有 3 处。第 1 处是埝掌村东北部的小河西岸，第 2 处是埝掌村东部的小河东岸和青龙河西岸，第 3 处是东下冯村北、东下冯至埝掌公路两侧的青龙河东岸台地。遗迹暴

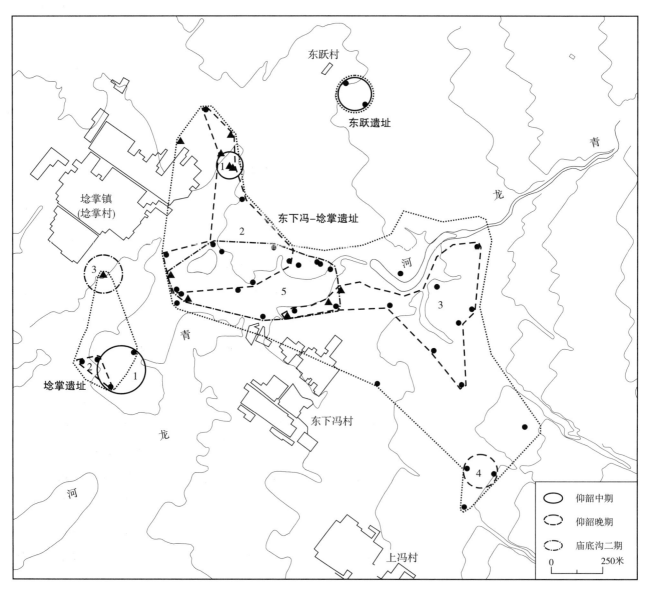

图二〇五　夏县东跃、东下冯—埝掌、埝掌遗址（仰韶中期—庙底沟二期）

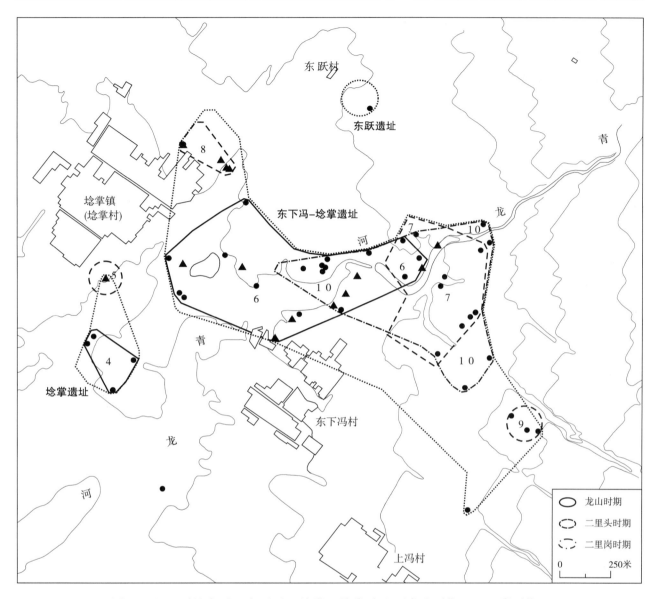

图二〇六　夏县东跃、东下冯—埝掌、埝掌遗址（龙山时期—二里岗时期）

露较多的地方也为上述 3 处地点，地表并不多见，在断崖剖面上显露较多，主要是灰坑。在东下冯村北的青龙河东岸还发现一段比较连续的文化层堆积，长 200 米左右。埝掌村东北部的遗迹最为密集，大量灰坑在断崖剖面上暴露，有些灰坑中还保留有大量炭粒、烧土、大块陶片及完整石器等，主要是仰韶晚期与二里头时期遗存；青龙河两岸台地因修路取土造成了巨大的剖面，延续也较长。这里的遗迹密集程度与埝掌村东北的情况接近，并且都是大型遗迹，可能是遗址的中心区，是不同时期聚落经营最频繁的地点。遗存时代从仰韶晚期、庙底沟二期到龙山时期各个阶段。由于所能观察到的遗迹种类单一，且仅限于断崖剖面处，遗存分布呈现线状的变化规律及几处相对集中的区域。遗址东半部大片的山前坡地仅有数量较稀疏的陶片等遗物，并无明显的遗迹现象。

　　遗址西南侧还有少量二里岗时期陶片，但基本处于青龙河河道附近，周围不见相关遗存，可能由遗址区向外搬运所致，未划入遗址范围内。

1. 1 号仰韶中期聚落

1 号仰韶中期聚落面积最小，不足 5 万平方米，仅分布于遗址西北部、小河西岸的埝掌村东北部。

（1）遗迹

灰坑　1 个，位于埝掌村东北部的断崖剖面上，形式不完整，规模较小。

（2）遗物

只见陶器，多为红陶，此外还有少量灰褐陶，泥质陶占多数，器表多为素面，有的饰以线纹、弦纹等，有少量黑彩，个别器物带陶衣。均为手制，有些口部经修整。可辨器形有各种罐类、盆、钵、甑及瓶等。

甑　标本 1 件。XX031123F006：1，泥质红陶。仅余甑底部，呈平底弧腹的盆状，底部沿外侧边缘穿凿不规整的圆形孔数个。外表素面磨光，内壁附着厚厚的白色水垢状物（图二〇七，9）。

2. 2 号仰韶晚期聚落

2 号仰韶晚期聚落位于遗址西部，面积约 21.9 万平方米，是该区仰韶晚期聚落中最大的一处。聚落集中分布于埝掌小河西岸及其与青龙河之间的台地上。

（1）遗迹

灰坑　5 个，分布于 2 号聚落的北部、埝掌村东北小河的西岸台地，形式皆不完整。

（2）遗物

发现陶器与石器等。

1）陶器

分泥质与夹砂两类，前者略多于后者，以褐陶居多，还有一定数量的红陶与灰陶等。器表多素面磨光，

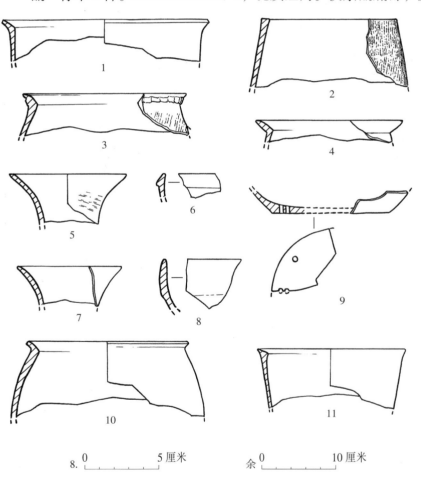

图二〇七　夏县东下冯—埝掌遗址陶器

1、11. 敞口盆（XX031121B004－H4：1、XX031121B004－H4：5）
2. 缸（XX031121B004－H4：4）　　3、4、10. 鼓腹罐（XX031121B004－H4：2、XX031122J001：2、XX031121B004－H4：6）　5、7. 瓶（XX031122H002：1、XX031123G003：1）　6. 敛口盆（XX031123A005：3）　8. 钵（XX031123G003：2）
9. 甑（XX031123F006：1）（9 为仰韶中期，余为仰韶晚期）

饰绳纹、篮纹与附加堆纹等。主要器类有罐、缸、瓶、钵、盆等。其中鼓腹罐仅余部分罐口，多为夹砂罐，少量泥质罐，口部形态较单一，呈侈口。瓶均为喇叭口尖底瓶，仅余瓶口。盆数量较大，多为腹部残片。

鼓腹罐　标本3件。XX031121B004－H4：2，夹砂灰褐陶。侈口，尖唇，折沿。颈部外侧贴一周附加堆纹，按压成波浪状，堆纹以下饰细绳纹。以泥条盘筑的方法制成。口径22、残高5.6厘米（图二〇七，3）。XX031122J001：2，泥质红陶。侈口，尖唇，折沿。口沿内侧磨光，外表素面。口径20、残高3厘米（图二〇七，4）。XX031121B004－H4：6，夹砂红褐陶，色不均匀。厚胎。侈口，方唇，折沿。外壁经抹光成素面。口径21.6、残高10厘米（图二〇七，10）。

缸　标本1件。XX031121B004－H4：4，夹砂红陶。直口微敛，方唇。饰纵向的绳纹。制作比较粗糙。口径18、残高9.2厘米（图二〇七，2）。

瓶　标本2件。XX031122H002：1，泥质红陶。喇叭形口，尖唇。外壁饰细密的篮纹。口内外均修整。口径15.8、残高6.5厘米（图二〇七，5）。XX031123G003：1，泥质灰陶。喇叭形口，口稍小，圆唇。口径14、残高5.2厘米（图二〇七，7）。

钵　标本1件。XX031123G003：2，泥质灰陶。敛口，弧腹，腹部微折。外壁磨光，内壁用工具或手简单抹平（图二〇七，8）。

敞口盆　标本2件。XX031121B004－H4：1，夹砂褐陶。侈口，方唇。口沿内侧有一周凸棱，口内侧及外壁均素面磨光。口径27.6、残高5.6厘米（图二〇七，1）。XX031121B004－H4：5，泥质黑陶。直口，口沿内侧略凸起，使口部呈微敛的造型，平沿，斜腹。内外均素面磨光。口径20、残高8厘米（图二〇七，11）。

敛口盆　标本1件。XX031123A005：3，泥质红褐陶。口唇外侧以泥条加厚形成平沿。素面（图二〇七，6）。

2）石器

仅石铲2件。

石铲　XX031121B002－H2：1，泥岩制成。磨成扁平的片状，平面基本为梯形，上宽下窄，柄部圆钝，刃部弧形，两侧边对称，均较平直，近柄端内收。刃为双面磨制，并有因使用造成的大量缺口及石疤等痕迹。长13.2、宽8.9、厚1厘米（图二〇八，1）。XX031121A002－H：1，与标本XX031121B002－H2：1特征基本相同，但形状略小，刃部稍显平直，一侧面

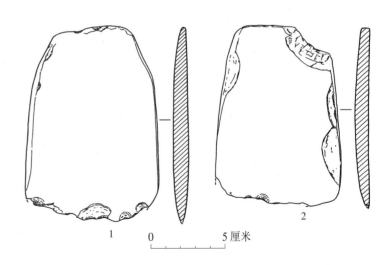

图二〇八　夏县东下冯—埝掌遗址仰韶晚期石铲
1. XX031121B002－H2：1　2. XX031121A002－H：1

略弧，另一侧面则较平。残长12、宽8.4、厚0.9厘米（图二〇八，2）。

3. 3号仰韶晚期聚落

3号仰韶晚期聚落位于遗址中北部，面积约19.9万平方米。主要分布于青龙河南岸坡地。略小于2号聚落。遗存以3号聚落的西部、东下冯村北的青龙河东岸台地附近比较集中。

（1）遗迹

文化层　1处，分布于3号聚落的西北部，暴露长度约100米。

灰坑　1个，形状不完整。

（2）遗物

只有少量陶片，无可辨器形。

4. 4号仰韶晚期聚落

4号仰韶晚期聚落位于遗址的东南部，范围仅局限于青龙河东岸坡地的东南部，在三处仰韶晚期聚落中面积最小，不足5万平方米。

（1）遗迹

未发现。

（2）遗物

只有少量陶片，无可辨器形。

5. 5号庙底沟二期聚落

5号庙底沟二期聚落位于遗址的中部偏西，面积约23.5万平方米。跨青龙河东西两岸，向西可到达埝掌小河东岸附近的台地。

（1）遗迹

灰坑　4个，皆分布于青龙河干流的东西两岸。灰坑形状不完整，但规模较大，堆积中包含大量陶片等遗存。

（2）遗物

只见陶器与石器。

1）陶器

大部分为夹砂褐陶，部分器表呈红、灰褐色，不见泥质陶，器表主要有篮纹、附加堆纹，篮纹多为横向或斜向。器类单一，只见罐一种。罐分直腹罐、鼓腹罐。

直腹罐　标本2件。XX031124F009－H1：2，夹砂褐陶。侈口，方唇。饰斜向篮纹，折沿外侧贴波浪形附加堆纹。口径20.4、残高6.4厘米（图二〇九，1）。XX031123A005：2，夹砂

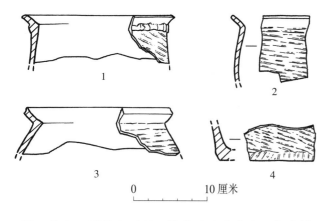

图二〇九　夏县东下冯—埝掌遗址庙底沟二期陶罐

1、4. 直腹罐（XX031124F009－H1：2、XX031123A005：2）

2、3. 鼓腹罐（XX031123B007－H5：2、XX031124D005：2）

灰陶。平底。器表饰斜向窄细篮纹，底部周边压印纵向或斜向篮纹。内壁经工具抹压（图二〇九，4）。

鼓腹罐　标本2件。XX031123B007－H5：2，夹砂红褐陶，砂粒较细且含量极少。薄胎。圆唇，折沿。折沿以下饰横向篮纹（图二〇九，2）。XX031124D005：2，夹砂灰褐陶，砂粒较粗大。方唇，外折沿。饰横向细篮纹。器壁较厚，但腹部胎较薄，以泥条盘筑法制成，口沿部位经过轮修。口径19.2、残高6厘米（图二〇九，3）。

2）石器

仅见石刀。

石刀　标本1件。XX031123B007－H5：1，扁薄的页岩制成。基本为规整的长方形，两条长边分别为刀背与刀刃，另外两侧短边磨平后再打出对称的凹窝。直背直刃，双面刃，刀身中部对钻一圆形小孔，孔的两侧分别磨出两道横向的凹槽，以孔为中心向刀两侧延伸。长9.4、宽5.2、厚0.6厘米（图二一〇，1）。

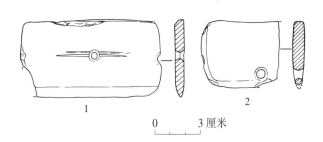

图二一〇　夏县东下冯—埝掌遗址石刀

1. XX031123B007－H5：1　2. XX031125B010：1
（1为庙底沟二期，2为二里头时期）

6. 6号龙山时期聚落

6号龙山时期聚落位于遗址中部偏西，平面呈曲尺形，面积约46.5万平方米。跨青龙河东西两岸，向西可到埝掌小河东岸附近的台地。

（1）遗迹

文化层　1处，长度约200米，位于东下冯村北的青龙河东岸断崖附近。

灰坑　4个，集中分布于青龙河东、西两岸的台地上，分布比较稀疏。河东岸的灰坑基本处于临河岸边的断崖上，河西岸的灰坑多在台地顶部，最远可到达埝掌小河的东岸断崖处。

（2）遗物

只有陶器一种。以夹砂陶为主，泥质陶少见，多为灰色或灰黑色，部分呈灰褐色。器类较多，有罐、鬲及缸等。罐多为夹砂灰陶，泥质陶少量。罐分高领罐、鼓腹罐。

高领罐　标本1件。XX031122J001：1，夹砂灰黑陶。侈口，高领。素面。内壁经磨光，外壁用工具进行简单修整。口径16、残高6.4厘米（图二一一，2）。

鼓腹罐　标本3件。XX031122J002：1，泥质灰陶。厚胎。直壁，平底。饰斜篮纹，近底部素面。底径18、残高8厘米（图二一一，5）。XX031124D005：1，夹砂灰褐陶，含砂量大，砂粒粗细不均。斜直腹，平底。素面。底部可见同心圆轮制痕迹。底径7.2、残高3.2厘米（图二一一，6）。XX031123C007－H：1，夹砂灰陶。直壁，平底。饰斜篮纹。底径12、残高14厘米（图二一一，7）。

鬲　标本2件。XX031123C007－H：2，夹砂灰陶。敛口，束颈，桥形耳。颈部素面，器身及

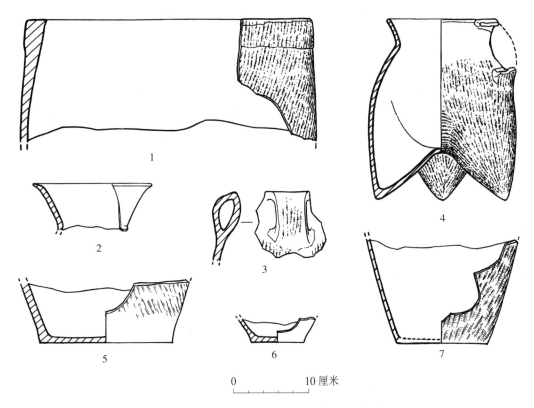

图二一一　夏县东下冯—埝掌遗址龙山时期陶器

1. 缸（XX031123C004：1）　2. 高领罐（XX031122J001：1）　3、4. 鬲（XX031123C007－H：2、XX031124F009－H1：1）　5～7. 鼓腹罐（XX031122J002：1、XX031124D005：1、XX031123C007－H：1）

耳部饰纵向绳纹（图二一一，3）。XX031124F009－H1：1，夹砂灰陶，砂粒较细且均匀，器表颜色不均。侈口，高领，束颈，袋足肥硕，鬲裆较高，尖锥足，无实足根。口沿外侧有桥形耳，耳较宽短，一端固定于口沿外侧，另一端与一个袋足的肩部相接。颈部以上素面，器表饰纵向绳纹，耳部也饰绳纹。袋足内侧见反绳纹，颈部有螺旋纹，制法大体为袋足模制、口沿部位经简单轮修。口径14、高24厘米（图二一一，4）。

缸　标本1件。XX031123C004：1，夹砂黑陶。直口，方唇，有外叠唇，方唇的口沿部位形成平沿形状。器表从口部以下均饰斜向的绳纹，其上又以工具按压成间断式的绳纹。口径38、残高16厘米（图二一一，1）。

7. 7号二里头时期聚落

7号二里头时期聚落是这个时期聚落发展的中心区，规模最大。它位于遗址中北部，跨青龙河河流两岸，基本处于1974～1979年发掘区所在的部位，除了发掘时所揭示的范围以外，本次调查还在发掘区以北发现了面积约10多万平方米的聚落分布区，从而将7号聚落的分布范围扩大到25万平方米。

（1）遗迹

灰坑　2个，集中在青龙河西岸。灰坑均为局部暴露，无法确知完整形状。

（2）遗物

只有陶器，多为夹砂灰陶，少量泥质陶，器表多饰细密的绳纹，还见较多使用的附加堆纹，也见素面磨光器物，施纹器物的器表局部也经细致打磨，器形有罐、缸等。

缸　标本2件。XX031125C013：3，夹砂灰陶，砂粒较大。直口，平沿。口沿外侧附加一周泥条堆纹，按压成波浪状，堆纹以下饰纵向绳纹（图二一二，3）。XX031125C013：2，夹砂灰陶。直口，平沿。口外侧贴泥片加厚，外壁饰纵向绳纹，内壁素面，凹凸不平（图二一二，4）。

8. 8号二里头时期聚落

8号二里头时期聚落范围仅限于遗址西部、埝掌村东北、小河西岸的狭窄空间内，面积约3.8万平方米。聚落分布于青龙河西部，遗存以小河西岸附近最为丰富。

（1）遗迹

灰坑　5个，多为局部暴露，无法确知完整形状。

（2）遗物

只有陶器，多为夹砂灰陶，少量泥质陶。器表多饰细密的绳纹、附加堆纹，器形有罐、盆等。

鼓腹罐　标本1件。XX031121G001：1，泥质褐陶。侈口，束颈。外壁素面磨光，内壁抹平。口径16.8、残高6.4厘米（图二一二，2）。

9. 9号二里头时期聚落

9号二里头时期聚落主要分布在遗址东部的山前坡地上，面积不足5万平方米。聚落位于青龙河以东，北侧临一条源于中条山地的小型冲沟。

（1）遗迹

未发现。

（2）遗物

包括陶器与石器等。

1）陶器

多为夹砂灰陶器物的腹片或足根等残部，器表多饰绳纹、附加堆纹，无可辨器形。

2）石器

仅有石刀。

石刀　标本1件。XX031125B010：1，单孔刀，已残断，仅余一半刀身。完

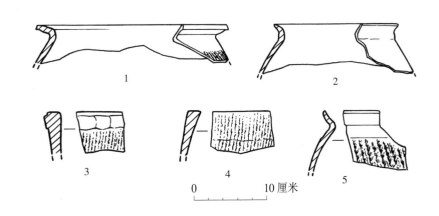

图二一二　夏县东下冯—埝掌遗址陶器

1、2、5. 鼓腹罐（XX031124H003：1、XX031121G001：1、XX031124F010：1）
3、4. 缸（XX031125C013：3、XX031125C013：2）（1、5为二里岗时期，余为二里头时期）

整的器物近长方形，其中一个长边作直背，中部略起伏，另外三边均分别磨成长短双面刃，刃均为弧形，在接近长刃的刀身中部有对钻圆孔一个。残长5.2、宽4.4、厚0.8厘米（图二一〇，2）。

10. 10号二里岗时期聚落

10号二里岗时期聚落位于遗址的中部偏东北处，略呈三角形，总面积约44.4万平方米。聚落跨青龙河东西两岸，主体集中于青龙河东岸，河流西岸沿河台地也有少量遗存分布。

（1）遗迹

灰坑 1个，位于青龙河西岸台地边缘局部暴露，形状不明。

（2）遗物

只有陶器，数量不多。夹砂陶与泥质陶比例基本相当，陶器呈黑、灰色，纹饰以绳纹为主，多斜向绳纹。可辨器形只有鼓腹罐一种。

鼓腹罐 标本2件。XX031124H003：1，夹砂黑褐陶，陶胎含砂量高，但比较均匀。方唇，折沿。颈部素面，肩部以下饰绳纹。应为二里岗下层时期遗物。口径26、残高5.2厘米（图二一二，1）。XX031124F010：1，泥质灰陶。圆唇，折沿。颈部经刮抹形成素面带且器表下凹，素面以下饰粗大的绳纹。应为二里岗上层时期遗物（图二一二，5）。

四 埝掌遗址

埝掌遗址位于埝掌镇埝掌村南150米，青龙河西岸与小河两侧的台地上，南、北分别与崔家河Ⅰ号遗址和东下冯—埝掌遗址相邻。由于基本处于两条河流之间狭小台地的范围内，加上后代破坏严重，所以遗址面积不大，约10.4万平方米（见图二〇五、二〇六）。遗址主体在小河的东岸，属于埝掌小河与青龙河之间的一小块台地，海拔高度约470~480米，地势低平，由北向南略作缓坡状倾斜，在不远处即过渡为青龙河西侧的河岸，遗址范围截止于青龙河河道北侧一段小冲沟的前端，并未延伸至青龙河岸边一带。小河北侧遗址区部分已接近现代村庄的南部边缘，为相对陡峭的河岸地带，范围虽不大，但发现少量遗迹。

遗址规模较小，保存状况不佳，除了河西岸的地坎断崖上局部暴露房址状的堆积外，遗迹方面的材料比较少。地表仅有少量陶器碎片，个体较小，磨蚀严重，大多数陶片特征不明显，可供比对的资料非常有限。但它与相邻的东下冯—埝掌遗址时代共通、地域接近，据此推测两者的遗存面貌也应存在着较多的共性。

遗址包括仰韶中期、仰韶晚期、庙底沟二期、龙山时期、二里头时期共五个时期的遗存。除了庙底沟二期与二里头时期聚落位于河流西岸外，其余三个时期聚落均位于小河东岸。根据时代及分布地域的区别划分为五个聚落。

1. 1号仰韶中期聚落

1号仰韶中期聚落位于遗址南部，小河东岸与青龙河之间的台地上，面积不足5万平方米。

（1）遗迹

未发现。

（2）遗物

仅采集到少量陶片。

2. 2 号仰韶晚期聚落

2 号仰韶晚期聚落位于遗址南部，小河东岸与青龙河之间的台地上，面积约 1.1 万平方米。

（1）遗迹

未发现。

（2）遗物

仅采集到少量陶片。

3. 3 号庙底沟二期聚落

3 号庙底沟二期聚落位于遗址北部，小河西岸台地上，面积不足 5 万平方米。

（1）遗迹

房址　1 座，残破。

（2）遗物

仅采集到少量陶片。

4. 4 号龙山时期聚落

4 号龙山时期聚落位于遗址南部，小河东岸与青龙河之间的台地上，面积约 4.6 万平方米。

（1）遗迹

未发现。

（2）遗物

仅采集到少量陶片。

5. 5 号二里头时期聚落

5 号二里头时期聚落位于遗址北部，小河西岸台地上，面积不足 5 万平方米。

（1）遗迹

房址　1 座，残破。

（2）遗物

仅采集到少量陶片。

五　崔家河 I 号遗址

崔家河 I 号遗址位于埝掌镇崔家河村东北 700 米、东下冯与埝掌村以南、埝掌小河与青龙河交汇处的青龙河北部，遗址东北部为埝掌遗址，以西与崔家河 II 号遗址相邻，遗址面积 18.7 万平方米（图二一三）。遗址跨越小河两岸，河流从遗址偏西北部斜穿而过，遗址主体在两河

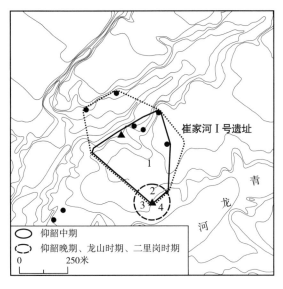

图二一三　夏县崔家河 I 号遗址

（仰韶中期—二里岗时期）

之间的台地上，并在小河西岸的断崖边缘也有少量遗存。除了中部有一东西向小型冲沟，造成局部地表崎岖不平，并将遗址分为南北两个部分以外，多数地表地势平坦，大体由东北向西南倾斜，海拔高度 470~480 米。

遗址包括仰韶中期、仰韶晚期、龙山时期和二里岗时期共四个时期的遗存，根据时代及分布地域的区别划分为四个聚落。

遗址地表密布大量陶片，全部在现代农田之内，个体均比较破碎，磨蚀严重，不易辨认器形。时代明显以仰韶中期的红陶片为主，中期以外的各个时期遗存均比较少见，只在小河西岸发现了少量龙山时期的陶片。

遗址西南侧还有少量仰韶中期陶片，两个采集点接近河道边缘，可能为遗址区向外搬运形成，未划入遗址范围。

在遗址东南部青龙河西岸的台地断崖剖面上，保留有较多的灰坑堆积，上述各个时期的都有，仍以仰韶中期的为主。另外在小河东岸的仰韶中期聚落边缘还发现了文化层堆积，这些现象表明了遗址区内仰韶中期阶段聚落发展的强盛。

1. 1 号仰韶中期聚落

1 号仰韶中期聚落在遗址的中南部，分布比较普遍，面积也最大，约 11.1 万平方米，占据了小河以东两河之间台地的全部范围。在小河东岸发现此时期文化层，另外在青龙河的西岸台地断崖边缘又发现灰坑，内出土大量的陶片。其余的地点也发现大量这个时期的陶片。

（1）遗迹

文化层　1 处。

灰坑　3 个。

（2）遗物

均为陶器，大部分为泥质红陶，少量夹砂灰陶，器形规整，器表多经过打磨，彩陶纹饰较普遍，主要为弧线三角纹、弧线纹、彩带等，少量器表带陶衣，另外还有压印的线纹等。器形以钵为主，也有一定数量的瓶、盆、罐等。其中钵均为泥质红陶，多敛口。器表经打磨，多彩陶纹饰，也见少量素面陶。瓶均为泥质陶，小口尖底瓶，重唇口，器表饰线纹。宽沿盆均为泥质红陶，内外壁磨光，器壁通常饰黑彩。鼓腹罐均为泥质红陶。

钵　标本 5 件。XX031123G005：1，泥质红陶。敛口，弧腹。口沿处饰黑彩带。内壁简单刮抹，外壁素面磨光。口径 25.6、残高 8 厘米（图二一四，1）。XX031123J007：1，泥质红陶。敛

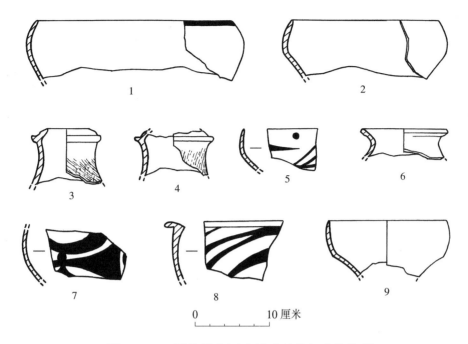

图二一四　夏县崔家河Ⅰ号遗址仰韶中期陶器

1、2、5、7、9. 钵（XX031123G005：1、XX031123J007：1、XX031123G005 – H2：1、
XX031123G005：5、XX031123J007：2）　　3、4. 瓶（XX031123J007：4、XX031123C006：2）
6. 鼓腹罐（XX031123C006：1）　　8. 宽沿盆（XX031123G005：4）

口，腹部略折，下腹内收。内壁抹平，外壁素面磨光。口径 19.6、残高 8 厘米（图二一四，2）。
XX031123G005 – H2：1，泥质红陶。敛口，圆唇，弧腹。内外均磨光，外壁装饰圆点纹、弧线三角
纹与弧线纹（图二一四，5）。XX031123G005：5，泥质红陶。弧腹。内外壁均经打磨，外表尤其光
滑，饰褐色陶衣并于其上饰圆点纹与弧线三角纹（图二一四，7）。XX031123J007：2，泥质红陶。
直口微敛，弧腹，中部略折，下腹内收。内壁抹平，外壁通体素面磨光。口径 16、残高 7.6 厘米
（图二一四，9）。

　　瓶　标本 2 件。XX031123J007：4，泥质红陶。小口，重唇，外唇扁薄不丰满，内唇较高发
达，外唇边缘有一周凹槽。饰交错线纹。口径 6、残高 7.6 厘米（图二一四，3）。
XX031123C006：2，泥质红褐陶。口部受损残破。重唇，外唇较扁薄，与内唇之间有缝隙。饰斜
向细线纹（图二一四，4）。

　　宽沿盆　标本 1 件。XX031123G005：4，泥质红陶。平沿，弧腹。内外壁均素面磨光，口部饰
黑彩带，外壁饰弧线纹（图二一四，8）。

　　鼓腹罐　标本 1 件。XX031123C006：1，泥质红陶。方唇，窄沿，束颈，鼓腹。器表素面。口
径 11.6、残高 4 厘米（图二一四，6）。

　　聚落外围采集遗物：

　　除了聚落区范围内发现遗物以外，在聚落南部最接近青龙河与埝掌小河交汇处的台地东部
还发现了比较密集的陶片分布区，采集到数量较多的仰韶中期器物。它们与聚落区内的陶器特

征完全一致，器形种类也基本接近，因距离聚落主体较远而未归入聚落区范围。它们的发现丰富了关于这个时期文化面貌的总体认识。主要器类有瓶、盆、罐等。其中瓶皆为泥质陶小口尖底瓶口。

瓶　标本2件。XX031123C017：5，泥质灰陶。重唇口，外唇不丰满，内唇较薄，凸起不明显。颈部以下饰斜向的线纹。口径4、残高8.4厘米（图二一五，2）。XX031123C017：13，泥质红陶。重唇口，外唇扁薄，不丰满，内唇较宽几乎伸展到外唇的边缘，但较低。颈部以下饰斜向线纹。口径4.4、残高4厘米（图二一五，5）。

敛口盆　标本3件。XX031123C017：4，泥质褐陶。敛口，窄沿，微鼓腹。内壁抹光，外壁以工具抹平成素面。口径38、残高5.8厘米（图二一五，1）。XX031123C017：6，夹砂灰褐陶，陶胎中含砂量大，且粗细不均匀。直口微敛，有外叠唇，弧腹。口沿下为素面带，再于其下饰斜向线纹（图二一五，4）。XX031123C017：3，泥质红褐陶。敛口，有外叠唇，斜直腹。内外壁刮抹成素面（图二一五，8）。

宽沿盆　标本1件。XX031123C017：2，泥质红陶。平沿，鼓腹。口唇部位以黑彩条装饰，器表其余部分均为素面。内外壁均经刮抹。口径33.6、残高6.8厘米（图二一五，3）。

鼓腹罐　标本2件。XX031123C017：12，夹砂灰褐陶。斜壁，平底。器表饰斜线纹，近底部素面。内壁未修整，外壁经刮抹。底径20、残高6厘米（图二一五，6）。XX031123C017：9，泥质红陶。平沿，鼓腹。内外壁均磨光，口沿上部及器外表均饰白陶衣，并于陶衣上再饰以黑彩条和

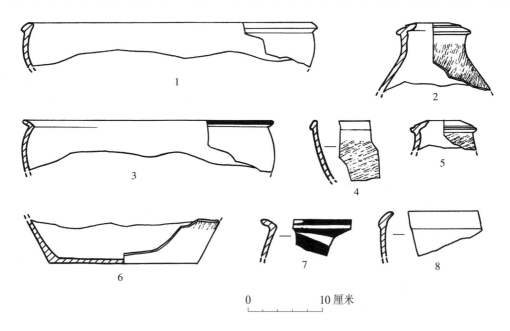

0　　　　　10厘米

图二一五　夏县崔家河Ⅰ号遗址仰韶中期陶器

1、4、8. 敛口盆（XX031123C017：4、XX031123C017：6、XX031123C017：3）　　2、5. 瓶（XX031123C017：5、XX031123C017：13）　　3. 宽沿盆（XX031123C017：2）　　6、7. 鼓腹罐（XX031123C017：12、XX031123C017：9）（均为1号聚落外围采集）

弧线三角纹等（图二一五，7）。

2. 2号仰韶晚期聚落

2号仰韶晚期聚落范围仅限于遗址东南部、青龙河西岸的台地边缘，面积不足5万平方米。在断崖处灰坑内发现大量陶片，其他地点不见这个时期的遗存。

（1）遗迹

灰坑　1个，小型坑，形状不完整。

（2）遗物

数量较少，可辨器形只有直腹罐一种。

直腹罐　标本1件。XX040417I001－H：3，夹砂褐陶。花边形口，直壁。口沿下方饰扁平的附加堆纹，以下为纵篮纹（图二一六，4）。

3. 3号龙山时期聚落

3号龙山时期聚落范围仅限于遗址东南部、青龙河西岸的台地边缘，面积不足5万平方米。断崖处灰坑内出土少量陶片，另外，在小河西岸台地边缘发现这个时期少量陶片。

（1）遗迹

灰坑　1个，小型坑，形状不完整。

（2）遗物

均为陶器残片，遍饰绳纹、附加堆纹等，无可辨器形。

4. 4号二里岗时期聚落

4号二里岗时期聚落主要集中在遗址东南部、青龙河西岸的台地边缘，面积不足5万平方米。断崖处灰坑内出土少量陶片，其他地点未发现这个时期遗存。

（1）遗迹

灰坑　1个，形状不完整。

（2）遗物

只有陶器，以夹砂陶为主，泥质陶次之，多为灰陶，器表多为细密的绳纹，主要器形有鼓腹罐、鬲、盆等。其中鼓腹罐均泥质灰陶，侈口、素颈、深腹，器表多饰绳纹，也见局面磨光。鬲只见口部或鬲足，多为夹砂灰、黑陶，侈口、束颈，有实足根，器表饰绳纹。

鼓腹罐　标本1件。XX040417I001－H：2，泥质灰陶。侈口，卷沿。素面磨光。应为二里岗下层时期遗物（图二一六，2）。

鬲　标本2件。XX040417I001－H：4，夹砂

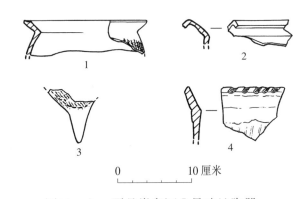

图二一六　夏县崔家河I号遗址陶器

1、3. 鬲（XX040417I001－H：4、XX040417I001－H：1）
2. 鼓腹罐（XX040417I001－H：2）　4. 直腹罐（XX040417I001－H：3）（4为仰韶晚期，余为二里岗时期）

灰陶。平沿，束颈。口沿表面有一周凹槽，颈部素面，以下部分饰纵向细绳纹。应为二里岗下层时期遗物。口径16.4、残高4.8厘米（图二一六，1）。XX040417I001－H：1，夹砂灰陶。锥状足根。袋足饰细绳纹。应为二里岗下层时期遗物（图二一六，3）。

六　崔家河Ⅱ号遗址

崔家河Ⅱ号遗址位于埝掌镇崔家河村北和村东，紧邻村庄北部边缘，东、北、南分别与崔家河Ⅰ号、常马、崔家河Ⅲ号等遗址相邻，处于这三处遗址的包围之内，距常马遗址约300米，距其他两个遗址在450米左右，面积约8.7万平方米（图二一七）。遗址位于青龙河与埝掌小河交汇处以西的河旁台地上，东、南部即为青龙河道，北、西部为渐趋高起的鸣条岗丘陵，地势相对平坦，海拔高度465～470米（彩版七九）。遗址分布大体沿垂直于青龙河河道的方面延伸，包括仰韶中期、二里头、二里岗三个时期的遗存，根据时代及分布地域的区别划分为三个聚落。

遗址区内陶片不甚丰富，以村庄为界，分别以村北路旁的地块内和村东的青龙河沿岸相对集中。但是有所区别，村北未见遗迹，地表只见陶片，比较稀疏，而村东的河岸台地则发现较多陶片等，并且有数个灰坑，据此可以推测靠近青龙河沿岸的地区可能是遗址的中心区，是各个时期

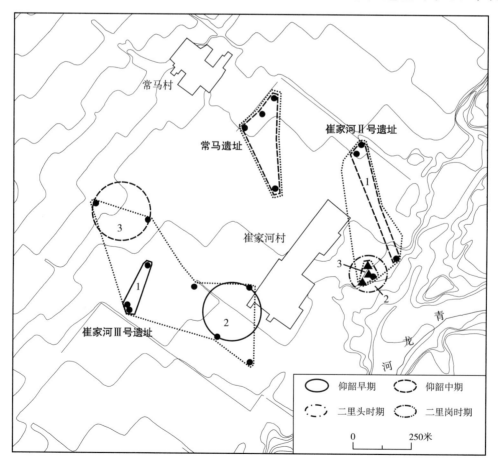

图二一七　夏县崔家河Ⅱ号、崔家河Ⅲ号、常马遗址（仰韶早期—二里岗时期）

聚落的核心分布地带。所发现的灰坑皆集中分布于遗址的南端，只有二里头与二里岗期两个时期，未见仰韶中期遗迹。

1. 1号仰韶中期聚落

1号仰韶中期聚落主要分布在遗址区的东、北部，面积约2.6万平方米，整体呈条状由北向南延伸。

（1）遗迹

未发现。

（2）遗物

只有陶器。陶片都比较破碎，皆为泥质红陶，器表多素面，个别饰黑彩，无可辨器形。

2. 2号二里头时期聚落

2号二里头时期聚落范围仅限于遗址的南部、青龙河西岸台地的边缘，面积不足5万平方米。

（1）遗迹

灰坑 1个，暴露不完整，形制不明。

（2）遗物

只见碎陶片，多夹砂陶，器表黑、灰色，制作较粗糙，无可辨器形。

3. 3号二里岗时期聚落

3号二里岗时期聚落主要集中在遗址的南部，青龙河西岸台地的边缘，面积约0.6万平方米。

（1）遗迹

灰坑 2处，小型坑，暴露不完整，形制不明。

（2）遗物

皆为灰陶，泥质陶与夹砂陶数量基本相当。多为器身腹片，器表多饰绳纹，可辨器形有盆、罐、尊等。其中尊均为大口尊。

尊 标本1件。XX050304J001－H：1，泥质灰陶。敞口，卷沿，略折肩。口至肩部素面磨光，折肩处饰绞索状的附加堆纹，肩部以下饰抹平的纵向绳纹，绳纹以下素面。应为二里岗上层时期遗物。口径38、残高14.8厘米（图二一八）。

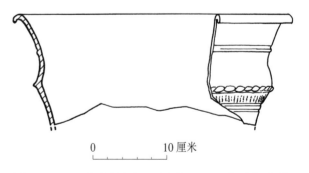

图二一八 夏县崔家河Ⅱ号遗址二里岗时期陶尊
（XX050304J001－H：1）

七 崔家河Ⅲ号遗址

崔家河Ⅲ号遗址位于埝掌镇崔家河村南和村西一带，北部和东北部分别与常马、崔家河Ⅱ号遗址相邻，距常马遗址420米，距崔家河Ⅱ号遗址450米，遗址面积约21.8万平方米（见图二一七）。遗址处在青龙河西岸台地，西段已经接近鸣条岗东侧的坡地，地势逐渐抬升，由西北向东南成缓坡状，海拔高度 460～470 米。由于地处鸣条岗东侧缓坡上，遗址区的形状不甚规则，大体顺着东坡的地形由西向东延伸，整体成条状但多曲折。遗址包括仰韶早期、仰韶中期两个阶段遗存，根据时代及分布地域的区别，仰韶早期可以划分为两个聚落，仰韶中期只有 1 个聚落。

遗址西南侧还有少量仰韶中期陶片，可能为本遗址外的散点，未划入遗址范围。

遗址地表陶片分布比较稀疏，看不出明显的密集区，地表及地坎的断崖剖面上也均未发现遗迹现象。只是村庄南部边缘的遗址中部一带陶片数量相对较多，但皆比较破碎，可辨器形不多。

1. 1 号仰韶早期聚落

1 号仰韶早期聚落位于遗址的中部，聚落面积约 1.2 万平方米。

（1）遗迹

未发现。

（2）遗物

皆为较碎的陶片，多泥质红陶，器表素面，无可辨器形。

2. 2 号仰韶早期聚落

2 号仰韶早期聚落位于遗址的东部，聚落面积不足 5 万平方米。

（1）遗迹

未发现。

（2）遗物

皆为较碎的陶片，多泥质红陶，器表素面，无可辨器形。

3. 3 号仰韶中期聚落

3 号仰韶中期聚落位于遗址的西部，面积不足 5 万平方米。

（1）遗迹

未发现。

（2）遗物

皆为较碎的陶片，多为泥质红、红褐陶，少量夹砂褐陶，器表多素面，纹饰多见线纹，偶见黑彩，无可辨器形。

八　常马遗址

常马遗址位于埝掌镇常马村东南 200 米，地域上与崔家河Ⅰ、Ⅱ、Ⅲ号遗址都比较邻近，遗址面积较小，约 3.5 万平方米（见图二一七）。遗址处于青龙河的西岸、鸣条岗东侧坡地的底部。地势大体由西北向东南逐渐倾斜，高低变化不大，海拔高度 470 米左右。遗物多集中于常马村附近，地表采集到少量仰韶中期的陶片。遗址只有仰韶中期一个阶段的遗存，从遗存分布特点看，只能划分为一个聚落。聚落面积等同于遗址面积。

（1）遗迹

未发现。

（2）遗物

地表只采集到少量遗物且多为陶片，无可辨器形。

九　大理遗址

大理遗址位于埝掌镇大理村北 600 米，面积约 0.5 万平方米（图二一九）。遗址处在青龙河东侧支流的北岸台地上，地势东北高西南低，海拔高度 475 米左右。遗址位置比较孤立，与其他遗址皆相距比较远，且隔河相对，距离最近的崔家河Ⅰ号遗址也在 1 公里以上。遗址只有二里岗时期一个阶段的遗存，分布于全部遗址区范围内，从遗存分布特点看，只能划分为一个聚落。聚落面积等同于遗址面积。地表只见陶片，未见遗迹。

另外，遗址的南、北两侧各有少量二里岗时期陶片，各编为一个采集点，未划入遗址范围。

（1）遗迹

未发现。

（2）遗物

只有陶器，均为夹砂陶，陶色呈灰褐或灰色。器表饰绳纹、凸棱纹等，个别器表素面。可辨器形只有罐一种。

高领罐　标本 1 件。XX050228B002：1，夹砂灰陶。薄胎。侈口，圆唇，高领。颈部外侧有凸棱一周，其余器表素面。应为二里岗下层时期遗物。口径 16、残高 4 厘米（图二二〇）。

图二一九　夏县大理遗址

（二里岗时期）

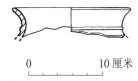

图二二〇　夏县大理遗址二里岗时期陶罐

（XX050228B002：1）

一〇　圪塔遗址

圪塔遗址位于尉郭乡圪塔村南、东和北部，北与大理遗址遥遥相望，西北与牯垛遗址隔河相对，与后者距离约 450 米，遗址面积约 31.1 万平方米（图二二一）。遗址处在青龙河南岸的台地上。河道在遗址的北侧和西侧表现为陡峭的断崖，南部和东部也形成不少冲沟状的地形，地表起伏变化较大，东北高西南低呈斜坡状，海拔高度 432～447 米。遗址包含仰韶早期、仰韶晚期、庙底沟二期三个阶段的遗存，从遗存分布特点看，仰韶早期、庙底沟二期各有一个聚落，仰韶晚期可以划分为三个聚落。

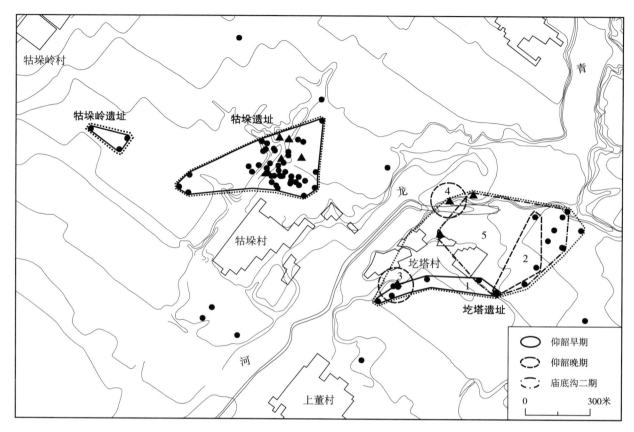

图二二一　夏县圪塔、牯垛、牯垛岭遗址（仰韶早期—庙底沟二期）

青龙河与各种冲沟等对遗址造成了较大的破坏，遗址的北部与西部边缘紧临青龙河河岸，北侧河岸台地边缘与南部冲沟边断崖上均暴露出不少灰坑，显示出当时人们聚居过程中曾经非常靠近水源。地表的陶片以遗址的东、南部比较集中，尤其是东北端与西南端的河岸边遗物非常丰富，表明这些地段都是当时人们定居活动比较频繁的聚落核心区。

遗址西南和东南侧各有仰韶晚期和庙底沟二期的少量陶片，距遗址较近，时代全被遗址聚落所涵盖，应为遗址向外搬运形成，编为两个采集点，未划入遗址范围。

1. 1 号仰韶早期聚落

1 号仰韶早期聚落位于遗址的南部边缘，基本成弧形条状分布在现代村庄南部，面积约 2.9 万平方米。

（1）遗迹

未发现。

（2）遗物

只有陶器，皆为泥质红陶，器表素面磨光，可辨器形有钵，均为腹部残片。

2. 2 号仰韶晚期聚落

2 号仰韶晚期聚落位于遗址东部，面积较小，约 4.1 万平方米。

（1）遗迹

未发现。

（2）遗物

只有陶器，皆为泥质红陶，器表素面磨光，可辨器形有盆，多为腹部残片。

宽沿盆　标本1件。XX050303G001：1，泥质红陶。宽平沿，弧腹。唇部饰黑彩，腹部饰弧线纹（图二二二，4）。

3. 3号仰韶晚期聚落

3号仰韶晚期聚落位于遗址西南部，面积较小，不足5万平方米。

（1）遗迹

未发现。

（2）遗物

只有陶器，以泥质红陶为主，夹砂灰陶占少量。泥质陶均磨光，器形有罐、瓮、盆等，个别施彩。夹砂陶多为各种罐类。

鼓腹罐　标本1件。XX050303L006－H1：4，泥质红陶。侈口，圆唇。器表素面磨光，口部饰黑彩条，腹部饰弧线纹（图二二二，1）。

瓮　标本1件。XX050303L006－H1：3，泥质红陶。敛口，鼓腹。器表素面磨光（图二二二，3）。

宽沿盆　标本1件。XX050303L006－H1：1，泥质红陶。卷沿，弧腹。器表素面磨光（图二二二，2）。

4. 4号仰韶晚期聚落

4号仰韶晚期聚落位于遗址北部，面积较小，不足5万平方米。

（1）遗迹

未发现。

（2）遗物

只有陶片，以泥质红陶为主，夹砂灰陶占少量，器表多经磨光，无可辨器形。

5. 5号庙底沟二期聚落

5号庙底沟二期聚落位于遗址的东半部，北部临青龙河，面积约18.6万平方米。

（1）遗迹

未发现。

（2）遗物

只有陶器，均为碎片，以灰陶为主，少量褐陶，器表多施篮纹、附加堆纹等，附加堆纹多按

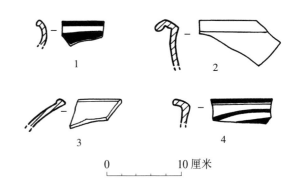

图二二二　夏县圪塔遗址仰韶晚期陶器

1. 鼓腹罐（XX050303L006－H1：4）　2、4. 宽沿盆（XX050303L006－H1：1、XX050303G001：1）
3. 瓮（XX050303L006－H1：3）

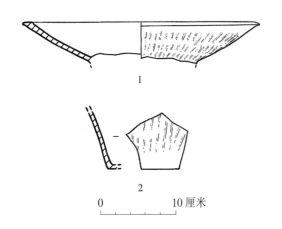

图二二三　夏县圪塔遗址庙底沟二期陶器

1. 豆（XX050303L003 - H：1）
2. 罐（XX050303L003 - H：2）

压成波浪状，也见磨光陶。器形主要有豆、罐等。

豆　标本 1 件。XX050303L003 - H：1，泥质灰陶。敞口，小平沿，斜腹，豆盘较浅。盘外侧底面以柄为中心饰放射状篮纹。口径 32、残高 5.6 厘米（图二二三，1）。

罐　标本 1 件。XX050303L003 - H：2，夹砂灰陶，砂粒比较均匀。斜壁，平底。饰纵向篮纹，近底处素面（图二二三，2）。

一一　牯垛遗址

牯垛遗址位于尉郭乡牯垛村北 30 米、青龙河西岸台地上，东、西两侧分别与圪塔和牯垛岭遗址相邻，面积约 14.7 万平方米（见图二二一）。遗址所在地形属鸣条岗东坡地，海拔高度 440～445 米，地势北高南低，由山岗向青龙河方向呈缓坡状倾斜。遗址区中部有一处南北向大沟，将遗址一分为二（彩版八○）。遗址内只有仰韶早期一个阶段的遗存，从遗存分布特点看，只能划分为一个聚落。聚落分布于全部遗址区范围内，面积等同于遗址面积。

遗址南、北两侧还有少量不同时期的陶片，多为仰韶早期，应为遗址区遗物向外扩散所致，个别为仰韶中期和庙底沟二期，可能由周围相关聚落搬运至此。这些点共 6 处，均未划入遗址范围。

地表可见陶片不多，除了在遗址西侧、村庄西北部有较集中的分布外，其余只在遗址中部南北向大沟两侧附近有较多的发现。遗迹在遗址区的中部发现较多，尤其是在南北向大沟的沟壁剖面上有非常集中的暴露，主要为灰坑，此外还有延伸较长的文化层堆积。灰坑之间及灰坑与文化层之间多存在比较复杂的打破关系。从灰坑区的密度可以推断，遗址的中心区应该就是仰韶早期聚落的核心区（彩版八一）。

（1）遗迹

文化层　3 处，皆位于南北向大沟的两侧，最长的约 30 米，厚度 0.5～2 米。

灰坑　7 个，集中分布在遗址中部的取土沟两侧，灰坑多埋藏较深，在 1.5 米以上，口径 1.2～2.5 米不等，深度因暴露不完全无法确知，多在 1 米以上。灰坑剖面形状多锅底坑，直壁坑较少，也见袋形坑。

XX050305H006 - H1　袋形坑，开口于地表以下 1.5 米，未完全暴露，暴露口径 2.5 米，深度在 2.6 米以上。坑内堆积为分层的灰土，此坑在所发现的灰坑中是个体最大的。

（2）遗物

只有陶器。多为泥质陶，少量夹砂陶，以红陶为主，另外还有少量褐、红褐陶等。器表多素面磨光，一些腹部见弦纹等刻划纹，器类主要为钵，其他还有罐、盆、瓶等。其中钵均为泥质陶，器表素面磨光，口沿部位通常有红顶状的装饰。鼓腹罐多为夹砂陶，以褐陶为主，少量为红陶罐。盆有宽沿盆、敛口盆。瓶均为小口尖底瓶。

钵　标本4件。XX050304I004：1，泥质红陶。敛口，弧腹。素面磨光。口径10.8、残高4.4厘米（图二二四，1）。XX050304F006：1，泥质红陶。敛口，弧腹。口沿处有一周橘黄色带。器表磨光（图二二四，2）。XX050305H006－H1：2，泥质红陶。敛口，弧腹。口沿处有一周褐色带。器表磨光（图二二四，3）。XX050304C007：1，泥质红陶。直口微敛，弧腹。口沿处陶色略浅。器表磨光（图二二四，13）。

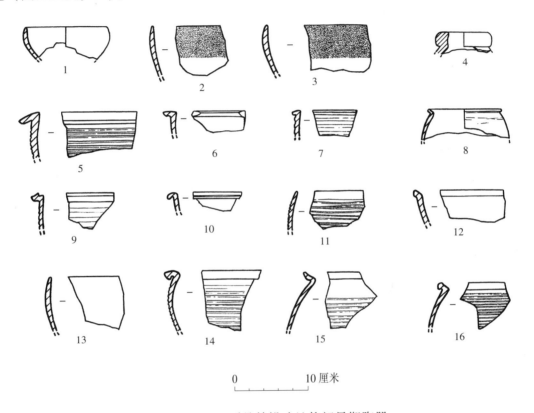

图二二四　夏县牯垛遗址仰韶早期陶器

1～3、13. 钵（XX050304I004：1、XX050304F006：1、XX050305H006－H1：2、XX050304C007：1）　4. 瓶（XX050304I003：1）　5、6、10、12、14. 宽沿盆（XX050304F006：2、XX050305J003：1、XX050305J005－C：2、XX050304H018：3、XX050305H006－H1：1）　7、11. 敛口盆（XX050304I005：1、XX050304H018：2）　8、9、15、16. 鼓腹罐（XX050305H006－H1：3、XX050305G007：1、XX050305H003－H：1、XX050304F006：3）

鼓腹罐　标本4件。XX050305H006－H1：3，夹砂褐陶。侈口，方唇，略折沿，圆腹。素面。口径10、残高4厘米（图二二四，8）。XX050305G007：1，夹砂褐陶。敛口，方唇，鼓腹，唇上有凹槽作企口状。腹部饰弦纹带（图二二四，9）。XX050305H003－H：1，夹砂红褐陶。侈口，圆唇，折沿，鼓腹。腹部饰刻划平行弦纹数道（图二二四，15）。XX050304F006：3，夹砂红褐陶。侈口，圆唇，折沿，鼓腹，颈部有凹槽。腹部饰平行刻划弦纹带（图二二四，16）。

宽沿盆　标本5件。XX050304F006：2，泥质红陶。直口，圆唇，弧腹，宽平沿略向外斜。腹部饰平行弦纹（图二二四，5）。XX050305J003：1，泥质红陶。直口，尖唇，宽平沿，弧腹。器表素面磨光（图二二四，6）。XX050305J005 - C：2，泥质红陶。直口，圆唇，宽平沿。器表磨光（图二二四，10）。XX050304H018：3，泥质褐陶。敞口，圆唇，小平沿，弧腹。器表素面磨光（图二二四，12）。XX050305H006 - H1：1，泥质红陶。敛口，圆唇，卷沿，鼓腹。腹部饰平行弦纹带。器表磨光（图二二四，14）。

敛口盆　标本 2 件。XX050304I005：1，泥质红陶。直口，圆唇，窄平沿。腹部饰平行粗弦纹，其余部位素面磨光（图二二四，7）。XX050304H018：2，泥质红陶。敛口，尖唇，鼓腹。口部素面，腹部刻划弦纹。器表磨光（图二二四，11）。

瓶　标本 1 件。XX050304I003：1，泥质红陶。环形口，口部较肥厚。器表素面。口径 6、残高 3 厘米（图二二四，4）。

一二　牯垛岭遗址

牯垛岭遗址位于尉郭乡牯垛岭村东南 400 米，东部与牯垛遗址相邻，面积约 1.1 万平方米（见图二二一）。遗址地处青龙河西岸、鸣条岗东侧坡地上。遗址地形相对平坦，地势北高南低，由山岗向青龙河方向呈缓坡状倾斜，海拔高度 440 米。遗址只有仰韶早期一个阶段的遗存，从遗存分布特点看，只能划分为一个聚落。聚落分布于全部遗址区范围内，面积等同于遗址面积。地表陶片不多，稀疏分布于远离村庄的南部。

（1）遗迹

未发现。

（2）遗物

地表只采集到少量陶片，无可辨器形。

一三　楼底遗址

楼底遗址位于尉郭乡楼底村西 20 米，西、南分别与西阴和东阴遗址相邻，遗址面积约 5.9 万平方米（图二二五、二二六），与其周围的西阴、东阴等大型遗址形成鲜明的反差。遗址所在地属于鸣条岗东侧一道土岭的南端，地势由南向北逐级抬升，呈比较明显的坡状，海拔高度 430～440 米，青龙河在遗址南部东西向横贯。遗址只有仰韶中期一个阶段的遗存，分布于全部遗址区范围内。从遗存分布特点看，只能划分为一个聚落，聚落面积等同于遗址面积。地表仅有少量陶片，分布非常稀疏。

（1）遗迹

未发现。

（2）遗物

地表只采集到少量陶片，无可辨器形。

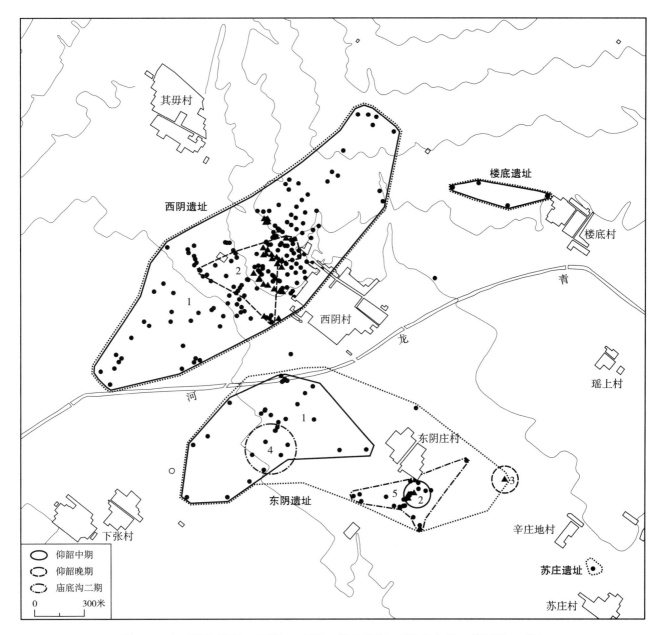

图二二五　夏县楼底、西阴、东阴、苏庄遗址（仰韶中期—庙底沟二期）

一四　西阴遗址

　　西阴遗址位于尉郭乡西阴村北至村西南一带，东邻楼底遗址，南部与西南部分别与东阴、下张、阴庄等遗址相邻。青龙河在遗址南部东西向横贯，遗址的南缘基本终止于河道北侧。

　　遗址整体呈条状，分布范围由东北向西南逐渐倾斜。由于遗址地处鸣条岗东侧一道黄土岭的附近，因此，在同一遗址区内明显分为两种不同的地形。北半部分为高高隆起的岗地，地势由北向南逐级下降，海拔高度由447米骤降至415米。从岗地的最高处向东、南、西各方形成不同走向的放射状冲沟，遗址北缘到达最北处一条长冲沟附近。南半部不同于北部的黄土岭地形，为比

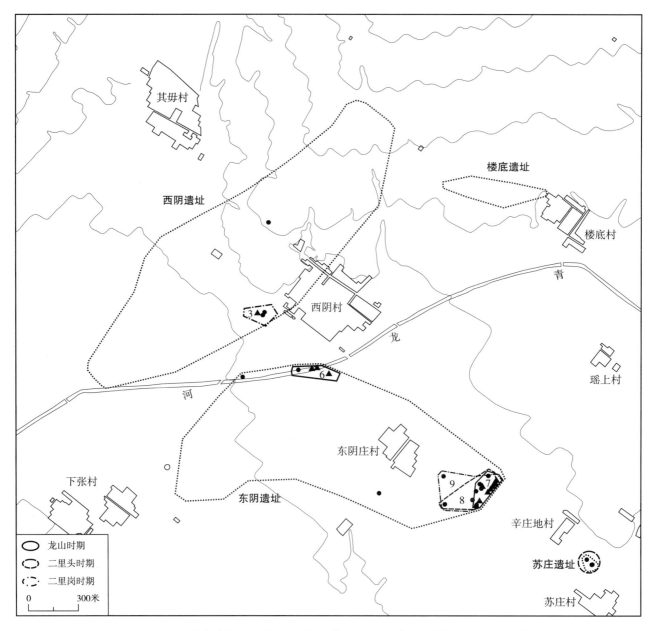

图二二六　夏县楼底、西阴、东阴、苏庄遗址（龙山时期—二里岗时期）

较低平的岗前坡地，与开阔的青龙河河谷地带联为一体，海拔高度约 405 ~ 412 米（彩版八二）。

　　西阴遗址是青龙河流域内比较突出的一个遗址，周围环绕了大大小小遗址总计将近十处，这些遗址在西阴的西、南、东三个方向形成半包围结构，集中分布于鸣条岗东侧低平的黄土台地上。西阴与这些遗址之间的距离一般在 300 米左右，较远的在 1 公里以外，其分布的密度在整个青龙河流域是比较高的。早在 1926 年，李济先生就发掘了西阴遗址，为中国人首次自主独立进行的考古发掘，具有开创性意义①。1994 年山西省考古研究所，为了纪念李济先生的首创精神，再次对

――――――――――

① 李济：《西阴村史前的遗存》，清华学校研究院丛书第 3 种，1927 年。

西阴村遗址进行了发掘，取得了关于遗址文化内涵更全面的认识①。

经过我们的实地考察，在肯定以往调查与研究的基础上，又在原来遗址的南北两侧发现了更大范围的遗址分布区，从而确定西阴遗址的面积达 132.6 万平方米，在青龙河流域仅次于东下冯—埝掌遗址的规模。遗址范围内包括仰韶中期、仰韶晚期、二里岗时期三个阶段的遗存，从遗存分布特点看，每个时期分别可以划分为一个聚落（见图二二五、二二六）。

西阴遗址这种阶梯状的地形结构在一定程度上决定了遗存在遗址内的分布格局。总体来看，岗上遗存的密度大于岗下，山岗坡地上的情况又好于岗地顶部，村西的坡地上由现代公路边向北直到村北部最近的冲沟之间则是遗存最密集的地带。正是因为这里灰土、陶片、石器最为丰富，所以才被当地人称为"灰土岭"。"灰土岭"一带无论从遗存的密度、种类和器物的典型性等各方面加以衡量，都可以看出是遗址的核心分布地区，是各个时期聚落定居最频繁的地点。

遗址的西侧及其与东阴遗址之间的区域分别有少量仰韶中期的陶片，应为外围的散点，未划入遗址区内。

1. 1 号仰韶中期聚落

1 号仰韶中期聚落分布于整个遗址区范围内，面积约 132.6 万平方米，与鸣条岗的走向基本一致，呈东北—西南向在岗上高地及岗下平地上延伸。

（1）遗迹

文化层　2 处，均分布于聚落中部的地坎剖面上，埋藏较深，长约 20 米。

灰坑　灰坑数量较多，全部可观察到的有 50 余个，主要集中在村西的灰土岭一带，平面上这些灰坑分成上、中、下三列，由高至低排列成东西向，规整地分布在灰土岭上。灰坑主要暴露于农田的断崖剖面上，有些在地表呈现一个个清晰的灰土圈，在灰土圈内则散布大量的陶片等遗物。遗址区中部灰土岭岭下的断崖上暴露的灰坑数量是最多的，比较集中，不少单位之间存在打破关系。这里的灰坑规模也较大，一般埋藏在地表 1 米以下，深度在 2 米左右，因局部暴露，因此口径不完全，大小不一，一般约 0.8 ~ 2 米。

（2）遗物

包括陶器和石器。

1）陶器

多为泥质陶，夹砂陶仅为少量。泥质陶多为红色，陶质细腻、色泽鲜艳、器形规整、火候较高，是陶器群中比较有代表性的类别；夹砂陶则多为褐色或黑褐色。器表普遍有纹饰，如弦纹、线纹等，也见黑彩的圆点纹、弧线三角纹与条形纹等，常见乳钉、鸡冠耳等装饰。典型器物以鼓腹罐、盆、瓶等为大宗，并有少量的钵、瓮等。其中鼓腹罐均为夹砂陶，器表呈灰、褐、灰褐或黑褐色等，陶胎中含砂量比较大，砂粒多不均匀。部分器形不十分工整，器表肩部多饰线纹与弦

---

① 山西省考古研究所：《西阴村史前遗存第二次发掘》，《三晋考古》第二辑，山西人民出版社，1996 年。

纹的组合纹，有些器物在颈部附加乳钉和泥饼等装饰。瓶均为泥质陶，重唇口小口瓶，束颈，鼓腹。器表一般饰斜向的线纹。钵均为泥质红陶，重唇口，器表磨光，质地坚硬，饰黑彩较普遍，部分器表见红、黄褐色陶衣。盆分为宽沿盆和敛口盆。

鼓腹罐　标本6件。XX050309J024－H3：1，夹砂褐陶，砂粒比较均匀。直口，方唇，矮领。肩部饰线纹，其上再饰刻划弦纹。口径24、残高6厘米（图二二七，1）。XX050309I005－H：4，夹砂褐陶。侈口，方唇，弧腹。口沿以下素面，余器表饰斜线纹与刻划弦纹。口径21.6、残高6.4厘米（图二二七，2）。XX050308G008－H：2，夹砂灰褐陶。侈口，圆唇，折沿，鼓腹。颈部素面，腹部饰斜线纹及刻划弦纹。口径25、残高6.4厘米（图二二七，3）。XX050309J024－H3：2，夹砂黑褐陶，砂粒比较均匀。小口，圆唇，矮领，鼓腹。肩部刻划数道平行弦纹。口径21.6、残高6.8厘米（图二二七，6）。XX050308J022－H：1，夹砂灰陶。方唇，折沿，鼓腹，唇部有企口。颈部素面，腹部饰斜线纹和刻划弦纹，再于其上加乳钉。口径20、残高8.4厘米（图二二七，11）。XX050308J010－H：1，夹砂灰陶，砂粒不均匀。侈口，圆唇，弧腹。饰刻划弦纹，贴斜向泥

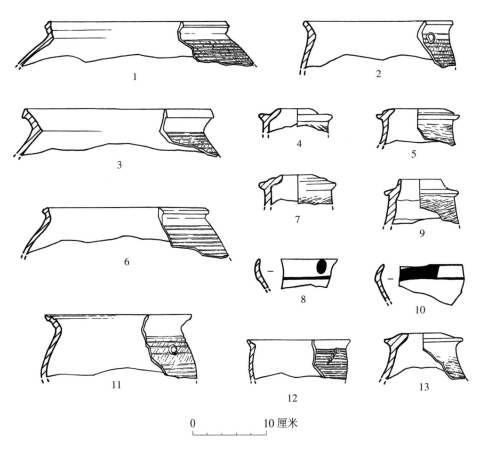

图二二七　夏县西阴遗址仰韶中期陶器

1、2、3、6、11、12. 鼓腹罐（XX050309J024－H3：1、XX050309I005－H：4、XX050308G008－H：2、XX050309J024－H3：2、XX050308J022－H：1、XX050308J010－H：1）　4、5、7、9、13. 瓶（XX050308I014－H：2、XX050308L026：3、XX050308I013：1、XX050308L003：1、XX050308I012－H：1）

8、10. 钵（XX050308J022－H1：2、XX050308J023－H1：1）

饼形成小鸡冠耳。口径14、残高5.2厘米（图二二七，12）。

　　宽沿盆　标本8件。XX050309J015 - H1：1，泥质红陶。卷沿，弧腹。口沿饰黑彩条，腹部饰黑彩弧线三角纹。器表磨光。口径34、残高6.8厘米（图二二八，1）。XX050308I014 - H：1，泥质红陶。敛口，窄平沿，鼓腹。素面磨光。口径25.6、残高6.2厘米（图二二八，2）。XX050308G008 - H：3，泥质红陶。敛口，鼓腹。唇部饰黑彩带，腹部饰弧线三角纹。器表磨光。口径32、残高7.6厘米（图二二八，3）。XX050308I012 - H：3，泥质褐陶。直口，平沿。器表素面磨光。口径30、残高3.6厘米（图二二八，4）。XX050309J017 - H：1，泥质灰陶。折沿，弧腹。素面磨光。口径32、残高5厘米（图二二八，5）。XX050308L026：1，泥质红陶。直口，宽平沿，弧腹。口沿饰黑彩带，腹部饰弧线三角纹。腹部磨光（图二二八，6）。XX050308L003：6，泥质红陶。微敛口，平沿。口唇处饰黑彩条，腹部饰弧线三角纹。腹部磨光（图二二八，7）。XX050309I005 - H：2，泥质红陶。侈口，平沿，斜直腹。口沿下饰鸡冠耳，器表素面（图二二八，10）。

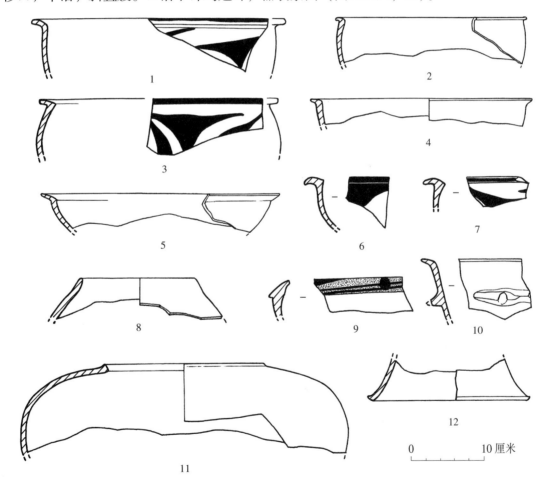

图二二八　夏县西阴遗址仰韶中期陶器

1~7、10. 宽沿盆（XX050309J015 - H1：1、XX050308I014 - H：1、XX050308G008 - H：3、XX050308I012 - H：3、
XX050309J017 - H：1、XX050308L026：1、XX050308L003：6、XX050309I005 - H：2）　　8、11. 瓮（XX050309I005 - H：3、
XX050308J019 - H：1）　　9. 敛口盆（X050308L024：1）　　12. 圈足（XX050308L003：7）

敛口盆 1件。XX050308L024：1，泥质红陶。敛口，鼓腹。口部外侧贴泥片形成宽沿的造型，沿上饰红陶衣，饰弧线纹和圆点纹黑彩（图二二八，9）。

瓶 标本5件。XX050308I014-H：2，泥质红陶。重唇口，外唇扁平，边缘圆滑，内唇在外唇上略微凸起，与外唇分界不明显。颈部以下饰斜线纹。口径4.2、残高2.8厘米（图二二七，4）。XX050308L026：3，泥质红陶。重唇口，外唇较厚，微上翘，内唇呈扁圆形凸起。器表饰斜线纹。口径7.3、残高6.8厘米（图二二七，5）。XX050308I013：1，泥质红陶。重唇口，内外唇均比较饱满，边缘圆滑，内、外唇分界明显，内唇如环状叠于外唇之上。颈部以下饰斜线纹。口径4.2、残高4厘米（图二二七，7）。XX050308L003：1，泥质红陶。重唇口，外唇扁薄较宽，内唇成箍状耸起。器表饰斜线纹。口径5.6、残高6厘米（图二二七，9）。XX050308I012-H：1，泥质红陶。重唇口，内、外唇分界不明显，外唇扁薄不发达，内唇只在外唇的表面略微耸起，重唇特征极不明显。颈部以下饰斜线纹。口径5.2、残高6.4厘米（图二二七，13）。

钵 标本2件。XX050308J022-H1：2，泥质红陶。敛口，弧腹略折。唇部内侧有黑彩条，腹部饰圆点纹和彩条纹（图二二七，8）。XX050308J023-H1：1，泥质红陶。敛口，折腹。器表饰弧线三角纹，折腹部位饰黑彩带（图二二七，10）。

瓮 标本2件。XX050309I005-H：3，泥质黑陶。敛口，鼓腹。外壁素面磨光，内壁未加修整，凹凸不平。口径15.2、残高6厘米（图二二八，8）。XX050308J019-H：1，泥质灰陶。敛口，鼓腹。器表素面磨光。口径21、残高12厘米（图二二八，11）。

圈足 标本1件。XX050308L003：7，泥质灰陶。喇叭形圈足。器表素面磨光。足径20.8、残高5.2厘米（图二二八，12）。

2）石器

仅发现部分石器残块，可能是石斧的斧身部位，石灰石磨制，较短，断面呈椭圆形。

2. 2号仰韶晚期聚落

2号仰韶晚期聚落位于遗址中部，主要集中于岗地南端，大体处于现代西阴村庄的西侧，面积约13.7万平方米。

（1）遗迹

灰坑 11个，集中于聚落的北端，在地坎剖面暴露局部，均不见底，形状不可确定。坑口距地表约0.5～0.6米，口径1.2～2.3米。

（2）遗物

只见陶器。以泥质红陶为主，夹砂灰陶少量。泥质陶均磨光，局部施彩；夹砂陶多为各种罐类，腹部有少量纹饰。器形主要有罐、盆、钵等。其中鼓腹罐有泥质红陶与夹砂灰陶，制作比较粗糙，器表多为线纹，少量器表饰彩。钵均为泥质红陶，器表多磨光，再饰黑彩。

鼓腹罐 标本1件。XX050308J025：1，泥质红陶。方唇，折沿，鼓腹。器表素面，唇内侧有黑彩带。口径20、残高3.2厘米（图二二九，3）。

敛口盆 标本1件。XX050309L004：2，夹砂灰陶。敛口，鼓腹。肩部饰平行弦纹（图二二九，2）。

钵 标本2件。XX050309C006－H：1，泥质红陶。敛口，折腹。器表饰黄陶衣，口沿部位饰弧形纹，折腹处饰黑彩带。器表磨光。口径26、残高4厘米（图二二九，1）。XX050308L024：2，泥质红陶。敛口，折腹。折腹以上饰黄褐色陶衣，折腹以下饰红陶衣，唇边饰黑彩带。折腹以上饰黑彩弧线纹与圆点纹。通体磨光（图二二九，4）。

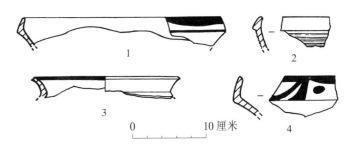

图二二九 夏县西阴遗址仰韶晚期陶器

1、4. 钵（XX050309C006－H：1、XX050308L024：2） 2. 敛口盆（XX050309L004：2） 3. 鼓腹罐（XX050308J025：1）

3. 3号二里岗时期聚落

3号二里岗时期聚落位于遗址中部偏南侧边缘，范围较小，面积约0.2万平方米。

（1）遗迹

灰坑 1个，在地坎边缘暴露局部，形状不明，内为松软的灰土，出土少量陶片。

（2）遗物

均为陶器，夹砂陶，多灰色，器表饰绳纹、弦纹等，个别器表素面，未见可辨器形。

一五 东阴遗址

东阴遗址位于尉郭乡西阴村南、东阴庄村西至村东及村南一带，遗址北侧约300米邻西阴遗址，东南、南部与西侧分别邻苏庄、尉郭和下张等遗址，面积116.2万平方米，是本地区100万平方米以上大遗址之一（见图二二五、二二六）。遗址绝大部分处于青龙河河道南侧，少部分边缘超出河道在青龙河北岸。遗址属鸣条岗东侧坡地以下的低平地带，海拔高度约407～417米，地形相对平坦。与西阴遗址的情况相似，东阴遗址也处在上述遗址的包围之中，属于青龙河上游遗址密集区的一个组成部分（彩版八三）。

遗址包括仰韶中期、仰韶晚期、庙底沟二期、龙山时期、二里头时期和二里岗时期六个阶段的遗存，从遗存分布特点看，仰韶中期、庙底沟二期、龙山时期分别可以划分为两个聚落，余分别划分为一个聚落。

遗址区内遗存呈现明显的疏密、集散、区块等分布特征：遗址东、北两端遗存密度大于遗址的中部，东部的遗存数量比西部更丰富，并且基本以村庄为界，遗址分为东西两个明显的区块，形成相对集中的遗存分布区。

东阴庄村东南部的断崖剖面上暴露出较厚的文化层堆积，周围散落的陶片也不计其数，是观察遗址区内不同时代遗存转换关系较好的地点之一。

遗址区北、中、东部的断崖上都有较多的灰坑暴露，地表未见灰坑遗迹。北部的灰坑区位于青龙河干流河道侧壁上，显然是河流改道从此经过，破坏了遗址区内的遗迹形成的。中部灰坑区位于村边的一段地坎上，分布很密集，坑内灰土比较厚重，灰坑之间个体相连，层位关系复杂，地坎底部的陶片也无法分清究竟是从哪个单位里散落下来。东部的灰坑区全部位于一片窑场内，取土深，破坏性强，遗迹的扰动也相当严重，可发现的灰坑等基本属于幸存下来的个体，多形制残破，不见完整遗迹。过度取土对于遗址区的破坏无疑是毁灭性的，但由此造成大范围的断崖剖面以利观察。在烧窑过程中，窑场专门把混在泥料中的陶片、灰土等干扰物剔出来，并集中堆放，于是无形中为我们采集与观察灰坑中的陶片遗存提供了方便，在这里采集的遗物占整个采集品总数的一多半，而且获得了许多平时难以采到的器形种类，极大地丰富了我们关于这个遗址文化内涵的认识。

遗物的情况大体等同于灰坑等遗迹的分布特征，虽然不像灰坑那样集中，但是也是成片分布，以村庄为界，大体分为东、西两部分。

从上述遗存的分布态势，我们可以推断，在遗址区内应存在东、西两个分布区，不同时期的聚落都分别以遗址所在地的东西两端作为其发展的核心区。这是因为东侧接近青龙河，西侧接近鸣条岗东侧岗前地带的一处凹口附近，这两个地带当时可能都是水源相对丰富的地区。

1. 1 号仰韶中期聚落

1 号仰韶中期聚落分布于遗址西部，占据遗址区近一半的范围，面积约 50.8 万平方米。

（1）遗迹

未发现。

（2）遗物

数量较少，可辨器形更少，多是泥质红陶的钵、瓶与盆的腹片，多素面，有少量线纹，彩陶极少见。

瓶　标本 1 件。XX050308I005：1，泥质红陶。重唇口，外唇扁薄，如刀状，内唇如圆锥状凸起，在顶端收成小口。颈部以下饰斜线纹。口径 4、残高 4 厘米（图二三〇，2）。

2. 2 号仰韶中期聚落

2 号仰韶中期聚落位于遗址东部，范围远小于 1 号聚落，面积不足 5 万平方米。

（1）遗迹

灰坑　1 个，位于东阴庄村南部村边，暴露不多，只见局部坑体，形体均较小，口宽在 1.2 米左右，深度不明。

（2）遗物

只有陶器，数量较少，多是泥质红陶，多素面，部分带线纹，无可辨器形。

3. 3 号仰韶晚期聚落

3 号仰韶晚期聚落位于遗址东部，面积不足 5 万平方米。

（1）遗迹

文化层　1处，位于村东砖瓦窑取土断崖边，在地表1.2米以下，厚1米左右，长约10米。

（2）遗物

仅见少量泥质红褐陶片，无可辨器形。

4. 4号庙底沟二期聚落

4号庙底沟二期聚落位于遗址西部，面积不足5万平方米。

（1）遗迹

未发现。

（2）遗物

仅见少量绳纹碎陶片。

5. 5号庙底沟二期聚落

5号庙底沟二期聚落位于遗址东部，面积约10.9万平方米。

（1）遗迹

灰坑　2个，分布于村庄的南部边缘、5号聚落的中心地带。只有局部暴露在地坎上，看不出明确形状，灰坑壁略斜，可能是锅底形坑。

房址　1座，与灰坑开口于同一层位下，相距20~30米。只有局部暴露在地坎上，看不出明确形状。房址只有一小段残破不全的白灰面底部，其余特征均不明显。

（2）遗物

只有陶器，均为碎片，绝大部分为夹砂灰陶，泥质陶只占少量，另有部分褐陶。器表多饰篮纹、附加堆纹等，也见磨光陶，附加堆纹多按压成波浪状。器形主要有罐、盆、杯等。其中罐均为夹砂罐，多灰陶，少量褐陶，器表饰篮纹、口沿以下或颈部一般饰波浪状的附加堆纹，多为一道，也见数道平行按压的技法。侈口，口唇部位通常用工具按压成方唇或斜向的凹窝。罐有鼓腹罐、直腹罐两种。盆均为泥质灰陶。

鼓腹罐　标本2件。XX050307F007：1，夹砂褐陶，砂粒比较均匀。薄胎。折沿，鼓腹。器表素面磨光。口径8、残高6厘米（图二三〇，4）。XX050307F003：1，夹砂灰陶。花边口，方唇，折沿。折沿处外侧有附加堆纹，按压成波浪状，堆纹以下为纵篮纹。口径14、残高4.5厘米（图二三〇，7）。

直腹罐　标本2件。XX050307F017－H：3，夹砂灰陶。侈口，方唇。唇部有绳纹花边，口沿外侧饰附加堆纹，器表饰绳纹（图二三〇，5）。XX050307F009：1，夹砂灰陶。侈口，方唇。唇部有斜向凹窝形成的花边，口沿外侧贴泥条堆纹两道，器表饰斜篮纹（图二三〇，10）。

盆　标本1件。XX050307F007：2，泥质灰陶。外折沿，方唇。通体素面磨光。口径27.2、残高10.5厘米（图二三〇，1）。

杯　标本1件。XX050307F004：1，泥质灰陶。直口，弧腹，平底，下腹部外侧有一桥形耳。

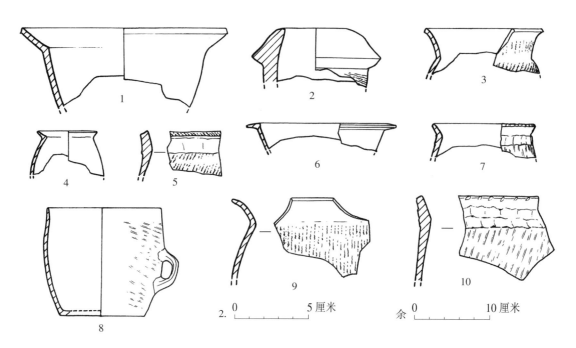

图二三〇　夏县东阴遗址陶器

1、6. 盆（XX050307F007：2、XX050308C005 - H：1）　2. 瓶（XX050308I005：1）　3、4、7、9. 鼓腹罐（XX050308A006 - H1：2、XX050307F007：1、XX050307F003：1、XX050308A006 - H1：1）　5、10. 直腹罐（XX050307F017 - H：3、XX050307F009：1）　8. 杯（XX050307F004：1）（2 为仰韶中期，3、6、9 为龙山时期，余为庙底沟二期）

器表除口沿下方外均饰斜向篮纹。口径 15、底径 9.4、高 14.4 厘米（图二三〇，8）。

6. 6 号龙山时期聚落

6 号龙山时期聚落位于遗址北侧，面积约 1.1 万平方米。

（1）遗迹

文化层　1 处，在河道断崖剖面上只暴露出上半部，堆积层厚度在 1.2 米以上，下半部分还埋于河道土层内，堆积层在剖面上东西向绵延约 60 米，并被两个 XX050308A006 - H1、H2 灰坑打破。文化层中出土大量陶片遗物。

灰坑　4 个，剖面显示有袋形坑和锅底坑两种。袋形坑 1 个，深度在 1.3 米左右，未见底。锅底坑 3 个，较浅，口宽 1.2～1.6 米，深不到 1 米。其中 XX050308A006 - H1、H2 还打破相邻的文化层。

（2）遗物

只有陶器，多为灰黑陶，泥质陶与夹砂陶比例基本相当。器表大量饰粗绳纹。大部分为器物腹片，可辨器形有罐、盆等。

鼓腹罐　标本 2 件。XX050308A006 - H1：2，夹砂灰陶。侈口，束颈。器表饰斜向的绳纹，颈部饰绳纹后再抹平成素面。口径 11.6、残高 6 厘米（图二三〇，3）。XX050308A006 - H1：1，夹砂灰陶。侈口，束颈，鼓腹。颈部素面，器表饰纵向的绳纹（图二三〇，9）。

盆　标本1件。XX050308C005－H：1，泥质灰陶。宽平沿，弧腹。器表素面磨光。口径20、残高3.6厘米（图二三〇，6）。

7. 7号龙山时期聚落

7号龙山时期聚落位于遗址东部，面积较小，约2.2万平方米。

（1）遗迹

文化层　2处，位于村东砖瓦窑取土崖边，在地表1.2米下，厚1米左右，长度约40米。文化层内灰土均较少，土质较硬。

（2）遗物

仅发现少量陶片，多为灰黑陶，饰粗绳纹，无可辨器形。

8. 8号二里头时期聚落

8号二里头时期聚落位于遗址东部，面积较小，约4.5万平方米。

（1）遗迹

灰坑　1个，位于村东窑场断崖上，为简单的锅底坑，但已被取土破坏大部分，保留部分底部，深约0.6米，坑内有少量灰土，遗物很少。

（2）遗物

仅有陶器，大部分为夹砂灰陶，泥质陶少量，器表多为绳纹，颈部纹饰多被抹光成素面。器形主要是各种罐、盆。其中鼓腹罐均为夹砂罐，主要为灰陶，还有少量陶胎呈褐色或黄褐色，器表普遍饰绳纹，颈部及腹部近底处素面磨光。盆均为灰陶，多泥质陶，少量夹砂陶，器表多饰纵向绳纹。

鼓腹罐　标本2件。XX050307I003：1，夹砂灰陶，砂粒比较均匀，胎质较厚。侈口，圆唇。唇上有用绳纹压印的花边，颈部饰纵向的浅细条纹。口径38、残高6.4厘米

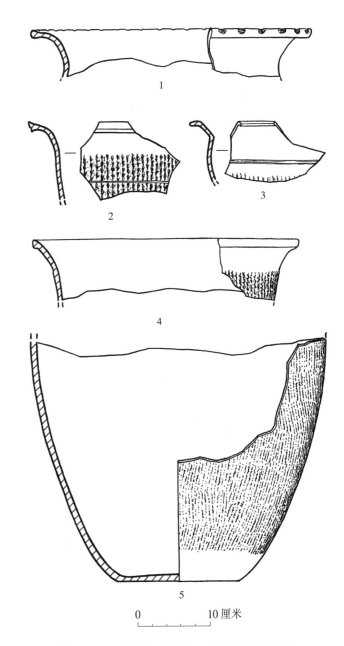

图二三一　夏县东阴遗址二里头时期陶器

1、5. 鼓腹罐（XX050307I003：1、XX050329E005：26）
2~4. 盆（XX050329E005：11、XX050329E005：12、XX050329E005：7）

（图二三一，1）。XX050329E005：26，夹砂黄褐陶，含砂量大，但粗细均匀。厚胎。弧腹，平底。器表及底部中心饰绳纹，腹部近底部素面。底径16.4、残高32厘米（图二三一，5）。

盆　标本3件。XX050329E005：11，泥质灰陶。侈口，外侧有叠唇。颈部素面，腹部饰纵向绳纹，并以刻划的横向绳纹打断（图二三一，2）。XX050329E005：12，夹砂灰陶。侈口，圆唇，鼓腹。颈部素面磨光，肩部饰刻划弦纹，腹部纵向的绳纹（图二三一，3）。XX050329E005：7，夹砂灰陶，砂粒均匀。侈口，圆唇。颈部素面，器表饰纵向的粗绳纹。口径36、残高8厘米（图二三一，4）。

9. 9号二里岗时期聚落

9号二里岗时期聚落位于遗址东部，面积约6.6万平方米。

（1）遗迹

文化层　2处，在窑场取土区的东西两侧断崖上都有暴露，东侧的较长达近百米，西侧的较短，有20米左右，两处均在地表1.5米以下埋藏，厚度约1~1.8米。

灰坑　2个，暴露在取土窑的断面上，已残破不全，均为锅底坑，保存的深度不到1米，坑内为较硬的杂土，灰土较少，陶片也不多（彩版八四）。

（2）遗物

有陶器和石器，包括炊器、酒器、食器、工具等，种类比较丰富。

1）陶器

数量最多，共发现不同种类的器形200余件。陶器群以灰色为基本特征，个别器物表面泛灰褐色。器物以夹砂陶为主，泥质陶为辅，后者的比例不及前者的1/3。器表施纹比较普遍，以绳纹为主，常配合弦纹、附加堆纹、云纹、圆圈、凹窝等其他纹样。器形主要有罐、鬲、鼎、尊、盆、簋、陶拍等。其中罐均为灰陶，主要是夹砂陶，少量泥质陶。器表普遍施纹，主要是粗细不同的绳纹，常见以弦纹、附加堆纹与绳纹配合使用的情况。器物的颈部通常施纹后再抹平成一周素面带，口沿的唇部均经过比较细致地修整。罐的造型富于变化，有深腹罐、鼓腹罐、高领罐三种。盆大口小底，侈口，斜直腹，器表饰绳纹，口部以下多抹平成素面。鬲数量仅次于罐。均为夹砂灰陶，器表饰粗细不等的绳纹，并与弦纹、圆圈纹等组合。鬲的颈部与足根均磨成素面。鬲的个体造型基本一致，但是在口沿、颈部等部位略有区别。鼎均为夹砂灰陶三足鼎，多为器身腹片。尊多为泥质灰陶，少量陶胎呈灰褐色，个别为夹砂陶，多为尊的腹片。盆均为泥质灰陶，多腹片，少量为口沿残片，器表多数经过磨光。簋泥质灰陶，平沿、直口，下腹外鼓，略成垂腹状，器表施纹，有的饰云雷纹等图案。

深腹罐　标本5件。XX050329E005：3，夹砂灰陶，砂粒较均匀。厚胎。侈口，方唇，直腹。腹部饰压印条形凹窝带，纹饰带上下两侧饰多道弦纹及绳纹。口径30、残高16厘米（图二三二，1）。XX050329E005：1，夹砂灰陶。侈口，方唇。颈部贴波浪形的附加堆纹，器表饰纵向绳纹，并以弦纹打断。口径33.2、残高12厘米（图二三二，2）。XX050329E005：8，夹砂灰陶。侈口，方

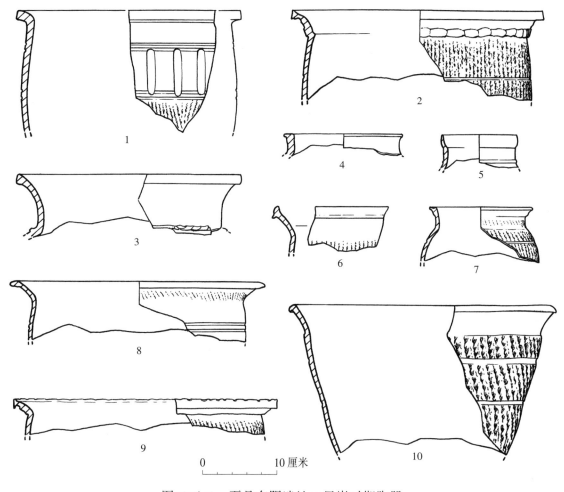

图二三二　夏县东阴遗址二里岗时期陶器

1、2、6、8、9. 深腹罐（XX050329E005：3、XX050329E005：1、XX050329E005：8、XX050329E005：6、
XX050329E005：5）　3、7. 鼓腹罐（XX050329E005：17、XX050329E005：10）　4、5. 高领罐
（XX050307H011－C：3、XX050307H010－C：4）　10. 盆（XX050329E005－Y：2）

唇，束颈。颈部素面，器表饰纵向的粗绳纹（图二三二，6）。XX050329E005：6，泥质灰陶。侈
口，圆唇，卷沿，束颈。颈部先饰绳纹，再抹光成素面，器身饰弦纹。口径34、残高8厘米（图
二三二，8）。XX050329E005：5，夹砂灰陶。方唇，折沿。唇部压印绳纹花边，颈外侧贴附加堆
纹，器表绳纹。口径35、残高4.5厘米（图二三二，9）。

鼓腹罐　标本2件。束颈，鼓腹，口沿外侧有外叠唇，颈部通常抹成素面带，有的带小鸡冠
状横耳在颈部。XX050329E005：17，夹砂灰陶，砂粒均匀。侈口，方唇。颈素面，颈肩接合处有
堆纹压成绞索状。口径30、残高8厘米（图二三二，3）。XX050329E005：10，夹砂灰陶，含砂量
少。直口，小平沿，矮领。器表饰绳纹及少量弦纹，而颈部的绳纹又被抹平成素面，唇上有缺口
一个。口径14、残高7.5厘米（图二三二，7）。

高领罐　标本2件。直口，鼓腹。颈部外侧通常有一两道凸棱纹。XX050307H011－C：3，夹砂
灰陶。小平沿，高领。素面磨光。口径16、残高2.8厘米（图二三二，4）。XX050307H010－C：4，

泥质灰陶。圆唇，高领，束颈。素面，颈肩接合处外侧饰凸棱纹一道。口径10、残高4.4厘米（图二三二，5）。

盆　标本2件。XX050329E005 - Y：2，泥质灰陶。侈口，圆唇，束颈。唇外侧有泥条一周，颈素面，器表压印粗绳纹，再以刻划弦纹将绳纹打断。口径35.6、残高20厘米（图二三二，10）。XX050307I012 - C：1，泥质灰陶。侈口，圆唇，弧腹。器表经磨光，刻划数组粗细不同的弦纹（图二三三，13）。

鬲　标本7件。XX050329E005：18，夹砂灰陶。厚胎。侈口，方唇，束颈。颈部素面，器表饰纵向的绳纹，再以刻划弦纹打断。口径16.4、残高7.6厘米（图二三三，1）。XX050329E006 - H：1，夹砂灰陶。侈口，方唇，束颈，鼓腹。颈部素面，器表饰纵向的绳纹。口径19、残高6.8厘米（图二三三，2）。XX050329E005：9，夹砂灰陶。方唇，平沿，唇外侧略凹。颈部素面，器表饰纵向的粗绳纹。口径16、残高4.8厘米（图二三三，3）。XX050307I016 - C：1，夹砂灰陶。侈

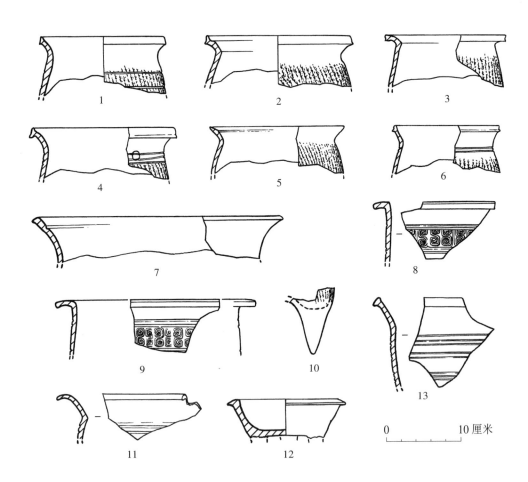

图二三三　夏县东阴遗址二里岗时期陶器

1～6、10. 鬲（XX050329E005：18、XX050329E006 - H：1、XX050329E005：9、XX050307I016 - C：1、XX050307H013 - C：1、XX050307H010 - C：1、XX050329E005：19）　7、11. 尊（XX050329E005：23、XX050307H010 - C：2）　8、9. 簋（XX050329E005：20、XX050307H011 - C：1）　12. 鼎（XX050329E005：4）　13. 盆（XX050307I012 - C：1）

口，方唇，束颈。唇外有凸棱，颈部磨光，饰刻划弦纹数道，弦纹之上加刻圆圈纹，器表饰绳纹。口径19、残高6.8厘米（图二三三，4）。XX050307H013－C：1，夹砂灰陶。侈口，方唇，平沿，束颈。颈部素面，腹部饰斜向的绳纹。口径18、残高6.4厘米（图二三三，5）。XX050307H010－C：1，夹砂灰陶。薄胎。侈口，方唇，束颈。口沿外侧有凸棱一道，颈部素面，饰刻划纹，器表饰纵向的粗绳纹。口径13.8、残高6厘米（图二三三，6）。XX050329E005：19，夹砂灰陶。薄胎。仅余鬲足及少部分袋足部分，足根较长。袋足饰纵向绳纹（图二三三，10）。

鼎　标本1件。XX050329E005：4，夹砂灰陶。窄沿，浅腹，平底。底面沿边缘分布三个柱状足，已残断。器表素面。口径13.6、残高4.8厘米（图二三三，12）。

尊　标本2件。XX050329E005：23，夹砂灰褐陶。侈口，圆唇。颈部素面磨光。口径34、残高6厘米（图二三三，7）。XX050307H010－C：2，泥质灰陶。侈口，圆唇，卷沿。颈部素面磨光，肩部饰弦纹（图二三三，11）。

簋　标本2件。XX050329E005：20，泥质灰陶。器表磨光，上腹部装饰近似"S"形的云雷纹带，纹饰上下两边缘加刻弦纹（图二三三，8）。XX050307H011－C：1，泥质灰陶。特征基本同XX050329E005：20，但云雷纹成反"S"状（图二三三，9）。

陶拍　标本1件。XX050329E006－H：2，夹砂灰陶。拍正面呈不规则圆形，圜状，边缘圆滑，背面有便于持握的桥形捉手。拍正面及捉手表面均压印不规整的绳纹。拍径9.2、残高6厘米（图二三四，2）。

2）石器

石斧　标本1件。XX050329E005：24，辉绿岩制成。器身成条形，横断面方形，双面刃，偏向其中一侧。刃部弧形，但已磨损圆钝形成一个窄窄的平面。斧身琢制，刃部磨制。长17、宽6.2、厚4厘米（图二三四，1）。

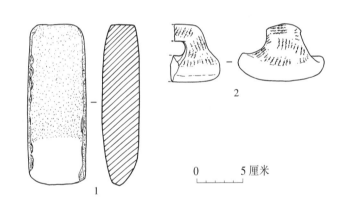

图二三四　夏县东阴遗址二里岗时期器物

1. 石斧（XX050329E005：24）
2. 陶拍（XX050329E006－H：2）

一六　苏庄遗址

苏庄遗址位于尉郭乡苏庄村西北50米，面积约0.3万平方米（见图二二六）。遗址地处鸣条岗东侧的岗前平原，青龙河故道西岸台地，海拔高度417米。遗址处于青龙河上流遗址密集区的边缘，位置相对独立，离它最近的是西北的东阴遗址，相距约600米，其余的遗址离它都在2公里以外。苏庄遗址只有二里头时期一个阶段的遗存，从遗存分布特点看，只能划分为一个聚落。地表只见陶片，未见遗迹及其他遗物。

另外，遗址区还见庙底沟二期、龙山时期和二里岗时期零星采集点，遗物只有碎陶片，无可

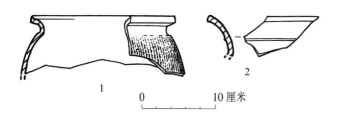

图二三五　夏县苏庄遗址二里头时期陶器

1. 鬲（XX050307I017：1）
2. 尊（XX050307I017：2）

辨器形。

（1）遗迹

未发现。

（2）遗物

只见陶片。均为夹砂灰陶，器表多饰绳纹，可辨器形只有鬲与尊两种，其余均为器物的腹片。

鬲　标本1件。XX050307I017：1，夹砂灰陶。侈口，方唇，束颈，鼓腹。唇内有凹槽一周，器表饰比较规整的纵向细绳纹。口径19.2、残高8厘米（图二三五，1）。

尊　标本1件。XX050307I017：2，夹砂灰陶。侈口，圆唇。颈部有凸棱纹一道，其余器表均素面磨光（图二三五，2）。

一七　阴庄Ⅰ号遗址

阴庄Ⅰ号遗址位于尉郭乡阴庄村西南50米、鸣条岗东侧台地，面积约2.4万平方米（图二三六）。遗址正处于山岗脚下，海拔高度405～412米。西部为逐渐隆起的岗地，南、北各有一条冲沟分别对应遗址的南北两端。东部地势相对低平，并向东逐渐延伸直到阴庄Ⅱ号遗址，再向东有

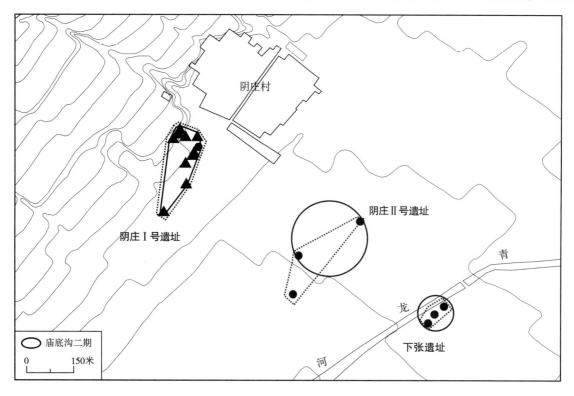

图二三六　夏县阴庄Ⅰ号、阴庄Ⅱ号、下张遗址（庙底沟二期）

青龙河从遗址的东侧蜿蜒流过。遗址东南部 400 米为阴庄Ⅱ号遗址，东部距西阴遗址约 1 公里。遗址内只有庙底沟二期一个阶段的遗存，从遗存分布特点看，只能划分为一个聚落，聚落面积等同于遗址面积。地表陶片稀少，采集到少量陶片，但在断崖剖面上发现了大量灰坑和文化层堆积，并从灰坑中采集到较多遗物，主要是陶片（彩版八五）。

（1）遗迹

灰坑　17 个。灰坑埋藏于地表 1.2 米以下，均未见底部，深度不明，从暴露部分观察，以锅底坑居多，口径 0.8～1.8 米不等（彩版八六）。

（2）遗物

只有陶片，多为夹砂灰陶，少量泥质陶，部分陶胎作黄褐色。器表施纹比较普遍，纹饰种类有附加堆纹、篮纹、绳纹等，有少量素面陶。器形主要有罐，另见少量盆、瓶等。

鼓腹罐　标本 3 件。XX050327L005－H：2，夹砂灰陶。折沿，方唇。素面磨光（图二三七，1）。XX050327I006－H1：1，夹砂灰陶。厚胎。方唇，折沿。唇边有斜向凹窝形成的花边形，口沿外侧有附加堆纹两道，器身饰篮纹（图二三七，2）。XX050327I006－H1：2，夹砂灰陶。直壁，平底。器表饰散乱的绳纹。底径 27.4、残高 6.8 厘米（图二三七，3）。

盆　标本 1 件。XX050329E007：1，夹砂黄褐陶。敞口，圆唇，宽折沿，平底。器表饰横篮纹。口径 20.4、底径 10、残高 5.7 厘米（图二三七，4）。

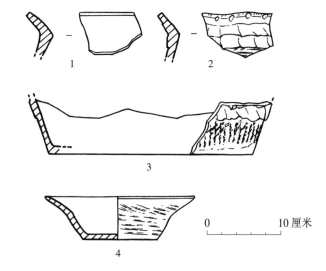

图二三七　夏县阴庄Ⅰ号遗址庙底沟二期陶器

1～3. 鼓腹罐（XX050327L005－H：2、XX050327I006－H1：1、XX050327I006－H1：2）　4. 盆（XX050329E007：1）

一八　阴庄Ⅱ号遗址

阴庄Ⅱ号遗址位于尉郭乡阴庄村东南 250 米、鸣条岗东侧岗前台地，西北部约 400 米为阴庄Ⅰ号遗址，东部距西阴遗址约 400 米，东南距下张遗址约 310 米。面积约 3.1 万平方米（见图二三六）。遗址处于山岗脚下，海拔高度 402 米。西部为逐渐隆起的岗地，东部地势相对低平，向东有青龙河的河道从遗址的东侧蜿蜒流过。遗址只有庙底沟二期一个阶段的遗存。地表陶片稀少，采集到的少量陶片也比较细碎，断崖剖面上未发现灰坑和文化层堆积等现象。它距离阴庄Ⅰ号遗址较近，时代也相同，因此两者在文化上可能存在比较密切的关联。

（1）遗迹

未发现。

（2）遗物

只有陶片，纹饰有篮纹与附加堆纹等，无可辨器形。

一九　下张遗址

下张遗址位于尉郭乡下张村北 350 米，西北、东北、东部分别与阴庄 Ⅱ 号、西阴和东阴遗址相邻，距阴庄 Ⅱ 号遗址约 310 米，距西阴遗址约 340 米，距东阴遗址将近 700 米左右。面积约 0.3 万平方米（见图二三六）。遗址处在鸣条岗东侧岗前台地，青龙河的东岸。地势低平，海拔高度 403 米。遗址只有庙底沟二期一个阶段的遗存。地表陶片稀疏，只在几个地点采集到了少量陶片，磨蚀严重，无可辨器形。

此外，在遗址区内还有一个仰韶中期的采集点，全为泥质红陶片，素面磨光，器形不明，可能是盆类的腹片。

（1）遗迹

未发现。

（2）遗物

只见陶片，多为夹砂陶，泥质陶少见，器表普遍饰篮纹和附加堆纹。无可辨器形。

二〇　尉郭遗址

尉郭遗址位于尉郭乡尉郭村西 100 米，北侧与东阴、西阴等遗址相望，西、南部分别与白张和中卫遗址相邻，面积约 2.3 万平方米（图二三八）。遗址处在鸣条岗东侧岗前平地，青龙河故道西岸台地，海拔高度 405 米左右。遗址包含龙山时期、二里头时期、二里岗时期三个阶段的遗存，从遗存分布特点看，每个时期分别可以划分为一个聚落。遗址地表的陶片并不丰富，绝大部分遗存是在村西一处取土场断崖剖面及其附近发现的。遗迹均为灰坑，在断崖底部的地表还能够采集到不少陶片、石器等标本，推测就是从剖面上的遗迹中散落下来的。

1. 1 号龙山时期聚落

1 号龙山时期聚落位于遗址的北部，面积约 0.9 万平方米。

（1）遗迹

灰坑　2 个，分布于聚落南端，均为锅底坑，在断崖上局部暴露。

XX050307A006H1　距地表 1.6 米，口宽 2.8 米左右，深 0.5 米，未见底部。

（2）遗物

只有陶器，以夹砂陶为主，泥质陶少见，多为灰陶，少量灰褐陶。器表多为粗深的压印绳纹，也见压印的方形凸起。器形有罐、鬲等，均为残片，无可复原器。

2. 2 号二里头时期聚落

2 号二里头时期聚落分布于大部分遗址范围内，面积约 1.6 万平方米。

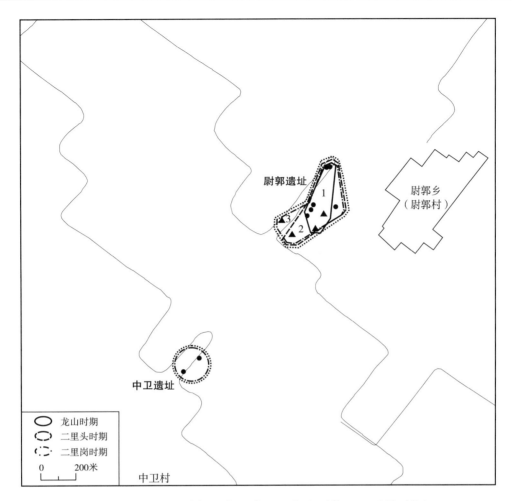

图二三八 夏县尉郭、中卫遗址（龙山时期—二里岗时期）

（1）遗迹

灰坑 2个，分布于聚落南半部分，均为锅底坑，在断崖上局部暴露。

XX050307A006H2 距地表1.2米，口宽2.2米左右，深0.7米，未见底部。

（2）遗物

包括陶器与石器。

1）陶器

以灰褐、黄褐色为主，泥质与夹砂陶的数量基本相当，胎较厚，器形较大。纹饰有绳纹、弦纹、附加堆纹等。泥质陶多素面磨光，夹砂陶的纹饰普遍较浅，比较散乱，局部有交错。器形有各种罐、尊、鬲、瓮、缸、甗等。其中罐多为夹砂灰陶、灰褐陶，少量泥质陶，器表饰绳纹，颈部多磨光成素面。罐有捏口罐、鼓腹罐。

捏口罐 标本1件。XX050307A003：1，泥质灰陶。侈口，圆唇。颈部素面磨光，饰斜向绳纹（图二三九，6）。

鼓腹罐 标本2件。XX050307A005－H：3，夹砂褐陶。侈口，圆唇，束颈，折肩，有外叠唇。

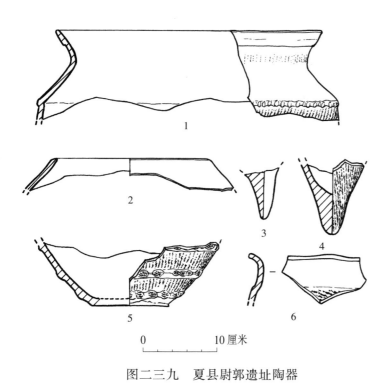

图二三九　夏县尉郭遗址陶器

1、5. 鼓腹罐（XX050307A005－H：3、XX050307A005：6）
2. 瓮（XX050307A005：1）　3、4. 鬲（XX050307C007－H：1、
XX050307A005：2）　6. 捏口罐（XX050307A003：1）（3 为二里岗
时期，余为二里头时期）

选用石灰岩琢制而成。仅余柄端，刃部残断。整体呈长条形，
横断面近椭圆形，上窄下宽。斧身琢制。残长 9.2、宽 6、厚 4
厘米（图二四〇）。

3. 3 号二里岗时期聚落

3 号二里岗时期聚落分布于大部分遗址区范围内，面积约 2.1
万平方米。

（1）遗迹

灰坑　2 个，位于聚落的南端，在断崖剖面上只暴露出局
部，未能确定完整形状，开口均距地表深约 1 米，深 0.4～
0.7 米。

（2）遗物

只有陶器，陶片个体均较小，以灰陶为主，夹砂陶、泥质
陶比例大体相当，纹饰多为纵向绳纹，此外有云纹、弦纹、附
加堆纹等。器形有罐、鬲、簋等。罐均为泥质灰陶，侈口，平

颈部先饰绳纹再抹平成素面，肩部有
附加堆纹并按压成斜向凹窝，腹部饰
斜向绳纹。口径 35.6、残高 12 厘米
（图二三九，1）。XX050307A005：6，
泥质灰陶。圆腹，平底。底腹部饰纵
向绳纹，横向数道平行附加堆纹，并
压印斜向的凹窝。底径 10.4、残高 8
厘米（图二三九，5）。

瓮　标本 1 件。XX050307A005：1，
泥质黑陶。敛口，尖唇，鼓腹。器表素
面磨光。口径 20.8、残高 4.2 厘米（图
二三九，2）。

鬲　标本 1 件。XX050307A005：2，
夹砂灰陶，砂粒比较均匀。仅余足部，
形体较大，锥状足，足尖圆钝，有实足
根。袋足至足根饰纵向细密的绳纹
（图二三九，4）。

2）石器

石斧　标本 1 件。XX050307A003：4，

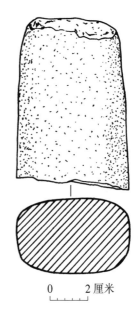

图二四〇　夏县尉郭遗址二里头
时期石斧（XX050307A003：4）

沿，束颈，颈部素面，余器表饰绳纹，应为二里岗下层时期遗物。鬲多为袋足腹片等，少量为足根部分。簋只余腹片，泥质灰陶，压印数排云雷纹，应为二里岗上层时期遗物。

鬲　标本1件。XX050307C007 - H：1，夹砂灰陶。实足根，尖部略外撇。素面。有使用磨损痕迹。应为二里岗下层时期遗物（图二三九，3）。

二一　中卫遗址

中卫遗址位于尉郭乡中卫村北550米，南部与大台遗址相望，西、北两侧分别与白张和尉郭遗址相邻，面积不足5万平方米（见图二三八）。遗址处在鸣条岗东侧岗前平地，青龙河故道西岸台地，海拔高度约400米。遗址只有二里岗时期一个阶段的遗存，从遗存分布特点看，只能划分为一个聚落，聚落面积等同于遗址面积。地表遗物非常稀疏，只在农田里发现少量散布的陶片，未见其他遗物及遗迹。

（1）遗迹

未发现。

（2）遗物

只见陶片，无可辨器形。

二二　大台遗址

大台遗址位于尉郭乡大台村西南60米，北侧与东北部分别与白张和中卫等遗址相邻，面积不足5万平方米（图二四一）。遗址处在青龙河故道西岸台地，海拔高度395米左右。遗址只有二里头时期一个阶段的遗存，从遗存分布特点看，只能划分为一个聚落，聚落面积等同于遗址面积。地表遗物比较稀疏，只发现少量散碎的陶片，未见其他遗物及遗迹。

遗址的南部和东部分别有少量仰韶早期和龙山时期的陶片，各编为一个采集点，未划入遗址区内。

（1）遗迹

未发现。

（2）遗物

只有少量陶片，无可辨器形。

二三　白张遗址

白张遗址位于尉郭乡白张村西北250米，北侧与西阴、东阴等遗址相望，东侧与尉郭遗址相邻，面积约10.7万平方米（见图二四一）。遗址处在鸣条岗东侧岗前平地，海拔高度400米左右。遗址包括仰韶早期、龙山时期两个阶段的遗存，从遗存分布特点看，每个时期只能划分为一个聚落。

地表遗存并不丰富，绝大部分在村西农田里散布，只见陶片，未见遗迹。遗址面积虽然有10

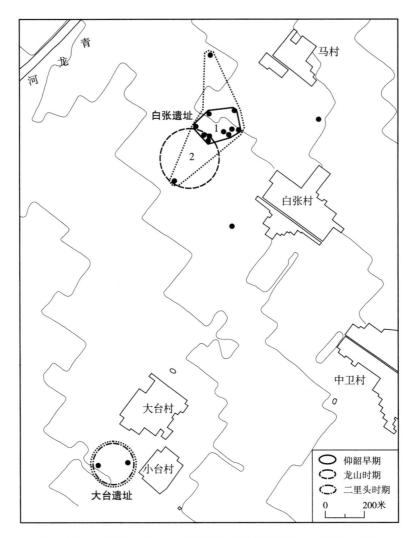

图二四一　夏县大台、白张遗址（仰韶早期—二里头时期）

万平方米，但是两个时期的聚落只在遗址的局部地域才有分布，两者之和还不能覆盖整个遗址区，遗存总体上呈现比较稀疏的状态。陶片均为碎片，未见可辨器形。

1. 1 号仰韶早期聚落

1 号仰韶早期聚落分布于遗址中部，面积约 3.2 万平方米。

（1）遗迹

未发现。

（2）遗物

只有稀疏陶片，无可辨器形。

2. 2 号龙山时期聚落

2 号龙山时期聚落位于遗址西南部，面积不足 5 万平方米。

（1）遗迹

未发现。

（2）遗物

只有少量陶片，无可辨器形。

二四　南坡底遗址

南坡底遗址位于埝掌镇南坡底村南 500 米、中条山西麓山前台地，面积约 0.9 万平方米（图二四二）。遗址南侧有一条由山间溪流汇集而成的小河，是青龙河的支流之一，在大理附近注入青龙河。遗址分布于河流北岸陡峭的台地上，地形起伏较大，海拔高度 545～565 米。由于位于中条山地，遗址与其他遗址距离均比较远，都在 2 公里以上。

遗址只有仰韶早期一个阶段的遗存，从遗存分布特点看，只能划分为

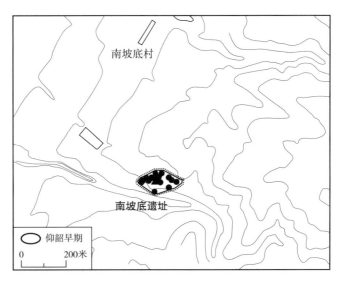

图二四二　夏县南坡底遗址（仰韶早期）

一个聚落。聚落分布于全部遗址区范围内，面积等同于遗址面积。

地表陶片较丰富，区域内随处可见密集的陶片，在临河的部位不多，反而在远离河岸的高一级台地上有较多的发现。遗迹在陶片分布区的中部，只有少量灰坑与文化层，它们所在的区域应该是遗址的中心区域。

（1）遗迹

文化层　1 处，埋藏于农田地坎边缘，局部暴露，深度不明。

灰坑　1 个，埋藏于农田地坎边缘，局部暴露，形状不明。

（2）遗物

只有陶器，均为泥质红陶，器表磨光，采集到的器形有钵、盆两种，大部分是器物的残片。

钵　标本 2 件。XX050302L006－C：1，泥质红陶。直口，圆唇，弧腹。口沿部位略呈浅红色。器表磨光（图二四三，1）。XX050302J003：1，泥质红陶。直口，圆唇，弧腹。口沿部位略呈浅橘黄色。器表磨光（图二四三，2）。

盆　标本 1 件。XX050302J002：1，夹砂红褐陶。直口，微敛，唇外略加厚。口沿外

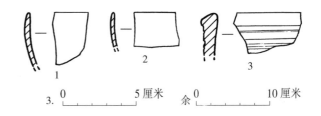

图二四三　夏县南坡底遗址仰韶早期陶器

1、2. 钵（XX050302L006－C：1、XX050302J003：1）

3. 盆（XX050302J002：1）

侧器表饰数道弦纹。器表磨光（图二四三，3）。

二五　山底遗址

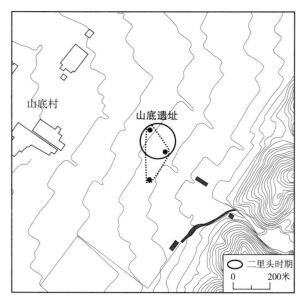

图二四四　夏县山底遗址（二里头时期）

山底遗址位于郭道乡山底村东 450 米，面积 2.4 万平方米（图二四四）。遗址地处中条山西麓山前台地上，南部有一条青龙河小型支流。虽然位于中条山麓地带，但已经不在山地的环境里，而是地势相对平缓的山前冲积地带，海拔高度 450 米左右。由于处于山地附近，遗址与其他遗址距离均比较远，都在 2 公里以上。遗址只有二里头时期一个阶段的遗存。从遗存分布特点看，只能划分为一个聚落，面积不足 5 万平方米。

地表遗物比较稀少，只有少量散布的陶片，未见其他遗物及遗迹。

（1）遗迹
未发现。

（2）遗物
只有陶片，且比较破碎，无可辨器形。

二六　陈村遗址

陈村遗址位于郭道乡陈村东 840 米、青龙河以东、中条山西麓山前台地，面积约 7.2 万平方米（图二四五、二四六）。遗址所在地为东高西低的山地环境，海拔高度 475～525 米，中部有名为"水磨沟"的小河自东南向西北流过，最终汇入青龙河。遗址跨小河两岸，呈条状由高处向低处延伸。遗址处于中条山麓，比较孤立，距其他遗址均在 2 公里以上。

遗址包括仰韶早期、仰韶中期、仰韶晚期、庙底沟二期、龙山时期、二里头时期六个阶段的遗存，从遗存分布特点看，仰韶中期划分为两个聚落，余分别划分为一个聚落。

遗址面积虽然不足 10 万平方米，却包含早晚连续六个时期的遗存，表明这里曾经是不同时期人们长期持续定居的地点之一。遗存在遗址内明显分为两个相对集中的区域，分别位于小河两岸，即遗址的东、西两端。地表陶片并不多见，只在低处的小河西岸有较集中的发现，河东岸地表只采集到少量陶片。小河东岸坡地的梯田地坎上暴露大量灰坑等遗迹，并有大面积成片的文化层分布。东侧坡地的高处有较多的遗迹和文化层，面积也远远大于西侧的低地地区，而且西侧仅有陶片等遗物，从这些特征来看，小河东岸的坡地高处是各个时期人们定居生活的重点地区。

1. 1号仰韶早期聚落

1号仰韶早期聚落位于遗址东部，面积较小，约0.6万平方米。

（1）遗迹

文化层　1处，只在地坎上暴露局部，形状不明。

灰坑　1个，只在地坎上暴露局部，形状不明。

（2）遗物

只有少量陶器。均为泥质红陶，器表均素面磨光，可辨器形只有钵一种。

钵　标本1件。XX050328J005-H：1，泥质红陶。薄胎。口部微敛。内外壁均素面磨光。口径22.8、残高6.2厘米（图二四七，11）。

2. 2号仰韶中期聚落

2号仰韶中期聚落位于遗址西部，面积约0.1万平方米。

（1）遗迹

未发现。

（2）遗物

只见少量陶片，无可辨器形。

3. 3号仰韶中期聚落

3号仰韶中期聚落位于遗址东部，面积约2.3万平方米。

（1）遗迹

文化层　5处。文化层比较普遍，大部分也埋藏于地坎以下，暴露0.3~0.5米的深度，一般长20~30米。

灰坑　10个，均暴露在地坎上，只能见到0.3~0.5米深度的

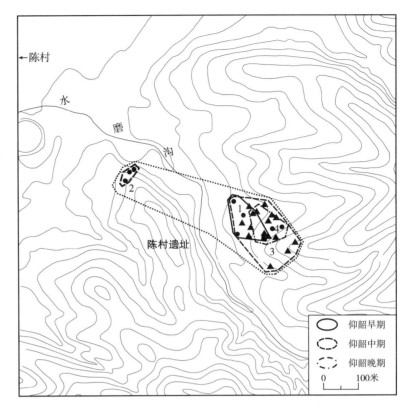

图二四五　夏县陈村遗址（仰韶早期—仰韶晚期）

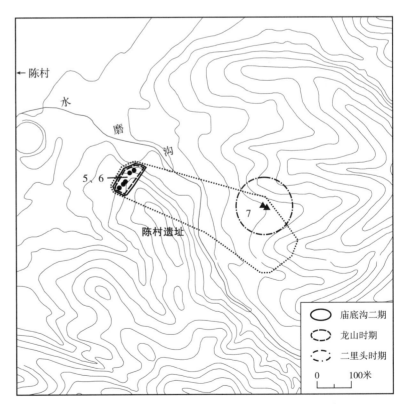

图二四六　夏县陈村遗址（庙底沟二期—二里头时期）

顶部，口宽约 1.5 ~ 3 米。

（2）遗物

全部为陶器，绝大部分为泥质陶，夹砂陶极少。陶色以红陶为主，褐陶、灰陶等都比较少见。器表多经过磨光，饰压印线纹、刻划弦纹以及彩陶花纹等，少量器物饰鼻状纽。器物种类单一，采集到的大部分是红陶的盆，此外还有少量的钵、缸等。其中盆数量最多，多为泥质红陶，少量为夹砂陶，多弧腹。器表多经磨光，多饰彩绘或素面，少量饰斜线纹。盆有敞口盆、敛口盆、宽沿盆。

敞口盆　标本 1 件。XX050328L013 - H:1，夹砂红陶。敞口，唇部外侧略有凸起，斜腹。腹部压印斜线纹。口径 21、残高 8 厘米（图二四七，3）。

敛口盆　标本 2 件。XX050328L011 - C:3，泥质红陶。敛口，圆唇，弧腹，口沿外侧有外叠

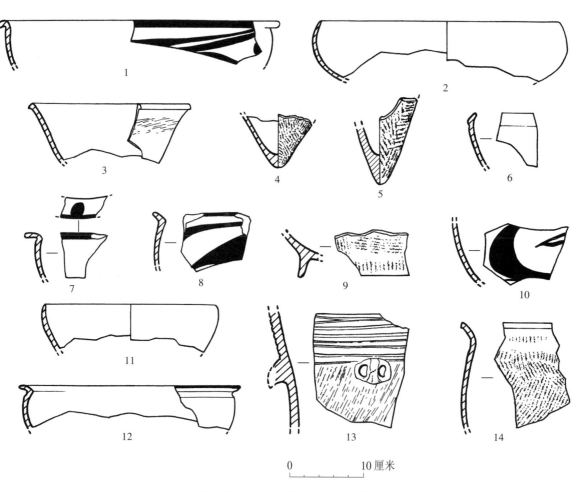

0　　　　　　10 厘米

图二四七　夏县陈村遗址陶器

1、7、8、12. 宽沿盆（XX050328L006 - H1:1、XX050328L011 - C:2、XX050328L004 - C:1、XX050328L011 - C:1）
2、11. 钵（XX050328L010 - C:1、XX050328J005 - H:1）　3. 敞口盆（XX050328L013 - H:1）　4、9. 瓮（XX050328L007 - H2:1、XX050328L007 - H2:2）　5. 鬲（XX050328G005:1）　6、10. 敛口盆（XX050328L011 - C:3、XX050328L011 - C:4）　13. 缸（XX050328L013 - H:2）　14. 鼓腹罐（XX050328L008 - H:1）（4、9、14 为二里头时期，5 为龙山时期，11 为仰韶早期，余为仰韶中期）

唇。器表素面（图二四七，6）。XX050328L011－C：4，泥质红陶。薄胎。鼓腹。内外饰黄褐色陶衣，外壁饰黑彩的弧线三角纹（图二四七，10）。

宽沿盆　标本4件。XX050328L006－H1：1，泥质红陶。直口，圆唇，窄平沿，弧腹。唇部边缘饰黑彩带，腹部饰弧线三角纹。通体磨光。口径37.6、残高5.8厘米（图二四七，1）。XX050328L011－C：2，泥质红陶。圆唇，宽平沿，弧腹。唇沿饰黑彩带及圆点纹。器表素面磨光（图二四七，7）。XX050328L004－C：1，泥质红陶。圆唇，宽平沿。唇上饰黑彩带，腹部饰弧线三角纹。器表磨光（图二四七，8）。XX050328L011－C：1，泥质褐陶。侈口，圆唇，鼓腹，口沿外侧有凹槽一道。唇沿饰黑彩带。腹部素面磨光（图二四七，12）。

钵　标本1件。XX050328L010－C：1，泥质红陶。薄胎。敛口。内外壁均素面磨光。口径31.4、残高8厘米（图二四七，2）。

缸　标本1件。XX050328L013－H：2，泥质红陶。厚胎。仅余腹片。内壁经简单刮抹，外壁从上至下分别为不规整的弦纹和压印线纹，两纹饰带之间饰鼻形纽，正视如鸮面状（图二四七，13）。

4. 4号仰韶晚期聚落

4号仰韶晚期聚落位于遗址东部，面积约0.8万平方米。

（1）遗迹

灰坑　1个，在梯田地坎断面上暴露局部，口宽1.5米，深0.5米。

（2）遗物

只见陶器，以泥质陶为主，夹砂陶少量。陶色较杂，有红、褐、灰陶等多种。器表多较粗糙，纹饰少见，少量器物素面磨光。陶片较碎，无可辨器形。

5. 5号庙底沟二期聚落

5号庙底沟二期聚落位于遗址西部，面积约0.5万平方米。

（1）遗迹

未发现。

（2）遗物

只见少量陶片，集中于河岸西侧低处台地上，多为夹砂灰陶器物腹片，器表饰篮纹、附加堆纹等，无可辨器形。

6. 6号龙山时期聚落

6号龙山时期聚落位于遗址西部，面积约0.3万平方米。

（1）遗迹

未发现。

（2）遗物

只见少量陶片，均集中在河岸西侧低处台地上，多为夹砂灰黑陶器物腹片，少量泥质陶，器表多饰粗绳纹、附加堆纹等，主要器形有鬲、盆等。

鬲　标本1件。XX050328G005：1，夹砂灰陶。仅余鬲足末端，无实足根，尖端比较圆钝。袋足表面饰散乱的绳纹。以模制法制成，内壁可见清楚的反绳纹痕迹（图二四七，5）。

7. 7号二里头时期聚落

7号二里头时期聚落位于遗址东部，面积不足5万平方米。

（1）遗迹

灰坑　2个，只在地坎上部分暴露，形制不明。

（2）遗物

均采自灰坑内，多为夹砂陶，少量泥质陶。器表多饰细密的绳纹，器形有罐、瓮、盆等。其中鼓腹罐均为夹砂灰陶，侈口、鼓腹、平底。瓮有圈足瓮和袋足瓮两种。

鼓腹罐　标本1件。XX050328L008－H：1，夹砂灰陶。侈口，鼓腹，平底。颈部饰纵向绳纹并抹平成素面，腹部饰交错绳纹（图二四七，14）。

瓮　标本2件。XX050328L007－H2：1，夹砂灰褐陶。仅余袋形足，袋足较矮，足尖圆钝，内侧足面扁平，外侧面圆鼓。表面饰细绳纹（图二四七，4）。XX050328L007－H2：2，泥质褐陶。圜底，外撇状瓦足。器表饰交错绳纹（图二四七，9）。

二七　裴介Ⅰ号遗址

裴介Ⅰ号遗址位于裴介镇裴介村东230米，西北和东南分别与裴介Ⅱ号和姚村遗址相邻，相距500～700米，面积约39.7万平方米（图二四八、二四九）。遗址处在青龙河河谷地带的台地上，属河流的下游，地势低平，海拔高度360～365米，遗址包括仰韶早期、仰韶中期、仰韶晚期、庙底沟二期、二里头时期、二里岗时期六个阶段的遗存，从遗存分布特点看，仰韶中期、庙底沟二期、二里岗时期分别划分为两个聚落，余分别划分为一个聚落。

地表无遗迹暴露，只见较零星的陶片等遗物，遗址的中部遗物尤其稀少，较多的遗物集中在遗址的北部和南部，东北角是最集中的地点，那里的农田耕土表面显现出大面积的灰土痕迹，显然是灰坑被破坏后形成的灰土圈，灰土里包含大量陶片，时代分属于不同时期，表明这些灰坑在年代上存在着早晚差别。遗址的南部和东北部均有窑场取土形成的断面，暴露出较多的灰坑和文化层等，其中，南部窑场的取土断面高达五六米，地表以下1.8米可见灰坑的口部，虽然不很密集，但坑内堆积厚厚的灰土，在灰坑的下方往往散落大量的陶片等遗物，窑场加工地点附近也集中了不少筛选出的陶器碎片。这些情况表明，窑场所在地正是遗迹集中的遗址中心区之一。遗迹单位比较集中的另一处地点在遗址东北部，在这里发现了较多的灰坑与深厚的文化层堆积，表明此处也是当时人类活动的另一个重心（彩版八七）。

遗址东部还有少量仰韶中期和仰韶晚期的陶片，分别编为两个采集点，它们距离较远，时代被遗址所涵盖，应为遗址外围的散点，因此未划入遗址区内。

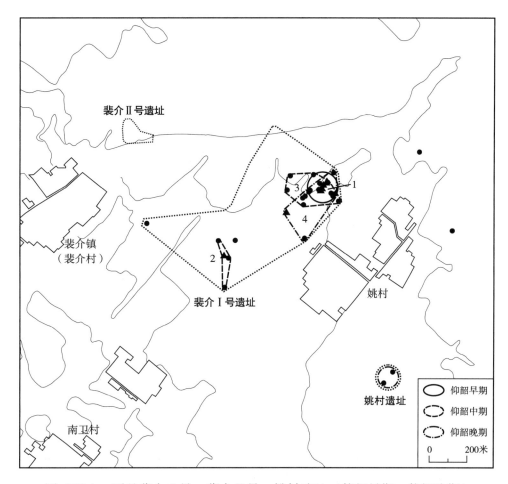

图二四八 夏县裴介Ⅰ号、裴介Ⅱ号、姚村遗址（仰韶早期—仰韶晚期）

1. 1 号仰韶早期聚落

1 号仰韶早期聚落位于遗址东北部，面积不足 5 万平方米。

（1）遗迹

文化层 1 处，距地表 0.5 米，长 4 米，厚 0.5 米。

（2）遗物

少量陶器碎片，无可辨器形，基本为磨光的泥质红陶片。

2. 2 号仰韶中期聚落

2 号仰韶中期聚落位于遗址偏南部，规模较小，面积约 0.8 万平方米。

（1）遗迹

灰坑 1 处，暴露局部，形式不确定。

（2）遗物

只有少量陶片，无可辨器形。

3. 3 号仰韶中期聚落

3 号仰韶中期聚落位于遗址东北部，面积约 3.5 万平方米。

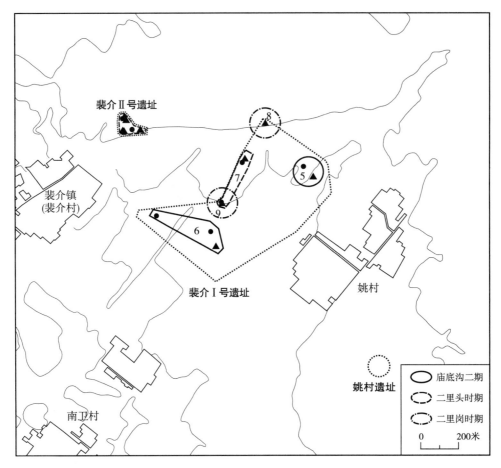

图二四九　夏县裴介Ⅰ号、Ⅱ号遗址（庙底沟二期—二里岗时期）

（1）遗迹

文化层　1处，长约20米，堆积内只有少量陶片。

（2）遗物

只有陶器，以泥质红陶为主，夹砂褐陶少量。泥质陶表面多磨光，饰线纹、弦纹等，彩陶数量较少，多位于器物腹部。器类主要有罐、瓶、盆等。其中瓶均为泥质红陶，重唇口尖底瓶，仅存口部，器表饰绳纹。宽沿盆均为泥质红陶，平沿，器表磨光，有的饰黑彩。

鼓腹罐　标本1件。XX040418M001：2，夹砂褐陶。侈口，方唇。颈面素面，腹部粗饰斜线纹。口径22.5、残高6.8厘米（图二五〇，4）。

瓶　标本1件。XX050313G004：2，泥质红陶。重唇口，外唇与内唇基本连成一体，整体如圆锥状，外唇边缘比较锐利，与内唇之间以弦形沟槽分隔。器身饰斜线纹。口径5、残高5.2厘米（图二五〇，3）。

宽沿盆　标本1件。XX050313G004：1，泥质红陶。敛口，圆唇，宽平沿，鼓腹。唇部饰黑彩，腹部饰弧线三角纹。器表磨光（图二五〇，2）。

4. 4号仰韶晚期聚落

4号仰韶晚期聚落位于遗址东北部，面积约5.1万平方米。

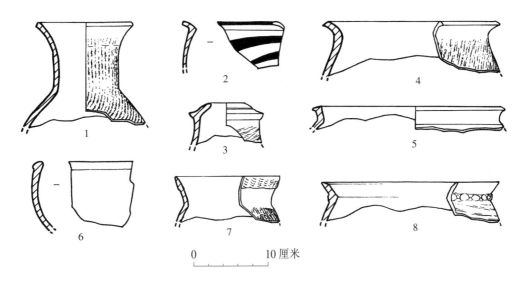

图二五○ 夏县裴介 I 号遗址陶器

1、3. 瓶（XX040418M001：1、XX050313G004：2） 2. 宽沿盆（XX050313G004：1） 4、7、8. 鼓腹罐
（XX040418M001：2、XX050313C003－H：1、XX050313A002－H：1） 5. 釜（XX050313F010－C：1）
6. 敛口盆（XX050313F010－C：2）（2~4 为仰韶中期，7 为二里头时期，8 为庙底沟二期，余为仰韶晚期）

（1）遗迹

文化层 1 处，位于聚落北部，长 60 多米，厚 0.5 米。

灰坑 3 个，分布于聚落的南端与北端。南端 1 个，在窑场取土坑内，XX050313D004H1，位于一个取土后残留的土柱上，开口于地表下 0.4 米，锅底坑，坑边大部分已被破坏，坑口宽 2.3 米，深 2.5 米，坑内大量灰土，分为多层。北端 2 个，均在地表上暴露成灰土圈，距地坎表面 0.75 米，XX050313D009H1 直径约 6.5 米，XX050313D009H2 直径约 3.5 米。

（2）遗物

数量较少，只有陶器，夹砂陶比例略高于泥质陶，陶色较杂，夹砂陶呈现灰、灰褐、黄褐色，泥质陶多呈现红、黄褐、褐色等。器表饰篮纹、绳纹比较多见，此外还有一定数量的附加堆纹和线纹等。器形有罐、瓶、盆、釜等。其中罐均为夹砂陶侈口鼓腹罐，器表呈灰色或灰褐色，饰篮纹或素面。瓶均为泥质红陶，喇叭口尖底瓶，器表饰线纹。敛口盆均为泥质红陶，多腹片，器表磨光或饰简单的彩绘。

瓶 标本 1 件。XX040418M001：1，泥质红陶。侈口，方唇，高领，鼓腹。颈部线纹纵向再抹成素面，腹部饰斜线纹。口径 12.5、残高 14 厘米（图二五○，1）。

敛口盆 标本 1 件。XX050313F010－C：2，泥质红陶。敛口，圆唇，弧腹，口沿外侧略加厚。器表素面磨光（图二五○，6）。

釜 标本 1 件。XX050313F010－C：1，夹砂红褐陶。仅余口部，直口，平沿，矮领。口径 24、残高 3.6 厘米（图二五○，5）。

5. 5 号庙底沟二期聚落

5 号庙底沟二期聚落位于遗址东北部，规模较小，面积不足 5 万平方米。

（1）遗迹

文化层　1 处，暴露于农田取土区的断面上，长 15 米左右，厚约 0.5 米，由杂土与灰土构成。

（2）遗物

只见少量陶器碎片，无可辨器形。

6. 6 号庙底沟二期聚落

6 号庙底沟二期聚落位于遗址南部，规模较小，面积约 3.6 万平方米。

（1）遗迹

灰坑　1 个，暴露于窑场取土坑的断崖上，仅留下灰土，形制已不完整，内出土少量陶片（彩版八八）。

（2）遗物

只有陶器，数量较少。多为夹砂灰陶器物腹片，器表饰篮纹、附加堆纹等，可辨器形只有罐一种。

鼓腹罐　标本 1 件。XX050313A002 - H：1，夹砂灰陶。折沿，鼓腹。颈部外侧有附加堆纹并压印斜向凹窝，腹部饰斜篮纹。口径 24、残高 5.4 厘米（图二五〇，8）。

7. 7 号二里头时期聚落

7 号二里头时期聚落位于遗址中部，面积约 1.7 万平方米。

（1）遗迹

灰坑　1 个，位于农田地坎上，未完全暴露，形状不明。

（2）遗物

只有少量陶片，均为夹砂灰陶，器表饰散乱的绳纹，可辨器形只有鼓腹罐一种。

鼓腹罐　标本 1 件。XX050313C003 - H：1，夹砂灰陶。侈口，圆唇，束颈，鼓腹。口外侧贴堆纹，并用绳纹压印斜向凹窝，颈素面，器表饰纵向绳纹。口径 14、残高 6.4 厘米（图二五〇，7）。

8. 8 号二里岗时期聚落

8 号二里岗时期聚落位于遗址北部，规模较小，面积不足 5 万平方米。

（1）遗迹

灰坑　1 个，暴露在遗址北部的地坎上，只露出局部，整体形状不明。

（2）遗物

少量绳纹灰陶片，无可辨器形。

9. 9 号二里岗时期聚落

9 号二里岗时期聚落位于遗址中部，规模较小，面积不足 5 万平方米。

（1）遗迹

灰坑　1 个。暴露在遗址中部的地坎上，只露出局部，整体形状不明。

（2）遗物

包括陶器与石器。陶器均为灰陶，以夹砂陶占主体，泥质陶少量，器表多饰绳纹、弦纹、连珠纹等，少量素面陶。器形以鬲为主，另有罐、盆、器盖等。鬲均为夹砂灰陶，基本呈侈口鼓腹造型，器表饰细密的绳纹。

鬲 标本5件。XX050313C006：1，夹砂灰陶。侈口，方唇，束颈。颈部素面，袋足较瘦，表面饰粗绳纹。应为二里岗上层遗物。口径18、残高16厘米（图二五一，1）。XX050313C006－H：1，夹砂灰陶，砂粒极细且匀。侈口，方唇，束颈。颈部饰连珠纹一周，器表饰斜向的粗绳纹。应为二里岗上层遗物。口径

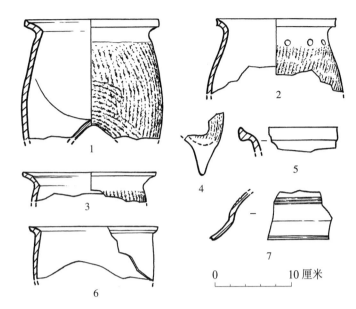

图二五一 夏县裴介Ⅰ号遗址二里岗时期陶器

1~5. 鬲（XX050313C006：1、XX050313C006－H：1、XX050313C006：5、XX050313C006：2、XX050313C006：6）

6. 鼓腹罐（XX040418M001：3） 7. 器盖（XX050313C006：3）

16、残高10厘米（图二五一，2）。XX050313C006：5，夹砂灰陶。侈口，圆唇，束颈。颈部素面，器表饰纵向绳纹。应为二里岗上层遗物。口径18、残高4厘米（图二五一，3）。XX050313C006：2，夹砂灰陶。仅余袋足及足根部分，足根呈锥状，较长。袋足表面饰斜向绳纹，足根素面。应为二里岗上层遗物（图二五一，4）。XX050313C006：6，夹砂灰陶。侈口，方唇。颈部素面。应为二里岗上层遗物（图二五一，5）。

鼓腹罐 标本1件。XX040418M001：3，泥质灰陶。直口微敛，尖唇，宽平沿，弧腹。器表素面磨光。应为二里岗下层遗物。口径17.2、残高6.8厘米（图二五一，6）。

器盖 标本1件。XX050313C006：3，泥质灰陶。完整器作圆形，中部隆起。外壁磨光，内壁抹平，近口处略外撇。器壁饰弦纹带。应为二里岗上层遗物（图二五一，7）。

二八 裴介Ⅱ号遗址

裴介Ⅱ号遗址位于裴介镇裴介村东北270米，东南与裴介Ⅰ号遗址相邻，相距500米左右，面积约0.6万平方米（见图二四九）。遗址处在青龙河河谷地带的台地上，属河流的下游，地势比较低平，海拔高度365米。遗址只有二里头时期一个阶段的遗存。从遗存分布特点看，只能划分为一个聚落，聚落分布于全部遗址区范围内，面积等同于遗址面积。地表未见遗存，只是在村北窑场取土坑北侧的断面上发现了数个灰坑和延续较长的文化层。此外没有发现相关遗存，推测绝大部分遗址已经被窑场取土破坏，原有遗址区范围应比现在保存的大得多。

（1）遗迹

文化层　1处，距地表深2米，长约20米，厚1.1米。

灰坑　5个，位于取土坑北侧断崖剖面上，形状不规整，均为锅底坑，口径1.5～2.3、深约0.7～1.2米。

（2）遗物

只见陶器，多为夹砂陶，少量泥质陶，多灰陶，部分器表呈红褐或褐色，纹饰以各种粗细不同的绳纹为大宗，其他纹饰均比较少见。器类也比较单一，以罐为主体，其余器形还有鬲、盆等。其中罐基本为侈口鼓腹造型，以夹砂陶为主，个别为泥质陶，多饰绳纹，少量器表素面磨光或饰弦纹。罐可分为鼓腹罐和双耳罐。鬲只有袋足残片与少量实足根。

鼓腹罐　标本4件。XX050314F002－H：1，夹砂褐陶，砂粒比较均匀。直口，圆唇，鼓腹。器表饰斜向绳纹。口径29.2、残高4.8厘米（图二五二，1）。XX050329E001－H：2，泥质灰陶。侈口，圆唇，鼓腹。器表磨光，上腹部饰弦纹两道。口径16.8、残高6.2厘米（图二五二，2）。XX050314G001－H：3，夹砂红褐陶。侈口，方唇，折沿鼓腹。器表饰绳纹，颈部绳纹被抹平。口径18、残高3.4厘米（图二五二，5）。XX050314F002－H：2，夹砂褐陶，砂粒不均匀。侈口，圆唇，鼓腹。器表饰绳纹，颈部抹成素面。口径19.6、残高10厘米（图二五二，7）。

双耳罐　标本1件。XX050314F003：3，夹砂灰陶。侈口，圆唇，束颈，鼓腹，口沿外侧有扁桥形耳与腹部相连。颈部素面，腹部饰纵向的细绳纹。口径16、残高4.4厘米（图二五二，3）。

盆　标本1件。XX050314F003：4，夹砂灰陶。侈口，尖唇。有泥条状的外叠唇，并压印成波浪形，其余器表素面（图二五二，4）。

鬲　标本1件。XX050329E001－H：1，夹砂灰陶，颗粒比较均匀。仅余袋足末端，足根较长，

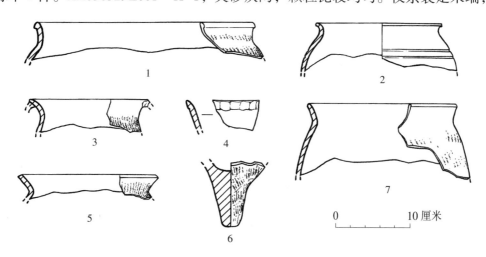

图二五二　夏县裴介Ⅱ号遗址二里头时期陶器

　1、2、5、7. 鼓腹罐（XX050314F002－H：1、XX050329E001－H：2、XX050314G001－H：3、XX050314F002－H：2）

　3. 双耳罐（XX050314F003：3）　4. 盆（XX050314F003：4）　6. 鬲（XX050329E001－H：1）

端部因磨损而比较圆钝。袋足至足根饰细绳纹（图二五二，6）。

二九 姚村遗址

姚村遗址位于裴介镇姚村东南 330 米，面积不足 5 万平方米（见图二四八）。遗址处在青龙河河谷地带东岸的台地上，属河流的下游，地势低平，海拔高度 365 米（彩版八九）。遗址只有仰韶晚期一个阶段的遗存，从遗存分布特点看，只能划分为一个聚落，聚落分布于全部遗址区范围内，面积等同于遗址面积。地表遗物稀疏，且只有陶片，未见遗迹。

（1）遗迹

未发现。

（2）遗物

陶片皆比较破碎，无可辨器形。

三〇 南卫遗址

南卫遗址位于裴介镇南卫村西、北至村西南，东北不到 1 公里为裴介 I 号遗址，南、西两侧分别与辕村 I 、II 号遗址相邻，面积约 43.2 万平方米（图二五三、二五四）。遗址处在青龙河故

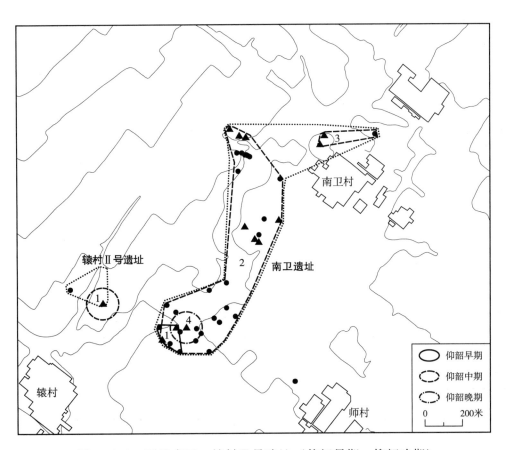

图二五三 夏县南卫、辕村 II 号遗址（仰韶早期—仰韶晚期）

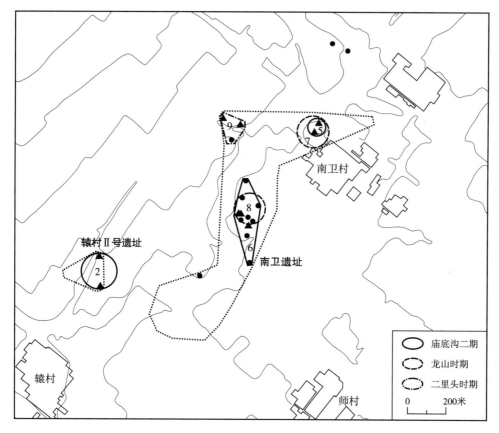

图二五四　夏县南卫、辕村Ⅱ号遗址（庙底沟二期—二里头时期）

道河谷地带。这里河道开阔，地势低平，海拔高度352～355米。遗址大体成窄条状沿着河流两岸台地分布，主体集中在河东岸，只有少量遗址分布在河西台地上。

　　遗址包括仰韶早期、仰韶中期、仰韶晚期、庙底沟二期、龙山时期与二里头时期六个阶段的遗存，从遗存分布特点看，仰韶中期、庙底沟二期、龙山时期各能划分为两个聚落，余分别划分为一个聚落。

　　地表陶片比较丰富，沿河岸南北向延伸，在河东岸呈长条状，在河西岸则呈现相对密集的一块集中区域。遗迹数量也较多，除大量灰坑外，还见少量墓葬和几处分布普遍的文化层等。这些遗迹在河流岸边的阶地断面及农田的地坎上暴露，灰坑集中分布在一定区域，在遗址区内形成河西1处、河东3处，共4处集中的遗迹带。在这四处遗迹带内均有成片的文化层，表明这些地点都是不同时期人类频繁定居之地，遗址的中南部更是集中了绝大多数遗存。

　　遗址北部和南部分别有庙底沟二期、龙山时期和仰韶中期的少量陶片，共编为三个采集点，未划入遗址区内。

1. 1号仰韶早期聚落

　　1号仰韶早期聚落位于遗址最南端，规模较小，约1.6万平方米，紧临河东岸台地边缘。

（1）遗迹

文化层　1处，在河岸边、灰坑的东部，暴露在土坎上，约7米长，深0.6米，未见底部。

灰坑　1个，暴露在河岸边，地面留下了一个1.2米左右的灰土圈，深度不明。

（2）遗物

只有陶器。陶质分夹砂与泥质两类，以泥质陶为主，夹砂陶少量。陶色以红陶为主，也见少量褐陶，泥质陶器表多素面磨光，夹砂陶多素面或仅在器物腹部饰少量弦纹。器类有钵、瓶、罐等。其中钵均为泥质陶，呈红色或黄褐色，造型均比较接近，器表素面磨光，内壁有的也经过打磨，制作十分精致。钵的口部通常有一周色带。瓶均为泥质红陶，仅余下腹部及底部，应为环形口尖底瓶，带双耳。鼓腹罐均为夹砂褐陶，鼓腹、小平底，器表饰弦纹。

钵　标本3件。XX051215A003：4，泥质红陶。直口微敛，弧腹。口沿部位略呈浅红色。通体磨光。口径29.2、残高7.8厘米（图二五五，1）。XX051215A003：6，泥质黄褐陶。直口，弧腹。口沿下饰黑褐色彩条宽带。通体磨光（图二五五，5）。XX051215A003：7，泥质红陶。直口微敞，弧腹。口沿部位有一周橘黄色带。通体磨光（图二五五，6）。

瓶　标本1件。XX051215A003：2，泥质红陶。鼓腹，尖底较圆钝略成小平面，器身中部有对称条形耳。通体素面磨光（图二五五，11）。

鼓腹罐　标本2件。XX051215A003：1，夹砂褐陶。敛口，鼓腹，有外叠唇，唇部内缘凸起形成企口状的结构。器表饰平行弦纹数道（图二五五，3）。XX051215A003：5，夹砂黑褐陶，砂粒均匀。鼓腹，平底。素面。器表经过刮抹。底径12、残高4.8厘米（图二五五，10）。

2. 2号仰韶中期聚落

2号仰韶中期聚落位于遗址中南部，规模较大，约28.4万平方米。

（1）遗迹

文化层　2处，集中在河流东岸的台地边缘，由于多时期的文化层上下叠压，仰韶中期的地层又往往处于同一地点的最底处，所以暴露不全，距地表深约1.2～1.4米，一般长15米左右，最长的一处位于2号聚落中部，略有断续，总长度约150米（彩版九〇）。

灰坑　4个，主要集中在河流西岸台地边的断崖上，河东只有1处。灰坑形制均不完整，深度不明，口宽约0.7～2米。

（2）遗物

均为陶器。以泥质陶为主，夹砂陶次之，泥质陶均为红色，陶胎细腻，陶质坚硬。夹砂陶则多为褐色，器表陶色多不纯正，呈现红褐或灰褐色。纹饰种类有线纹、彩陶，也见泥饼、鸡冠耳等装饰，部分器表素面磨光。器形主要有罐、钵、瓶和盆等。其中鼓腹罐均为夹砂陶，砂粒均匀，以褐陶为主，器表饰线纹及弦纹等，器物造型基本一致，侈口、鼓腹、平底。钵均为泥质红陶，薄胎，通体磨光，局部饰黑彩。瓶均为泥质红陶，重唇口尖底瓶，口部变化比较丰富，器表通常饰线纹。宽沿盆均为泥质红陶，窄沿、直腹或弧腹，器表多经过磨光或饰线纹。

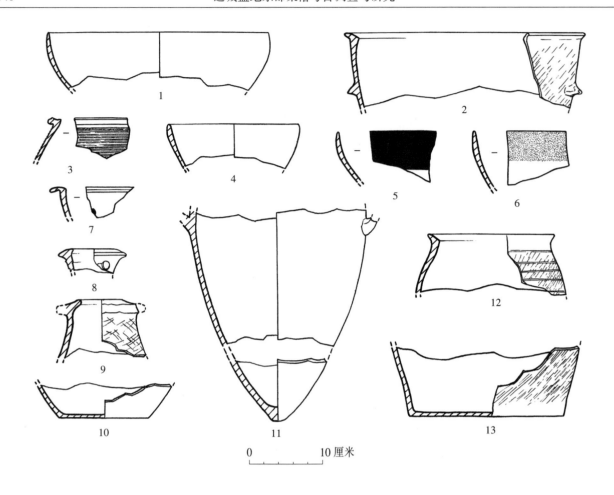

图二五五　夏县南卫遗址陶器

1、4~6. 钵（XX051215A003：4、XX050311F003－C：1、XX051215A003：6、XX051215A003：7）　　2、7. 宽沿盆
（XX050311D009：1、XX050311D012：1）　　3、10、12、13. 鼓腹罐（XX051215A003：1、XX051215A003：5、
XX050311I006：1、XX050311I006－C：1）　　8、9、11. 瓶（XX050311D007：1、XX050311I006－C：2、
XX051215A003：2）（2、4、7~9、12、13 为仰韶中期，余为仰韶早期）

鼓腹罐　标本 2 件。XX050311I006：1，夹砂红褐陶。侈口，鼓腹。颈部素面，器表饰斜线纹配合平行弦纹。口径 16.8、残高 8.2 厘米（图二五五，12）。XX050311I006－C：1，夹砂灰褐陶。薄胎。直壁，平底。器表饰斜线纹。底径 20.4、残高 8.8 厘米（图二五五，13）。

钵　标本 1 件。XX050311F003－C：1，泥质红陶。薄胎。直口，弧腹。通体素面磨光。口径 17.2、残高 6 厘米（图二五五，4）。

瓶　标本 2 件。XX050311D007：1，泥质红陶。仅余部分口沿，接近喇叭形口，唇部内外侧均略有凸起，颈部外侧贴圆形乳钉泥饼。口径 4.2、残高 3.2 厘米（图二五五，8）。XX050311I006－C：2，泥质红陶。重唇口，内唇较宽，略高于外唇，外唇边缘缺失，形状不明。腹部饰交错线纹。口径 6、残高 7.8 厘米（图二五五，9）。

宽沿盆　标本 2 件。XX050311D009：1，泥质红陶。平沿，斜直腹，上腹部饰鸡冠形横耳状的鋬手。器表饰斜线纹。口沿部位经过轮修。口径 32、残高 10 厘米（图二五五，2）。XX050311D012：1，泥质红陶。敛口，卷沿，弧腹。唇部内侧饰黑彩条，腹部饰黑彩圆点纹，器表经过打磨（图二五五，7）。

3. 3 号仰韶中期聚落

3 号仰韶中期聚落位于遗址东北部，面积约 1.7 万平方米。

（1）遗迹

文化层　1 处，分布于河流东岸的台地边缘，暴露不全，距地表深约 1.4～1.7 米，长约 50 米。

（2）遗物

只有陶器，特征与 2 号仰韶中期聚落基本相同。器形主要有罐、钵等。

4. 4 号仰韶晚期聚落

4 号仰韶晚期聚落位于遗址南端，面积不足 5 万平方米。

（1）遗迹

灰坑　3 个，暴露于一个小型取土坑东、南壁的剖面上，编号 XX050311D013 – H1 ～ XX050311D013 – H3，均为锅底形坑，口径 2～4 米，暴露深度 1.3 米，其中有两个单位存在打破关系。

墓葬　1 座，编号 XX050311D013 – M，与灰坑同处于取土坑部位，在西壁剖面上暴露无遗。开口在地表以下 0.8 米，南北长 3.5 米，深 0.3 米，直壁，平底。墓葬为合葬墓，在墓坑底部均匀地摆放了大量的人骨，肢骨、头骨残段密布，厚 0.2～0.3 米，并且可以看出一个个相对集中摆放的密集的骨骼堆，可能是墓内的单个个体（彩版九一）。

（2）遗物

只有陶器，均为泥质红陶，器表多磨光，可辨器形只有盆一种，多为腹片。

盆　标本 1 件。XX050311D013 – H1：1，泥质红陶。窄平沿，弧腹，近底部略内收。通体素面磨光（图二五六，3）。

5. 5 号庙底沟二期聚落

5 号庙底沟二期聚落位于遗址北部、河流的东岸，面积不足 5 万平方米。

（1）遗迹

文化层　1 处，长 15 米。

（2）遗物

只有少量陶器碎片，器表饰篮纹及附加堆纹，未见可辨器形。

6. 6 号庙底沟二期聚落

6 号庙底沟二期聚落位于遗址中部、河流的东岸，面积约 3.8 万平方米。

（1）遗迹

文化层　1 处，长 50 米。

灰坑　2个，在地坎上暴露局部，口径2米左右，深度不明。

（2）遗物

只有陶器。夹砂陶与泥质陶比例基本相当，陶色较杂，以灰褐陶为主，此外还有灰陶、褐陶、黄褐陶等。纹饰以篮纹为大宗，有横、纵、斜向多种，附加堆纹常与篮纹配合使用，也见素面陶。器类单一，有罐、盆、钵等。罐多为夹砂灰陶，也见黄褐陶，有高领罐、鼓腹罐。

高领罐　标本1件。XX050311I007：2，夹砂灰陶，含砂量较小。尖唇，直口，高领。饰斜篮纹。口径14、残高5.6厘米（图二五六，8）。

鼓腹罐　标本2件。XX050311I007：1，夹砂灰陶。侈口，方唇，微折沿。唇外侧有按压的斜向凹窝形成的花边，颈部外侧贴泥条堆纹，器表饰横篮纹（图二五六，4）。XX050311L004：1，泥质黄褐陶。侈口，圆唇，折沿，小平底。颈部素面，中上腹部饰斜向浅篮纹。口径22、底径13、高20.2厘米（图二五六，6）。

盆　标本1件。XX051215I002－H：1，泥质灰陶。侈口，方唇，斜直腹。器表饰纵向浅篮纹。口径24.4、残高6.2厘米（图二五六，9）。

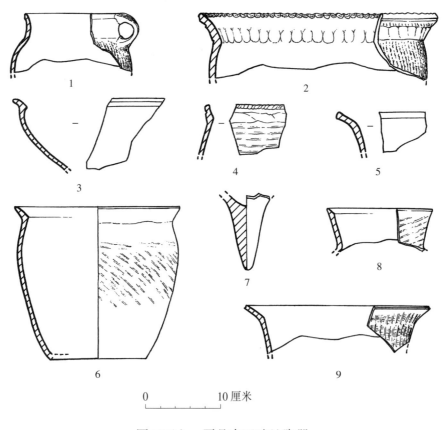

图二五六　夏县南卫遗址陶器

1. 单耳罐（XX050311C004－C：1）　2、4、6. 鼓腹罐（XX050311C006：1、XX050311I007：1、XX050311L004：1）

3、5、9. 盆（XX050311D013－H1：1、XX050311C006：3、XX051215I002－H：1）　7. 鬲（XX050311C006：2）

8. 高领罐（XX050311I007：2）（3为仰韶晚期，4、6、8、9为庙底沟二期，余为二里头时期）

7. 7号龙山时期聚落

7号龙山时期聚落位于遗址北部、河流的东岸，面积不足5万平方米。

（1）遗迹

文化层 1处，长18米左右。

（2）遗物

少量陶器碎片，无可辨器形。

8. 8号龙山时期聚落

8号龙山时期聚落位于遗址中部、河流的东岸，面积不足5万平方米。

（1）遗迹

灰坑 1个，在地坎上局部暴露，口径1.7米。

（2）遗物

可辨器形较少，大量是罐、盆和鬲等器物的腹片，多为夹砂灰黑陶，少量泥质陶，器表多饰粗绳纹。

9. 9号二里头时期聚落

9号二里头时期聚落位于遗址西北部、河流的西岸，面积约1.7万平方米。

（1）遗迹

文化层 1处，长约20米，厚约0.8米。文化层的东端与灰坑相距十余米。

灰坑 1个，分布在青龙河的西岸，与文化层基本位于同一地点。灰坑口径约2米。

（2）遗物

只有陶器，多为夹砂灰陶，少量泥质陶，器表饰绳纹，主要器类有罐和鬲。罐均为夹砂灰陶，侈口、鼓腹、平底，部分器物口部带单耳或双耳。罐有鼓腹罐和单耳罐。

鼓腹罐 标本1件。XX050311C006：1，夹砂灰陶。圆唇，折沿，鼓腹。唇内侧有用绳纹压印的花边，折沿外侧贴宽厚的附加堆纹，其上有指窝纹，内侧对应部位亦保留有同样的按压痕迹，器身饰纵绳纹。口径32、残高8.8厘米（图二五六，2）。

单耳罐 标本1件。XX050311C004－C：1，夹砂灰陶。侈口，束颈，鼓腹，口沿外侧有桥形耳连接腹部。颈部素面，耳及腹部饰纵向的绳纹。口径12.8、残高8厘米（图二五六，1）。

盆 标本1件。XX050311C006：3，夹砂灰陶。侈口，圆唇。颈部素面（图二五六，5）。

鬲 标本1件。XX050311C006：2，夹砂灰陶。仅实足根，锥状（图二五六，7）。

三一 辕村Ⅰ号遗址

辕村Ⅰ号遗址位于裴介镇辕村西、南、东一带，范围向南可延伸至盐湖区三家庄乡汤里村北附近，面积约109.5万平方米（图二五七、二五八）。遗址跨河流两岸，西、北高，东、南低，略呈缓坡状向河道方向倾斜，海拔高度350米左右。辕村处于青龙河下游的遗址密集区内，是此处

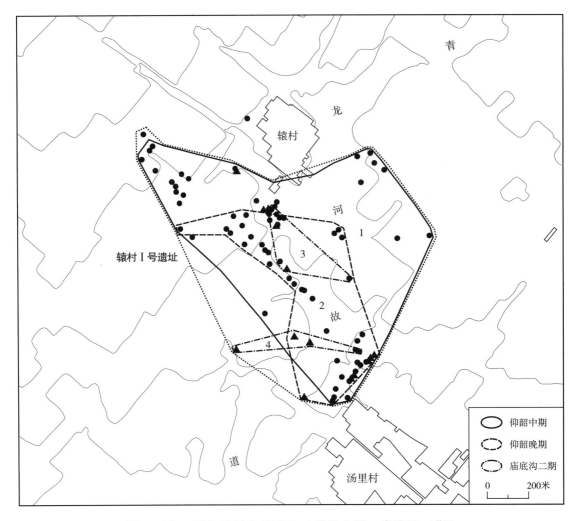

图二五七 夏县辕村Ⅰ号遗址（仰韶中期—庙底沟二期）

最大的一处遗址，它的周围分布众多遗址，北、南部分别与南卫、辕村Ⅱ号和汤里Ⅰ号、Ⅱ号等遗址相邻（彩版九二）。

遗址包括仰韶中期、仰韶晚期、庙底沟二期、龙山时期、二里头时期和二里岗时期共六个阶段的遗存，除庙底沟二期划分为两个聚落外，其他时期分别划分为一个聚落。

地表遗物均为陶片，另外还发现少量石器。陶片集中分布于遗址的西、东、南、中部，其中遗址中部和南部的沿河台地是陶片最为稠密的地区。

地表遗迹数量很少，但在辕村南部与汤里村北的断崖边却有较多暴露。遗迹以灰坑为主，多为仰韶中期、仰韶晚期，龙山时期与二里头时期灰坑只是少量，个别见有庙底沟二期与二里岗时期的单位。在村南冲沟南壁，沿断面依次分布一系列灰土，但多无包含物，时代不明，只有一个可以确认为二里头时期的灰坑，剖面作直壁的筒状，坑口平面基本为圆形，底部情况不明。

文化层分布比较普遍，主要集中在辕村西侧冲沟、河流西岸、汤里村北侧断崖等处的剖面上（彩版九三），以仰韶中期、晚期坑居多，但在河流西岸暴露的则有仰韶中期、仰韶晚期、庙底沟

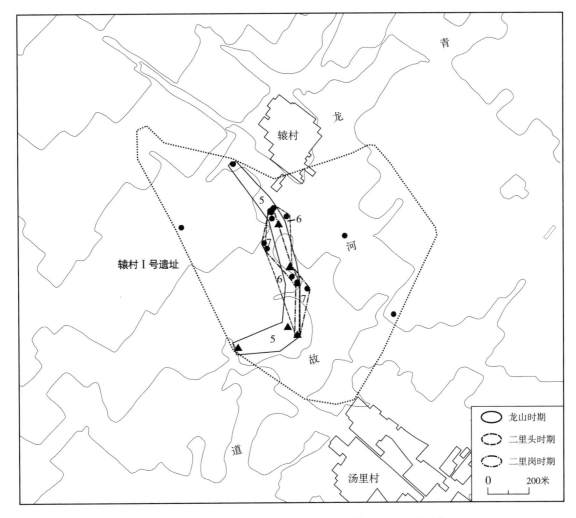

图二五八　夏县辕村Ⅰ号遗址（龙山时期—二里岗时期）

二期与二里岗时期四个时代的文化层，并且附近采集到庙底沟二期、龙山时期与二里头时期的遗物，遗存关系比较复杂。汤里村北侧断崖上的文化层未完全暴露，尚有一部分埋藏于地表以下，从下至上依次为仰韶中期、仰韶晚期、庙底沟二期。

遗址北侧有少量仰韶中期陶片，编为一个采集点，其内涵与遗址区完全相同，显然是遗址外围的散点，未划入遗址区内。

1. 1 号仰韶中期聚落

1 号仰韶中期聚落面积最大，约 92.3 万平方米，在全部遗址区内基本均有分布。

（1）遗迹

文化层　6 处，分布在辕村西侧冲沟、河流西岸、汤里村北侧断崖等处的剖面上，大多为延续较短的堆积，长不过 15~20 米。汤里村对岸断崖上的文化层规模较大，虽未完全暴露，尚有一部分埋藏于地表以下，长 80 多米，厚 0.6 米左右。

灰坑　4 个，其中 3 个位于辕村村南冲沟附近，另外 1 个位于汤里村北断崖边。灰坑形式皆不完整，多见于断崖剖面上，少量暴露于地表在平面上形成若干灰土圈，调查中不少陶片是在灰坑附近采集到的，可能就是灰坑中的遗物。

（2）遗物

只见陶器，多为红陶，泥质陶占多数，此外还有少量夹砂红褐及灰褐陶，器表多饰以线纹、弦纹等，有少量黑彩，个别器物带陶衣，部分器表素面磨光。器物均为手制，有些口部经修整，可辨器形有罐、瓶、盆及钵等。其中鼓腹罐的夹砂陶多褐色，少量呈红色，侈口或折沿，表面多饰线纹或弦纹；泥质陶多为红色，平沿、敛口、鼓腹，器表均经过打磨，饰黑彩，有的器表带陶衣。瓶均为泥质红陶，重唇口，器表饰线纹。盆均为泥质红陶，器表素面磨光，侈口或敛口，腹部均较浅。盆有宽沿盆和敛口盆。钵均为泥质红陶，敛口、鼓腹，器表磨光，饰黑彩，均为残片，底部形状不明。

鼓腹罐　标本4件。XX050314J002－H：1，夹砂灰褐陶。侈口，鼓腹。颈部素面，腹部先饰斜线纹，再以工具刻划不规整的平行弦纹将线纹打断。口径26、残高9.8厘米（图二五九，1）。XX050314A005：1，夹砂灰褐陶。折沿，鼓腹。口沿内侧有凹槽一周。口径21.2、残高5.8厘米

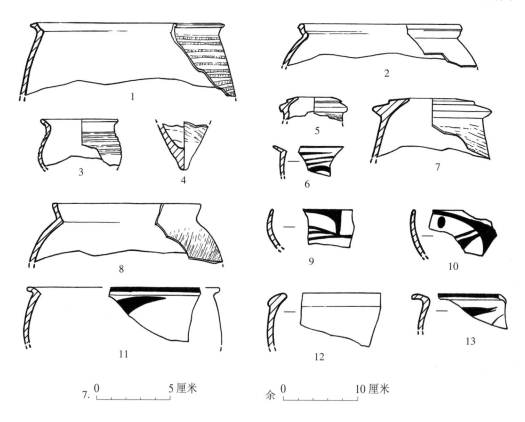

图二五九　夏县辕村Ⅰ号遗址仰韶中期陶器

1~3、8. 鼓腹罐（XX050314J002－H：1、XX050314A005：1、XX050314I008－H：2、XX050314I014－C：1）

4、5、7. 瓶（XX050311J005：1、XX050314F022：3、XX050314A006：1）　6、11、13. 宽沿盆（XX050311J006：1、XX050314F007：1、XX050311J007：2）　9、10. 钵（XX051215A002：2、XX050314I013－C：2）　12. 敛口盆（XX050314D009－H：3）

（图二五九，2）。XX050314I008－H：2，夹细砂红陶。薄胎。侈口，鼓腹。肩部有数道平行弦纹。口径10.4、残高6.2厘米（图二五九，3）。XX050314I014－C：1，夹砂红褐陶，砂粒比较均匀。折沿，鼓腹。颈部素面，腹部饰斜线纹。口径20、残高8厘米（图二五九，8）。

瓶　标本3件。XX050311J005：1，泥质褐陶。仅余底部，尖锥形底。饰斜线纹，表面磨光（图二五九，4）。XX050314F022：3，泥质红陶。重唇口，外唇丰满宽厚，内唇发达，凸起成环状。器表饰斜线纹。口径6.6、残高3.2厘米（图二五九，5）。XX050314A006：1，泥质红陶。重唇口，外唇较窄，边缘呈刃状，内唇扁平，略凸出外唇。腹部饰斜线纹。口径3.2、残高4厘米（图二五九，7）。

宽沿盆　标本3件。XX050311J006：1，泥质红陶。侈口，宽平沿。唇部饰黑彩带，腹部饰弧线纹。器表磨光（图二五九，6）。XX050314F007：1，泥质红陶。敛口，鼓腹，宽平沿。器表饰黄褐色陶衣，唇部饰黑彩条，腹部饰黑彩弧线三角纹。口径25.5、残高7.5厘米（图二五九，11）。XX050311J007：2，泥质红陶。宽平沿，弧腹。唇部饰黑彩带，腹部饰弧线三角纹。器表磨光（图二五九，13）。

敛口盆　标本1件。XX050314D009－H：3，泥质红陶。敛口，窄平沿，有外叠唇，鼓腹。外壁素面磨光（图二五九，12）。

钵　标本2件。XX051215A002：2，泥质红陶。薄胎。敛口，鼓腹。外壁饰黑彩弧线三角纹及弧线纹。器表磨光（图二五九，9）。XX050314I013－C：2，泥质红陶。直口微敛，弧腹。外壁饰黑彩弧线三角纹及圆点纹。器表磨光（图二五九，10）。

2. 2号仰韶晚期聚落

2号仰韶晚期聚落主要分布在遗址区的中南部，以辕村南部河流沿岸和汤里村北部最为集中，面积约35.9万平方米。

（1）遗迹

文化层　5处，分布于汤里村北侧断崖和与之相对的河流西岸剖面上，大多为延续较短的堆积，长不过15~20米，汤里村对岸断崖上的文化层规模较大，长80多米，厚0.6米左右。

灰坑　4个，分别位于汤里村北部和与其相对的河流西岸，每处各2个。灰坑形式皆不完整，仅见断崖上的剖面，暴露出的只见锅底坑一种。

（2）遗物

只见陶器。分为泥质陶与夹砂陶两类，多为泥质陶，夹砂陶少量。陶色较杂，有红、褐、灰陶等多种，以红、褐陶为主。器物多手制而成，较粗糙，纹饰少见，少量器物素面磨光，器形主要有罐、盆、钵等。其中鼓腹罐多为夹砂灰陶，少量为泥质褐陶，器物造型多鼓腹，器表素面磨光。宽沿盆均为泥质红陶，宽沿、弧腹，器表素面。钵均为泥质红陶，敛口、鼓腹，器表素面或饰黑彩。

鼓腹罐　标本3件。XX050314L016－H：4，夹砂灰陶。折沿，鼓腹。颈部素面，器表饰压印的方格纹。口径20.8、残高4.6厘米（图二六〇，2）。XX050314L016－H：1，夹砂灰陶。小口外侈，

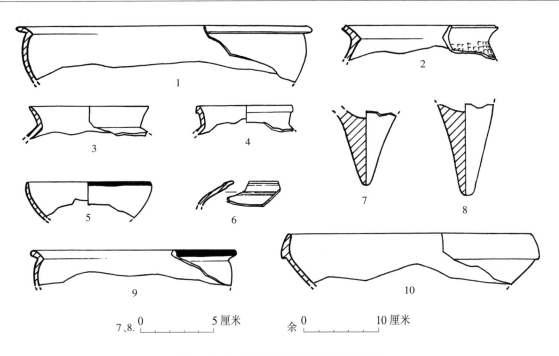

图二六○　夏县辕村Ⅰ号遗址陶器

1、9. 宽沿盆（XX050314F022：2、XX050314D009 – H：2）　2~4. 鼓腹罐（XX050314L016 – H：4、XX050314L016 – H：1、XX050314L016 – H：5）　5、10. 钵（XX050311J007：1、XX050314F022：1）　6. 瓮（XX050314F016：1）　7、8. 鬲（XX050314F017：2、XX050314F016：3）（6、7 为二里岗时期，8 为二里头时期，余为仰韶晚期）

矮领，鼓腹。器表素面磨光。口径 16、残高 4 厘米（图二六○，3）。XX050314L016 – H：5，泥质褐陶。直口，有外叠唇，矮领，鼓腹。器表素面磨光。口径 13.2、残高 3.4 厘米（图二六○，4）。

宽沿盆　标本 2 件。XX050314F022：2，泥质灰褐陶。敛口，宽平沿，鼓腹。器表素面磨光。口径 39.6、残高 7.5 厘米（图二六○，1）。XX050314D009 – H：2，泥质红陶。侈口，宽斜沿，弧腹。唇部饰黑彩条，腹部素面磨光。口径 28、残高 4.8 厘米（图二六○，9）。

钵　标本 2 件。XX050311J007：1，泥质红陶。侈口，弧腹。口部饰黑彩带，器表素面磨光。口径 16.5、残高 4.8 厘米（图二六○，5）。XX050314F022：1，泥质红陶。敛口，弧腹。口沿外侧贴宽泥条。器表粗糙，素面未经打磨。口径 32、残高 6.8 厘米（图二六○，10）。

3. 3 号庙底沟二期聚落

3 号庙底沟二期聚落位于遗址中部，跨河流的东西两岸，面积约 6.1 万平方米。

（1）遗迹

未发现。

（2）遗物

只有少量陶器腹片，表面饰斜篮纹及附加堆纹等，无可辨器形。

4. 4 号庙底沟二期聚落

4 号庙底沟二期聚落位于遗址南部，跨河流的东西两岸，面积约 3.1 万平方米。

（1）遗迹

文化层 1处，位于汤里村对面河岸附近，长约80米，厚0.4米左右。

（2）遗物

均为陶器腹片，表面饰斜篮纹及附加堆纹等，无可辨器形。

5. 5号龙山时期聚落

5号龙山时期聚落主要分布在遗址中部的河流西侧沿岸，面积约8.5万平方米。

（1）遗迹

灰坑 1个，位于汤里对面的河流西岸断崖边，暴露局部，形状不明。

（2）遗物

只有陶器，多为罐及鬲的腹片，均为夹砂陶，表面饰粗绳纹，可辨器形有罐与鬲两种。

6. 6号二里头时期聚落

6号二里头时期聚落主要分布在遗址中部的河流西侧沿岸，面积约5.2万平方米。

（1）遗迹

灰坑 1个，位于辕村南部冲沟附近，剖面作直壁的筒状，坑口平面基本为圆形，未暴露完全，底部情况不明。

（2）遗物

有陶器与石器等。陶器多为夹砂灰陶，制作粗糙，形制不规整，器表饰绳纹及弦纹等，器形主要有罐、鬲、盆等。其中罐均为夹砂灰陶鼓腹罐，侈口、束颈，饰绳纹。鬲皆为夹砂灰陶，饰绳纹，仅余袋足残片或足根，形状不明。

鬲 标本1件。XX050314F016：3，夹砂灰陶。仅余鬲足实足根，长锥状，尖部圆钝（图二六〇，8）。

7. 7号二里岗时期聚落

7号二里岗时期聚落主要分布在遗址中部的河流西侧沿岸，面积约3.5万平方米。

（1）遗迹

在辕村南部发现部分文化层，暴露局部，堆积较薄。

（2）遗物

只见陶器，分泥质和夹砂两类，均为灰陶，器表多饰绳纹，有少量弦纹，器形有瓮、鬲、罐等。其中鬲均为夹砂灰陶，器表饰绳纹或素面，袋足有实足根。

瓮 标本1件。XX050314F016：1，泥质灰陶。敛口，鼓腹。器表磨光，饰刻划弦纹带。应为二里岗上层时期遗物（图二六〇，6）。

鬲 标本1件。XX050314F017：2，夹砂灰陶，细砂颗粒较均匀。仅余实足根，尖锥状足。素面磨光。应为二里岗上层时期遗物（图二六〇，7）。

三二　辕村Ⅱ号遗址

辕村Ⅱ号遗址位于裴介镇辕村北350米，南、北两侧分别与辕村Ⅰ号和南卫遗址相邻，面积约2.8万平方米（见图二五三、二五四）。遗址位于青龙河河谷地带，河流西岸，地势相对平坦，西北高东南低呈缓坡状，海拔高度355米。遗址包括仰韶中期、庙底沟二期两个阶段的遗存，根据时代及分布地域的区别划分为两个聚落。

地表遗物均为陶片，以河岸附近的断崖边比较集中。遗迹数量很少，断崖剖面上暴露少量仰韶中期与庙底沟二期的灰坑与文化层等，灰土堆积中发现少量细碎的陶片。

1. 1号仰韶中期聚落

1号仰韶中期聚落分布于遗址区东南部，面积不足5万平方米。

（1）遗迹

灰坑　1个，暴露于断崖剖面上，灰土堆积中发现少量细碎的陶片。

（2）遗物

仅有少量陶器。

瓶　标本1件。XX050311A003－H∶1，泥质红陶。外唇扁薄，底部有凹槽一道，内唇不发达，只是在外唇的表面略加凸起。腹部饰斜线纹。口径4.5、残高2.8厘米（图二六一，3）。

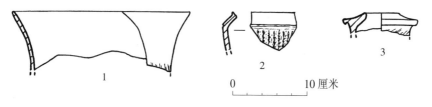

图二六一　夏县辕村Ⅱ号、上淆底遗址陶器

1. 盆（XX050322I004－H∶1）　2. 斝（XX050322I003∶1）　3. 瓶（XX050311A003－H∶1）
（1、2为上淆底遗址，3为辕村Ⅱ号遗址；1为庙底沟二期，2为龙山时期，3为仰韶中期）

2. 2号庙底沟二期聚落

2号庙底沟二期聚落分布于遗址区东部，面积不足5万平方米。

（1）遗迹

文化层　1处，长约20米，只暴露局部。

灰坑　1个，暴露局部，形状不明。

（2）遗物

只见陶器，均为陶器腹部碎片，表面饰篮纹，无可辨器形。

除这两个时期以外，在遗址区还发现个别仰韶晚期的陶片，分布稀疏，无法确定这个时期的聚落范围。

三三　上淯底遗址

　　上淯底遗址位于庙前乡上淯底村南 60 米，南部约 1 公里为史家遗址，西侧 1.5 公里为堡尔遗址，除此以外，距离其他遗址均比较远。面积约 35.1 万平方米（图二六二、二六三）。遗址处于

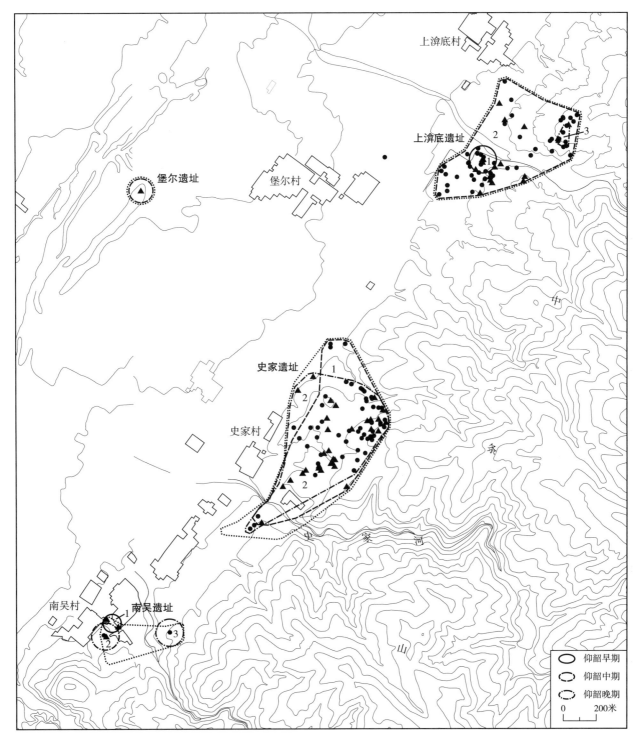

图二六二　夏县上淯底、堡尔、史家、南吴遗址（仰韶早期—仰韶晚期）

中条山西麓山前台地，山地环境内地形起伏较大，海拔高度 455～545 米。发源于中条山地内的一条小溪由东向西横穿而过，将遗址一分为二（彩版九四）。

　　遗址包括仰韶早期、仰韶中期、仰韶晚期、庙底沟二期、龙山时期五个阶段的遗存，除庙底

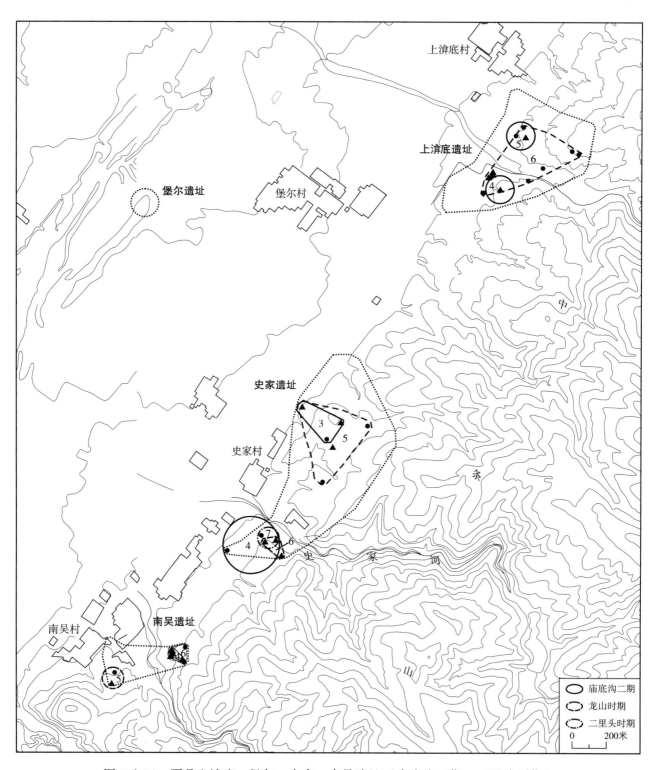

图二六三　夏县上淛底、堡尔、史家、南吴遗址（庙底沟二期—二里头时期）

沟二期划分为两个聚落外，其他时期分别划分为一个聚落。

地表遗物比较丰富，随处可见大大小小的陶器碎片，陶片的密集程度上，河南岸高于河北岸、高处大于低处、近河岸的地段多于远离河岸的台地。断崖剖面上暴露出不少各时期的灰坑、房址和文化层，所反映的遗址构成情况与地表陶片基本一致，但南北岸之间又有所区别，北岸的灰坑等遗迹呈现从东部的高处向西部的低处逐级随地势排列的趋势，大体作不规则的线状。南岸的遗迹则以地形的高处为中心呈散点状排布，大体呈不规则的三角形。南岸定居重点多固定在较高的岗上，北岸则向坡底延伸了较大的范围。总体来看，不论南岸还是北岸，都以坡地的高岗作为其发展的重心，越向低处，遗迹与遗物越稀疏。

遗址西侧有少量仰韶中期的陶片，编为一个采集点，应为本遗址向外搬运所致，因此未划入遗址区。

1. 1 号仰韶早期聚落

1 号仰韶早期聚落位于遗址南部、小河南岸，面积不足 5 万平方米。

（1）遗迹

灰坑　1 个，位于河岸近处地坎边缘，大部分被破坏，只余少量灰土及陶片。

（2）遗物

只有陶片，无可辨器形，全部是泥质红陶，器表素面磨光。

2. 2 号仰韶中期聚落

2 号仰韶中期聚落分布于整个遗址区范围内，跨小河南北两岸，面积约 35.1 万平方米，是遗址区内保存最丰富的一期聚落。

（1）遗迹

文化层　3 处，均分布于河南岸灰坑区内，与灰坑交错分布，一般长 20 米，最长的约 80 米。

灰坑　13 个，分布于地坎断面上，成行排列。有的只露出部分坑体，可辨认的坑口一般 0.7 ~ 3 米。

房址　1 座，暴露于梯田断面上，居住面长约 3 米，深 0.5 米（彩版九五）。

（2）遗物

只有陶器，泥质陶多于夹砂陶，以红陶为主，还有少量灰陶、褐陶、灰褐陶等，器表多经过磨光，饰线纹、弦纹或施黑彩。器物种类丰富，有钵、盆、罐、瓮、瓶、豆等。其中钵均为泥质红陶，器表磨光，器表素面或饰黑彩花纹。盆多为泥质红陶，也见褐陶等，大口、弧腹，器表多素面磨光，饰线纹、弦纹或彩陶花纹。盆有宽沿盆和敛口盆。鼓腹罐多为腹片，只有少量口沿。瓮多为泥质红陶或褐陶，敛口、鼓腹，唇外侧多有加厚。

钵　标本 3 件。XX050322L005 – H：1，泥质红陶。直口，弧腹。器表素面磨光。口径 28、残高 5.6 厘米（图二六四，1）。XX050322L006：1，泥质红陶。直口，弧腹。口沿外侧饰黑彩带。器表磨光（图二六四，3）。XX050320G014：1，泥质红陶。敛口，鼓腹。唇部饰黑彩带，器表素面磨光（图二六四，4）。

宽沿盆　标本3件。XX050320L014：1，泥质褐陶。敛口，圆唇，宽平沿，鼓腹。器表素面磨光。口径34、残高7.8厘米（图二六四，2）。XX050320I015－C：4，泥质红陶。敛口，圆唇，宽沿，鼓腹。器表素面磨光（图二六四，6）。XX050320L009－C：2，泥质红陶。敛口，圆唇，宽平沿，鼓腹。口沿及腹部饰黑彩的弧线三角纹。器表磨光（图二六四，8）。

敛口盆　标本3件。XX050322D003：1，泥质红陶。敛口，圆唇，有外叠唇，弧腹。器表素面磨光。口径28、残高5.2厘米（图二六四，5）。XX050320L011：1，泥质红陶。敛口，尖唇，有外叠唇。唇部饰黑彩带。腹部素面磨光（图二六四，7）。XX050320I015－C：6，泥质红陶。敛口，圆唇，有外叠唇，鼓腹。口沿外侧有弦纹，器表饰斜线纹（图二六四，11）。

鼓腹罐　标本1件。XX050320G016－H：1，夹砂灰褐陶。直口，矮领，鼓腹。口沿外侧有凸棱一周，颈部刻划弦纹带，腹部素面。口径29.4、残高6.8厘米（图二六四，13）。

瓮　标本2件。XX050320L009－C：1，泥质褐陶。敛口，尖唇，鼓腹，口沿外侧有叠唇形成窄平沿。腹部刻划平行弦纹（图二六四，9）。XX050322C001－H：1，泥质红陶。敛口，圆唇，窄

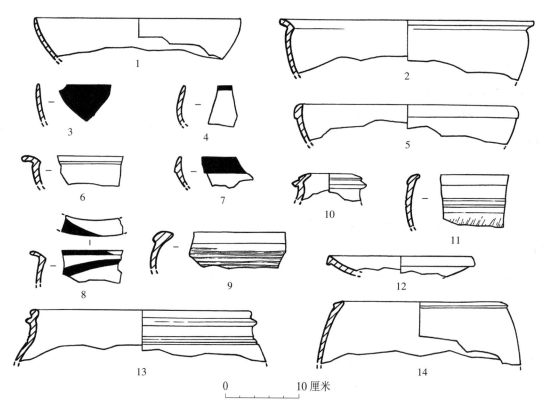

图二六四　夏县上淂底遗址仰韶中期陶器

1、3、4. 钵（XX050322L005－H：1、XX050322L006：1、XX050320G014：1）　2、6、8. 宽沿盆（XX050320L014：1、XX050320I015－C：4、XX050320L009－C：2）　5、7、11. 敛口盆（XX050322D003：1、XX050320L011：1、XX050320I015－C：6）　9、14. 瓮（XX050320L009－C：1、XX050322C001－H：1）　10. 瓶（XX050320I015－C：3）　12. 豆（XX050322C001－H：3）　13. 鼓腹罐（XX050320G016－H：1）

平沿，鼓腹。器表素面磨光。口径21、残高8厘米（图二六四，14）。

瓶　标本1件。XX050320I015－C：3，泥质红陶。重唇口，外唇饱满，边缘作刃状，内唇如环状凸起于外唇之上。口径5.6、残高3.6厘米（图二六四，10）。

豆　标本1件。XX050322C001－H：3，夹砂灰陶。敞口，圆唇，斜腹。唇下有凹槽一周。器表素面。口径18.5、残高3厘米（图二六四，12）。

3. 3号仰韶晚期聚落

3号仰韶晚期聚落分布于遗址东北部，小河北岸稍远的台地上，面积约0.8万平方米。

（1）遗迹

未发现。

（2）遗物

只有陶器。以泥质红陶为主，夹砂灰陶少量，泥质陶多磨光，个别饰黑彩，夹砂陶饰篮纹、附加堆纹等纹饰，无可辨器形。

4. 4号庙底沟二期聚落

4号庙底沟二期聚落分布于遗址区中南部，小河的南侧，面积不足5万平方米。

（1）遗迹

灰坑　1个，破坏较重，形制不明。

（2）遗物

只有陶器，多为陶器腹片，器表饰篮纹、附加堆纹等，无可辨器形。

5. 5号庙底沟二期聚落

5号庙底沟二期聚落分布于遗址区中北部，小河的北侧，面积不足5万平方米。

（1）遗迹

灰坑　1个，破坏较重，形制不明。

（2）遗物

只有陶器，多为泥质陶器物腹片，器表饰篮纹、附加堆纹等。器形可辨认的只有盆一种。

盆　标本1件。XX050322I004－H：1，泥质灰陶。侈口，圆唇。口沿以下素面，下腹部饰纵向篮纹。口径24、残高8厘米（图二六一，1）。

6. 6号龙山时期聚落

6号龙山时期聚落位于遗址中部，跨小河南北两岸，面积约11.6万平方米。

（1）遗迹

文化层　1处，分布于小河南岸台地上，在灰坑区的南侧，长30米左右，与灰坑之间无打破关系。

灰坑　4个，均分布于小河南岸台地上，大部分灰坑与文化层处于同一梯田的断面上。灰坑口径2~2.5米，其中两个灰坑之间存在打破关系。

（2）遗物

只有陶器，均为夹砂灰陶，未见泥质陶，多器物碎片，可辨器形不多，有鬲、罐等。

鬲 标本1件。XX050322I003：1，夹砂灰陶，砂粒比较均匀。敛口，方唇，折腹。口沿外侧素面，下腹部饰纵向绳纹（图二六一，2）。

三四 堡尔遗址

堡尔遗址位于庙前乡堡尔村西530米，东侧和东南侧分别与上澄底和史家遗址相对。遗址面积较小，不足5万平方米（见图二六二）。遗址地处中条山西麓山前坡地，地势比较平坦，海拔高度400米左右。遗址只有仰韶中期一个阶段的遗存，从遗存分布特点看，只能划分为一个聚落，聚落面积等同于遗址面积。地表仅见一处陶窑遗迹，出土一些陶器碎片。

（1）遗迹

陶窑 1座，在地表上暴露出明显的红烧土堆积，并出土一些陶器碎片。

（2）遗物

在陶窑内采集的陶片主要是红陶，局部饰黑彩等纹饰，未见可辨器形。

三五 史家遗址

史家遗址位于庙前乡史家村南、东和村北，东北侧和西北侧分别为上澄底和堡尔遗址，面积约53.4万平方米（见图二六二、二六三）。遗址位于青龙河以东的中条山西麓山前台地，发源于中条山地的两条小溪分别从史家遗址的南部和北部穿过，南侧的一条称史家河，将遗址一分为二，河岸北侧台地是遗址的主体，北侧的一条称小北河，基本为遗址区的北界。遗址依山麓地势南北向延伸，北宽南窄呈叶状。由于处在中条山地的西侧，所以遗址的地表非常崎岖，不但起伏较大，而且沟壑纵横，地势由西北向东南大幅抬升，海拔高度440~555米（彩版九六）。

遗址包括仰韶中期、仰韶晚期、庙底沟二期、龙山时期和二里头时期五个阶段的遗存，从遗存分布特点看，庙底沟二期、龙山时期分别可以划分为两个聚落，其他时期分别划分为一个聚落。

地表无暴露的遗迹，但可见丰富的陶片，并见石器等遗物。陶片以北侧的遗址区最为集中，该区偏北部有一处高495~500米的低平高岗，陶片等以此岗为中心，向南、北两侧的坡地低处和东侧的坡地高处漫布，山岗顶部却并不多见陶片，临近史家河的河岸台地陶片比较稀少，而小北河两岸的陶片却非常密集。遗址区内的断崖剖面上暴露不少灰坑、文化层，还有少量房址，这些遗迹的分布范围却比陶片等遗物更广泛，不但密布于上述岗地的四周，而且扩展到坡地底部的低地以及两条河流的岸边近河处，使遗址区的分布范围更加明确。种种证据显示，史家河北侧的台地高岗处是遗址的核心地区，史家河南侧的台地范围小，遗存少，只是遗址区的一个次要构成部分。

1. 1号仰韶中期聚落

1号仰韶中期聚落分布于大部分遗址区内，跨史家河两岸，面积约41.5万平方米。

（1）遗迹

文化层　6处，与灰坑、房址交错分布，一般距地表约1~2米，长20~30米，最长的约100米，厚0.2~0.3米。

灰坑　15个，埋藏较深，多不可确定形状。开口距地表0.5~1.5米，口径2.5~3米，暴露深度0.2~0.5米。XX050322F010-H1开口距地表0.8米，口径3米，暴露深度0.5米，内填灰土及杂土。

房址　1座（XX050322C006-F1），只余房址底部，距地表2米，居住面长2米，由白灰面构成，有红烧土灶坑底部（彩版九七、九八）。

（2）遗物

多为陶器，只有少量石器残片。陶器以泥质陶为主，夹砂陶少量，多为红陶，也见少量褐、灰陶等。器表彩陶施用比较普遍，均为黑彩，弦纹、线纹等比较常见，也见素面陶器。器物种类丰富，主要有罐、盆、钵和瓶等。其中罐多为鼓腹罐，泥质陶与夹砂陶比例基本相当。泥质陶表面通常饰彩陶，夹砂陶则压印线纹、弦纹等图案。盆均为泥质红陶，器表磨光，饰黑彩或素面。造型多为宽沿、弧腹的形式，可分为敞口盆与宽沿盆两种。瓶均为泥质陶重唇口尖底瓶，多为红色，部分呈灰色或褐色，器表通常饰压印斜线纹。

鼓腹罐　标本3件。XX050322I011-H:1，泥质红陶。敛口，圆唇，宽平沿，鼓腹。口沿内侧及腹部饰弧线三角纹。器表磨光（图二六五，2）。XX050322A012-H:1，夹砂褐陶，砂粒不均匀。方唇，折沿，鼓腹。器表饰弦纹和线纹（图二六五，8）。XX050322I017:1，泥质红陶。侈口，圆唇，鼓腹。口沿饰黑彩条纹，腹部饰弧线三角纹及圆点纹。口径28、残高4.8厘米（图二六五，10）。

敞口盆　标本1件。XX050322I017:2，夹砂灰陶。直口，圆唇。口沿内侧有凸棱，腹部饰刻划弦纹（图二六五，9）。

宽沿盆　标本2件。XX050322C013-C:1，泥质红陶。宽卷沿，弧腹。器表素面磨光。口径39.6、残高4.8厘米（图二六五，1）。XX050322I013-H1:4，泥质红陶。宽平沿。唇边饰黑彩带，口沿顶部饰弧线三角纹，其余器表素面。口径29.6、残高5.2厘米（图二六五，3）。

钵　标本1件。XX050322F014-H:1，泥质红陶。敛口，圆唇，有外叠唇，弧腹。口沿部位饰弧线三角纹，腹部素面。器表磨光。口径29.6、残高6厘米（图二六五，11）。

瓶　标本4件。XX050322G013-C:1，泥质褐陶。内唇不发达，呈窄条形，外唇饱满，圆滑。器表素面。口径5.6、残高4.4厘米（图二六五，4）。XX050322C020-H:1，泥质褐陶。内唇扁薄紧贴于外唇之上，外唇饱满，边缘圆滑。腹部饰斜线纹。口径5.2、残高4厘米（图二六五，5）。XX050322I017:3，泥质红陶。内唇如环状叠于外唇之上，外唇饱满，内外唇之间有窄槽。口径5.6、残高3.2厘米（图二六五，6）。XX050322G021-C:3，泥质红陶。内唇扁平凸起于外唇

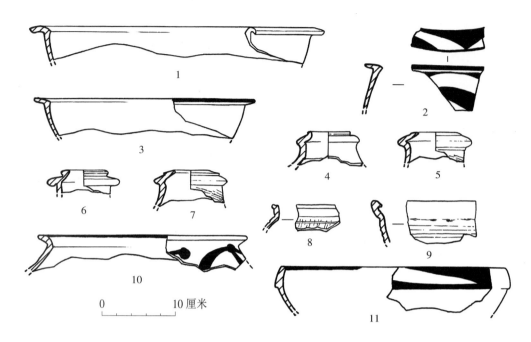

图二六五　夏县史家遗址仰韶中期陶器

1、3. 宽沿盆（XX050322C013－C：1、XX050322I013－H1：4）　2、8、10. 鼓腹罐（XX050322I011－H：1、
XX050322A012－H：1、XX050322I017：1）　4~7. 瓶（XX050322G013－C：1、XX050322C020－H：1、
XX050322I017：3、XX050322G021－C：3）　9. 敞口盆（XX050322I017：2）　11. 钵（XX050322F014－H：1）

上，外唇饱满，边缘凸棱状。器身腹部饰斜线纹。口径5.2、残高4.8厘米（图二六五，7）。

2. 2号仰韶晚期聚落

2号仰韶晚期聚落分布于大部分遗址区内，跨史家河两岸，面积约35.6万平方米。

（1）遗迹

文化层　7处，分布比较普遍，集中于史家河北岸台地的遗址区内，从高处到低处均有。一般距地表1~2米，长20~30米，最长者达百余米。

灰坑　18个，均暴露在史家河北岸台地断崖及农田地坎剖面上，一般距地表0.5~2米，口径2.5~3米，暴露的深度不一，最浅的只有0.2米，最深的有1.7米，个别灰坑内见有人的骨骼（彩版九九）。

（2）遗物

采集到大量陶器。泥质陶与夹砂陶比例基本相当，陶色较杂，器表呈红、黑、灰、褐、灰黑、灰褐等色，泥质陶以红陶为主，夹砂陶多呈灰、黑色。纹饰多变化，以弦纹、线纹等为主，以绳纹、篮纹、附加堆纹为辅，也见彩陶及鼻形纽等装饰，不少器物表面素面磨光。器类丰富，有罐、瓮、盆、钵、缸、釜、灶、瓶、杯、器座等十余种。其中鼓腹罐分泥质与夹砂两类，泥质陶制作相对精细，器表通常饰彩陶；夹砂陶制作相对粗糙，器表一般刻划弦纹。瓮均为泥质红陶，小口鼓腹。盆均为泥质红陶，敞口、弧腹，器表饰彩陶或素面磨光。盆有敛口盆和宽沿盆。钵均为泥质红陶，直口微敛，弧腹，多为圜底，器表磨光。瓶均为泥质红陶，器表饰斜线纹或素面。其中大部分是小口尖底瓶，只有少量是葫芦瓶。

鼓腹罐　标本4件。XX050322C013 - C：2，夹砂灰陶。方唇，折沿，束颈，鼓腹。器表素面磨光。口径16.8、残高6.8厘米（图二六六，3）。XX050322F013 - H：1，夹砂褐陶。侈口，圆唇，鼓腹。颈部素面，口沿内侧刻划弦纹，腹部饰斜线纹及弦纹。口径21.8、残高4.4厘米（图二六六，4）。XX050322C010 - H：3，夹砂灰黑陶。方唇，折沿，鼓腹。腹部饰弦纹（图二六六，5）。XX050322A014 - H：1，泥质红陶。直口，鼓腹。器表饰黄褐色陶衣，腹部饰黑彩绞索纹及对顶的三角纹。口径18、残高4.4厘米（图二六六，10）。

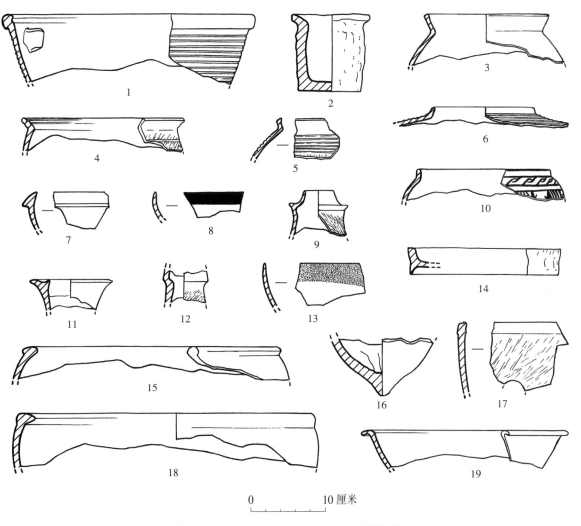

图二六六　夏县史家遗址仰韶晚期陶器

1. 灶（XX040418M001：1）　2. 杯（XX050322I020 - H：2）　3~5、10. 鼓腹罐（XX050322C013 - C：2、XX050322F013 - H：1、XX050322C010 - H：3、XX050322A014 - H：1）　6. 釜（XX050322F017：1）
7、18. 敛口盆（XX050322A007：3、XX050322C021 - C：1）　8、13. 钵（XX050322A014：1、XX050322G020 - H：2）　9、11、16. 小口尖底瓶（XX050322F019 - H：1、XX050322I013 - H1：2、XX040418H001：5）　12. 葫芦瓶（XX050322I011 - H：2）　14. 器座（XX050322F014 - H：3）
15. 瓮（XX050322F009：3）　17. 缸（XX050322F011 - H：1）　19. 宽沿盆（XX050322I020 - H：1）

瓮 标本1件。XX050322F009：3，泥质红陶。敛口，圆唇，有外叠唇，窄平沿，鼓腹。器表素面磨光。口径33.6、残高4.4厘米（图二六六，15）。

敛口盆 标本2件。XX050322A007：3，泥质红陶。口内敛，口沿外侧有叠唇形成一周宽平沿，弧腹。器表素面磨光（图二六六，7）。XX050322C021－C：1，泥质红陶。口内敛，口沿内外均有较厚的叠唇，截面作铁轨状，弧腹。器表素面磨光。口径38.5、残高7.2厘米（图二六六，18）。

宽沿盆 标本1件。XX050322I020－H：1，泥质红陶。敞口，宽卷沿，弧腹。器表素面磨光。口径28、残高5.2厘米（图二六六，19）。

钵 标本2件。XX050322A014：1，泥质红陶。直口微敛，弧腹。口沿外侧饰黑彩带，其余器表素面磨光（图二六六，8）。XX050322G020－H：2，泥质红陶。直口微敛，弧腹。口沿下饰深红色彩带，其余器表素面磨光（图二六六，13）。

缸 标本1件。XX050322F011－H：1，夹砂红陶。厚胎。直口，方唇，弧腹，唇内外均贴泥条加厚。器表饰斜线纹（图二六六，17）。

釜 标本1件。XX050322F017：1，夹砂褐陶。敛口，方唇，鼓腹。肩部饰刻划弦纹带。口径13.6、残高2.8厘米（图二六六，6）。

灶 标本1件。XX040418M001：1，夹砂红陶。直口，圆唇，直腹腔，有外叠唇。外壁饰弦纹，内壁近口处有向内凸出的鼻形纽。口径33.2、残高9.5厘米（图二六六，1）。

小口尖底瓶 标本3件。XX050322F019－H：1，泥质红陶。圆锥形口。口沿外侧有凸棱一周，腹部饰斜线纹。口径4、残高6厘米（图二六六，9）。XX050322I013－H1：2，泥质红陶。喇叭形口。口沿外侧有扉棱一周，内侧有凹槽，器表素面。口径11、残高4厘米（图二六六，11）。XX040418H001：5，泥质红陶。卵形腹，尖锥形底。器表素面磨光（图二六六，16）。

葫芦瓶 标本1件。XX050322I011－H：2，泥质红陶。敛口，束颈。口部素面，颈部以下饰斜线纹（图二六六，12）。

杯 标本1件。XX050322I020－H：2，夹砂灰陶。花边口，侈口，圆唇，桶形腹，平底。器表饰绳纹。口径10.4、底径8.4、高10.4厘米（图二六六，2）。

器座 标本1件。XX050322F014－H：3，夹砂灰褐陶。平面呈圆形，顶面为盘状，边缘有窄廓，底部有矮圈足。圈足外侧边缘刻划斜线纹。口径20.4、底径19.6、高3.2厘米（图二六六，14）。

3. 3号庙底沟二期聚落

3号庙底沟二期聚落位于遗址北部，面积约3.1万平方米。

（1）遗迹

文化层 1处，长约15米。

灰坑 1个，在地坎上局部暴露，形状不明。

（2）遗物

只有陶片，多为夹砂灰褐陶，少量为泥质灰陶，器表饰篮纹，全为器物腹片，无可辨器形。

4. 4 号庙底沟二期聚落

4 号庙底沟二期聚落位于遗址南部，史家河南岸，面积不足 5 万平方米。

（1）遗迹

灰坑　1 个，在地坎上局部暴露，形状不明。

（2）遗物

只有陶片，多为夹砂灰褐陶，少量泥质灰陶，器表饰篮纹，全部为器物腹片，无可辨器形。

5. 5 号龙山时期聚落

5 号龙山时期聚落位于遗址北部，面积约 11.6 万平方米。

（1）遗迹

文化层　1 处，在聚落西缘的低地坎上，范围较大的杂土堆积，长约 10 米。

灰坑　1 个，在地坎上局部暴露，形状不明。

（2）遗物

只有陶器。夹砂陶略多于泥质陶，器表多饰绳纹，也见少量篮纹、弦纹等，部分器表素面磨光。主要器形有罐、灶等。其中鼓腹罐多为夹砂陶，少量泥质陶，以灰陶为主，少量呈黑色。器表饰绳纹、篮纹、弦纹等。

鼓腹罐　标本 3 件。XX040418H001∶6，泥质灰陶。圆唇，折沿，束颈，鼓腹。器表素面磨光。口径 20、残高 14 厘米（图二六七，1）。XX050322A014－H∶2，夹砂灰陶。方唇，宽折沿，束颈，鼓腹。口沿下方饰稀疏的篮纹，其余器表素面。口径 30.4、残高 9.2 厘米（图二六七，2）。XX040418H001∶4，夹砂黑陶。直口，圆唇，矮领，鼓腹。器表素面磨光。口径 18、残高 6.4 厘米（图二六七，4）。

灶　标本 1 件。XX050329H001∶2，夹砂灰陶。直筒状，内壁近口处有舌形錾手。口沿外侧有绳索状的花边，腹部饰刻划的弦纹（图二六七，6）。

6. 6 号龙山时期聚落

6 号龙山时期聚落位于遗址南部，史家河南岸，面积约 0.9 万平方米。

（1）遗迹

灰坑　3 个，集中暴露于靠近史家河河岸的台地断面上，埋藏较深，从局部坑口可以看出相互之间存在打破关系。口径 2 米左右，深 0.4 米。

（2）遗物

少量陶器碎片，夹砂陶略多于泥质陶，器表饰绳纹、篮纹、弦纹等，可辨器形有盆等。

盆　标本 1 件。XX050322J003－H∶1，夹砂灰黑陶。侈口，圆唇。器表饰纵向粗绳纹，口沿下被抹平（图二六七，5）。

7. 7 号二里头时期聚落

7 号二里头时期聚落位于遗址南部，史家河南岸，面积不足 5 万平方米。

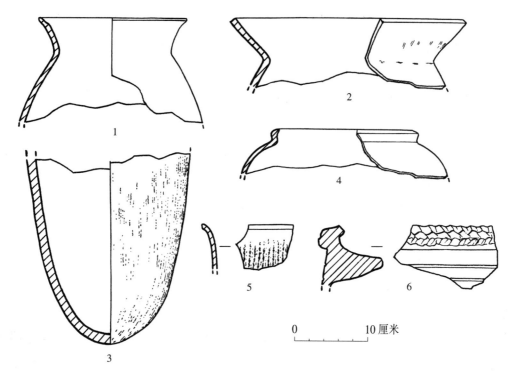

0 _____ 10 厘米

图二六七　夏县史家遗址陶器

1、2、4. 鼓腹罐（XX040418H001：6、XX050322A014－H：2、XX040418H001：4）　3. 缸（XX040418H001：1）
5. 盆（XX050322J003－H：1）　6. 灶（XX050329H001：2）（3 为二里头时期，余为龙山时期）

（1）遗迹

灰坑　1 个，位于史家河南岸台地边缘，破坏比较严重，仅余部分灰土，无法判定形状。

（2）遗物

只有少量陶器。均为夹砂灰陶，饰绳纹或素面，可辨器形只有缸。

缸　标本 1 件。XX040418H001：1，夹砂灰陶。厚胎。弧腹，尖圜底。腹部饰纵向细绳纹（图
二六七，3）。

三六　南吴遗址

南吴遗址位于庙前乡南吴村东、南，北部约 500 米为史家遗址，面积约 8.5 万平方米（见图
二六二、二六三）。遗址处在中条山西麓山前台地，所在地已经属于山前坡地的末端，地势相对低
缓，海拔高度 445～495 米。发源于山地内的一条小河从遗址中部流过，将遗址分为东西两个部
分，并在遗址的北侧形成开阔的冲积扇。

遗址包括仰韶早期、仰韶晚期、庙底沟二期、龙山时期四个阶段的遗存，其中仰韶晚期、庙
底沟二期分别可以划分为两个聚落，余分别划分为一个聚落。

1. 1 号仰韶早期聚落

1 号仰韶早期聚落位于遗址的西端、小河的西岸，面积不足 5 万平方米。

（1）遗迹

灰坑　2个，暴露于南吴村中房屋的围墙下，只可见较大范围的灰土，形制不明。

（2）遗物

只有少量陶器。均为泥质红陶，多为器物的腹片，器表均素面磨光。可辨器形只有鼓腹罐、钵。

鼓腹罐　标本1件。XX050323F005－H∶1，泥质红陶。敛口，鼓腹。器表素面磨光。口径10、残高4.5厘米（图二六八，4）。

钵　XX050323D002－H∶1，泥质红陶。直口微敛，弧腹。口沿部位颜色略浅，呈带状。器表素面磨光。口径30、残高8.2厘米（图二六八，1）。

2. 2号仰韶晚期聚落

2号仰韶晚期聚落位于遗址的西部、小河的西岸，面积不足5万平方米。

（1）遗迹

灰坑　1个，暴露于南吴村边的地坎上，埋于晚期堆积下，形制不明。

（2）遗物

只有少量陶器。以泥质红陶为主，另外有少量夹砂灰陶，泥质陶多磨光，个别饰黑彩，夹砂陶饰篮纹、附加堆纹等纹饰，可辨器形有缸。缸均为夹砂陶，器表呈灰或褐色，饰线纹或素面。

缸　标本1件。XX050323C004－H∶1，夹砂灰褐陶，含砂量大，砂粒大小不一。胎质较厚。个体偏大。直口微侈。素面经刮削，制作比较粗糙（图二六八，2）。

3. 3号仰韶晚期聚落

3号仰韶晚期聚落位于遗址的东部、小河的东岸，面积不足5万平方米。

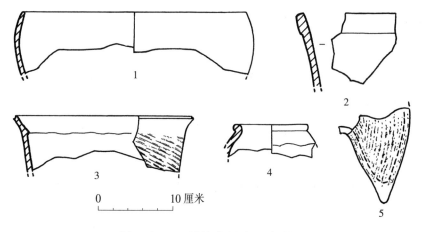

图二六八　夏县南吴遗址陶器

1. 钵（XX050323D002－H∶1）　2. 缸（XX050323C004－H∶1）　3. 侈口罐（XX050323C003－H∶1）
4. 鼓腹罐（XX050323F005－H∶1）　5. 鬲（XX050323F001∶1）（1、4为仰韶早期，2为仰韶晚期，
3为庙底沟二期，5为龙山时期）

（1）遗迹

未发现。

（2）遗物

只有少量陶器。以泥质红陶为主，另外有少量夹砂灰陶，泥质陶多磨光，夹砂陶饰篮纹，无可辨器形。

4. 4 号庙底沟二期聚落

4 号庙底沟二期聚落位于遗址的东端、小河的东岸，面积约 0.5 万平方米。

（1）遗迹

文化层　1 处，长 15 米左右，距地表约 3 米，深度不明。

灰坑　2 个，灰坑被破坏殆尽，原来的规模均不大，深 0.5 米左右，在坑底部可见到破碎的人骨，怀疑是灰坑形的墓葬或乱葬坑。

房址　1 座，开口距地表 3 米，底部长 2 米，深 0.2 米。

（2）遗物

只有陶器，以夹砂陶为主，少量为泥质陶，器表饰篮纹、附加堆纹等，可辨器形只有侈口罐，直腹或微鼓腹，多饰篮纹及绳纹。

侈口罐　标本 1 件。XX050323C003－H：1，夹砂灰陶。侈口，方唇。颈部素面，腹部饰斜向篮纹。口径 24、残高 7.5 厘米（图二六八，3）。

5. 5 号龙山时期聚落

5 号龙山时期聚落位于遗址的西端、小河的西岸，面积不足 5 万平方米。

（1）遗迹

灰坑　1 个，坑口 2 米左右，深度不明。

（2）遗物

只见数量较少的陶器腹片，多夹砂灰陶，表面饰绳纹，无可辨器形。

6. 6 号龙山时期聚落

6 号龙山时期聚落位于遗址的东端、小河的东岸，面积约 0.8 万平方米。

（1）遗迹

灰坑　4 个。坑口一般在 2 米左右，灰坑内分别出土了白灰面及烧土面等建筑遗物。

（2）遗物

只见数量较少的陶器，多为器身腹片，以夹砂灰陶为主，器表密饰绳纹，可辨器形有鬲、盆等。其中鬲均为夹砂灰陶，厚胎，大袋足，锥形足尖。

鬲　标本 1 件。XX050323F001：1，夹砂灰陶，陶胎中砂粒不均。厚胎。仅余一个袋足，圆锥形足，无实足根。袋足表面饰散乱的浅绳纹（图二六八，5）。

第三节　运城市（盐湖区）境内的遗址

一　吕儒遗址

吕儒遗址位于原王庄镇吕儒村北，南距运城市区约5公里，面积约53.38万平方米（图二六九、二七〇）。遗址处在鸣条岗南端东侧的缓坡地上，周围地势开阔平缓，但仍延续了鸣条岗东北高、西南低的走势，由北向南略呈阶梯状下降（彩版一〇〇）。遗址包括仰韶晚期、庙底沟二期、龙山时期、二里头时期、二里岗时期五个时期的遗存，从遗存分布特点看，仰韶晚期、庙底沟二期、二里岗时期分别可以划分为两个聚落，余分别划分为一个聚落。

1. 1号仰韶晚期聚落

1号仰韶晚期聚落分布于遗址的西部，面积约19.84万平方米。该聚落的南半部已被一大型砖

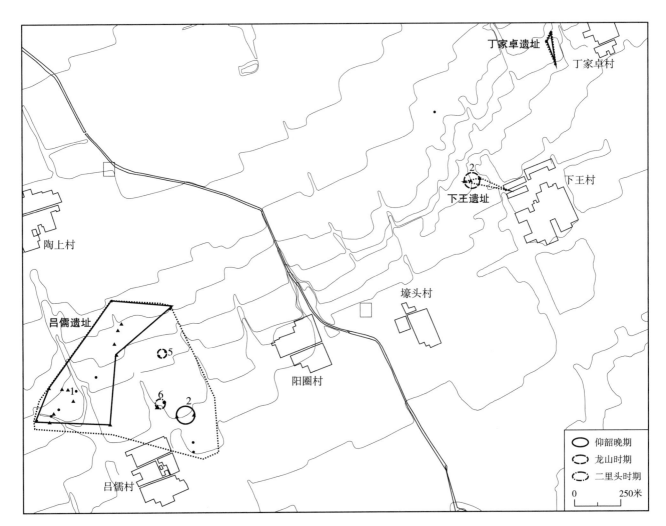

图二六九　运城市（盐湖区）吕儒、下王、丁家卓遗址（仰韶晚期—二里头时期）

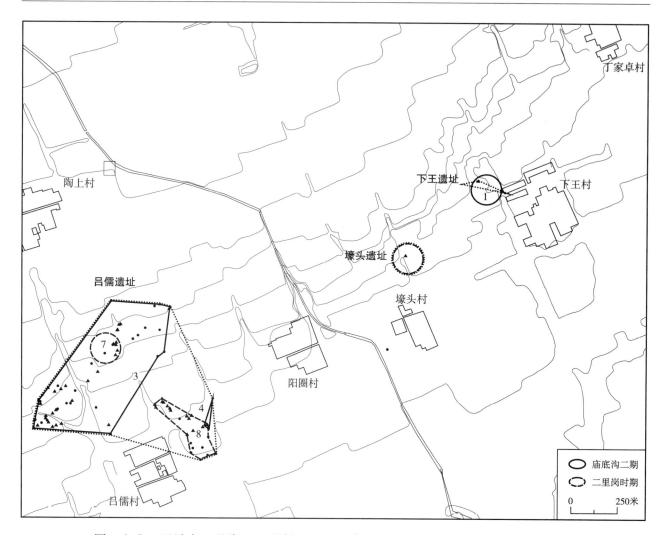

图二七〇　运城市（盐湖区）吕儒、下王、壕头遗址（庙底沟二期、二里岗时期）

厂蚕食掉，破坏严重；北部保存尚好。地表陶片丰富。其中在南部砖厂内的发现较为集中，并有灰坑和房址等遗迹暴露；中部和北部也发现一些灰坑、文化层等遗迹现象；北部地表陶片则较为稀疏。另外在聚落南部往东 300 米以外的地方还见 2 处散点。

（1）遗迹

文化层　1 处，位于聚落的北部，吕儒村西北，地层暴露长 20 米，距地表 0.1 米，厚 1.5 米，所含遗物很丰富。

灰坑　8 个，其中 5 个分布于聚落的西南，另 3 个分布于聚落的北中部。

房址　1 座，位于聚落的西南，吕儒村西北，所含遗物很丰富。

（2）遗物

主要为陶器，另见石斧。

1）陶器

以泥质灰褐陶居多，少量夹砂灰褐陶，可见器形有小口尖底瓶、盆、直腹罐等。

小口尖底瓶　标本 3 件。皆为喇叭口。YH060307D009：1，泥质灰褐陶。敞口，尖唇。口外部饰斜篮纹。口径 14.5、残高 4.8 厘米（图二七一，1）。YH060307D009：2，泥质灰褐陶。敞口，尖唇，束颈。口外部饰斜篮纹。口径 14、残高 4.4 厘米（图二七一，2）。YH060307G010 - H：1，泥质灰陶。尖底。器表饰斜篮

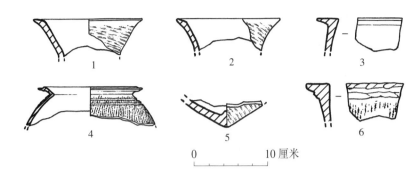

图二七一　运城市（盐湖区）吕儒遗址仰韶晚期陶器

1、2、5. 小口尖底瓶（YH060307D009：1、YH060307D009：2、YH060307G010 - H：1）　3. 盆（YH060307D009：3）　4. 深腹罐（YH060307C013 - C：1）　6. 直腹罐（YH060307D004 - H：3）

纹，以底为中心，旋转展开，内部可见泥条盘筑的痕迹（图二七一，5）。

盆　标本 1 件。YH060307D009：3，泥质灰褐陶。敛口，宽平沿，尖唇。素面。外部磨光（图二七一，3）。

直腹罐　标本 1 件。YH060307D004 - H：3，夹砂灰褐陶。直口，圆唇，宽平沿。压印成花边口，口下贴附加堆纹泥片两条，其下饰竖绳纹（图二七一，6）。

2）石器

只见石斧。

石斧　标本 1 件。YH060307G004：1，色白。刃部双面加工，规整，呈圆弧状。残长 9.3、宽 7、厚 2.1 厘米（图二七二）。

2. 2 号仰韶晚期聚落

2 号仰韶晚期聚落虽只发现两处采集点，但一处为地层，另一处为 2 个灰坑。由于两者均为遗迹，出土遗物也较为丰富，故仍可定为一个聚落。两处采集点均分布于遗址的中部，吕儒村的东北。由于两处遗迹相距不过 90 米，该聚落面积应当算作 5 万平方米以下。

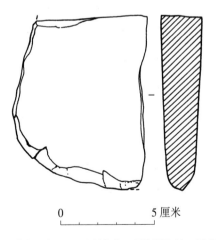

图二七二　运城市（盐湖区）吕儒遗址仰韶晚期石斧（YH060307G004：1）

（1）遗迹

文化层　1 处，位于遗址的西北部，吕儒村东北 128 米。

灰坑　2 个，位于遗址的北中部，吕儒村东北约 180 米。包含的遗物很丰富。

（2）遗物

均为陶片。多为夹砂灰陶，可辨器形只有深腹罐。

深腹罐　标本 1 件。YH060307C013 - C：1，夹砂灰陶。侈口，尖唇，折沿，深腹。口沿上有一周凹槽，颈部

以下饰绳纹，颈部有两道抹压的弦纹。口径14、残高5厘米（图二七一，4）。

3. 3号庙底沟二期聚落

3号庙底沟二期聚落主要分布于遗址的西部，面积为30.98万平方米。保存状况与仰韶晚期聚落大体相当，在其南部砖厂内的取土断面上暴露出较多遗迹，此外在中、北部的一些取土面和梯田断面上也发现有较多的遗迹现象。另外，在该聚落往东约400米的地方还见3处散点，这或许是后世活动从上述聚落址将陶片带至此地，或者也可能是当时某种临时活动所遗留，因距聚落主体范围较远，未算作聚落的一部分。

（1）遗迹

文化层　3处，其一分布于遗址的西南，其二位于遗址的北中部。

灰坑　23个，分布于遗址的北部、中部和西南部，其中以在西南部砖厂内的灰坑较为集中。

房址　2座，一座位于遗址的西南部，另一座位于遗址的东南部。

（2）遗物

发现的遗物均为陶片。陶器以泥质灰、褐陶居多，其次为夹砂灰、褐陶。器形主要有罐、盆、豆等。其中罐的种类较多，有深腹罐、花边口罐、小口高领罐、大口罐等。

深腹罐　标本4件。YH060307D004－H：2，泥质灰陶。侈口，方唇，束颈，深腹。颈以下饰横篮纹（图二七三，3）。YH060307D019－H：3，泥质灰褐陶。侈口，尖圆唇，深腹。唇以下拍压篮纹（图二七三，4）。YH060307I004－H：1，夹砂黑褐陶。侈口，圆唇。颈部饰两道附加堆纹，其下压印不太清晰的篮纹（图二七三，10）。YH060307G003－F：1，夹砂褐陶。小侈口，方唇，束颈，深腹。颈下饰2.5厘米左右宽的横篮纹，其下为竖绳纹。口径16、残高4.8厘米（图二七三，12）。

花边口罐　标本4件。YH060307D020－H：2，夹砂灰褐陶。小侈口，方唇，卷沿，深腹。唇上压印带三道绳纹的花边，颈部压贴一周泥片加固，其下饰竖绳纹。口径30、残高6.4厘米（图二七三，1）。YH060307D024：1，夹砂灰褐陶。侈口，平沿。口沿压印一周带绳纹的花边，颈部贴泥片两周以加固，泥片下饰绳纹（图二七三，5）。YH060307I002：2，夹砂灰褐陶。小侈口，折沿，直腹。方唇上压印两道绳纹为单元的花边，颈部贴两周泥条加固，其下通体饰竖绳纹（图二七三，7）。YH060307A016－H：1，夹砂褐陶。侈口，方唇。唇边压印有三道绳纹组成的花边，颈部贴两周泥片加固，其下饰竖绳纹（图二七三，14）。

小口高领罐　标本2件。YH060307G014：1，泥质褐陶。斜直口，小方唇，口沿内壁有一圈凹槽。素面。口径11.6、残高10厘米（图二七三，8）。YH060307D019－H：2，泥质灰褐陶。斜直口，尖圆唇，高领，折肩。通体压印斜篮纹。口径14、残高8厘米（图二七三，9）。

大口罐　标本1件。YH060307D024：2，夹砂褐陶。敛口，平方唇，卷沿，深腹。口沿下饰竖绳纹。口径34、残高8厘米（图二七三，2）。

豆　标本1件。YH060307D020－H：1，泥质灰褐陶。敞口，圆唇，盘腹中部内收。盘外壁压印横篮纹，内壁磨光（图二七三，11）。

　　小口尖底瓶　1件。YH060307D008 - C：2，泥质灰褐陶。侈口，尖唇。素面。口径13、残高6.2厘米（图二七三，15）。

　　盆　标本5件。YH060307D008 - C：1，夹砂灰褐陶。敛口。唇部压印成辫索状，口沿下饰绳纹，距口沿2厘米处贴两周泥片加固（图二七三，6）。YH060307D011 - H：2，泥质褐陶。敞口，圆唇，腹微鼓。外部饰斜篮纹（图二七三，13）。YH060307D004 - H：1，泥质灰陶。敛口，圆唇，

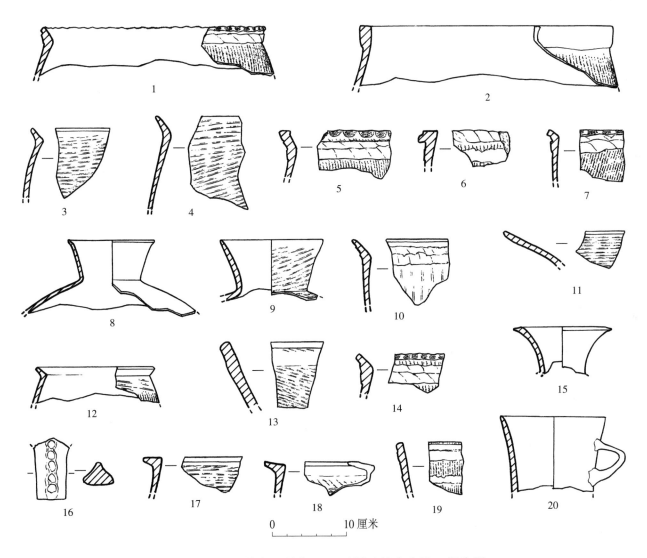

图二七三　运城市（盐湖区）吕儒遗址庙底沟二期陶器

1、5、7、14. 花边口罐（YH060307D020 - H：2、YH060307D024：1、YH060307I002：2、YH060307A016 - H：1）
2. 大口罐（YH060307D024：2）　　3、4、10、12. 深腹罐（YH060307D004 - H：2、YH060307D019 - H：3、
YH060307I004 - H：1、YH060307G003 - F：1）　　6、13、17~19. 盆（YH060307D008 - C：1、YH060307D011 -
H：2、YH060307D004 - H：1、YH060307D008 - C：3、YH060307D004 - H：4）　　8、9. 小口高领罐
（YH060307G014：1、YH060307D019 - H：2）　　11. 豆（YH060307D020 - H：1）　　15. 小口尖底瓶
（YH060307D008 - C：2）　　16. 鼎（YH060307D002：1）　　20. 单把杯（YH060307D019 - H：1）

宽折沿，深腹。口下饰横篮纹（图二七三，17）。YH060307D008－C：3，泥质灰褐陶。敛口，圆唇，宽平折沿。颈下饰斜篮纹（图二七三，18）。YH060307D004－H：4，夹砂褐陶。敞口，方唇。唇上压印绳纹，口外部贴泥片两道，相隔2厘米处又贴一圈泥片加固，通体饰绳纹（图二七三，19）。

单把杯　标本1件。YH060307D019－H：1，泥质褐陶。斜直口，尖唇，腹部微收，竖置一桥形把手。素面磨光。口径14、残高10厘米（图二七三，20）。

鼎　标本1件。YH060307D002：1，夹砂褐陶。鼎足剖面略呈三角形，外侧面附加泥条压成圈索状（图二七三，16）。

4. 4号庙底沟二期聚落

4号庙底沟二期聚落分布于遗址的东部偏北地区，仅发现三处采集点，面积为0.17万平方米。地表遗物丰富程度较差。

（1）遗迹

未发现。

（2）遗物

均为陶片，数量较少，且碎。

5. 5号龙山时期聚落

5号龙山时期聚落仅发现两处地表遗物，分布于遗址东部，聚落面积在5万平方米以下。当时这里也许为一处很小的聚落，或只是短期活动的遗留。

（1）遗迹

未发现。

（2）遗物

只有少量碎陶器。器形难辨。

6. 6号二里头时期聚落

6号二里头时期聚落面积0.72万平方米，仅发现三处采集点，其中两处位于遗址的西北角，吕儒村北160米左右，二者相距在50米以内，而且其中之一为遗迹；另一采集点位于聚落的西南角，吕儒村东100米。

（1）遗迹

灰坑　1个，分布于聚落的西北部，包含遗物丰富。

（2）遗物

均为陶器，数量较丰富。多为泥质灰（褐）陶，可辨器形有大口尊、鼓腹罐、捏口罐等。

大口尊　标本1件。YH060307C016－H：3，磨光泥质灰褐陶。敞口，圆唇，卷沿。颈部上下各饰凸弦纹一道，口沿外侧饰绳纹再抹平成素面（图二七四，13）。

鼓腹罐　标本1件。YH060307C016－H：1，泥质灰褐陶。尖圆唇，卷沿，直领，鼓腹。颈部饰竖细绳纹，腹部抹光，再饰弦纹。口径12.8、残高4.8厘米（图二七四，5）。

捏口罐　标本 1 件。YH060307C005－C：2，泥质灰陶。侈口，圆唇，高领。口沿内有一凸棱，口沿外部饰有绳纹抹光。口径 16、残高 4.4 厘米（图二七四，7）。

7. 7 号二里岗时期聚落

7 号二里岗时期聚落分布于遗址的中部偏北，面积为 5 万平方米以下，仅发现一处灰坑遗迹。另距此灰坑 350 米外，在遗址的南部还发现一处采集点，当为此聚落的散点。

（1）遗迹

灰坑　1 个，分布于遗址的北中部，吕儒村北 500 米。所含遗物丰富。

（2）遗物

主要为陶器。陶器主要有夹砂和泥质灰褐陶，可辨器形仅有罐，但残缺比较严重。

8. 8 号二里岗时期聚落

8 号二里岗时期聚落分布于遗址的东部，面积约 3.82 万平方米。其中遗迹多分布于聚落的西北部和中部，地表遗物丰富且分布较为密集，而遗址的南部地区未发现遗迹，地表遗物分布较为均匀，多在 30～50 米之间。

（1）遗迹

文化层　4 处。其中 3 处间相距很近，不超过 60 米，呈三角形分布于聚落的西北一隅，另 1 处分布于聚落的中部，吕儒村东 170 米。所含遗物较丰富。

灰坑　11 个，其中 6 个灰坑分布于聚落的西北部，5 个灰坑分布于聚落的中部，所含遗物非常丰富。

墓葬　1 座，分布于聚落的西北角。墓内发现有动物骨骼。

窑址　1 座，分布于聚落的中东部，吕儒村东 240 米。未采集遗物。

（2）遗物

较为丰富，均为陶器。陶器主要为泥质灰褐陶，其次为夹砂灰褐陶。可辨器形有大口深腹罐、大口尊、豆、盆、鬲、甑等。

大口深腹罐　标本 3 件。YH060307C017－C：2，泥质灰褐陶。侈口，尖唇，折沿外翻，束颈，平底微凹。颈部饰一道凸弦纹，颈部以下压印一圈绳纹后抹光，其下两道凹弦纹，腹中部以下饰粗绳纹，被三道凹弦纹隔成三段，底部有杂拍的绳纹。口径 30.4、底径 11、高 42.2 厘米（图二七四，1）。YH060307C016－H：2，夹砂灰褐陶。侈口，圆唇，束颈，深腹。口沿上压印一道凹槽，口沿下外部一圈窄棱，颈下饰竖绳纹。口径 22、残高 6.8 厘米（图二七四，2）。YH060307C005－C：1，夹砂灰陶。侈口，方圆唇，束颈。口沿内侧有一凸棱，形成一浅台，颈部以下饰绳纹。口径 16.8、残高 6.4 厘米（图二七四，3）。

大口尊　标本 3 件。均为泥质灰褐陶。YH060307C008－H：2，腹片。肩部饰一周辫索状泥条，其下以凸弦纹二道为一个单元，在第二、三个单元之间，用粗弦纹隔出矩形图案。表面经磨光（图二七四，12）。YH060307C010－H：1，口肩残片。敞口，圆唇，卷沿，口大于肩。颈部饰数道

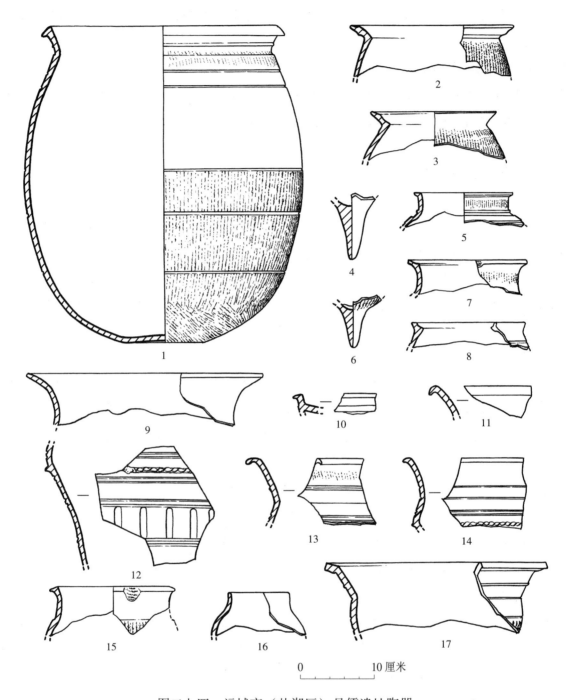

图二七四　运城市（盐湖区）吕儒遗址陶器

1～3. 大口深腹罐（YH060307C017－C：2、YH060307C016－H：2、YH060307C005－C：1）　　4、6. 鬲（YH060307 C011－C：1、YH060307C017－C：4）　5、8. 鼓腹罐（YH060307C016－H：1、YH060307C010－H1：1）　7. 捏口罐（YH060307C005－C：2）　9. 甗（YH060307C017－C：1）　10. 豆（YH060307C005－H2：1）　11. 盆（YH060307C004－H：1）　12～14、17. 大口尊（YH060307C008－H：2、YH060307C016－H：3、YH060307C010－H：1、YH060307C015－H2：1）　15. 捏口罐（YH060307E001－H：1）　16. 小口罐（YH060307C010－H：2）（5、7、13 为二里头时期，余为二里岗时期）

弦纹，肩以下贴压一圈扭索状泥条。磨光（图二七四，14）。YH060307C015 - H2：1，残，仅余上半部。敞口，方唇，卷沿。口下饰凸弦纹一道，颈部饰凹弦纹两道，折肩处有戳印纹一周。口径30、残高9.2厘米（图二七四，17）。

豆　标本1件。YH060307C005 - H2：1，泥质灰褐陶。敞口，尖唇，折沿，假腹。折腹处有一道凸棱（图二七四，10）。

盆　标本1件。YH060307C004 - H：1，泥质灰褐陶。敞口，圆唇，卷沿。口沿下内部1.5厘米处有一道凹弦纹（图二七四，11）。

鬲　标本2件。YH060307C011 - C：1，夹砂灰褐陶。锥形尖实足根。素面（图二七四，4）。YH060307C017 - C：4，夹砂灰褐陶。实足根。袋足上饰绳纹（图二七四，6）。

甑　标本1件。YH060307C017 - C：1，夹砂灰褐陶。敞口，圆唇。素面。外部唇下有刮刷的痕迹。口径32、残高6.8厘米（图二七四，9）。

捏口罐　标本1件。YH060307E001 - H：1，夹砂灰褐陶。方唇，卷沿，长颈，深腹。颈部以下饰绳纹。口沿处有一捏压的痕迹。口径17、残高6.4厘米（图二七四，15）。

小口罐　标本1件。YH060307C010 - H：2，泥质黑灰陶。直口，圆唇，斜肩，鼓腹。素面。口径8.5、残高5.6厘米（图二七四，16）。

鼓腹罐　标本1件。YH060307C010 - H1：1，夹砂黑褐陶。敛口，方唇，折沿，口沿内部略低处有一宽平沿，可能用以承盖。素面。口径15.2、残高3.2厘米（图二七四，8）。

二　壕头遗址

壕头遗址位于原王庄镇壕头村北，南距运城市区约5.5公里，面积当在5万平方米以下（见图二七〇）。遗址处于鸣条岗南端东侧的缓坡地带，地势北高南低，周围较为开阔。村北的一冲沟旁发现一个灰坑遗迹，所见遗存的时代仅为二里岗时期，遗物较丰富。故该遗址仅为一个二里岗时期的聚落，聚落面积同遗址面积。此外，壕头村西南，距此灰坑约500米处有一地面采集点，地表遗物较差，当为该遗址的散点。

（1）遗迹

灰坑　1个，分布于壕头村北260米。

（2）遗物

均为陶器。陶器均为夹砂、泥质灰褐陶。较碎。

三　下王遗址

下王遗址位于安邑镇下王村西，西南距运城市区约7公里，面积为0.44万平方米（见图二六九、二七〇）。遗址地处村西鸣条岗东侧的坡地上，西距涑水河支流（人工渠）约1公里。遗存所属时代主要为庙底沟二期和龙山时期，据此可将该遗址划分为两处聚落。

1. 1号庙底沟二期聚落

1号庙底沟二期聚落位于遗址的北部，下王村的西北，聚落面积在5万平方米以下。仅发现一处灰坑遗迹。附近未发现其他的地表遗物。

（1）遗迹

灰坑 1个，位于下王村的西北，所包含的遗物较差。

（2）遗物

均为陶片，数量不多且较碎。陶器主要为泥质灰褐陶和夹砂红褐陶，可辨器形有深腹罐和敞口罐。

深腹罐 标本1件。YH060306G001－H：1，泥质灰褐陶。敛口，尖圆唇，平沿。颈外部有慢轮修整的痕迹，内外壁都有刷泥浆的印迹。口径24、残高11.2厘米（图二七五，1）。

敞口罐 标本1件。YH060306G001－H：2，夹砂灰褐陶。敞口，圆唇。颈外部有一圈附加堆纹，颈部以下有压印的篮纹。口沿部有慢轮修整的痕迹。口径20、残高5.2厘米（图二七五，2）。

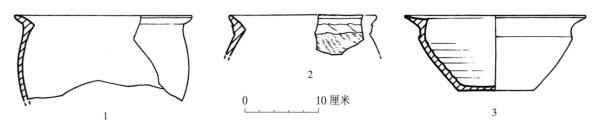

0   10厘米

图二七五 运城市（盐湖区）下王遗址陶器

1. 深腹罐（YH060306G001－H：1） 2. 敞口罐（YH060306G001－H：2） 3. 钵（YH060306K007－C：1）
（3为龙山时期，余为庙底沟二期）

2. 2号龙山时期聚落

2号龙山时期聚落分布于遗址的西北部，面积在5万平方米以下。聚落仅发现两处采集点，均为遗迹，且都分布于下王村西北，另外在聚落的西北约400米处还有一处地表采集点，应为该聚落的散点。

（1）遗迹

文化层 1处，分布于下王村的西北220米。地层长80米，距地表30米，厚0.2~0.8米。遗物很丰富。

灰坑 1个，分布于下王村的西北130米，所含遗物一般。

（2）遗物

均为陶器。主要为夹砂黑灰陶，可辨器形有钵等。

钵 标本1件。YH060306K007－C：1，夹砂黑灰陶。敛口，平沿，上腹略鼓，下腹斜直，平底。口径24、底径9.6、高10厘米（图二七五，3）。

四　丁家卓遗址

丁家卓遗址位于安邑镇丁家卓村西，南距运城市 7.2 公里，面积为 0.28 万平方米（见图二六九）。遗址位于鸣条岗南端东侧的缓坡地上，周围较开阔，地势西北高东南低。只发现三处地表遗存，分别属于仰韶晚期和二里头时期两个时代，但由于二里头时期的陶片仅见于一处地表采集点，不能单独作为一个聚落，所以该遗址仅为一处仰韶晚期聚落。

（1）遗迹

未发现。

（2）遗物

均为陶器。多为夹砂或泥质灰褐陶，间或有绳纹。陶片既碎且小，器形难辨。

五　西纽遗址

西纽遗址位于陶村镇西纽村东，鸣条岗东侧坡地上，西南距运城市约 10.6 公里，面积为 8.53 万平方米（图二七六、二七七）。遗址所在地势北高南低，北侧坡度较大，南面较为开阔

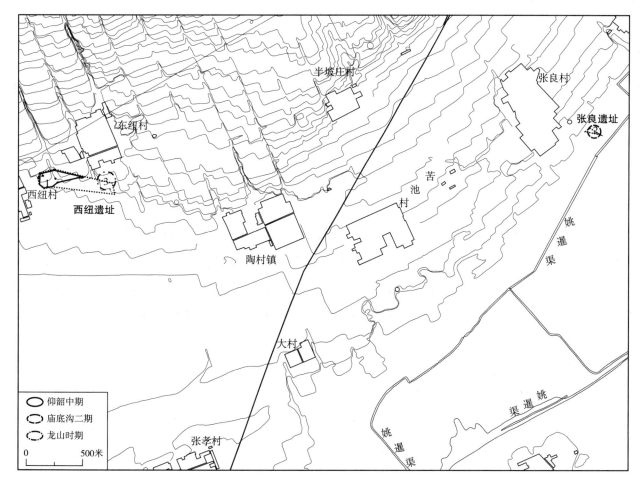

图二七六　运城市（盐湖区）西纽、张良遗址（仰韶中期—龙山时期）

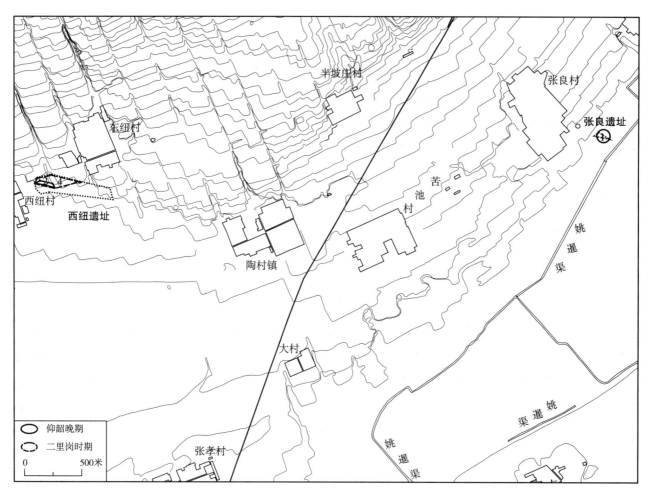

图二七七　运城市（盐湖区）西纽、张良遗址（仰韶晚期、二里岗时期）

平坦。发现的遗存分属于仰韶中期、仰韶晚期、龙山时期及二里岗时期四个时代，并据此划分为四处聚落。

另外，在西纽遗址和丁家卓遗址之间，同样在鸣条岗由南向北的缓坡地带上，自南向北还发现了一些零散的采集点，譬如，在芦子村北的一处二里岗时期遗存，张金村南的一处庙底沟二期遗存，还有张金村东的一处仰韶晚期遗存。这三处遗存时代各不相同，南面与丁家卓遗址的距离超过 1500 米，东面与西纽遗址的距离也超过 1200 米，而且彼此之间的距离也都超过了500 米。

1. 1 号仰韶中期聚落

1 号仰韶中期聚落分布于遗址的西北部，面积 3.41 万平方米。聚落的东北角有一处文化层，西北角有一处灰坑，其余均为地表采集。相对来说，聚落的西半部所发现的遗存较为密集。遗址的东南角还有一散点，为地表遗物，保存较差。

（1）遗迹

文化层　1 处，位于遗址的北部，东北距东纽村 100 米。文化层长约 50 米，距地表 0.6 ~

0.8 米。

灰坑　1 个，位于遗址的西北角。遗物丰富。

（2）遗物

均为陶片。数量较丰富。陶器多为泥质红陶、泥质灰褐陶及夹砂灰褐陶。可辨器形有小口尖底瓶、陶环、罐等。

小口尖底瓶　标本 3 件。YH060304D003∶1，泥质红陶。胎较厚。重唇口，外口径与内口径之比为 2∶3。瓶颈部有横线纹。瓶口有慢轮修整的痕迹。口径 5.2、残高 4 厘米（图二七八，4）。YH060304D003∶2，泥质红陶。胎壁较薄。重唇口，内外唇径之比为 1∶1。颈部有横线纹。唇部有修整的痕迹。口径 5.6、残高 4 厘米（图二七八，5）。YH060304L004∶1，泥质灰褐陶，内灰色，外皮褐色。钝圆底。外部压印横篮纹。底内部有泥条盘筑的显著痕迹（图二七八，6）。

陶环　标本 1 件。YH060304A004 - H∶1，泥质灰陶。残存 1/4。外侧有压印的平行纹，内侧光滑，断面呈椭圆形，上下略平（图二七八，14）。

罐　标本 1 件。YH060304A004 - H1∶2，夹砂褐陶。侈口，尖圆唇，束颈。素面（图二七八，11）。

2. 2 号仰韶晚期聚落

2 号仰韶晚期聚落分布于遗址的西部，面积 0.44 万平方米。仅发现四处地表采集点，均处于聚落的中西部。

（1）遗迹

未发现。

（2）遗物

均为陶器。多为夹砂或泥质的灰褐陶，可辨器形有罐。

夹砂罐　标本 2 件。YH060304B002∶1，夹砂灰褐陶。敛口，圆唇，宽折沿。颈部压印有短竖线纹和横弦纹（图二七八，7）。YH060304A006∶1，夹砂黑褐陶，质地粗糙。敛口，小方唇，卷沿。中腹有一圈细附加堆纹，附加堆纹与颈部之间有压印的三道横弦纹及数道斜向划痕。口径 12.8、残高 5.6 厘米（图二七八，16）。

3. 3 号龙山时期聚落

3 号龙山时期聚落只在遗址的东北角发现一处灰坑遗迹，聚落面积应在 5 万平方米以下。

（1）遗迹

灰坑　1 处，分布于遗址的东北角。

（2）遗物

均为陶器，且多为腹片，器形难辨。

4. 4 号二里岗时期聚落

4 号二里岗时期聚落分布于遗址的西北部，面积有 2.55 万平方米。遗迹多发现于聚落西北，鸣条岗坡地的地坎之下。遗物较丰富。

（1）遗迹

文化层　1处，分布于聚落的东北角，长50米，距地表0.6～0.8米。

灰坑　4个，均分布于聚落的西北，其中有两个并列灰坑内均有人骨，可能为灰坑形墓葬。

（2）遗物

均为陶器。陶器以夹砂灰褐陶及夹砂红陶为主，其次为泥质灰褐陶、夹砂黑褐陶。可辨器形有深腹罐、矮领罐、高领罐、鬲、甗等。

深腹罐　标本1件。YH060304A005－H:2，夹砂灰褐陶。侈口，方唇，束颈，深腹。颈下饰细绳纹。口径18、残高6.4厘米（图二七八，1）。

矮领罐　标本1件。YH060304A005－H:3，泥质灰褐陶。圆唇，卷沿，直颈，鼓肩。素面。口径18、残高4.4厘米（图二七八，2）。

高领罐　标本1件。YH060304A004－H2:1，夹砂深灰陶。尖唇，凸沿，高领，折肩，肩以下残。颈上部有竖绳纹抹光，中部有一凸棱，肩部饰绳纹（图二七八，15）。

罐　标本2件。YH060304A005－H:4，夹砂灰陶。侈口，尖唇，方沿外翻。口沿外侧中间有一道凹槽，颈部以下饰细绳纹。口径18、残高5.2厘米（图二七八，3）。YH060304A004－H1:1，夹砂黑褐陶。敛口，尖唇，卷沿外翻。颈部以下饰较乱的绳纹（图二七八，8）。

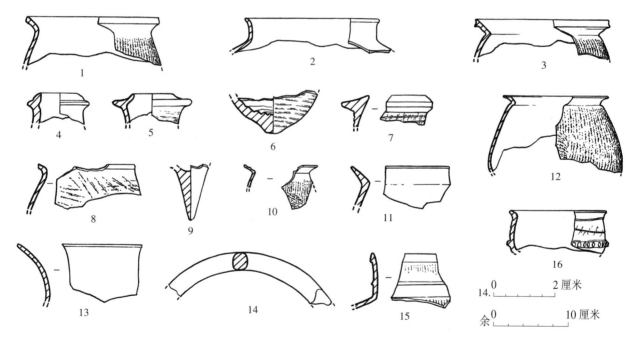

图二七八　运城市（盐湖区）西纽遗址陶器

1. 深腹罐（YH060304A005－H:2）　2. 矮领罐（YH060304A005－H:3）　3、8、11. 罐（YH060304A005－H:4、YH060304A004－H1:1、YH060304A004－H1:2）　4～6. 小口尖底瓶（YH060304D003:1、YH060304D003:2、YH060304L004:1）　7、16. 夹砂罐（YH060304B002:1、YH060304A006:1）　9、10、12. 鬲（YH060304B002:2、YH060304I002－C:1、YH060304A005－H:5）　13. 甗（YH060304A005－H:1）　14. 陶环（YH060304A004－H:1）　15. 高领罐（YH060304A004－H2:1）（4～6、11、14为仰韶中期，7、16为仰韶晚期，余为二里岗时期）

鬲　标本3件。YH060304B002：2，夹砂红陶。高实足根。内有泥条盘筑的痕迹，外部有刷痕（图二七八，9）。YH060304I002－C：1，夹砂灰陶。薄胎。侈口，圆唇，小平沿，深腹。口沿内侧有一周凸棱，外饰细绳纹（图二七八，10）。YH060304A005－H：5，夹砂灰陶。胎薄。侈口，圆唇，口沿内侧有一小平沿，深垂腹。颈以下饰绳纹。口径14、残高10厘米（图二七八，12）。

甗　标本1件。YH060304A005－H：1，夹砂灰褐陶。大敞口，圆唇。内部有修整的痕迹，外部唇下有细密的刮刷痕迹（图二七八，13）。

六　张良遗址

张良遗址位于陶村镇张良村，南距运城市区13.5公里。该遗址只发现了三处地表采集点，总面积约0.27万平方米（见图二七六、二七七）。遗址处在鸣条岗东侧缓坡地上，东距青龙河不足百米。地势西北高东南低，遗址东南开阔平坦。所发现的遗存分别属于仰韶晚期、庙底沟二期以及龙山时期三个时代，其中由于龙山时期的遗存只发现于一处地表采集点，且丰富程度较差，不算作聚落。故该遗址划分为两处聚落。

另外，在张良遗址的东北方向，同样是鸣条岗的南侧缓坡带上，翟曹村北660米、西距青龙河620米处，发现一处庙底沟二期的采集点。可能为张良遗址的散点。

1. 1号仰韶晚期聚落

1号仰韶晚期聚落分布于遗址的大部。共发现两处采集点，两者相距110米，聚落面积应在5万平方米以下。

（1）遗迹

未发现。

（2）遗物

遗物少且保存较差，未见口沿，器形不明。

2. 2号庙底沟二期聚落

2号庙底沟二期聚落的分布范围与仰韶晚期相同，也是两处采集点，聚落面积在5万平方米以下。

（1）遗迹

未发现。

（2）遗物

数量较少，且保存较差，器形不明。

七　汤里Ⅰ号遗址

汤里Ⅰ号遗址位于三家庄镇汤里村西南，距运城市区约11公里。该遗址只发现三个采集点，彼此相距不到 50 米,遗址面积仅为 0.07 万平方米(图二七九)。遗址介于中条山和鸣条岗之间的青龙河故道东岸台地,周围地势平坦开阔,距西南的古河道约 300 米。发现的遗存时代均为龙山时期,故此遗址只有一个龙山时期聚落。

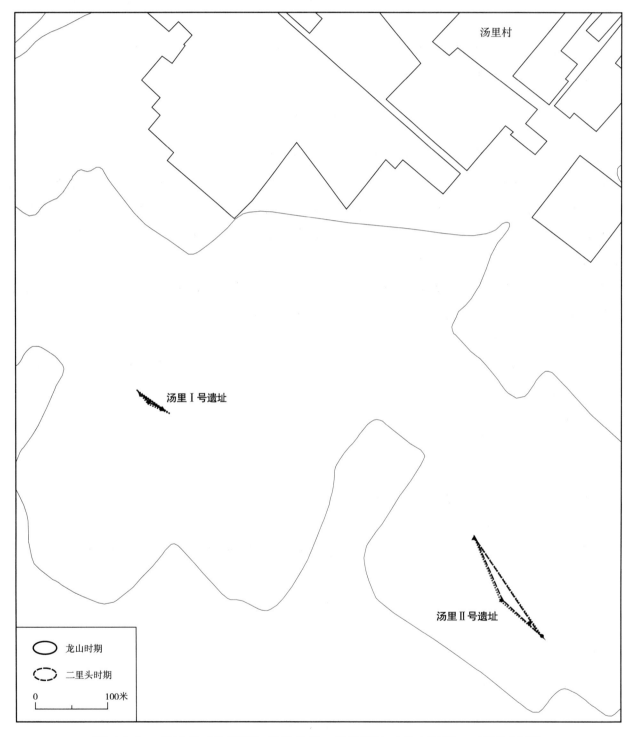

图二七九 运城市(盐湖区)汤里Ⅰ号、Ⅱ号遗址(龙山时期、二里头时期)

（1）遗迹

文化层　1 处，位于聚落的东南角。距地表 2 米，遗物很丰富。

灰坑　1 个，位于聚落的西北角，遗物丰富。

（2）遗物

均为陶片。

八　汤里Ⅱ号遗址

汤里Ⅱ号遗址位于三家庄镇汤里村南坡地上，西距古河道 600 米，西北与汤里Ⅰ号遗址相距约 460 米，面积 0.15 万平方米（见图二七九）。遗址处于中条山与鸣条岗之间的青龙河故道东岸台地，地势开阔平坦。发现的遗存分别属于仰韶中期、龙山时期和二里头时期三个时代。由于仰韶中期遗存仅发现一处采集点，而龙山时期的遗物是发现于二里头时期的灰坑中，均不能算作聚落。故该遗址只有一处二里头时期的聚落，该聚落面积为 0.11 万平方米，分布于遗址的大部分区域。

（1）遗迹

灰坑　2 个，二者相距不到百米，所含遗物丰富，其中一个灰坑（YH050320A001 - H）中发现有卜骨，同时还掺杂有龙山时期的器物（彩版一○一）。

（2）遗物

主要为陶器，还发现少量卜骨。陶器多为泥质灰褐陶、夹砂褐陶，可辨器形有高领罐、单把鬲、盆等。

高领罐　标本 1 件。YC050320A001 - H：1，泥质灰陶。侈口，卷口，圆唇。领部以下饰绳纹，抹光。口径 24、残高 6.4 厘米（图二八○，1）。

小口罐　标本 2 件。YC050320A001 - H：3，夹砂红褐陶。侈口，小方唇，翻沿。颈部以下饰绳纹。口径 16.2、残高 6.4 厘米（图二八○，2）。YC050320A001 - H：2，泥质褐陶。尖圆唇，卷沿，束颈，鼓腹。腹部饰绳纹。口径 12、残高 5.2 厘米（图二八○，3）。

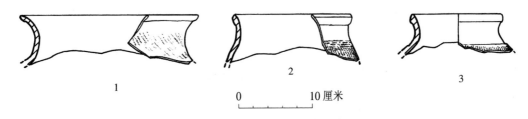

图二八○　运城市（盐湖区）汤里Ⅱ号遗址陶器

1. 高领罐（YC050320A001 - H：1）　2、3. 小口罐（YC050320A001 - H：3、YC050320A001 - H：2）

九　磨河遗址

磨河遗址位于东郭镇磨河村东的中条山西麓缓坡，西距运城市区约 12.8 公里，遗址面积为
3.3 万平方米（图二八一）。地势北、东、南三面较高且陡，西面较低平，呈簸箕形，西面有一条
小河从中条山流下，距遗址约 400 米。遗址发现的遗存时代均属于仰韶中期，故该遗址仅为一处
仰韶中期聚落。

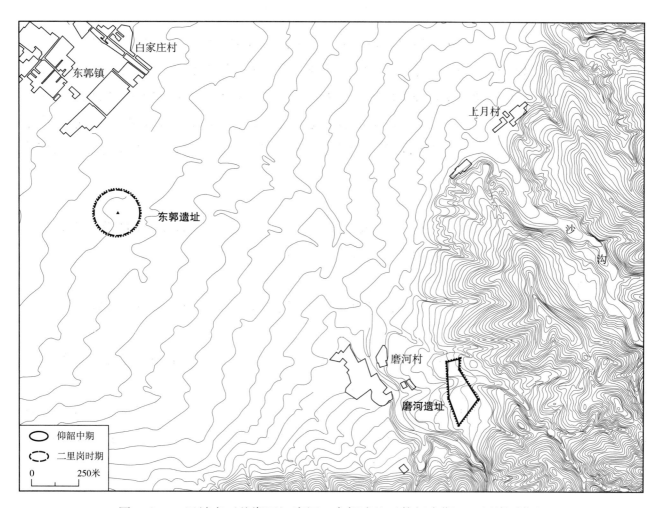

图二八一　运城市（盐湖区）磨河、东郭遗址（仰韶中期、二里岗时期）

（1）遗迹

文化层　1 处，分布于聚落的北部，遗物丰富程度一般。

（2）遗物

均为陶器，且数量较少。多为夹砂或泥质红陶腹片，器形难辨。

一〇　东郭遗址

东郭遗址位于东郭镇东郭村南，西距运城市区约 11 公里，面积为 5 万平方米以下（见图二八

一）。遗址处在中条山西麓的缓坡上，距发源于中条山地内的小河西岸约 800 米，周围地势平坦开阔。此遗址仅发现二里岗时期的灰坑 1 个，周围地表未发现遗物。故该遗址仅有二里岗时期聚落一处，聚落面积等同于遗址面积。

（1）遗迹

灰坑　1 个，分布于东郭镇南 450 米。灰坑内遗物很丰富。

（2）遗物

均为夹砂或泥质灰陶片。

一一　安邑遗址

安邑遗址位于安邑镇南，西南距运城市区约 3.5 公里，面积当在 5 万平方米以下（图二八二）。遗址地势低平。仅有二里岗时期的采集点 2 个，划分为二里岗时期聚落一处，聚落面积等同于遗址面积。

（1）遗迹

未发现。

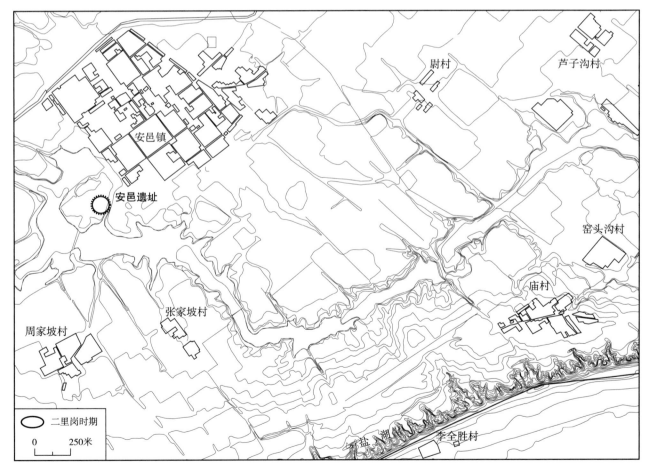

图二八二　运城市（盐湖区）安邑遗址（二里岗时期）

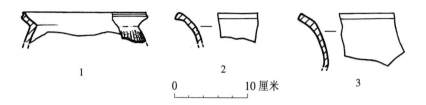

图二八三　运城市（盐湖区）安邑遗址二里岗时期陶器

1. 罐（YH060309F001：1）　2、3. 盆（YH060309F001：2、YH060309B003：1）

（2）遗物

均为陶器。多为夹砂或泥质灰褐陶片，可辨器形有罐、盆等。

罐　标本1件。YH060309F001：1，夹砂灰陶。侈口，尖唇，折沿，唇中部内外各一道凹槽。颈部以下饰细绳纹。口径16.8、残高4厘米（图二八三，1）。

盆　标本2件。YH060309F001：2，泥质灰褐陶。大敞口，圆唇，卷沿。口下部内壁有一道凹弦纹（图二八三，2）。YH060309B003：1，夹砂灰褐陶。敞口，方唇，折沿（图二八三，3）。

第五章　运城盆地东部各时期聚落形态的特征

第一节　仰韶早期的聚落

一　文化属性

本地区仰韶早期文化发展的重要内容之一是枣园文化与东庄类型之间的关系问题。

枣园文化又称仰韶文化东关一期类型，是以翼城枣园遗址一到三期①和垣曲古城东关遗址的一期②遗存为代表的地域文化。它的陶器群突出特征是，在盆、钵的口沿部位通常有一道红、褐色带状"红顶"工艺，夹砂陶胎中常夹带粗砂，少量羼有云母或滑石等辅料，器表饰线纹、绳纹、弦纹、划纹、指甲纹和乳钉纹等。典型器物则有环形口小口平底瓶、圜底和平底钵、盆、锥形足鼎、深腹罐、器座等。

东庄类型以芮城东庄村遗址上层为代表③。它的文化构成中有比较明显的半坡文化因素，因而与枣园、古城东关等地的仰韶文化存在明显差别。它的陶器群中以黑彩的红陶器物为代表，纹饰中以鱼纹及直线三角纹等为明显标志，典型器形有杯形口小口尖底瓶、夹砂鼓腹罐等。

作为同时期的考古学文化（相对年代或有早晚），上述两个文化类型之间存在较多的共性文化因素，仅依据少量的采集陶片很难确认遗存明确的文化归属，所以本次调查中也常常并不能够清楚判明哪些聚落属于不同的文化。从已知的聚落看，枣园文化的聚落和遗存明显占据盆地内文化发展的主体，而能够判明属于东庄类型的聚落却相对较少，但在讨论聚落形态时难以将两种类型的聚落截然区别开来。

二　聚落的分布

仰韶早期是本地区目前所知最早阶段的新石器文化遗存。在已经调查的运城盆地范围内，共

---

① 山西省考古研究所：《翼城枣园》，科学技术文献出版社，2004 年。
② 中国历史博物馆考古部：《垣曲古城东关》，科学出版社，2001 年。
③ 中国社会科学院考古研究所山西工作队：《山西芮城东庄村和西王村遗址的发掘》，《考古学报》1973 年 1 期。

表二　仰韶早期聚落登记表

序号	聚落名称	聚落在遗址的相对位置	地形特征	聚落面积（万平方米）
1	东吴壁 1 号	遗址北部	涑水河北岸台地	10.2
2	栱北 1 号	遗址西部	涑水河北岸台地	<5
3	贾家堡 1 号	遗址西北部	涑水河北岸台地	<5
4	仓底 1 号	遗址南部偏东	古河道东岸台地	0.6
5	仓底 2 号	遗址南部偏西	古河道东岸台地	6.9
6	仓底 3 号	遗址北部	古河道东岸台地	14.5
7	东三里 1 号	遗址南部	涑水河东岸台地	<5
8	高头庄 1 号	遗址北部	涑水河东岸台地	14.54
9	东孙坞 1 号	遗址中东部	鸣条岗西侧台地	10.89
10	柏底Ⅲ	遗址全部	沙渠河南岸台地	1.2
11	余家岭 1 号	遗址西部	沙渠河北岸台地	1.5
12	下院Ⅰ1 号	遗址西部	沙渠河北岸台地	0.9
13	南坡底	遗址全部	中条山西麓山前台地	0.9
14	陈村 1 号	遗址东部	中条山西麓山前台地	0.6
15	崔家河Ⅲ1 号	遗址中部	青龙河西岸台地	1.2
16	崔家河Ⅲ2 号	遗址东部	青龙河西岸台地	<5
17	圪塔 1 号	遗址南部	青龙河南岸台地	2.9
18	牡垛	遗址全部	青龙河西岸台地	14.7
19	牡垛岭	遗址全部	青龙河西岸台地	1.1
20	白张 1 号	遗址中部	鸣条岗东侧台地	3.2
21	南吴 1 号	遗址西部	中条山西麓山前台地	<5
22	上潦底 1 号	遗址南部	中条山西麓山前台地	<5
23	南卫 1 号	遗址南部	青龙河故道东岸台地	1.6
24	裴介Ⅰ1 号	遗址东北部	青龙河故道西岸台地	<5

发现该时期聚落 24 处，其中绛县 3 处、闻喜 6 处、夏县 12 处、盐湖区 1 处、临猗 2 处。中条山、峨嵋岭与鸣条岗的山麓或岗前地带，涑水河、沙渠河与青龙河河谷等均为这个时期遗存的主要分布区域（表二；彩版一○二）。

聚落多位于地势开阔平坦之地，无论处于山岗环境还是平原地区，均选址在水源附近，山岗间泉水汇成的溪流和大河支流的沿岸都成为这个时期人们最常定居的地段，如涑水河上游和中游、沙渠河上游、青龙河上游及中条山西麓的青龙河支流等地是聚落较多出现的地区。

青龙河流域是聚落数量最多的一个区，聚落数量占本期聚落总数的一半。与其一岗之隔的涑水河中游北部却与青龙河流域形成强烈的反差，几十公里范围内一处仰韶早期聚落都没有发现，呈现大范围的聚落空白区。其他地带虽没有这样明显，但同样也存在聚落分布上的疏密、远近等情况，因此形成了几处相对集中的聚落分布区，使聚落在空间关系上呈现三五成群的布局特点。涑水河上游的东西两端、涑水河中游接近鸣条岗南端处、沙渠河上游近山麓处、青龙河上游接近鸣条岗东侧坡地处等几个地段则是聚落更为集中的地带。

三　聚落等级划分

本期聚落的等级差异不十分明显。最小的聚落面积不足 1 万平方米，最大的聚落面积也不过在 10 万～15 万平方米之间，差距不过 10 多万平方米。聚落虽有大小之别，但相差并不很悬殊，映射出这个时期聚落发展的早期阶段特征。

以 10 万平方米为界，可以将本地区的聚落分为大、小两个等级：

小型聚落，面积 10 万平方米以下。

大型聚落，面积 10 万平方米以上。

面积超过 10 万平方米的大型聚落只有 5 处，分别位于涑水河上游、鸣条岗南端、青龙河上游三个地段。虽然聚落分布总体呈现疏散状态，但在这三个地段里较大聚落周围还是分布少量规模不等的小型聚落，而且大型聚落也基本散布于不同地域，大、小型聚落之间的组合关系已经粗具雏形。

四　聚落群划分

根据聚落空间分布的不平衡性特征，并参考地理环境等因素，可以将上述全部 24 处聚落分别划分为涑水河上游、鸣条岗南部、沙渠河、青龙河上游、青龙河下游 5 个聚落群，它们构成了这个时期聚落分布的基本框架（表三；参见彩版一〇九）。

表三　仰韶早期聚落群登记表

序号	聚落群名称	聚落数量	聚落总面积（万平方米）	聚落群范围（平方公里）
1	涑水河上游群	6	36	100
2	鸣条岗南部群	3	27	30
3	沙渠河群	3	4	40
4	青龙河上游群	8	27	110
5	青龙河下游群	4	8	70

说明："聚落总面积"为本时期全部聚落面积之总和，不足 5 万平方米的聚落按 2 万平方米计算。其他时期聚落总面积同此标准。

1. 涑水河上游聚落群

主要分布在峨嵋岭与紫金山南侧、涑水河北侧的高台上，共 6 处聚落，聚落群范围约 100 平方公里。聚落基本位于涑水河支流沿岸，分布大体呈稀疏的点状，间距较大，布局分散。

本群位于盆地内自然环境相对优越的地段，四面环山，自成一体，东西各有一个出口分别与北侧盆地和南侧邻近地区相沟通，涑水河从中部流过，南北两侧支流众多，聚落处于河流的北岸，虽然绝对高度都在 500 米以上，但相对高度并不大，地势开阔、地形平坦、背倚山岗、面向涑水，朝向非常理想。河流虽然不是大河的附近，但却多为山泉形式的地下水源，充沛稳定，水质保证，是适合定居生活的首选条件。在自然赋予的优势基础上，这个群体里的聚落相对于其他群规模显得突出，有 2 个聚落的规模在 10 万平方米以上，聚落数量虽然不是最多，但聚落规模却是最大的，全部聚落总面积约 36 万平方米。

涑水河上游群是以山前台地为主要特征的一群。聚落沿涑水河北侧的台地地势明显分为东、中、西三个更小范围集中分布的组，空间上分别位于本群的东部出口、西部出口与中部山前平地。如果从遗址所在地的自然环境来看，三者实际上却是分别占据了涑水河北部三个主要支流汇集区的位置，其布局依据与选址目的十分明显，该群其他区域内水流系统远不如这三处发达，因此那些地带也无本时期聚落定居。从聚落布局形式来分析，本群内的三个聚落组也各有特点。东部组面积超过 10 万平方米的聚落只有东吴壁 1 号一处，周围无其他聚落存在，显得比较孤立；中部组有两处聚落，均为不足 5 万的小型聚落，分别居于密布的沟汊之间，这里只有面积不大的小块零散台地，虽接近水源，但空间有限，注定产生不了规模太大的聚落；西部组地势平坦，有较大的选择空间，所以这里兼具大小型聚落，分布比较集中，其仓底 3 号聚落面积最大，约 14.5 万平方米，另外还有一大一小两处，分布于它的南侧，规模都较仓底 3 号小得多，规模不足 10 万平方米。这一组位于整个群体的西侧出口附近，分布于一处小湖沼的附近，沿湖的东岸南北向排列，大体呈弧状，其西部不远处还有一处湖沼，而这些水域周围不见聚落遗迹，据此推测这里当初可能是范围更广阔的一片水域，为湖泽类的自然环境，聚落因此而定居。

东吴壁 1 号和仓底 3 号聚落所处地带均是本群重要的地理区域，它们规模及地位明显超越其他小成员，可能是当时起主导作用的聚落个体，但两者地域并立、规模相当，相互没有明显的支配关系，之间也看不出明确的高低差别，应该只是并行发展的各支，因此本群这个时期还没有形成统一的中心聚落。

2. 鸣条岗南部聚落群

主要分布在涑水河中游东岸，共 3 处聚落，聚落群范围约 30 平方公里。这里的丘陵岗地表现为若干独立的土丘形式，聚落基本位于这些高地上，而岗地的四周又大都被水流或其他外力不同程度毁坏，所以从远处观察这些聚落所在地，形似高台状的土冢，成为此聚落群区别于其他 4 群的一个明显特征。涑水河从北侧的聚落附近流过，南部的聚落附近似有一条古河道状的冲沟。

本群虽然聚落数量少，聚落群范围也不大，但全部聚落总面积约 27 万平方米，在规模上并不弱于其他群体，并且这里最大的聚落与涑水河上游群和青龙河上游群的大型聚落基本相当，这些特征显示这里也是一处重要的文化起源地。三处聚落中，高头庄 1 号与东三里 1 号集中于一处，而东孙坞 1 号却偏于东南，与两者并不相邻，暗示在空间上本群似还可以进一步划分。高头庄 1 号和东孙坞 1 号聚落相对其他小成员规模略大，但支配地位并不明显，两者之间也看不出明确的高低差别，所以本群在这个时期也没有形成统一的中心聚落。

3. 沙渠河聚落群

主要分布在鸣条岗以东、中条山以西、裴社岭以北的小范围区域内，共 3 处聚落，聚落群范围约 40 平方公里。这里地带狭长、地形崎岖、空间有限，可选择的定居点受到诸多条件制约，所以聚落均分布在地势相对低平的沙渠河沿岸，且以河流的上游比较集中，聚落规模均很小，全部聚落面积之和只有约 4 万平方米。

自然条件的欠缺应是扼制沙渠河流域古代聚落发展的首要因素，并且越向早期这种作用力表现得越突出。仰韶早期聚落分布稀疏、个体渺小，无论从数量还是规模方面来衡量都不是聚落发达地区。这个地区是一处以山地环境为主要特征的聚落群，成员稀少，面貌模糊，可供比对的材料也极有限，因此，根据现有资料无法确定中心聚落。

4. 青龙河上游聚落群

主要分布于鸣条岗以东、中条山以西、裴社岭以南、姚暹渠以北地域范围内，共 8 处聚落，占聚落总数的三分之一，聚落群范围也较大，在 110 平方公里以上。

本群内最大聚落牯垛规模达 14.7 万平方米，是本时期盆地内最大的聚落，其余聚落均在 5 万平方米以下，聚落个体之间反差显著，聚落总面积约 27 万平方米。

聚落所处地理环境分为两种情况，一种紧临中条山山麓或鸣条岗坡地，通常位于一条山岗间小溪附近，处于由山地、岗地向台地地形过渡的河口位置，聚落规模普遍较小，分布比较稀疏，与所有聚落也都相距较远；另一种则是位于青龙河岸边，距离山地和岗地都有一定距离，这里的聚落往往两三处一体集中分布。在此基础上的聚落分布，呈现比较明显的向心布局形式：位于中心的是牯垛聚落，东、西、北侧分别有小型聚落将其围绕，主次十分明显，而远离中心区的聚落群边缘的几处聚落，虽然孤立，但是布局却很有规律，它们都基本在聚落群的角落位置，处于中心区向周边地区的辐射范围内。由此可见，牯垛应是这个地区的中心聚落。

5. 青龙河下游聚落群

主要分布在鸣条岗以东、中条山以西、姚暹渠以南、盐湖以北的小范围地域内，共 4 处聚落，聚落群范围约 70 平方公里。

虽然处于河流的下游，但地形结构与青龙河上游地区基本相似，因此聚落分布上也存在诸多共性。这里的聚落也主要分布在青龙河河谷与中条山西麓的山前台地内，4 个聚落面积都在 5 万平方米以下，既小又散，最近的聚落之间距离也在 3 公里以上，聚落总面积 8 万平方米。聚落大体构成一个方形布局，而方形区域内又未见其他聚落，更不见大型的聚落。它与北侧的聚落群以姚暹渠一渠之隔，南北呼应，有并驾齐驱的局面，但两者之间同处于两山之间的河谷地带，实力却相差很大，显然又带有主次差别，上游显然是主体，对下游的聚落发展存在一定的影响。

五　生产经济与资源获取

上述 5 个聚落群的地理环境各有特色。涑水河上游与鸣条岗南部两群所体现的是山前、岗前台地的聚落布局形式，沙渠河群体现的则是比较单一的山地聚落形式，而青龙河上游、下游所体现的则是半山地、半河谷的聚落布局形式。聚落处于何种环境下，必然与其周围环境有着不可分割的联系，受到环境等自然条件的制约，并从根本上决定了这些聚落所能够发展到的程度。运城盆地仰韶早期聚落的发展情况正体现了这一特征。

涑水河上游与鸣条岗南部群位于运城盆地东部的南北两端，相距遥远、南北对峙，却有不少共同之处。如聚落群的范围顺地形均呈窄长的条状，聚落定居之处皆位于黄土丘陵的岗前台地。此外，这两群中规模较大的聚落要明显多于前两群，10 万平方米以上的聚落共有 4 个，占大型聚落总数的 4/5，可见这两个地区从聚落产生伊始就显示出不同的地域特色。聚落布局于山前或岗前台地，对于定居生活和发展农业生产等都比较有利，附近的溪流可以提供比较稳定的水源供给，同时又背靠资源多样、储量丰富的中条山地与峨嵋岭山岗地带，可以获得比较充足的物资供应。另外，定居聚落所在的河旁台地，开阔平坦、四通八达，其优势比单一山地环境的沙渠河和相对闭塞的鸣条岗以东的诸聚落群具有一定的优势，不但宜居，而且方便出行，由鸣条岗南部群向南、向西可以到达黄河或中条山以南的任何地区，向北则可以进入汾河谷地；而从涑水河上游群向北可以进入临汾盆地，向南或向东则可以沿涑水河分别深入到运城盆地的各个其他聚落群。在需要交换或引进本聚落群内缺乏的资源时可以很顺利地进出，这些天然优势，属于聚落发展过程中的地利，仰韶早期阶段这些地域的聚落能够迅速成长壮大起来，即得益于这种开放型的结构，成为促进聚落发展的动力之一。

以山地环境为主要特征的沙渠河聚落群，西、北有鸣条岗，南有裴社岭，东有中条山，处于一个全封闭环境下，以山地、河谷为主要活动空间，大大束缚了人类发展空间和创造力，它的水源出于深山、水量丰富，另外，山区能够提供大量野生动植物资源，在当时条件下，采集、渔猎必定是人们主要从事的谋生手段，生活不是很稳定。从聚落内一些遗迹反映的情况来看，这里可能有小规模的农业，其中包括种植业与家畜饲养等，因此，这里的聚落不仅数量少、规模小，聚落群范围在 5 个群中也是较小的，体现了当时人类受自然环境限制而缓慢发展的特征，它的实力应是当时最弱的一个。

青龙河上游与下游聚落群处于中条山与鸣条岗两个纵向高地的中部，这个群体的特点是：既有山地聚落，同时也有河谷地带的聚落；既有本期最大的牯垛聚落，也有普遍偏小、面积不足 5 万平方米的聚落。这个群体里存在两种不同的生态环境，古代人类定居于此，为了满足生活需要则可能采取不同的生活方式或不同种方式兼有而以某种方式为主。大部分小聚落之间在聚落面积、遗迹种类、遗物丰富程度等多方面相差不多，地位之间看不出本质的区别，推测它们应该兼有渔猎、采集经济，并有所侧重，定居与农业的痕迹不明显。定居生活证据比较充分的聚落是牯垛，调查中发现在整个聚落区范围内遍布灰坑、房址等遗迹，集中分布在遗址中部的现代取土沟两侧。灰坑多埋藏较深，在 1.5 米以上，口径 1.2～2.5 米不等，深度虽暴露不完全，但多在 1 米以上，最深的可达 2.6 米。灰坑剖面形状多锅底坑，直壁坑较少，也见袋形坑。并有大量陶器遗物遍布于遗址的地表。这里位于青龙河的中段，地势低平，水源丰富，并且距鸣条岗与中条山都不算远，约 1～3 公里，作为定居之地非常合适，所以这里集结了不少这个时期的聚落。在牯垛的西侧不远处即有牯垛岭聚落，东侧隔河相望还有圪塔1号聚落，这些聚落穿插于现代村落和河流之间，当时很有可能是一个大聚落的组成部分，它们共同构成当时人类活动的一个中心地区。

此时期盆地内虽未形成密集的聚落分布形式，但却是聚落初成阶段定居生活的较早尝试，在地理环境上，本地区可以定居的地点一定不止上述24处，但是无可否认这些最先被古代人类看好的地段却显然是本地区几处最适宜作为定居的地点。仰韶早期聚落的定位形式奠定了后期聚落发展的基本布局，在以后长期的文化发展进程中，聚落分布的具体位置有这样或那样的移动、扩展、变化，但基本范围还是集中在这些地段，定居传统与选址观念显然根深蒂固。

从实际发展水平来判断，仰韶早期社会还处于较低的发展阶段，聚落无论是数量、规模、密度、范围、遗存特征等都无法与接下来的仰韶中期、晚期及后来的许多时代相比，显示出新石器初级阶段的发展特征。人类由旧石器以来穴居习惯逐渐向定居生活的转变过程，实际上是由山地环境向平原地区过渡的过程，仰韶早期的人类既初步涉足平原地区，同时又尚未完全摆脱开山地生活习惯的束缚，因此近山、近水、近平地等均成为人们追求的理想目标，既可接近新的环境，在平原地区进行定居生活，发展初级的农业生产、家畜饲养业、捕捞业、手工业技术等，同时又可以保持早期阶段赖以生存的山地经济，以采集、狩猎等活动作为现实生活的有益补充，在农业生产无法满足需要时进入深山，采伐森林、采摘野生植物果实、捕猎动物等，成为定居生活的必要补给，这样才能不断提高人类发展的水平，实现持续发展的根本目标。以这种尺度来衡量，盆地内靠近盐湖的低洼地区自然不是首选，单纯的山地岗地也不是合适地点，而山前台地与河谷地带作为定居之地无疑是最理想的选择。如果再综合水源、地形等其他因素，就可以明确此时期人们努力的方向其实正是在向类似牯垛、高头庄1号、仓底3号等区域发展，尤其是牯垛这样的地点，既处于相对低平的河旁岗地，又处于高低起伏的山地、岗地的外围，所以这里的聚落密度是最稠密的，聚落规模也大于其他地区，这种现象的出现并非偶然。

第二节　仰韶中期的聚落

一　文化属性

以庙底沟类型出现为标志，仰韶文化进入了鼎盛的繁荣期，一般认为这个时期属于仰韶文化的中期。晋南地区属于庙底沟类型的核心分布区域。相关研究表明，这里还是探索庙底沟类型起源的重要地区之一。

在庙底沟类型全盛时期，以关中、晋南、豫西为中心，北到河套，南达江汉北部，西至洮河，东抵郑州附近等都有其典型遗存的分布。庙底沟类型陶器的常见器形有双唇小口尖底或平底瓶、宽肩小平底瓮、大口缸、折肩浅腹圜底釜、灶、盆形甑、釜形鼎等。纹饰有绳纹、线纹、划纹、附加堆纹以及彩陶。庙底沟类型的彩陶处于仰韶文化彩陶工艺的极盛期，多为红地黑花，还出现了少量白衣彩陶。纹饰多为带状并富于变化，有圆点、花瓣、钩叶、网格、弧边三角及曲线等母题，此外还见鸟纹、鱼纹和蛙纹等动物图形。

运城盆地内以西阴村等为代表的已发掘遗址较全面地反映了本地区庙底沟类型的文化内涵。调查资料虽不如遗址发掘的丰富，但彩陶遗物比较多见，尖底瓶的双唇口造型突出，盆、钵类制作精致，光滑规整，也见白衣彩陶残片等，是典型的庙底沟类型特征遗存。

二　聚落的分布

在已调查的运城盆地区域内，仰韶中期聚落共有66处，比仰韶早期增加了近两倍的数量，其中绛县12处、闻喜18处、夏县26处、盐湖区6处、临猗4处。中条山、峨嵋岭与鸣条岗的山麓或岗前地带，涑水河、沙渠河与青龙河河岸台地等处均为这个时期遗存的主要分布区域（表四；彩版一〇三）。

表四　仰韶中期聚落登记表

序号	聚落名称	聚落在遗址的相位位置	地形特征	聚落面积（万平方米）
1	西沟1号	遗址中部	涑水河北岸台地	1.6
2	西荆1号	遗址东北部	涑水河北岸台地	<5
3	西吴壁1号	遗址中部	涑水河北岸台地	24.3
4	孔家庄	遗址全部	涑水河北岸台地	2
5	北杨1号	遗址大部	涑水河北岸台地	15.3
6	峪南1号	遗址大部	涑水河北岸台地	133
7	周家庄1号	遗址中东部	涑水河北岸台地	221.8
8	周家庄2号	遗址西南部	涑水河北岸台地	3.9
9	周家庄3号	遗址中西部	涑水河北岸台地	<5
10	柳泉I1号	遗址大部	涑水河北岸台地	43.7
11	东外1号	遗址中部	中条山北麓、涑水河南岸台地	11.6
12	西山底II1号	遗址北部	涑水河南岸台地	0.4
13	湖村1号	遗址中南部	古河道东岸台地	67.4
14	仓底4号	遗址北部	古河道东岸台地	15.1
15	仓底5号	遗址南部偏东	古河道东岸台地	0.09
16	下中庄I1号	遗址大部	涑水河西岸	24.3
17	冀鲁1号	遗址南部	涑水河西岸台地	<5
18	丁店1号	遗址全部	涑水河西岸台地	7.3
19	上邵王1号	遗址大部	涑水河东岸台地	26.5
20	李家房1号	遗址全部	涑水河东岸台地	1.5

序号	聚落名称	聚落在遗址的相对位置	地形特征	聚落面积（万平方米）
21	韩家庄1号	遗址南部	涑水河东岸台地	3.3
22	沙流1号	遗址北部	涑水河东岸台地	<5
23	坡底1号	遗址南部	涑水河南岸台地	1.1
24	西张1号	遗址全部	涑水河北岸台地	27.8
25	小张	遗址全部	涑水河北岸台地	1.1
26	姚张西	遗址全部	涑水河北岸台地	0.25
27	西阳1号	遗址中南部	涑水河北岸台地	3.17
28	高头庄2号	遗址西北部	涑水河东岸台地	<5
29	南庄	遗址中北部	涑水河东岸台地	0.82
30	西乔阳1号	遗址全部	涑水河东岸台地	8.28
31	西曲马	遗址全部	鸣条岗北侧台地	2.71
32	东孙坞2号	遗址大部	鸣条岗西侧台地	13.91
33	董家庄	遗址全部	鸣条岗南端岗上	1.35
34	南白石1号	遗址北部	沙渠河两支流交汇处	5.6
35	后宫Ⅱ1号	遗址东北部	沙渠河北岸台地	<5
36	前偏桥1号	遗址大部	沙渠河与其支流交汇处	55.3
37	上偏桥1号	遗址全部	沙渠河北岸台地	<5
38	南姚Ⅱ1号	遗址南部	沙渠河北岸台地	4.4
39	辛庄上	遗址全部	沙渠河南岸台地	0.03
40	花鸡沟	遗址全部	中条山北麓	<5
41	店头堡1号	遗址南部	沙渠河南岸台地	70
42	店头堡2号	遗址西北部	沙渠河南岸台地	<5
43	东跃	遗址全部	青龙河北岸台地	<5
44	常马	遗址全部	青龙河西岸台地	3.5
45	崔家河Ⅰ1号	遗址中南部	青龙河北岸台地	11.1
46	崔家河Ⅱ1号	遗址东北部	青龙河西岸台地	2.6
47	崔家河Ⅲ3号	遗址西部	青龙河西岸台地	<5
48	东下冯—埝掌1号	遗址西北部	青龙河北岸台地	<5
49	埝掌1号	遗址南部	青龙河西岸台地	<5
50	楼底	遗址全部	鸣条岗东侧台地	5.9
51	西阴1号	遗址全部	鸣条岗东侧台地	132.6
52	东阴1号	遗址西部	鸣条岗东侧台地	50.8

序号	聚落名称	聚落在遗址的相对位置	地形特征	聚落面积（万平方米）
53	东阴2号	遗址东部	鸣条岗东侧台地	<5
54	陈村2号	遗址西部	中条山西麓山前台地	0.1
55	陈村3号	遗址东部	中条山西麓山前台地	2.3
56	裴介Ⅰ2号	遗址南部	青龙河故道西岸台地	0.8
57	裴介Ⅰ3号	遗址东北部	青龙河故道西岸台地	3.5
58	南卫2号	遗址中南部	青龙河故道东西两岸台地	28.4
59	南卫3号	遗址东北部	青龙河故道东岸台地	1.7
60	辕村Ⅱ1号	遗址东南部	青龙河故道西岸台地	<5
61	辕村Ⅰ1号	遗址大部	青龙河故道东西两岸台地	92.3
62	堡尔	遗址全部	中条山西麓山前台地	<5
63	上湰底2号	遗址全部	中条山西麓山前台地	35.1
64	史家1号	遗址大部	中条山西麓山前台地	41.5
65	西纽1号	遗址西北部	鸣条岗东侧坡地	3.41
66	磨河	遗址全部	中条山西麓山前台地	3.3

　　聚落选址多在河流的两岸，有些聚落如青龙河、涑水河中游及沙渠河一带，聚落多位于河谷地带的两侧，离河道距离较近。涑水河上游的聚落略显不同，并不临近干流，一般位于支流的河岸旁或冲沟附近。中条山西麓与峨嵋岭东侧的聚落数量均不多，位于山间小溪的两岸，基本紧临河道的边缘，以溪流作为聚落生存所需水源。聚落选址处位于中条山与峨嵋岭的山麓或岗地上，地形崎岖不平，起伏变化较大，属于山地环境的一部分，是兼有台地、山地两方面特点的聚落遗址。

　　除了单个聚落的规模增加外，这个时期聚落的分布范围也有所扩大，大部分地区从早期以来即作为聚落的定居点，此时在原有基础上进一步膨胀、扩展而充斥于全部河流的流域区内，而且一些原本并不丰富的地区，这时也发展起不少大小不同规模的聚落，如青龙河下游接近盐湖的范围内，仰韶早期只有寥寥几个聚落，且面积很小，到仰韶中期时突现出近百万平方米的大型聚落，其余的聚落也多在30万~40万平方米；涑水河中游更是一改早期仅存西南隅少量聚落的冷清局面，在河谷两侧涌现出几十处聚落，沿河岸排列，与早期形成强烈的反差。这些情况表明，由于聚落绝对数量的增加与聚落规模的迅猛扩展，分布区内聚落的分布密度也呈现明显的增加趋势，在原本稀疏的聚落空白地带内增添了新的聚落，并最终从仰韶早期散点状的布局形式演变为连珠式的分布结构。

三　聚落等级划分

除数量增加外，聚落规模也有显著的改变。本时期面积超过 10 万平方米的聚落占全部聚落数量的约三分之一，面积在 20 万平方米以上的聚落有 16 处，90 万平方米以上的聚落有 4 处，还有个别聚落面积在 200 万平方米以上。

聚落按规模大小大致可以分为三个等级：

小型聚落，面积 20 万平方米以下。

中型聚落，面积 20 万~90 万平方米。

大型聚落，面积 90 万平方米以上。

聚落分布呈现几个特点：一是聚落规模几十万或百万平方米以上的大型聚落数量较多，分布普遍，在各河流域几乎均有分布，但很少见两个大型聚落处于同一地点的现象。二是在大聚落广泛分布的同时还有聚落不足 1 万平方米，近三分之二的聚落面积不足 5 万平方米，大、小聚落之间的差距达几十万甚至上百万平方米。三是在大、小型聚落分布的间隙，中型聚落在聚落群体中占了相当的比重，大部分聚落的规模从十几万到几十万平方米不等，它们与大、小聚落交叉在一起，形成交相呼应的布局形势。

四　聚落群划分

根据聚落空间分布上的这种不平衡性，并参考地理环境区别等因素，可以将上述全部 66 处聚落分别划分为涑水河上游、鸣条岗北部、鸣条岗南部、沙渠河、青龙河上游、青龙河下游 6 个聚落群（表五；参见彩版一一〇）。

表五　仰韶中期聚落群登记表

序号	聚落群名称	聚落数量	聚落总面积（万平方米）	聚落群范围（平方公里）
1	涑水河上游群	16	568	180
2	鸣条岗北部群	6	43	70
3	鸣条岗南部群	11	62	240
4	沙渠河群	9	143	100
5	青龙河上游群	13	219	110
6	青龙河下游群	11	214	160

1. 涑水河上游聚落群

主要分布在峨嵋岭东、南部与紫金山南侧以及涑水河南北两侧的高台地上，共 16 处聚落，聚落群范围 180 平方公里。与仰韶早期的分布情况不同，这时的聚落除了在支流或冲沟的河岸附近存在外，在涑水河河道的附近也开始出现了成批的聚落。早期的聚落以聚落群的东西两端比较集中，中部相对稀疏；在仰韶中期阶段这些地区都成为聚落集中分布的地域，并且聚落数量与规模都有所扩大，这样一来不但稀疏的分布状态变得稠密起来，而且原本空白的地带里也陡然增添了大批聚落。聚落群的中部与东部的聚落分布已经接近涑水河的干流河道，表明此时人们已经开始选择在大河的附近定居生活。本群的聚落总面积约 568 万平方米，在所有群落中是最突出的。

涑水河上游聚落群处于盆地环境内，四面环山、中部低平、地形封闭、相对独立，地势平缓的黄土台塬分布普遍，皆可作为古代人类的定居之地。涑水河从区域中部由东至西流过，南北两侧汇集了众多的大小支流，为古人的生活提供了充沛的水源。聚落选址于河流的两岸，包括干流与支流的两侧均有分布，但大多位于河流的北岸，南岸数量较少。北岸虽然绝对高度较大，但相对高度却较小，地势平坦，背山面水，山泉形式的地下水源充沛稳定、水质保证，是适合定居生活的首选条件。在整个聚落群范围内，东西向分布的三处支流与冲沟集中的地带，可能就是当时人们依赖的主要水源，这些地点的附近，聚落数量较多且集中分布。

涑水河上游聚落群以山前台地为主要特征，是 6 个聚落群中实力最强大的一群，共有 20 万以上的聚落 4 个，100 万以上的聚落 2 个，虽然聚落数量不是最多，但聚落总面积是最大的，聚落的规模也普遍比其他几群聚落规模突出。

在本群全部聚落中，周家庄 1 号聚落规模最大，达 220 多万平方米，它位于聚落群中部的涑水河北岸高台地上，附近有数条大型冲沟，聚落居中而略偏东，占据整个聚落群的中心，向东向西分别可以辐射到中条山地与峨嵋岭丘陵等地区。在遗址的中心区域，以泉水为中心的东西两侧台地上，发现了仰韶中期的百余处文化层堆积与灰坑、房址、陶窑等大量遗迹，并在这些文化层与遗迹周围及更远的北部地区散布不可计数的陶片、石器等遗存，这些发现在周边的同类遗址中并不多见，表明古代人类在这里定居生存了相当长的阶段。泉水附近无疑应是当时聚落的中心区，密布的河流溪水与丰沛的泉水资源应是吸引古人在此定居并生存繁衍的主要动力之一。

周家庄 1 号聚落的发展并不孤立，在本群内与之并立的还存在一些大中型聚落，以峪南 1 号、湖村 1 号两处最为突出，分别位于聚落群的东西两端。它们规模虽不及周家庄 1 号，布局也偏向于群体的两翼，但是聚落面积均在 50 万平方米以上，峪南 1 号面积更达 100 多万平方米，不仅是本群内的大型聚落，而且也是本时期规模最大的聚落之一，这些聚落的附近同样也集中了数量不等的中小型聚落。根据这种分布规律，还可以将涑水河上游群划分为东、中、西三个聚落组。中部组位于紫金山南麓的周家庄 1 号附近，周围簇拥着大小 5 处聚落，分布于周家庄 1 号的西、南部，这些聚落规模远远不及周家庄 1 号，虽大小有别，远近不同，但显然都处于后者的从属地位，是其所辖的聚落成员，周家庄 1 号应是这一组的中心聚落。东、西两组分别位于中条山西麓与峨嵋岭岗地的两个出口地带，东部组以峪南 1 号为中心，附近有 5 处聚落，其南部已达到涑水河北岸的台地上，处于涑水河与其支流的夹角部位，布局情况与中部组有相似性，但不像中部组开阔，处于更上游的位置，更接近中条山地环境，聚落分布更集中、更紧凑，小聚落与峪南 1 号之间的关系比中部组之间的关系更密切，有独立发展、自成一体的态势，峪南 1 号显然是这里的中心聚落。西部组位于涑水河西侧一个支流所流经的地区，支流从北向南，在涑水河拐弯处汇入干流河道，聚落与河流之间或远或近，分布不如峪南那样紧凑，但大体上还是沿河岸进行分布，聚落以湖村 1 号为主体，只有 3 处，间距大，规模相差大，聚落各以岗地为依托，与湖村 1 号构成犄角形式，湖村 1 号应是中心聚落。

2. 鸣条岗北部聚落群

主要分布在峨嵋岭东侧、鸣条岗西侧之间的涑水河中游北段地带，共 6 处聚落，聚落范围 70 平方公里。仰韶早期阶段这里还是空白地带，中期阶段新增了这些聚落，是变化比较突出的地区，这些聚落的出现显示出从仰韶中期开始人类对于新定居地点进行了大幅度的拓展。

本群聚落也集中分布于河谷地带，因为处在两个丘陵岗地之间的夹缝之中，所以不少聚落同时也处于鸣条岗西部与峨嵋岭东部的崎岖岗地上。与其他群不同的是，这里的聚落多位于地形起伏很大的岗前坡地上，比较低平的地段基本不见聚落分布，临近河岸的低地聚落更是少之又少，可见这个地段的人们选择高地作为定居地点的倾向性十分强烈。聚落比较稀疏，聚落总面积约 43 万平方米，大大低于其他聚落群的总体水平。

聚落群三面为山岗所围绕，形如走廊，是盆地内一处重要的南北向通道。这里支流较多，汇集了较丰沛的水量，可以为古人的生活提供充足的水源，但地域却较为狭窄，地形起伏陡峭，宜居之地稀少，生存空间有限，所以，这一地段的聚落选址于河流的两岸高地上，聚落规模普遍较小，聚落等级差别也比较小。此地较大的聚落仅有上邵王 1 号，位于聚落群的中部，面积仅 26.5 万平方米，只相当于其他群内小型聚落的规模，大部分聚落属 10 万以下的小型聚落。上邵王 1 号显然是这里的中心聚落。聚落群的南部今天仍有大面积的沼泽、湿地等，地势犹显低平，据此推断，当时这个区域可能也分布有较多的湖泊、沼泽等水体，以此作为聚落定居的必备水源。

鸣条岗北部群是五处群落中实力较弱的地区之一。由于处在两个丘陵岗地间的夹缝地带，空间狭小，地形起伏，宜居之地相当有限，这些因素决定这里不可能产生类似东、北部相邻聚落群中的大型聚落个体。这里相对于其他群体的优势在于交通便利，通过涑水河河谷可以通达外界，直到现代社会这里依然是运城盆地与外部地区交流的南北向大动脉。本群的东北侧与东侧分别为沙渠河群和青龙河上游群，这两群都比鸣条岗北部群强大，它与这两者地理上都非常接近，推测在聚落形成过程中它可能尽力借助这两地的优势来弥补本地聚落发展条件的不足。

3. 鸣条岗南部聚落群

主要分布在峨嵋岭东侧、鸣条岗西侧之间的涑水河中游南段地带，共 11 处聚落，聚落范围 240 平方公里。仰韶早期阶段这里只见 3 处聚落，且集中偏于鸣条岗的南端西侧，范围很小，中期阶段这里新增了 8 处聚落，将聚落的分布区域向河流的上游大范围扩展，与鸣条岗北部群情况相似，这些变化应显示了仰韶中期开始人类对于新定居地点的拓展。

聚落集中分布于河谷地带，多位于地形起伏很大的岗前坡地上，以聚落群中部为界基本分为南北两部分：北部聚落多临近干流河岸，地势较高，沿河呈线状排列；南部聚落则全部处于河流东岸的低平地段，呈比较集中的簇状。聚落分布比较稀疏，规模普遍较小，聚落面积总和约62万平方米，远远低于青龙河流域与涑水河上游其他聚落群的分布范围。

聚落群属于盆地内自然环境比较独特的地段，南宽北窄，西高东低，是由狭窄的岗间河谷向开阔地带过渡的地形，它与鸣条岗北部一样都是盆地内走廊性质的南北向通道，可以通向周边地域。聚落群北侧支流较多，汇集了较丰沛的水量，为古人的生活提供了充足的水源。最大的聚落西张1号面积不足30万平方米，只相当于其他群内小型聚落的规模，大部分聚落为面积在10万平方米以下的小型聚落。

根据聚落群内部的聚落集散程度，本群内部还可以进一步划分为南、北两个聚落组。北部组位于西张1号附近，周围有3处聚落，西张1号面积27.8万平方米，是这组最大的聚落，其他聚落均不足5万平方米，呈放射状分布于西张1号的各个方位，西张1号显然是本组的中心聚落；南部组位于东孙坞2号附近，周围有6处聚落，处在河流的下游及岗地的末端，这里地势平坦，不见大的起伏，聚落分布于河流南岸的开阔地上，除了个别聚落游离于远处以外，大多数聚落簇拥在东孙坞附近，排列比较紧密，聚落中只东孙坞2号接近14万平方米，可能是这一组的中心聚落，其余均不足10万，大多数尚在5万平方米以下，聚落之间等级差别不十分显著。

鸣条岗南部聚落群也是五群中实力较弱的一个，虽然这里有交通方面的优势，但地形起伏、空间狭小、资源缺乏、水患等因素可能是本地聚落发展的强大阻力，聚落群本就稀疏，却在南、北两端各自形成了一组集中的聚落，显然是人们在努力选择最合适的地段作为永久定居地点，尽管如此，本地还是没有形成太具规模的大型聚落。

4. 沙渠河聚落群

主要分布在鸣条岗以东、中条山以西、裴社岭以北的狭窄地域内，共9处聚落，聚落群范围约100平方公里。聚落绝大多数沿着河流的走向分布在沙渠河干流河岸两侧的台地上，少量聚落处于支流附近，规模均较小。仰韶中期聚落在数量、规模及分布范围上均有显著变化，不但数量由早期的3处增加到9处，而且聚落规模也由早期普遍不足2万平方米发展到出现面积达50万平方米以上的聚落，聚落总面积约143万平方米，聚落群的分布范围也由紧临中条山的山麓地带沿着河流由上游向下游和向西部扩展，最西端的聚落已经到达沙渠河与涑水河交汇处的河口附近，距离上向西延伸了近10公里，空间上拓展了将近3倍的范围，展现出本时期人类定居地点逐渐脱离山地环境向西部河谷地带转移的趋势。聚落数量与规模的同步增大，不但使原有的空白地带增添了多个聚落，也改变了原来稀疏单调的聚落布局形态，在聚落群内基本形成了大小错落、疏密相间的聚落组合形式。

聚落群处于盆地内自然环境比较独特的地段，地形封闭，四周都有山地或岗地所环绕。水路方面只有西侧顺着沙渠河而下向西一个出口，陆路方面向南地势略低，翻越裴社岭等缓坡可以达到青龙河流域，是一个比较理想的天然通道，其他方向则均为地势较高的山岗，在聚落群的对外交通方面显然形成较强的阻碍。沙渠河作为涑水河最重要的一条支流，所依赖的水源主要来自于中条山西麓的山间泉水，在其上游河段也汇集了众多更小型的支流作为补给，所以水量相当充沛，对流经地区的黄土丘陵地形冲击力也非常强大，在今天的沙渠河河道两岸随处可见水流形成的悬崖峭壁、深壑峡谷，连绵延续直到河口位置。

复杂的山地环境是本群聚落发展的明显劣势，但丰沛的水源和多样化的自然资源却是促进聚落发展的有利因素，因此虽然适宜定居的优良地点并不多，尤其是大型聚落的落脚点更是难觅的稀有之地，但是在河流的两岸，在那些既邻近水源又相对安全的地段还是涌现了少量50万平方米以上的中型聚落，原因可能即在于此。

以河流经过的不同地形为标志，沙渠河群内的聚落也分成了东西两个集中分布的区域。东部组位于上游，以前偏桥1号聚落为中心，集结了上游的3处聚落，基本呈东西向排列，前偏桥1号面积最大，约55.3万平方米，显然是这个组的中心聚落；西部组位于下游，以店头堡1号聚落为中心，集结了下游的4处聚落，大体排列成三角形。店头堡1号居中，面积70万平方米，远大于其他聚落，为这一组的中心聚落。在空间分布上，前偏桥1号属于中条山地，位于两河的交汇处，而店头堡1号聚落则位于鸣条岗的东侧坡地，两地地理环境大同小异，且分别占据了河流的上、下游河段，规模接近，相距遥远，尚看不出两者之间地位上的主次区别。它们之间的关系更可能是处于一种平行并立的状态，东西两侧与河流上下游及干流河道的南北岸等因素可能是它们之间的界限。以目前的资料而言，尚无法确定哪一处是本群的中心聚落。

5. 青龙河上游聚落群

主要分布在鸣条岗东侧、中条山西侧、裴社岭南侧、姚暹渠以北的青龙河上游河谷地带，共13处聚落，聚落范围110平方公里。

青龙河上游地区在仰韶早期阶段就是一个重要的分布区，集中了当时的不少聚落，其中不乏一些较大规模的聚落。仰韶中期聚落大体也是按照河道的走向依次分布，且多近河岸处，远离河道的地带无论地势高低陡缓均不见遗址，不在青龙河干流河道的中条山地也只是在山间泉水形成的小溪流附近才有人类定居，聚落逐水而居的特征非常明显。仰韶中期与早期相比，聚落的总体分布范围差别不大，但中期聚落定居的具体位置与早期却有所不同，绝大多数仰韶中期与早期的聚落在遗址中都不重合或者根本不在同一地点。这种特征在其他几个聚落群内也有类似的反映，但青龙河上游是最明显的。仰韶中期聚落群范围与仰韶早期阶段基本相当，但聚落总面积达到214万平方米，比早期明显扩大。

在聚落分布方面，仰韶中期一改早期以来聚落集中于河流的中部及中条山麓地带的布局形式，由中心向西、向北各做一定的扩展，聚落仍然大体沿着青龙河的河谷由北向南连续分布，主要聚落集中于青龙河西岸接近鸣条岗北部东坡地的部位，只在中条山西麓保存少量小型聚落，聚落群的重心集中于聚落群的西北部。如本群最大的西阴1号聚落，遗址本身就是一处地形起伏平缓的丘陵地貌，仰韶中期的遗存由高岗顶部断断续续向坡地底部延伸，南北距离在2公里以上，就是这种聚落布局特征的典型表现。

聚落群西、北两侧分别为地势平缓的鸣条岗与裴社岭丘陵岗地，易于翻越，通过它们可以分别到达西侧的涑水河中游与北侧沙渠河流域，东侧为地势高耸的中条山地，是本区向东发展的一个天然阻碍，南侧均为地形开阔地带，由此可直达青龙河下游地区及盐湖周围，并由此通向南部与西部更远的地区。由于河流改道与支流众多等因素，这里的河流与聚落的关系显得比较复杂，青龙河在流域中部由北向南流过，东北部处于山前的崎岖地带，汇集了众多的大小支流，为古人的生活提供了充沛的水源，地形虽然略有起伏，但支流与青龙河交汇之处往往成为不同规模聚落的主要分布区，聚落数量较多且集中分布。

受河流分布和地形结构的影响，本群聚落分为南北两组，而布局上南北两部分又分别呈现不同的组合特点。南部组在西阴附近，包括几处大中型聚落，如西阴1号与东阴1号等，两者面积均在50万平方米以上，西阴1号聚落规模达132.6万平方米，是本群最大的聚落。两处聚落的周围只有少量规模5万上下的小型聚落，聚落之间等级差别明显；北部组位于崔家河附近，聚落普遍较小，除崔家河Ⅰ1号一处刚及10万平方米，其余均为5万平方米左右的小型聚落。南、北两组的共同特点是聚落之间都比较紧凑，间距都不超过1公里，一般间距在300~500米。因此，两个同样密集的聚落组，表现的状态则是南部呈集束状排列，簇拥于黄土丘陵的一端，北部则为联珠状沿岗地地势和河流走向排列。

北部组虽然只有崔家河Ⅰ1号聚落面积略大些，并在其周围有6处聚落，但并不构成中心聚落的规模；而南部组以西阴1号和东阴1号聚落为中心，包括数量虽不多，但聚落规模却远盛于北部组，本群内的所有大型聚落尽皆集中于此。西阴1号与东阴1号聚落两者相邻，间距不过200余米，在同一时期同一地域内如此邻近的条件下同时存在如此规模超大的聚落组合，表现了两者在地缘关系上的邻近与社会关系上的密切。西阴1号与东阴1号聚落虽然分别为132.6万与50.8万平方米，但二者合计的面积则超过200万平方米。调查中在两个聚落区内发现50余处灰坑及连续不断的文化层堆积，并在这些文化层与遗迹周围及更远的地域里散布大量密集的陶片、石器等遗存，在周围聚落群内是最丰富的，说明仰韶中期的人们在这里经营的时间相当久远，也证明这里就是本聚落群的中心区，其中心聚落的地位无可争议。西阴1号与东阴1号的布局形式表明它们应属于一个有统一组织的双生聚落，两者虽分属于不同的聚落个体，但其实是共同构成中心聚落实现主要中心的功能，向东向西还分别可以辐射到中条山地与鸣条岗丘陵岗地及更远的地区。至于东侧中条山地的两个小型聚落，它们与西侧主体聚落相距遥远，不属于任何一组，它们过小的规模，且并无重要遗存证据，代表一种独特的山地聚落形式。总体来看，本群内的聚落两极分化比较明显，所体现的是高度整合的垂直控制系统。

6. 青龙河下游聚落群

主要分布在鸣条岗以东、中条山以西、姚暹渠以南、盐湖以北的大范围地区。此处为青龙河下游区域，河道开阔，地势平坦，中条山西麓与鸣条岗东侧坡地上原有众多的溪流从高处汇入低处的干流河道，地形呈现低缓的谷地形式，只在姚暹渠南部的裴介镇姚村以下河道还可以依稀看出河流的大体走向。

青龙河下游地区也是仰韶早期的重要分布区之一，但聚落规模和分布范围都普遍较小，呈稀疏的点状散布于青龙河谷地及中条山西麓的低山之中。仰韶中期聚落规模明显扩大、数量急剧增加，因此分布范围也相应拓展。聚落群内共 11 处聚落，聚落群范围 160 平方公里。

青龙河下游聚落分布与上游存在较多共性。此时的聚落也多位于近河谷地带与山岗的边缘，山河之间有大片的空白地区均未发现聚落遗址，山地的聚落近旁也有山间泉水汇集而成的溪流小河，逐水而居的特征明显。与上游聚落分布情况不同的是，仰韶早期聚落集中于河流的中部及山麓地带，中期则由中心向西、向南扩展，最西部已经到达鸣条岗南端的低平岗地部分，最南部可达到盐湖东北部的山麓附近，但总体来看聚落群的中、东部仍是重心地区，相对较大的聚落皆集中于此，边缘部分的聚落仍属小型聚落，这个时期的聚落总面积 214 万平方米。

不同的地理环境造就不同的聚落布局形式，青龙河下游群的聚落布局也与地形结构与河流分布等因素密切相关。在聚落群内部，可以分为明显的东、西两组。东部组位于中条山西麓，有 3 处自成一体集中分布，集中了两处面积在 40 万平方米左右聚落，分别为史家 1 号与上淄底 2 号，其余均为小型的聚落。两处较大聚落分别横跨在一条溪流两岸，地理环境相似、规模基本相当、遗存特征接近，看不出明显的等级差别，无法确定两者的主次关系。西部组位于青龙河河谷区域，有 6 处聚落线状排列，并呈由北向南逐渐增大的趋势。西部组规模大于东部，线形队列终端的辕村Ⅰ1 号聚落显然是这个组的龙头，规模接近 100 万平方米，应为这个组的中心聚落。这个组的聚落间距均比较小，一般约 200~300 米，是这个时期聚落分布最紧凑的区域之一。两组以外在中条山麓偏南部和鸣条岗东侧坡地上还有两个小型聚落，独立于两组以外，均为山地与岗地类型的聚落。

虽然分列于聚落群的不同区域，东西两组之间显然在规模上也存在明显的差异。在东部聚落组内，史家 1 号与上淄底 2 号规模基本相当，周围只见一处不足 5 万平方米的小型聚落，两者之间很像是一种平行发展的并列关系，难以分清主次。而西部组内却比东部组复杂，辕村Ⅰ1 号聚落面积近 100 万平方米，以下的南卫 2 号在 30 万平方米左右，再以下则为大多数不足 5 万平方米的小型聚落，辕村Ⅰ1 号处于最高的位置，其中心地位特征显著。调查中在辕村遗址区内发现多处绵延的文化层与不同规模的灰坑，并有大量陶片、石器等遗存分布于这些遗迹的周围，可以作为古代人类在此大规模定居发展的实证，为其他聚落所不见，它居于聚落群中心、辐射全群、规模最大、实力最强，因此不但是本组的中心聚落，统辖其周围的几处青龙河沿岸聚落，而且应该对中条山地与鸣条岗地等处的聚落起到有效的制约作用，还是本群的中心聚落。

五　生产经济与资源获取

涑水河上游聚落群位于盆地的北端，属实力最强大的一群。本地区最大的聚落即位于该群的中部，而规模较大的几处聚落也有三分之一集中于此，更重要的是群体内聚落的规模要普遍强于其他群体。聚落发展所以能够达到这样的高度离不开这里得天独厚的地理优势，一方面聚落布局于山前或岗前台地，地势开阔平坦，附近涑水河与支流都提供比较稳定的水源供给，适于发展农作物栽培；另一方面，聚落同时又依托资源多样、储量丰富的山岗地带，大量野生动、植物资源均可以作为定居生活的有益补充。这里地势平坦、交通便利，从此处可以方便地进入其他任何一个聚落群并到达盆地以外的地区，这种开放型的聚落结构成为促进聚落发展的动力之一，所以这里在仰韶中期继续延续了早期以来的发展趋势并成长壮大起来，成为此时的佼佼者，与其借助地利优势是分不开的。

沙渠河聚落群独处于沙渠河谷地封闭环境中，以山地、河谷为主要活动空间，优势在于河流与山区内的野生资源能够对聚落的发展提供比较充裕的物质，人们可以在从事采集、渔猎进行谋生之外，主要靠农业来创造稳定的经济生活，这时期的农业应该达到相当的规模，包括种植业与家畜饲养等。店头堡1号与前偏桥1号聚落规模已经在50万平方米以上，没有稳定的农业生产是无法进行发展的，遗址区内遍布连续的文化层与大量灰坑等遗迹，是当时定居、农业生产的证据。由早期阶段近山地的布局形式过渡到中期阶段聚落遍布河流全流域的发展进程，表明早期以渔猎、采集为主的经济生活已经转变为以农业为主的生活形式。

鸣条岗北部群、南部群与青龙河上、下游聚落群分别处于峨嵋岭、鸣条岗与中条山三条纵向高地之间的狭长地区，特点是既有山地聚落也有河岸聚落。与仰韶早期相比，这几群的聚落都有比较明显的发展，但总体衡量，鸣条岗东部两群的聚落数量、规模、分布密度等都超过西部。

鸣条岗东部占据中条山前的地理优势，既有平坦的河谷，也有高峻的山岭，山谷中发源了数十条小溪流平行地汇入河谷底部，为古人的生存提供了最基本、稳定的水源条件。中条山腹地内则蓄积丰富的水资源与动、植物资源，这些都是西侧的岗地环境所不具备的优势，所以鸣条岗东侧的聚落通常是分为山地与河岸两侧分别排列，表现不同的自然环境对聚落构成的影响。在东侧的群体有两种不同的生态环境，也可能存在不同的生活方式，推测山区的渔猎活动要多于平原，而平原地区的农业活动要比山区地带发达。从实际情况来看，河岸附近的大聚落居多，并且是大于山地环境里的同时期聚落，表明定居的聚落里代表农耕的聚落要明显强于山地环境里以渔猎经济为主的聚落，经济活动方式在社会发展中起了至关重要作用。

鸣条岗西侧地形狭长，空间纵深，与东侧的地理特征上有诸多共性，但聚落发展水平明显不如东侧，因这里缺乏像中条山那样资源丰富的山脉，两侧的岗地物资相对稀少，开发的潜力有限，而且狭长的地形与强势的河流紧密相随，对于人们定居之地的选择也会造成一定的难度。

仰韶中期秉承了早期以来人类定居的习惯，首选的地区还是近山地环境并且逐渐向平原地带过渡，早期近山近水的特点演变成近水近平原。这个时期几乎所有的大型聚落都位于地势低缓的平原地区，位于河谷附近，这样布局既利于培养定居、种植等新生活方式，但同时又可以保持早期阶段赖以生存的山地经济，以采集、狩猎等活动作为现实生活的有益补充，实现持续发展的根本目标。

第三节　仰韶晚期的聚落

一　文化属性

仰韶晚期阶段的山西南部属于西王村类型的分布区。除此以外，陕西关中渭水流域、陕北和豫西等地也有此类遗存的分布。西王村类型是继庙底沟类型晚期发展起来的一支地方文化共同体，亦被称为半坡晚期类型。本时期文化的突出特征是彩陶渐趋衰落，绳纹、篮纹兴起，陶器表面常施压附加堆纹，典型器物小口尖底瓶的双唇口已经退化并逐渐演变成喇叭口等。

芮城西王村遗址上层的发现集中代表了本期遗存的基本特点①。陶器有宽沿浅腹盆、斜直壁圈足碗、镂孔豆、长颈凹腰尖底瓶、鸡冠耳罐、带流罐、大口深腹瓮等。纹饰以绳纹为主，附加堆纹、篮纹次之，并有少量的镂孔、方格纹等，还见红地饰红彩或白彩、纹样比较简单的彩陶等。调查中采集到的陶器等资料，虽然零星散碎，但基本具备上述特点，因此可归属于西王村类型范畴内。综合观察已获取的仰韶晚期遗存，尤其是陶器方面，可以发现一些典型器之间还存在着明显的变化规律，这种现象暗示本时期的聚落发展应同样存在早晚期的演变关系。受采集资料的数量与保存状况所限，目前尚无法对这种变化规律进行深入研究。

二　聚落的分布

仰韶晚期的聚落共有81处，总数略多于仰韶中期，其中绛县16处、闻喜32处、夏县25处、盐湖区7处，临猗1处。聚落分布范围与中期基本处于同一地域内，以涑水河上游、沙渠河与涑水河交汇处南北地带聚落相对丰富。总体来看，聚落发展格局东部好于西部，北部多于南部（表六；彩版一〇四）。

表六　仰韶晚期聚落登记表

序号	聚落名称	聚落在遗址的相对位置	地形特征	聚落面积（万平方米）
1	东吴壁2号	遗址中部	涑水河北岸台地	11.8
2	沟西 I 1 号	遗址大部	涑水河北岸台地	10.8
3	龙家坡	遗址全部	涑水河北岸台地	0.1
4	西沟2号	遗址北部	涑水河北岸台地	0.4
5	裴家堡	遗址全部	中条山北麓、涑水河南岸台地	11.2
6	东山底 I 1 号	遗址东部	中条山北麓、涑水河南岸台地	<5

---

① 中国社会科学院考古研究所山西工作队：《山西芮城东庄村和西王村遗址的发掘》，《考古学报》1973年1期。

序号	聚落名称	聚落在遗址的相对位置	地形特征	聚落面积（万平方米）
7	东外 2 号	遗址大部	中条山北麓、涑水河南岸台地	27.1
8	柳庄 1 号	遗址中北部	涑水河南岸台地	4
9	西山底Ⅱ2 号	遗址中北部	涑水河南岸台地	0.03
10	柳泉Ⅰ2 号	遗址大部	涑水河北岸台地	42.8
11	周家庄 4 号	遗址西南部	涑水河北岸台地	28.6
12	宋西 1 号	遗址中东部	涑水河南岸台地	23.7
13	宋西 2 号	遗址西部	涑水河南岸台地	<5
14	宋庄北堡 1 号	遗址大部	涑水河南岸台地	12.9
15	申家坡Ⅰ	遗址全部	涑水河北岸台地	1
16	西杨	遗址全部	涑水河北岸台地	3.9
17	湖村 2 号	遗址中南部	古河道东岸台地	61.8
18	北中庄	遗址全部	峨嵋岭东侧台地	0.5
19	官庄 1 号	遗址中部	古河道东岸台地	8.7
20	下中庄Ⅰ2 号	遗址大部	涑水河西岸台地	24.3
21	下中庄Ⅱ	遗址全部	涑水河西岸台地	<5
22	新农村	遗址全部	涑水河西岸台地	0.02
23	岳家园Ⅰ1 号	遗址中部	涑水河南岸台地	<5
24	岳家园Ⅱ	遗址全部	涑水河南岸台地	2.3
25	上峪口 1 号	遗址南部	涑水河南岸台地	4
26	寺底 1 号	遗址全部	涑水河南岸台地	5.5
27	西阳泉头Ⅱ1 号	遗址西部	涑水河南岸台地	3
28	刘古庄 1 号	遗址西部	涑水河南岸台地	1.6
29	刘古庄 2 号	遗址东部	涑水河南岸台地	0.3
30	柴家峪 1 号	遗址中部	涑水河南岸台地	<5
31	吉家峪 1 号	遗址西部	涑水河南岸台地	0.5
32	程家庄 1 号	遗址中部	涑水河西岸台地	<5
33	上邵王 2 号	遗址大部	涑水河东岸台地	26.3
34	沙流 2 号	遗址北部	涑水河东岸台地	8.9
35	沙流 3 号	遗址南部	涑水河东岸台地	0.5
36	水南 1 号	遗址东北部	涑水河东岸台地	23.8
37	杨村	遗址全部	鸣条岗北侧台地	2.1
38	西张 2 号	遗址北部	涑水河北岸台地	7.7

序号	聚落名称	聚落在遗址的相对位置	地形特征	聚落面积（万平方米）
39	西张 3 号	遗址南部	涑水河北岸台地	1.5
40	新杜 1 号	遗址南部	鸣条岗北侧台地	＜5
41	西阳 2 号	遗址中北部	涑水河北岸台地	1.14
42	西乔阳 2 号	遗址东北部	涑水河东岸台地	＜5
43	三河口 1 号	遗址东部	沙渠河北岸台地	1
44	蔡村 1 号	遗址大部	沙渠河北岸台地	2.7
45	汾村 1 号	遗址北部	沙渠河北岸台地	＜5
46	前偏桥 2 号	遗址西南部	沙渠河与支流交汇处	1.7
47	前偏桥 3 号	遗址东北部	沙渠河与支流交汇处	＜5
48	下院 I 2 号	遗址中部	沙渠河北岸台地	2
49	下院 II 1 号	遗址南部	沙渠河北岸台地	0.3
50	河底 1 号	遗址西南部	沙渠河北岸阶地	＜5
51	南王 1 号	遗址西部	沙渠河北岸台地	4.5
52	南姚 II 2 号	遗址北部	沙渠河北岸台地	＜5
53	南姚 II 3 号	遗址南部	沙渠河北岸台地	5.1
54	小泽	遗址全部	鸣条岗东侧缓坡	＜5
55	孙村 IV 1 号	遗址南部	沙渠河北岸台地	0.6
56	孙村 V 1 号	遗址中南部	沙渠河北岸台地	5.1
57	店头堡 3 号	遗址南部	沙渠河南岸台地	14.6
58	陈村 4 号	遗址东部	中条山西麓山前台地	0.8
59	东下冯—埝掌 2 号	遗址西部	青龙河北岸台地	21.9
60	东下冯—埝掌 3 号	遗址中北部	青龙河南岸台地	19.9
61	东下冯—埝掌 4 号	遗址东南部	青龙河南岸台地	＜5
62	埝掌 2 号	遗址南部	青龙河西岸台地	1.1
63	崔家河 I 2 号	遗址东南部	青龙河北岸台地	＜5
64	圪塔 2 号	遗址东部	青龙河南岸台地	4.1
65	圪塔 3 号	遗址西南部	青龙河南岸台地	＜5
66	圪塔 4 号	遗址北部	青龙河南岸台地	＜5
67	东阴 3 号	遗址东部	鸣条岗东侧台地	＜5
68	西阴 2 号	遗址中部	鸣条岗东侧台地	13.7
69	南卫 4 号	遗址南部	青龙河故道东岸台地	＜5
70	裴介 I 4 号	遗址东北部	青龙河故道西岸台地	5.1

序号	聚落名称	聚落在遗址的相对位置	地形特征	聚落面积 （万平方米）
71	姚村	遗址全部	青龙河故道东岸台地	<5
72	辕村 I 2 号	遗址中南部	青龙河故道东西两岸台地	35.9
73	上淖底 3 号	遗址东北部	中条山西麓山前台地	0.8
74	史家 2 号	遗址大部	中条山西麓山前台地	35.6
75	南吴 2 号	遗址西部	中条山西麓山前台地	<5
76	南吴 3 号	遗址东部	中条山西麓山前台地	<5
77	张良 1 号	遗址大部	鸣条岗东侧台地	<5
78	丁家卓	遗址全部	鸣条岗东侧台地	0.28
79	西纽 2 号	遗址西部	鸣条岗东侧坡地	0.44
80	吕儒 1 号	遗址西部	鸣条岗东侧台地	19.84
81	吕儒 2 号	遗址东部	鸣条岗东侧台地	<5

聚落主要分布在河流沿岸，近山岗地带的一些聚落同时也位于中条山山前台地、鸣条岗等丘陵的岗前坡地上，峨嵋岭东侧只发现少量这个时期的聚落。

聚落的具体分布地点因地形与环境而略有不同，由于聚落的分化与新生才使聚落的分布范围有不同程度的改变与位移，呈现遍地开花的分布态势。在涑水河上游地区，原来很少有聚落的河流两岸附近这个时期却出现了较多的遗址，原本无聚落定居的地区也出现了点状散布的小型聚落。涑水河上游北岸多位于支流或冲沟附近，南岸则大部分位于干流河道南岸，并且在山水临近的河段内，聚落通常跃至黄土丘陵北侧较高处的台地位置，与干流河道之间距离稍远。涑水河中游及其支流沙渠河一带的聚落则相对稀疏。青龙河流域聚落同样稀少，北侧集中于上游北部，南侧分散于鸣条岗东侧、青龙河河谷和中条山西麓三处。

三　聚落等级划分

仰韶晚期的聚落数量虽然比中期有所增长，但在规模上却呈相反的趋势。它的聚落总面积只相当于中期的一半，也未发现面积超过 100 万平方米的大型聚落。这个时期最大的聚落只有 60 多万平方米，30 万平方米以上的聚落也不过 4 处，并且不是在每个流域内都存在，大多数聚落均在几万平方米上下。

聚落按规模差异可以分为三个等级：

小型聚落，面积 10 万平方米以下。

中型聚落，面积 10 万～30 万平方米。

大型聚落，面积 30 万平方米以上。

聚落的总体规模比中期有明显下降，这种现象在不同流域都有相应的表现。涑水河上游与青龙河下游地段全部聚落面积总和只及中期的一半，而沙渠河流域与青龙河上游反映得更为明显，聚落面积总和只相当于中期的三分之一。仰韶中期盆地内的主要中心聚落在晚期阶段均不同程度地缩减或分化，并因此转变为多个面积不等的大小聚落，这种特征成为仰韶中、晚期在聚落发展模式上显著的区别。

四 聚落群划分

根据聚落空间分布上的不平衡性，并参考地理环境等因素，可以将上述全部 81 处聚落分别划分为涑水河上游、鸣条岗北侧、沙渠河、青龙河上游、青龙河下游 5 个聚落群（表七；参见彩版一一一）。

表七 仰韶晚期聚落群登记表

序号	聚落群名称	聚落数量	聚落总面积（万平方米）	聚落群范围（平方公里）
1	涑水河上游群	32	303	270
2	鸣条岗北侧群	10	76	250
3	沙渠河群	15	48	70
4	青龙河上游群	11	72	90
5	青龙河下游群	13	110	180

1. 涑水河上游聚落群

主要分布在峨嵋岭东、南部及紫金山南侧的涑水河南北两侧的高台地上，共 32 处聚落，聚落群范围 270 平方公里。与仰韶中期相比分布地域变化不大，只在东部及南部略有扩展，范围已及涑水河南岸的黄土丘陵。聚落首次大量以密集形式出现在河流的南岸，为仰韶早、中期所不见。

聚落在涑水河支流或冲沟沿岸广泛存在，此外，干流河道的附近均出现了聚落，并且数量猛增，而河南岸的可定居之地非常有限，所以这时的聚落范围已经扩展到干流南岸的台地上。干流北部聚落布局形式与中期大体接近，聚落位于北侧三个主要支流的汇集处，只是在局部地区聚落数量、规模与集散程度等方面存在明显的不同。而南部的面貌改变相当大，中期时仅有一两处小型聚落，到了晚期迅速增加了 10 多处密集的聚落，其中还有两处面积在 20 万平方米以上的聚落，表明这时期涑水河南岸逐渐成为人们定居发展的新区。

仰韶晚期不但聚落数量最多，同时也有一批大中型聚落。这里有 20 万平方米以上的聚落 4 处，40 万~60 万平方米聚落 2 处，其中湖村 2 号聚落面积达 61.8 万平方米，是本期盆地内最大的聚落，它们共同组成了一批实力强大的聚落群，在规模和数量上处于本时期各群的前列。大中型聚落以外，群内大量的是 10 多万平方米上下或不足 5 万平方米的中小聚落，占总数的一半以上。聚落总面积约 303 万平方米，约占这个时期全部聚落总和的二分之一。

仰韶晚期延续了早、中期以来的聚落分组传统，并由于聚落分化、移动、新增等因素，聚落的具体布局形式上都有所改变，因此可将本期聚落群分为东、西两组。

西部组位于本群的西端、涑水河干流河道向西南转变的拐点附近，包括 16 处大小不等的聚落。这里处于河流变动角度最显著的地区，同时也汇集了拐点南北两侧及西部的数条支流，因而在地形上也呈现一个突出的三叉形式结构。此处聚落大体处于三叉形的不同方位，以东、南两侧的河岸台地附近数量居多，西侧峨嵋岭岗下只有西侧支流近河口附近有一定的聚落集中分布。聚落的分布特征受河流的因素影响比较显著，干流河道在此呈弧形拐向西南，南岸的几处聚落也明显顺着河道的走向在台地上做弧形的排列。虽然与河流相依，但距离河道却比较远，位置也较高，而且聚落普遍较小。干流河道北部与南部略有区别，这里有西、北方向的两条支流，在不同位置汇入涑水河，主要聚落有北侧的湖村 2 号、官庄 1 号与西侧的下中庄 I 2 号等，除了下中庄附近是几个聚落簇拥在一处以外，其余两处皆为独立的聚落。从空间上看，三处聚落分布点如三足鼎立，相距都较远，均在 3 公里以上，隔河的东西向距离更在 4 公里左右，既同共处一地，又显得遥不可及，在这个狭小空间显得特别突出。湖村 2 号位于这一组的最北部顶点上，位置突出、规模巨大，实力显然强于其余两处，有遥控南部诸聚落的形势，因此它应该是这一组的中心聚落。

东部组位于紫金山南麓，涑水河上游东、中部，包括 16 处聚落。这里河道开阔、地势平坦，是上游地区比较适合定居的地段，因此，该组聚落数量较多且规模较大，柳泉 I 2 号、周家庄 4 号、东外 2 号、宋西 1 号等聚落面积都在 20 万平方米以上，其中柳泉 I 2 号最大，面积可达 42 万平方米，规模仅次于西侧组的湖村 2 号。与以往时期聚落分布不同的是，这里的聚落开始集中于干流的南北两侧及距河较远的高台地上，包括最大的柳泉 I 2 号等在内。柳泉 I 2 号、周家庄 4 号、东外 2 号、宋西 1 号等在布局上明显偏向于本组的西侧，东侧虽然也有一定数量的聚落，但规模却远比不上西侧。本组的特点是布局松散，重心偏西，柳泉 I 2 号位于本组的西端，如果它是本组的中心聚落，那么它与其他成员之间的关系也是属于比较松散的状态。

涑水河上游聚落群作为本时期文化发展的核心地区展示了与众不同的聚落构成，以独特的布局形式诠释这一时期聚落形态发展的阶段性变化。聚落的分布以中、西北部较集中，而大型聚落的空间排列又倾向于中、西部，因此，从聚落的总体分布态势可以看出，此时期的聚落发展有向中、西部倾斜的趋势。湖村 2 号所处的位置正位于本群的西北顶点，规模宏大、扼守南北向通道，不但遥控西部组几个聚落成员，而且控制着这一地区的其他聚落，它可能也是本群的中心聚落。

2. 鸣条岗北侧聚落群

主要分布在峨嵋岭东南、鸣条岗西北侧之间的涑水河中游地带，共 10 处聚落，聚落群范围 250 平方公里。本群南北延伸了约 40 公里，东西向则束缚在两道丘陵岗地之间，宽度不过 3~7 公里，是五群中形状最狭长的一个。聚落的分布延续了中期以来的发展态势，占据了鸣条岗北部和南部两群，但合二为一，南部略有缩减，北部最远可抵达沙渠河与涑水河交汇处的河口南侧，东、北部分别与沙渠河群和涑水河上游群相接。

与中期及同时期聚落群的聚落布局特征相似，本地的聚落也集中分布于河岸旁台地，因为处在两个丘陵岗地之间的夹缝之中，所以不少聚落其实也处于鸣条岗西部与峨嵋岭东部的崎岖岗地上，鸣条岗西侧略多。这时的聚落多位于地势高耸、地形起伏较大的岗前台地上，比较低平的地段基本不见聚落分布。由于地域狭长，聚落数量又少，所以聚落分布尤显稀疏，聚落集中分布的特征也不明显，大部分聚落的分布状态是每隔几公里左右在河谷内即出现一处大小不一的聚落，以此种方式构成完整的聚落群体。

聚落群属于盆地内自然环境比较独特的地段，南宽北窄，西高东低，三面为岗地所围绕。聚落规模普遍较小，小型聚落占主体，较大的聚落有水南1号与上邵王2号两处，面积仅20多万平方米，大部分聚落面积在5万平方米以下，10万上下的小型聚落都不多见。这个时期本群聚落总面积约76万平方米，在本时期全部聚落群里属中等水平。

根据聚落规模差异及聚落之间的集散程度，可以将本群的聚落划分为南北两组。北部组位于峨嵋岭与鸣条岗最接近的地段，呈隘口状，并由隘口向西南逐渐扩张，是涑水河南北向河道上一处葫芦口结构的地形。聚落比南部略显集中，皆分布在地势陡峭的黄土岭顶部，地表起伏，坡度较大，有的聚落则分布于高耸的连绵土丘上，遗存由顶部向下坡状散布。本群最大的两处聚落皆位于这一组，其中上邵王2号面积26.3万平方米，水南1号23.8万平方米，二者分列于南北两端，其余聚落均为不足10万平方米的小型聚落。南部组地势相对于北部略显开阔，地势比较平坦，但是聚落之间却比较疏远且分布于这个平坦地带的四周，聚落散布于河谷两侧的低缓坡地上，分布更为稀疏，聚落规模则均在10万平方米以下，无这一组中心聚落的证据。

与仰韶中期的情况相似，本时期聚落群范围虽然很大，但处在两个丘陵岗地之间的狭小地域里，聚落发展的生存空间和发展程度都受到限制，岗地的水源、资源优势也相对缺乏，这些因素决定这里不会产生太大的聚落。这里交通便利，是盆地内重要的南北向通道，可能是几个群体之间沟通的交流要道，也是运城盆地通向外部地区的南北向大动脉。在仰韶晚期阶段，本群还是呈聚落分散、发展重心不明显，带有附属于其他聚落群的显著特点，两个聚落组显然以北部为重心。上邵王2号规模略大，但居于本组和本群的北端，与其他成员关系疏远，所以水南1号可能作为本群的中心聚落而存在。

3. 沙渠河聚落群

主要分布在鸣条岗东南、中条山脉以西、裴社岭以北的狭窄地域内，共15处聚落，聚落群范围约70平方公里。聚落多位于干流河岸附近，另有少量聚落偏居于河流北岸的高台地上。聚落多不大，基本呈现由上游向下游逐渐增大的趋势，最大的一处聚落为店头堡3号，位于下游南岸，面积约14.6万平方米，其余聚落均在10万平方米以下，本群聚落总面积约48万平方米。

根据聚落之间的集散程度，本群的聚落可划分为东、西两组。东部组位于河流上游，均为不足10万平方米的小型聚落，沿河岸分布呈线状，无中心聚落的证据。西部组位于下游，大体接近沙渠河口位置，聚落大小有别，最大的聚落店头堡3号位于此组，应为这一组的中心聚落。结合本群聚落分布重心位于河流的下游判断，店头堡 3 号应为本群的中心聚落。

4. 青龙河上游聚落群

主要分布在鸣条岗东侧、中条山西侧、裴社岭南侧、姚暹渠以北的青龙河上游河谷地带，共 11 处聚落，聚落范围约 90 平方公里。聚落大多分布于鸣条岗东侧河谷地带的缓坡状台地，只有个别聚落位于偏远的中条山西麓的山脚地带。聚落总面积约 72 万平方米。本群聚落的个体规模差异明显，10 多万平方米的聚落在这里已经算是比较大的聚落，大多数为面积不足 5 万平方米的小型聚落。20 万平方米上下的聚落有两处，分别为东下冯—埝掌 2 号与 3 号，皆位于聚落群北部，它们地域上相距很近，并且周围有一批小型聚落聚集。另一处较大的聚落为西阴 2 号，面积 13 多万平方米，是本群南端最大的一处聚落，与北侧的东下冯—埝掌两处聚落遥相呼应。这些特征表明，仰韶晚期阶段青龙河上游地区也是一个聚落发展的中心区之一。

根据聚落之间的规模差异与集散程度，将这里的聚落分为两组。北部组由 5 处聚落构成，除了东下冯—埝掌的两处大聚落以外，其余均为小型聚落。这两处最大的聚落分别位于青龙河两岸，基本以河为界东西分立，它们规模相当、位置邻近，既独立、又密切，虽然以河为界划分成两个聚落，但其实两者之间的绝对距离并不大，故推测这两处聚落应为有统一组织的双生聚落。两个聚落合并之后的面积近 60 万平方米，是本群内最大的聚落，从规模与位置上推断，它应是这一组的中心聚落。南部组位于本群的南部偏西，地理上接近鸣条岗的东坡地底部，只有 5 处聚落。最大的西阴 2 号聚落不过 10 多万平方米，其余均不足 5 万平方米，西阴 2 号应为本组的中心聚落。此外，在中条山西麓还有一处不足 5 万平方米的零散聚落。本群的重心显然在北部，聚落的集中程度也偏向北部，因此，东下冯—埝掌 2、3 号是本群的主要中心，而西阴 2 号则应为本群的次要中心。

5. 青龙河下游聚落群

主要分布在鸣条岗以东、中条山以西、姚暹渠以南、盐湖以北的大范围地区，共 13 处聚落，聚落群范围约 180 平方公里。此处为青龙河下游，干流河道汇集了中条山西麓与鸣条岗东侧坡地上众多的溪流，河谷开阔、地势低平，于聚落定居生活非常有利。

聚落分布特点与上游存在较多共性，也多位于河谷两侧或山地、岗地的边缘地带，河流与山、岗地之间大部分为无聚落的空白区。山岗地带的聚落虽远离青龙河河谷，但近旁也有溪流，以作定居生活所需之水源，聚落逐水而居特征非常明显。仰韶晚期聚落多在中期聚落的基础上增减变化而成，中期时以本群的中、东部地区为聚落发展的重心，晚期时这种特征不明显，聚落分成比较均衡的三列，呈东西向排列，有并驾齐驱的态势。虽然聚落总体数量变化不大，但聚落规模较中期却明显缩减，聚落中只有个别几处接近或超过 20 万平方米，大多数聚落在 5 万平方米以下，而且一般在山前、岗前与河流附近不同地段只有一个较大的聚落，其余尽皆小型聚落。本时期聚落总面积约 110 万平方米，只及中期的一半，除鸣条岗东侧聚落个体数量增加，规模扩大以外，河谷与中条山麓地带均呈现减少的趋势。

根据聚落的规模差异及聚落之间的集散程度的不同，将本群聚落划分为东、中、西三组。东部组位于中条山麓地带，有4处聚落，依山麓形势南北向排列，史家2号面积35.6万平方米，是这组的最大聚落，又位于本组中部，有统率其余三个小型聚落的形势，聚落之间差异明显，史家2号应是这一组的中心聚落。这是一处以山地环境为典型特征的聚落群体。中部组位于青龙河河谷一带，有5处聚落，辕村Ⅰ2号面积35.9万平方米，位于聚落组的南端，是最大的聚落，也是这一组的中心聚落。这是一处以河岸台地为特征的聚落群体。西部组位于鸣条岗的南端东侧，沿坡地走向大致呈南北向排列，有4处聚落，其中位于组南端的吕儒1号面积最大，这里的聚落差异更明显，吕儒1号遥遥领先，显然是这里的中心聚落。此处是以丘陵岗地为特征的聚落群体，既不似山地环境那样崎岖起伏，又不如平原地区开阔平坦，实际上处于涑水河与青龙河的分水岭附近，南北交通、东西交流等都比较顺畅，所以能在此时期迅速崛起，这在仰韶中期以前的各个时代都是不见的。仰韶晚期以后，还有几个时代的人类相继聚居于此，一直延续到历史时期。

青龙河聚落群与中期相比，聚落规模明显缩水。在每一组的内部，聚落级差明显，一般只有两个等级，反映这一群的聚落构成比较稳定，既不像涑水河上游那样复杂，也不像涑水河中游那么分散。三组的中心聚落面积相近，从规模上看不出明显差别，但辕村Ⅰ2号位置居中，对两侧的各组可形成一定的辐射作用，它可能是本群的主要中心，而史家2号、吕儒1号作为各组的中心聚落的同时可能也是本群的次要中心，其余聚落则均为普通聚落，不过这样的组织应是集中性较弱、结构较松散的团体。

五　生产经济与资源获取

与以往各个时期相近，在仰韶晚期阶段，自然环境对聚落的发展也具有很强的影响力。

在涑水河上游群内可见到处于地势低平地带的几处聚落遥相呼应的布局形式，例如西组的湖村2号、下中庄Ⅰ2号、官庄1号三处聚落，东组的柳泉Ⅰ2号、东外2号、东山底Ⅰ1号、上峪口1号四处聚落。它们均分布在今天的河流附近，但是所处位置地势低平、河道痕迹不明显，在东西4~5公里的范围内高差也不过10多米，地形相当平缓，很像是河流中部的一片湖泊状水域消失后留下的特殊地貌，据此推测仰韶晚期可能也是这样的环境特征，那时的聚落都是以环湖而居的形式在湖旁落脚扎根，并因湖水的阻隔而变得相互间遥不可及。此类情况在沙渠河流域下游、涑水河中游的中、南部等处也有明显的反映，这些地段都是以地势低平、河道不显著为突出特征，可能都是当时存在湖泊的重要佐证。仰韶中期阶段同样地段可能还未形成如此大范围的水体或还未形成大规模在湖泊旁定居的习惯，所以这种特征在聚落分布上表现并不十分清楚，而在仰韶晚期则随着水量的增多与水面的扩大变成了一种很普遍的现象。如果事实如此，那么环境变化对聚落产生与发展所起的作用可见一斑。

在仰韶晚期阶段，涑水河上游聚落群是五群中力量最强的一支，它的聚落群范围最广、聚落数量最多、等级最全、聚落总面积最大。能形成这样的聚落发展水平与人类的适应力增强有密切的关联，但恐怕离不开这里良好的自然环境。作为历来人类的栖息地，本地有相对优越的基础条件。聚落布局于山前或岗前台地，附近的涑水河干流、湖泊、溪流等都提供了充足稳定的水源供给，适于种植农作物。同时又依托资源丰富的中条山、峨嵋岭等山岗地带，更能获得持久的物资供应。这里地形开阔平坦，交通便利，比单纯的山地或岗地环境优越得多，无论从定居、交流、经济活动等各方面都具有地利优势，开放型的聚落结构也成为促进聚落发展的主要动力。无论此时期人类选择在高地还是低地定居，都在拓展空间方面开发此地潜力，聚落多布局于平坦的台地上，地势开阔平坦，附近有比较稳定的水源供给，尤其是中西部的湖村与柳泉附近，存在大面积的稳定水域，湖泊充足的水源不但对农作物种植和家畜饲养等生产活动非常有利，而且可能直接采集湖中的各种水产，在食物的主要来源以外进行积极的补充。这里的山地环境不多，所以人们从事狩猎、采集的活动应没有其他群频繁，但完全可以通过与其他地区的交换来弥补这方面的不足。

对于农业社会来说，定居地点的增多意味着人口数量的增多，反之，定居地点的减少也意味着人口数量的减少。仰韶晚期运城盆地的聚落定居点的重心明显偏向于北部，具体地点则基本属于涑水河上游群的区域内，聚落与中期相比有增无减。相比之下，南部的 4 群聚落数量则基本变化不大，南、北之间因聚落数量的消长而显得更加不平衡。由此看来，盆地南部定居地点的减少与北部定居点的增加之间显然存在着辩证的发展关系。可能是盆地北部自身人口增加，同时也不排除南部人员移动涌入北部而导致北部人口增加的可能性，北部借助良好的自然条件及其他外力等因素促进聚落向着更发达的程度转变。涑水河上游流域是膨胀式的发展格局，由仰韶早期小规模的点状布局发展到晚期漫山遍野的分布形势也有其历史发展的必然性。

但是这个时期并不是所有的聚落群都能达到类似涑水河上游群这样的发展程度，不少聚落只是处于相对稳定的状态，发展比较缓慢。如沙渠河流域聚落群，因独处于较封闭的环境，以山地、河谷为主要活动空间，它的发展直到仰韶晚期始终带有山地环境特征的烙印。在生产力普遍提高的情况下，河流与山区内的野生资源能够对人类的发展提供比较充分的资源，人们可以从事采集、渔猎进行谋生，靠农业生活或饲养家畜来创造稳定的经济就显得不是特别必要，所以上游近山区的聚落均为小型聚落，有狩猎采集群的典型特征，正是这种环境作用下的产物。但是下游接近河口的地带，即小型湖泊周围的聚落，规模明显大起来，与上游截然不同，它们可能是这里定居聚落的典型代表。这里的种植业与家畜饲养等农业生产应该达到相当的规模，如店头堡 3 号聚落，它的面积接近 15 万平方米，遗址内遍布连续的文化层与灰坑等遗迹，是当时进行定居农业生产的明显证据。它的周围还有几处 5 万平方米上下的小聚落，应该都是当时进行农业生产的定居村落，它们应已经转变为以农业为主的生活方式。

鸣条岗北侧群与青龙河上、下游聚落群分别处于峨嵋岭、鸣条岗与中条山三条纵向高地之间的峡谷地带，既有山地聚落也有河谷地带的聚落。从仰韶早期以来，鸣条岗东西两侧的地域发展程度有所不同，无论从数量、规模、分布密度等各方面来衡量，东部的两群都要比西部群更强一些，原因也与各自地理环境的优劣分不开。东部占据中条山前的地理优势，既有平坦的河谷，也有高峻的山岭。中条山腹地内则蓄积丰富的水源与动植物资源，为西侧的岗地之间所不具备，所以鸣条岗东侧的聚落分布通常呈现山麓与河流两列，分别对应不同的地形地貌，体现的则是聚落与自然环境的辩证关系。

东侧群体存在两种不同的生态环境，也相应存在两种不同的经济生活方式，或者不同地带聚落在经济活动中的比重存在着差别。山区可能以渔猎活动为主，而河谷附近的平原聚落则应以农业生产为主，并可能配以少量的采集活动作为经济生活的补充。河岸附近大型聚落居多，一般大于山地环境里的同时期聚落，这些证据表明定居的聚落中代表农耕的聚落发展优势明显大于山地环境里以渔猎经济为主的聚落，这更说明了经济活动方式在社会发展中起到了至关重要作用。西侧的鸣条岗北侧群地形狭长，空间纵深，与东侧的地理特征上有诸多共性，但聚落发展水平明显不如东侧，除了地形因素以外，水源、食物资源都缺少稳定的供应，更不利于发展农业与养畜业等定居生活，这些因素都在一定程度上限制了本地区聚落发展的空间。

第四节　庙底沟二期的聚落

一　文化属性

运城地区有关庙底沟二期古文化遗存的发现可追溯到 20 世纪 30 年代，当时董光忠先生在万泉（今万荣）荆村瓦渣斜发掘，首次发现以空三足器为主要特征的文化遗存[1]。此后，中国社会科学院考古研究所、山西省考古研究所以及中国历史博物馆考古部等多家考古机构以探索夏文化为目标而在晋南地区进行的历次考古调查过程中，在新绛、万荣、河津、夏县、垣曲等地均发现有庙底沟二期的遗址，其中以垣曲丰村[2]、宁家坡[3]、小赵[4]、古城东关[5]等遗址所发现的庙底沟二期的遗存数量较多，遗迹现象较为丰富，又经过科学系统的发掘及整理研究，对于深入了解运城盆地该时期遗存奠定了坚实的基础。

运城盆地东部聚落多数分布于涑水河流域上游及其支流沙渠河两岸，其次为青龙河两岸。不论是涑水河还是青龙河流域，发现均以地表陶片为主，遗迹现象多为灰坑，其次为文化层，再依次为房址、陶窑，其中房址又可分为白灰面房址和红烧土房址两种，墓葬发现很少。在遗物方面，不论是地表采集还是在断崖上发现的灰坑、房址等遗迹内，绝大多数为陶器，且以夹砂陶为主，

① 董光忠：《山西万泉石器时代遗址发掘之经过》，《三晋考古》第二辑，山西人民出版社，1996 年。
② 中国社会科学院考古研究所山西队：《山西垣曲丰村新石器时代遗址的发掘》，《考古学集刊》（5），中国社会科学出版社，1987 年。
③ 山西省考古研究所：《垣曲宁家坡陶窑址发掘简报》，《文物》1998 年 10 期。
④ 中国社会科学院考古研究所山西队：《山西垣曲小赵新石器时代遗址的试掘》，《考古》1998 年 4 期。
⑤ 中国历史博物馆考古部等：《垣曲古城东关》，科学出版社，2001 年。

泥质陶较少，其中夹砂陶又以夹砂灰陶和灰褐陶为主，夹砂褐陶为次。另外，多数陶片的陶色不甚均匀。纹饰以绳纹和篮纹为主，篮纹又可分为横斜篮纹和竖篮纹，附加堆纹也常见。器形方面，可辨识者以夹砂罐为最大宗，罐中又以深腹罐最为常见，其次为小口高领罐，花边口罐等多见，多为平底罐。常见的器形依次还有盆、钵、瓶、鼎、斝等。调查所采集到的石器均为磨制，器形有石斧、石刀等。从本次调查所见来看，运城盆地内庙底沟二期的文化面貌与垣曲盆地东关等遗址的发现大体相近，属于典型的庙底沟二期文化。

二　聚落的分布

此次针对运城盆地东部的区域系统调查，共发现庙底沟二期文化聚落 117 处，其中绛县 24 处、闻喜 56 处、夏县 26 处、盐湖区 9 处、临猗 2 处。从聚落分布图上可以看到，大部分聚落分布于河流、溪涧两岸附近地区，还有少数聚落分布于鸣条岗南部的岗上地带。其中属于青龙河流域的聚落 25 处，主要分布于青龙河两岸周边地区，少数散布于青龙河以西鸣条岗南侧斜坡及青龙河以东中条山北麓山涧两侧。属于涑水河流域的聚落不仅在数目上远远高于青龙河流域，为 92 处，而且分布上更趋于密集，因而显得更有规律（表八；彩版一〇五）。

表八　庙底沟二期聚落登记表

序号	聚落名称	聚落在遗址的相对位置	地形特征	聚落面积
1	西荆 2 号	遗址东北角	涑水河北岸台地	<5
2	西沟 3 号	遗址北部	涑水河北岸台地	0.8
3	沟西 I 2 号	遗址南部	涑水河北岸台地	3.8
4	沟西 II	遗址全部	涑水河北岸台地	<5
5	东吴壁 3 号	遗址中、西部	涑水河北岸台地	12.9
6	峪南 2 号	遗址北部偏中	涑水河北岸台地	0.3
7	峪南 3 号	遗址西北部	涑水河北岸台地	<5
8	峪南 4 号	遗址西南部	涑水河北岸台地	<5
9	峪南 5 号	遗址西南角	涑水河北岸台地	<5
10	北杨 2 号	遗址东南部	涑水河北岸台地	1.7
11	周家庄 5 号	遗址南部	涑水河北岸台地	52.9
12	周家庄 6 号	遗址南部边缘	涑水河北岸台地	0.07
13	周家庄 7 号	遗址东南	涑水河北岸台地	<5
14	周家庄 8 号	遗址西部边缘	涑水河北岸台地	<5
15	周家庄 9 号	遗址西南角	涑水河北岸台地	<5
16	周家庄 10 号	遗址东北部	涑水河北岸台地	<5
17	栱北 2 号	遗址西部	涑水河北岸台地	<5

序号	聚落名称	聚落在遗址的相对位置	地形特征	聚落面积
18	贾家堡 2 号	遗址北部	涑水河北岸台地	< 5
19	坡底 1 号	遗址绝大部分	涑水河北岸台地	3
20	柳泉 I 3 号	遗址北部	涑水河北岸台地	16.5
21	宋西 3 号	遗址中部	涑水河南岸台地	9.9
22	柳庄 2 号	遗址中、东部	涑水河南岸台地	2.7
23	东外 3 号	遗址东南部	中条山北麓、涑水河南岸台地	< 5
24	东山底 I 2 号	遗址西部	中条山北麓、涑水河南岸台地	< 5
25	东姚 1 号	遗址全部	沙渠河北岸台地	< 5
26	文店 II	遗址全部	古河道西岸台地	2.4
27	文店 I	遗址全部	古河道西岸台地	0.6
28	文店 III	遗址全部	古河道西岸台地	< 5
29	裴柏	遗址全部	古河道西岸台地	2.9
30	王家园	遗址全部	古河道东岸台地	0.5
31	魏家园	遗址全部	古河道东岸台地	8.2
32	上社观 1 号	遗址全部	古河道东岸台地	7.2
33	湖村 3 号	遗址东北部	古河道东岸台地	29.2
34	仓底 6 号	遗址最北部	古河道东岸台地	4.7
35	仓底 7 号	遗址中部	古河道东岸台地	< 5
36	仓底 8 号	遗址南部偏东	古河道东岸台地	0.2
37	官庄 2 号	遗址北部	古河道东岸台地	< 5
38	上峪口 2 号	遗址南部	涑水河南岸台地	< 5
39	岳家园 I 2 号	遗址全部	涑水河南岸台地	0.3
40	蔡薛	遗址全部	涑水河南岸台地	< 5
41	寺底 2 号	遗址中部	涑水河南岸台地	0.5
42	西阳泉头 II 2 号	遗址中部	涑水河南岸台地	1.5
43	西阳泉头 I 1 号	遗址北部	涑水河南岸台地	0.2
44	东峪 1 号	遗址东南角	涑水河东岸台地	< 5
45	柴家峪 2 号	遗址北部	涑水河南岸台地	0.2
46	吉家峪 2 号	遗址北部	涑水河南岸台地	0.1
47	鲁豫	遗址全部	沙渠河与涑水河交汇处	0.03
48	冀鲁 2 号	遗址中部	涑水河西岸台地	0.2
49	丁店 2 号	遗址东北角	涑水河北岸台地	< 5
50	三河口 2 号	遗址东部	沙渠河北岸台地	0.05

序号	聚落名称	聚落在遗址的相对位置	地形特征	聚落面积
51	余家岭 2 号	遗址东部	沙渠河北岸台地	0.3
52	汾村 2 号	遗址全部	沙渠河北岸台地	1.7
53	下院 I 3 号	遗址中部	沙渠河北岸台地	5.9
54	蔡村 2 号	遗址东部	沙渠河北岸台地	<5
55	后宫 II 2 号	遗址绝大部分	沙渠河北岸台地	2.7
56	南白石 2 号	遗址东部偏北	沙渠河两支流交汇处	<5
57	十八堰 II	遗址全部	沙渠河北岸台地	<5
58	前偏桥 6 号	遗址东部偏南	沙渠河两支流交汇处	<5
59	前偏桥 5 号	遗址东部偏北	沙渠河两支流交汇处	<5
60	前偏桥 4 号	遗址西南部	沙渠河两支流交汇处	3.2
61	柏底 I	遗址全部	沙渠河西岸台地	0.03
62	柏底 II	遗址全部	沙渠河西岸台地	<5
63	河底 2 号	遗址北部	沙渠河北岸台地	0.03
64	南姚 II 4 号	遗址北、东部	沙渠河北岸台地	7
65	店头堡 6 号	遗址东南部	沙渠河南岸台地	31.8
66	店头堡 5 号	遗址中部	沙渠河南岸台地	10
67	店头堡 4 号	遗址西北角	沙渠河南岸台地	4.4
68	孙村 III	遗址全部	沙渠河南岸台地	2
69	孙村 II 1 号	遗址全部	沙渠河南岸台地	10.5
70	孙村 I	遗址全部	沙渠河南岸台地	9.1
71	梨凹	遗址全部	沙渠河南岸台地	15.3
72	蔡庄 II	遗址全部	沙渠河南岸高地	0.5
73	冷泉	遗址全部	沙渠河北岸台地	<5
74	孙村 IV 2 号	遗址绝大部分	沙渠河北岸台地	7.2
75	孙村 V 2 号	遗址绝大部分	沙渠河北岸台地	6.6
76	冯村 1 号	遗址全部	沙渠河北岸台地	<5
77	上邵王 3 号	遗址北部	涑水河东岸台地	17
78	李家房 2 号	遗址北部	涑水河东岸台地	<5
79	韩家庄 2 号	遗址全部	涑水河东岸台地	8.9
80	南宋 1 号	遗址中部偏东	涑水河东岸台地	1.4
81	沙流 5 号	遗址北部	涑水河东岸台地	5.9
82	沙流 4 号	遗址南部	涑水河东岸台地	3
83	西晋	遗址全部	涑水河东岸台地	<5

序号	聚落名称	聚落在遗址的相对位置	地形特征	聚落面积
84	水南 2 号	遗址西北部	涑水河东岸台地	0.6
85	坡底 2 号	遗址北部	涑水河南岸台地	0.2
86	东下冯—埝掌 5 号	遗址中部偏西	青龙河干流沿岸	23.5
87	埝掌 3 号	遗址北部	青龙河干流沿岸	< 5
88	圪塔 5 号	遗址东半部	青龙河干流沿岸	18.6
89	东阴 5 号	遗址东部	鸣条岗东侧台地	10.9
90	东阴 4 号	遗址西部	鸣条岗东侧台地	< 5
91	下张	遗址全部	鸣条岗东侧台地	< 5
92	阴庄 Ⅱ	遗址全部	鸣条岗东侧台地	< 5
93	阴庄 Ⅰ	遗址全部	鸣条岗东侧台地	2.4
94	陈村 5 号	遗址西端	中条山西麓	0.5
95	上淆底 5 号	遗址中部，小河北侧	中条山西麓	< 5
96	上淆底 4 号	遗址中部，小河南侧	中条山西麓	< 5
97	史家 3 号	位于北岸	中条山西麓	3.1
98	史家 4 号	位于南岸	中条山西麓	< 5
99	南吴 4 号	遗址东端，小河东岸	中条山西麓	0.5
100	裴介 Ⅰ 5 号	遗址东北部	青龙河故道干流沿岸	< 5
101	裴介 Ⅰ 6 号	遗址西南部	青龙河故道干流沿岸	3.6
102	南卫 5 号	遗址北部，河流的东岸	青龙河故道干流沿岸	< 5
103	南卫 6 号	遗址中部，河流的东岸	青龙河故道干流沿岸	3.8
104	辕村 Ⅱ 2 号	遗址东部	青龙河故道西岸台地	< 5
105	辕村 Ⅰ 3 号	遗址中部	青龙河故道东西两岸台地	6.1
106	辕村 Ⅰ 4 号	遗址南部	青龙河故道东西两岸台地	3.1
107	张良 2 号	遗址大部分	鸣条岗东侧台地	< 5
108	下王 1 号	遗址北部	鸣条岗东侧台地	< 5
109	吕儒 3 号	遗址西部	鸣条岗东侧台地	30.98
110	吕儒 4 号	遗址东部偏北	鸣条岗东侧台地	0.17
111	新杜 2 号	遗址全部	鸣条岗西侧台地	9.79
112	新郭	遗址全部	涑水河西岸台地	< 5
113	老杜	遗址全部	鸣条岗西侧台地	14.62
114	冯村	遗址全部	鸣条岗西侧台地	3.41
115	太方	遗址全部	鸣条岗西侧台地	2.81
116	西乔阳 3 号	遗址西南	涑水河东岸台地	0.21
117	杨家堡	遗址全部	涑水河南岸台地	1.1

该时期古人在居住址的选择上最为看重的是水资源。从绝大多数聚落都分布于河流两岸附近来看，河流仍是当时人们获取水资源的最佳途径，其次为湖泊、山间的溪流等。出于取水便利，大多数聚落都位于离河流不远的地方，距离多在 1000 米以内。还有少数聚落散布于中条山北麓的涧溪两岸，由于涧溪水流较小，且流量不稳，难以满足较多人口的生产生活需要，所以这些地区一般难以形成规模较大的聚落。而如果既有河流，附近又有溪流汇入，附近出现较大规模聚落的可能性则会大大提高。如涑水河北岸的周家庄 5 号聚落，附近有三到四条小溪，为该聚落提供了充足而稳定的水源。

聚落距离河流的远近，与其所处的地理位置也有一定的相关性。一般来说，地势较高，水流下切较深的地方，聚落与河流的水平距离较近，而下游地势较平缓的地区，聚落则多离河流有一定的距离，或相距较远。这可能与下游地区河水容易泛滥，不利于古人的生产生活有一定的关系。

本期人们在选择居址方面，对于地形的要求不是特别看重，平缓坡地及较陡的台地上都有聚落分布。而且，涑水河和沙渠河附近不少较大的聚落都位于较陡的台地上，如店头堡 6 号、上邵王 3 号等。另外，人们对于居址的向阳性有一定的偏好，但也不是限定性的要求。多数聚落位于河流的北岸、西岸及山岗的南坡地，但也有不少聚落位于河流的南岸或山岗的北麓，其中还有一些规模较大的聚落，如老杜、新杜 2 号、圪塔 5 号等。这种现象可能还是与河流的水位及其与坡地的远近、下切程度有较大的关联性。

三　聚落等级划分

在庙底沟二期阶段，运城盆地内聚落迅猛发展，达到了前所未有的 117 处，聚落数量不但较仰韶晚期之前的诸时期明显增加，同时也超过了龙山时期之后的各个阶段，聚落绝对数量达到了运城盆地内聚落发展的顶峰。

在数量急剧增加的同时，聚落的规模水平则延续了仰韶晚期以来逆方向的发展趋势。聚落数量虽然众多，但是较大规模的聚落数量却比较少见，绝大多数聚落为面积 10 万以下或不足 5 万平方米的小型聚落。

聚落按规模差异可以分为三个等级：

小型聚落，面积在 10 万平方米以下。

中型聚落，面积在 10 万 ~ 20 万平方米。

大型聚落，面积在 20 万平方米以上。

其中规模最大的聚落为周家庄 5 号聚落，面积为 52.9 万平方米，是本时期最具影响力的大型聚落。占聚落总数的 0.85%

30 万平方米以上的聚落和 20 万 ~ 30 万平方米之间的聚落各有 2 处，共占聚落总数的 3.4%，其中除了位于青龙河上游的东下冯—埝掌 5 号聚落面积 23.5 万平方米，其余 3 处规模均在 30 万平方米左右，分别为位于沙渠河附近的店头堡 6 号聚落和位于鸣条岗南部地带吕儒 3 号聚落，以及位于涑水河上游的湖村 3 号聚落。它们分别作为所处区域的中心聚落，对其周围部分聚落拥有一定的控制力。

10 万~20 万之间的聚落有 9 处，占聚落总数的 7.7%。其中，3 处位于涑水河流域，2 处位于沙渠河流域，2 处位于青龙河流域，成为所处区域的中心聚落或权力中心的组成部分，在本域内起着举足轻重的作用。

另外，还有为数众多的小型聚落，其中面积在 10 万平方米以下的小型聚落共 103 处，占聚落总数的 88%。这些小型聚落作为当时社会和文化的重要的基础载体，代表了当时社会生产力发展的一般水平。

本期的聚落总数与前期相比有了很大的增长，但这种聚落数量的增加具有一定的不均衡性，如 30 万平方米以上的聚落数减少近一半，最大聚落的规模也有所削减，20 万~30 万平方米之间中型聚落的数目大大减少，10 万~20 万平方米之间中小型聚落数目略有增加，而 10 万平方米以下的小型聚落的数量有大幅度增加。原有的大型聚落多数在衰落中，如史家、辕村等聚落的规模大幅缩水，而少数中型聚落如上邵王、周家庄等聚落却在不断扩大，成为新的大型聚落，还有部分中型聚落缩水成 10 万平方米以下的小型聚落。而小型聚落的绝对数量明显增多。总体看，社会似乎处于变化动荡之中，尚未形成稳定的金字塔形社会关系。另外如上所言，本期聚落的发展状况和分布与水环境有着重要的关系。由于河流分布的不均衡以及地理环境的不同，使得利用水资源的便利性，以及居址的安全系数存在较大差别，因此本期聚落虽然绝大多数都分布于河流溪涧的两岸地区，但在分布上存在着严重的不均衡性。如涑水河上游地区聚落密集，不仅产生了规模很大的中心聚落，并且还出现了不少介于中心聚落和小型聚落之间的次中心聚落。而有些地区，如涑水河中游地区则聚落面积较小，分布也较为疏远，即使群落中确有明显突出的中心聚落，其规模也很难与聚落密集区的中心聚落相比。笔者试图在后面群落划分的部分，根据具体情况再进一步分别讨论各群落内部及其相互间可能存在的等级关系。

四　聚落群划分

我们依照聚落所处的相对位置，将聚落划分出群，以便于了解当时人类的社会关系。据前文所述，河流的上游是聚落相对集中的区域，而中下游地区则相对松散，故两个主要流域内的聚落分别形成涑水河上游、涑水河中游、青龙河上游和青龙河下游四个主要分布区；沙渠河虽是涑水河的支流，但它是一条水量较为丰富、流程较长的河流，且在中条山和鸣条岗的夹角下成为相对独立的区域，两岸地区集中分布了大量的本期聚落，自成一群。自涑水河与沙渠河的交汇处向南，涑水河中游的诸聚落主要分布于涑水河东岸的鸣条岗西北侧陡坡上，这些聚落分布渐南渐稀疏，按其分布的位置又可分为鸣条岗北部地区和鸣条岗南部地区。这样就形成了运城盆地东部庙底沟二期时期聚落分布相对集中的几个地域。

从地形图上我们可以看出，由于鸣条岗地势从东北向西南逐级下降，东北部海拔较高，在青龙河和涑水河之间起到了分水岭的作用；而到了鸣条岗的西南部，地势渐趋低平。涑水河中游南部的若干聚落，虽然在分布上与其他聚落群都有一定的距离，但只有 7 处聚落，空间分布也非常稀疏，规模最大的老杜聚落面积也仅有 14.62 万平方米，其次为新杜 2 号，面积仅为 9.79 万平方米，其余 5 个聚落均为 5 万平方米以下的小型聚落，就群内而言，很难说这里存在着有明确主从关系的聚落系统。鸣条岗以东的青龙河下游也同样存在两组小型聚落，同样缺乏具有中心聚落规模的大中型聚落。而在鸣条岗南部却分布着一个面积超过 30 万平方米的大型聚落（吕儒），其周边却少有相应的中小型聚落与之相应，显得非常突出。涑水河中游西侧的一组及青龙河下游的两组小型聚落，二者距吕儒一组的距离基本相当，一左二右，均在 10 公里以内，因此我们在划分群落时就不再拘于流域的限制，而是将这四小组聚落划为一个大的聚落群——青龙河下游聚落群。综上所述，运城地区庙底沟二期的聚落可分为五大群：涑水河上游群、沙渠河群、鸣条岗北部群、青龙河上游群、青龙河下游群（表九；参见彩版一一二）。

表九　庙底沟二期聚落群登记表

序号	聚落群名称	聚落数量	聚落总面积（万平方米）	聚落群范围（平方公里）
1	涑水河上游群	49	206	320
2	沙渠河群	27	134	120
3	鸣条岗北部群	9	41	140
4	青龙河上游群	9	64	100
5	青龙河下游群	23	101	400

1. 涑水河上游聚落群

主要分布于涑水河上游两岸的周边地区，共 49 处聚落，聚落总面积 206 万平方米，聚落群范围 320 平方公里。从该聚落群的分布图中，我们可以看到，该聚落群在地理分布上又自然地分成了三组。

东部组共有庙底沟二期聚落 10 处，东吴壁 3 号聚落是该组内规模最大的聚落，面积为 12.9 万平方米，其余均为面积在 5 万平方米以下的小聚落。从聚落分布图上可以看到，其中面积相对较大、遗迹遗物发现较多的几个聚落，如沟西 I 2 号聚落、西沟 3 号及峪南 2 号和北杨 2 号聚落等与东吴壁 3 号聚落的距离较近，所在地势相对较高，而且与涑水河距离多在 1 公里以外；少数以个别遗迹为采集点发现的小聚落，所处地势较低缓，距离涑水河相对较近。该小组聚落遗迹发现较多，且遗迹相对集中分布于距涑水河河道较远的地势较高的台地上，零散的遗物发现相对较少。目前已发现的聚落均分布于涑水河的北岸地区，大体与涑水河的河道相平行。

中部组共 14 个庙底沟二期的聚落，跨涑水河上游中部的南北两岸地区。地处北岸的周家庄 5 号聚落面积最大，达到 52.9 万平方米，为该组的中心，同时它也是庙底沟二期涑水河流域乃至于整个运城盆地东部面积最大的聚落。该小组的主要特点是，群落的重心位于涑水河北岸，聚落数量较多、范围较广，且处于地势较平的缓坡地带，发现多处重要的遗迹现象。涑水河南岸的聚落数量较少，且位于地形相对较陡的鸣条岗北坡上，发现以遗物为主，遗迹很少。另外，中心聚落周家庄 5 号位置偏东，面积特别大，而组内距其较近的聚落面积均在 5 万平方米以下，参考聚落分布图，我们发现，周边的各小聚落距离周家庄 5 号距离越近，则面积相对越小，而距离相对较远的偏西的柳泉 I 3 号聚落和涑水河南岸较远的宋西 3 号聚落面积则相对较大，分别为 16.5 万平方米和 9.9 万平方米，为该小组中规模第二和第三的聚落。整个中部组中，以周家庄 5 号聚落的遗迹分布最为密集，其西部的坡底 1 号和柳泉 I 3 号聚落也集中分布有少数遗迹，而其周边及涑水河南岸的聚落则多以散落的遗物发现为主。周家庄 5 号聚落暴露出的遗迹多数为灰坑，遗物的发现也相当可观。

西部组以湖村 3 号聚落为中心，位于涑水河上游的西段，共 25 个聚落，是涑水河上游群中包含聚落数量最多的小组。从地形上看，峨嵋岭与鸣条岗在此处形成一个东北宽西南窄的夹角，涑水河从此流过，河道在由东向西的过程中由宽变窄，同时峨嵋岭东部的一南北纵向的谷地与涑水河谷地相接，从空中俯瞰，该处类似一个斜向的“Y”形漏斗。该组多数聚落分布于峨嵋岭以东南北向谷地的东西两侧，少数聚落散布于涑水河南岸东北—西南向的鸣条岗坡地上，整体分布呈月牙形。从聚落的分布上看，沿着峨嵋岭东侧南北向谷地分布的 15 个聚落中，以谷地东侧的聚落面积相对较大，同时有较多的遗迹现象；而谷地西侧的几个聚落，面积相对较小，散布于几个向谷地凸出的台地上，发现也以零散遗物居多。涑水河南岸的聚落自东而西，依次有 10 个聚落分布于鸣条岗北坡的台地上。另外，在鸣条岗与峨嵋岭夹角的西侧，涑水河的北岸还有两个小聚落——冀鲁 2 号和丁店 2 号。这些聚落的面积与其所在台地的大小成正比，各聚落面积多在 5 万平方米以下。各聚落所在的台地，大多位于海拔较高的台地上，而并非临近河道的缓坡地上，这说明当时涑水河水位可能比现在要高，水量比现在丰富。该小组的中心聚落——湖村 3 号位于月牙形格局的东北部，面积 29.2 万平方米，也是该组中唯一一个面积超过 20 万平方米的聚落。其次为魏家园和上社观 1 号聚落，二者均位于湖村 3 号的北面，且相互之间距离较近（不超过 500 米），似为双生聚落；二者面积均在 10 万平方米以下，距离湖村 3 号也很近，而距其他的小型聚落则很远，很难认定其为次级中心。小组内的其余各聚落均为 5 万平方米以下的小型聚落，而且分布上也较稀疏，故此该小组应该是以湖村 3 号为中心的一个二级聚落组。

综上所述，涑水河上游聚落群由东、中、西三个小组共同组成。其中，东部组以东吴壁 3 号、西部组以湖村 3 号聚落为中心，分别为等级关系较为简单的、以一个聚落为中心的二级聚落组织。根据地形地势的不同，前者的聚落分布较为密集，与涑水河河道平行分布；而后者分布上较为稀疏，却也是沿着河流和谷地两岸布局。中部组以周家庄 5 号聚落为中心，结构相对复杂。周家庄的面积远远超出了周边聚落的面积，发现的遗物、遗迹特别多，成为一个功能复杂的大型聚落，而周边的聚落规模相对很小，数量也少，分布上又较稀疏，就小组内部而言，也只能形成一个二级聚落。但是，这些小型聚落看起来远不足以支撑这样一个功能复杂的大型聚落的存在。所以，周家庄 5 号不只是该小组的中心，而有可能是整个涑水河上游的中心聚落。而其东面的东吴壁 3 号以及西面的湖村 3 号聚落很可能是它所属的次级中心。所以，从组织关系上说，涑水河上游聚落群应该是一个具有一个支配中心、两个次级中心以及若干基层聚落共同组成的三个层级的群落组织。

2. 沙渠河聚落群

沙渠河发源于中条山西麓，经三河口水库汇合成较大的河，上游受中条山走向影响，呈东北—西南走向，下游在苏村附近折而向西北，斜穿鸣条岗，在蔡庄附近注入涑水河。沙渠河河道较长，水量也丰富，是涑水河的一条重要支流。沙渠河自东向西略呈"V"字形流向，其南北两岸聚集了 27 处庙底河二期的聚落，聚落总面积 134 万平方米，聚落群范围 120 平方公里。这些聚落与涑水河上游的诸聚落被鸣条岗所隔，形成一个较为独立的聚落群，又自然地分成东、西两小组。其中沙渠河苏村段以东为甲组，呈东北—西南的条带状分布于河流两岸；沙渠河苏村段以西为乙组，呈西北—东南的条带状分布于河流两岸。

甲组：主要分布于沙渠河的上游及其一条支流的南北两岸附近。沙渠河自东向西依次有三河口 2 号、余家岭 2 号等 10 个聚落。这些聚落均为 7 万平方米以下的小型聚落，多位于沙渠河北岸、且坡度较大的坡地上，离河道颇近，取水方便，海拔高度从 560 ~ 700 米，自东北向西南渐次降低。另外，除南姚 Ⅱ 4 和河底 2 号与其他聚落相距较远外，其余各聚落间的距离相距多在 1500 米内。沙渠河南岸还有一些小的山涧，随着地势与沙渠河一样自西向东流，在前偏桥附近汇入沙渠河。这些涧溪周围也分布有少数聚落，从东北向西南依次为，南白石 2、十八堰 Ⅱ、前偏桥 4 ~ 6 号等 5 个聚落，随着涧溪的流向与沙渠河的聚落融合在一起。这些聚落的分布规律都是顺着河流和山势的走向，沿河流分布。从分布上看，古人在选址时很可能也考虑到了阳光的影响，因为多数聚落都位于水北山南的朝阳地带。总的来说，该小组各聚落面积均很小，面积最大的南姚 Ⅱ 4 号也不过 7 万平方米，这可能由于该地区海拔较高，且地处山区，居址所在地坡度较大，不利于发展农业生产，聚落的发展受到限制；也可能与山区水源不稳定，时有暴发山洪有关系，这一点可以从该小组中最大的南姚 Ⅱ 4 的选址地点得到印证，该聚落周边较大范围内地势都较为平缓，而该聚落的先民偏偏选取了唯一的一处坡度较大、地势较高的地方作为生活的地方，说明平缓而低的地方虽然利于生存，但很可能是经常被水淹没的地带。而从社会组织来看，这小组聚落分布既散，规模也很小，很难形成单独的行政中心，虽然南姚 Ⅱ 4 号聚落面积最大，可能为该小组的中心，但从其规模来说与其他聚落相差不大，很难形成一个真正意义上的二级组织。

乙组：分布于沙渠河的下游，沿河两岸自东南向西北呈带状分布，共发现庙底沟二期的聚落 12 处。此处沙渠河已汇聚了若干小溪，水流变大，河道变宽，河西岸较东岸更陡，多数聚落位于地势较高的河流西岸。东岸聚落数量较少，面积也相对较小，且与河道有一定的距离，分布在平均海拔高度与西岸差不多的坡地上。这是由于在河流的西岸，虽然坡度较大，但山坡向阳，有利于居住和农业生产，故而聚落面积较河东岸更大。河流的东岸坡度较小，有利于农作物的生长，但由于丰水季节距河道太近，有一定的危险，而枯水期则取水较远，故聚落面积反不如西岸。总的来说，该小组聚落分布较为密集，各聚落的规模也较上游各聚落更大。不但出现了像店头堡6号这样面积超过30万平方米的大型聚落，其北面不远处还排列着3个面积在10万～16万之间的中小型聚落：店头堡5号、孙村Ⅱ1号和梨凹，在河流的东西两岸形成了三足鼎立的格局，但它们与其周边的小型聚落之间的差距并不大，很难对周边的小聚落形成切实的控制力。所以本组整体实力虽然比甲组强，但该小组内真正有实力来控制其他聚落的可能只有规模最大的店头堡6号聚落，该小组也只能形成一个二级聚落组织。

如前所述，沙渠河上游诸聚落，囿于地形地势的限制而难以发展，散列着15个7万平方米以下的小型聚落，故而它们在分布上虽自成一群，但在组织结构上，却很难自成一体，构不成一个真正的组群。如果我们把整条沙渠河流域的27处聚落综合起来考虑，就会看到将上游的诸聚落加入后，充实了该群落中的小型聚落，而该群落可能只有一个控制中心——店头堡6号。这样所有聚落汇合后就形成了一个结构上较为紧凑、整合度较高的二级聚落组织。

3. 鸣条岗北部聚落群

涑水河中游的各聚落按其分布位置分为两部分。其中夏县水头镇前进村以北的诸聚落因其位于鸣条岗北部而称为鸣条岗北部群。前进村以南的诸聚落位于鸣条岗的南部，数量少，分布稀疏零散，规模也都很小，而青龙河下游的最大聚落吕儒与这些零散聚落的距离较近，地理上也不存在大的交通障碍，如前所述，它们与青龙河下游鸣条岗东南部的一系列小聚落很有可能成为一个以吕儒为中心的、分布上较为分散的一个聚落群。故而前进村以南的这些聚落虽属于涑水河流域，也归入到了青龙河下游群进行论述。

鸣条岗北部群所含庙底沟二期的聚落数目较少，仅9处。聚落总面积41万平方米，聚落群范围140平方公里。它们均分布于涑水河的东岸，呈线状排列于鸣条岗西北麓的高台地上，海拔高度从510米到450米不等。上邵王3号是本群中规模最大的聚落，面积为17万平方米；韩家庄2号次之，面积8.9万平方米；其余均为6万平方米以下的小型聚落。本群中较大的聚落主要集中于群落的北部，随着鸣条岗的地势自北向南渐低，聚落的规模也似乎由北向南随海拔降低而减小。另外，聚落的规模受地形影响较大，沿河台地中地势较高、面积较大的，则聚落面积也较大；所在台地面积较小的，聚落面积也较小；地势较低处则聚落面积较小或无聚落。本群中没有大型聚落，只有一个中型聚落，其余均为10万平方米以下的小型聚落，所以我们认为该群可能是一个以上邵王3号为中心的二级聚落组织。同时由于群内聚落数目较少，且多数聚落间的间距在2～5公里之间，分布较稀疏，说明当时的社会组织关系仍然较为松弛，该聚落群尚处于一种自然发展的状态。

4. 青龙河上游聚落群

青龙河的源头铁寺河发源于中条山的西北麓，自东向西汇入青龙河。青龙河为东北—西南流向，以禹王镇为界分为上、下游。青龙河的上游除铁寺河外，还有若干从中条山发源的小河注入，从而保证了青龙河的水量充足。青龙河上游地区的庙底沟二期聚落数目较少，自北而南共发现 9 处聚落，大多分布于青龙河两岸附近，只有陈村 5 号聚落处于中条山西北麓水磨沟附近的台地上。聚落总面积 64 万平方米，聚落群范围 100 平方公里。从聚落分布图上可知，青龙河上游地势东北高、西南低，聚落多位于青龙河两岸的缓坡地上。本群中以东北部的东下冯—埝掌 5 号聚落面积最大，为 23.5 万平方米，其次为圪塔 5 号和东阴 5 号，面积分别为 18.6 万和 10.9 万平方米，其余各聚落面积均在 5 万平方米以下。该群落的分布特点与鸣条岗北部群相类似，大型聚落位于青龙河上游北段；而随着青龙河自北向南流，地势自北向南下降，海拔高度也自 490 米渐至 410 米不等，两岸的聚落面积也渐南渐小，面积 5 万平方米以下的小型聚落相对集中地分布在青龙河上游的南段。该群中各聚落间的距离远近不一，从 360 米到 4500 米不等，并且面积较大的聚落之间的间距较大，面积较小的聚落之间的间距也较小。从规模和等级关系上看，最大的聚落东下冯—埝掌 5 号，应是该群的中心聚落；规模次之的圪塔 5 号在本群中位置居中，也应是一处重要聚落；其余聚落多规模很小，是群落中的基本组成部分。总的来说，该群显示出一个整合力不高的二级聚落组织形态。

5. 青龙河下游聚落群

青龙河下游地区主要指青龙河下游两岸及中条山西侧、鸣条岗以东的范围。共发现庙底沟二期聚落 16 处，按其所处的位置，分成三组：甲组为青龙河两岸 7 处聚落，乙组为中条山西麓 5 处聚落，丙组为鸣条岗东南 4 处聚落。但如前文所述，位于鸣条岗南段北侧、涑水河中游两岸的 7 处聚落此时很可能也附属于本群，故而该组聚落成为青龙河下游聚落群的第四组（丁组）。聚落总面积 101 万平方米，聚落群范围 400 平方公里。这四组聚落方位有别，所在位置各有特点，各组之间至少有 5 公里以上的距离。

甲组：自裴介以南，顺青龙河河道两岸由北向南依次分布有：裴介Ⅰ5 号、裴介Ⅰ6 号、南卫 5 号、南卫 6 号、辕村Ⅱ2 号、辕村Ⅰ3 号、辕村Ⅰ4 号等 7 处聚落，另有鸣条岗南侧的张良 2 号聚落。该组聚落除张良 2 号外，分布上较为集中，组内各聚落之间间距较小。另外该组聚落的规模均较小。辕村Ⅰ3 号聚落为该小组面积最大的聚落，面积也仅有 6.1 万平方米，虽然其余均为 5 万平方米以下的小型聚落，但因差距太小，很难将辕村Ⅰ3 号作为该小组的中心，所以这是一个沿河岸分布的自然组群。

乙组：位于中条山西麓的台地上，共发现 5 处聚落，顺山势呈东北—西南的线状分布，依次为上潄底 5 号、上潄底 4 号、史家 3 号、史家 4 号、南吴 4 号。该组聚落均位于从中条山发育的系列小型溪涧的周边台地上，它们共同的地理位置和选址特点使它们构成一组聚落。这些溪涧有些为季节性溪流，有些则作为青龙河的支流汇入青龙河及后来修筑的姚暹渠内（现代青龙河自禹王水库以南注入元代修筑的姚暹渠，古代的青龙河仅能从地图和地貌上看出古河道）。该组聚落同甲组聚落一样，规模很小，均为面积在 5 万平方米以下的小型聚落，同样属于没有中心聚落的自然组群。

丙组：位于鸣条岗南侧缓坡上，仅发现3处聚落：吕儒3号、吕儒4号及下王1号。与前二组不同的是，虽然该组中有2处是5万平方米以下的小型聚落，但吕儒3号却是一个面积超过30万平方米的大型聚落，因此也就理所当然成为本组的中心，从而构成小组内的二级聚落结构。由于其附近属于本小组的聚落数目太少，而周边各组又无大的中心地点，人们很容易想到其周边的其他组群也属于这个大型聚落所代表的群体的次级组织。

丁组：位于涑水河中游、鸣条岗南段的西北。由北向南依次为新杜2号、新郭、老杜、冯村、太方、西乔阳3号、杨家堡7个聚落。多数聚落位于涑水河的东岸，仅有新郭一处聚落位于西岸。该组聚落规模较大者多位于北部地势较高处，而越往南，地势越平缓，聚落的面积也越小。老杜为该组聚落的中心，面积达14.62万平方米；新杜2号次之，面积9.8万平方米；其余为5万平方米以下的小型聚落。该小组聚落似为一个二级组织，但面积较大的老杜和新杜之间规模既相差不远，间距又很近，则难以认定二者之间存在有主有从的等级关系。

上述四组聚落共同组成了青龙河下游聚落群。这四组聚落合在一起，形成了一个范围较广，拥有一处大型聚落、一处中型聚落及20余处小型聚落的三级社会组织。其中位居中心的吕儒3号不论是位置还是规模，都堪称为该群落的控制中心；而老杜则作为群落的次级中心，控制着西部涑水河沿岸诸小型聚落；甲组和乙组的诸小型聚落则应归属于吕儒3号直接统辖之下。至于该群落为何在两条主要河流沿岸地带的聚落普遍规模较小，未出现大型聚落，而在距两河都有一定距离的鸣条岗缓坡上却出现了大型中心吕儒，这可能与当时两条河的水位较高有关。青龙河下游、涑水河的中游地带地势偏低而平缓，不利于抵御水患。鸣条岗的南部坡地上，地势较高而又较平缓，附近还有涑水河的支流经过，这些都有利于农业的发展和聚落规模的扩张。

另外，该聚落群的南侧距盐湖不远，则该群落的形成、发展很可能与盐湖的利用有一定的关系。青龙河下游离盐湖很近，且地势低平，这导致该地区的饮用水咸度较高，不利于农业生产和人畜生存，这也可能是青龙河下游聚落数量较少、规模较小的重要原因。相反，吕儒3号聚落位于鸣条岗坡地上，地势较高，离盐湖的距离却并不远，这既可利用旁边涑水河支流的淡水，又可对附近盐业的生产实施有效的控制（如果存在的话）。盐湖是天然形成的巨大的咸水湖，一般认为古人的开发主要使用日晒法制盐，通过引水注畦、使水分蒸发的方式得到盐卤。但目前对盐湖早期的利用还只是一种推测，尚有待于通过进一步的田野考古发现来获得相关的证据。

综上所述，运城盆地东部庙底沟二期时的聚落可分为五大群。其中聚落最多的地区为涑水河上游群，该群由三个小组共同构成，每个小组内各有一中心，形成三个或强或弱的二级结构组织，它们还可能共同形成以中央的大型聚落周家庄5号为中心、其余两个组中心为次级中心的三级组织，这种拥有众多聚落、控制面积广大的聚落群是同时期最为强盛的聚落群。其次为青龙河下游群，该群由四个小组构成，与前者不同的是，虽然四个小组也涵盖了青龙河下游和涑水河中游的鸣条岗南部的广大区域，但该群中四个小组的聚落数目均较少，除吕儒外其余聚落规模也都很小，东面的两个小组甚至都没有自己的中心聚落而难以形成真正意义上的组群，这说明该群落是一个分布虽较松散、但控制力又较强的聚落群。与涑水河上游群相毗邻的沙渠河聚落群是一组布局紧凑、整合性较高的二级聚落组织。涑水河中游的鸣条岗北部群和与之相邻的青龙河上游群则均属于聚落数目较少、分布较为松散的二级结构的小群落，在布局上也有共同的特点——中心聚落都处于地势较高的偏北的位置，而随着河流的走向，越往南聚落的面积也变得越小。就整个运城盆地东部而言，庙底沟二期的聚落群，有一北一南两个大型的三级群落，其间有较独立的三个二级聚落组织，这三者中又以沙渠河群拥有聚落更多，规模更大，整合力也更高。总的看，则以盆地的北部聚落多而密集，显示的实力更强。

五　生产经济与资源获取

各种迹象表明，该时期人们过着定居的生活，主要从事旱作农业生产，同时也畜养家畜和从事部分渔猎活动。手工业生产主要有陶器、石器、骨器等的制作。调查中发现的石器以磨制的石斧和单孔石刀最多。盐湖附近的聚落或许已经开始早期制盐业的生产。

从聚落的分布看，当时对土地资源的开发和对水资源的利用是至关重要的。此时多数聚落仍然主要依存于河流两岸，并呈现明显的沿河两岸带状分布的形态。同时，由于聚落数量的持续增长，聚落的分布空间也在不断扩展，对土地资源的开发利用随之在扩大，甚至在地势较陡的、地处阴面的鸣条岗北麓也分布不少聚落，而且其中还有一些面积超过 10 万平方米的较大聚落。但在相对平坦的青龙河下游、涑水河中游的鸣条岗南部地区，发现的聚落却较少，规模也普遍较小，说明当时这些低平地带存在较大的洪水隐患而无法充分地开发利用。

以吕儒 3 号聚落为中心的青龙河下游聚落群，虽然这里的土壤及水源均不利于农业生产和人畜饮用，却依然发展出吕儒 3 号这样的大型聚落，这使我们联想到当时人们可能开始对盐湖的开发利用。不过，这样一种认识还需要更多的考古证据来支持。

第五节　龙山时期的聚落

一　文化属性

一直以来，学术界普遍认为，晋南运城盆地与中条山南麓地区龙山时期的文化面貌同属三里桥类型，与其相邻的临汾盆地则属于陶寺类型（或称陶寺文化）。一般以为，三里桥类型的分布地域"跨晋陕豫三省，在山西境内主要分布在运城盆地和中条山南麓的黄河沿岸地区，陕西境内主要在关中华山周围地区，河南境内主要在渑池以西的黄河沿岸地区"[1]。20 世纪，考古工作者在晋南运城盆地做过多次调查和重点复查工作，不过，只对夏县东下冯遗址做过系统的发

---

[1] 宋建忠：《山西龙山时代考古遗存的类型与分期》，《文物季刊》1993 年 2 期。

掘，除此之外，基本没有其他更多的发掘工作。所以，对运城盆地龙山时期考古学文化面貌的认识主要是基于东下冯遗址龙山时期的遗存得出的。限于发掘材料并不多，发表资料有限，以东下冯遗址龙山时期遗存作为典型代表进行分析，难免会出现认识上的偏差。另一方面，由于历史的原因，在中条山以南地区，特别是垣曲盆地却做过大量的考古工作，积累了丰富的资料，所以，客观上造成了对该地区龙山时期文化面貌的认识多以中条山以南地区为代表，而很少有人去重视中条山南北的差别。

实际上，近些年的调查工作和发掘工作表明，在中条山南北，龙山时期的遗存有较大的差异。如：中条山以北纹饰以绳纹为主，篮纹较少，方格纹很少；鬲较多，多圈足罐（或瓮）和束颈深腹罐，有扁壶，这些都不是中条山南麓地区的典型器物。相反，在中条山南麓地区，篮纹和方格纹较多，绳纹较少，多罐类和盆类，少见三足器（鬲、甗）和圈足器（圈足罐、圈足瓮），以罐、盆为代表的平底器较多，特别是双腹盆、侈口罐等王湾三期的典型器物较多见。相比较而言，中条山北的这些文化特点更多地同于临汾盆地的陶寺类型，也就是说，龙山时期，中条山以北的运城盆地其文化面貌同于临汾盆地，都应归入陶寺类型[1]。

二　聚落的分布

龙山时期的聚落共84处，其中绛县22处、闻喜38处、夏县19处、盐湖区4处、临猗1处。从分布看，除个别零星遗存，即一点或两点构成的聚落外，这个时期的聚落主要分布在距离水源较近的地方。水源的选择以河流为主，泉水、湖泊为辅，调查中还没有发现明显的水井遗迹（表一〇；彩版一〇六）。

表一〇　龙山时期聚落登记表

编号	聚落名称	聚落在遗址的相对位置	地形特征	聚落面积（万平方米）
1	申家坡Ⅱ1号	遗址东部	涑水河北岸台地	<5
2	柿树林1号	遗址全部	涑水河北岸台地	<5
3	西沟4号	遗址东部	涑水河北岸台地	1.5
4	沟西Ⅰ3号	遗址东部	涑水河北岸台地	<5
5	峪南7号	遗址西南角	涑水河北岸台地	10.5
6	峪南6号	遗址北端	涑水河北岸台地	<5
7	北杨3号	遗址西北角	涑水河北岸台地	<5
8	西吴壁2号	遗址绝大部分	涑水河北岸台地	27.2
9	东吴壁4号	遗址西、南部	涑水河北岸台地	9
10	西荆3号	遗址绝大部分	涑水河北岸台地	8.9

[1]　王力之：《晋南运城盆地龙山时期遗存探讨》，待刊。

编号	聚落名称	聚落在遗址的相对位置	地形特征	聚落面积（万平方米）
11	小张 1 号	遗址南部	涑水河北岸台地	<5
12	东仇	遗址全部	涑水河北岸台地	<5
13	周家庄 11 号	遗址绝大部分	涑水河北岸台地	495.4
14	枓北 3 号	遗址东部	涑水河北岸台地	<5
15	横水 I	遗址全部	涑水河北岸台地	<5
16	横水 II 1 号	遗址全部	涑水河北岸台地	<5
17	贾家堡 3 号	遗址北部	涑水河北岸台地	17.4
18	坡底 2 号	遗址中部偏南	涑水河北岸台地	1.3
19	宋庄北堡 2 号	遗址西北角	涑水河南岸台地	<5
20	宋西 4 号	遗址西部偏北	涑水河南岸台地	3.5
21	柳泉 I 4 号	遗址南部	涑水河北岸台地	<5
22	西山底 I 1 号	遗址北部	涑水河南岸台地	<5
23	上峪口 3 号	遗址大部分	涑水河南岸台地	9.8
24	官庄 3 号	遗址绝大部分	古河道东岸台地	14.5
25	仓底 10 号	遗址南部偏东	古河道东岸台地	<5
26	仓底 9 号	遗址北部	古河道东岸台地	1.3
27	湖村 4 号	遗址北、中部	古河道东岸台地	58.4
28	东姚 2 号	遗址全部	沙渠河北岸台地	<5
29	卜中庄 I 3 号	遗址东部	涑水河西岸台地	<5
30	张家庄	遗址全部	涑水河西岸台地	3
31	程家庄 2 号	遗址绝大部分	涑水河北岸台地	4.7
32	冀鲁 3 号	遗址绝大部分	涑水河西岸台地	0.7
33	东峪 2 号	遗址北部	涑水河东岸台地	0.2
34	西阳泉头 I 2 号	遗址全部	涑水河南岸台地	<5
35	西阳泉头 II 3 号	遗址南部	涑水河南岸台地	<5
36	柴家峪 3 号	遗址南部	涑水河南岸台地	0.05
37	寺底 3 号	遗址中部	涑水河南岸台地	2.6
38	吉家峪 3 号	遗址北部	涑水河南岸台地	0.2
39	余家岭 3 号	遗址中、东部	沙渠河北岸台地	2.5
40	十八堰 I	遗址全部	沙渠河北岸台地	9.6
41	南白石 3 号	遗址绝大部分	沙渠河两河交汇处	20.7
42	蔡村 3 号	遗址西部	沙渠河北岸台地	<5
43	后宫 II 3 号	遗址中、西部	沙渠河西岸台地	0.6

编号	聚落名称	聚落在遗址的相对位置	地形特征	聚落面积（万平方米）
44	南王2号	遗址西部	沙渠河北岸台地	9.1
45	南姚Ⅱ5号	遗址西北部	沙渠河北岸台地	＜5
46	河底3号	遗址中部	沙渠河北岸	＜5
47	坡申Ⅰ1号	遗址南部	沙渠河北岸台地	0.4
48	冯村2号	遗址全部	沙渠河北岸台地	＜5
49	店头堡7号	遗址东部偏北	沙渠河南岸台地	17
50	店头堡8号	遗址东部	沙渠河南岸台地	3.6
51	孙村Ⅱ2号	遗址中部偏南	沙渠河南岸台地	＜5
52	孙村Ⅳ3号	遗址南部	沙渠河北岸台地	0.2
53	蔡庄Ⅰ	遗址全部	沙渠河南岸高地	＜5
54	上邵王4号	遗址中部	涑水河东岸台地	9.6
55	下邱	遗址全部	涑水河东岸台地	39.8
56	韩家庄3号	遗址中、南部	涑水河东岸台地	0.3
57	南宋2号	遗址绝大部分	涑水河东岸台地	25.2
58	沙流6号	遗址大部分	涑水河东岸台地	48.1
59	水南3号	遗址绝大部分	涑水河东岸台地	44.1
60	东三里2号	遗址北部	涑水河东岸台地	＜5
61	坡底3号	遗址北部	涑水河南岸台地	8.8
62	吕儒5号	遗址东部	鸣条岗南侧台地	＜5
63	下王2号	遗址西北部	鸣条岗东侧	＜5
64	西纽3号	遗址东北角	鸣条岗南侧坡地	＜5
65	汤里Ⅰ	遗址全部	青龙河东岸台地	0.07
66	辕村Ⅰ5号	遗址中部	青龙河故道干流沿岸	8.5
67	南卫7号	遗址北部	青龙河故道干流沿岸	＜5
68	南卫8号	遗址中部	青龙河故道干流沿岸	＜5
69	南吴5号	遗址西部	中条山西麓山前台地	＜5
70	南吴6号	遗址东部	中条山西麓山前台地	0.8
71	史家6号	遗址南部	中条山西麓山前台地	0.9
72	史家5号	遗址中部	中条山西麓山前台地	11.6
73	上潬底6号	遗址中部	中条山西麓山前台地	11.6
74	白张2号	遗址西南部	鸣条岗东侧台地	＜5
75	尉郭1号	遗址北部	青龙河故道干流沿岸	0.9
76	东阴6号	遗址北部	鸣条岗东侧台地	1.1

编号	聚落名称	聚落在遗址的相对位置	地形特征	聚落面积（万平方米）
77	东阴 7 号	遗址东部	鸣条岗东侧台地	2.2
78	陈村 6 号	遗址西部	中条山西麓山前台地	0.3
79	崔家河 I 3 号	遗址南部	青龙河北岸台地	<5
80	埝掌 4 号	遗址南部	青龙河北岸台地	4.6
81	东下冯—埝掌 6 号	遗址中部偏西	青龙河南北两岸	46.5
82	保安	遗址全部	中条山北麓山前坡地	0.5
83	南郭 1 号	遗址南部	涑水河东岸台地	<5
84	大泽 II 1 号	遗址北部	古河道东高地	<5

聚落主要分布在河流的两岸台地或高地，如果其间还有泉水的存在，则更是理想的聚居地，其遗存的分布也更为丰富。以周家庄 11 号聚落为例，该聚落分布在涑水河北岸台地，整个聚落北高南低，南部最低处高出当时河床约 40 米，聚落的东、西部至少有四处以上的泉水从北向南汇入涑水河，围绕着泉水，周边形成了最为丰富的文化堆积。

距离河流较远的台地纵深地带或山间，也有少数聚落的分布，这些聚落多以泉水为其主要水源，泉水的流量成为决定聚落规模、兴衰的基本条件。以泉水为水源的聚落，受水源流量影响，聚落面积一般都不大，其中以西荆 3 号聚落面积最大，面积也不过在 10 万平方米左右。不过，一般来说，以泉水为水源的聚落，由于水源较为稳定，水质安全，文化的连续性较强。

湖泊的产生与河流息息相关。这个时期或更早时候，很可能整个晋南地区雨量开始增多。涑水河径流量增大后，河水势必向北泄洪，在运城盆地北端形成一个低洼的湖泊，河湖相连形成了的稳定水源，由此造就了湖村 4 号聚落的兴盛。湖村 4 号聚落，面向河湖，南北纵向分布在河湖东部台地上。今天虽然看不到昔日湖光粼粼的美景，但长满芦苇的低洼地从官庄一直往北延伸，大致还能反映出当时河湖相连的景象。当然，在整个运城盆地北部，以湖水为水源的聚落只是少数。

所有的聚落在缘水而居的同时，又与当时正常的水位保持了相当的高度和距离，特别是聚落与当时河、湖的落差达到了前所未有的高度。纵观这个时期所有具有一定规模的聚落基本分布在较高的山丘和台地上，集中反映了当时选址的基本考量。个中原因，不外乎是水患和自身设防两方面的考虑。

龙山时期的人们选择高地聚居，首先应该更多地考虑的是防范水患。水患的顾虑从另一方面说明了当时降水之多。可能正是因为降水多的缘故，所以成就了西荆 3 号聚落达到前所未有的规模。西荆遗址距离涑水河河床的直线距离在 4 公里以上，地处涑水河北岸的纵深地带，遗址西侧的泉水是唯一的水源，当时如果没有充足的水量，根本无法维持像西荆 3 号这么大规模的聚落。反观西荆遗址更早的仰韶时期和更晚的二里头时期只有一些零星遗存的发现，很可能是因这些时期的水量无法维持较大规模的聚落。种种迹象表明，龙山时期整个运城盆地降水明显偏多，水量丰沛。同时期的植物浮选结果也间接地支持了相应的观点①。降水偏多，河水水位较高，防范水患成为龙山时期的人们在选择聚居地时首先考虑的问题，这应该是这个时期聚落多分布在高地的主要原因。

除了水患外，安全设防是这个时期的人类在选择聚居地又一个重要的考虑因素。具有一定规模的聚落大都分布在地势较高的山丘和台地上，处于制高点可以鸟瞰外围，同时，当时的人们已经开始有意识地尽可能利用地形地势等天然的屏障对自己的聚落进行防护，如水沟等。除此之外，出现了人工挖掘的壕沟等为自身的安全设防。西荆 3 号龙山聚落就是典型的例证，该聚落外围地势相对平坦，没有天然的屏障。为此，西荆 3 号聚落充分利用西侧的深沟（水沟）和北部的浅沟为其设防，作为其西部和北部的边界。相对来说，该聚落东北部地势略高，整个聚落全部暴露在东北角的视野之内，为此，在东北部人工开挖了壕沟，钻探发现该聚落的东北部人工挖掘的壕沟宽约三四米，深达四五米。如此布局突出反映了该聚落相当强烈的防卫意识。

三　聚落等级划分

从已调查的范围来看，目前发现了 84 个龙山时期的聚落。这些聚落的分布遍及青龙河、涑水河及其支流沙渠河，其中尤以涑水河干流分布最为密集，其次为沙渠河和青龙河。从已发现的聚落看，只有一点或两点的聚落达 35 个，小于 1 万平方米的聚落有 14 个，1 万 ~5 万平方米的聚落有 12 个，5 万 ~10 万平方米的聚落有 8 个，10 万 ~20 万平方米的聚落有 6 个，20 万 ~30 万平方米的聚落有 3 个，30 万 ~60 万平方米的聚落有 5 个，百万平方米以上的聚落有 1 个。

在整个调查范围内，做过发掘的遗址少之又少。虽然调查中我们对每个聚落内部具体的遗存分布及特点做过详细的调查，但是限于遗存暴露的有限性，我们还是无法从聚落内遗存的规格等来揭示其在整个调查地区中的地位、等级。所以，聚落等级的划分只能依据聚落的面积及规模来划分。这个时期聚落的构成呈金字塔式分布，规模越小的聚落数量越多，规模越大的聚落数量越少，塔尖上的周家庄 11 号聚落一枝独秀，其规模非其他任何聚落可以相比。根据聚落的面积大小来看，这个时期可以分成三个等级：

第一级，百万平方米以上，约占聚落总数的 1.2%；

第二级，30 万 ~100 万平方米，约占聚落总数的 6.0%；

第三级，30 万平方米以下，约占聚落总数的 92.8%。

实际上，有些还可以分得更细，如第三级，零星遗存的发现和几十万平方米的聚落就其本质还是有很大的差别。零星遗存中的个别遗迹基本是短时期少数人类活动留下的，个别遗物应该是

---

① 相关资料另发。

人类短期行为的结果，甚至不排除后期人类活动的搬迁，但数万甚至几十万平方米的聚落都是人类长时间聚居的结果。

纵观所有的聚落，不同等级的聚落有不同的分布特征和功能。

第三等级，从规模和分布看，又可以细分为两类：

第一类，只有零星遗存的聚落，除了在台地或山丘上多有发现外，在地势稍低的地方也有少量发现，如柳泉 I 4 号聚落、宋庄北堡 2 号等。零星遗存的聚落分布地点多没有规律，这类聚落与其他聚落彼此之间的距离或远或近，看不出空间分布上的规律性。稍大的聚落基本分布在地势较高的台地和山丘上，但这些聚落很多都处在地势并不开阔的山丘或台地上，如张家庄、寺底 3 号等，可能正是由于地形的局限性影响了其后来的发展空间。这类聚落在空间的分布上相对零散，有些甚至很独立，很难看到与其他聚落的关系，而另有一些聚落已经可以看出与其他聚落之间的联系和互动。从分布特点看，这类聚落可能是一些临时定居点和小型村落。

第二类，聚落大都有一定的规模，位于有一定高度而且地势较为开阔的台地，小的山丘很少有这个等级的聚落分布，泉水丰沛的地方也有这类聚落分布。这类聚落在空间分布上有大致的规律，保持着一定的距离，不过在水源充足、地形开阔的地区，聚落之间的距离相对会小些，如东吴壁 4 号与峪南 7 号、西吴壁 2 号聚落之间的距离虽近，但由于各自所处的区域都较为独立，都有各自生存发展所需的空间。在这类聚落内特别是 20 万平方米以上的聚落明显具有第二等级聚落的特质，如南宋 2 号聚落曾经发现过目前同时期最大的石磬①，显示了该聚落不同一般的地位。这类聚落主要是一些一般性村落，个别聚落很可能担当了一定区域内中心聚落的功能。

第二等级，聚落有相当的规模，全部分布在河湖边地势较高且较为开阔的台地上，其日常用水主要取自于河湖水。该级别的聚落有湖村 4 号和东下冯—埝掌 6 号聚落等，聚落彼此之间的直线距离至少都在 5 公里左右，聚落辐射的范围大，区域中心的特点显现。第二等级的大部分聚落应该是有区域性中心聚落的职能。

第一等级，超大规模的聚落，只有一个周家庄 11 号聚落，面积近 500 万平方米。位于涑水河北岸地势最为开阔、水源最为丰沛的地方。涑水河北岸台地背风向阳，地势较为平缓，东西长 20 公里之多，南北纵深达七八公里，是整个运城盆地地势最为开阔、最适宜人类生产生活的地方。由于周家庄 11 号超大规模聚落的存在，除贾家堡 3 号聚落略大外，周围不见其他有一定规模的聚落。核心聚落的特点较为明显。第一等级已非普通意义上的聚落，有了更多其他方面的功能和作用。

四　聚落群划分

聚落群的划分应该是基于共同的血缘关系或政治依附关系所作的进一步的区划。从龙山时期

---

① 李裕群、韩梦如：《山西闻喜县发现龙山时期的大石磬》，《考古与文物》1986 年 2 期。

聚落的分布特点看，这个时期的聚落除东三里 2 号外，余大体可以分为两群（表一一；参见彩版一一三）。

表一一　龙山时期聚落群登记表

序号	聚落群名称	聚落数量	聚落总面积（万平方米）	聚落群范围（平方公里）
1	涑水河流域群	60	958	610
2	青龙河流域群	23	110	380

1. 涑水河流域聚落群

主要分布在涑水河及其支流沙渠河流域，聚落群的规模较大，聚落数量较多，有 60 个，聚落分布相对密集。根据聚落的规模和空间分布的特点，可进一步细分为五个区或组：西吴壁 2 号为中心的组群、周家庄 11 号为中心的组群、湖村 4 号为中心的组群、沙渠河流域组群和下邱—沙流 6 号组群。

（1）西吴壁 2 号为中心的组群。包括西吴壁 2 号、西荆 3 号、北杨 3 号、东吴壁 4 号、峪南 6 号、峪南 7 号、沟西Ⅰ3 号、西沟 4 号、柿树林 1 号、申家坡Ⅱ1 号共 10 个聚落。

（2）周家庄 11 号为中心的组群。包括周家庄 11 号、东仇、小张 1 号、贾家堡 3 号、拱北 3 号、横水Ⅰ、横水Ⅱ1 号、坡底 2 号、柳泉Ⅰ4 号、宋西 4 号、宋庄北堡 2 号共 11 个聚落。

（3）湖村 4 号为中心的组群。包括湖村 4 号、仓底 9 号、仓底 10 号、东姚 2 号、下中庄Ⅰ3 号、官庄 3 号、上峪口 3 号、西山底Ⅰ1 号、寺底 3 号、西阳泉头Ⅰ2 号、西阳泉头Ⅱ3 号、东峪 2 号、柴家峪 3 号、吉家峪 3 号、张家庄、程家庄 2 号、冀鲁 3 号共 17 个聚落。

（4）沙渠河流域组群。包括南白石 3 号、十八堰Ⅰ、余家岭 3 号、蔡村 3 号、后宫Ⅱ3 号、南王 2 号、南姚Ⅱ5 号、河底 3 号、店头堡 7 号、店头堡 8 号、坡申Ⅰ1 号、冯村 2 号、孙村Ⅱ2 号、孙村Ⅳ3 号、蔡庄Ⅰ共 15 个聚落。

（5）下邱—沙流 6 号组群。包括沙流 6 号、坡底 3 号、水南 3 号、南宋 2 号、韩家庄 3 号、下邱、上邵王 4 号共 7 个聚落。

前三个组群可以看到有明显的区域中心，但后两个组群看到的是聚落较为均衡的发展，特别是下邱—沙流 6 号组群内的下邱、沙流 6 号、水南 3 号这几个聚落规模都不相上下，很难绝对说谁处于主导地位，它们在空间上的均衡分布也证明了这一点。同样，沙渠河流域组群中店头堡 7 号聚落和南白石 3 号聚落分居流域东西两头，规模也是不相上下，很难说谁处于主导地位。需要说明的是，以周家庄 11 号聚落为中心的组群，处于非常严重的两极分化，周家庄 11 号聚落的特大与组群中绝大多数聚落很小形成鲜明的反差。整个涑水河流域聚落群中的五个组群，以周家庄 11 号聚落为中心的组群占据了自然条件最为优越的位置。比较诸多因素看出，以周家庄 11 号聚落为中心组群的地位明显高于其他组群，其他组群应该处于被支配地位。尽管其他组群内也有处于主导地位的聚落，但其规模和规格等根本无法与周家庄 11 号聚落相比，所以，周家庄 11 号聚落应该是凌驾于其他区域中心之上的规格更高的社会组织单位。这样，就形成了周家庄11号聚落——组群内主导地位聚落（即区域中心）——普通聚落三级社会管理体系。

2. 青龙河流域聚落群

主要围绕青龙河流域分布，聚落群有一定的规模，也有一定数量，但聚落分布稍显稀疏。根据聚落规模和空间分布特点，可进一步细分为五个较小的组群：青龙河上游北部组群、青龙河上游南部组群、青龙河下游东部组群、青龙河下游中部组群、青龙河下游西部组群。

（1）青龙河上游北部组群，包括东下冯—埝掌6号、埝掌4号、崔家河I3号、大泽II1号、南郭1号、保安共6个聚落。

（2）青龙河上游南部组群，包括东阴7号、东阴6号、尉郭1号、白张2号、陈村6号共5个聚落。

（3）青龙河下游东部组群，包括史家5号、史家6号、上潐底6号、南吴5号、南吴6号共5个聚落。

（4）青龙河下游中部组群，包括汤里I号、辕村I5号、南卫7号、南卫8号共4个聚落。

（5）青龙河下游西部组群，包括吕儒5号、下王2号、西纽3号共3个聚落。

从聚落规模及其分布特点看，除青龙河上游北部组群明显有中心聚落外，其他组群聚落之间的差别都很小，看不出明显的中心聚落。青龙河上游北部组群中，东下冯—埝掌6号聚落规模较大，与其他聚落形成了鲜明的反差，其主导地位的特点较为明显。整个青龙河流域聚落群中大致可以分为两个层次，第一层次的只有东下冯—埝掌6号聚落，考虑到整个青龙河流域其他组群内没有明显的中心聚落，东下冯—埝掌6号聚落很可能处于整个青龙河流域聚落群的主导地位。

虽然从分布上看，已调查地区可以分为两大聚落群。但可以看出，青龙河流域聚落群所依附的聚落数量和规模，都无法与涑水河流域聚落群相提并论。从文化面貌及特点看，二者基本相同，从地理单元看，二者之间并没有太大的来自地形地貌的阻隔，两个聚落群之间的联系应是非常密切的。另一方面，青龙河流域聚落群只有两个层次，但涑水河流域聚落群却有三个层次，且后者第一层次的聚落在前者中不见，从聚落的规模和等级等特征看，青龙河流域聚落群应该是从属于涑水河流域聚落群的。

五　生产经济与资源获取

从调查和发掘获得的资料来看，这个时期的人类过着定居的生活。主要以农业耕作和家畜饲养业为主，兼有渔业和狩猎经济。农业主要是旱作农业，以种植粟为主，还有少量黍和豆类植物[①]。农业生产中可能已开始锄耕，浮选结果中较多的狗尾草草籽表明这个时期还没有除草的习惯，还是使用广种薄收的耕作方式。石器和木器是农业生产中主要生产工具，石器主要有石

---

① 资料待发。

斧、石铲、石刀、石锄等。已经饲养的家畜有猪、狗、羊、牛（黄牛），其中以猪的饲养最多。渔业和狩猎只是当时辅助的经济活动，渔业对象主要是鱼和蚌，狩猎活动中最多使用的是骨镞和石镞，发现有野生动物鹿等。这个时期的种植业和家畜饲养业都有长足的发展，从而为手工业的发展奠定很好的基础，除了日常的制陶、制石、制骨等技术外，这个时期出现了专门的冶铜技术，尽管范围并不大，但已可以生产一些小件的铜器①。此外，很可能已掌握了石灰的烧制方法，因流行白灰面房子，这需要大量的石灰，而就近又有大量的石料可供采集。以占卜为代表的宗教活动也是日常生活中不可缺少的一部分，目前已发现无钻、无凿，只有灼的卜骨，一般是羊的肩胛骨。

龙山时期气候以温暖湿润为主②。同时，从古气候环境反馈的信息，龙山时期的晋南（运城盆地）属于降水较多的时期，正好与这个时期聚落的分布特点相吻合。好的气候条件造就了龙山时期良好的生态环境和发展环境，这个时期农业得到了迅速发展，从而使粮食有了剩余。同时家畜饲养业迅速扩大，当时的家畜饲养业主要还是依靠野草的喂养，茂盛的植物为扩大圈养提供了可能。同样，渔业和狩猎经济的发展都得益于水量充沛、植物茂盛的环境。而这一切又是手工业发展的基础，为文明社会的到来准备了物质基础。

对于运城盆地来说，就近有丰富的盐业资源和铜矿资源等。由于调查范围有限，现我们还没有发现开采盐池的直接证据，但种种迹象表明，龙山时期的人们已经使用来自盐池的盐。另外，中条山有丰富的铜矿资源，调查和发掘中我们发现这个时期的铜炼渣和小铜片，说明人们已经认识并开始开采铜矿，但很可能只是小规模的。对于定居农业来说，土地是其赖以生存的根本，土地的广度和肥沃程度在一定程度上决定着聚落的兴衰。与土地相关的水资源也是影响人类聚落发展的重要因素。龙山时期，运城盆地的气候温暖湿润，降水丰沛，人们对资源的开发和利用都是前所未有的，使人类的生产生活都得到了长足的发展。但不可忽视的是，人类在利用自然的同时，也受到大自然的约束，不同等级聚落的合理布局在一定程度上就是大自然施加影响的结果。

第六节　二里头时期的聚落

为探索夏文化，20 世纪 50 年代末开始，考古工作者在传说中"夏墟"之一的晋南地区先后开展了几次较大规模的调查工作和重点复查工作，在运城盆地发现二里头时期的遗址 6 处③，期

---

① 资料另发。

② 施雅风、孔昭辰、王苏民：《中国全新世大暖期气候与环境的基本特征》，《中国全新世大暖期气候与环境》，海洋出版社，1992 年。

③ 中国社会科学院考古研究所山西工作队：《晋南考古调查报告》，《考古学集刊》（6），中国社会科学出版社，1989 年。

间，还有重点地对永济县东马铺头等遗址进行了试掘①。在调查的基础上，从 1974 年开始，有计划地对夏县东下冯遗址进行了长达数年的考古发掘②。发掘者在充分认识东下冯遗址二里头时期文化面貌和发展序列的基础上，把晋南地区二里头时期的遗存正式命名为二里头文化东下冯类型③，得到学术界的普遍认同。此后，随着晋南临汾盆地夏文化探讨的进展，主要是陶寺遗址及其相关研究的深入，越来越多的工作和研究集中在临汾盆地，而运城盆地考古工作逐渐归于沉寂，只有一些零星的发现和研究。所以，今天对运城盆地二里头时期文化的相关认识都是基于 20 世纪 90 年代前的材料得出的。

一　文化属性

此次调查获得了大量二里头时期的遗存和信息。除了当时人类活动逐渐形成的文化层外，发现了数量众多遗迹现象，主要有灰坑、陶窑和房址等，这些都是探讨当时社会聚落形态和人类活动的最重要素材。与此相关，在其附近或伴随这些原生文化堆积出现的遗物则是人类生产力和生产方式的集中体现，这其中尤以陶器最多，其次为石器、骨器等。

在调查发现的原生文化堆积中，文化层和遗迹现象都是局部的暴露，很少能反映出其整体形状结构的，在没有充分清理的前提下，难以全面系统地进行比较分析研究。不过，从众多的遗迹现象还是大致可以看出这些主要遗迹的特点。从调查发现看，这个时期的陶窑都不大，窑室内径一般为 1 米多，由火膛、窑箅、窑室构成，均为升焰式的馒头窑。房址发现主要有平地起建和半地穴式等种类，地面都经平整处理，很多是红烧土硬面，应该是有意烘烤的，个别还有白灰墙面装饰。灰坑则大小不一，形状各异。

这个时期的陶器以泥质和夹砂灰陶为主，黑陶占有一定的比例，纹饰以绳纹为主，篮纹已很少，流行附加堆纹、花边装饰和鸡冠錾手的作风，器形常见的有圆腹罐（无耳、单耳、单耳单錾、双錾、双耳都有，以无耳最多）、绳纹实足根肥袋足高领鬲、敞口肥足双錾甗、堆纹大口尊、敛口蛋形瓮、旋纹敛口瓮、浅腹盆、器盖、豆、罐等。石器中除了石斧、石刀和半月形石镰等，石范和扁平石铲都是这个地区的典型器物。

调查资料所反映的这个时期遗存特点，与夏县东下冯二里头时期的遗存大同小异④，表明二者的文化面貌和性质是相同的。由此可见，整个运城盆地二里头时期都属于二里头文化东下冯类型的分布范围。

不过，从调查资料看，二里头时期的遗存主要集中于二里头文化的二、三、四期，尤以三、四期的遗存发现最多，相当于二里头文化一期以及更早的文化遗存并不多，这与东下冯等遗址的

---

①　中国社会科学院考古研究所山西工作队：《晋南二里头文化遗址的调查与试掘》，《考古》1980 年 3 期。

②　中国社会科学院考古研究所等：《夏县东下冯》，文物出版社，1988 年。

③　东下冯考古队：《山西夏县东下冯遗址东区、中区发掘简报》，《考古》1980 年 2 期。

④　中国社会科学院考古研究所等：《夏县东下冯》，文物出版社，1988 年。

发掘成果相吻合。大量事实表明，二里头文化刚进入晋南地区，其影响远不及后来。大约从二里头文化二期开始，其势力和影响才逐渐得以壮大和巩固。

二　聚落的分布

二里头时期的聚落共 68 处，其中绛县 20 处，闻喜 29 处、夏县 17 处、盐湖区 2 处。这个时期的遗存分布仍然以靠近水源为基本特点，水源的选择以河水为主，其次为泉水、湖水。稍有规模的聚落一般都分布在河湖附近，并且要有长期稳定的水源供给。与以前相比，这个时期突出的变化是泉水附近成为最受人类喜爱的聚集区。调查没有发现这个时期的水井，但东下冯遗址的发掘材料证明这个时期已开凿并使用了水井，水井的开凿使人类逐渐摆脱了对河水等天然水源的过度依赖，可以远离河湖水聚居（表一二；彩版一〇七）。

表一二　二里头时期聚落登记表

编号	聚落名称	聚落在遗址的相对位置	地形特征	聚落面积（万平方米）
1	申家坡Ⅱ2 号	遗址西部	涑水河北岸台地	0.4
2	柿树林 2 号	遗址全部	涑水河北岸台地	＜5
3	西沟 5 号	遗址南部	涑水河北岸台地	＜5
4	沟西Ⅰ4 号	遗址西部	涑水河北岸台地	6.2
5	峪南 8 号	遗址北部偏中	涑水河北岸台地	＜5
6	东吴壁 5 号	遗址南部	涑水河北岸台地	5.5
7	西吴壁 3 号	遗址绝大部分	涑水河北岸台地	31.5
8	北杨 4 号	遗址中、北部	涑水河北岸台地	4.4
9	西荆 4 号	遗址东北角	涑水河北岸台地	＜5
10	小张 2 号	遗址中部	涑水河北岸台地	＜5
11	周家庄 13 号	遗址东北部	涑水河北岸台地	＜5
12	周家庄 12 号	遗址东南部	涑水河北岸台地	21.4
13	周家庄 15 号	遗址南部	涑水河北岸台地	＜5
14	周家庄 14 号	遗址西北部	涑水河北岸台地	＜5
15	贾家堡 4 号	遗址中部	涑水河北岸台地	0.8
16	贾家堡 5 号	遗址南部	涑水河北岸台地	＜5
17	下庄	遗址全部	涑水河北岸台地	＜5
18	柳泉Ⅱ	遗址全部	涑水河北岸台地	＜5
19	新庄 1 号	遗址绝大部分	涑水河北岸台地	2.3
20	西山底Ⅰ2 号	遗址南部	涑水河南岸台地	0.6
21	上社观 2 号	遗址南部	古河道东岸台地	＜5
22	上峪口 4 号	遗址北部	涑水河南岸台地	1.1

编号	聚落名称	聚落在遗址的相对位置	地形特征	聚落面积（万平方米）
23	湖村 6 号	遗址北部偏西	古河道东岸台地	<5
24	湖村 5 号	遗址中部偏东	古河道东岸台地	5
25	程家庄 3 号	遗址西南角	涑水河西岸台地	<5
26	冀鲁 4 号	遗址南部	涑水河西岸台地	<5
27	仪张	遗址全部	涑水河西岸	<5
28	郭家庄 1 号	遗址西北部	涑水河西岸缓坡	6.6
29	郭店	遗址全部	涑水河西岸缓坡	<5
30	月芽堡 I 1 号	遗址北部	涑水河北岸缓坡	<5
31	吕儒 6 号	遗址西北角	鸣条岗东侧	0.72
32	汤里 II	遗址大部分	青龙河东岸台地	0.11
33	辕村 I 6 号	遗址中部	青龙河故道干流沿岸	5.2
34	南卫 9 号	遗址西北部	青龙河故道干流沿岸	1.7
35	裴介 II	遗址全部	青龙河故道干流沿岸	0.6
36	裴介 I 7 号	遗址中部偏西	青龙河故道干流沿岸	1.7
37	史家 7 号	遗址南部	中条山西麓	<5
38	陈村 7 号	遗址东部	中条山西麓	<5
39	山底	遗址北部	中条山西麓	<5
40	大台	遗址全部	青龙河故道干流沿岸	<5
41	尉郭 2 号	遗址大部分	青龙河故道干流沿岸	1.6
42	东阴 8 号	遗址东部	鸣条岗东侧台地	4.5
43	苏庄	遗址全部	青龙河故道干流沿岸	<5
44	崔家河 II 2 号	遗址南端	青龙河干流沿岸	<5
45	埝掌 5 号	遗址北部	青龙河干流沿岸	<5
46	东下冯—埝掌 8 号	遗址西北部	青龙河干流沿岸	3.8
47	东下冯—埝掌 7 号	遗址东北部	青龙河干流沿岸	25
48	东下冯—埝掌 9 号	遗址东南部	青龙河干流沿岸	<5
49	大泽 I 1 号	遗址全部	古河道东侧缓坡	0.2
50	大泽 II 2 号	遗址西部	古河道西侧缓坡	0.5
51	店头堡 10 号	遗址西南角	沙渠河南岸台地	<5
52	店头堡 9 号	遗址东部偏北	沙渠河南岸台地	11.9
53	柏范底	遗址全部	中条山北麓	0.2
54	坡申 I 2 号	遗址东北部	沙渠河北岸台地	0.7
55	坡申 II	遗址全部	沙渠河北岸台地	3.9

编号	聚落名称	聚落在遗址的相对位置	地形特征	聚落面积（万平方米）
56	南姚Ⅱ6号	遗址西北部	沙渠河北岸台地	<5
57	南姚Ⅱ7号	遗址南部	沙渠河北岸台地	<5
58	南姚Ⅰ	遗址全部	沙渠河北岸台地	0.7
59	南王3号	遗址东部	沙渠河北岸台地	0.8
60	南王5号	遗址北部	沙渠河北岸台地	<5
61	南王4号	遗址南部	沙渠河北岸台地	0.6
62	后宫Ⅰ	遗址全部	沙渠河北岸台地	<5
63	前偏桥7号	遗址中部	沙渠河与其支流交汇处	<5
64	上偏桥2号	遗址全部	沙渠河北岸台地	<5
65	下院Ⅱ2号	遗址北部	沙渠河北岸台地	<5
66	下院Ⅰ4号	遗址绝大部分	沙渠河北岸台地	6.1
67	余家岭4号	遗址中、西部	沙渠河北岸台地	2.1
68	三河口3号	遗址西北角	沙渠河北岸台地	<5

　　整体来看，这个时期聚落还在延续以前的习惯，河湖两岸的台地仍是人类喜欢聚居的地方。但与以前截然不同的是，在高的山丘或台地上已很少有人类的聚落存在。从仰韶一直到龙山时期，涑水河南岸折向东岸绵延达七八十公里的山丘和台地一直都是人类喜欢的聚居区，但到二里头时期这些地方已基本上看不到聚落的分布，调查仅发现有两个聚落分布于此位置，一个是西山底Ⅰ2号聚落，一个是上峪口4号聚落。西山底Ⅰ2号聚落实际处于山前台地的最前沿、最低处，基本处于盆地的边缘，聚落高度明显偏低，而且面积较小，只有0.6万平方米。上峪口4号聚落是唯一一处在涑水河南岸山丘台地上且有一定高度的聚落，有意思的是，该聚落的东面至今还有长年流淌的泉水，也就是说丰沛的泉水成了该聚落存在于此的唯一理由。整个二里头时期，涑水河南岸及东岸基本上没有聚落分布的原因主要是因为这些山丘、台地所处的位置较高，给人类的生产、生活尤其是用水带来很大的不方便，迫使人类不得不选择放弃在这些高地聚居。同样，在中条山西麓的山前台地上也看不到有一定规模的聚落，只有两个由一两点构成的小聚落，属于相对位置比较高的聚落。不过，这两个小聚落附近至今还有泉水流淌，泉水同样也是当时小聚落赖以生存的基础。与此相对应，二里头时期之前，人类只选择在涑水河西岸的山丘、台地上聚居，涑水河西岸的缓坡地带还没有人类在此聚居过。不过，从这个时期开始，在涑水河西岸逐渐抬升的缓坡地带出现了人类的聚落，如郭家庄1号、郭店和月芽堡Ⅰ1号聚落，等等。这些聚落中地势稍高者也就是高出现在河床十多米，低者仅高出现在河床七八米，去掉文化层堆积的厚度，聚落与河床的相对落差是相当小的。大量的事实说明，二里头时期人类对聚居地的选择已经发生了根本的变化。

　　虽然更早以前在地势稍低的地区也有少量人类遗存的发现，但多表现为一点或两点零星遗存构成的聚落，其中不乏也有个别遗迹的发现，但数量极少，更多的是零星遗物的发现。这些小聚落的存在有很多不确定的因素，但大都应该是人类短时期活动的结果，并不能代表那些具有普遍意义的长时间活动形成的聚落。但在二里头时期，在河湖附近位置不高的地区却出现了具有一定规模的长期定居聚落，如新庄1号、仪张聚落等。新庄1号聚落紧邻涑水河北岸分布，聚落高出现河床五六米，但聚落本身的文化层堆积厚两米多，可以想象，新庄1号聚落的相对高度比今天的河床高不了多少。仪张聚落位于涑水河西岸，距离涑水河500多米，高出现河床七八米，聚落与河水之间的落差同样很小。与河水保持如此近的距离同时所处的位置并不高，这是这个时期聚落分布的显著特点。

众多聚落所处的环境和位置表明，河湖两岸的台地虽然还是人类喜欢聚居的地方，但这个时期人类聚居的高度普遍在下降。

与河湖水相比，泉水附近成为这个时期人类最喜欢的聚居区之一。环绕泉水，在其附近最容易形成聚落，如绛县西通往涑水河的泉水四周形成了柿树林2号、西沟5号、沟西Ⅰ4号、峪南8号、北杨4号、西吴壁3号和东吴壁5号等数个聚落，这些聚落都是以泉水为基本水源的。同时，环绕泉水往往形成了一些规模稍大的聚落，如西吴壁3号、沟西Ⅰ4号、周家庄12号聚落，等等。

与庙底沟二期和龙山时期相比，这个时期的聚落选址似乎过多地忽略了人类自身的安全，既没有考虑来自大自然对人类的危害，也没有考虑人类自身的安全设防，典型的例子有：新庄1号、仪张、郭家庄1号、郭店和月芽堡Ⅰ1号聚落，等等。首先，这些聚落与河水水位的落差都很小，一旦洪水泛滥，很容易被淹没。其次，这些聚落都处在地势较低的地区，调查没有发现其周围用于设防的高墙或壕沟等，这样的聚落是很容易遭到敌对方攻击的。聚落是当时人类赖以栖身的地方，那么，究竟是什么原因导致人类置自身的安危于不顾呢？

我们知道，无论何时何地，安全肯定是人类首先考虑的内容，人类聚落的选址中如此轻视水患说明水患已不再是患，恰恰相反，正是因为河流来水的减少，人类不得不下降聚居高度，靠近河湖水聚居。虽说水井的出现可以改变人类对河湖的过度依赖，但水井还不足以应付聚落的全部生产、生活用水，而且水井可取之水量是跟整个地下水位密切相关的，河湖水减少同样意味着地下水位的降低。所以，一定意义上，这个时期的人类靠近河湖水聚居也是为适应自然环境所做的选择。

正如前面所述，泉水附近成为这个时期人类最喜欢聚居的地方。究其原因，很可能是因为泉水有着较为稳定的水源，但河湖水却没有如此优点，特别是在河湖水日渐减少的前提下。另一方面，一个很有意思的现象是，有一定规模的聚落大多分布在泉水的附近和河水的上游地区，如西吴壁3号、周家庄12号、东下冯—埝掌7号聚落，等等。靠近河水的上游就是靠近河水的源头——泉水，显然，较大规模的聚落也在追逐稳定的水源，或者说是稳定的水源成就了较大规模聚落的发展和繁荣。

以上迹象表明，二里头时期，运城盆地内主要的这几条大河水位发生急剧的变化，来水减少，水流日渐枯竭。究其原因，应该是这个时期的气候发生了较大的变化，降水急剧减少，直接导致了河水来水的减少。对此，晋南地区虽没有这个时期详细的生态环境信息，但洛阳盆地孟津寺河南[①]、偃师二里头遗址[②]、洛阳皂角树遗址[③]等却提供了二里头文化较为翔实的动物和植物孢粉数据。大量的数据显示二里头时期，虽然气候温暖，但降水明显减少，大量湖泊沼泽趋于消亡。更有学者通过详尽的分析认为：夏代中晚期（二里头中晚期），气候明显转凉而且干燥，降水量减少，有时甚至出现旱情[④]。一山（中条山）之隔的南北（洛阳盆地和运城盆地），气候条件不应该差别太大，所以，洛阳盆地的气候环境可以作为运城盆地二里头时期气候变冷变干、降水稀少的间接证据。实际上，先秦文献对这个时期的气候变化也是有所反映的。《古本竹书纪年》言："天有妖孽，十日并出，其年胤甲（即帝廑）陟。"《国语·周语》则更明确说："昔伊、洛竭而夏亡"，足证夏代后期（二里头晚期）的气候干燥少雨之程度。晋南在这个时期气候及水文变化应该同于洛阳盆地。

在聚落的选址上，大多数聚落除了忽视自然灾害外，同样也忽视自身的安全设防。地势较低的聚落没有任何安全防护措施，地势较高的聚落很多也没有充分利用现有的条件为自己做安全防卫。但与此相反的是，个别规模稍大的聚落却非常重视自身的安全设防，这些聚落主要是第一等级的聚落（见下文）。以东下冯—埝掌7号聚落为例，该聚落南部发现有二里头三期时期的围沟（报告称为沟槽）[⑤]，围沟有内、外两圈，其中，北部已毁，但从围沟走向大致可以推测其内围沟周长在540米以上、沟宽5米左右，外围沟周长在700米左右、沟宽3米左右。第一等级的聚落重视安全设防与第二等级的聚落完全忽视安全设防形成了鲜明的对比，表明这个时期，社会已经发生了严重的对立和两极分化。

纵观二里头时期的聚落，与以前相比，在聚落的选址定位上稍有些变化，如果说之前很多聚落更多考虑的是安全因素，尤其是水患等的危害，那么，这个时期聚落的选址优先考虑的则是生产生活的方便，来自水患的危害并不大。与绝大多数聚落并不在乎安全设防相比，个别中心聚落对安全防范的要求非常高，显示了其与众不同的特殊地位。

三　聚落等级划分

从已调查范围看，发现了二里头时期的聚落68个。比之以前，这个时期，无论从聚落的数量还是规模，都有一定程度的萎缩。具体表现在不同等级的聚落规模上普遍偏小，稍有规模的聚落

---

① 梁亮、夏正楷：《伊洛河流域全新世中期气候演变的软体化石记录》，《北京大学学报》（自然科学版）2003年39卷4期；夏正楷：《豫西—晋南地区华夏文明形成过程的环境背景研究》，《古代文明》(3)，文物出版社，2004年。
② 宋豫秦：《河南偃师二里头遗址的环境信息》，《考古》2002年12期。
③ 洛阳市文物工作队：《洛阳皂角树——1992~1993年洛阳皂角树二里头文化聚落遗址发掘报告》，科学出版社，2002年。
④ 王星光：《生态环境变迁与夏代的兴起探索》，科学出版社，2004年。
⑤ 中国社会科学院考古研究所等：《夏县东下冯》，文物出版社，1988年。

也很少，较大规模的聚落更是不见。

二里头时期的聚落分布遍及涑水河、沙渠河和青龙河，其中，以涑水河分布最为密集，依次为沙渠河和青龙河，从分布来看，涑水河北岸聚落最多。从已发现的聚落看，一点或两点构成的零星聚落有 35 个，小于 1 万平方米的聚落 13 个，1 万~5 万平方米的聚落 10 个，5 万（含 5 万）~15 万平方米的聚落 7 个，15 万平方米以上的聚落 3 个。依此来看，区域内聚落规模的构成呈梯形分布，其中，规模小的聚落最多，规模稍大的聚落数量只有少量，大规模或特大规模的聚落没有。在调查范围内，只有个别二里头时期的遗址做过发掘，仅凭目前调查所了解的各个聚落内遗存的种类、特点和规格还无法较详细地区划聚落的等级，所以，我们只能根据聚落的面积、规模以及所反映的迹象对聚落的等级进行划分。从现有调查、发掘资料看，可以大致把调查范围内二里头时期的聚落分为两个等级：

第一等级，15 万平方米以上，占聚落总数的 4.4%；

第二等级，15 万平方米以下，占聚落总数的 95.6%。

除了夏县东下冯遗址和绛县新庄遗址外，这个区域内还没有更详细的发掘材料可供比较研究。实际上，同为 15 万平方米内的聚落，一点或两点构成的小聚落，多是人类短期行为甚或后期搬迁的结果，但数万甚至十数万平方米的聚落无疑是当时人类长期定居活动的结果，两类聚落有本质的差别。其次，这个等级中，几千平方米和几万平方米的聚落所反映出的血缘关系以及在社会组织结构中承担的功能和作用也是不尽相同的，但限于目前尚没有更详细的发掘材料可供分析，所以，只能笼统地归为一类。

纵观所有的聚落，不同等级的聚落有不同的分布特征及规律。

第二等级，这个等级的聚落除了在涑水河、沙渠河和青龙河这些主干河两岸地势较低的地方有所分布外，相当多的聚落集中分布在泉水的附近，不过，由于很多泉水的源头位置较高，聚落所处的地形也略高。相比而言，充足的泉水附近往往容易形成规模略大的聚落，如东吴壁 5 号聚落等。总体来看，零星的遗存尤以河水两岸分布较多，但河水流量较大的位置也容易形成稍大的聚落，如下院 I 4 号聚落、店头堡 9 号聚落等，店头堡 9 号聚落处于两河交汇处（沙渠河和古河道），应该是河水水量最大的位置，而且聚落所处位置位于店头堡遗址的最低点。无论大聚落还是小聚落，聚落缘水而居的特点非常明显。这个等级的聚落主要是一些定居点和普通的聚落，个别聚落不排除区域中心的功能。

第一等级，这个等级的聚落较少，只有东下冯—埝掌 7 号聚落、西吴壁 3 号聚落和周家庄 12 号聚落。西吴壁 3 号聚落和周家庄 12 号聚落，都是以泉水为主要水源的。东下冯—埝掌 7 号聚落则处于青龙河上游的位置，整个聚落都是紧邻青龙河布局。由于这个等级的聚落规模稍大，需要更多的水源来保证日常的用水，但这个时期降水减少，所以，泉水或河流上游等水量较为稳定的区域和水量较多的地区成为人类主要选择的聚居区。这个等级的聚落彼此之间的直线距离至少都在 4 公里以上，种种迹象表明，这个等级的聚落处于区域性中心聚落的地位。

四 聚落群划分

聚落群的划分应该是基于聚落与聚落之间的关系而进行的。鉴于很多聚落并没有更进一步系统的考古工作，所以，对聚落群的划分只能根据聚落宏观的布局来进行。依此，这个时期的聚落大致可以分成两大群（表一三；参见彩版一一四）。

表一三 二里头时期聚落群登记表

序号	聚落群名称	聚落数量	聚落总面积（万平方米）	聚落群范围（平方公里）
1	涑水河流域群	48	167	570
2	青龙河流域群	20	62	390

1. 涑水河流域聚落群

所有的聚落都是分布在涑水河及其支流沙渠河流域，聚落数量48个，聚落分布以涑水河北岸最为密集。根据聚落的规模及其在空间上分布的特点，至少可以进一步细分为四个组群：西吴壁3号为中心的组群、周家庄12号为中心的组群、涑水河西部组群、沙渠河流域组群。

（1）西吴壁3号为中心的组群。包括申家坡Ⅱ2号、柿树林2号、西沟5号、沟西Ⅰ4号、峪南8号、北杨4号、东吴壁5号、西吴壁3号、西荆4号共9个聚落。

（2）周家庄12号为中心的组群。包括小张2号、周家庄12号、周家庄13号、周家庄14号、周家庄15号、贾家堡4号、贾家堡5号、下庄、新庄1号、柳泉Ⅱ号共10个聚落。

（3）涑水河西部组群。包括西山底Ⅰ2号、上峪口4号、上社观2号、湖村5号、湖村6号、程家庄3号、冀鲁4号、仪张、郭店、郭家庄1号、月芽堡Ⅰ1号共11个聚落。

（4）沙渠河流域组群。包括三河口3号、余家岭4号、下院Ⅰ4号、下院Ⅱ2号、上偏桥2号、前偏桥7号、后宫Ⅰ、柏范底、南王3号、南王4号、南王5号、南姚Ⅰ号、南姚Ⅱ6号、南姚Ⅱ7号、坡申Ⅱ、坡申Ⅰ2号、店头堡9号、店头堡10号共18个聚落。

在上述组群中，（1）和（2）中明显包含两个等级的聚落，第一等级分别为西吴壁3号聚落和周家庄12号聚落，这两个聚落在各自的组群中规模最大，与其他聚落之间形成鲜明的对比，所以，二者很可能是各自区域内的中心聚落。但在（3）、（4）组群中，我们看不到聚落之间明显的差别，聚落的规模都很小，也没有其他高规格遗存的发现，区域内没有明显的中心聚落。不过，从文化面貌和空间分布上仍可以看到，（3）、（4）组群与其他两个组群之间的紧密联系。在整个涑水河流域聚落群中，西吴壁3号聚落的规模略胜一筹，不排除其是整个涑水河上游（大致范围包括已调查区域）的区域性中心聚落。鉴于目前只是初步的调查工作，还没有做过进一步系统的考古工作，实际情况尚需日后的检验。

2. 青龙河流域聚落群

所有的聚落基本是围绕青龙河分布，聚落数量20个，聚落数量明显少于Ⅰ号聚落群，聚落的空间分布较涑水河流域相对均匀。根据聚落的规模及其在空间上分布的特点，可以进一步分为青龙河上游和青龙河下游两个组群。

（1）青龙河上游组群。包括大泽Ⅰ1号、大泽Ⅱ2号、东下冯—埝掌7号、东下冯—埝掌8号、东下冯—埝掌9号、埝掌5号、崔家河Ⅱ2号、东阴8号、苏庄、尉郭2号、山底、陈村7号、大台共13个聚落。

（2）青龙河下游组群。包括裴介Ⅱ、裴介Ⅰ7号、南卫9号、辕村Ⅰ6号、史家7号、吕儒6号、汤里Ⅱ号共7个聚落。

青龙河流域聚落群同样也包含两个等级的聚落。从聚落规模看，东下冯—埝掌7号聚落规模数倍于其他聚落；从聚落本身所反映的等级、规格看，东下冯—埝掌7号聚落内外围沟、乱葬坑等现象与其他聚落形成较大的反差，显示其强势地位。与东下冯—埝掌7号聚落形成较大反差的是，整个青龙河流域聚落规模都偏小。所以，东下冯—埝掌7号聚落处于青龙河流域聚落群的中心地位是毋庸置疑的。

青龙河、涑水河流域两个聚落群是属于并列、对等关系还是从属关系？探究二者的关系关键要看二者中心聚落的地位。从现有资料看，东下冯—埝掌7号聚落有用于设防的内外两层围沟，有大量用于祭祀的卜骨，有自己的青铜铸造业，有雕刻精美的骨雕等，这些高规格遗存的出土都说明了东下冯—埝掌7号聚落非同一般的地位。与此相反，涑水河流域聚落群内第一等级的两个聚落西吴壁3号和周家庄12号聚落内还没有规格稍高的遗存发现。种种迹象表明，涑水河流域聚落群似乎处在从属青龙河流域聚落群的地位。

二里头时期，很大范围内不见中心聚落，换言之，中心聚落辐射的范围在加大，显示了此时的社会不同以往的一面。考虑到整个晋南是二里头文化扩展的结果，即夏文化的统治范围，从另一面说明国家机器产生后其对领土控制能力已大大加强。

五　生产经济与资源获取

无论调查资料还是发掘资料都表明，这个时期的人们过着定居的生活，普通的房子面积都不大，多在几平方米之内，有窑洞式、半地穴式和地面起建三种。以农业和家畜饲养业为主，狩猎经济仍然是生活的重要补充，渔业经济还在继续。农业主要是以粟为主的旱作农业，农业工具中以刀、铲为主，斧、镰次之，其他很少。饲养的家畜有猪、牛、羊、狗等。狩猎工具主要是镞，有骨、石、铜、蚌等几种质地。在特殊情况下，狩猎工具也作为武器使用。手工业中主要有纺织、制陶、制石、制玉和制骨等，值得一提的是磨制玉石器及骨器方面都有了很大的进步。除此之外，铜器的铸造进入一个新的时代，从开采到冶炼再到铸造都是在当地完成的，调查发现同时期的铜渣和用于制造铜器的石范。

占卜及其祭祀活动也是当时社会重要组成部分。发现大量卜骨，以猪肩胛骨为最多，此外有羊和牛肩胛骨，猪、羊的肩胛骨都不经整治，无凿无钻有灼，但牛肩胛骨都经整治，无凿有钻有灼。

除个别较小的聚落外，绝大多数聚落都是定居的农业聚落。相比于以前，这个时期的聚落规模都有很大的萎缩，数量也有所减少，这应该与气候和环境的变化密切相关。因为无论聚落数量的减少，还是聚落规模的萎缩，都意味着人均可用土地的增加。人均土地相对增加并没有带来大量人口的增加，说明土地提供的资源在下降，这不仅是表现在粮食产量的下降，同时影响到家畜饲养业和狩猎经济。

与此不同，该地区丰富的铜矿、盐业等资源则不受气候环境变化的影响，越来越多的证据显示，这个时期对这些资源的开发受到了从未有过的重视。一定程度上，不排除东下冯—埝掌 7 号聚落的存在就是为了掠取更多的铜矿和盐业资源。

调查和发掘资料同时表明，对铜矿的开采与冶炼主要在当地完成，然后把冶炼好的铜锭运输到中央王朝。

第七节　二里岗时期的聚落

该地区二里岗时期遗存的发现和确认是与夏文化的探索分不开的。20 世纪，在对夏县东下冯遗址发掘的同时发现了二里岗时期的遗存①，限于当时的认识水平，并没有把二里岗文化从东下冯类型中分离出来。后来，随着其他地区二里岗文化认识的深入，以及晋南地区文物调查工作的进行，晋南地区二里岗时期的文化面貌和性质逐渐清晰起来。除了东下冯遗址做过发掘外，目前见于公布的材料还有闻喜郭家庄遗址的调查材料②。这些材料都有助于我们全面认识晋南运城盆地二里岗时期的考古学文化。

一　文化属性

此次调查获得了大量二里岗时期的遗存。除文化层外，遗迹发现的主要有灰坑和陶窑等。遗物除陶片外，还有石器等的发现。陶器中绝大多数为夹砂灰陶和泥质灰陶，其他所占比例很小。纹饰中绳纹所占的比例可达 4/5 左右。器类有锥足鬲、甗、深腹或斜腹盆、大口尊、器盖、假腹豆、直口缸、蛋形瓮等。除蛋形瓮外，其他都是郑州地区二里岗文化的典型器物。此类遗存的分布范围遍及整个运城盆地，也就是说，整个运城地区都属于二里岗文化的分布范围。

二　聚落的分布

二里岗时期的聚落共 47 处，其中绛县 14 处，闻喜 14 处，夏县 13 处，盐湖区 6 处。从分布特点看，包括一点或两点构成的聚落，这个时期的聚落更靠近水源，这些聚落主要分布在涑水河、

---

① 中国社会科学院考古研究所等：《夏县东下冯》，文物出版社，1988 年。
② 张国维：《山西闻喜古文化遗址调查简报》，《考古》1990 年 3 期。

沙渠河、青龙河的两岸地带和泉水附近。水源的选择以河水为多，但依托泉水生存的聚落比例相当高。相比较而言，稍大的聚落大多分布在河水附近，泉水附近多集中分布着一些较小的聚落。不过，由于这个时期的聚落规模普遍偏小，一点或两点构成的小聚落就达50%以上，所以，这个时期的人类喜欢在泉水附近聚居的特点显得尤为突出（表一四；彩版一〇八）。

表一四　二里岗时期聚落登记表

编号	聚落名称	聚落在遗址的相对位置	地形特征	聚落面积（万平方米）
1	申家坡Ⅱ3号	遗址西北部	涑水河北岸台地	<5
2	峪南9号	遗址西南角	涑水河北岸台地	<5
3	东吴壁6号	遗址西南角	涑水河北岸台地	<5
4	西吴壁4号	遗址北部偏中	涑水河北岸台地	2.8
5	小张3号	遗址南部	涑水河北岸台地	0.3
6	周家庄17号	遗址东南部	涑水河北岸台地	<5
7	周家庄16号	遗址西北部	涑水河北岸台地	<5
8	贾家堡6号	遗址西南角	涑水河北岸台地	<5
9	横水Ⅱ2号	遗址全部	涑水河北岸台地	<5
10	新庄2号	遗址中部	涑水河北岸台地	1
11	柳庄3号	遗址西北部	涑水河南岸台地	<5
12	东山底Ⅱ	遗址全部	涑水河南岸台地	<5
13	西山底Ⅰ3号	遗址南部	涑水河南岸台地	<5
14	仓底11号	遗址中部	古河道东岸台地	<5
15	余家岭5号	遗址北部偏中	沙渠河北岸台地	2.1
16	下院Ⅰ5号	遗址中部	沙渠河北岸台地	4.1
17	南白石4号	遗址东部	沙渠河两河交汇处	0.3
18	南王6号	遗址南部	沙渠河北岸台地	<5
19	坡申Ⅰ3号	遗址西南角	沙渠河北岸台地	<5
20	大泽Ⅰ2号	遗址南部	古河道东侧缓坡	<5
21	大泽Ⅱ3号	遗址东部	古河道西侧缓坡	<5
22	南郭2号	遗址绝大部分	涑水河东岸台地	0.4
23	裴社Ⅰ	遗址全部	中条山北麓冲积扇	<5
24	裴社Ⅱ	遗址全部	中条山北麓冲积扇	<5
25	裴社Ⅲ	遗址全部	中条山北麓冲积扇	<5
26	王赵	遗址全部	青龙河干流沿岸	1
27	东下冯—埝掌10号	遗址中部偏东北	青龙河干流沿岸	44.4
28	崔家河Ⅰ4号	遗址南部	青龙河干流沿岸	<5

编号	聚落名称	聚落在遗址的相对位置	地形特征	聚落面积（万平方米）
29	崔家河Ⅱ3号	遗址南端	青龙河干流沿岸	0.6
30	大理	遗址全部	青龙河支流沿岸	0.5
31	东郭	遗址全部	中条山北侧缓坡	<5
32	西阴3号	遗址中部偏南	鸣条岗东侧台地	0.2
33	东阴9号	遗址东部	鸣条岗东侧台地	6.6
34	尉郭3号	遗址大部分	青龙河故道干流沿岸	2.1
35	中卫	遗址全部	青龙河故道干流沿岸	<5
36	裴介Ⅰ8号	遗址北部	青龙河故道干流沿岸	<5
37	裴介Ⅰ9号	遗址中部	青龙河故道干流沿岸	<5
38	辕村Ⅰ7号	遗址中部	青龙河故道干流沿岸	3.5
39	安邑	遗址全部	鸣条岗东侧台地	<5
40	吕儒7号	遗址中部偏北	鸣条岗东侧台地	<5
41	吕儒8号	遗址西北、中部及南部	鸣条岗东侧台地	3.82
42	壕头	遗址全部	鸣条岗东侧台地	<5
43	西纽4号	遗址西北部	鸣条岗南侧坡地	2.55
44	柿树林3号	遗址全部	涑水河北岸台地	<5
45	月芽堡Ⅰ2号	遗址全部	涑水河北岸台地	0.5
46	月芽堡Ⅱ	遗址全部	涑水河北岸台地	<5
47	郭家庄2号	遗址南部	涑水河西岸缓坡	6.7

在涑水河、沙渠河、青龙河的两岸，仍是这个时期聚落的最主要分布区域，特别是一些规模稍大的聚落，如郭家庄2号聚落、下院Ⅰ5号聚落、东下冯—埝掌10号聚落等主要靠近这些主干河流的两岸分布。不过，相对于过去，在中条山北麓、西麓山前台地以及涑水河南岸、东岸地势较高的台地上基本看不到这个时期的聚落分布了，除少数以泉水为水源的聚落（如西吴壁4号聚落、小张3号聚落等）所处的地势略高外，几乎所有的聚落都分布在地势较低的地区。这个时期聚落的分布特点继续延续了二里头时期的发展态势，聚落的分布进一步离开高地，走向地势较低的区域，向主干河靠近。很多有一定规模聚落所处的位置都非常低平，如郭家庄2号、东阴9号等聚落。

这个时期聚落的选址可以看出明显的向水源靠近外，看不出来自其他方面的考虑，包括来自水患等自然灾害的考虑，同样，也看不到来自自身设防的需要。只有东下冯—埝掌10号聚落与众不同，除了环绕青龙河聚居，还修建了用于保卫自身的夯土城，而且从位置的分布上看，东下冯—埝掌10号聚落处于已调查区域的中心位置，这样的选址似乎是有意而为之。

三 聚落等级划分

二里岗时期的聚落一共有 47 个。其中，一点或两点构成的聚落有 28 个，小于 5 万平方米的聚落有 16 个，5 万平方米以上的聚落有 3 个。相比之前，聚落的数量有较为明显的减少，并且反映在聚落的规模上，普遍有较大程度的萎缩。

根据聚落的规模，这个时期所有的聚落可以分成两个等级的：

第一等级，7 万平方米以上，约占总数的 2.1%；

第二等级，7 万平方米以下，约占总数的 97.9%。

第二等级的聚落数量较多，但规模都很小，很多聚落可能只是一些临时定居点，即便稍大些的聚落也不过是一些小型村落。与此相反，第二等级的聚落只有一个东下冯—埝掌 10 号聚落，而且聚落面积较大，超过 40 多万平方米。两个等级之间的聚落反差非常明显。就聚落规模而言，呈明显的两极分化态势，绝大多数规模较小的聚落都无法与规模较大的东下冯—埝掌 10 号聚落相抗衡，显示了东下冯—埝掌 10 号聚落与众不同的特殊地位。考虑到第一等级的东下冯—埝掌 10 号聚落出现了高耸的城墙和用于防卫的城堡，有专门用于储藏大量粮食等的粮仓，以及代表社会上层身份青铜礼器等发现[1]，这些较高规格的遗存发现都是其他聚落不曾发现的，足证其地位是其他聚落无法可比的。

四 聚落群的划分

除极个别聚落外，这个时期的聚落分布整体呈现小而散的特点，聚落之间的空间距离明显偏大，根据聚落在空间分布的集中程度，大致可以分为五群（表一五；参见彩版一一五）。

表一五　二里岗时期聚落群登记表

序号	聚落群名称	聚落数量	聚落总面积（万平方米）	聚落群范围（平方公里）
1	涑水河上游群	15	28	133
2	鸣条岗北部群	3	9	60
3	沙渠河群	5	11	60
4	青龙河上游群	15	70	130
5	青龙河下游群	9	22	160

1. 涑水河上游聚落群

所有的聚落集中分布在闻喜东镇以东的涑水河上游地区，包括申家坡Ⅱ3 号、峪南 9 号、东吴

---

① 中国社会科学院考古研究所、中国历史博物馆、山西省考古研究所：《夏县东下冯》，文物出版社，1988 年。

壁 6 号、西吴壁 4 号、小张 3 号、周家庄 17 号、周家庄 16 号、贾家堡 6 号、横水 II 2 号、新庄 2 号、柳庄 3 号、东山底 II、西山底 I 3 号、仓底 11 号、柿树林 3 号共 15 个聚落。该聚落群北部地形相对开阔，南部则为相对狭窄的山前小台地或缓坡，聚落大多在台地或缓坡的前缘分布，尽可能地靠近涑水河，唯一远离涑水河的就是小张 3 号聚落。聚落的面积整体都偏小，面积最大的聚落为西吴壁 4 号，不过 2.8 万平方米，更多的聚落是一些零星遗存的分布，也没有高规格的遗存发现，很难找出明显的区域中心聚落。不过，可以看出，在涑水河北岸台地前缘分布的这些聚落彼此之间的联系还是紧密的。

2. 鸣条岗北部聚落群

所有的聚落集中分布在闻喜县南与夏县北的涑水河中游地区，包括月芽堡 I 2 号、月芽堡 II、郭家庄 2 号共 3 个聚落。聚落群东部是鸣条岗，西部为峨嵋岭前缓坡地带，地形非常开阔，聚落所处的地势都非常低。如此开阔的地带发现的聚落却非常少，而且面积都不大，郭家庄 2 号聚落破坏严重，暴露较多，聚落面积也不过 6.7 万平方米。考虑到地势较低平，不排除有一些这个时期的聚落被掩埋而未被发现（以月芽堡 II 聚落埋藏地形地貌为代表），但如此大的范围内，发现如此少的聚落还是始料不及的。不过，无论如何还是说明了这个时期该聚落群的衰微。相比其他聚落，虽然郭家庄 2 号聚落面积大了不少，但由于没有高规格遗存的发现，其是否为该聚落群的中心聚落还不敢妄断。

3. 沙渠河聚落群

聚落集中分布在沙渠河北岸，包括余家岭 5 号、下院 I 5 号、南白石 4 号、南王 6 号、坡申 I 3 号共 5 个聚落。沙渠河上游 3 个聚落面积相对较大，但聚落主要分布在狭窄的沟谷中，沙渠河下游 2 个聚落虽然分布在开阔的地形上，但面积都较小。聚落在空间上的分布都较大，每个聚落实际可控制的土地范围也较大。所有的聚落规模都偏小，最大的下院 I 5 号聚落不过 4.1 万平方米，很难确定该聚落群的中心聚落。

4. 青龙河上游聚落群

主要包含青龙河上游的聚落和沙渠河古河底附近的聚落（沙渠河南岸聚落），包括大泽 I 2 号、大泽 II 3 号、南郭 2 号、裴社 I、裴社 II、裴社 III、王赵、东下冯—埝掌 10 号、崔家河 I 4 号、崔家河 II 3 号、大理、西阴 3 号、东阴 9 号、尉郭 3 号、中卫共 15 个聚落。聚落群东部为中条山西麓，西部为鸣条岗，地形开阔，青龙河与沙渠河古河道贯通南北，聚落大都分布在河流附近。聚落数量最多，聚落分布相对密集，聚落群控制的范围较大。与众多小聚落相比，东下冯—埝掌 10 号聚落一枝独秀，除了规模较大外，还有较高规格的遗存发现，其不仅是青龙河上游聚落群的中心聚落，其主导的聚落群也是整个运城北部盆地核心聚落群。

5. 青龙河下游聚落群

主要靠近盐湖附近分布，包括东郭、裴介 I 8 号、裴介 I 9 号、辕村 I 7 号、安邑、吕儒 7 号、吕儒 8 号、壕头、西纽 4 号共 9 个聚落。聚落群西接鸣条岗南端，东部为中条山西麓，南接盐湖，地形开阔。聚落面积都不大，分布分散，聚落群可控范围较大，盐湖似乎属于聚落群控制范围。所有的聚落规模都较小，也没有较高规格的遗存发现，青龙河下游群没有明显的区域中心。

每个聚落群内聚落之间的联系也不尽相同，从聚落的空间分布和有效的控制范围来看，涑水河上游聚落群和青龙河上游聚落群内的聚落之间联系似乎更为紧密一些，其他聚落群似乎更松散一些。聚落群内较为平等的关系（没有明显的差别）从另一方面也反映了聚落群内没有明显的中心聚落，青龙河上游聚落群内东下冯—埝掌10号聚落与其他聚落明显的反差反映其特殊的地位，揭示了其属于青龙河上游聚落群的中心聚落。五个聚落群之间的界限明显，其他四个聚落群很难找出明显的中心聚落，只有青龙河上游聚落群有中心聚落，而且其中心聚落不仅规模较大，而且出土有较高规格的遗存，这些都是其他聚落群所不能相提并论的。由此推断，不仅东下冯—埝掌10号聚落属于青龙河上游聚落群的中心聚落，而且其主导的聚落群地位也高于其他聚落群。

五 生产经济与资源获取

限于这个时期聚落规模都不大，而且已做的发掘工作也很少，所以，当时人类经济活动主要依据已经发掘的东下冯遗址进行探讨。

从发掘和调查材料看，这个时期的人们同之前二里头时期基本相同，以定居农业为主，兼有家畜饲养业，狩猎经济仍是生活的重要补充。农业主要是以粟为主的旱作农业，不过，从目前的发现看，农业生产规模比以前可能有所减小，但聚落辐射的土地范围有所扩大。造成这种变化的原因很可能与这个时候气候的变化有很大关系，降水和来水的减少必然导致农业的减产。家畜的饲养仍然是种植业之外的重要经济活动，饲养的家畜有猪、羊、狗等。比之以前，家畜的饲养是否增加和扩大，从现有材料还很难判断。手工业比之前有长足的发展，主要有纺织、制陶、制石、制玉、制骨和铸造铜器等。玉石器的磨制有了很大的进步，调查发现的玉石器也反映了这一点。铜矿得到大规模的开采，从开采到冶炼，都是在当地完成的，小件铜器主要在当地铸造完成，有削和镞等，发掘有制造铜镞的石范，大件铜礼器是否当地铸造还有待更多资料证明。虽然没有直接的证据，但从一些迹象上看，很可能这个时期盐业也得到了大规模的开发和利用。

"图之大事，唯祀与戎"，占卜及祭祀活动在当时的社会中也占有重要地位。发现数量不少的卜骨，以牛肩胛骨为主，少量为猪肩胛骨，大都经过整治，均无凿，但有钻有灼。与其他地区二里岗文化的卜骨特点相同。

除少数聚落外，绝大多数聚落都应该是定居的农业聚落，这些聚落都是以一定的土地范围为依托的。相比之前，这个时期的聚落规模普遍有较大的萎缩，数量也大幅减少，这应该与气候和环境的进一步变差有很大关系。

与此正相反，这个时期区域内丰富的铜矿、盐业等资源的开发，可能越来越多地受到中央王朝的重视，不排除东下冯—埝掌10号聚落就是为了向中央王朝输送更多的资源而有意设立的。调查和发掘资料同时表明，对铜矿的开采与冶炼主要在当地完成，然后把冶炼好的铜锭运输到中央王朝。

第六章 运城盆地东部聚落形态的演变

第五章对调查区域内史前到早商各时期聚落形态的一般特征进行了基本的分析和概括。本章将在此基础上做进一步的讨论，着重于聚落形态及其反映的社会结构的历时性变化，以此来探讨本地区社会复杂化发展的过程，以及导入早期国家和文明兴起的重要途径。

当我们从事区域聚落形态研究时，较理想的状态是将宏观聚落与微观聚落分析结合进行，这就要求每个时期都有经过充分发掘的聚落址（最好是中心聚落），然后点、面结合，既能具体而微，又能宏观把握，如此才能收到事半功倍的良好效果。但是就运城盆地而言，目前显然还没有达到这种理想的状态，已有的遗址发掘所能提供的微观聚落方面的材料并不很充分。这里我们主要依据区域调查所得的宏观聚落资料，并结合有限的发掘资料，来进行相关的分析和讨论。

与此相关，在确定聚落等级时，除聚落的面积大小以外，还应参考聚落本身所出遗存的种类与规格等方面，但即便在一个很小的区域内也很难做到每个遗址都发掘，发掘过的遗址又很少有全部揭露而了解清楚的，因此在绝大多数情况下也是难以达到理想的状态。同以往许多研究一样，在本课题的研究中我们也只能主要根据规模的大小来确定聚落的等级。这样做虽不能避免绝对的误差，但应基本上能够反映总体的概况。聚落大小与等级高低密切相关，这一点实际上得到了很多考古工作的证实。如本地区发掘过的东下冯遗址①（东下冯—埝掌），无论是其面积大小还是出土的遗存都反映它是夏商时期的一处中心聚落；又如本地龙山时期最大的聚落周家庄不仅规模超大，而且近年的发掘还揭露出了工程庞大、非高级组织调动大量人力而不能完成的大型壕沟，可证这里确属一处大型中心聚落。在相邻地区，如垣曲盆地内的古城南关商城②、临汾盆地内的陶寺龙山城址③，都是当地同时期规模最大、等级最高的统辖中心。而在全国范围内，这样的例子更是不胜枚举。相反，那些数量众多的小遗址则很少有这些大遗址所见的大型防御设施、高等级

---

① 中国社会科学院考古研究所等：《夏县东下冯》，文物出版社，1988 年。
② 中国历史博物馆考古部等：《垣曲商城——1985～1986 年度勘查报告》，科学出版社，1996 年。
③ 何驽、严质斌：《黄河流域史前最大城址进一步探明》，《中国文物报》2002 年 2 月 8 日；中国社会科学院考古研究所山西第二工作队等：《2002 年山西襄汾陶寺城址发掘》，《中国社会科学院古代文明研究中心通讯》5 期，2003 年1 月。

建筑与大墓、精美的器物等。由此我们相信，在发掘资料较缺乏的情况下，凭借规模大小来确认聚落的等级应是可供分析之用的。

本次调查在运城盆地东部发现并确认新石器到早商时期的遗址共 189 处，其中很多遗址包含有多个时期的多处聚落（参见附表；彩版六）。本章按时代顺序梳理各时期聚落的特点与变化。讨论的内容主要涉及如下几个方面：聚落的空间分布，各期聚落数量和总面积的增减及其反映的人口规模的变化，各期聚落群、组的划分及相互关系，聚落等级的划分及中心聚落的变化，聚落的等级—规模分布曲线（rank-size distribution）所反映的区域社会系统的整合性和权力控制的集中程度[1]，重要资源开发利用的有关线索，上述各方面所体现的社会复杂化程度和社会组织结构的变化，等等。

一　仰韶早期

无论是以前的考古工作还是本次的区域调查，包括运城盆地在内的整个晋南地区都没有发现明确属于新石器时代早、中期的遗存，因此我们的聚落分析只能从新石器时代晚期的仰韶早期开始。

晋南地区的仰韶早期遗存表现为两种文化面貌。一种是半坡文化的关东变体"东庄类型"，经过发掘的典型遗址有芮城东庄村[2]、垣曲古城东关（二期）[3]、翼城北橄（一、二期）[4] 等。另一种是以垣曲古城东关一期[5]、翼城枣园一至三期遗存等为代表的分布在晋南豫西等地的土著文化，有学者称其为"枣园文化"[6]。这两种文化此消彼长，最后以半坡文化的东庄类型为主发展演变为仰韶中期的庙底沟文化[7]。对许多仰韶早期遗址来说，依据少量的采集陶片很难确认其具体的文化属性，因此也就无法在讨论聚落形态时将两种遗址截然区别开来。

运城盆地东部仰韶早期聚落的总体特征是数量少、空间分布既稀疏分散又有相对的集中、聚落大小等级差别不明显。此期聚落总共发现 24 处，分布在盆地内的不同方位，其中除少数位于地形较狭窄的沙渠河上游峡谷地带和中条山山前台地上，其余大多位于地势较开阔平坦的地方。这些分散的聚落又相对较集中地分成几片，我们将之分为 5 处群落（彩版一〇九）。各群落的规模都很小，聚落数量 3~8 处不等。每一群内聚落的空间分布仍有疏密之别，相距近者 2、3 处一组，

① 有关等级—规模分布曲线的详细说明可参见：刘莉著，陈星灿、乔玉等译：《中国新石器时代：迈向早期国家之路》，文物出版社，2007 年；戴向明：《陶器生产、聚落形态与社会变迁——新石器至早期青铜时代的垣曲盆地》，文物出版社，2010 年。

② 中国科学院考古研究所山西工作队：《山西芮城东庄村和西王村遗址的发掘》，《考古学报》1973 年 1 期。

③ 中国历史博物馆考古部等：《垣曲古城东关》，科学出版社，2001 年。

④ 山西省考古研究所：《山西翼城北橄遗址发掘报告》，《文物季刊》1993 年 4 期。

⑤ 中国历史博物馆考古部等：《垣曲古城东关》，科学出版社，2001 年。

⑥ 山西省考古研究所：《翼城枣园》，科学技术文献出版社，2004 年。

⑦ 戴向明：《试论庙底沟文化的起源》，《青果集——吉林大学考古系建系十周年纪念文集》，知识出版社，1998 年。

彼此间距一般不超过 3 公里，有些间隔只有数百米；相距远者也都不超过 10 公里。而聚落群之间最近聚落的间隔也在 10 公里以上。

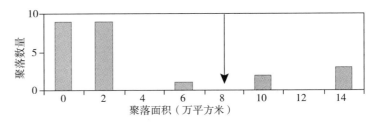

图二八四　仰韶早期聚落等级划分

　　整个调查区内仰韶早期聚落的大小可分为两级，较大者 10 万～15 万平方米之间，较小者数千到 7 万平方米之间（图二八四）。聚落虽有大小之别，但相差并不很悬殊，且从整个区域的聚落等级—规模分布曲线看（图二八五），几乎各个等级的聚落都比预期值要大，显示的是高度分散的聚落系统，不存在一个统一的控制中心。5 处 10 万平方米以上的较大聚落分布在三处聚落群中，其中涑水河上游群东西两端各有一处较大聚落（东吴壁 1 号和仓底 3 号），位于涑水河中游的鸣条

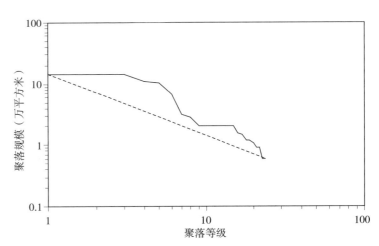

图二八五　仰韶早期聚落等级—规模分布曲线

岗南部群的南北两侧各有一处较大聚落（东孙坞 1 号和高头庄 1 号），青龙河上游群只有一处较大聚落（牯垛），而沙渠河流域和青龙河下游群则没有较大聚落（彩版一〇九）。

　　从各聚落群的内部结构看，有较大聚落者只有青龙河上游群的牯垛遗址显得孤峰独秀，且位置居中，其周围远近不等地散布着 7 处小型聚落，其中 2 处紧靠其侧。其他聚落群或无较大聚落，或是有 2 处较大聚落遥遥相对；这几处较大聚落或独处一隅（如东吴壁 1 号和东孙坞 1 号），或近旁有 1、2 处小聚落相伴（如仓底 3 号和高头庄 1 号），总之都不存在一个居于绝对支配地位的中心聚落。

　　综合上述情况分析，我们认为：（1）仰韶早期各聚落群虽大小规模不等，但相互间应属于平等并存的关系，而非有控制、有依附的主从关系，也就是说，此时并不存在一个统一的、高于各聚落群之上的区域社会组织。（2）一些聚落群的形成可能主要是聚落规模、人口自然增殖发展的结果，那些较大的聚落或许是其所在群落中的主体根脉，而其附近的小聚落有可能是从中分化出去的，因此同一聚落群内的大小聚落间有的也许存在亲缘性的主从关系。另一种可能的情况是同一聚落内的各聚落间或许还会结成互有婚姻或利益关系的部落组织。沙渠河上游和青龙河下游的两个群落，不但无较大聚落，而且聚落的数量也都很少，可能受某种条件限制没有得到充分发展，但群体内部相互间也应存在较密切的关系。无论如何，同一群内的各聚落间比不同群落的聚落间应有着更紧密的社会或血缘上的联系。（3）聚落虽有大、小之别，但

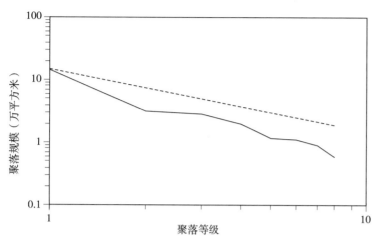

图二八六　　仰韶早期青龙河上游群聚落等级—规模分布曲线

并不很显著，多数间彼此应是相互独立的，从而形成规模不等的社群组织，如氏族公社或类似半坡、姜寨等那样的胞族公社[1]，或称地方团体（the local group）[2]。那些彼此临近的社群（村落）之间则可能会结成部落或有亲缘/利益关系的联盟组织。（4）青龙河上游群在其发展的兴盛期显示出了较强的社会整合性（图二八六），其中最大聚落牯垛已显露出中心聚落的端倪，这似乎预示着复杂社会的萌芽。不过综观此时各聚落群的总体情况，并结合同时期其他地区的资料[3]，此时当还没有形成制度化的不平等社会。

二　仰韶中期

　　仰韶中期运城盆地内的文化面貌趋于统一，庙底沟文化（或称仰韶文化庙底沟类型，又有学者称之为"西阴文化"）在此获得充分发展，而此时聚落的空前繁荣也再次印证了晋南地区确为庙底沟文化的中心区之一[4]。

　　仰韶中期运城盆地东部聚落发展的一个突出特征是聚落数量剧增，由前期的24处猛增至66处，聚落总面积由前期的约100万平方米猛增至约1250万平方米（表一六）。聚落的空间分布范围大大扩展，仰韶早期属于空白地带的涑水河上游南岸、鸣条岗北侧（准确说是西北侧）的涑水河两岸以及沙渠河中游等地此期都新出现了一些聚落，并且在中条山山前台地和鸣条岗北侧台地这些地势较陡峻狭窄的地方也出现了较多的聚落。这种大规模的扩展显然与人口的繁殖、增长而导致的聚落发展直接相关。聚落的分布仍显示出集中成群的态势，而且各聚落群的划分保持了与前期相似的连贯性。此外，鸣条岗北侧的聚落沿涑水河两岸呈线形分布，显得较稀疏松散，并且缺乏可与其他地域相比拟的大型聚落，故不排除它们分别就近属于其他聚落群的可能性；但如考虑到鸣条岗在地理空间上的分隔作用，以及这些聚落既相对集中又有间隔的特点，另一种较大可能性是鸣条岗南部聚落群仍然独立存在，而在鸣条岗

① 严文明：《仰韶房屋和聚落形态研究》，《仰韶文化研究》，文物出版社，1989年。

② Johnson，Allen W. and Timothy Earle，2000，*The Evolution of Human Societies：From Foraging Group to Agrarian State.* Stanford，Stanford University Press.

③ 戴向明：《陶器生产、聚落形态与社会变迁——新石器至早期青铜时代的垣曲盆地》，文物出版社，2010年。

④ 戴向明：《庙底沟文化的时空结构》，《文物研究》第十四辑，黄山书社，2005年；又《庙底沟文化的聚落与社会》，《古代文明》（3），文物出版社，2004年。

北部又新出现了一个较小的聚落群。这样在运城盆地东部就可能存在着6处聚落群（彩版一一〇）。此期各聚落群的规模都明显扩大了，聚落数量在6～16处之间，明显多于前期。由于各聚落群的分布范围扩展、规模扩大，它们之间的间隔便相对变小了，一些群落边缘聚落间的距离不足10公里。

表一六　各期聚落数量、总面积与最大聚落登记表

时代	仰韶早期	仰韶中期	仰韶晚期	庙底沟二期	龙山时期	二里头时期	二里岗时期
聚落数量	24	66	81	117	84	68	47
聚落总面积（万平方米）	101	1250	608	545	1069	228	139
最大聚落（万平方米）	牯埪 14.7	周家庄 221.8	湖村 61.8	周家庄 52.9	周家庄 495.4	西吴壁 31.5	东下冯 44.4

虽然此期聚落的空间分布略显分散，特别是在涑水河流域，但聚落群内部的各聚落间仍显示出较密切的联系。除少数聚落外，各群内大多数相邻聚落间的距离小于5公里，而且各群都明显地存在着数处聚落集中成组分布的现象（少者3、4处，多者6、7处，相距多在1、2公里之内），特别是那些大型聚落附近往往伴生着几处较小聚落。这些聚落组内的各聚落间应有着更密切的多种多样的联系。

此期聚落发展的另一个显著特点是出现了多处大型中心聚落，这些大型聚落散布在各聚落群中，形成了大小级差分化明显的聚落等级结构。各聚落群中的大型中心聚落并不都处于群体拱卫的中心，但一个共同的特征是都位于临近水源、地势较为高亢而又空间开阔的优越地理位置。相邻群落中最大聚落之间的间距多数在15公里左右（个别近者不足10公里，远者不超过25公里），显示出较为均衡的分布态势。若从整个区域的聚落等级分布直方图看，此期聚落可分三级（图二八七），但聚落的等级—规模分布曲线却略呈凸形，显示的是一个非整合性的聚落系统（图二八八）。也就是说，尽管此时最大聚落周家庄1号面积可能达到200余万平方米，但仍有峪南1号、西阴1号等100余万平方米的大聚落可与之相抗衡，整个区域尚没有形成一个具有高度集中性的统一体。

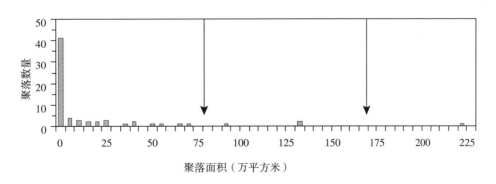

图二八七　仰韶中期聚落等级划分

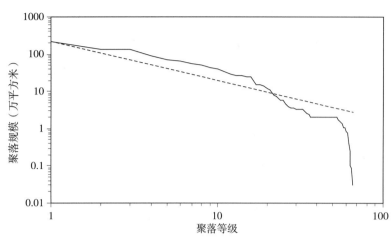

图二八八　仰韶中期聚落等级—规模分布曲线

与前期相比，除鸣条岗北部聚落群为新出现的以外，其他5处聚落群都是从仰韶早期延续下来的，但变化是显著的。各群落不但聚落数量增加、范围扩大，而且除少部分聚落是在前期基础上发展起来的以外，大部分聚落都是新出现的；尤其是各群（包括某些聚落组）中的大型中心聚落几乎都是在条件优越的新地点开拓起来的。这种变化应与社会群体的发展壮大、新的社会关系和社会组织的形成直接相关。

此期各聚落群的内部结构显示出不尽相同的形态，聚落群内的各小组在聚落数量、规模、地位等方面也都处于不均衡状态。青龙河流域的两个聚落群，不但聚落大小可分三级（图二八九），而且聚落的等级—规模分布曲线都呈凹形，反映的是整合程度较高的聚落系统（图二九○）。青龙河上游群共有13处聚落，最大聚落西阴1号达132万平方米，第二大聚落东阴1号为50万平方米，而这两个大聚落比邻而居，近在咫尺，不排除它们属于一个统一聚落组织的可能性，若如此，则这一大的控制中心与其他小型聚落形成鲜明对照，形成的是一个高度整合的垂直控制系统。同时我们还可以看到，这一聚落群的内部还可分为空间上有间隔的两个小组（见彩版一一○），但北面一组无明显突出的较大的地方中心，这些小聚落应直接受西阴组控制，如此，则实际上在青龙河上游群可能只存在着两级聚落组织。青龙河下游群有11处聚落，也可以明确划分出两组（见彩版一一○），一组主要沿青龙河故道两岸连续分布，其中该群中的最大聚落辕村I1号（92万平方米）位于此组；另一组主要分布在中条山山前台地上，其中两处较大聚落似为一种并立关系，其周围并不存在一个附属于它们的群落，它们也应直接从属于辕村聚落组。由此看来，虽然青龙河下游群的聚落表面上可按大小分为三级，但实际上也只有两级聚落组织。

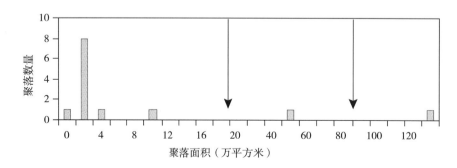

图二八九　仰韶中期青龙河上游群聚落等级划分

涑水河流域诸聚落群显现出形态各异的特征。新生长起来的鸣条岗北部群只有 6 处聚落，沿涑水河两岸呈线状分布，其中最大聚落为上邵王 1 号（26.5 万平方米），其余皆为数万平方米或更小的小聚落。以上邵王 1 号为中心，聚落等级可分两层，大小差别明显，反映的是一个整合程度较高的聚落系统，其总体情形与青龙河流域的两个聚落群相似。这些聚落按空间分布虽可分为南北两组（各有 3

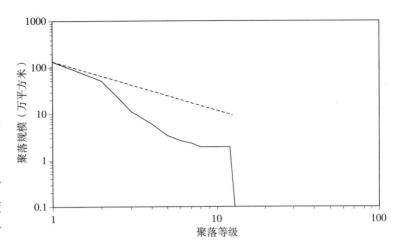

图二九〇　仰韶中期青龙河上游群聚落等级—规模分布曲线

处聚落），但南面一组并无大型聚落，它应直属于北面一组而本身不存在单独的地域组织。鸣条岗南部群的特点是散布面广，聚落分布稀疏分散。这里共有 11 处聚落，可分为两组，东北面一组显然以西张 1 号为中心（27.8 万平方米），而西南面一组以东孙坞 2 号相对较大（13.91 万平方米）。若整个聚落群存在统一的组织，则西张当为最高中心，东孙坞可能为一处次级管理中心；它们各自所属的聚落组或许存在一定的相对独立性（见彩版一一〇）。

　　分布于涑水河上游和沙渠河流域的两个聚落群，聚落等级可分三层或二层（图二九一），但聚落的等级—规模分布曲线却都呈现为凸形（图二九二），显示出并非高度整合的控制系统。首先看聚落数量最多、规模最大的涑水河上游群（共有 16 处聚落），这里虽然有全区域最大的聚落周家庄 1 号（221.8 万平方米），但与之临近的峪南 1 号（133 万平方米）仍显露出可与之抗衡的态势。另一方面，该群内部在地理空间和分布形态上还可进一步分为三组，而且每一组都有一个大型的中心聚落（见彩版一一〇）：东面一组以峪南 1 号为中心，附近环绕着 5 处较小聚落；中间一组以周家庄 1 号为中心，在其以西、以南远近不等地散布着 5 处大小不同的聚落；西面一组以湖村 1 号（67.4 万平方米）为中心，其附近及河谷对岸仅分布有 3 处聚落。在这三组之内基本呈现出上下垂直控制的两级聚落结构。综观涑水河上游聚落群的总体特征，一方面可能存在着以周家庄 1 号为主要中心、其余两组分别有一个次级管理中心、但整合程度较弱的统一的聚落系统和

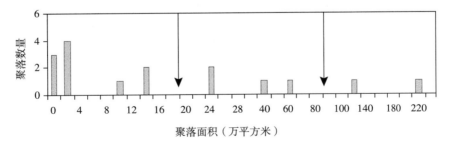

图二九一　仰韶中期涑水河上游群聚落等级划分

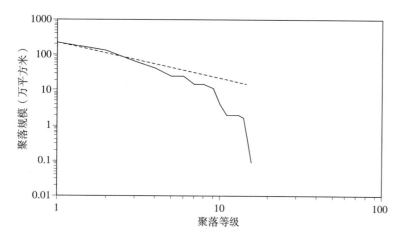

图二九二　仰韶中期涑水河上游群聚落等级—规模分布曲线

社会组织，另一方面又不排除三个聚落组各自相对独立的可能性。沙渠河流域群表现出与之相似的特点，该群共有 9 处聚落，其中的两个大型聚落店头堡 1 号（70 万平方米）与前偏桥 1 号（55.3 万平方米）相差并不很悬殊，呈东西并立之势，以这两个大聚落为中心可以将该群分为东西两组（见彩版一一〇），每组都在大聚落周围远近不等地分布着几处小聚落，且各组之内的大小聚落差别显著，显然也存在着主从分明的聚落结构；假如在两组之上还存在着统一的聚落组织，那么其主要中心应是店头堡 1 号，而前偏桥 1 号则为一处次级中心。

　　综观此期聚落形态的总体特征，我们可以对本区域的聚落及其反映社会形态的变化得出如下认识：（1）与晋南豫西其他地区的发展同步，此时运城盆地内的聚落也获得了空前的繁荣发展，聚落的数量与规模都迅猛增长，形成了以多处大型聚落为中心的若干群落，反映出人口数量与社群规模的显著增加。（2）各聚落群的大小规模并不均衡，由此可以看出各群的实力与势力也应是不相等、不对称的；另一方面，尽管各聚落群及其中心聚落的大小规模有较明显的差别，但似仍处于各自分立的态势，尚没有形成凌驾于各群落之上的更高一级的社会组织。（3）各聚落群的内部结构呈现出不同的形态。每一群落都可进一步分为空间上有分隔的 2 或 3 个聚落组，但这些聚落组却可能表现出不同的社会组织方面的意义。青龙河流域的两处聚落群和鸣条岗南、北部的两处聚落群各自都只有一处居于支配地位的大型中心聚落，中心聚落之外的其他聚落组内部除可能存在较密切的关系外，大概并不存在独立的一级社会组织，因此整个聚落群应表现为两级组织结构，即在普通聚落之上只有一个共同的集中控制与管理机构。涑水河上游和沙渠河流域聚落群的情形则较为复杂，这两处群落内的每个聚落组都有一个大型聚落，这样在聚落组内就形成了两级聚落结构，因此不排除各聚落组本身就存在着较独立的区域组织；但若考虑到有些聚落组规模过小，而整个聚落群又有一个较突出的大型聚落，那么这两处聚落群也可能已各自形成了统一的区域组织，若如此，则这样的组织就包含了有主要中心、次要中心和一般村落的三层聚落结构（两层控制等级），只是聚落的等级—规模分布曲线反映出它们的系统整合性并不强。（4）按照西方有关社会发展阶段和社会组织划分的理论①，以及聚落分层与社会政治等级相关联

---

① 　a. Service, Elman, R., 1962, *Primitive Social Organization*. New York, Random House. b. Johnson, Allen W. and Timothy Earle, 2000, *The Evolution of Human Societies*：*From Foraging Group to Agrarian State*. Stanford, Stanford University Press.

的理论①，这些包括二或三层聚落等级的社会单元已呈现出复杂社会的形态，类似"酋邦"这样的区域政体当已经形成。

三 仰韶晚期

包括运城盆地在内的晋南豫西及陕西关中地区的仰韶晚期文化主要承袭仰韶中期庙底沟文化发展而来。在这种文化的演变过程中，晋南豫西还较多地受到了关中地区某些特性的影响，同时也汇入了北面晋中和东面豫中的一些因素②。

此期晋南地区不仅文化发展由从前的外向扩张转为内向收敛，而且聚落的发展似也呈现出衰减之势。表面上看，调查区域内聚落的数量比前期又有了较大幅度的增加，由以前的 66 处增长为 81 处，但聚落总面积却急剧减少到了 600 余万平方米，比以前降低了一倍（见表一六），大型聚落减少，缺乏超大型聚落，聚落普遍小型化，人口数量和社会群体的规模实质上明显下降了。

此期聚落分布的一个显著特征是空间上趋于分散。在一些较狭窄的高岗坡地上新出现了许多小聚落，其中以涑水河上游南岸和沙渠河北岸尤为明显。这种分布形态一方面反映人群适应不同环境、开拓新领地的能力进一步增强，另一方面也应与社会关系的变化有关。此期聚落群的构成略有变化，原鸣条岗北侧的两群似有合而为一的趋势，其余的 4 个群落则基本承袭前期而来，但各群的内部结构不再像前期那样紧凑，而是显得很松散，一些群落之间的边界越加逼近，而且各群内聚落组的划分与分隔也常变得模糊不清（彩版一一一）。整个区域的聚落大小似仍可分为三级，但聚落的大小差异不再像前期那样悬殊，表明此时更不可能存在统一的中心和社会组织。各聚落群及一些聚落组是否具有社会政治组织上的意义，或者社会团体及公共权利以何种方式体现出来，这些问题也常常变得颇为晦暗不明。

各聚落群的形态特征此时差别更大，各群内部都发生了较大的变动，而且值得注意的是几乎都呈现出与从前不同甚至相反的发展态势。青龙河流域的两个聚落群仍显示出较多的相似性，聚落组的分隔相对较明显，组别之内的多数聚落分布较集中，每组都有一个较大的中心聚落，显出各自独立的态势（彩版一一一）。青龙河上游群似只可分为 2 组，共有 11 处聚落，每组各有 5、6 处大小不同的聚落。南面一组中西阴村虽仍为本组的较大聚落（西阴 2 号，13.7 万平方米），但规模骤减，已不再是整个聚落群的中心；北面一组则有 2 处稍大于西阴的聚落——东下冯—埝掌 2

① **a.** Earle, Timothy K., 1991, The Evolution of Chiefdom. In *Chiefdoms: Power, Economy, and Ideology*, edited by Timothy Earle. Cambridge, Cambridge University Press: 3. **b.** Steponaitis, Vincas, 1978, Location Theory and Complex Chiefdoms. In *Mississippian Settlement Systems*, edited by Bruce Smith. New York, Academic: 420. **c.** Wright, Henry, 1984, Prestate Political Formations. In *On the Evolution of Complex Societies: Essays in Honor of Harry Hoijer*, edited by T. Earle. Malibu, Undena Publication: 42.

② 戴向明：《黄河流域新石器时代文化格局之演变》，《考古学报》1998 年 4 期。

号（21.9 万平方米）与东下冯—埝掌 3 号（19.9 万平方米），它们隔狭窄的青龙河道比邻而居，很像是一对有统一组织的双生聚落，若如此，这里就应是统辖整个聚落群的中心地点，其下还有次级中心西阴 2 号，其余皆为数万平方米以下的小型聚落，则该群落有可能存在着整合性良好的三级聚落组织。但从另一角度看，西阴一组各聚落的分布并不很紧凑，西阴与其他聚落还有可能都直接从属于东下冯—埝掌，如此则该群仍为两级聚落组织。相比而言，青龙河下游群可较明确地分为大体对等的 3 组（共有 13 处聚落，其中靠近鸣条岗南侧边缘的一组是新发展起来的），每组包含 4、5 处聚落，且每组都有一个较大的中心地点：中间一组为辕村 I 2 号（35.9 万平方米），东面一组为史家 2 号（35.6 万平方米），西面一组为吕儒 1 号（19.84 万平方米）。每组的中心同其他小聚落共同构成两级聚落组织，各自都应有较强的或相对的独立性。若整个聚落群存在统一的社会组织，那么辕村 I 2 号因位置居中而有可能是主要中心地点，不过这样的组织应是集中性较弱、结构较松散的团体（图二九三、二九四）。

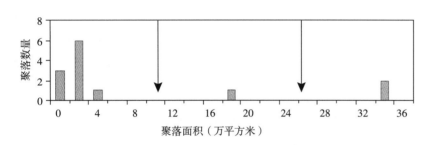

图二九三　仰韶晚期青龙河下游群聚落等级划分

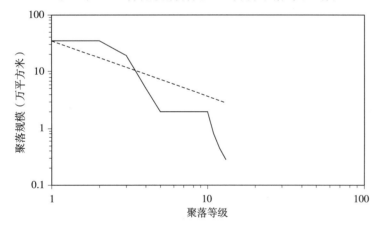

图二九四　仰韶晚期青龙河下游群聚落等级—规模分布曲线

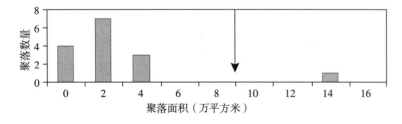

图二九五　仰韶晚期沙渠河群聚落等级划分

沙渠河聚落群共有 15 处聚落，按空间位置仍可分为东、西两组，但两组中只有西面的店头堡 3 号面积较大（14.6 万平方米），其余皆为 5 万平方米以下的小型聚落，东面一组并无较大的中心地点。因此这两组可能都不具有单独的社会组织上的意义，而是存在着一个以店头堡为中心、拥有两级聚落组织、整合性良好的统一的区域团体（图二九五、二九六）。

此时变化最为显著的当属涑水河上游群。该群聚落数量猛增至 32 处，但前期那种较为明确地聚集成组、每组都有一个规模很大的统辖中心的局面此时为之一变，突出表现为空间分布松散、超大聚落消失、聚落组的划分不明显。此时该群中最大的聚落为偏于一隅的湖村 2 号 (61.8 万平方米),其次是位置较居中的柳泉 I 2 号 (42.8 万平方米),以下还有若干二十几万和十几万平方米的其他较大聚落,因此至少从聚落的等级—规模分布形态看该群仍没有形成一个高度整合的区域政体;假如此时这里确实存在着统一的社会组织,那么应是以湖村 2 号为主要中心、柳泉 I 2 号为次级中心、至少包含三层聚落等级、但统一和整合性较弱的社会团体。此外,该群仍有

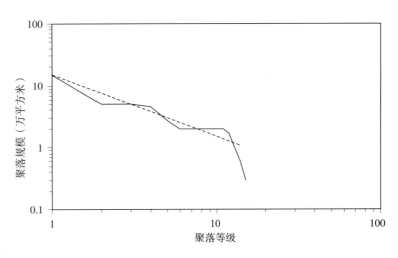

图二九六　仰韶晚期沙渠河群聚落等级—规模分布曲线

分为东、西两组的可能性 (见彩版———),而且这两组都有可能存在着较独立的区域组织。东面一组当是在原东、中组的基础上合并而成,统辖中心应为柳泉 I 2 号,其下有几处二十几万平方米的普通较大聚落,另外还有若干更小的聚落,但无论从聚落的分布还是大小级差看其结构都显得比较松散;西面一组从前期的西组发展而来,最大聚落湖村在规模上仍拥有绝对优势,但随着聚落数量的明显增加,本组的空间格局亦变得更加分散。总之,此时该聚落群无论属于哪种情形,一个突出特征是结构变得松散,原来几处大型聚落的规模明显衰减 (以周家庄最甚),而一些普通聚落的规模在增加,显示出群体的凝聚力在减弱,而一些个体的力量却在增强。

位于鸣条岗北侧的聚落群呈现出更加松散的形态。原有的两个群落此时似合而为一,变成了同一群体中的两个聚落组,共有 10 处聚落,稀疏地分布在一个狭长的地带。南面一组的分布重心此时明显向北偏移,且无较大的中心地点;北面一组则向南发展,沿涑水河南岸、鸣条岗北侧台地一线分布,其中最大者为位居北端的上邵王 2 号 (26.3 万平方米),其次为位居南端的水南 1 号 (23.8 万平方米)。因上邵王 2 号偏于北端且与该群的主体相距较远,其与该群的关系存在很大的不确定性,因此位置较居中的水南 1 号就有可能为整个聚落群的主要中心。该群聚落可分两级,但结构显得较松散。

通观这一期聚落的宏观形态研究,可以得到以下认识:(1)聚落数量明显增加,但大型聚落减少,缺乏前期那种超大型聚落,由聚落总规模反映的人口与社会规模的总量下降。(2)聚落的空间分布趋于分散,聚落组、群的划分及其社会组织形式常常难以确定,而且无论是聚落的空间形态还是大小级差常表现出组、群内部松散的结构,反映社会团体的凝聚力似乎在减弱,区域政体的控制力与整合性亦趋于弱化。(3)涑水河上游群为此期变化最显著者,其聚落数量剧增,但超大聚落消失,整个群体呈现出松散的膨胀状态;而鸣条岗北侧的聚落则似乎融合、聚拢成了一个松散的团体;其他各聚落群的内部结构也都有较大的变动。这些方面反映出此时的聚落与社会群体正处于重组的过程中,社会复杂化的发展也就在其中暗流涌动。(4)此时凡可能有独立社会

组织意义的聚落群、组主要为两级聚落结构；有些聚落群如涑水河上游群虽可分为三层聚落等级，但中心聚落的控制力并不强，即便存在着统一的社会组织，其群体的整合性也比较弱。这些情形与前期仍有相似性，应反映着相近的社会发展状态。

四　庙底沟二期

运城盆地的庙底沟二期文化主要从本地仰韶晚期文化发展而来，而且在陕、晋、豫地区整个庙底沟二期文化的分布圈中，晋南豫西再次成为文化发展的中心地带①。

此期聚落继续了前期的发展态势，同时又有许多新的变化。一方面聚落的数量持续增长，由此前的 81 处大幅度增至 117 处；但另一方面聚落规模继续向小型化发展，聚落总面积比前期略有减少，约为 545 万平方米（见表一六）。聚落的空间分布则呈现出新的形态，此时一改前期那种松散的局面，聚落分布变得连续而紧凑，而且一个较为突出的现象是许多地段的聚落都沿河流两岸呈明显的带状分布。

从整个调查区域看，虽然聚落的大小级差仍有较明显的区分，但同此前一样尚未出现整合为一体的迹象。同时，聚落群、组的划分又出现了新的格局。所有聚落又可分为 6 大群，各群、组的内部结构重又向集中紧凑的方向发展。其中，鸣条岗北侧的聚落在空间上又可以明确地分为南、北两群；而沙渠河流域和涑水河上游群的联系更加紧密，此期聚落数量的增长也主要出现在这两个区域。我们可以看出，调查区内聚落的分布重心在向北偏移，北部聚落的分布相当密集，组、群间的界限既明确、又接近；而南部聚落的分布则相对较为松散，组、群间都有较明显的分隔（彩版一一二）。

青龙河流域的两个聚落群仍维持着较稳定的发展态势。青龙河上游群有 9 处聚落，虽然在空间分布上疏密不同，但很难进一步分组，可作为一个整体来看待；其中最大聚落仍为该群北边的东下冯—埝掌 5 号（23.5 万平方米），其次为位居中间的圪塔 5 号（18.6 万平方米），其他多在 10 万平方米以下，这表明该群聚落或可分为两级，但中心的控制力与群体的整合性并不高。青龙河下游群共有 16 处聚落，依然分为东、中、西三个集中分布的聚落组，各组内的聚落连接紧密，而组别之间有较大的缓冲地带。与前期不同的是，东、中两组的聚落分别沿中条山山前台地和青龙河故道密集地线形排列，但皆为一连串 10 万平方米以下的小型聚落，而不再有较大的中心地点，因此这两组不太可能存在单独的区域组织；西面一组虽然只有 3 处聚落，但其中的最大聚落吕儒 3 号面积达 30 万平方米，很可能是本聚落群中的控制中心。如此看来，青龙河下游群此时再次形成了一个具有两级聚落组织、整合程度较高的区域团体（见彩版一一二）。

此期鸣条岗北侧的聚落明显地分为南、北两群，并且相隔较远（见彩版一一二）。南群只有 7 处聚落，而且空间分布稀疏分散，其中最大的聚落老杜只有 14.6 万平方米，略小于它的新

---

① 戴向明：《黄河流域新石器时代文化格局之演变》，《考古学报》1998 年 4 期。

杜 2 号为 9.8 万平方米，很难讲这里存在主从分明的独立的聚落系统；因该群与青龙河下游群相邻近，中间相隔的鸣条岗在此地段又渐趋平缓，而且该群还靠近中心聚落吕儒 3 号，故此它很有可能在社会组织上从属于青龙河下游群。若此，则由这两群聚落构成的区域团体当有三级组织，而且整合程度较高；位居中心地带的吕儒 3 号应是最高控制中心，老杜 2 号则应是一处次级中心。

鸣条岗北部群同样规模较小，有 9 处聚落，全部呈线状排列在涑水河东南岸、鸣条岗西北侧的高台地上，难以进一步分组。最大聚落为位于最北端的上邵王 3 号（17 万平方米），其他皆在 10 万平方米以下，聚落等级可分两层，聚落的等级—规模分布曲线接近对数常数线，显示这里应存在一个统一的地方团体。

沙渠河流域群的整体面貌变化很大，聚落数量由前期的 15 处骤增至 27 处，空间分布继续向下游推进，而且下游已成为该群的重心所在（见彩版一一二）。中游地段较开阔之处仍少有聚落分布，这样以此为间隔自然地将该流域的聚落分成东、西两组。东面上游一组的聚落普遍较小，皆在 7 万平方米以下，不可能构成主从有别的单独的团体；西面下游一组的聚落普遍较大，有数处在 10 万平方米以上，这里有 12 处聚落密集地呈串珠状排列在沙渠河两岸的阶地上，尤其是在南岸几乎每个较开阔的河边台地上都有此时的遗址分布，相互间形成了紧密的关系。最大的聚落

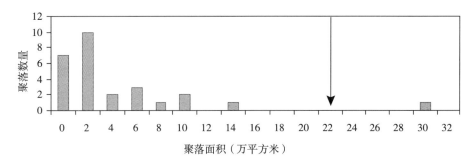

图二九七　庙底沟二期沙渠河群聚落等级划分

店头堡 6 号面积达 31.8 万平方米，位居两组间的中央部位，整个聚落群应是在其有效控制下的、高度整合的、具有两级结构的区域组织（图二九七、二九八）。

此期变化最显著者当属涑水河上游聚落群。该群虽然仍未出现超大型聚落，但聚落数量猛增到了 49 处，聚落的空间分布得到很大扩展，在这一广阔的范围内充斥到了河流两岸的大部分地

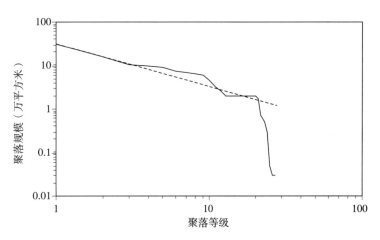

图二九八　庙底沟二期沙渠河群聚落等级—规模分布曲线

段，而且呈密集的膨胀态势。在涑水河与沙渠河交汇处，该群同另外毗邻的两群几乎连接到了一起，表现出密切的接触状态。此时该群聚落的宏观形态呈现出两种既相反又统一的趋势。一方面，该群聚落可以较明确地分成三组，每一组都由一个中心聚落和周围若干小聚落构成，相邻组别间也有较明显的分界（见彩版一一二）。东面一组规模较小，以东吴壁3号（12.9万平方米）为中心，周围分布着9处小型聚落，这些聚落都位于涑水河北岸较高的坡地上。中间一组以周家庄5号（52.9万平方米）为中心，周围环绕着13处小型聚落，其中多数亦在涑水河北岸，南岸只有4处。西面一组范围较大，包括涑水河上游的下段和北面的一条河谷，共有聚落25处，较密集地呈带状分布在涑水河的南岸和北面河谷的两岸；位居北面的湖村3号应是该组的统辖中心（29.2万平方米），其他小型聚落皆在10万平方米以下。这三组的中心聚落分别与各自的小型聚落一起构成了两级组织（东组与中组还有可能合而为一，若此则为三级组织），而且都表现出良好的内部整合性，内部的凝聚力较前增强，规模扩大，有可能各自形成了独立的区域团体，具有与其他聚落群相似的社会组织意义。但另一方面，就整个聚落群而言，聚落的等级—规模曲线已非常接近对数常数线，且各组相互间连接紧密，此时有可能已融合成了整合程度较高的统一的团体，而周家庄应是其主要统治中心，其下还有湖村、东吴壁等几处次级中心（图二九九、三〇〇）。此外，

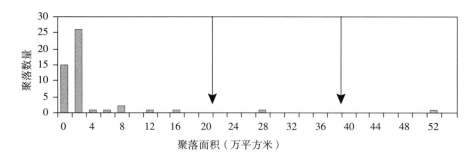

图二九九　庙底沟二期涑水河上游群聚落等级划分

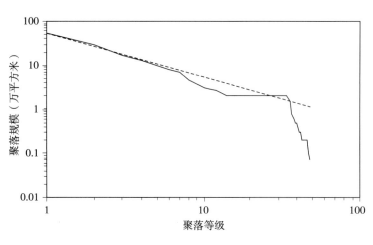

图三〇〇　庙底沟二期涑水河上游群聚落
等级—规模分布曲线

该聚落群与相邻的沙渠河和鸣条岗北部群亦呈紧密连接之势，从中我们可以看到一种大范围的区域联合似在形成之中。

综上所述，小结如下：（1）庙底沟二期运城盆地东部的聚落数量继续大幅度增长，但这种增长主要见于北部的沙渠河流域和涑水河上游，这里的聚落沿河流两岸密集排列、分布，呈现空前繁荣的局面。（2）各群、组内聚落的分布一改前期松散的局面，变得集中而紧

凑，显示社会群体内的凝聚力在增强；那些具有独立社会组织意义的聚落群、组表现为两级或三级结构，而且大都呈现高度整合的形态。（3）涑水河上游群各组之间以及该群同沙渠河流域和鸣条岗北部群之间在空间上呈紧凑而密切的关系，于分立中显露出趋于融合之势。分立与融合，这两种看似矛盾的现象实则蕴含着对立与统一的真实的历史进程，而这一社会发展的运动结果将在下一阶段明显地体现出来。

五　龙山时期

晋南运城地区龙山时代的考古学文化过去被普遍认为与豫西的"三里桥类型"属同一文化范畴，夏县东下冯遗址所揭露出的龙山时期遗存也体现了这样的特征[①]。但近年我们在运城北部绛县周家庄遗址发掘所揭露出的龙山时期遗存却与临汾盆地的"陶寺类型"更加接近[②]。由此我们初步推断，在运城盆地内大概以鸣条岗为界，鸣条岗以北涑水河中上游龙山时代的文化遗存可划归陶寺类型；而鸣条岗以南的青龙河流域以及涑水河下游所在的运城盆地西、南部地区则属三里桥类型。当然，这种判断需在将来接受更多实际工作的检验。需要说明的是，这两个文化类型皆是在接续当地庙底沟二期文化的基础上，同时受到周边龙山时代其他考古学文化的强烈影响发展起来的，彼此既有差异，也存在着很强的共性，我们曾提出可以通称为"陶寺·三里桥文化"[③]。这两种文化属性相近的类型同在运城盆地东（北）部比邻共存，密切接触，这为探讨考古学文化与族属和区域政体的关系提供了宝贵的资料。此外，另有人认为，陶寺类型与三里桥类型应以中条山为界，中条山以北运城盆地龙山时期的文化面貌皆同于临汾盆地的陶寺类型，中条山南麓龙山时期遗存为三里桥类型（见本书第五章第五节）。总之，该问题还有待更多的考古工作给予澄清。

龙山时期运城盆地东部的聚落形态发生了一些根本性的变化。一方面此前聚落数量持续增长的趋势此时发生了逆转，由前期的117处猛降到了84处；另一方面聚落的总面积却一改此前下降的趋势，骤增到了1000余万平方米（见表一六）。这两种反差强烈的变化，主要反映在两个方面，一是聚落的空间分布打破了以往较为均衡的形势，明显地朝向涑水河上游所在的盆地东北部集中和收缩；二是出现了数百万平方米的超大型聚落，并有多处数十万平方米的大型聚落，聚落的大小分化十分显著（见彩版一一三）。而所有这些变化都应与社会结构的深刻变革直接相关。

青龙河流域的聚落依然像以往一样明显地集中分布在几个地点，但总的形势却有了很大的改观。青龙河下游虽仍可分为三个小组，但皆为小型聚落，缺乏较大的控制中心；青龙河上游可分两组，南面一组亦无大的中心地点，而北面一组则有这一带最大的聚落东下冯—埝掌6号，面积达46.5万平方米。由此我们认为，此时青龙河下游群已失去独立的社会组织意义，而与青龙河上

① 东下冯考古队：《山西夏县东下冯龙山文化遗址》，《考古学报》1983年1期；田建文：《东下冯龙山晚期遗存分析及意义》，《三晋考古》（二），山西人民出版社，1996年。

② 中国国家博物馆田野考古部发掘资料，待刊。

③ 戴向明：《黄河流域新石器时代文化格局之演变》，《考古学报》1998年4期。

游合并为一个整体，形成一个具有两级聚落层次的、统一的区域组织。这个团体由 5 个相互分离的聚落组构成，每组包含 3 ~ 6 处聚落，共有 23 处，而位于北面的东下冯—埝掌即为它们共同的统辖中心（彩版一一三）。

涑水河流域自前期开始的区域融合之势此时终于导致了社会群体关系的重新组构。一个明显的变化是，该流域的聚落不仅继续向北面的上游偏移集中，而且尤为显著的是位于中游地带的原鸣条岗南部聚落群已经消失，这里原有的聚落几乎踪迹全无。相反，鸣条岗北部、沙渠河流域和涑水河上游的聚落更加紧密地联系在一起，在交界处彼此已无明显的分隔，原先的小群体正在被大的集群所取代。鸣条岗北部聚落共有 7 处，依然较连贯地分布在涑水河东南岸的高台地上，其中最大者沙流 6 号为 48.1 万平方米，但与其相邻的水南 3 号和下邱也在 40 万平方米左右，这里集中了几处大型的聚落，不像是存在有主有从的独立组织。沙渠河流域的聚落此期剧减到了 15 处，仍以下游分布比较集中，但最大聚落为位于上游高岗之上的南白石 3 号（20.7 万平方米），其次为略小的店头堡 7 号（17 万平方米），各自可能为等级或功能有别的地方管理中心（见彩版一一三）。

涑水河上游聚落仍可像此前一样分为三组，数量比前期有所减少，共有 38 处聚落。东面一组有 10 处，以西吴壁 2 号（27.2 万平方米）为中心，分布比较密集（仍主要在涑水河北岸）；西面一组数量虽然有所减少（17 处），但分布更显集中，在河流两岸皆呈连贯之势，最大聚落仍为湖村（4 号，58.4 万平方米）；中间一组有 11 处聚落，最突出的变化是中心地点周家庄 11 号骤增到了 450 万平方米（较粗略的计算为 495 万平方米），成为调查区域内唯一一处超大型聚落（见彩版一一三）。

通过近几年的考古钻探和发掘，我们已经在周家庄发现一些重要的大型遗迹的线索（目前该项工作仍在进行当中），结合其整体规模，可以初步确认这是一处高等级的大型中心聚落。周家庄这一特大中心聚落的出现，以及相应聚落形态的变化，反映龙山时期运城盆地东部的社会格局发生了重大转变。周家庄显然已不再仅仅是一个小的群体中心，而应是凌驾于若干小团体之上、掌控着更广大地域的组织。从此时的聚落空间分布形态和各群、组的内部结构看，至少涑水河中上游包括沙渠河流域的聚落已被整合为一个整体，鸣条岗北部、沙渠河流域同涑水河上游的三组聚落一样，各自皆为这个群体中性质相似的小团体，每个团体中最大的聚落都可能是当地的统辖中心，对本地社群进行着或紧或松的管理，而它们又共同受到周家庄统一的支配和控制。另外，据前文分析，青龙河流域的聚落此时可能也形成了统一的组织，但无论是从聚落的数量还是从其中心地点（东下冯—埝掌）的大小来看，该群体的规模都不足以同上述涑水河群体相抗衡；因此很有可能，以周家庄为首的涑水河群体在完成了内部的整合之后，又以压倒性优势向外拓展，将青龙河流域也纳入到了自己的统辖范围。从青龙河流域聚落的分布态势看，其分布重心同样向北偏移，中心聚落东下冯—埝掌也位于该群的北部，而且在该群北端与鸣条岗北端和沙渠河流域之间前所未有地出现了几处小型聚落（见彩版一一三），这些都使得该群与涑水河群体呈密切接触而非疏远对抗之势，这种情形无疑支持了上述的推断。若果真如此，则在整个运城盆地东部当形成了一个具有三级聚落组织、两层控制等级、高度整合的统一的区域政体（图三〇一、三〇二）。

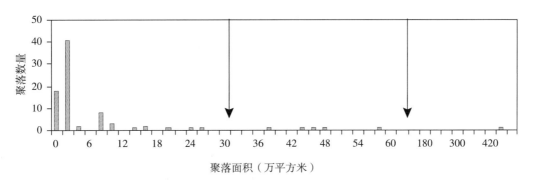

图三〇一 龙山时期聚落等级划分

我们可以看到，这个统一政体的最高控制中心周家庄并非位于群体的中心位置，而是偏于整个区域的最北端。周家庄高居在中条余脉紫金山南麓开阔平缓的坡地上，往北越过或绕过紫金山则进入了临汾盆地；那里不仅有著名的陶寺龙山城址（面积近300万平方米），而且在临近的曲沃、翼城一带还有像方城—南石（300万平方米左右）[①]和东许（200余万平方米）[②]等百万平方米以上的大型龙山时

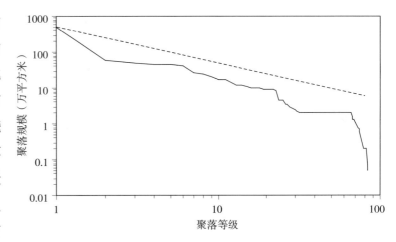

图三〇二 龙山时期聚落等级—规模分布曲线

期遗址。周家庄与这些大型聚落的关系需在更多资料基础上做进一步研究。假如它们是一种并峙的关系，那么周家庄向北扩张的可能性并不大，而是主要统辖其以南的区域。该区域之所以在这里形成了最大的中心聚落，大概主要有两方面的原因：一是这里地势开阔平缓，聚落有充足的发展空间，周围有足够的土地资源可供利用，且水源丰富（遗址内有泉水，南面不远处则为涑水河），其北面又有高耸的紫金山为屏障，自然条件优越；二是周家庄所在的涑水河上游一带自仰韶中期以来一直是运城盆地东部规模最大、势力最强的一处群落，而周家庄又居于该群落的中心位置，由此前的组、群的中心发展为此时的大区域中心也就势所必然了。

综上所述，可以对该时期的聚落形态和社会结构做出如下总结：（1）龙山时期运城盆地东部的聚落形态发生了重要的变化。一方面，聚落的数量开始大幅减少，鸣条岗南部聚落群消失，聚落与社会发展的重心继续向北偏移；另一方面，涑水河中上游的聚落则分布密集、连接紧密，大

① 中国社会科学院考古研究所山西工作队等：《山西曲沃县方城遗址发掘简报》，《考古》1988年4期；山西省考古研究所：《山西翼城南石遗址调查、试掘报告》，《三晋考古》（二），山西人民出版社，1996年。
② 山西省考古研究所等：《山西曲沃东许遗址调查、发掘报告》，《三晋考古》（二），山西人民出版社，1996年。

型聚落增加，并于上游北岸开阔平缓的坡地上出现了超大型聚落（周家庄 11 号），这种"核心化"过程导致了社会整体规模的极大扩展。（2）聚落组、群间的关系重新组构，社会群体间的关系形成了新的格局。从表面上看，此时分别在涑水河中上游（包括沙渠河）和青龙河流域形成了两个大的聚落群。青龙河流域原有的各群、组已失去了独立的社会组织意义，而应统一在东下冯—埝掌 6 号的直接控制之下；涑水河中上游则在原有格局的基础上仍可划出 5 个聚落组，它们各有自己的管理中心，但都受到最高中心周家庄的统辖控制，从而整合成了一个更广泛的、具有三级组织结构的区域政体。这个政体还很有可能囊括了规模较小的青龙河群体，使其成为次一级的社群组织，如此则形成了一个覆盖整个运城盆地东部的统一的团体。（3）这样一种社会组织至少应具备了复杂酋邦的性质。至于是否有可能已显露出早期国家的雏形、其社会形态究竟如何，有待将来更多工作加以确认。

六　二里头时期

　　运城盆地二里头时期的文化遗存主要是通过夏县东下冯遗址的发掘而被认识的[1]。这种遗存并非本地龙山文化的自然延续，而是在吸收后者一些因素的基础上，主要是在河南二里头文化的影响下形成的，一般称之为二里头文化的"东下冯类型"。结合有关的文献记载，学术界由此多认为晋南地区属于夏王朝的统辖范围。

　　二里头时期本地区聚落呈骤然衰落之势，聚落的数量只有 68 处，聚落总面积锐减到了 228 万平方米（见表一六）。聚落的空间分布虽保持了与前期相似的大模样，但再无往日繁盛的局面，大型聚落锐减，超大型聚落消失，普通聚落继续向小型化发展（大部分在 5 万平方米以下）。所有这一切尤以涑水河流域表现最为强烈（彩版一一四）。整个区域的聚落按大小虽仍可分为三级（图三〇三），但显然此前那种高度整合与统一的局面已经丧失（图三〇四），这里已不太可能存在势力强大的独立的政体。

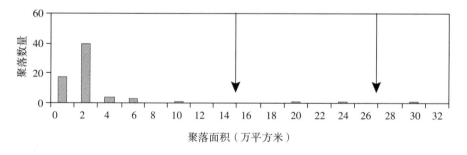

图三〇三　二里头时期聚落等级划分

　　青龙河流域共有聚落 20 处，其中下游的聚落继续减少；空间分布形态同以往相似，大型聚落的规模衰减，组群的划分也不再有实际的意义，整个流域应统属于一个大的群体。这里最大的聚

---

① 　中国社会科学院考古研究所等：《夏县东下冯》，文物出版社，1988 年。

落仍为位于北部的东下冯—埝掌
（7 号，25 万平方米），它或许仍
是整个群落统一的控制中心，与
一般小聚落一起构成了两级聚落
组织（图三〇五、三〇六）。

　　东下冯—埝掌即东下冯遗
址，据发掘报告①，这里的二里
头期遗存共分四期，其中以第Ⅲ
期遗存最为丰富。在遗址近中部
发现一"回"字形双重沟槽，按
沟槽的外围测算，其面积也不足
3 万平方米，因此该期聚落在沟
槽之外还应有一个很大的分布
面。在沟槽的两侧，特别是内沟
槽两侧的沟壁上，以及在沟槽内
西部近角落处一个大土坑的坑壁
上，发现有许多窑洞式房子和储
藏室；房子面积多数在 5 平方米
左右，大者也不过 9 ~ 13 平方
米，内部设施简陋，显然都是普
通家庭使用的小型房子。各期所
见墓葬也都是普通人的小墓，分
布不很集中、排列也不甚规整；
另外还有些肢骨散乱不全、甚至
同动物合葬的乱葬坑（其中很多
利用了废弃的窑洞）。因发掘面
积有限，且主要集中在遗址的边
缘，故未见揭露出较高规格的房
子和墓葬，有关聚落内部的结构

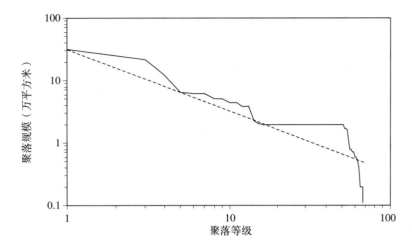

图三〇四　二里头时期聚落等级—规模分布曲线

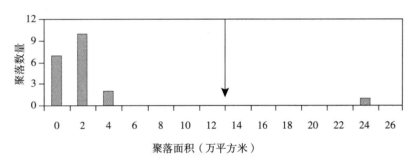

图三〇五　二里头时期青龙河流域群聚落等级划分

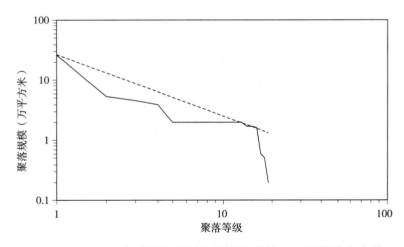

图三〇六　二里头时期青龙河流域群聚落等级—规模分布曲线

也不甚清楚。从现有的迹象和遗址的规模看，不排除在聚落的其他地点（如中心部位）存在高等
级建筑或设施的可能性。

———————————

① 　中国社会科学院考古研究所等：《夏县东下冯》，文物出版社，1988 年。

沙渠河流域此时再次形成相对分离的状态。这里共有聚落 18 处，值得注意的是，原本分布密集的下游两岸此期几乎不见任何聚落，所有聚落都收缩到了中上游地带；其中以往一直鲜有聚落分布的较开阔的中游谷地，此时却在其北岸的高岗阶地上密集地排列起一串小聚落，使这里成为一处新开发的领地。不过，具有悠久历史的店头堡这时再次成为本地的中心地点，但也只有 11.9 万平方米（店头堡 9 号），其下为一群小聚落。

涑水河中上游此时更是一片衰变的局面。鸣条岗南部基本上仍是空白，北部的聚落也所剩无几，难以单独构成一个组群。涑水河上游原有的三组似仍可分开。东组有此期本地区最大的聚落西吴壁 3 号，面积为 31.5 万平方米；中组的周家庄则由此前的超大聚落衰减为一个普通的较大型聚落（12 号，21.4 万平方米）；两者周围都有若干小型聚落围绕。西面一组变化很大，这里的聚落不但稀少分散，而且没有能够确认较大的中心聚落；以前一直作为本地大型聚落的湖村到此期只有 5 万平方米，已衰变为一个普通的聚落。因此，总的看，此期涑水河中上游的 30 处聚落（主要聚集在上游）可能仍属于一个统一的大群体，以西吴壁为主要统辖中心，其下还当存在着周家庄这样的次级管理中心，对本地区实行着较为松散的统治。很有可能，沙渠河流域群因规模较小，仍然属于这个大群体中的次一级组织（见彩版一一四）。

综观此期聚落的总体形态，可以得出如下认识：（1）二里头时期运城盆地东部聚落的数量与社会群体的总规模急剧衰减，聚落的空间分布与社会结构呈现较为松散的状态。（2）随着能够掌控全体的超大型聚落的消失，本地区的社群当分化为两个大的群体，即青龙河流域群和涑水河中上游群（沙渠河流域可能作为一个亚群附属于后者）；这两个群体有可能是各自分立的两个地方组织，各有一个主要的控制中心。但因两者连接较为紧密，也不排除它们仍统属于一个团体的可能。无论如何，一个较大的可能性是它们都不属于独立的政治实体，而应从属于更高的统治中心，即如通常所说，本地区已被整合进了以豫西二里头为代表的夏王朝的国家系统之中。（3）本地区聚落的数量、大小及其反映的社会群体规模，以及中心聚落的规模，都无法同豫西伊洛河流域二里头文化中心区相比，因此也就很难说这里会存在能与二里头核心区相峙抗衡的独立政体，从而也就有利于支持晋南地区属于夏王朝统辖范围的认识。

七　二里岗时期

二里岗时期晋南地区的文化面貌再次发生了重要的变化。通过东下冯等遗址的发掘[①]，我们看到此时本地的文化（东下冯第Ⅴ、Ⅵ期遗存）亦非前期东下冯类型的自然延续，而是表现出较典型的中原二里岗文化的特征。因此，通过二里岗文化对二里头文化（包括东下冯类型）的取代，很多学者都认为商灭夏后，晋南亦成为早期商王朝所统治的区域。

二里岗时期运城盆地东部的聚落一方面持续衰减，另一方面聚落间的组合又出现了新的形

---

① 　中国社会科学院考古研究所等：《夏县东下冯》，文物出版社，1988 年。

态。此期聚落数量减少到了只有 47 处，总面积仅有 130 余万平方米（见表一六）。这些聚落已不像前期那样分散，而是再次集中分布，在空间上构成了 5 个群落；各群内的聚落靠拢得较紧密，而群落间则彼此分隔、界线清楚。这些变化仍以涑水河中上游和沙渠河流域表现最突出（彩版一一五）。

青龙河流域的聚落总体上看有自己的特点。这里不仅维持了以往较稳定的发展状态，而且数量上还略有增加，由此前的 20 处增长到了 24 处。青龙河上游有 15 处聚落，空间上分为较为集中的 3 组，但只有位于中部的东下冯—埝掌（即东下冯遗址）为大型中心聚落（面积达 44.4 万平方米），其他皆在 7 万平方米以下；青龙河下游有 9 处聚落，空间上较为分散，且仍无大型聚落，最大的吕儒（8 号）还不足 4 万平方米。因此，同前期一样，青龙河下游难以构成一个独立的群体，它应仍同上游一起统属于一个区域组织；该团体包括两级聚落结构，而东下冯—埝掌仍是最高控制中心。

从发掘资料看，东下冯二里岗期遗存最主要的发现是一座城址[1]。由于工作上的局限，城址整体范围和结构不清，但已探明南城墙直线长度约为 370 米，结合这里的地貌特征，推测该城址的总面积不会超过 20 万平方米，那么在城址之外该聚落还有一个很大的分布面。在城内西南角做了较大面积的发掘，揭露出一批圆形建筑基址，纵横排列有序，总数大概有 40 至 50 座之多。这些圆形基址直径在 8.5～9.5 米之间，高出当时地面 30～50 厘米；每座基址的中心都有一个圆形埋柱坑，中央有一个较大的柱子洞，然后以此为中心在房内构建"十"字形埋柱沟槽；每个基址的周边还有一圈较密集的小柱洞。对于这种特殊的建筑，目前尚无确凿的证据说明其功用，但有人推测这些建筑是用来储存盐的盐仓，而东下冯则是获取和运输附近铜、盐资源的一个重要据点[2]。

涑水河中上游（包括沙渠河）聚落的空间分布与社会组织结构此时发生了很大的转变。鸣条岗南部仍无可确认的聚落。鸣条岗北部只有 3 处小型聚落，较小范围地分布在涑水河北岸。沙渠河流域的聚落骤减到了 5 处，较稀疏地分布在中上游。涑水河上游聚落也大幅度减少，只有 15 处，空间分布呈现向上游主干道两岸集中、靠拢、收缩之势（见彩版一一五）。这三处群落中的所有聚落都在 7 万平方米以下，多数只有数千或一两万平方米，不见一处大型中心聚落，群落内亦无分组之必要。因此，在这三群之内即便存在一定形式的地域组织，从其规模和结构看，也难以构成独立的政治实体，而很可能都从属于以东下冯—埝掌为控制中心的区域政体。若此，则此期在运城盆地东部再次形成了统一的区域组织。

综上所述，小结如下：（1）二里岗期运城盆地东部的聚落数量和社会群体规模持续衰减，而这主要体现在涑水河中上游，青龙河流域则保持了较稳定的发展势头；也可以说，此期青龙河流域取代了涑水河中上游而成为本地区的主导力量。（2）聚落的空间分布由此前松散的局面转为较

---

[1]　中国社会科学院考古研究所等：《夏县东下冯》，文物出版社，1988 年。

[2]　刘莉、陈星灿：《城：夏商时期对自然资源的控制问题》，《东南文化》2000 年 3 期。

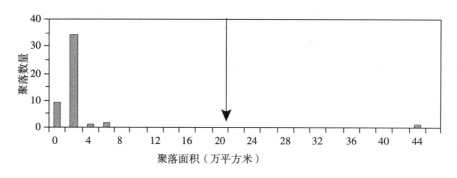

图三〇七　二里岗时期聚落等级划分

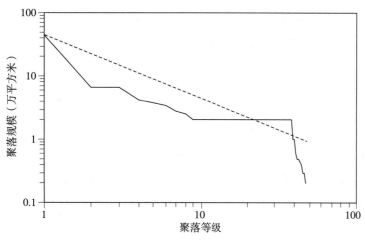

图三〇八　二里岗时期聚落等级—规模分布曲线

集中而紧凑，分布的范围进一步收缩，形成了5处大小规模不等的群落；其中青龙河上游群居于其他各群环绕的中间位置，不仅聚落数量相对较多，而且该群中的东下冯—埝掌为此期唯一一处大型中心聚落，其他各群皆为普通小聚落，似都处于从属地位，由此形成了主从分明的群落结构。这样，该地区就很可能形成了一个以东下冯—埝掌为统辖中心、具有二层聚落等级、高度整合的统一的区域团体（图三〇七、三〇八）。

（3）与豫中郑洛地区二里岗文化的核心区相比，该团体规模较小、层级较少、结构较简单，而文化面貌又与二里岗文化很接近，因此我们支持本地区为早期商王朝所控制支配的看法。

八　总结与讨论

上面已就运城盆地东部各时期聚落形态的多种特征进行了概要的分析，下面将围绕几个主要方面、特别针对一些总的特点和总的变化趋势做进一步的总结和讨论。

如前文所述，各时期聚落的空间分布尽管存在一些变化，但仍有共同的分布规律可循，并保持了一定的连贯性。总的看，各期聚落的分布皆受地理环境因素、地形特征和社会组织结构的制约，表现出有分有合、聚集成群（组）的特点。整个运城盆地呈东北高、西南低的狭长形状，盆地的东（北）部以鸣条岗为间隔分为北部的涑水河流域和南部的青龙河流域两部分，各期的遗址主要分布在这两条河流及其支流两岸的阶地和山坡岗地上，而远离河谷两边的高岗山岭之上则几乎不见遗址分布。如中原各地古代遗址分布的通常规律，在运城盆地东部，遗址的选择也主要是在地势较为高亢而又临近水源的地方，并且很多遗址常常包含有多个时期的聚落，重复利用率高，延续时间长，说明自然条件较为优越的地方始终是聚落发展的首选之地。根据以往考古调查的结果和本次调查的经验，运城盆地中部的盐湖区和临猗县境内，地势低平，遗址稀少；只有到了盆地西南部即涑水河下游的永济县境内，遗址才重又变得密集而集中。也就是说，运城到临猗一带的盆地中部恰好是分隔东（北）、西（南）两片遗址群的缓冲区，这种分布态势为我们以运城市区至临猗县城为界、将其以东（北）的盆地东部作为一个相对独立的调查和研究区域提供了客观的基础和可行的条件。

　　受微地貌特征和小区域环境的影响，以及基于各种关系的社会组织和社会复杂化程度的制约，自仰韶早期开始这里的聚落就表现出聚集成群而又形态不同的特点。从仰韶中期开始，在运城盆地东部就形成了六个大的聚落群，它们分别是青龙河下游群、青龙河上游群、沙渠河流域群、涑水河上游群、鸣条岗北部群和鸣条岗南部群；这六群中的大部分在多数时段里保持了较稳定的状态，各时期虽多有变化，但始终是以这六群为基础进行重组或整合的。这种局面的形成首先有其自然的条件。如青龙河上、下游的两个群落之间始终有一片很大的空白地带，概因这里有数条源自中条山内较大的溪水，如白沙河、寺河、通南河等，在古代多雨的季节，这里的山水汹涌而出，与暴涨的青龙河汇合，很容易造成这一带的洪水泛滥，从而威胁人类的居住与生存；也正因为此，北魏以后才在白沙河的南侧修筑了一条堤坝（即后来的姚暹渠），以拦截、疏导这里的水流，环护盐池（见彩版六）。又如青龙河上游群与其北面的沙渠河流域群之间亦有较明显的间隔，这一带地势较平坦，谷地宽阔，正处于沙渠河中游地段，在雨量充沛的时期有很大一片沼泽湿地，从而形成了两个群落之间的自然分割带。比较而言，涑水河流域的遗址相对较连贯，但群落之间也存在较明显的地理分隔点（带）。其一就是沙渠河与涑水河的交汇处，那里河谷狭窄，大部分时段里遗址之间有较大的间隙，成为涑水河上游群与沙渠河流域群、鸣条岗北部群的自然分界。另外在鸣条岗中部北侧水头镇一带，谷地渐趋开阔，地势低平，多数时期里少有遗址分布，由此将鸣条岗南部群与北部群相分隔。总之，这些特定的山川形势为各聚落群的形成与划分奠定了自然地理基础。

　　另外，聚落的空间分布和聚落群组的变化还受到社会因素的强烈制约。自仰韶早期到仰韶晚期，各聚落群（组）当为各自独立的社会群体，各群体内聚落的数量逐渐增多，空间分布逐渐扩展，但始终限制在一定的范围之内；至庙底沟二期，除保持这种相对独立的态势以外，位于北部的涑水河上游群、鸣条岗北部群和沙渠河流域群聚落数量骤增，且相互连接紧密，表现出区域融合之势；而到龙山时期以后，随着社会复杂化程度的加深，聚落的空间分布和群落之间的关系则几乎突破了地理环境的制约，受到社会组织结构变化的巨大影响，突出表现就是鸣条岗南部群消失，聚落向以涑水河上游为重心的北部密集聚拢，那里原有的几个群落连为一体，从而形成了规模更大的区域组织；直到二里岗时期，伴随社会形态的变化和聚落数量的减少，聚落分布才又重新回落到各小群明显分隔、但主从有别的局面。此外，各时期一些聚落群内不同聚落组的形成应主要受社群组织的影响，并且从早至晚许多聚落组保持了较强的稳定性和连贯性，其中尤以青龙河流域和涑水河上游表现最为明显，这两个区域往往以聚落数量多、群体规模大、拥有同期大型中心聚落而在本地区聚落与社会的发展中占据着主导地位。

纵观各期聚落数量的增减、群体规模与相互关系的变化、聚落群内部的等级结构和群体内外的整合情况，以及各种中心聚落在不同群体中所处的地位和所起的作用（见表一六），我们可以寻出本地区社会形态变化或复杂化发展的清晰线索。仰韶早期，聚落数量少，群体规模小，聚落间多无明显等级差别，当处于相对平等的、简单的氏族部落社会阶段，但以牯垛为中心的青龙河上游群似已显露出复杂社会的端倪。到仰韶中期，本地区聚落的发展进入了繁荣期，聚落数量迅猛增长，六大聚落群已粗具规模，而且每个聚落群都至少有一处大型或相对较大的中心聚落；各群体虽然聚落数量与总规模存在一定差异，中心聚落的大小差别较大，但相互间应为并峙共存的关系，尚没有形成凌驾于多个群落之上的更高级的区域组织；每个聚落群内都可分为2、3个聚落组，多数应是关系密切但没有独立社会组织意义的小群体（但在涑水河上游、沙渠河流域的聚落组可能具有独立性）；各聚落群（组）都包含有二或三层聚落等级（一或二层控制等级），中心聚落的控制力有强有弱，群体内部的整合程度高低有别，反映各群（组）的社会组织形态可能并非高度统一，但应都处于社会复杂化发展的早期阶段，类似酋邦那样的区域政体已经形成。这种状态一直发展延续到庙底沟二期。这期间聚落数量持续增长，但大型聚落减少，社会总规模似有所下降；经过仰韶晚期较为松散的状态，到庙底沟二期各群体内部的凝聚力显著增强，社会整合性普遍提高。庙底沟二期各群落之间的关系开始出现一些变化，虽然伴随着聚落数量的增长，涑水河上游原有的聚落组显示出较强的独立态势，但它们同时又呈现出密切接触与融合统一的状态，而且涑水河上游群同相邻的沙渠河流域和鸣条岗北部群也紧密相连，大规模的区域融合似在酝酿与形成之中（我们还可以看到鸣条岗南部群似已融入青龙河下游群里面）。这种大规模的社会变革到龙山时期出现了质的变化，聚落格局和社会结构重新组合。此前聚落数量持续增长的势头开始发生逆转，鸣条岗南部聚落群消失，原来较为均衡的聚落分布态势被打破，北部的涑水河上游、沙渠河和鸣条岗北部群连为一体，聚落呈集群之势密集分布。尤其突出的是，位居涑水河上游中间部位的周家庄此时成长为本地区唯一一处特大型中心聚落，加之其他一些大型聚落的增多和规模的扩大，本期社会群体的总规模得到了迅猛增加；周家庄以其绝对的优势不仅将涑水河上中游（包括支流沙渠河）的几个群落整合为一个团体，而且很可能也将青龙河流域囊括其中，从而在整个运城盆地东部形成了一个大型的区域政体。这个群体至少包含三层聚落等级，在周家庄之下的各群（组）中还存在一些次级的统辖中心，但都应受到周家庄直接而有效的控制，这样一种等级结构的、高度整合的大型区域政体至少应具备了复杂酋邦的性质；至于其是否已有早期国家的特征，还需要大量的发掘资料加以论证。从二里头到二里岗时期，随着中原地区早期国家的兴起，晋南地区很可能先后被融合进了夏及早商王朝的统辖范围，这两个时期聚落的发展呈现衰落之势，聚落数量和总规模急剧降低，并且大型聚落减少，超大型聚落消失，社会结构发生了新的变化。二里头时期运城盆地东部聚落可分为涑水河中上游群和青龙河流域群两个大的群体，但结构较为松散。二里岗时期本地区聚落的分布重又变得集中而紧凑，以早期的群落为基础形成了5

个界线明显的聚落群，其中青龙河上游群处于各群环绕的中心且拥有本期唯一一处大型中心聚落（东下冯—埝掌），以其为核心的主从分明的群落结构显示，此时本地区再次整合为一个统一的区域团体，但这个团体并非独立的政体，而应受到中央王朝有效的控制。

龙山时期本地区的聚落形态与社会结构是本课题关注的一个焦点。此前我们知道在晋南北部的临汾盆地存在着一处特大型龙山城址陶寺，该城址庞大的体量、高等级的贵族大墓和大型建筑基址等给人印象深刻，成为大中原地区探索早期国家文明起源过程中少有的直接关注对象。但对于陶寺城址兴起的背景、其周边地区的聚落形态以及它所代表的集团的社会组织结构等状况，目前还缺乏系统的了解和认识。而与陶寺相邻的运城盆地的情况更是知之甚少。通过本课题的实施，我们初步认识到在运城盆地东部很可能也存在一处与陶寺相似的超大型聚落和一个较大规模的区域政体，并对这一群体形成的历史背景、聚落形态与社会结构等方面有了初步的了解。这些都为进一步探讨晋南乃至中原地区早期国家兴起的途径、社会形态和文明化进程提供了丰富的资料。

此外，运城地区盐池的盐业资源和中条山铜矿资源的早期开发、利用和控制，也一直是我们关注的问题。对于前者，目前尚未得到直接的证据；对于后者，我们已经获得了一些重要的线索。在田野调查中我们在闻喜余家岭及绛县西吴壁、柿树林等遗址分别发现了属于龙山、二里头和二里岗时期的铜渣（见彩版二三、二六、二七、六六、六七），2004 年在绛县周家庄的试掘中还出土了龙山时期的铜渣。这些铜渣性状相近、含铜量很高，经初步分析应属于炼铜所余残渣[1]。这些遗址皆位于中条山（西）北侧边缘，距已知晚期的铜矿产地相距甚近，由此我们推断，这些遗址所炼之铜矿石可能就近来源于本地的中条山，在中条山内很可能存在着龙山和夏商时期的早期采矿（或许还有冶铜）遗址。迄今包括晋南在内的中原地区所见龙山铜器皆属简单的小件铜器，直到夏商时期才见礼乐器等国之重器；尤其是在运城地区，垣曲商城、夏县东下冯商城所见青铜礼器都已到了早商时期[2]。因此，中条山内是否存在龙山和夏商时期开采冶炼青铜的遗址，在运城地区龙山期遗址中是否存在铜器和何种铜器，铜矿与铜器何时成为一种重要的战略资源，这种资源的开发与利用、运输与控制等同本地区社会发展的关系，这些都是现在和未来工作当中我们所要关注的重点问题。

通过本课题的实施，我们取得了如下一些主要收获：（1）经过三年六个季度的田野工作，我们在运城盆地东部进行了全覆盖式区域系统调查，这种调查在晋南地区尚属首次，由此对本地新石器到早商时期遗址的分布和宏观聚落形态有了全面系统的认识和了解。（2）根据本地区的地形特征和遗址分布的规律，我们摸索出了一套实际有效的拉网式调查方法，而且将 GPS 定位技术与GIS 软件结合使用，大大提高了调查的效率、记录的准确性，并方便于资料的管理和分析。这一

---

① 北京科技大学冶金与材料史研究所李延祥教授面告。

② 中国历史博物馆考古部等：《垣曲商城——1985～1986 年度勘查报告》，科学出版社，1996 年；中国社会科学院考古研究所等：《夏县东下冯》，文物出版社，1988 年。

套方法对于其他地区类似的工作当有借鉴或参考作用。（3）经过系统的分析，我们对本地区各时期聚落形态和社会结构的特点、聚落形态的历时性变化及其反映的社会复杂化发展的过程，都有较全面的了解，对晋南地区文明化进程中一些关键问题取得了初步的认识（并印证了我们在以前的一些相关研究中得出的结论）：其一，仰韶中期是本地区复杂社会的开端，这在整个晋南豫西地区当具有普遍意义；其二，从仰韶中期到庙底沟二期，尽管聚落形态经过了一些波动，但各社会群体的规模与性质没有发生根本的变化，当基本维持了小型酋邦的形态；其三，龙山时期运城盆地东部首次整合为一个大型的区域政体，社会形态当较前有了质的变化，至少具备了复杂酋邦的性质；其四，从二里头到二里岗期，聚落的数量与规模都呈急剧衰落之势，本地的社会结构亦趋于简单，即便仍存在统一的区域性组织，其群体规模与实力都无法同二里头、二里岗等代表的夏、商核心区相抗衡，由此可推断其独立性当已丧失，从而支持运城地区先后融入了中原夏、商王朝的国家系统之中的认识；其五，上述诸认识与我们根据垣曲盆地聚落考古所得出的结论大致相符①，可证整个晋南地区的社会发展进程基本同步，但垣曲盆地内的群落大体只相当于运城盆地中一个规模较大的聚落群，后者所反映的不同群体之间的关系、大规模的社会运动与变化，是前者所无法相比的；其六，龙山时期周家庄这种超大型中心聚落的出现，反映了因社会变化而导致的"核心化"过程，这为我们进一步探索早期国家文明的形成和社会复杂化的发展提供了新的线索。

---

① 戴向明：《陶器生产、聚落形态与社会变迁——新石器至早期青铜时代的垣曲盆地》，文物出版社，2010年。

附表　运城盆地遗址登记表

序号	遗址名称	地理位置	地形特征	遗址面积（万平方米）	仰韶早期	仰韶中期	仰韶晚期	庙底沟二期	龙山时期	二里头时期	二里岗时期
1	龙家坡	绛县城关镇龙家坡村西	涑水河北岸台地	0.1			0.1				
2	申家坡I	绛县中杨乡申家坡村东北	涑水河北岸台地	1			1				
3	申家坡II	绛县中杨乡申家坡村南	涑水河北岸台地	3.2					1号<5	2号0.4	3号<5
4	峪南	绛县中杨乡峪南村东、西、南	涑水河北岸台地	144.9		1号133		2号0.3，3号<5，4号<5，5号<5	6号<5，7号10.5	8号<5	9号<5
5	北杨	绛县中杨乡北杨村北	涑水河北岸台地	17.3		1号15.3		2号1.7	3号<5	4号4.4	
6	西沟	绛县城关镇新桥西村西南	涑水河北岸台地	3.8		1号1.6	2号0.4	3号0.8	4号1.5	5号<5	
7	沟西I	绛县城关乡沟西村东	涑水河北岸台地	13.4			1号10.8	2号3.8	3号<5	4号6.2	
8	沟西II	绛县城关乡沟西村南600米	涑水河北岸台地	<5				<5			
9	柿树林	绛县城关乡柿树林	涑水河北岸台地	<5					1号<5	2号<5	3号<5
10	东吴壁	绛县城关乡东吴壁村西南	涑水河北岸台地	25.3			2号11.8	3号12.9	4号9	5号5.5	6号<5
11	西吴壁	绛县中杨乡西吴壁村南	涑水河北岸台地	39.7		1号24.3			2号27.2	3号31.5	4号2.8
12	孔家庄	绛县中杨乡孔家庄东南	涑水河北岸台地	2		2					
13	西荆	绛县勃村乡西荆村东、北	涑水河北岸台地	10.2		1号<5		2号<5	3号8.9	4号<5	
14	小张	绛县勃村乡小张村东北400米	涑水河北岸台地	0.5					1号<5	2号<5	3号0.3
15	西杨	绛县中杨乡西杨村西	涑水河北岸台地	3.9			3.9				
16	东仉	绛县勃村乡东仉村西150米	涑水河北岸台地	<5					<5		
17	周家庄	绛县横水镇周家庄、崔村周围	涑水河北岸台地	565.4		1号221.8，2号3.9，3号<5	4号28.6	5号52.9，6号0.07，7号<5，8号<5，9号<5，10号<5	11号495.4	12号21.4，13号<5，14号<5，15号<5	16号<5，17号<5

续附表

序号	遗址名称	地理位置	地形特征	遗址面积（万平方米）	仰韶早期	仰韶中期	仰韶晚期	庙底沟二期	龙山时期	二里头时期	二里岗时期
18	横水 I	绛县横水镇横水村北500米	涑水河北岸台地	<5					<5		
19	横水 II	绛县横水镇横水村北1000米	涑水河北岸台地	0.2					1号<5		2号<5
20	埂北	绛县横水镇埂北村东100米	涑水河北岸台地	0.4	1号<5			2号<5	3号<5		
21	贾家堡	绛县横水镇贾家堡村西南	涑水河北岸台地	24.4	1号<5			2号<5	3号17.4	4号0.8，5号<5	6号<5
22	下庄	绛县横水镇下庄南	涑水河北岸台地	<5						<5	
23	新庄	绛县横水镇新庄南	涑水河北岸台地	2.8						1号2.3	2号1
24	柳庄	绛县东山底乡柳庄西北	涑水河南岸台地	5.6			1号4	2号2.7			3号<5
25	东外	绛县东山底乡东外村东	中条山北麓、涑水河南岸台地	36.2		1号11.6	2号27.1	3号<5			
26	坡底	绛县横水镇坡底村西	涑水河北岸台地	3.9				1号3	2号1.3		
27	柳泉 I	绛县横水镇柳泉村西	涑水河北岸台地	48.7		1号43.7	2号42.8	3号16.5	4号<5		
28	柳泉 II	绛县横水镇柳泉村东北	涑水河北岸台地	<5						<5	
29	裴家堡	绛县城关镇裴家堡东250米	中条山北麓、涑水河南岸台地	11.2			11.2				
30	禾庄北堡	绛县冷口乡禾庄北堡西	涑水河南岸台地	15.2			1号12.9		2号<5		
31	禾西	绛县冷口乡禾西村西北、柳庄东南	涑水河南岸台地	34.6			1号23.7，2号<5	3号9.9	4号3.5		
32	东山底 I	绛县东山底乡东山底村东南450米	中条山北麓、涑水河南岸台地	0.3			1号<5	2号<5			
33	东山底 II	绛县东山底乡东山底村东北700米	中条山北麓、涑水河南岸台地	<5							<5
34	西山底 I	绛县东山底乡西山底村西700米	涑水河南岸台地	1.6					1号<5	2号0.6	3号<5

续附表

序号	遗址名称	地理位置	地形特征	遗址面积（万平方米）	仰韶早期	仰韶中期	仰韶晚期	庙底沟二期	龙山时期	二里头时期	二里岗时期
35	西山底Ⅱ	绛县东山底乡西山底村西南400米	涑水河南岸台地	1		1号0.4	2号0.03				
36	官庄	闻喜县东镇镇官庄南	古河道东岸台地	18.1			1号8.7	2号<5	3号14.5		
37	仓底	闻喜县东镇镇仓底村西	古河道东岸台地	47.5	1号0.6，2号6.9，3号14.5	4号15.1，5号0.09		6号4.7，7号<5，8号0.2	9号1.3，10号<5		11号<5
38	湖村	闻喜县礼元乡湖村北、东、南	古河道东岸台地	120.7		1号67.4	2号61.8	3号29.2	4号58.4	5号5，6号<5	
39	上社观	闻喜县礼元乡上社观村南	古河道东岸台地	7.2				1号7.2		2号<5	
40	魏家园	闻喜县礼元乡魏家园村北	古河道东岸台地	8.2				8.2			
41	王家园	闻喜县礼元乡王家园村北100米	古河道东岸台地	0.5				0.5			
42	裴柏	闻喜县礼元乡裴柏村北	古河道西岸台地	2.9				2.9			
43	文店Ⅰ	闻喜县礼元乡文店村南	古河道西岸台地	0.6				0.6			
44	文店Ⅱ	闻喜县礼元乡文店村西南	古河道西岸台地	2.4				2.4			
45	文店Ⅲ	闻喜县礼元乡文店村北350米	古河道西岸台地	<5				<5			
46	东姚	闻喜县东镇镇东姚村东250米	沙渠河北岸台地	<5				1号<5	2号<5		
47	北中庄	闻喜县东镇镇北中庄村东400米	峨嵋岭东侧	0.5			0.5				
48	下中庄Ⅰ	闻喜县东镇镇下中庄村西、南	涑水河西岸台地	30.6		1号24.3	2号24.3		3号<5		
49	下中庄Ⅱ	闻喜县东镇镇下中庄村东南	涑水河西岸台地	<5			<5				
50	新农村	闻喜县东镇镇新农村北350米	涑水河西岸台地	0.02			0.02				
51	张家村	闻喜县东镇镇张家庄北	涑水河西岸台地	3					3		
52	程家庄	闻喜县下阳乡程家村东	涑水河北岸台地	4.9			1号<5		2号4.7	3号<5	
53	冀鲁	闻喜县下阳乡冀鲁村西北	涑水河西岸台地	0.9		1号<5		2号0.2	3号0.7	4号<5	
54	丁店	闻喜县下阳乡丁店村南	涑水河北岸台地	7.4		1号7.3		2号<5			

续附表

序号	遗址名称	地理位置	地形特征	遗址面积（万平方米）	仰韶早期	仰韶中期	仰韶晚期	庙底沟二期	龙山时期	二里头时期	二里岗时期
55	仪张	闻喜县下阳乡仪张村东	涑水河西岸台地	<5						<5	
56	郭家庄	闻喜县郭家庄乡郭家庄西	涑水河西岸台地	16.2						1号6.6	2号6.7
57	郭店	闻喜县郭家庄乡郭店村南	涑水河西岸台地	<5						<5	
58	南宋	闻喜县西官庄乡南宋村东北	涑水河西岸台地	29.5					2号25.2		
59	韩家庄	闻喜县西官庄乡韩家庄东北	涑水河东岸台地	9.2		1号3.3		2号8.9	3号0.3		
60	李家房	闻喜县西官庄乡李家房村东	涑水河东岸台地	1.5		1号1.5		2号<5			
61	下邱	闻喜县西官庄乡下邱村东、南，邱村北	涑水河东岸台地	39.8					39.8		
62	上郭王	闻喜县西官庄乡上郭王村东	涑水河东岸台地	43		1号26.5	2号26.3	3号17	4号9.6		
63	鲁豫	闻喜县仁和乡鲁豫村东北	涑水河与沙渠河交汇处北土丘上	0.03				0.03			
64	吉家峪	闻喜县仁和乡吉家峪村西北	涑水河南岸台地	1.2			1号0.5	2号0.1	3号0.2		
65	柴家峪	闻喜县仁和乡柴家峪村南	涑水河南岸台地	0.6			1号<5	2号0.2	3号0.05		
66	东峪	闻喜县仁和乡东峪村北	涑水河南岸台地	1.5				1号<5	2号0.2		
67	西阳泉头 I	闻喜县仁和乡西阳泉头村南	涑水河南岸台地	1.6				1号0.2	2号<5		
68	西阳泉头 II	闻喜县仁和乡西阳泉头村东南500米	涑水河南岸台地	4.8			1号3	2号1.5	3号<5		
69	寺底	闻喜县仁和乡寺底村东	涑水河南岸台地	5.9			1号5.5	2号0.5	3号2.6		
70	刘古庄	闻喜县仁和乡西刘古庄西北	涑水河南岸台地	7.8			1号1.6，2号0.3				
71	蔡薛	闻喜县仁和乡蔡薛村东南	涑水河南岸台地	<5				<5			
72	岳家园 I	闻喜县仁和乡岳家园村东北	涑水河南岸台地	0.3			1号<5	2号0.3			
73	岳家园 II	闻喜县仁和乡岳家园村西南	涑水河南岸台地	2.3			2.3				

续附表

序号	遗址名称	地理位置	地形特征	遗址面积（万平方米）	仰韶早期	仰韶中期	仰韶晚期	庙底沟二期	龙山时期	二里头时期	二里冈时期
74	上峪口	闻喜县仁和乡上峪口村东	涑水河南岸台地	15.1			1号4	2号<5	3号9.8	4号1.1	
75	蔡庄 I	闻喜县西官庄乡蔡庄村西南650米	沙渠河南岸台地	<5					<5		
76	蔡庄 II	闻喜县西官庄乡蔡庄村西南350米	沙渠河南岸台地	0.5				0.5			
77	梨凹	闻喜县西官庄乡梨凹村北、东	沙渠河南岸台地	15.3				15.3			
78	冷泉	闻喜县河底乡冷泉村北200米	沙渠河北岸台地	<5				<5			
79	孙村 I	闻喜县河底乡孙村西北350米	沙渠河南岸台地	9.1				9.1			
80	孙村 II	闻喜县河底乡孙村西南250米	沙渠河南岸台地	10.5				1号10.5	2号<5		
81	孙村 III	闻喜县河底乡孙村西南450米	沙渠河南岸台地	2				2			
82	孙村 IV	闻喜县河底乡孙村南250米	沙渠河北岸台地	9.6			1号0.6	2号7.2	3号0.2		
83	孙村 V	闻喜县河底乡孙村东北250米	沙渠河北岸台地	8.5			1号5.1	2号6.6			
84	冯村	闻喜县河底乡冯村东北100米	沙渠河北岸台地	<5				1号<5	2号<5		
85	坡申 I	闻喜县河底乡坡申村北	沙渠河北岸台地	1.6					1号0.4	2号0.7	3号<5
86	坡申 II	闻喜县河底乡坡申村东北550米	沙渠河北岸台地	3.9					3.9		
87	店头堡	闻喜县裴社乡店头堡村西、南	沙渠河南岸台地	101.9		1号70，2号<5	3号14.6	4号4.4，5号10，6号31.8	7号17，8号3.6	9号11.9，10号<5	
88	小泽	闻喜县裴社乡小泽村西南550米	鸣条岗东侧缓坡	<5			<5				
89	大泽 I	闻喜县裴社乡大泽村南500米	古河道东侧缓坡	0.2						1号0.2	2号<5
90	大泽 II	闻喜县裴社乡大泽村西南100米	古河道西侧缓坡	0.9					1号<5	2号0.5	3号<5
91	南郭	闻喜县裴社乡南郭村西北	古河道南阶地	0.5					1号<5	2号0.4	
92	裴社 I	闻喜县裴社乡裴社村西	古河道南阶地	<5							<5
93	裴社 II	闻喜县裴社乡裴社村南	古河道南阶地	<5							<5

续附表

序号	遗址名称	地理位置	地形特征	遗址面积（万平方米）	仰韶早期	仰韶中期	仰韶晚期	庙底沟二期	龙山时期	二里头时期	二里岗时期
94	裴社Ⅲ	闻喜县裴社乡裴社村南350米	古河道南阶地	<5							<5
95	保安	闻喜县裴社乡保安村南200米	中条山北麓	0.5					0.5		
96	花鸡沟	闻喜县河底乡花鸡沟村东北200米	中条山北麓	<5		<5					
97	柏范底	闻喜县后营乡柏范底村南	中条山北麓	0.2						0.2	
98	辛庄上	闻喜县河底乡辛庄上村西北	沙渠河南岸台地	0.03		0.03					
99	河底	闻喜县河底乡河底村阶地	沙渠河北岸阶地	0.03			1号 <5	2号 0.03	3号 <5		
100	南姚Ⅰ	闻喜县河底乡南姚村南	沙渠河北岸台地	0.7						0.7	
101	南姚Ⅱ	闻喜县河底乡南姚村西、北	沙渠河北岸台地	14.8		1号 4.4	2号 <5，3号 5.1	4号 7	5号 <5	6号 <5，7号 <5	
102	南王	闻喜县河底乡南王村西北	沙渠河北岸台地	28.9			1号 4.5		2号 9.1	3号 0.8，4号 0.6，5号 <5	6号 <5
103	柏底Ⅰ	闻喜县后营乡柏底村北	沙渠河北岸台地	0.03				0.03			
104	柏底Ⅱ	闻喜县后营乡柏底村南	沙渠河北岸台地	<5				<5			
105	柏底Ⅲ	闻喜县后营乡柏底村西南400米	沙渠河南岸台地	1.2	1.2						
106	后营Ⅰ	闻喜县后营乡后营村南	沙渠河北岸台地	<5						<5	
107	后营Ⅱ	闻喜县后营乡后营村东北	沙渠河北岸台地	3.2		1号 <5		2号 2.7	3号 0.6		
108	前偏桥	闻喜县后营乡前偏桥村西南、东北	沙渠河与其支流交汇处	65.1		1号 55.3	2号 1.7，3号 <5	4号 3.2，5号 <5，6号 <5		7号 <5	
109	上偏桥	闻喜县后营乡上偏桥村东北1000米	沙渠河北岸台地	<5		1号 <5				2号 <5	
110	十八堰Ⅰ	闻喜县白石乡十八堰村南	沙渠河北岸台地	9.6					9.6		

续附表

序号	遗址名称	地理位置	地形特征	遗址面积（万平方米）	仰韶早期	仰韶中期	仰韶晚期	庙底沟二期	龙山时期	二里头时期	二里岗时期
111	十八堰Ⅱ	闻喜县白石乡十八堰村西南	沙渠河北岸台地	<5				<5			
112	南白石	闻喜县白石乡南白石村西北700米	沙渠河两支流交汇处	22.3		1号5.6			3号20.7		4号0.3
113	蔡村	闻喜县后宫乡蔡村西南	沙渠河北岸台地	4.7			1号2.7	2号<5	3号<5		
114	下院Ⅰ	闻喜县后宫乡下院村东450米	沙渠河北岸台地	10.1	1号0.9		2号2	3号5.9		4号6.1	5号4.1
115	下院Ⅱ	闻喜县后宫乡下院村东北250米	沙渠河北岸台地	1			1号0.3			2号<5	
116	汾村	闻喜县后宫乡汾村东	沙渠河北岸台地	1.7			1号<5	2号1.7			
117	余家岭	闻喜县白石乡余家岭村西南	沙渠河北岸台地	6.4	1号1.5			2号0.3	3号2.5	4号2.1	5号2.1
118	三河口	闻喜县白石乡三河口水库西	沙渠河北岸台地	1.4			1号1	2号0.05		3号<5	
119	沙流	夏县胡张乡沙流村东	涑水河东岸台地	59		1号<5	2号8.9，3号0.5	4号3，5号5.9	6号48.1		
120	西晋	夏县胡张乡西晋村西南	涑水河东岸台地	<5				<5			
121	水南	夏县水头镇水南村东北	涑水河东岸台地	58.1			1号23.8	2号0.6	3号44.1		
122	坡底	夏县水头镇坡底村南	涑水河南岸台地	13.5		1号1.1		2号0.2	3号8.8		
123	月芽堡Ⅰ	夏县水头镇月芽堡村西450米	涑水河北岸台地	0.5						1号<5	2号0.5
124	月芽堡Ⅱ	夏县水头镇月芽堡村南	涑水河北岸台地	<5							<5
125	西张	夏县水头镇西张村南至盐湖区王范乡姚张村东	涑水河北岸台地	29		1号27.8	2号7.7，3号1.5				
126	小张	夏县水头镇小张村北	涑水河北岸台地	1.1		1.1					
127	杨村	夏县水头镇杨村南	鸣条岗西侧台地	2.1			2.1				
128	东孙坞	盐湖区大渠镇东孙坞村西北	鸣条岗西侧台地	17.57	1号10.89	2号13.91					
129	西曲马	盐湖区北相镇西曲马村南，东曲马村西，舜帝庙东北	鸣条岗西侧台地	2.71		2.71					

续附表

序号	遗址名称	地理位置	地形特征	遗址面积（万平方米）	仰韶早期	仰韶中期	仰韶晚期	庙底沟二期	龙山时期	二里头时期	二里岗时期
130	太方	盐湖区冯村镇太方村西300米	鸣条岗北侧台地	2.81				2.81			
131	冯村	盐湖区冯村镇南	鸣条岗北侧台地	3.41				3.41			
132	老杜	盐湖区冯村镇老杜村南	鸣条岗北侧台地	14.62				14.62			
133	新杜	盐湖区冯村镇新杜村南	鸣条岗北侧台地	9.79			1号<5	2号9.79			
134	新郭	盐湖区冯村镇新郭村东600米	涑水河西岸台地	<5				<5			
135	西阳	盐湖区冯村镇西阳村东北130米，中阳村西北300米	涑水河北岸台地	3.97		1号3.17	2号1.14				
136	姚张西	盐湖区王范镇姚张村西南	涑水河北岸台地	0.25		0.25					
137	董家庄	临猗县王鉴镇董家庄村北750米	鸣条岗南端岗上台地	1.35		1.35					
138	东三里	临猗县李汉镇东三里村东	涑水河东岸台地	<5	1号<5				2号<5		
139	南庄	临猗县李汉镇南庄村西	涑水河东岸台地	1.74		0.82					
140	西乔阳	临猗县李汉镇西乔阳村东北	涑水河东岸台地	8.5		1号8.28	2号<5	3号0.21			
141	高头庄	临猗县李汉镇高头庄村南，南庄村北	涑水河东岸台地	16.95	1号14.54	2号<5					
142	杨家堡	临猗县李汉镇杨家堡村东	涑水河南岸台地	1.1				1.1			
143	王赵	闻喜县裴社乡王赵村北30米	青龙河东岸台地	1							1
144	东跃	夏县埝掌镇东跃村东南300米	青龙河北岸台地	<5		<5					
145	东下冯—埝掌	夏县埝掌镇埝掌村东、北至东下冯村东	青龙河南北两岸台地	137.4		1号<5	2号21.9，3号19.9，4号<5	5号23.5	6号46.5	7号25，8号3.8，9号<5	10号44.4
146	埝掌	夏县埝掌镇埝掌村南150米	青龙河西岸台地	10.4		1号<5	2号1.1	3号<5	4号4.6	5号<5	

续附表

序号	遗址名称	地理位置	地形特征	遗址面积（万平方米）	仰韶早期	仰韶中期	仰韶晚期	庙底沟二期	龙山时期	二里头时期	二里岗时期
147	崔家河 I	夏县埝掌镇崔家河村东北700米	青龙河北岸台地	18.7		1号11.1	2号<5		3号<5		4号<5
148	崔家河 II	夏县埝掌镇崔家河村北、东	青龙河西岸台地	8.7		1号2.6				2号<5	3号0.6
149	崔家河 III	夏县埝掌镇崔家河村南和村西	青龙河西岸台地	21.8	1号1.2,2号<5	3号<5					
150	常马	夏县埝掌镇常马村东南200米	青龙河西岸台地	3.5		3.5					
151	大理	夏县埝掌镇大理村北600米	青龙河东岸台地	0.5							0.5
152	圪塔	夏县埝掌镇圪塔村南、东和北	青龙河南岸台地	31.1	1号2.9		2号4.1,3、4号<5	5号18.6			
153	牯垛	夏县埝掌镇牯垛村北30米	青龙河西岸台地	14.7	14.7						
154	牯垛岭	夏县埝掌镇牯垛岭村东400米	青龙河西岸台地	1.1	1.1						
155	楼底	夏县尉郭乡楼底村西20米	鸣条岗东侧台地	5.9		5.9					
156	西阴	夏县尉郭乡西阴村北至村西南	鸣条岗东侧台地	132.6		1号132.6	2号13.7				3号0.2
157	东阴	夏县尉郭乡东阴村西至村东及村南	鸣条岗东侧台地	116.2		1号50.8,2号<5	3号<5	4号<5,5号10.9	6号1.1,7号2.2	8号4.5	9号6.6
158	苏庄	夏县尉郭乡苏庄村西北50米	青龙河故道西岸台地	0.3						<5	
159	阴庄 I	夏县尉郭乡阴庄村西南50米	鸣条岗东侧台地	2.4				2.4			
160	阴庄 II	夏县尉郭乡阴庄村东南250米	鸣条岗东侧台地	3.1				<5			
161	下张	夏县尉郭乡下张村北350米	鸣条岗东侧台地	0.3				<5			
162	尉郭	夏县尉郭乡尉郭村西100米	青龙河故道西岸台地	2.3					1号0.9	2号1.6	3号2.1
163	中卫	夏县尉郭乡中卫村北550米	青龙河故道西岸台地	<5						<5	

续附表

序号	遗址名称	地理位置	地形特征	遗址面积（万平方米）	仰韶早期	仰韶中期	仰韶晚期	庙底沟二期	龙山时期	二里头时期	二里岗时期
164	大台	夏县尉郭乡大台村西南60米	青龙河故道西岸台地	<5						<5	
165	白张	夏县尉郭乡白张村西北250米	鸣条岗东侧台地	10.7	1号3.2				2号<5		
166	南坡底	夏县埝掌镇南坡底村南500米	中条山西麓	0.9	0.9						
167	山底	夏县郭道乡山底村东450米	中条山西麓	2.4						<5	
168	陈村	夏县郭道乡陈村东南840米	中条山西麓	7.2	1号0.6	2号0.1，3号2.3	4号0.8	5号0.5	6号0.3	7号<5	
169	裴介I	夏县裴介镇裴介村东230米	青龙河故道西岸台地	39.7	1号<5	2号0.8，3号3.5	4号5.1	5号<5，6号3.6		7号1.7	8、9号<5
170	裴介II	夏县裴介镇裴介村东北270米	青龙河故道西岸台地	0.6						0.6	
171	姚村	夏县裴介镇姚村东南330米	青龙河故道东岸台地	<5			<5				
172	南卫	夏县裴介镇南卫村西、北至村西南	青龙河故道东西两岸台地	43.2	1号1.6	2号28.4，3号1.7	4号<5	5号<5，6号3.8	7、8号<5	9号1.7	
173	辕村I	夏县裴介镇辕村西、南、东，东至盐湖区三家庄乡汤里村北	青龙河故道东西两岸台地	109.5		1号92.3	2号35.9	3号6.1，4号3.1	5号8.5	6号5.2	7号3.5
174	辕村II	夏县裴介镇辕村北350米	青龙河故道西岸台地	2.8		1号<5		2号<5			
175	上涧底	夏县庙前乡上涧底村南60米	中条山西麓	35.1	1号<5	2号35.1	3号0.8	4号<5，5号<5	6号11.6		
176	堡尔	夏县庙前乡堡尔村西530米	中条山西麓	<5		<5					

续附表

序号	遗址名称	地理位置	地形特征	遗址面积（万平方米）	仰韶早期	仰韶中期	仰韶晚期	庙底沟二期	龙山时期	二里头时期	二里岗时期
177	史家	夏县庙前乡史家村南、东及村北	中条山西麓	53.4		1号41.5	2号35.6	3号3.1，4号<5	5号11.6，6号0.9	7号<5	
178	南吴	夏县庙前乡南吴村东、南	中条山西麓	8.5	1号<5		2、3号<5	4号0.5	5号<5，6号0.8		
179	吕儒	盐湖区原王庄镇吕儒村北400米	鸣条岗东侧台地	53.38			1号19.84，2号<5	3号30.98，4号0.17	5号<5	6号0.72	7号<5，8号3.82
180	壕头	盐湖区原王庄镇壕头村北250米	鸣条岗东侧台地	<5							<5
181	下王	盐湖区安邑镇下王村西	鸣条岗东侧台地	0.44				1号<5	2号<5		
182	丁家卓	盐湖区安邑镇丁家卓村西170米	鸣条岗东侧台地	0.28			0.28				
183	西纽	盐湖区陶村镇西纽村东	鸣条岗东侧台地	8.53		1号3.41	2号0.44		3号<5		4号2.55
184	张良	盐湖区陶村镇张良村东200米	鸣条岗东侧台地	0.27			1号<5	2号<5			
185	汤里Ⅰ	盐湖区三家庄镇汤里村西南	青龙河故道东岸台地	0.07					0.07		
186	汤里Ⅱ	盐湖区三家庄镇汤里村南	青龙河故道东岸台地	0.15						0.11	
187	磨河	盐湖区东郭镇磨河村东	中条山西麓	3.3		3.3					
188	东郭	盐湖区东郭镇东郭村南450米	中条山西麓	<5							<5
189	安邑	盐湖区安邑镇南160米	鸣条岗东侧台地	<5							<5

后　记

　　本书是中国国家博物馆田野考古研究中心与山西省考古研究所、运城市文物保护研究所合作共同开展的"晋西南聚落考古与早期国家和文明起源"研究的成果之一。本课题是在"十五"发展规划中启动并开始实施的，是继垣曲盆地多年考古工作之后，中国国家博物馆田野考古研究中心在运城地区开展的又一个规模更大的考古科研项目，而且从一开始就有明确的学术目的和实施计划。从 2003 年到 2006 年，我们三家组成的考古队的队员，还有很多临时参加的几所大学的学生和相关单位的同仁，跋山涉水，跨沟过坎，穿村走巷，以"拉网"式的方式行进，几乎踏遍了运城盆地东部的每一寸土地，在运城大地这块热土上洒下了辛勤的汗水。经过几年的资料整理和报告编写，现在，我们终于可以将这一新的成果奉献给学术界了。

　　本课题负责人和本书编写的主持人为戴向明。全书首先由戴向明拟定好统一的体例和编写提纲，然后再由各主要参加者分头编写。各章节的写作分工如下（有的章节为合写，故有重复）：

　　戴向明：第一章，第六章；

　　王力之：第二章，第三章第一至第四节，第五章第五至第七节；

　　王月前：第四章第一节、第二节，第五章第一至第三节；

　　洪　梅：第三章第五节、第六节，第四章第三节，第五章第四节；

　　王晓毅：第三章第四节、第六节，第五章第五节；

　　王立忠：第三章第三节，第五章第七节。

　　器物线图由王文武和吕赵力绘制。英文提要由戴向明撰写。

　　本课题的实施先后得到了原中国历史博物馆朱凤瀚馆长，现中国国家博物馆吕章申馆长、董琦副馆长和张威副馆长，以及中国国家博物馆原田野考古部主任信立祥的大力支持，同时得到了山西省文物局、山西省考古研究所、运城市文物局等单位领导的鼎力相助，在此谨致谢意！

戴向明

2010 年 7 月 2 日

Survey and Research of Settlement Archaeology
in the Eastern Yuncheng Basin
(Abstract)

TheYuncheng Basin is located in the south of Shanxi province, just north of the Yellow River, and adjacent to the heartland of the Central Plains. This region occupies an important position in exploring the origins of early states and civilizations of ancient China. Some early emperors in legend, such as Yao, Shun, and Yu, are all related to this region. In order to investigate the developmental processes of social complexity from the Neolithic to the Early Bronze Age in southern Shanxi, we have undertaken a long-time project of field archaeology in the Yuncheng Basin since 2003. This report is the result of a full-coverage survey that we carried out from 2003 to 2006 in the eastern Yuncheng Basin, which could constitute a relatively independent research area in geography.

The Yuncheng Basin is surrounded by the Yellow River at west and south, the Zhongtiao Range at south and east, and Emeiling (small plateau) at north. Within this closed geographic environment, the eastern Yuncheng Basin is divided into two parts by Mingtiaogang, a narrow and long tableland extending from northeast to southwest in the middle of the Basin. At the north of Mingtiaogang is the Sushui River, and at the south is the Qinglong River. Most sites we have found are distributed on terraces along both sides of the two rivers and their tributaries.

The full-coverage survey in the eastern Yuncheng Basin covered an area of 1500 km^2. Nearly 200 sites have been found, and many of them contain more than one period settlement. During the surveys, we used GPS to locate and record the collection units (each unit includes a range across 20 m). Meantime we used ArcView GIS software for the data saving and analysis. Our survey can be viewed as a sort of "siteless survey". When we did the surveys, we did not focus on sites, but rather on collection units, although later we use the conception of "sites" as a platform to manage and report data. We identify settlements or communities based on the collection units. This report describes in detail each site and settlement which has been found and identified in the region.

From the Neolithic to the early Bronze Age, there are seven periods of archaeological cultures identified in southern Shanxi (ca. 5000 – 1300 B. C.). This report investigates the changes of settlement patterns during these periods, and reconstructs the process of the development of social complexity through time in this region.

Early Yangshao Period (ca. 5000 – 4100B. C.)   During the Early Yangshao period, the settlements in the Basin were few in number and small in size. Twenty-four sites were distributed in five clusters, each of which included 3 – 8 settlements. The total occupation area of all sites was only 100 ha. These small settlements, measuring from 1 ha or so to 14 ha, were distributed sporadically over the landscape, and there was no obvious hierarchical differentiation among them. Most villages may have been autonomous local communities. The rank-size distribution shows a convex curve, suggesting a decentralized settlement system for the whole region, so no integrated regional polity had formed during this time. For each cluster, the situation is similar. On the other hand, there should have been closer interrelationships among the settlements within each cluster than those outside settlements. Meantime, those relatively large settlements probably played a more important role in the social relationships among communities, although the practical control hierarchy may have not appeared in the clusters.

Middle Yangshao Period (ca. 4100 – 3500 B. C.)   During this period the situation had changed substantially. The number of sites (up to 66) and the total occupation area (up to 1200 ha) increased dramatically. These sites were distributed in six settlement clusters, including a new-emerged cluster. Each cluster had 6 – 16 settlements, and each cluster could be further divided into two or three settlement groups. The most important is that the settlement hierarchy occurred in the Basin for the first time. There were two or three levels of settlement hierarchy, and a large settlement as the major central place had appeared in each cluster. The rank-size distributions of settlements indicate the well-integrated social systems for most clusters, but weakly integrated system for the upper Sushui River cluster. The independent social organizations possibly appeared in the settlement groups for the upper Sushui River (perhaps also including the Shaqu River). For these settlement clusters or groups, the chiefdom-level complex societies may have formed. In this period a few super-large settlements, measuring from 100 ha or so to over 200 ha, appeared in Yuncheng, but it seems that no one had occupied an absolutely dominant position. Therefore, although the histogram shows a three-tiered settlement hierarchy, rank-size distribution indicates a decentralized social system for the whole region.

Late Yangshao Period (ca. 3500 – 2900 B. C.)   The settlement patterns changed continuously, but the social patterns based on the settlement clusters or groups did not change in essence. The number of sites increased to 81, however, in contrast, the total occupation area of all sites dropped dramatically to 600 ha. The main reason is that the large sites decreased in number, and the super-large sites disappeared in this period (The largest site, Hucun, is 62 ha in area). The settlements are distributed extensively but loosely over the landscape, especially in the Sushui River valley. In the middle Sushui River valley, the previous two settlement clusters may have been incorporated into one, so there were only five settlement clusters during this period. Each cluster still included two or three settlement groups. However, within almost every cluster, the distribution of settlements tended to be dispersed, the differentiation of settlement scale was not very remarkable like the previous period, some central places became relatively weak in controlling others, and some small groups were growing up. As showing in the rank-size distribution, some clusters were well integrated, but the others were weakly integrated. A number of independent social entities may have existed in some settlement groups. Obviously, no unified polity had formed for the whole region.

Miaodigou II Period (ca. 2900 – 2400 B. C.)   The number of sites increased dramatically to 117, but on the other hand, the settlement scale kept on becoming smaller, and the total occupation area of all sites slightly decreased to 545 ha. The largest site (Zhoujiazhuang) is only 53 ha in size. Similar to the previous period, there were also five settlement clusters in this time. A marked phenomenon is that in this period the settlements in most clusters or groups were distributed more densely and collectively than the past, especially in the upper Sushui River and Shaqu River valleys, where the number of settlements increased most markedly. For most clusters, and for each group in the upper Sushui River valley, there was a major central place occupying a conspicuous position to productively control their respective area (with two or three levels of settlement hierarchy). In the upper Sushui River valley, though it is likely that three groups still remained relatively independent entities, the rank-size distribution of the whole cluster is very near log-normal, indicating that this cluster was tending to be integrated into a unified polity. Meanwhile, the upper Sushui River cluster manifested the close relations with the two contiguous clusters, suggesting that a large-scale regional amalgamation was being on the way.

Longshan Period (ca. 2400 – 1900 B. C.)   During this period the settlement patterns essentially changed for the whole region. Although the number of sites decreased to 84, the total occupation area of all sites dramatically increased to over 1000 ha. The large sites increased substantially in number. Different from the previous periods, all settlement clusters had been incorporated into two large clusters: one covered all settlements in the upper and middle Sushui River valley, and the other included those along the entire Qinglong River valley. Some settlement groups could still be identified, but they may have not been the independent social organizations. In the Qinglong River valley, the only large site is Dongxiafeng, measuring 46 ha in area, controlling the whole valley as the major central place. In this period, the most remarkable change happened in the Sushui River valley, where an increasing number of sites collected to the upper Sushui River (the previous cluster at the south of Mingtiaogang had disappeared). Moreover, a super-large settlement, Zhoujiazhuang, measuring nearly 500 ha, appeared at the north of the region. As the only super-large settlement and the paramount dominating center, Zhoujiazhuang may have occupied a unique position and played a critical role in the regional political integration. For the whole eastern Yuncheng Basin, the histogram indicates a three-tiered settlement hierarchy, and the rank-size distribution shows a primate curve, suggesting a highly integrated and centralized social system. Therefore, the Zhoujiazhuang entity not only contained the upper and middle Sushui River valley, but also likely covered the Qinglong River valley. If so, it is the first time that the whole eastern Yuncheng Basin may have formed a unified polity. This kind of polity was supposed at least to have the characteristics of the complex chiefdom.

Erlitou Period (ca. 1900 – 1600 B. C.)   The development of settlements converted to a decline tendency in this time. The number of sites decreased to 68, and the total occupation area of all sites dramatically dropped to 228 ha. The large sites considerably decreased in number, and the super-large central place disappeared. Similar to the previous period, two large settlement clusters in the Sushui River and Qinglong River valleys probably still remained, but they may have respectively become independent social entities, rather than a unified polity. Two large settlements, Xiwubi for the Sushui River and Dongxiafeng for the Qinglong River, they were similar in the scale and may have been the major central places for the two areas. The rank-size distribution also indicates a decentralized social system for the whole region. On the other hand, with the rise of the early state in central Henan, it is likely that these declined regional polities in Yuncheng had been integrated into an extensive state system —Xia dynasty. In other words, the decline of regional polities in Yuncheng may have resulted from the rise and extension of the Xia dynasty.

Erligang Period (ca. 1600 – 1300 B. C.)   The number of sites continuously decreased to only 47, and the total occupation area of all sites fell to 139 ha. Once again, these settlements were concentrated in five relatively small clusters, but it is not necessary to further divide them into groups. The upper Qinglong River cluster was in the center surrounded by others, and the only large central place, Dongxiafeng, measuring 44 ha in size, was situated in here. Apart from Dongxiafeng, all other sites were very small, so Dongxiafeng was the only dominating center in this time for the whole region (the histogram shows two levels of settlement hierarchy). The rank-size distribution also indicates a well integrated settlement system. However, on the other hand, similar to the previous period, this small regional polity may have been incorporated into the other early state—early Shang dynasty, after the Shang dynasty took place of the Xia dynasty in the Central Plains.

During our surveys in Yuncheng, we found a few sites which had the copper slags, dating from Longshan, Erlitou to Erligang period. In the light of sample test, it is very likely that these copper slags were the remnants of smelting copper ore, which were possible from the Zhongtiao Mountains. During the Xia and Shang dynasties, the copper had become a crucial strategic resource. We are specially interested in what role the copper resource had played in the political-economic control during the development of Longshan complex societies. We are going to be further concerned with this problem in the future work.

Although there are many debates on the models or pathways of social development for the past two decades, the settlement patterns we have observed in Yuncheng, and the direct evidence from some excavated sites around Yuncheng, still support a hierarchical model on the complex societies in southern Shanxi. Chiefdom-level societies may have extensively existed in this region. Nevertheless, we also need more direct evidence from the excavations in Yuncheng to eventually identify the social patterns of each period, especially the Longshan period in this region.

In general, the eastern Yuncheng Basin may have witnessed a long-term social evolutionary process, from simple and egalitarian societies to hierarchical complex societies, and then integrated into early state social systems. It may have represented a typical trajectory of social development in central China.

彩版

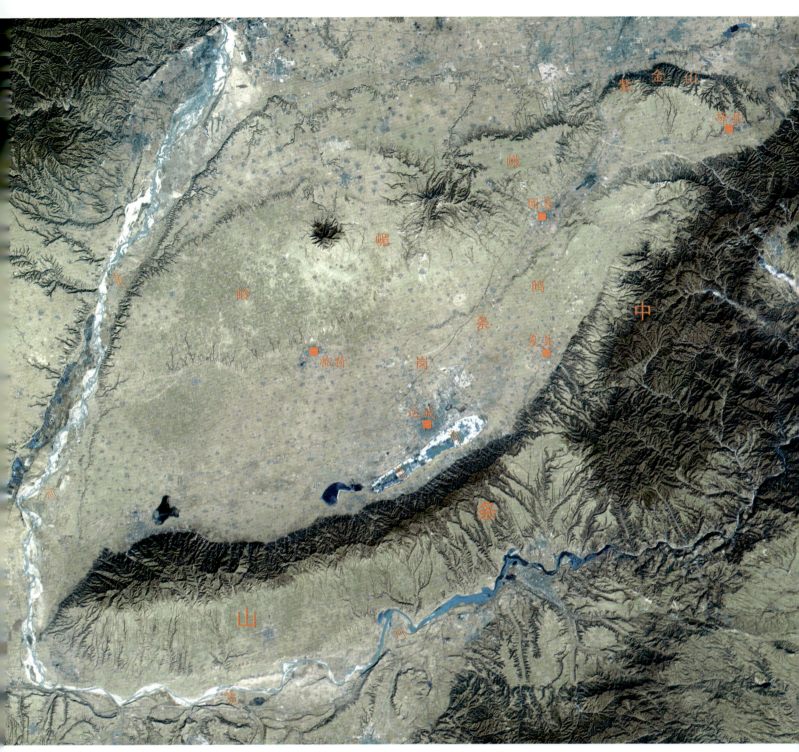

彩版一　运城盆地卫星影像图

彩版二　从紫金山鸟瞰运城盆地（东北—西南）

彩版三　紫金山远眺（南—北）

彩版四　鸣条岗远眺（东南—西北）

彩版五　盐湖景观

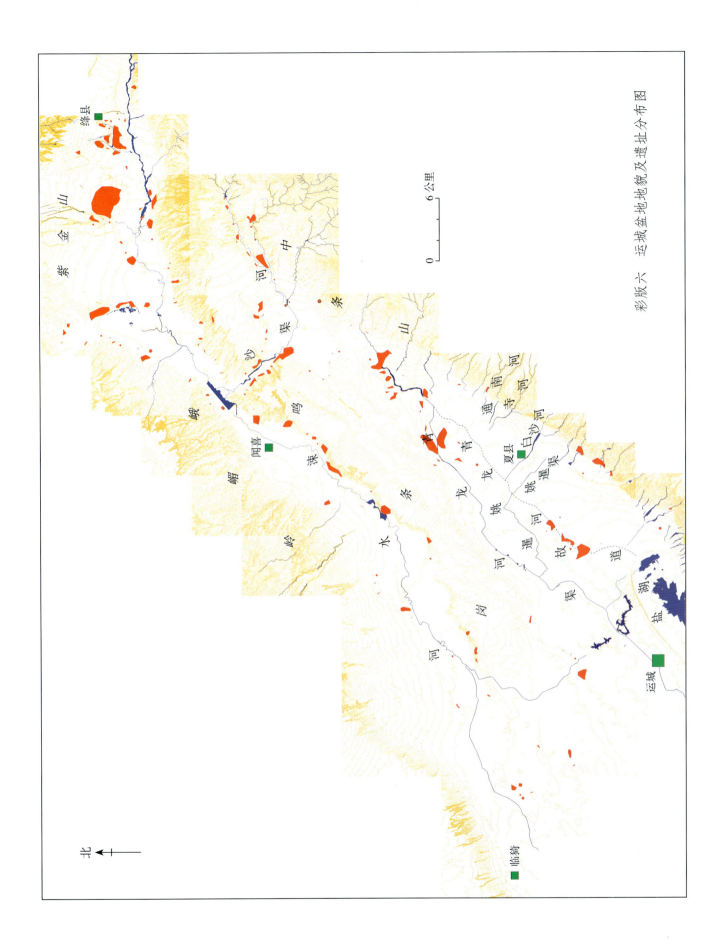

北

彩版六　运城盆地地貌及遗址分布图

彩版七　田野调查启动第一天

彩版八　队员集结准备出发

彩版九　调查中拉网式行进

彩版一〇　调查中拉网式行进

彩版一一　村边调查

彩版一二　调查中根据地形变化
　　　　　分组展开

彩版一三　清理剖面

彩版一四　从断崖上提取标本

彩版一五　计数采集物、分选标本

彩版一六　复查西吴壁遗址出土
铜渣的遗迹

彩版一七　晚上总结当天工作、
规划第二天调查

彩版一八　室内整理调查资料

彩版一九　绛县峪南遗址（东—西）

彩版二〇　绛县北杨遗址（西南—东北）

彩版二一　绛县北杨遗址二里头时期灰坑

彩版二二　绛县西沟遗址庙底沟二期房址

彩版二三　绛县柿树林遗址二里头时期灰坑出土铜渣

彩版二四　绛县柿树林遗址二里岗时期灰坑出土铜渣

彩版二五　绛县西吴壁遗址（西—东）

彩版二六　绛县西吴壁遗址二里头时期灰坑出土
陶片和铜渣

彩版二七　绛县西吴壁遗址二里岗时期灰坑出土铜渣

彩版二八　绛县西荆遗址龙山时期灰坑

彩版二九　绛县周家庄遗址北（南—北）

彩版三〇　绛县周家庄遗址南（东南—西北）

彩版三一　绛县周家庄遗址断面上叠置的石镰

彩版三二　绛县周家庄遗址龙山时期灰坑

彩版三三　绛县新庄遗址
（南—北）

彩版三四　绛县新庄遗址二
里岗时期陶窑

彩版三五　绛县坡底遗址
（西南—东北）

彩版三六　绛县柳泉Ⅰ号遗址
（西南—东北）

彩版三七　绛县宋西遗址
（北—南）

彩版三八　绛县宋西遗址庙底
沟二期房址

彩版三九　绛县柳庄遗址庙底沟二期灰坑

彩版四〇　绛县东外遗址（东北—西南）

彩版四一　绛县东外遗址仰韶晚期灰坑

彩版四二　绛县西山底Ⅰ号遗
　　　　址二里头时期陶窑

彩版四三　闻喜官庄遗址
　　　　（西南—东北）

彩版四四　闻喜仓底遗址
　　　　（南—北）

彩版四五　闻喜湖村遗址（南—北）

彩版四六　闻喜上社观遗址（西南—东北）

彩版四七　闻喜魏家园遗址（东南—西北）

彩版四八　闻喜下中庄Ⅰ号遗址（东—西）

彩版四九　闻喜张家庄遗址（东南—西北）

彩版五〇　闻喜郭家庄遗址（东南—西北）

彩版五一　闻喜上邵王遗址
　　　　　（南—北）

彩版五二　闻喜上峪口遗址
　　　　　（北—南）

彩版五三　闻喜上峪口遗址
　　　　　二里头时期房址

彩版五四　闻喜梨凹遗址（东—西）

彩版五五　闻喜孙村Ⅰ号遗址西南部（北—南）

彩版五六　闻喜孙村Ⅴ号遗址东北部（南—北）

彩版五七　闻喜店头堡遗址（北—南）

彩版五八　闻喜南王遗址（南—北）

彩版五九　闻喜后宫Ⅱ号遗址（东南—西北）

彩版六〇　闻喜前偏桥遗址（西北—东南）

彩版六一　闻喜十八堰遗址龙山时期灰坑

彩版六二　闻喜十八堰遗址
龙山时期房址

彩版六三　闻喜南白石遗址
（东南—西北）

彩版六四　闻喜汾村遗址庙
底沟二期房址

彩版六五　闻喜余家岭遗址（南—北）

彩版六六　闻喜余家岭遗址龙山时期灰坑出土铜渣

彩版六七　闻喜余家岭遗址龙山时期灰坑出土
陶片和铜渣

彩版六八　闻喜三河口遗址（南—北）

彩版六九　闻喜三河口遗址二里头时期灰坑

彩版七〇　夏县沙流遗址（西北—东南）

彩版七一　夏县水南遗址（南—北）

彩版七二　夏县西张遗址（西—东）

彩版七三　夏县杨村遗址（西—东）

彩版七四　盐湖区老杜遗址（西—东）

彩版七五　临猗西乔阳遗址（西南—东北）

彩版七六　临猗高头庄遗址（北—南）

彩版七七　夏县东下冯遗址（西南—东北）

彩版七八　夏县埝掌遗址（东—西）

彩版七九　夏县崔家河Ⅱ号遗址（东南—西北）

彩版八〇　夏县牯垛遗址（东北—西南）

彩版八一　夏县牯垛遗址断崖上暴露的文化堆积

彩版八二　夏县西阴遗址（西北—东南）

彩版八三　夏县东阴遗址（东—南）

彩版八四　夏县东阴遗址二里岗时期灰坑内陶器

彩版八五　夏县阴庄Ⅰ号遗址断崖上暴露的文化堆积

彩版八六　夏县阴庄 I 号遗址庙底沟二期灰坑

彩版八七　夏县裴介 I 号遗址东部暴露的文化堆积

彩版八八　夏县裴介Ⅰ号遗址庙底沟二期灰坑

彩版八九　夏县姚村遗址（南—北）

彩版九〇　夏县南卫遗址仰韶中期文化层

彩版九一　夏县南卫遗址仰韶晚期墓葬

彩版九二　夏县辕村Ⅰ号遗址（东—西）

彩版九三　夏县辕村Ⅰ号遗址梯田边暴露的文化堆积

彩版九四　夏县上淮底遗址（西南—东北）

彩版九五　夏县上淮底遗址仰韶中期房址

彩版九六　夏县史家遗址（东北—西南）

彩版九七　夏县史家遗址仰韶中期白灰面房址

彩版九八　夏县史家遗址仰韶中期白灰面房址

彩版九九　夏县史家遗址仰韶晚期灰坑

彩版一〇〇　盐湖区吕儒遗址（西北—东南）

彩版一〇一　盐湖区汤里Ⅱ号遗址断崖暴露的文化堆积

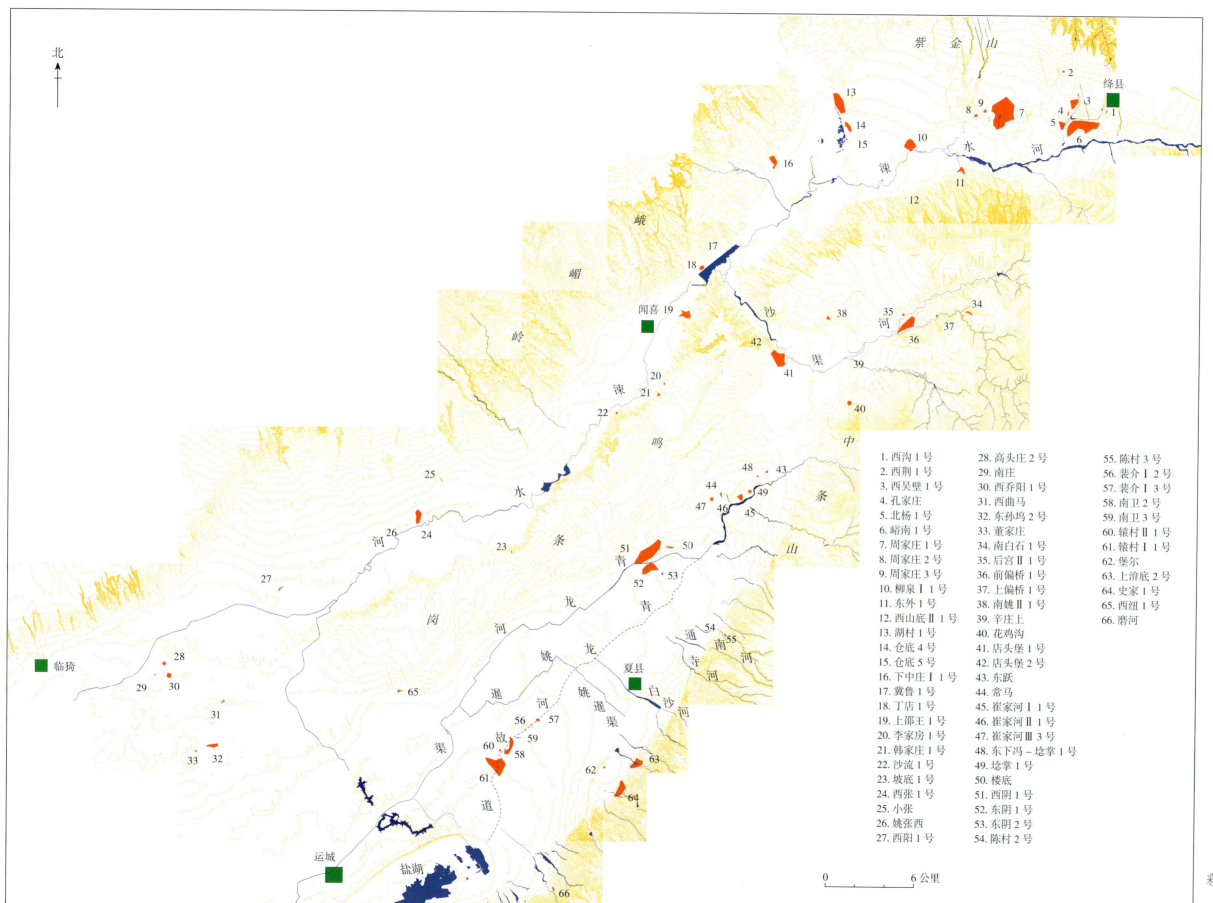

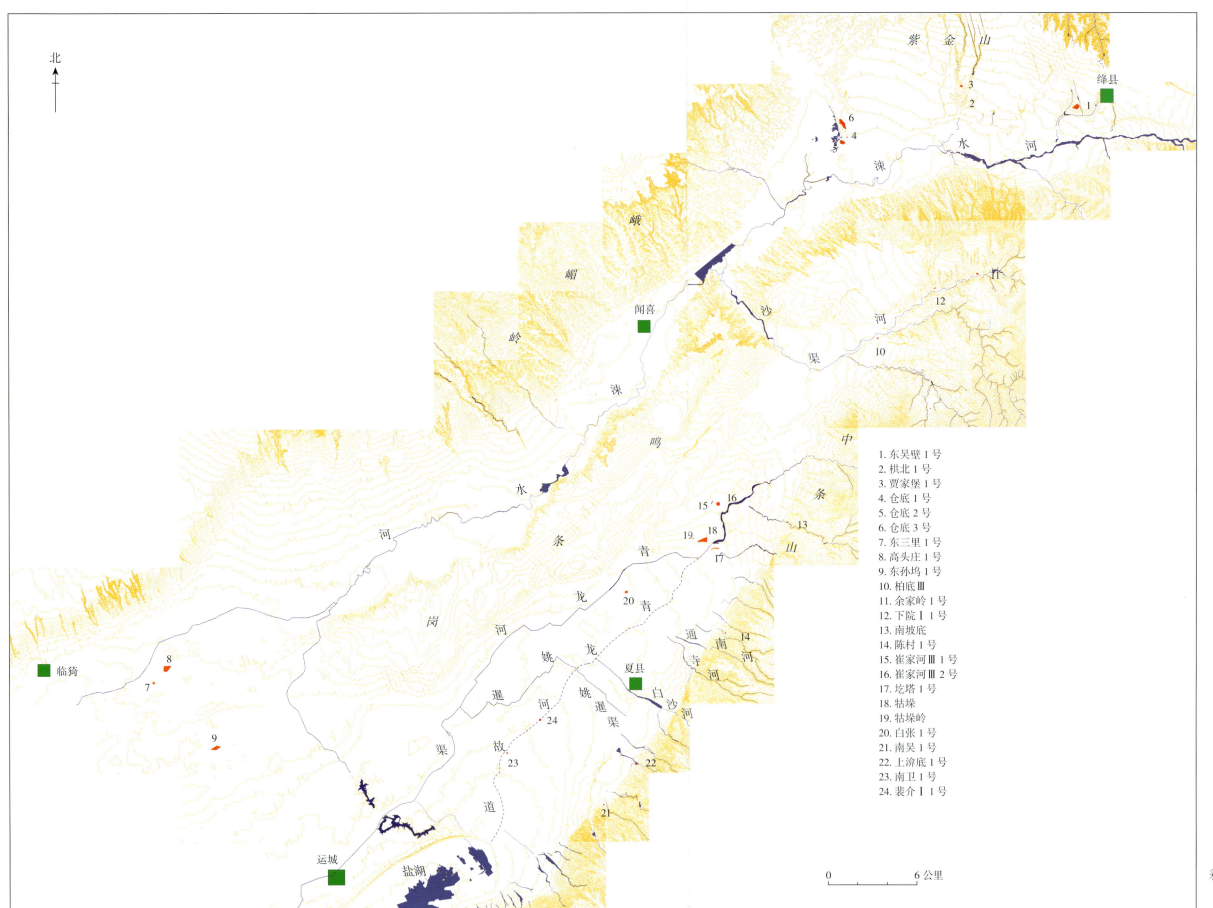

北

1. 东吴壁1号
2. 枧北1号
3. 贾家堡1号
4. 仓底1号
5. 仓底2号
6. 仓底3号
7. 东三里1号
8. 高头庄1号
9. 东孙坞1号
10. 柏底Ⅲ
11. 余家岭1号
12. 下院Ⅰ1号
13. 南坡底
14. 陈村1号
15. 崔家河Ⅲ1号
16. 崔家河Ⅲ2号
17. 圪塔1号
18. 牯垛
19. 牯垛岭
20. 白张1号
21. 南吴1号
22. 上淆底1号
23. 南卫1号
24. 裴介Ⅰ1号

0   6公里

彩版一〇二 仰韶早期聚
落分布图

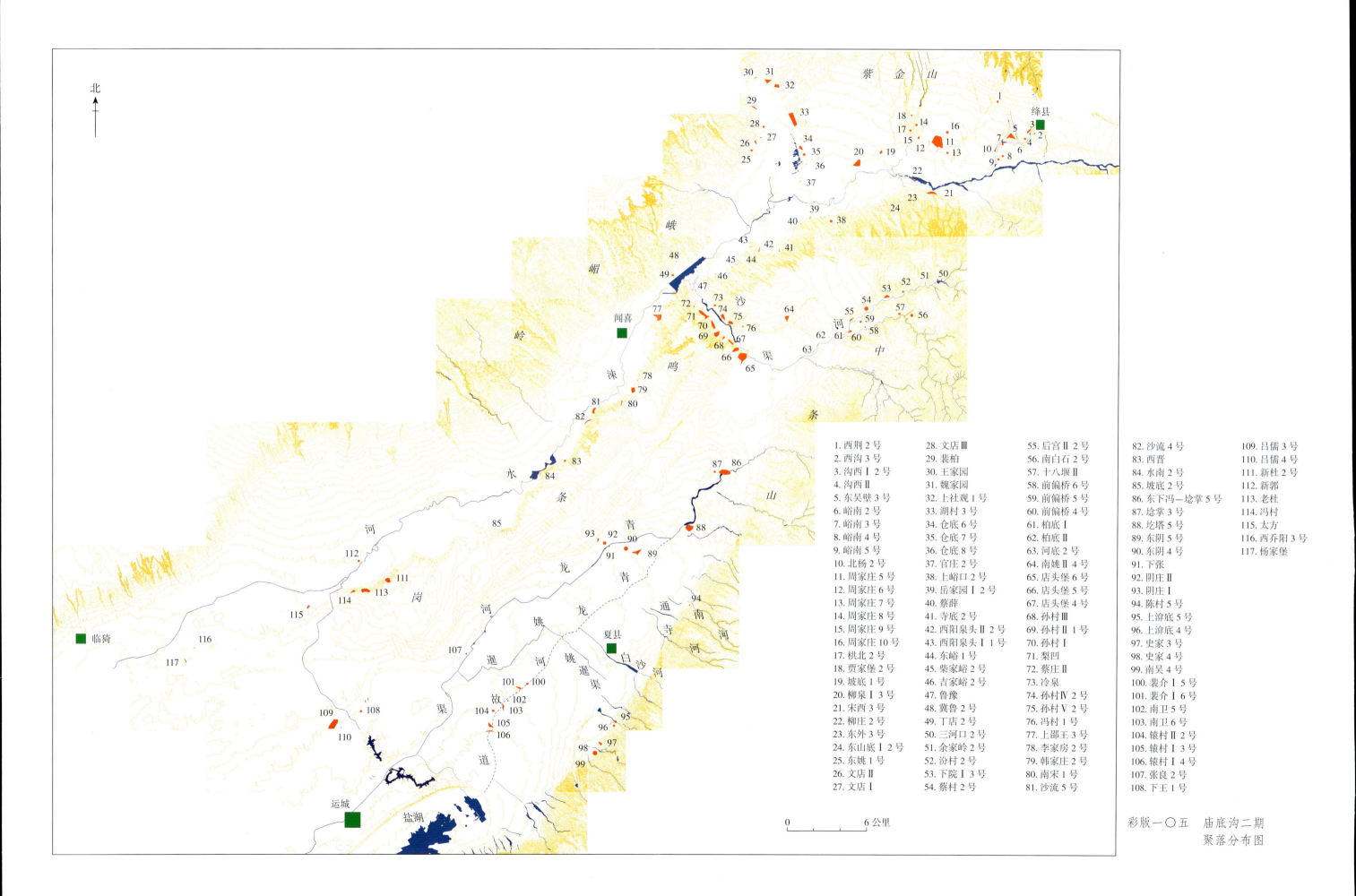

北

紫金山

绛县

峨嵋岭

涑

水

条

山

青龙河

青龙渠

龙

姚暹河

姚暹渠

水

条

河岗

故道渠

临猗

夏县

白沙河

运城

盐湖

沙河

鸣渠

中条山

通寺河

南河

闻喜

1. 西荆 2 号	28. 文店 III	55. 后宫 II 2 号	82. 沙流 4 号	109. 吕儒 3 号
2. 西沟 3 号	29. 裴柏	56. 南白石 2 号	83. 西晋	110. 吕儒 4 号
3. 沟西 I 2 号	30. 王家园	57. 十八堰 II	84. 水南 2 号	111. 新杜 2 号
4. 沟西 II	31. 魏家园	58. 前偏桥 6 号	85. 坡底 2 号	112. 新郭
5. 东吴壁 3 号	32. 上社观 1 号	59. 前偏桥 5 号	86. 东下冯—埝掌 5 号	113. 老杜
6. 峪南 2 号	33. 湖村 3 号	60. 前偏桥 4 号	87. 埝掌 3 号	114. 冯村
7. 峪南 3 号	34. 仓底 6 号	61. 柏底 I	88. 圪塔 5 号	115. 太方
8. 峪南 4 号	35. 仓底 7 号	62. 柏底 II	89. 东阴 5 号	116. 西乔阳 3 号
9. 峪南 5 号	36. 仓底 8 号	63. 河底 2 号	90. 东阴 4 号	117. 杨家堡
10. 北杨 2 号	37. 官庄 2 号	64. 南姚 II 4 号	91. 下张	
11. 周家庄 5 号	38. 上峪口 2 号	65. 店头堡 6 号	92. 阴庄 II	
12. 周家庄 6 号	39. 岳家园 I 2 号	66. 店头堡 5 号	93. 阴庄 I	
13. 周家庄 7 号	40. 蔡薛	67. 店头堡 4 号	94. 陈村 5 号	
14. 周家庄 8 号	41. 寺底 2 号	68. 孙村 III	95. 上淆底 5 号	
15. 周家庄 9 号	42. 西阳泉头 II 2 号	69. 孙村 II 1 号	96. 上淆底 4 号	
16. 周家庄 10 号	43. 西阳泉头 I 1 号	70. 孙村 I	97. 史家 3 号	
17. 桃北 2 号	44. 东峪 1 号	71. 蔡庄 II	98. 史家 4 号	
18. 贾家堡 2 号	45. 柴家峪 2 号	72. 蔡庄 II	99. 南吴 4 号	
19. 坡底 1 号	46. 吉家峪 2 号	73. 冷泉	100. 裴介 I 5 号	
20. 柳泉 I 3 号	47. 鲁豫	74. 孙村 IV 2 号	101. 裴介 I 6 号	
21. 宋西 3 号	48. 冀鲁 2 号	75. 孙村 V 2 号	102. 南卫 5 号	
22. 柳庄 2 号	49. 丁店 2 号	76. 冯村 1 号	103. 南卫 6 号	
23. 东外 3 号	50. 三河口 2 号	77. 上郡王 3 号	104. 辕村 II 2 号	
24. 东山底 I 2 号	51. 余家岭 2 号	78. 李家房 2 号	105. 辕村 I 3 号	
25. 东姚 1 号	52. 汾村 2 号	79. 韩家庄 2 号	106. 辕村 I 4 号	
26. 文店 II	53. 下院 I 3 号	80. 南宋 1 号	107. 张良 2 号	
27. 文店 I	54. 蔡村 2 号	81. 沙流 5 号	108. 下王 1 号	

0   6 公里

彩版一〇五　庙底沟二期
聚落分布图

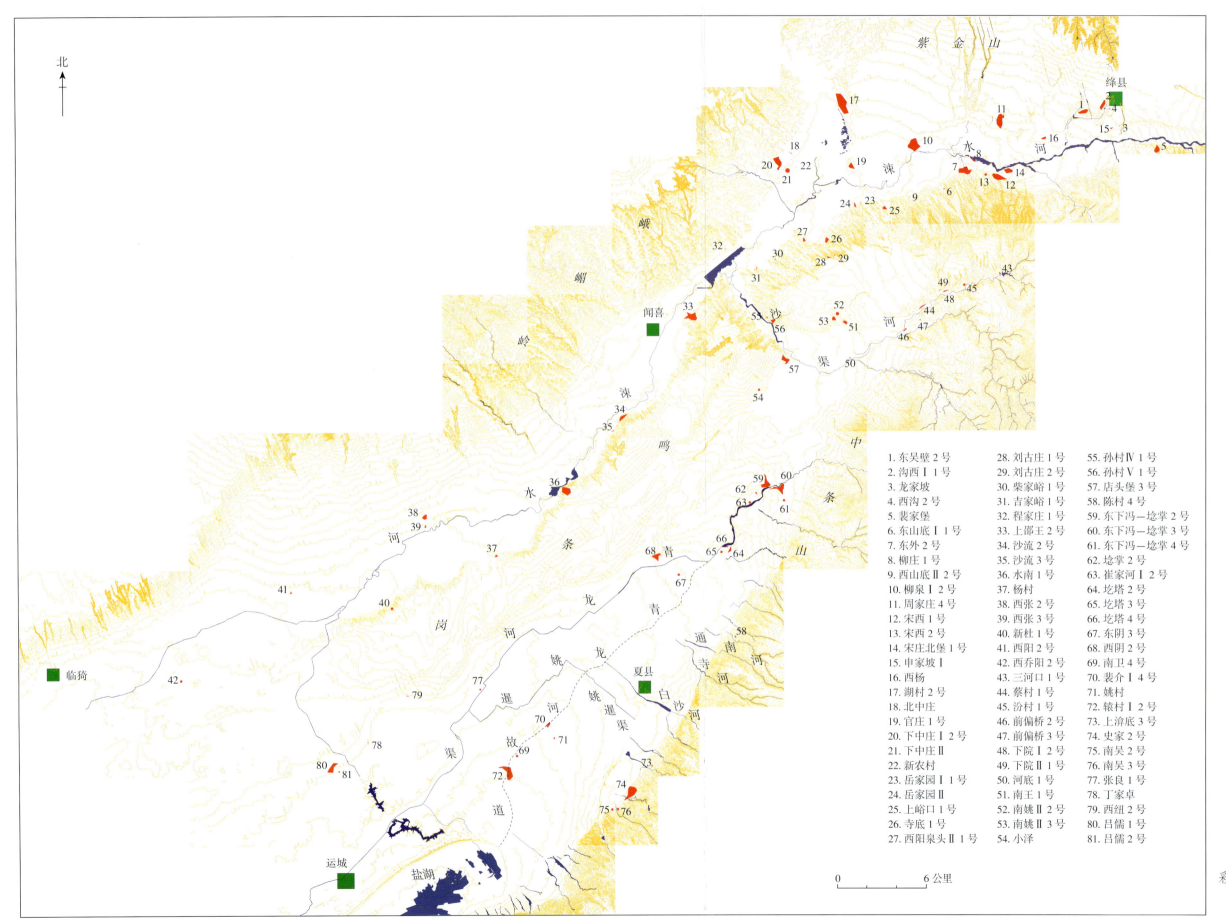

1. 东吴壁 2 号	28. 刘古庄 1 号	55. 孙村 Ⅳ 1 号
2. 沟西 Ⅰ 1 号	29. 刘古庄 2 号	56. 孙村 Ⅴ 1 号
3. 龙家坡	30. 柴家峪 1 号	57. 店头堡 3 号
4. 西沟 2 号	31. 吉家峪 1 号	58. 陈村 4 号
5. 裴家堡	32. 程家庄 1 号	59. 东下冯—埝掌 2 号
6. 东山底 Ⅰ 1 号	33. 上邵王 2 号	60. 东下冯—埝掌 3 号
7. 东外 2 号	34. 沙流 2 号	61. 东下冯—埝掌 4 号
8. 柳庄 1 号	35. 沙流 3 号	62. 埝掌 2 号
9. 西山底 Ⅱ 2 号	36. 水南 1 号	63. 崔家河 Ⅰ 2 号
10. 柳泉 Ⅰ 2 号	37. 杨村	64. 圪塔 2 号
11. 周家庄 4 号	38. 西张 2 号	65. 圪塔 3 号
12. 宋西 1 号	39. 西张 3 号	66. 圪塔 4 号
13. 宋西 2 号	40. 新杜 1 号	67. 东阴 3 号
14. 宋庄北堡 1 号	41. 西阳 2 号	68. 西阴 2 号
15. 申家坡 Ⅰ	42. 西乔阳 2 号	69. 南卫 4 号
16. 西杨	43. 三河口 1 号	70. 裴介 Ⅰ 4 号
17. 湖村 2 号	44. 蔡村 1 号	71. 姚村
18. 北中庄	45. 汾村 1 号	72. 辕村 Ⅰ 2 号
19. 官庄 1 号	46. 前偏桥 2 号	73. 上淯底 3 号
20. 下中庄 Ⅰ 2 号	47. 前偏桥 3 号	74. 史家 2 号
21. 下中庄 Ⅱ	48. 下院 1 号	75. 南吴 2 号
22. 新农村	49. 下院 Ⅱ 1 号	76. 南吴 3 号
23. 岳家园 Ⅰ 1 号	50. 河底 1 号	77. 张良 1 号
24. 岳家园 Ⅱ	51. 南王 1 号	78. 丁家卓
25. 上峪口 1 号	52. 南姚 Ⅱ 2 号	79. 西纽 2 号
26. 寺底 1 号	53. 南姚 Ⅱ 3 号	80. 吕儒 1 号
27. 西阳泉头 Ⅱ 1 号	54. 小泽	81. 吕儒 2 号

0　　　　　6公里

彩版一〇四　仰韶晚期聚
落分布图

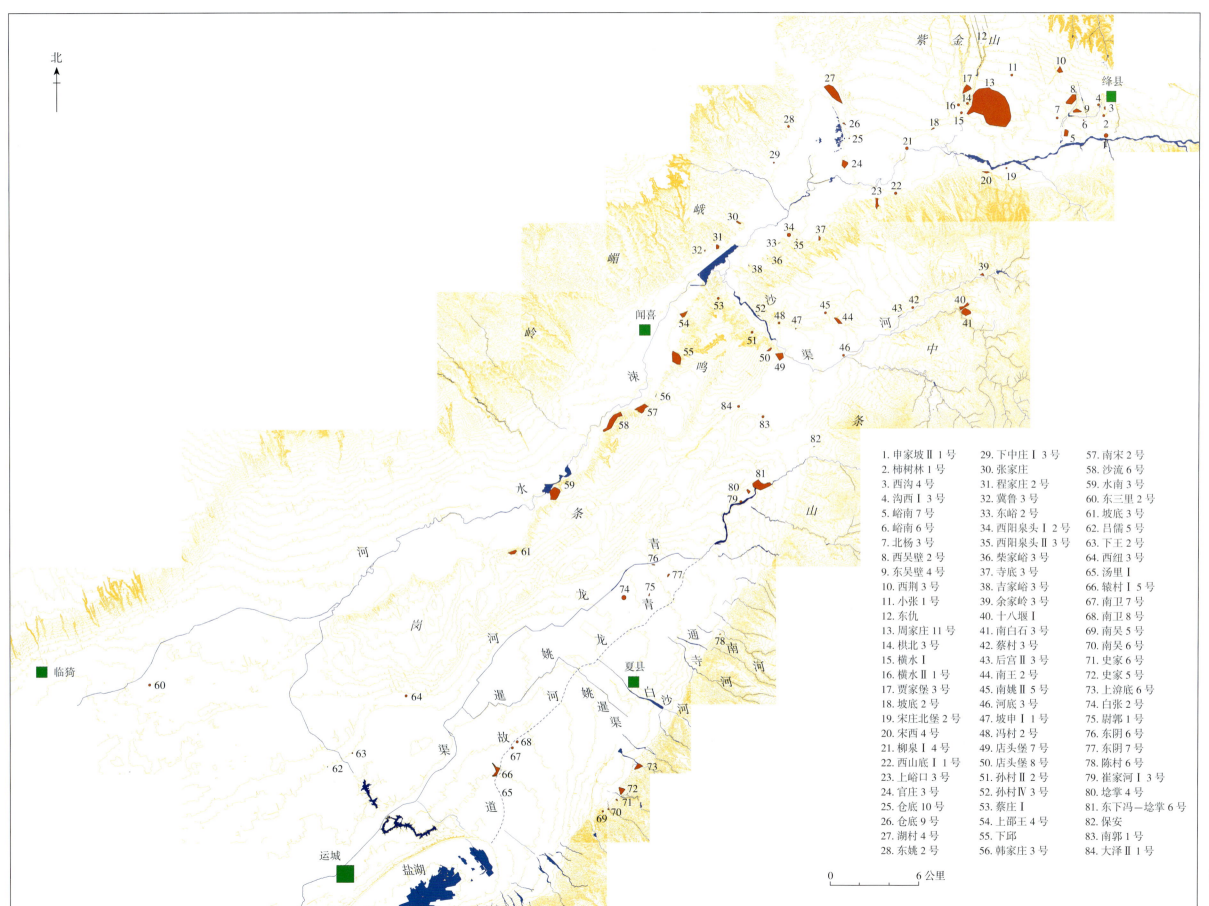

北

紫金山

绛县

峨嵋岭

涑水

条山

沙河渠

中条山

闻喜

临猗

运城

夏县

白沙河

盐湖

青龙河

姚暹渠

龙岗渠

姚暹渠

故道

南通寺河

0   6公里

彩版一〇六　龙山时期聚
落分布图

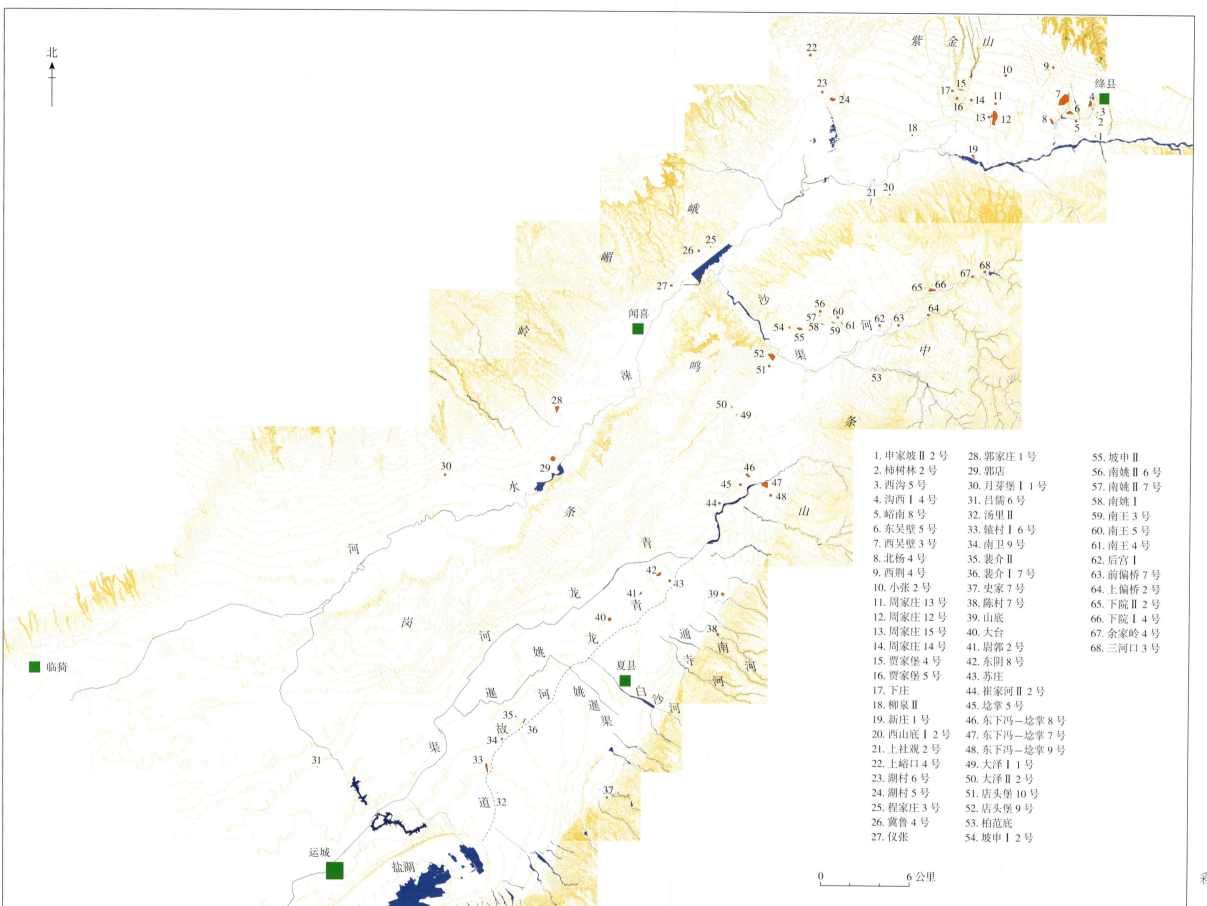

北

紫　金　山

绛县

闻喜

峨嵋岭

涑水条

沙鸣涧

河中山

临猗

河岗渠

青龙河

姚暹渠

夏县
白沙河

通寺南河

故道

运城
盐湖

1. 申家坡Ⅱ2号	28. 郭家庄1号	55. 坡申Ⅱ
2. 柿树林2号	29. 郭店	56. 南姚Ⅱ6号
3. 西沟5号	30. 月芽堡Ⅰ1号	57. 南姚Ⅱ7号
4. 沟西Ⅰ4号	31. 吕儒6号	58. 南姚Ⅰ
5. 峪南8号	32. 汤里Ⅱ	59. 南王3号
6. 东吴壁5号	33. 辕村Ⅰ6号	60. 南王5号
7. 西吴壁3号	34. 南卫9号	61. 南王4号
8. 北杨4号	35. 裴介Ⅱ	62. 后宫Ⅰ
9. 西荆4号	36. 裴介Ⅰ7号	63. 前偏桥7号
10. 小张2号	37. 史家7号	64. 上偏桥2号
11. 周家庄13号	38. 陈村7号	65. 下院Ⅱ2号
12. 周家庄12号	39. 山底	66. 下院Ⅰ4号
13. 周家庄15号	40. 大台	67. 余家岭4号
14. 周家庄14号	41. 尉郭2号	68. 三河口3号
15. 贾家堡4号	42. 东阴8号	
16. 贾家堡5号	43. 苏庄	
17. 下庄	44. 崔家河Ⅱ2号	
18. 柳泉Ⅱ	45. 埝掌5号	
19. 新庄1号	46. 东下冯—埝掌8号	
20. 西山底Ⅰ2号	47. 东下冯—埝掌7号	
21. 上社观2号	48. 东下冯—埝掌9号	
22. 上峪口4号	49. 大泽Ⅰ1号	
23. 湖村6号	50. 大泽Ⅱ2号	
24. 湖村5号	51. 店头堡10号	
25. 程家庄3号	52. 店头堡9号	
26. 冀鲁4号	53. 柏范底	
27. 仪张	54. 坡申Ⅰ2号	

0 ⸻ 6公里

彩版一〇七　二里头时期
聚落分布图

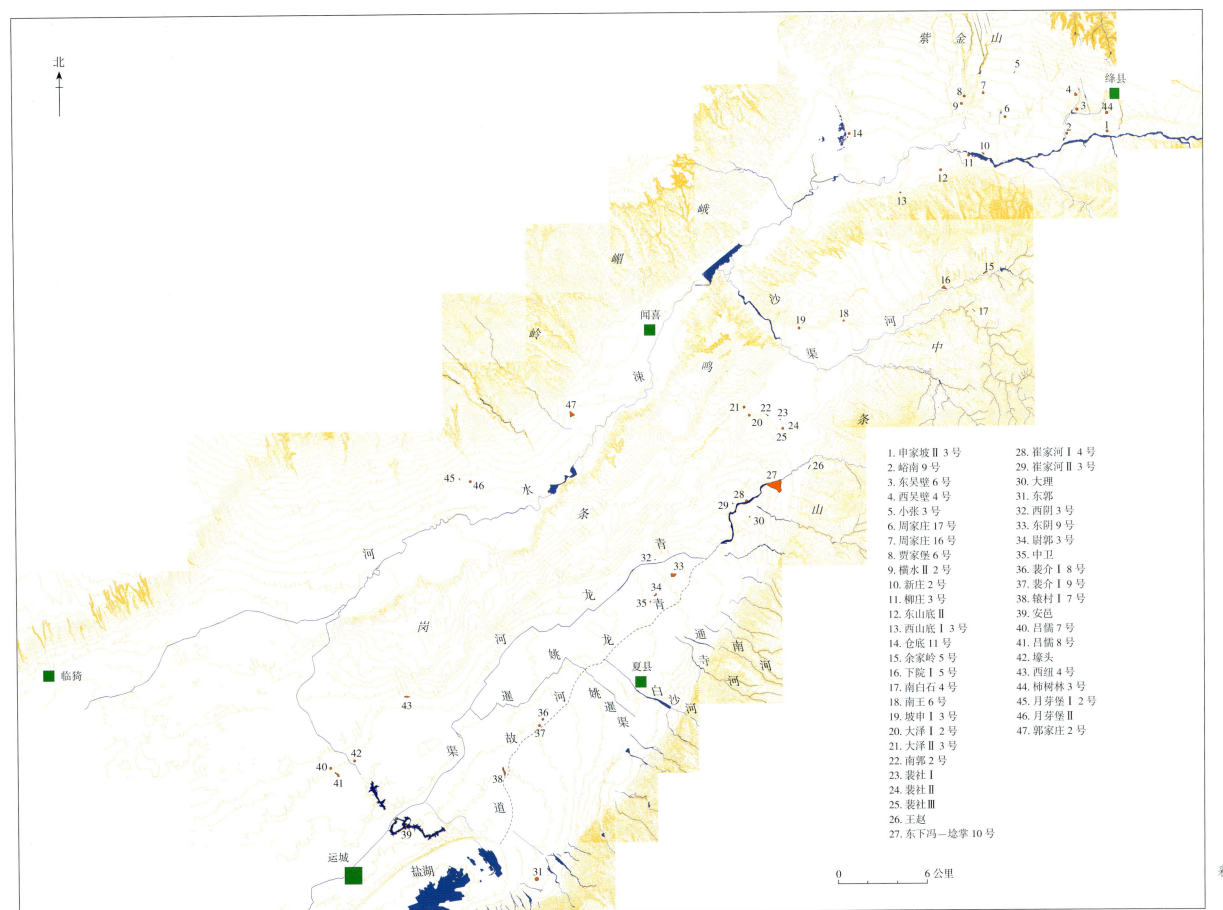

北

紫　金　山

绛县

峨

嵋

沙

河

渠

中

条

山

水

条

岭

涑

鸣

岭

闻喜

临猗

河

岗

龙

河

姚

龙

暹

渠

姚

暹

渠

故

道

夏县

白　沙　河

青

龙

通

寺

河

南

河

运城

盐湖

1. 申家坡Ⅱ3号	28. 崔家河Ⅰ4号
2. 峪南9号	29. 崔家河Ⅱ3号
3. 东吴壁6号	30. 大理
4. 西吴壁4号	31. 东郭
5. 小张3号	32. 西阴3号
6. 周家庄17号	33. 东阴9号
7. 周家庄16号	34. 尉郭3号
8. 贾家堡6号	35. 中卫
9. 横水Ⅱ2号	36. 裴介Ⅰ8号
10. 新庄2号	37. 裴介Ⅰ9号
11. 柳庄3号	38. 辕村Ⅰ7号
12. 东山底Ⅱ	39. 安邑
13. 西山底Ⅰ3号	40. 吕儒7号
14. 仓底11号	41. 吕儒8号
15. 余家岭5号	42. 壕头
16. 下院Ⅰ5号	43. 西纽4号
17. 南白石4号	44. 柿树林3号
18. 南王6号	45. 月芽堡Ⅰ2号
19. 坡申Ⅰ3号	46. 月芽堡Ⅱ
20. 大泽Ⅰ2号	47. 郭家庄2号
21. 大泽Ⅰ3号	
22. 南郭2号	
23. 裴社Ⅰ	
24. 裴社Ⅱ	
25. 裴社Ⅲ	
26. 王赵	
27. 东下冯—埝掌10号	

0 　　　　　 6公里

彩版一〇八　二里岗时期
聚落分布图

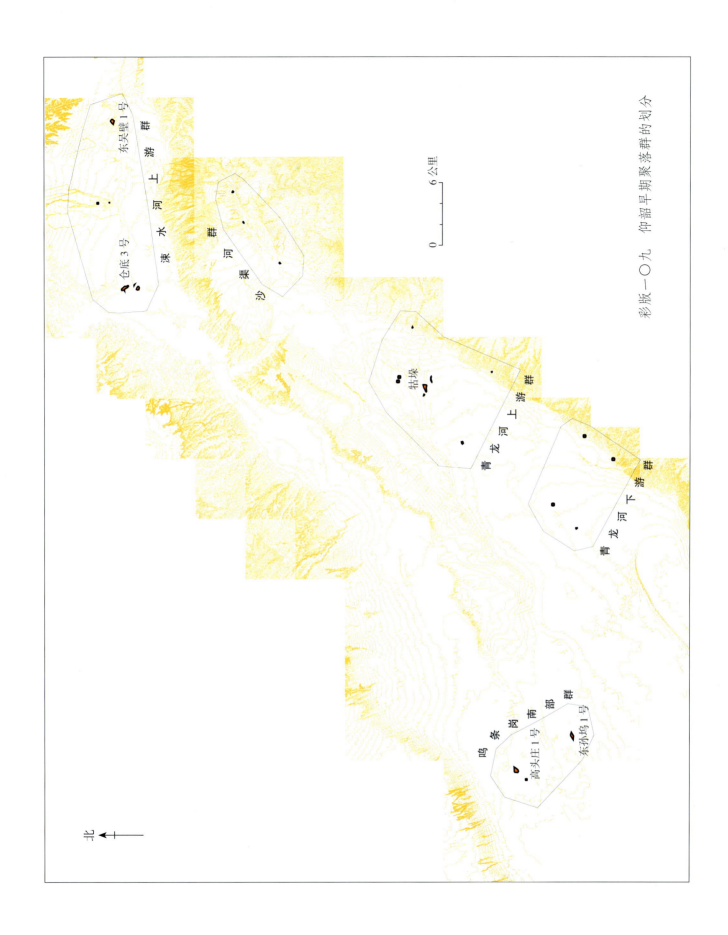

北

东吴壁1号

涑水河上游群

仓底3号

群

群

渠沙河

牧珠

青龙河上游群

青龙河下游群

鸣条岗南部群

高头庄1号

东孙坞1号

0   6公里

彩版一〇九 仰韶早期聚落群的划分

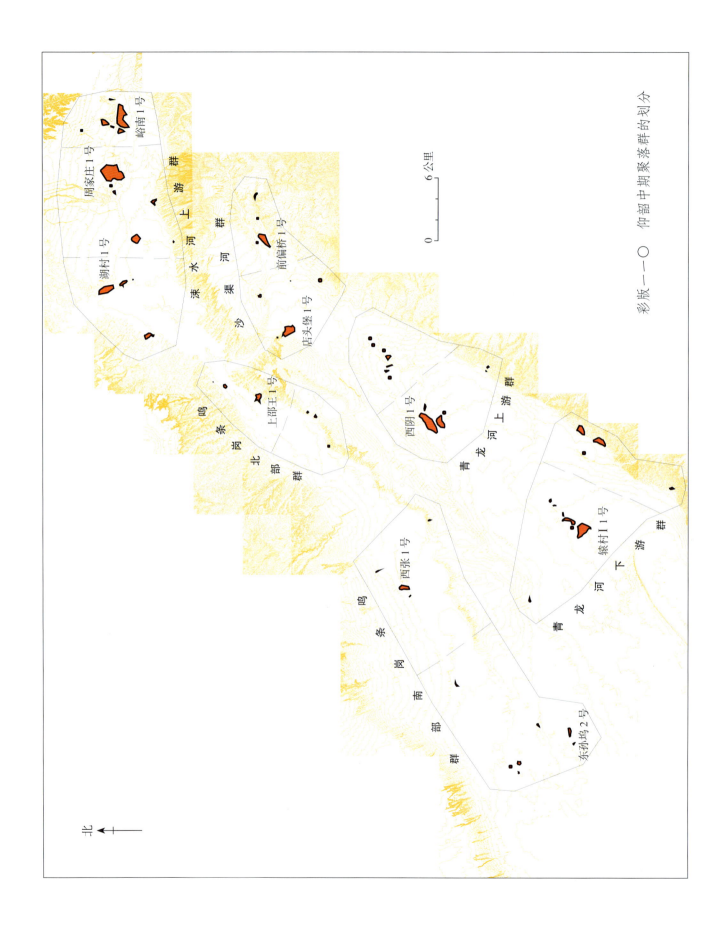

北

0　　　　6公里

彩版一一〇　仰韶中期聚落群的划分

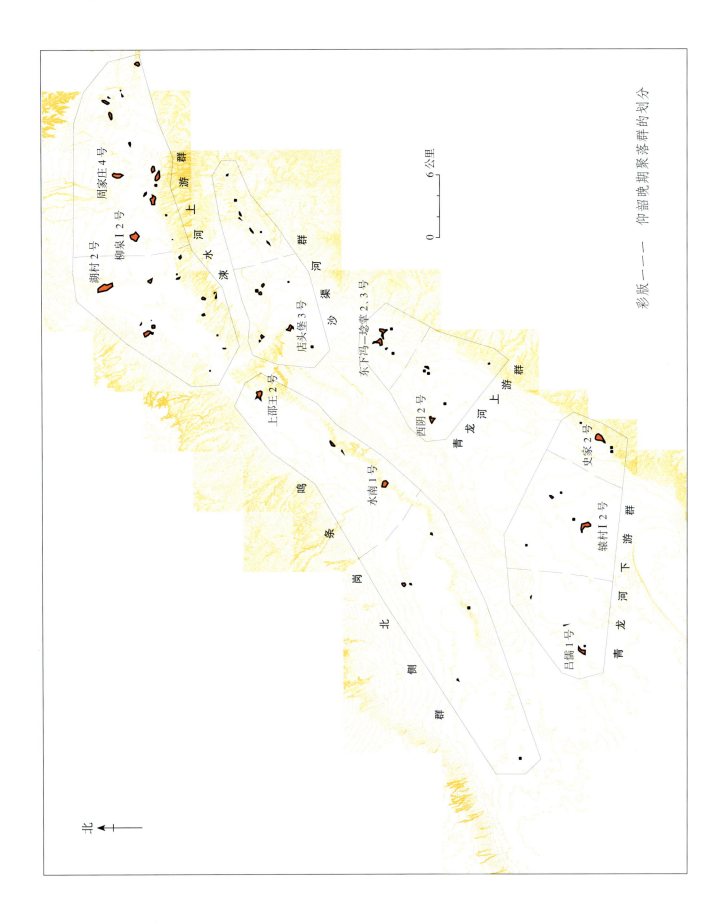

北

0   6公里

彩版一一一 仰韶晚期聚落群的划分

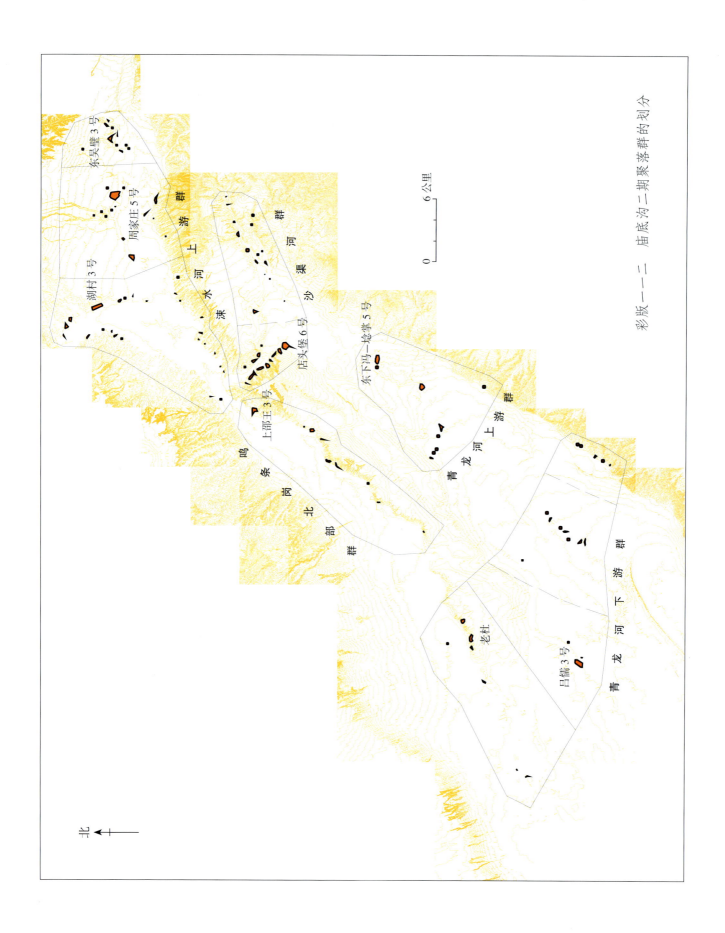

北

东吴壁 3 号

周家庄 5 号

湖村 3 号

上郜王 3 号

店头堡 6 号

涑 水 河 沙 渠 河 上 游 群

鸣 条 岗 北 部 群

东下冯—榆掌 5 号

青 龙 河 上 游 群

老杜

吕儒 3 号

青 龙 河 下 游 群

0　　　　　　6公里

彩版一一二　庙底沟二期聚落群的划分

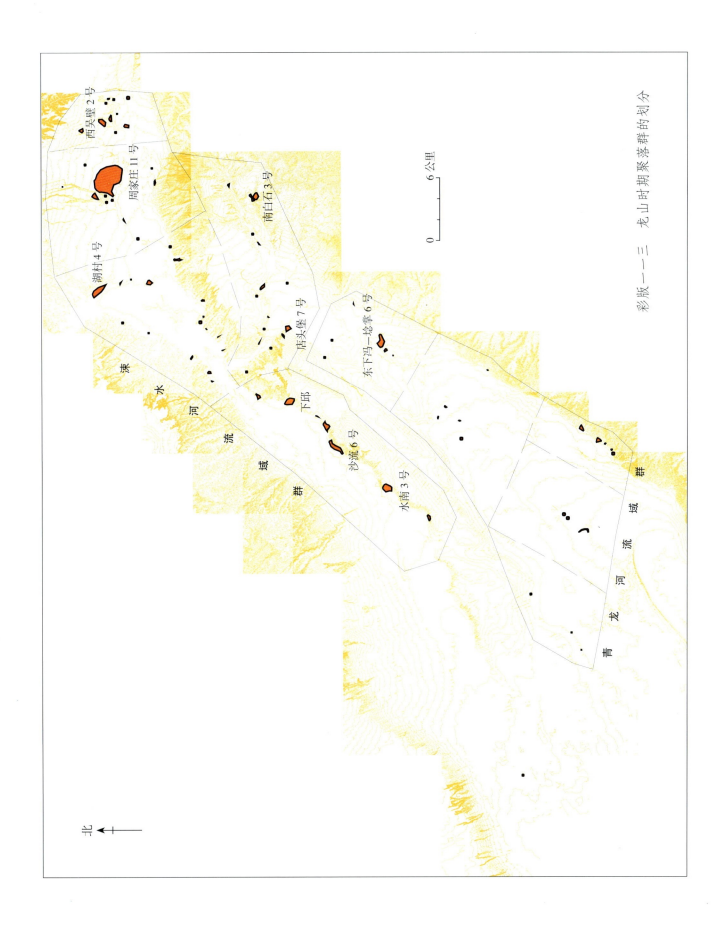

北

西吴壁 2 号

周家庄 11 号

南白石 3 号

湖村 4 号

涑

水

河

流

域

群

店头堡 7 号

下邱

东下冯—埝掌 6 号

沙流 6 号

水南 3 号

群

域

流

河

龙

青

彩版一一三　龙山时期聚落群的划分

0　　　　　　　　6 公里

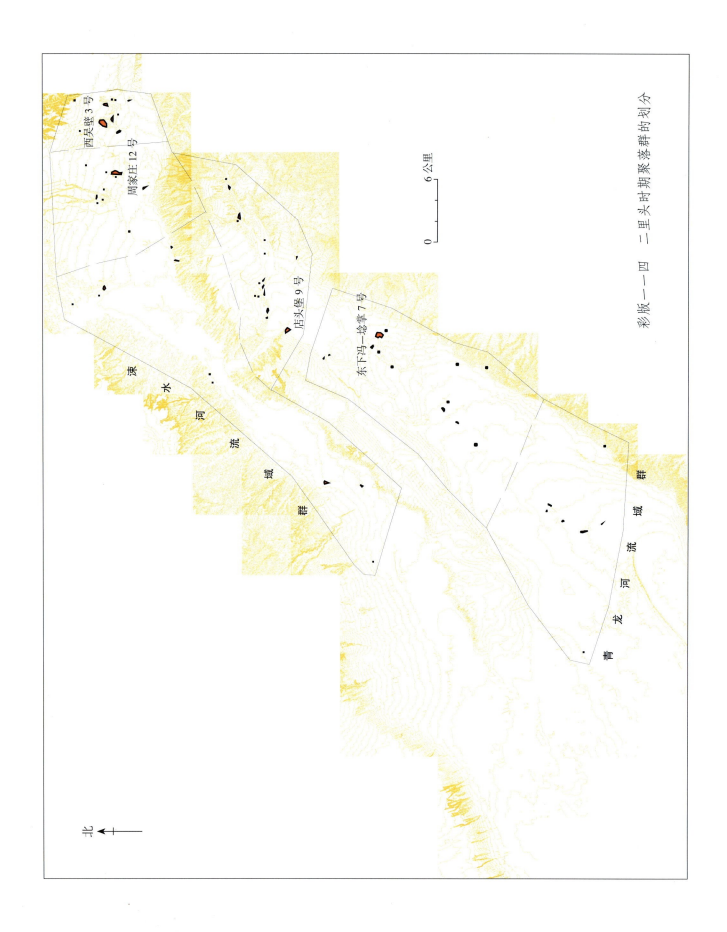

北

西吴壁 3 号

周家庄 12 号

店头堡 9 号

东下冯—崇皋 7 号

涑 水 河 流 域 群

青 龙 河 流 域 群

0   6公里

彩版——四 二里头时期聚落群的划分

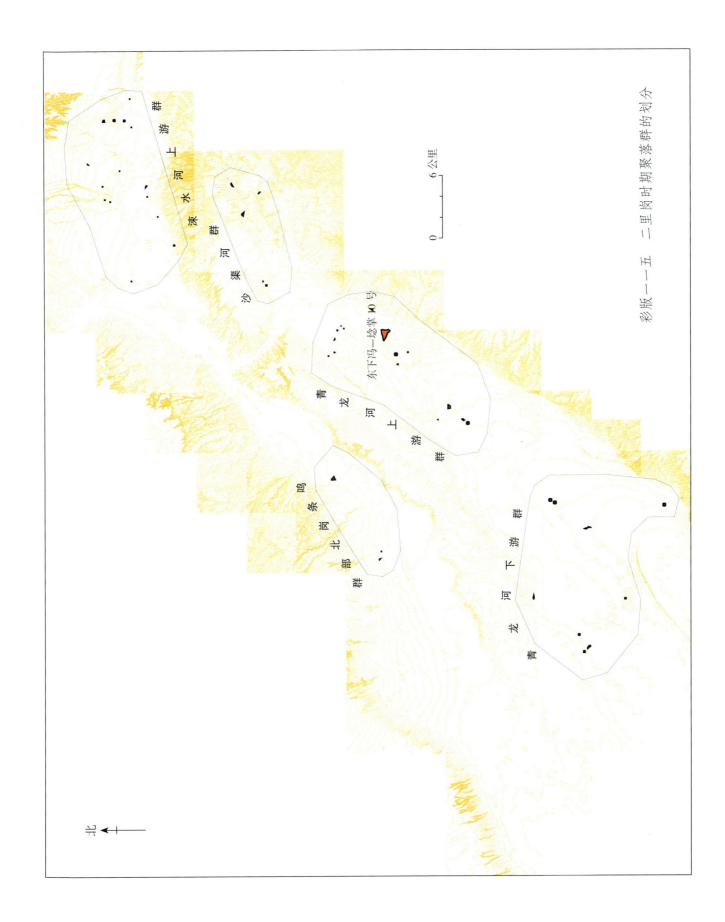

北

群

上

河

水

涑

群

渠

河

沙

青

龙

河

上

游

群

东下冯—埝掌 10 号

鸣

条

岗

北

部

群

青

龙

河

下

游

群

龙

河

青

0 _____ 6公里

彩版——五 二里岗时期聚落群的划分